조선인요시찰인약명부

발간사

민족문제연구소는 1991년 설립 이래 30년이 넘는 오랜 기간 열악한 여건을 무릅쓰면서 학술연구와 실천운동에 매진해왔다. 그리하여 민족사의 과제인 『친일인명사전』을 발간하고 식민지역사박물관을 개관하는 등 전 국민적 관심을 받은 두드러진 성과도 거두었다.

그런데 우리 연구소가 『친일인명사전』 외에도 『일제협력단체사전』, 『일제식민통치기구사전』, 『재일조선인단체사전』 등 기초학술 분야에서 꾸준하게 의미 있는 결실을 맺어왔다는 사실은 그리 알려지지 않았다고 할 수 있다. 그것은 아마 '국정교과서 철폐투쟁'과 같은 활발한 현실참여와 조직운동으로 시민단체로서의 면모가 한층 부각되었기 때문일 것이다.

민족문제연구소가 대중서나 정기간행물을 발간하는 한편으로, 사전류와 같은 방대한 저작들을 내놓을 수 있었던 배경에는 고유의 집단연구 체제가 자리 잡고 있었다. 연구자 개개인이 빛나지는 않았지만 그 역량들이 합쳐져 효과적으로 작업을 수행할 수 있었기에 가능한 일이었다.

이번에 내놓은 『조선인요시찰인약명부』(이하 『약명부』) 역시 집체작업의 결과물이다. 자료집이 가지는 성격상 앞의 책들에 비해 무게감이 떨어지지만, 사료적 가치는 결코 적지 않다고 할 수 있다.

일제는 강제병합 이전부터 해방 때까지 반일 성향을 지닌 인물들을 요주의 사찰 대상으로 분류해 감시하는 다양한 형태의 요시찰제도를 조선에서 시행하였다. 시기에 따라 차이가 있지만 사회주의자, 민족주의자, 노동운동가 등은 물론 외국인, 일본인 심지어 사상전향자에다 명백한 협력자에 이르기까지 식민통치나 침략전쟁 수행을 저해할 가능성이 조금이라도 있는 인물은 모두 요시찰 대상에 포함시켰다. 일제는 이들을 위험도에 따라 등급별로 분류해 관리하였는데 사회주의자가 가장 우선적인 경계 대상에 속하였다. 사찰과 감시의 주체는 주로 악명 높은 고등계 형사들이었으며, 관련 문건의 생산 또한 이들이 담당하는 것이 일반적이었다.

이번에 민족문제연구소가 번역 발간한 『약명부』의 원본은 『쇼와20년 조선인요시찰인약명부昭和二十年 朝鮮人要視察人略名簿』 문서철로 일본 국립공문서관이 소장하고 있다. 일제는 도항 과정에서 조선인에 대한 차별과 억압이 사회문제화하자, 1944년 12월 각의에서 조선인의 '내지도항제한제도内地渡航制限制度'를 철폐하기로 결정했다. 이로 인해 노골적인 단속이 쉽지 않게 되자 고등경찰은 각 도별로 '약명부'를 작성해 일본과 조선 등지의 보안 관계자 그리고 연안·국경 지역의 경찰서와 헌병대 치안 책임자에게 배포해 요주의 인물에 대한 통제를 강화하고자 했다.

총 790명이 실려 있는 이 『약명부』는 다음과 같은 측면에서 중요한 학술적인 의미를 지닌다.

첫째, 현재까지 발견된 일제강점기 마지막 조선인 요시찰인 명부로 일제 사찰제도의 전모와 수준을 드러내고 있다.

둘째, 요시찰규정에 관한 문헌이 남아있지 않은 상황에서 이 『약명부』를 통해 사찰의 실제를 유추할 수 있다.

셋째, 『약명부』 수록 인물 중 168명이 독립유공자로 서훈되었다. 대다수가 항일운동의 행적이 있음을 감안하면 서훈이 소수에 그치고 있어 추가조사를 통한 발굴보훈이 필요해 보인다.

넷째, 역대 권위주의 정권이 자행한 민간인 사찰의 원형으로서 일제강점기 사찰제도와의 연관성 연구에 기초자료로 활용할 수 있다.

민족문제연구소는 이 『약명부』가 일제강점기의 조선인 통제정책 연구에 다소라도 도움이 되길 기대하면서, 앞으로도 기초자료 발간에 한층 노력하고자 한다. 나아가 일제강점기 전문 연구기관으로서 책임과 의무를 새기면서 최선을 다할 것을 다시 한 번 약속드린다.

이 자료집을 발간하는 과정에서 한국학중앙연구원 장신 교수는 일본 국립공문서관의 문서철을 일일이 촬영하여 우리 연구소에 흔쾌히 제공한 데 더하여 해제를 작성하는 등 노고를 아끼지 않았다. 각별하게 감사의 뜻을 표한다. 더불어 자료의 번역과 분석에 애쓴 연구원 여러분에게도 치하와 함께 격려의 말씀을 드린다.

2023년 2월

민족문제연구소 소장 임헌영

『조선인요시찰인약명부』

장 신 (한국학중앙연구원 교수)

1. 문서철의 출처와 구성

이 문서철의 제목은 『昭和二十年 朝鮮人要視察人略名簿』(이하 '약명부'로 줄임)다. 1945년 현재 조선총독부에서 관리하는 요시찰인의 간략한 명부라고 풀어쓸 수 있다. 일본 국립공문서관이 원본 소장처인데 국립공문서관 디지털아카이브(https://www.digital.archives.go.jp)와 아시아역사자료센터(https://www.jacar.go.jp)를 통해서도 열람할 수 있다. 국립공문서관의 문서 분류체계에 따르면 '행정문서 – 내각 총리부 – 미국에서 반환된 공문서 – 반청返靑 내무성 등 관계'이다. 1945년 8월 아시아태평양전쟁에서 승리한 뒤 미국은 일본의 주요 공문서를 수집하여 본국에서 보관하였다. 이후 일본이 미국에서 돌려받은 문서를 "미국에서 반환된 공문서", 보통 줄여서 반환문서라 불렀다. 반환문서는 '반청返靑 내무성 등 관계'와 '반적返赤 구 육해군 관계'로 나뉜다. 청과 적의 구분은 문서를 포장한 상자에 붙은 종이의 색깔에 따른 것으로서 별다른 의미는 없다. 1945년 이전 일본에서는 내무성이 경찰을 관할했기 때문에 특별고등경찰(보통 특고로 부름) 관련 서류는 여기에 포함되었다.

표지에 따르면 이 문서철, 곧 약명부의 생산자는 특고과特高課다. 1943년도 『내각직원록』을 보면 내무성 경보국警保局에는 경무과, 경제보안과, 보안과, 외사과, 검열과만 있을 뿐 특고과는 없다. 도쿄의 경시청에는 총감관방, 경무부, 특별고등경찰부, 형사부, 보안부, 경제경찰부, 소방부 등의 직제였는데 과는 부部 아래였다. 특고과는 도쿄도東京都를 제외한 각 도·부·현道府縣의 경찰부 산하에 설치되어 있었다. 이런 이유로 이 문서철의 생산자를 특정하기 쉽지 않다. 하지만 경상남도경찰부의 문서 발송처가 다른 곳과 달리 미에현三重縣 지사뿐이라서 미에현 경찰부 특고과를 이 약명부의 생산자로 추정할 수 있다.

약명부의 생산 계기는 각 문서에서 확인할 수 있는데 조선인의 '내지도항제한제도內地渡航制限制度 폐지'에 따른 후속 조치의 하나였다.

전북 : 조선인 내지도항제한제도 폐지 건을 본도에서 수제首題 명부와 같이 별책으로 통보

경남 : 조선인의 내지도항제한제도의 폐지에 따른 취급협정에 따라 본도 내의 사상적으로 경계를 필요로 하는 자로서 경찰상으로 특히 엄계嚴戒가 인정되는 자를 별지로 통보

충남 : 2월 1일부 조보비朝保秘 제71호 조선인 내지도항제한제도 폐지에 따른 도항취급에 관한 건에 기초하여 본도 요시찰인약명부를 별책과 같이 송부

함북 : 조선인 내지도항제한제도의 폐지에 따른 취급협정에 기초하여 본도 내 요시찰인약명부를 별책과 같이 송부

경기 : 조선인 내지도항제한제도 폐지에 따른 취급협정에 기초하여 본도 내 요시찰인약명부를 별책과 같이 송부

강제병합 전후로 조선 농민들은 열악한 영농환경 때문에 경제적 곤란을 벗어나려고 도시나 일본 등으로 일자리를 찾아 떠났다. 일본으로 건너가는 조선인은 1920년대 들어 크게 급증하였는데 일본 경찰[1]은 일본 내의 노동시장 안정과 치안유지를 위한 규제를 벌였다. 1924년의 큰 가뭄으로 일본 경찰은 1925년부터 조선인의 일본 도항을 본격적으로 규제하였다. 1925년 10월부터 도일을 희망하는 조선인 중에서 1) 무허가 노동자 모집에 응해 도일하는 사람, 2) 일본에서 취직이 불확실한 사람, 3) 일본어를 모르는 사람, 4) 필요한 여비 외에 10엔 이하를 소지한 사람, 5) 몰핀 환자 등을 출발하는 항구에서 허가하지 않는다는 내용이었다.[2] 이후 규제의 내용은 조금씩 변화했지만 '내지도항제한제도 폐지' 전까지 직업을 구하려고 일본으로 갈 때 호적등본과 내지도항증명원과 일본 사업주의 취업승락서 등이 필요했다. 이 증명서를 가지고 부산수상경찰서에 서류를 지시하고 사증을 받는 절차를 밟았다.[3]

도항 허가를 받기도 쉽지 않았지만 도항 과정에서 경찰의 차별과 억압이 매우 심했기에 조선인 사회의 불만이 끊이지 않았다. 이러한 오랜 비판 여론을 의식하면서 조선인과 대만인의 처우개선의 명목으로 일본 정부는 1944년 12월 22일 도항관리제도의 철폐를 각의에서 결정하였다.[4] 조선총독부 정보과의 발표에 따르면 「조선동포에 대한 처우개선에 관한 건」 중에서 내지도항에 관한 현행 제도를 1945년 3월 1일부터 폐지하고 도항에 관한 경찰 취급을 개선한다는 내용이었다.[5]

이처럼 형식적으로 조선인의 일본 왕래가 예전보다 자유로워지고 조선인에게만 단속을 강하

1) 여기에서 '일본 경찰'은 '조선(총독부) 경찰'과 구분하는 용어로 사용한다.
2) 김광열, 「戰間期 일본도항 조선인의 특질」, 『일본학보』 46, 2001, 347~348쪽.
3) 「待望의 渡航制限 廢止」, 『每日新報』 1945년 3월 3일 2면.
4) 도노무라 마사루 지음, 신유원/김인덕 옮김, 『재일조선인 사회의 역사학적 연구』, 논형, 2010, 57쪽.
5) 「內地渡航制 廢止」, 『每日新報』 1945년 2월 25일 1면.

게 할 수 없게 됨에 따라 고등경찰은 약명부의 배포가 필요하게 되었다. 2월 25일 신문을 통해 일반에게 알리기 전인 2월 1일에 경무국은 보안과의 비밀문서(조보비朝保秘 제71호)로 각 도경찰부에 지시하였다. 그래서 경남을 제외하면 수신자의 첫 번째가 모두 조선총독부 경무국장이었다. 이 문서들로만 보면 약명부 배포를 요청한 곳은 조선총독부 경무국 보안과였다.

약명부는 〈표 1〉에서 보듯이 전남, 전북, 경남, 충남, 함북, 경기 등 여섯 곳의 문서와 명부로 구성되었다. 조선 전역에서 모두 보냈겠지만 현재는 5개도의 약명부, 경기도는 문서만 남아 있다. 문서의 접수일을 보면 충남과 함북 명부가 4월 25일에, 전북이 4월 27일에, 전남과 경기가 5월 5일에 접수되었다. 경남의 경우 접수인接受印이 없다. 이로 볼 때 이 약명부는 아무리 빨라도 1945년 5월 5일에 생산되었다.

〈표 1〉 조선요시찰인약명부 문서철의 구성

발송자	발송일	문서번호	문서제목
전남지사	1945년 4월 16일	全南高 제372호	요시찰인약명부 송부送付에 관한 건
전북지사	1945년 3월 30일	全北高 제348호	요시찰인약명부 조제調製에 관한 건
경남지사	1945년 3월 31일	慶南高外 제599호	요시찰인약명부 송부에 관한 건
충남지사	1945년 3월 30일	忠南高 제373호	요시찰인약명부 송부에 관한 건
함북지사	1945년 4월 06일	咸北高秘兵 제533호	요시찰인약명부 송부에 관한 건
경기지사	1945년 4월 17일	京高秘 제○○○호	요시찰인약명부 송부에 관한 건

문서는 생산자와 수신자(또는 발송선發送先)가 명확하다. 약명부에서 경남을 제외한 다섯 곳은 〈표 2〉에서 보듯이 수신자를 광범위하게 설정했다. 수신자를 보면 각 약명부의 생산량을 알 수 있다.

〈표 2〉 각 약명부의 수신자

수신자 \ 도	전남	전북	경남	충남	함북	경기
조선총독부 경무국장	○	○		○	○	○
조선총독부 각 도지사	○	○		○	○	○
내무성 경보국장	○	○		○	○	○
경시총감	○	○		○	○	○
각 청장관		○		○	○	○
각 부·현지사	○	○	미에현	○	○	○
관동청 경무국장	○	○		○	○	○

대만총독부 경무국장		○		○	○	○
조선헌병사령관	○	○		○	○	○
조선내 각 헌병대장	○	○		○	○	○
조선내 관계 경찰서장	○	○		○	○	○
관하 경찰서장	○			○	○	
경무국파견원	○	○		○	○	○

위에서 조선총독부 경무국장, 내무성 경보국장, 경시총감(도쿄), 관동청 경무국장, 대만총독부 경무국장, 조선헌병사령관은 각 1인으로서 모두 6명이다. 각청 장관은 홋카이도청北海道廳 장관과 가라후토청樺太廳 장관으로서 2인이다. 각 부·현지사는 대략 23~24곳인데 주로 바다에 접한 현들이 포함되었다. 빠진 곳은 시고쿠四國의 네 현과 규슈九州의 남단, 혼슈本州의 내륙현들이다. 조선 내 각 헌병대장은 경성, 평양, 대구, 함흥, 나남을 기본으로 하되 전남지사는 광주헌병대장, 전북지사는 부산과 전주헌병대장을 포함시켰다. 조선 내 관계 경찰서장에는 경성의 다섯 곳을 기본으로 만주국과 국경을 맞댄 신의주, 종성, 온성, 웅기 등과 밀항 가능성이 있는 바다에 접한 경찰서 등 19~20곳에 발송하였다. 경무국파견원은 조선 내외의 정보수집을 위해 일본 내지와 중국, 만주에 파견되어 주재하는 경무국 보안과원이었다.[6] 지역마다 10~13곳의 파견원에게 명부를 보냈다.

〈표 3〉 수신자에 등록된 경무국파견원

	전남	전북	충남	함북	경기
도쿄東京	○	○	○	○	○
오사카大阪	○	○	○	○	○
시모노세키下關	○	○	○	○	○
상하이上海	○	○	○	○	○
베이징北京	○		○	○	○
톈진天津	○	○	○	○	○
신징新京	○	○	○	○	○
지린吉林		○	○	○	
하얼빈哈爾濱	○	○	○	○	○

6) 坪井幸生, 『ある朝鮮總督府警察官僚の回想』, 草思社, 2004, 123~124쪽.

간도間島	○	○		○	○
무단장牧丹江	○			○	○
옌지延吉			○		
훈춘琿春	○	○	○	○	
펑톈奉天	○	○		○	
계	12	11	11	13	10

경찰부 관하 경찰서장을 포함시키지 않더라도 모두 최소 80여 개의 약명부를 생산하여 발송하였다. 경남의 경우도 수신자를 특정하는 방법만 달랐을 뿐 비슷한 수량을 만들었을 것이다. 조선 내의 필요성 때문에 만든 약명부는 현재의 한국에는 한 부도 없는데 아이러니하게도 참고로 발송한 일본에서 발견되었다. 그것도 미국을 거쳐 다시 일본으로 반환되고, 다시 한국에서 복사하여 의미를 되살렸다.

2. 한국 요시찰제도의 기원과 실제

한국에서 요시찰제도가 언제 생겼는지는 아직 확실하지 않다. 일본이 한국 경찰권을 장악했던 1909년에 간행한 『융희삼년 경찰사무개요』 중에 새로 제정 발포된 예규로서 「요시찰인시찰규정」을 언급하였다.[7] 새로 제정했다는 표현에서 그 전에는 없었을 수도 있지만 단정할 수는 없다. 한국의 요시찰제도에 영향을 미쳤다고 할 일본의 요시찰제도는 1894년 6월에 제정된 「고등경찰시찰인정후내규高等警察視察人偵候內規」를 그 기원으로 삼는다. 이 내규는 그 이전부터 있었던 각종 통첩과 명령을 통합해서 감시 대상을 인물과 단체로 구분하였다. 또 시찰의 중요도에 따라서 제1종(매일 시찰)부터 제5종(때때로 시찰)까지 나누었다.[8] 이 내규는 1910년의 대역사건大逆事件 때까지는 크게 변동이 없었는데 한국의 「요시찰인시찰규정」도 일본을 모방했을 것으로 볼 수 있다.

강제병합 후에도 요시찰제도는 계속되었다. 1934년에 경상북도 경찰부가 펴낸 『고등경찰요사』의 부록8은 1911년부터 1929년까지 경상북도 관내 요시찰인을 조사하였다.[9]요시찰 대상자를 갑종과 을종으로 구분하고 일본인과 조선인뿐 아니라 외국인도 감시하였음을 알 수 있다.

---

7) 內部 警務局, 『隆熙三年 警察事務概要』, 1909, 70쪽.

8) 荻野富士部, 『特高警察體制史 — 社會運動抑壓取締の構造と實際』, (株)せきた書房, 1984, 46쪽.

9) 경상북도경찰부 지음, 류시중·박병원·김희곤 역주, 『국역 고등경찰요사』, 선인, 2009, 535쪽.

1928년부터 분류 기준이 바뀌기 때문에 여기서는 1927년까지의 현황만 소개한다.

〈표 4〉 1911~1927년 경상북도 관내 요시찰인수

연도	갑종				을종				합계
	일본인	조선인	외국인	계	일본인	조선인	외국인	계	
1911	2	144	2	148	5	26	1	32	180
1912	2	140	2	144	9	24		33	177
1913	2	92	1	95	7	7		14	109
1914	2	51	2	55	5	5		10	65
1915	2	68	2	72	4	13		17	89
1916	2	54	2	58	3	24		27	85
1917	2	25	2	29	4	61		65	94
1918	2	26	1	29	6	63	1	70	99
1919	2	98	2	102	4	123	4	131	233
1920	1	94	2	97	2	118	3	123	220
1921	1	92	1	94	1	120		121	215
1922	1	90	2	93	1	127	2	130	223
1923		75	1	76	1	97	1	99	175
1924		136	1	137		123	2	125	262
1925		78	1	79		87	1	88	167
1926		86	1	87		82	1	83	170
1927		61	1	62		70	1	71	133

요시찰은 일상의 감시와 미행을 필요로 하기 때문에 인원이 2~3명인 주재소에서 감당할 수 없었다. 최소한 4개 이상의 계係를 둘 수 있는 경찰서에서 요시찰을 맡았다. 흔히 말하는 고등계는 경찰서에 설치되었다. 〈표 5〉는 1922년도 경상북도경찰부 처무규정 중에서 고등계가 관리하는 문서의 종류이다. 문서의 비치 장소를 보면 주재소가 관리하는 고등경찰 관련 문서는 매우 제한적이다.

〈표 5〉 경찰서 고등계가 관리하는 문서철 목록

명칭	보존기한	비밀취급 여부	색인	비치장소 (경찰서)
요시찰인 원부原簿	영구	○	○	○

내지편입內地編入 조선인요시찰인 명부	영구	○	○	○
요시찰인 삭제 명부要視察人削除名簿	5년	○	○	○
요시찰조선인 외국도항 명부	영구	○	○	○
요시찰조선인 외국도항 삭제 명부	5년	○	○	○
유학생 명부	영구	○	○	○
유학생 삭제 명부	5년	○	○	○
외국인 명부	영구	○		○
단체 명부	영구	○	○	○
신사神社 종교 명부	영구			○
신문기자 특파원 통신원 명부	영구	○		○
신문기자 특파원 통신원 삭제 명부	3년	○		○
고등경찰관계 재류금지자 명부	영구	○		○
고등경찰관계 제명부사철諸名簿寫綴	영구	○	○	주재소
차압간행물처분일람부	영구	○		○
간행물차압명령철	3년	○	○	○
신문잡지출판물관계 서류철	10년	○	○	○
요시찰인 사진필적철寫眞筆跡綴	영구	○		○
요시찰인 수배서류철	10년	○	○	○
고등경찰관계 수사수배서류철	15년	○	○	주재소
관공리신분관계 서류철	3년	○	○	○
고등경찰관계 서류철	10년	○	○	주재소

비록 요시찰이라는 이름을 붙이지 않더라도 경찰서 고등계가 관리하는 요시찰 관련 문서가 매우 많음을 알 수 있다. 원부가 있는데 내지(일본)에 편입된 요시찰 조선인과 외국에 나간 사람의 명부가 따로 있다. 요시찰인은 아니지만 유학생과 외국인, 신문기자 등도 감시 대상이었다. 단체와 신사, 종교도 관리하였다. 거의 모든 문서의 보존 연한이 영구인데 삭제자 명부만 3~5년이었다.

〈표 5〉의 관리 대상 명부처럼 1920년대에는 요시찰인을 구분할 때 갑을 외에도 일본이나 외국으로 나간 요시찰인도 포함하였다. 〈표 6〉은 1924년 6월말 현재 강원도의 요시찰인 현황을 정리하였는데 강원도내, 일본도항, 외국도항으로 구분하였다.

〈표 6〉 강원도내 요시찰인 경찰서별 일람표

경찰서	강원도내 거주자			일본 도항자			외국 도항자			합계
	갑	을	계	갑	을	계	갑	을	계	

춘천	4	6	10				1	1	2	12
인제	1	3	4				1		1	5
양구	5	4	9							9
회양	1	3	4							4
통천	4	7	11				1	1	2	13
고성	9	2	11	1		1	2		2	14
양양	6	4	10	2		2	3		3	15
강릉	4	4	8	1	1	2	2		2	12
삼척		2	2				1		1	3
울진	5	3	8		1	1	7	14	21	30
정선		1	1							1
영월	1	5	6				1	1	2	8
평창	5	5	10				1		1	11
원주	4	4	8	1		1				9
횡성	2	2	4							4
홍천	1	4	5		1	1	3	2	5	11
화천		4	4							4
김화	2	4	6		1	1	2		2	9
금성	4	5	9					1	1	10
철원	4	6	10				4	1	5	15
평강	4	3	7							7
이천	1	4	5							5
계	67	85	152	5	4	9	29	21	50	211

출전 : 高等警察課, 『大正十三年七月 管內狀況』(국사편찬위원회 한국사데이터베이스)

이렇게 일부 지역에 한정되지만 요시찰제도의 시행을 확인할 수 있는데 현재까지 한국에는 1909년의 「요시찰인시찰규정」을 비롯해서 정치와 사상에 관련된 어떠한 내규나 예규, 통첩 등도 발견되지 않았다.[10] 다만 1931년 도경찰부장회의 서류에 언급된 「요시찰인시찰규정」 제

10) 일반 형사범을 대상으로 하는 「刑事要視察人取扱內規」가 1931년 1월 조선총독부 내훈 제1호로 공포되고, 이를 바탕으로 경기, 함남, 평북, 충북의 「刑事要視察人取扱內規施行細則」을 만들었는데 국가기록원에서 열람할 수 있다. 警務課, 『昭和六年度 各道例規綴』, 704~744쪽.

26조를 통해서[11] 1909년과 다른 요시찰규정이 존재했음을 알 수 있을 뿐이다.

이처럼 요시찰규정이 남지 않은 까닭에 갑종과 을종이 무엇을 의미하는지 정확하게 알 수 없다.[12] 앞의 『고등경찰요사』에서 확인할 수 있듯이 1928년부터 분류가 바뀌었다. 새 분류 기준은 크게 요시찰인과 요주의인으로 구분하고 전자를 특별, 정치, 노동, 보통으로 나누며, 후자를 사상과 보통으로 하였다. 이것을 풀어쓰면 특별요시찰인, 정치요시찰인, 노동요시찰인, 보통요시찰인과 사상요주의인, 보통요주의인이었다. 『중외일보』 8월 4일자에는 요시찰인 정리 방법이 바뀐다고 보도하면서 그 기준을 제시하였다.

> 요시찰인 정리방법을 보면 정치, 보통, 노동 등 三種으로 나누어 前日에 甲乙丙種을 폐지하고 대개 사상운동자와 정치운동자 중 前日 特種에 속한 사람을 정치에 편입하고 기타 민족주의자 중 다소 온건한 사람을 보통에 편입하고 노동조합의 리다격의 인물은 전부 노동부에 편입하야 정리하였다는데, 前記 정치에는 다시 甲乙 兩種을 분간하야 사회주의자로 정치에 편입된 인물은 政治甲種에 민족주의자로 편입된 인물은 政治乙種에 편입하여 정리하였다더라[13]

정확하지는 않지만 확정된 기준에 위의 설명을 맞추면 다음처럼 정리할 수 있다. 먼저 보통요시찰인은 "민족주의자 중 다소 온건한 사람", 노동요시찰인은 "노동조합의 리더격 인물"이다. 그리고 사상운동자와 정치운동자 중에서 예전에 특종에 속한 사람으로서 "사회주의자로 정치에 편입된 정치갑종"을 특별요시찰인, "민족주의자로 편입된 정치을종"을 정치요시찰인으로 볼 수 있다. 다시 요약하면 예전의 특종 중에서 사회주의자를 특별요시찰인, 민족주의자를 정치요시찰인으로 하였다. 다만 1928년 이전에 '특종요시찰인'이 있었는지 확인할 수 없다.

새 분류 기준에 따른 통계를 잘 보여주는 예로는 1938년 10월 말 현재 경기도경찰부 관내 요시찰인과 요주의인을 다룬 〈표 7〉이다. 크게 관내와 조선밖 거주자와 나눈 뒤 후자는 다시 국외와 일본으로 구분했다. 전자의 경우 요시찰인으로서 특별特要, 정치政要, 노동勞要, 보통普要을, 요주의인으로서 사상思注과 보통普注으로 표기하였다.

---

11) 朝鮮總督府警務局, 「昭和六年八月 道警察部長會議意見希望事項」, 警務課 編, 『昭和六年 道警察部長會議書類』, 1931, 1,205쪽(국가기록원 관리번호 CJA0002440).

12) 신문 기사에서도 여러 가지로 추정했다. 장신, 「일제하의 요시찰과 『倭政時代人物史料』」, 『역사문제연구』 11, 역사문제연구소, 2003, 148~149쪽.

13) 「思想取締에 伴한 要視察人整理案」, 『中外日報』 1928년 8월 4일 2면.

〈표 7〉 1938년 10월 현재 경기도경찰서 관내 요시찰인 요주의인표

경찰서	관내 거주									조선밖 거주		
	특요	정요	노요	보요	계	思注	普注	계	합계	국외	일본	계
본정	14	4	1	2	21	17	1	18	39	13	1	14
종로	119	49	3	13	184	45	18	63	247	30	4	34
동대문	85	35	6	5	131	51	12	63	194	10	1	11
서대문	63	15	2	1	81	42	4	46	127	6	2	8
용산	33	16	1	1	51	19	5	24	75	6	3	9
영등포	14	3	2		19	19	9	28	47	5		5
인천	41			3	44	34	2	36	80	6	2	8
수원	9	1	2	1	13	18	2	20	33	3	4	7
개성	28	2		4	34	20	4	24	58	8	3	11
안성	7				7	1	3	4	11	1	1	2
용인	1	1			2	4	1	5	7	3	3	6
여주	2				2	7	5	12	14	1	1	2
양주	3	2			5	2	1	3	8	3	1	4
양평	4	2			6	8		8	14	4	1	5
강화	4	1			5	10	4	14	19	4	1	5
파주	2				2	2	5	7	9	2	1	3
연천	2				2	3	1	4	6	7	1	8
광주	2			1	3	6	1	7	10	2		2
이천	2				2	2	1	3	5	1	3	4
가평						1		1	1	1		1
포천			1		1	3	1	4	5	2		2
평택	2		1		3	7	3	10	13	1	1	2
장단	1	1			2	3	4	7	9	4		4
김포	2	1			3	1		1	4		4	4
총계	440	133	19	31	623	325	87	412	1035	123	38	161

출전 : 京畿道警察部, 『昭和十三年九月 治安情況』(국사편찬위원회 한국사데이터베이스)
비고 : 원자료의 숫자 오류는 바로 잡았다.

이 표에서 요시찰인은 관내 거주의 특요, 정요, 노요, 보요와 조선밖 거주의 국외와 일본이다. 1938년 10월 현재 경기도경찰부 관내의 요시찰인은 모두 784명이었다. 이처럼 특정 지역이나 연도의 요시찰 현황은 더러 있지만 조선 전체의 요시찰인수를 다룬 표를 거의 발견할 수 없다.

오직 1938년과 1939년에 한해서 계통이 다른 두 통계가 있다.[14)]

〈표 8〉 1938년과 1939년 중 조선내 요시찰인수

	조선헌병대사령부(1939)					조선총독부 경무국(1938)		
	특별	정치	보통	노동	계	요시찰	요주의	계
경기	519	199	52	18	788	571	372	943
충북	36	24	0	0	60	40	98	138
충남	83	52	2	0	137	81	202	283
전북	82	8	0	2	92	75	235	310
전남	167	36	15	11	229	251	837	1,088
경북	128	70	0	4	202	146	484	630
경남	81	51	13	4	149	241	296	537
황해	75	56	16	0	147	102	411	513
평남	99	131	16	2	248	234	329	563
평북	63	180	15	0	258	205	339	544
강원	95	35	7	5	142	100	314	414
함남	324	81	10	7	422	383	1,207	1,590
함북	250	41	11	4	306	163	74	237
계	2,002	964	157	57	3,180	2,592	5,198	7,790

비슷한 시기에 생산된 〈표〉를 비교하면 1938년 10월 경기도의 요시찰인 784명은 1939년 조선헌병대사령부의 788명과 근접한다. 오히려 1938년 말 현재인 경무국의 〈표〉와 비교하면 무려 159명이 줄었다. 조선헌병대사령부의 통계는 '경찰 편입'을 밝히고 있어서 출처가 경무국임을 알 수 있다. 1938년 말 현재의 경무국 〈표〉는 원래 「요시찰 요주의인물의 사상동향 조사표」에서 요시찰인과 요주의인의 합계만 추린 까닭에 국외와 일본 등 조선밖 거주자가 빠졌다. 이를 감안하면 1938년 10월 말과 1938년 말의 차이는 대략 50여 명이다.

각 도의 개별 수치는 조사 시점에 따라 다를 수 있음을 전제로 하되 여기서는 1938년 말의 2,592명과 1939년의 3,180명이라는 총계에만 의미를 둔다. 1940년 무렵까지 조선 경찰이 관리하는 요시찰인의 수는 대략 2,500명 내외이며 여기에 조선밖의 요시찰인을 추가하면

14) 朝鮮總督府警務局, 『昭和十四年 最近ニ於ケル治安狀況』, 17~19쪽 ; 朝鮮憲兵隊司令部, 『昭和十四年 朝鮮治安關係一覽表』 1940, 4쪽.

3,000명 내외로 추정할 수 있다.

3. 약명부의 내용과 특징

약명부 한 면에는 대략 4명의 요시찰인을 간략하게 기록하였다. 원래 세로이지만 읽기 편하게 가로로 전환하면 대략 다음과 같은 모양이다.

종별	이름(창씨명)	별명	본적	인상/특징	시찰 요점
	생년월일	직업	현주소		

종별은 특, 정, 노, 보로 기록했다. 이름에는 1945년이었던만큼 창씨명을 표제로 삼고 원래 이름을 괄호 속에 병기하였다. 생년월일은 일왕의 연호인 메이지明治, 다이쇼大正, 쇼와昭和 몇 년 몇 월 몇 일로 썼다. 별명에는 이명異名과 가명을, 직업에는 직장명을 쓰기도 했다. 현주소의 경우 수감된 형무소를 기록하기도 했는데 이감移監 경우 요시찰의 관할도 바뀌었다. 사진을 첨부하지 않았기 때문에 인상 특징은 키와 신체, 그리고 얼굴뿐 아니라 금니, 로이드 안경 착용 등의 특징을 자세하게 기입하였다. 시찰 요점은 사상과 행동 등 요시찰 대상자가 된 배경을 간략하게 기록하였다.

5개 도의 약명부에 수록된 인물수는 〈표 9〉에도 보듯이 모두 790명이다. 도별로 보면 전남이 206명, 충남이 131명, 경남이 44명, 충남이 129명, 함남이 280명이다. 요시찰인의 분포지역별로는 조선 내 각 지역을 의미하는 관내가 472명, 일본은 75명, 중국과 만주국 등이 231명이다. 외사의 외국인을 포함하면 관내는 484명이다. 경남의 경우 작성 과정에서 일본과 국외 지역을 누락시켰거나 아니면 보존 과정에서 빠졌을 것이다.

분류별로 보면 특별요시찰인이 601명, 정치요시찰인은 128명, 노동요시찰인이 11명, 보통요시찰인은 38명이다. 전지역에서 특별요시찰인의 비중이 정치요시찰인보다 높다. 〈표 8〉의 1939년 조선헌병대사령부 자료에서도 평남북만 정치요시찰인의 수가 많았을 뿐이었음을 감안하면 대체로 당대의 요시찰인 현황을 비교적 정확하게 반영한다고 볼 수 있다.

〈표 9〉 약명부 내 각도별 요시찰인수

구분		전남	전북	경남	충남	함북	계
관내	특요	99	77	22	53	135	386
	정요	15	5	8	17	7	52

관내	노요	5	1				6
	보요	10	1	14	3		28
	계	**129**	**84**	**44**	**73**	**142**	**472**
일본 (내지)	특요	30	22		6	2	60
	정요	3	2				5
	노요	3				1	4
	보요	3	1			2	6
	계	**39**	**25**		**6**	**5**	**75**
국외	특요	16	16		21	102	155
	정요	11	3		29	28	71
	노요	1					1
	보요	1				3	4
	계	**29**	**19**		**50**	**133**	**231**
외사	정요	9	3				12
합계		**206**	**131**	**44**	**129**	**280**	**790**
합계*		210	131	44	129	279	793

비고 : 합계*는 약명부 통계의 숫자를 더한 합계

약명부에서 공문 다음에는 색인과 통계(전남, 전북, 함북)가 있다. 그런데 〈표 10〉에서 보듯이 전남과 함북의 경우 색인과 통계의 숫자가 일부 다르다. 전남과 함북 모두 관내 특요의 경우 색인과 〈표〉, 실제 수록 인물의 수가 다르다. 국외 특요의 경우 전남은 색인과 실제가 같은데 통계가 1명 많다. 함북의 경우 색인과 통계는 같은데 실제가 1명 적다. 함북의 국외 정요는 색인과 실제가 같지만 통계가 2명 많다. 색인을 기준으로 하면 전남은 통계상으로 5명이 늘지만 실제로는 1명이었다. 함북은 색인과 실제의 수는 같은데 통계에서 1명 적다. 결국 통계와 실제는 3명의 차이를 드러내었다.

전남의 관내 특요 유성황은 색인에는 없는데 본문에만 추가되었다. 함북의 관내 특요 중 이원섭과 이병철 두 사람을 하나로 묶어 색인에는 李山丙喆(李元燮)로 기록되었다. 색인에는 한 사람이지만 본문에는 두 사람의 요시찰 사항이 따로 기재되었다. 신승혁은 색인에 없다. 본문에 내용이 있지만 1945년 4월 1일에 사망해서 두 줄로 삭제 표시를 하였다. 함북 국외 특요의 김성범은 관내 특요와 이중으로 등재된 경우이고 김세광과 이장군, 허길완은 색인에 있지만 본문에 아무런 내용도 없다.

〈표 10〉 약명부 내 수록 인명의 증감 현황

구분	전남				함북			
	색인	통계	실제	증감	색인	통계	실제	증감
관내 특요	98	102	99	柳成黃(+)	134	131	135	李丙喆(+) 辛承赫(+) 李將軍(−)
국외 특요	16	17	16		103	103	102	金星範(+) 金世光(−) 許吉完(−)
국외 정요	–	–	–		28	30	28	
증감	기준	5	1		기준	−1	0	

현재 요시찰규정을 확인할 수 없기 때문에 단정할 수 없지만 이 약명부를 통해 역으로 추정할 수 있는 내용들도 있다.

첫째, 종별 분류기준이 구체적이지 않아서 지역마다 차이가 있다. 대체로 특별요시찰인은 공산주의자와 무정부주의자를 대상으로 하고, 시찰 요점에도 그렇게 썼다. 대체로 "공산주의를 신봉하고" 또는 "민족공산주의자로서" 등의 문구가 기본이었다. 전북의 경우 "민족의식이 농후해서 불온과격한 언동을 하고 타인을 사주선동할 우려가 있는" 경우도 특요에 포함되었고(한원규, 한대석 등), 박윤하는 "민족의식이 농후해서 조선독립을 되찾기 위해 실천운동에 나설 우려가 있다"는 이유로 특요에 편입되었다. 다른 지역이라면 정요에 해당하였다. 전남 관내 특요의 홍성하는 "보성전문학교 교수로서 동교 럭비부장 당시 상하이 원정을 다녀왔는데 민족적 언동이 농후"하다고 기록하였다. 특요라고 공산주의로 단정할 수 없음을 보여주는 예시들이다.

정요는 '배일사상'이나 '민족의식 농후'를 전제로 하였다. 노요는 전남의 박순경이 "노동 소작쟁의를 선동 교사할 우려가 있"거나 전남의 강갑수가 "농촌의 자유와 해방을 주장하고 우민愚民을 선동"할 때처럼 노동이나 농민과 관련된 행위와 관련되었다. 보요는 특요나 정요처럼 민족공산주의나 배일주의를 기본으로 할 때도 있지만 전남의 배기섭처럼 "언동이 과격하여 폭력행위로 나타날 우려가 있"거나, 전남의 구동훈처럼 "사물에 감격하기 쉽고 때로 불온과격한 언동"을 할 때도 있었다. 경남의 경우 보요에 "일본으로 도항할 우려"가 주요한 이유였다. 종별 확정은 그 지역 경찰의 재량이었다.

둘째, 요시찰은 거주지를 기반으로 하되 소재를 모르면 본적지에서 관리하였다. 이 약명부에는 본적과 현주소를 적는 난이 있다. 1925년 4월에 조직된 고려공산청년회의 책임비서이자 이후 경성콤그룹의 지도자였던 박헌영이 출옥 후 소재불명으로 되었을 때, 그가 주로 활동했던 경성이 아닌 본적지 충남 예산에서 명부를 관리하였다. 그리고 공주형무소와 대전형무소, 광주형무소 수감자도 요시찰 대상이었는데 형무소 소재지의 경찰서가 요시찰 명부를 이관받았다. 국외와 내지의 경우도 조선 내에서 감시할 수 없었기 때문에 본적지에서 관리하였다.

셋째, 이미 일찍부터 외국인과 일본인도 요시찰명부에 편입되었음이 알려졌지만 약명부에도 다수의 외국인과 일본인이 편입되었다. 전남의 경우 정외政外-정요의 항목에 각각 4명의 중국인과 가톨릭 선교사가 포함되었다. 공통된 시찰 요점은 "국정國情과 자원 등을 탐지 염탐하여 보고할 우려가 있다"였다. 전시기라서 스파이 활동의 방지, 곧 방첩防諜의 연장이었다. 전북의 경우 정외 대신에 외사外事-정요 항목에 4명의 중국인이 편입되었는데 전남과 같은 이유였다. 일본인의 경우 함북 관내-특요인 후지타藤田源太郎가 유일했는데, 동아연맹협회원으로서 군입대 중이었다.

넷째, 요시찰하면 흔히 항일운동을 떠올리듯이 대한민국정부에서 독립운동으로 서훈을 받은 인물이 적지 않다. 〈표 11〉은 민족문제연구소의 기초 조사를 바탕으로 작성한 약명부에 기재된 인물 중 서훈자 명단이다. 서훈자 중 특별요시찰인과 애족장의 비중이 가장 높다. 등급이 높은 독립장의 경우 국외 민족주의자에 해당하는 정치요시찰인이 상대적으로 많다. 함북의 경우 요시찰인의 수에 비해 서훈자가 매우 적다. 해방 후에도 북한 지역에 남아서 북한 정권의 수립에 기여했거나 월남하지 않아서 해방 이후의 행적을 확인하지 못해서 서훈이 보류되었을 가능성이 높다.

〈표 11〉 약명부 내 독립운동 서훈자

	독립장	애국장	애족장	건국포장	대통령표창	계
전남	이규호(특) 나월환(외특) 김용재(외정) 김일곤(외정) 김승곤(외정) 박노영(외보)	윤승현(특) 김시용(특) 김한정(특) 강문영(특) 고병희(특) 정병용(특) 최규창(특) 김종성(정) 문승수(정) 조금동(내특) 강기찬(내특) 김종화(내특) 정남국(내정) 이경채(외특)	마성만(특) 박오봉(특) 박노백(특) 이강목(특) 이신연(특) 오원석(특) 이상암(특) 이형우(특) 하순철(특) 김일준(특) 김성오(특) 강해석(특) 강석원(특) 강종득(특) 고순흠(특) 조극환(특) 송성수(특) 조문환(특) 유찬옥(특) 정병생(특) 오상록(특) 김상환(특) 김형수(특) 이종규(특) 신형우(특) 최형천(특) 서구석(노) 박공근(보) 김재희(보) 강문범(내특) 강창거(내특) 최장춘(외특) 김규열(외특) 박계천(외정)	오임탁(특) 이수동(외특) 국채진(외특)	윤창석(내특)	58

전북	정윤옥(외특)	이동욱(특) 오오득(특) 김성남(특) 노환(특) 홍건표(특) 진장권(외정)	박윤하(특) 이우성(특) 임봉호(특) 김규선(특) 김병화(특) 김원주(특) 최순기(특) 고종근(특) 김병륜(특) 최월상(특) 장재섭(특) 박내은(특) 박원배(특) 신언진(특) 구호림(특) 홍영기(내특) 강난수(내특) 이강휘(내특) 강석린(내특) 이상규(외특)	조용관(특) 김창한(특) 김석락(정)	한대석(특) 이정순(특)	32
경남	한봉근(정)	신재홍(특)	장두권(특) 김병건(특) 이미동(특) 권대형(특) 신현중(특) 최천택(특) 최범술(정)	장태성(특)		10
충남	노을룡(외특) 천병림(외특) 이이덕(외특) 유해준(외특) 박영희(외정) 이호원(외정) 이일영(외정) 김영숙(외정) 이종건(외정)	한경석(특) 신현정(특) 김우진(특) 유진만(특) 황석현(특) 남정(정) 이수준(외특) 민병길(외정)	강일(특) 이선준(특) 김지종(특) 이달(특) 이호철(특) 박재옥(정) 임긍호(정) 김정철(정) 송기면(정) 이원생(정) 김상정(정) 김방응(내특) 강범진(외특) 김영만(외특) 윤기순(외특) 윤대여(외정) 박장규(외정) 김소범(외정)	신표성(특) 이윤희(특) 성낙훈(특)	한만석(특) 김현균(보) 김찬진(외특)	41
함북	전인학(특) 서상용(외특)	오상호(정) 지길남(특) 이학린(외특) 김철훈(외특) 전성호(외특) 양하구(외정) 원지룡(외정) 최준형(외정)	장채극(특) 오기수(정) 임민호(외특) 최정국(외특) 이승래(외정) 이태륜(외정) 이용국(특) 정명준(특) 차종수(외특)	이괄(외특) 육학림(외특) 구철성(외특) 정희현(외특) 전여종(특) 남병린(외특) 여남수(외특) 김추신(외특)		27
계	19	37	88	18	6	168

다섯째, 전체 요시찰인에 비해 서훈자가 적은 이유 중 하나로서 '요시찰인=항일'의 공식이 성립하지 않기 때문이다. 요시찰이나 요주의는 시찰이 필요하거나 주의가 필요하다는 뜻이다. 필요한 이유의 첫 번째는 당연히 항일운동이지만 그 외에도 다양한 요인들이 있다. 1920년대에도 친일단체의 간부들이 포함되었는데, 누가 봐도 친일파이지만 조선총독부가 볼 때에는 정치적으로 불편하거나 치안을 어지럽히는 일이 있었다.

또 경찰은 항일운동에서 이탈하여 사상전향을 공개적으로 선언하였더라도 여전히 의심스러운 시선을 거두지 않았다. 함북 관내 특요의 최판옥은 1930년대 초반 영암농민조합 사건으로 검거되었지만 남보다 먼저 전향을 표명했다가 재판정에서 동지들에게 구타까지 당했던 인물이었다.[15] 그는 출옥 후 거주지를 함북 청진으로 옮겼지만 여전히 "총독정치에 불만을 품고 배일 사상이 농후하며 공산주의를 신봉"한다는 의심을 받았다.

최판옥처럼 전향하고 총독부가 주선한 직장에 근무해도 요시찰 대상이었다. 전남의 특요 조형식과 유성황은 사상범보호단체인 광주대화숙의 서기였고, 김판권은 사상전향의 강제 기관인 광주보호관찰소의 서기였다. 임영춘은 사상전향자들의 단체인 시국대응전선사상보국연맹 결성 때 광주지역 간사로 참여했고, 김석준은 광주대화숙 내에 주소지를 두었다. 사상전향의 좋은 선전 사례였지만 여전히 요시찰 대상자였다. 함북에서는 나진부 특무기관원인 김윤선, 귀순자 동하현, 전직 모 기관의 밀정이었던 이창일 등도 요시찰인이었다. 일본인 후지타처럼 전남의 강영석도 동아연맹원이었다. 그는 이선홍과 함께 『친일인명사전』에도 등재되었다.

15) 「靈岩大 데모事件 最高五年役言渡 轉向者 崔判玉의 毆打로 法廷內 一時騷亂」, 『朝鮮中央日報』 1933년 10월 1일 2면.

일러두기

1. 이 자료집에는 1945년 전라북도, 전라남도, 경상남도, 충청남도, 함경북도에서 작성한 『조선인요시찰인약명부朝鮮人要視察人略名簿』를 수록했다.

2. 민족문제연구소는 10여 년 전에 자료를 입수한 후 내용 분석과 번역에 착수해 원문을 보정한 자료집을 발간했다. 원문은 한국학중앙연구원 장신 교수가 직접 촬영해 제공한 사진파일을 활용했다. 현재 일본국립공문서관 홈페이지에서 원문을 확인할 수 있다.

3. 자료집은 발간사, 해제, 일러두기, 수록 인물 찾기, 번역문, 원문 순서로 구성했다.

4. 해제는 자료의 출처와 구성, 한국 요시찰 제도의 기원과 실제, 약명부의 내용과 특징을 설명했다.

5. 번역문은 『약명부』에 수록된 인물의 한국 이름을 내세워 각각의 항목을 구성했다.

번역문

윤주응 尹柱應*　　479　　**원문 찾아가기**

종별	전남-관내-특요
창씨명	伊泉柱應
별명	
생년월일	1905.7.23
직업	
본적	전남 강진군 병영면兵營面 성남리城南里 97
주소	전남 강진군 병영면 성남리 97
인상/특징	키 5척 2촌, 얼굴이 긴 편, 피부는 검은 편, 눈이 작고 코가 우뚝하다. 머리는 5푼 길이로 짧게 깎았다. 왼쪽 다리를 전다.
시찰요점	공산주의에 공명하여 과격한 언동을 함. 1932년 6월 24일 목포지청에서 치안유지법 위반으로 징역 3년을 받음. 병영적색노동조합 사건 주모자**

인물정보

* 강진청년동맹(1927.11), 신간회 강진지회(1929.2), 병영자유노동조합 등 활동.

** 1931년 9월 '병영적색격문사건'으로 체포됨. 1932년 6월 24일 광주지방법원 목포지청에서 치안유지법 위반으로 징역 3년을 받음[동아일보 1932.6.28].

- '종별-창씨명-별명-생년월일-직업-본적-주소(주거지 또는 거주지)-인상/특징-시찰요점' 순으로 배치했다. 내용이 없어도 생략하지 않았다.
- '종별' 구분에는 지역 구분을 추가했다. 예) '관내-특요' → '전남-관내-특요'
- 창씨명과 별명은 한자로만 표시했다.

– 본적과 주소의 면리面里에는 한자를 부기했다.

– 중국, 러시아 주소는 번역하지 않고 그대로 남겨뒀다.

– 일본 연호는 서기로 환산했다.

– 인상/특징과 시찰요점은 우리말로 번역했다.

– 보이지 않는 글자는 "○" 또는 "판독불능"으로 표시했다.

6. 번역문의 각 항목 아래에는 서훈 사실, 일제에 처벌받은 기록 등 '인물 정보'를 추가했다.

– 서훈 사실은 국가보훈처 공훈록을 검색해 확인했다(2022년 12월 15일까지 확인). 국가보훈처 공훈전자사료관의 '독립유공자 공훈록'은 책자 발간 이전에는 간략한 유공자 정보만을 제공한다. 이런 경우 '독립유공자 공적조서'의 정보에서 출생일, 주소, 전체 행적을 비교해 동일인 여부를 판단했다.

– 일제에 처벌받은 기록은 국가기록원이 서비스하는 '독립운동관련 판결문'에서 확인하고, 신문 기사 및 한국역사정보통합시스템, 국가보훈처 공훈전자사료관 데이터 등을 검색해 보완했다.

– 처벌 근거로서 '법령' 명칭을 제시했다(예, 치안유지법, 출판법, 보안법 등). 다만 1919년 3·1운동 참여자를 처벌하기 위해 만든 「정치에 관한 범죄 처벌의 건」은 학계의 일반적 관행에 따라 「대정8년 제령 제7호」라고 표현했다.

7. 원문 마지막에 수록된 경기도 발신공문의 번역은 생략했다.

참고 : 번역 용례

체형

丈五尺六寸四分位	키 5척 6촌 4푼
中肉	보통 체격
痩形	마른 체형
肥滿	비만
小柄	몸집이 작다

얼굴

顔平	얼굴이 평평하다
顔長	얼굴이 길다
顔廣	얼굴이 넓적하다
顔細	얼굴이 갸름하다
顔丸	얼굴이 둥글다
額平	이마가 평평하다
色白(黑)	피부가 희다(검다)
頬骨隆	광대뼈가 튀어나왔다
顎骨張る	사각턱이다
腮尖る	하관이 뾰족하다
顎丸	아래턱이 둥글다
痘痕(アバタ)	마맛자국
そばかす(雀卵斑)	주근깨

머리카락, 수염

五分刈	머리카락을 5푼 길이로 짧게 깎음
丸刈	머리를 바싹 짧게 깎음
髮オールバック	올백머리
髮ハイカラ	하이칼라머리
ヒゲナシ	수염이 없다
髭あり	수염이 있다
上髭	콧수염
禿上る	대머리가 되다
縮毛	곱슬머리

눈 코 입

齒揃	치아가 가지런하다
反齒, 出齒	뻐드렁니
目耳大	눈과 귀가 크다
口耳並	입, 귀는 평범하다
鼻隆, 鼻高	코가 높다
眼小凹	눈이 작고 오목눈이다
目銳	눈이 예리하다
目を瞬く	눈을 깜빡인다
右眼不具	오른쪽 눈이 불구다
目尻吊り上る	눈꼬리가 치켜 올라간다
眉濃(薄)	눈썹이 짙다(옅다)

기타

全南訛	전남 사투리
左足跛	왼쪽 다리를 전다
ロイド眼鏡用	로이드안경을 쓴다
稍吃 少吃	약간 말을 더듬는다
訥る癖あり	말 더듬는 버릇이 있다
其他並	나머지는 평범하다
音聲淸(高)	목소리가 맑다(높다)
一見好男子	호남자로 보인다

차례

수록 인물 찾기

1945년 3월

조선인요시찰인약명부

전라남도

전남고全南高 제372호
소화昭和 20년[1945] 4월 16일

[발신자] 전라남도지사
[수신자] 조선총독부 경무국장
내무성 경보국장警保局長
각 도지사
경시총감
관계 각 부현府縣 지사
관동청關東廳 경무국장
조선헌병사령관
조선 내 각 헌병대장
경무국 각 파견원
조선 내 관계 관하管下 각 경찰서장

요시찰인약명부要視察人略名簿 송부送付에 관한 건

본도本道 관계 요시찰인약명부를 별책과 같이 조제調製하여 송부함

추신 : 수령 후 별지 수령서를 급히 송부해주기 바람

발송처
경무국장, 각 도지사, 경보국장, 경시총감, 북해도청 장관, 가라후토청樺太廳 장관
교토京都·오사카大阪·나가사키長崎·후쿠오카福岡·오이타大分·야마구치山口·히로시마廣島·오카야마岡山·도치기栃木·후쿠이福井·가나가와神奈川·시즈오카靜岡·아이치愛知·기후岐阜·시가滋賀·나가노長野·효고兵庫·와카야마和歌山·미야기宮城·아오모리青森·이시카와石川·도야마富山·미에三重 각 부현府縣 지사
관동청 경무국장, 대만총독부 경무국장, 조선헌병사령관, 경성·광주·부산·평양·나남·함흥 각 헌병대장
경성 본정·종로·동대문·서대문·용산·평양·대구·신의주·진남포·인천·군산·원산·청진·종성·부산·부산 수상·대전·웅기·온성 각 경찰서장
도쿄東京·오사카·시노모세키下關·상하이上海·베이징北京·톈진天津·신징新京·하얼빈哈爾濱·간도間島·무단장牡丹江·훈춘琿春·펑톈奉天 각 파견원

요시찰인원표 1945년 3월

구분	종별	인원수	소계	합계
관내	특요	102	132	210
	정요	15		
	노요	5		
	보요	10		
내지	특요	30	39	
	정요	3		
	노요	3		
	보요	3		
국외	특요	17	30	
	정요	11		
	노요	1		
	보요	1		
정외	정요	9	9	

※ 실제 수록인원과 차이가 있음. 관내-특요 : 99명 / 국외-특요 : 16명 / 합계 : 206명

종별	이름	이름	창씨명	비고
전남-管內-特要	윤주응	尹柱應	伊泉柱應	
전남-管內-特要	윤천현	尹舁鉉		윤승현尹昇鉉의 오기
전남-管內-特要	박귀선	朴貴先	井上貴先	
전남-管內-特要	마성만	馬成萬	長谷川富保	
전남-管內-特要	마상춘	馬相春	長谷川相春	
전남-管內-特要	이강진	李康鎭	春城康鎭	
전남-管內-特要	박오봉	朴五鳳		
전남-管內-特要	박노백	朴魯珀		
전남-管內-特要	박우현	朴于賢		
전남-管內-特要	박세공	朴世共		
전남-管內-特要	홍향옥	洪鄕玉	德山精一	
전남-管內-特要	홍성하	洪性夏	德山宗七	
전남-管內-特要	조형식	趙炯植	豊田英市	
전남-管內-特要	조옥초	趙玉肖		

종별	이름	이름	창씨명	비고
전남-管內-特要	지영렬	池英烈		
전남-管內-特要	임귀석	林貴錫		
전남-管內-特要	이준범	李焌範	李家焌範	
전남-管內-特要	이강목	李康牧		
전남-管內-特要	임종대	林鍾大		
전남-管內-特要	임종근	林鍾根		
전남-管內-特要	임영춘	林永春		
전남-管內-特要	임동춘	林東春		
전남-管內-特要	이신연	李信衍		이신형李信珩의 오기
전남-管內-特要	이규호	李圭虎		
전남-管內-特要	이윤필	李允必		
전남-管內-特要	손표기	孫漂基	大村漂基	
전남-管內-特要	오원석	吳元錫	大山元一	
전남-管內-特要	이상암	李相岩	大原相岩	
전남-管內-特要	이형우	李亨雨	香村芳男	
전남-管內-特要	장일봉	張一峰	河野靜男	
전남-管內-特要	한종식	韓宗植		
전남-管內-特要	하순철	河順哲	河上哲	
전남-管內-特要	강개동	姜介童	神農漢一	
전남-管內-特要	김한동	金漢棟	金山年盛	
전남-管內-特要	강점수	姜点洙	神農茂美	
전남-管內-特要	김기수	金麒洙	金光麒洙	
전남-管內-特要	김시용	金時容	金海時容	
전남-管內-特要	김한정	金漢貞	金山漢貞	
전남-管內-特要	김일준	金日準	金城日準	
전남-管內-特要	김성오	金聲五	金泉聲五	
전남-管內-特要	김기범	金基範	金城豊	
전남-管內-特要	곽명수	郭明秀	元山明秀	
전남-管內-特要	강문영	姜文永	吉金文雄	
전남-管內-特要	김옥중	金玉仲	金井玉仲	
전남-管內-特要	강해석	姜海錫	神田實	
전남-管內-特要	강석원	姜錫元	神田弘	

종별	이름	이름	창씨명	비고
전남-管內-特要	강종득	姜宗得	神農宗得	
전남-管內-特要	정순화	鄭順和	玉川榮一	
전남-管內-特要	고순흠	高順欽	高道順欽	
전남-管內-特要	고병희	高秉禧	高見精一	
전남-管內-特要	신광희	申光熙	竹山光	
전남-管內-特要	조극환	曺克煥		
전남-管內-特要	조완석	曺完錫		
전남-管內-特要	송성수	宋聖秀		
전남-管內-特要	조문환	曺文煥		
전남-管內-特要	조칠성	曺七星		
전남-管內-特要	조원경	曺元京	夏山豊康	
전남-管內-特要	정준균	鄭俊均	中村俊均	
전남-管內-特要	박봉두	朴鳳斗	村井鳳斗	
전남-管內-特要	현호진	玄好珍	宇野好珍	
전남-管內-特要	현호경	玄好景	宇野好景	
전남-管內-特要	곽사길	郭士吉	玄山士吉	
전남-管內-特要	오대진	吳大進	吳大進	
전남-管內-特要	유찬옥	柳贊玉	柳贊玉	
전남-管內-特要	유용의	柳龍義	柳龍義	
전남-管內-特要	유성황	柳成黃	柳川園平	색인에 없이 본문에만 기록됨
전남-管內-特要	강영수	姜榮秀	安川源太郎	
전남-管內-特要	정학현	鄭學鉉	屋城學鉉	
전남-管內-特要	정문두	鄭文斗	松原文斗	
전남-管內-特要	정병생	鄭炳生	松原炳生	
전남-管內-特要	정병직	鄭炳直	松原炳直	
전남-管內-特要	김천두	金千斗	松江千斗	
전남-管內-特要	오상록	吳上祿	福川上祿	
전남-管內-特要	오임탁	吳琳鐸	福川琳鐸	본문에는 吳林鐸 표기
전남-管內-特要	정경인	鄭璟仁		
전남-管內-特要	정병용	鄭炳庸		
전남-管內-特要	윤석원	尹錫沅	東泉	
전남-管內-特要	이홍연	李烘衍	赤城烘衍	

종별	이름	이름	창씨명	비고
전남-管內-特要	주원석	朱元錫	朱原營雄	
전남-管內-特要	최창진	崔昌鎭	山本昌鎭	
전남-管內-特要	김완근	金完根		
전남-管內-特要	김몽길	金夢吉		
전남-管內-特要	김상환	金相奐	金田光正	
전남-管內-特要	김유환	金壝煥		
전남-管內-特要	김형수	金炯洙		
전남-管內-特要	김인수	金寅洙		
전남-管內-特要	강석봉	姜錫奉		
전남-管內-特要	이종규	李鍾奎	木山鍾奎	
전남-管內-特要	박일성	朴日星	木下日星	
전남-管內-特要	이영직	李永直	光山永直	
전남-管內-特要	최규고	崔圭高	芝正秀	본문에는 崔圭昌
전남-管內-特要	김석준	金錫浚	芝野錫浚	
전남-管內-特要	김판권	金判權	柴岡郁雄	
전남-管內-特要	박준오	朴準午	新京準之助	
전남-管內-特要	신명철	申明哲	平山進	
전남-管內-特要	신형우	申瀅雨		
전남-管內-特要	선태섭	宣太燮		
전남-管內-特要	선동기	宣東基		
전남-管內-特要	김찬섭	金瓚燮		
전남-管內-政要	임경홍	林敬洪	林敬次郎	
전남-管內-政要	박준동	朴俊東		
전남-管內-政要	박영진	朴永震	松岡永震	
전남-管內-政要	최형천	崔亨天	德本亨天	
전남-管內-政要	이정암	李正巖		
전남-管內-政要	김면수	金冕洙	金村冕洙	
전남-管內-政要	김종성	金鍾聲	金本鍾聲	
전남-管內-政要	황생주	黃生周	長村生周	
전남-管內-政要	양장주	梁長柱	梁川長柱	
전남-管內-政要	문승수	文升洙	文川升洙	
전남-管內-政要	위경영	魏京永	靑山京永	

종별	이름	이름	창씨명	비고
전남-管內-政要	국기열	鞠錡烈		
전남-管內-政要	김성호	金聲浩		
전남-管內-政要	김길례	金吉禮		
전남-管內-政要	정경옥	鄭景玉	島田一清	
전남-管內-勞要	박순경	朴順景		
전남-管內-勞要	조동승	曺棟承	松原長春	
전남-管內-勞要	서구석	徐究錫	利川倉錫	
전남-管內-勞要	김상수	金祥洙		
전남-管內-勞要	강갑수	姜甲壽		
전남-管內-普要	배기섭	裵識燮	星山識燮	
전남-管內-普要	이석순	李石順		
전남-管內-普要	조주현	曺柱鉉	夏山雲	
전남-管內-普要	구동훈	具東勳		
전남-管內-普要	전채규	田采奎		
전남-管內-普要	박공근	朴恭根	新井恭根	
전남-管內-普要	김영준	金永駿		
전남-管內-普要	정태중	鄭泰重		
전남-管內-普要	주동혁	朱東爀		
전남-管內-普要	김재희	金在禧	金海在禧	
전남-內地-特要	김삼봉	金三峯	池田三峯	
전남-內地-特要	김상훈	金相燻	令上明燻	
전남-內地-特要	이석모	李錫模	春木清	
전남-內地-特要	임기준	林己準		
전남-內地-特要	이재원	李載圓	大澤載圓	
전남-內地-特要	이익우	李益雨	桂城益雨	
전남-內地-特要	한현상	韓晛相		
전남-內地-特要	김서호	金瑞鎬	金福瑞鎬	
전남-內地-特要	김달준	金達俊	金光俊夫	
전남-內地-特要	강문범	姜文範	吉原文範	
전남-內地-特要	조금동	曺今同		
전남-內地-特要	고영희	高永禧		
전남-內地-特要	강기찬	康箕贊		

종별	이름	이름	창씨명	비고
전남-內地-特要	김중원	金重遠		
전남-內地-特要	박수봉	朴洙鳳	新本洙鳳	
전남-內地-特要	박찬규	朴燦圭	新井燦圭	
전남-內地-特要	최계순	崔季淳		
전남-內地-特要	김점수	金点洙		
전남-內地-特要	김정로	金正魯		
전남-內地-特要	김종화	金鍾和		
전남-內地-特要	김택수	金澤銖		
전남-內地-特要	강태휴	姜泰烋		
전남-內地-特要	강창거	姜昌擧		
전남-內地-特要	강영석	姜永錫		
전남-內地-特要	박홍	朴鴻	新京鴻太郎	
전남-內地-特要	김병옥	金秉玉	島津秉玉	
전남-內地-特要	신원식	申元湜		
전남-內地-特要	신상철	申相澈		
전남-內地-特要	윤창석	尹昌錫	平野昌錫	
전남-內地-特要	정영규	鄭永奎	東山永奎	
전남-內地-政要	장봉수	張琫洙		
전남-內地-政要	정남국	鄭南局	新城南局	
전남-內地-政要	최기동	崔基東		
전남-內地-勞要	김호암	金虎岩	立花春岩	
전남-內地-勞要	양재도	梁在道	大山在道	
전남-內地-勞要	김상구	金相求		
전남-內地-普要	박태을	朴台乙		
전남-內地-普要	이선홍	李善洪		
전남-內地-普要	최종학	崔鍾學		
전남-國外-特要	최장춘	崔長春	鳩山長春	
전남-國外-特要	박재룡	朴在龍	原重信	
전남-國外-特要	이경채	李景彩		
전남-國外-特要	이○근	李○根		
전남-國外-特要	이수동	李壽童		
전남-國外-特要	나월환	羅月煥		

종별	이름	이름	창씨명	비고
전남-國外-特要	고중립	高中立		
전남-國外-特要	홍순기	洪淳起		
전남-國外-特要	오남기	吳南基		
전남-國外-特要	국채진	鞠採鎭		
전남-國外-特要	김부득	金富得		
전남-國外-特要	김규열	金圭烈		
전남-國外-特要	허진환	許振煥		
전남-國外-特要	박대술	朴大述	新明大述	
전남-國外-特要	서진순	徐進淳		
전남-國外-特要	신동호	申東浩		
전남-國外-政要	박봉춘	朴奉春		
전남-國外-政要	정병채	鄭炳彩		
전남-國外-政要	김용재	金容宰		
전남-國外-政要	김수인	金守仁		
전남-國外-政要	김상수	金上洙		
전남-國外-政要	김종진	金宗振		
전남-國外-政要	김명구	金明究		
전남-國外-政要	김영수	金永洙		
전남-國外-政要	김일곤	金逸坤		
전남-國外-政要	김승곤	金勝坤		
전남-國外-政要	박계천	朴桂千	元村桂千	
전남-國外-勞要	표성천	表聲天	大山茂一	
전남-國外-普要	박노영	朴魯泳		
전남-政外-政要	임경모	任暻模		
전남-政外-政要	황보익	黃保翼	黃原保翼	
전남-政外-政要	난위량	欒爲樑		
전남-政外-政要	소옥산	蕭玉山		
전남-政外-政要	추자현	鄒子賢		
전남-政外-政要	토손 팜릭			
전남-政外-政要	라이언 와코스 구니에르			
전남-政外-政要	아우만 맥폴리시			
전남-政外-政要	오스텐 코이니			

윤주응 尹柱應* 479

종별 전남-관내-특요
창씨명 伊泉柱應
별명
생년월일 1905.7.23
직업
본적 전남 강진군 병영면兵營面 성남리城南里 97
주소 전남 강진군 병영면 성남리 97
인상/특징 키 5척 2촌, 얼굴이 긴 편, 피부는 검은 편, 눈이 작고 코가 우뚝하다. 머리는 5푼 길이로 짧게 깎았다. 왼쪽 다리를 전다.
시찰요점 공산주의에 공명하여 과격한 언동을 함. 1932년 6월 24일 목포지청에서 치안유지법 위반으로 징역 3년을 받음. 병영적색노동조합 사건 주모자**

* 강진청년동맹(1927.11), 신간회 강진지회(1929.2), 병영자유노동조합 등 활동.
** 1931년 9월 '병영적색격문사건'으로 체포됨. 1932년 6월 24일 광주지방법원 목포지청에서 치안유지법 위반으로 징역 3년을 받음[동아일보 1932.6.28].

윤천현 尹舁鉉 [윤승현 尹昇鉉]* 479

종별 전남-관내-특요
창씨명
별명 金正虎, 趙鏞夏, 荒井昇, 大奇一郎, 高山岩記
생년월일 1912.12.7
직업 면서기
본적 전남 나주군 남평면南平面 남석리藍石里 46
주소 전남 나주군 남평면 남석리 46
인상/특징 키 5척 2촌. 얼굴이 둥글고 조금 검은 편, 평범한 얼굴에 눈썹이 짙고 치아가 고르다. 보통 체격이다. 올백머리. 나머지는 평범함.
시찰요점 광주고등보통학교 맹휴 주모자, 검거 전 일본 도쿄에 건너갔다가 1930년 조선에 돌아옴. 1932년 전남노농협의회 사건. 징역 3년(1935).

* 윤승현(1912~1950, 전남 나주). 1990년 건국훈장 애국장(1982년 건국포장)을 받음. 원문의 윤천현은 윤승현의 오기.

박귀선 朴貴先* 479

종별 전남-관내-특요
창씨명 井上貴先
별명
생년월일 1897.4.7
직업
본적 경남 마산부 상남동上南洞 248
주소 전남 고흥군 소록도형무지소小鹿島刑務支所
인상/특징 키 5척 3촌, 얼굴이 길고 희다. 눈썹이 짙다. 나머지는 평범함. 전남 사투리.
시찰요점 공산주의를 몽상하여 그 실현화를 꾀하며 불온언동을 하는 자.

* 박귀선(이명 박용규朴容圭). 1932년 3월 22일 치안유지법 위반, 출판법 위반, 보안법 위반으로 대구복심법원에서 징역 5년(미결구류일수 100일 통산)을 받음[판결문].

마성만 馬成萬* 480

종별 전남-관내-특요
창씨명 長谷川富保
별명
생년월일 1909.8.29
직업 농업
본적 전남 강진군 군동면郡東面 삼신리三新里 720
주소 전남 강진군 강진읍康津邑 동성리東城里 329
인상/특징 키 5척 4촌 5푼. 피부가 희고 얼굴이 평평하다. 코가 낮고 눈썹이 짙다. 눈과 귀가 크다. 입이 크고 이마가 넓다.
시찰요점 배일공산주의. ①1932년 6월 21일 폭력행위 위반으로 징역 1년(대구복심법원)**, ②1936년 12월 18일 치안유지법 위반 징역 1년 6월(목포지청). 전남운동협의회 사건

* 마성만(1910~1941, 전남 강진). 1990년 건국훈장 애족장을 받음. 1941년에 사망했지만 이 자료에 올라 있음.
** 강진군 군동소작쟁의 사건 1심은 1932년 2월 26일 광주지방법원 장흥지청에서 있었음. 마성만은 징역 1년을 받았음[동아일보, 1932.2.29].

마상춘 馬相春 480

종별 전남-관내-특요
창씨명 長谷川相春
별명
생년월일 1910.12.15
직업 미창米倉(조선미곡창고주식회사) 강진출장소 직원
본적 전남 강진군 군동면郡東面 삼신리三新里 787
주소 전남 강진군 군동면 삼신리 787
인상/특징 키 5척 2촌 6푼. 피부는 희다. 좁고 긴 얼굴, 이마가 좁다. 코가 높다. 귀는 작고 눈은 크다. 올백머리.
시찰요점 배일공산주의. ①1932년 6월 21일 폭력행위 위반으로 징역 1년(대구복심법원)*, ②1936년 12월 18일 치안유지법 위반 징역 1년 6월(목포지청). 전남운동협의회 사건**

* 강진군 군동소작쟁의 사건 1심은 1932년 2월 26일 광주지방법원 장흥지청에서 있었음. 마상춘은 징역 1년형을 받았음[동아일보, 1932.2.29].

** 1936년 12월 28일 광주지방법원 목포지청에서 치안유지법 위반으로 징역 1년 6월(미결 545일 통산)을 받음[판결문].

이강진 李康鎭* 480

종별 전남-관내-특요
창씨명 長谷川相春
별명 李海勇, 李海東, 渡邊豊吉
생년월일 1917.4.2
직업 경성일보 전남특파원
본적 전북 임실군 둔남면屯南面 신기리新基里 274
주소 전남 광주부 명치정明治町 5정목丁目 135
인상/특징 키 5척 7촌. 얼굴은 약간 길고 코가 높고, 입이 크다. 하이칼라 머리.
시찰요점 공산주의. 1935년 10월 치안유지법 위반으로 징역 1년(집행유예 3년)*

* 1935년 10월 25일 전주지방법원에서 치안유지법 위반으로 징역 1년(집행유예 2년)을 받음[판결문].

박오봉 朴五鳳*

480

종별 전남-관내-특요

창씨명

별명

생년월일 1907.2.27

직업 전남신보사 직원

본적 전남 무안군 청계면清溪面 청계리清溪里

주소 전남 광주부 서정西町 447

인상/특징 키 5척 4촌 5푼, 보통 체격이다. 머리를 빡빡 깎음. 얼굴은 둥글고 약간 검으며 눈썹이 짙다. 수염은 없다.

시찰요점 배일공산주의가 농후함. 1931년 6월 13일 보안법 위반으로 징역 1년(미결 365일 통산通算). 광주학생사건

* 박오봉(1904~1949, 전남 광주). 1990년 건국훈장 애족장을 받음.

박노백 朴魯珀

480

종별 전남-관내-특요

창씨명

별명 炯採

생년월일 1904.2.3

직업 광산업

본적 전남 광산군 하남면河南面 장수리長水里 410

주소 전남 광산군 하남면 장수리 410

인상/특징 키 5척 4촌, 비만. 하이칼라머리. 얼굴과 이마가 평평하다. 눈썹이 짙고 눈이 크며 치아가 가지런하다.

시찰요점 공산주의. 고려공산청년회 일본부원으로 검거됨. 1932년 8월 30일 도쿄공소원에서 치안유지법 위반으로 징역 3년

* 박노백(1903~1958, 전남 광주). 2008년 건국훈장 애족장을 받음.

박우현 朴于賢 480

종별 전남-관내-특요

창씨명

별명 禹賢, 鐵奉

생년월일 1910.10.19

직업

본적 함북 명천군 하고면下古面 토원리土垣里 844

주소 광주형무소

인상/특징 키 5척 6촌, 보통 체격이다. 피부가 희고 얼굴이 길다. 코가 높고 귀가 크다. 눈썹이 짙고 쌍꺼풀이 있다. 나머지는 평범하다.

시찰요점 1936년 길주군 좌익농민조합사건. 1939년 2월 7일 치안유지법 위반, 출판법 위반, 공무집행방해, 폭력행위 등 처벌에 관한 법률 위반으로 징역 12년*

* 국가보훈처의 집행원부와 형사사건부에 따르면 박우현에 대한 재판은 1심(1939.2.7), 2심(1939.6.23 경성복심), 3심(1939.10.16 고등법원)으로 진행됐음. 치안유지법 위반, 출판법 위반, 공무집행방해, 상해죄로 징역 12년을 받았음[집행원부, 형사사건부, 일제감시대상인물카드].

박세공 朴世共* 481

종별 전남-관내-특요

창씨명

별명 判吉, 炳鉉, 鳳三

생년월일 1907.1.29

직업 家○○藥負○

본적 전남 나주군 나주읍羅州邑 본정本町 13

주소 전남 광주부 본정本町 5정목丁目 3 산당약방山堂藥房 박병헌朴炳憲 방方

인상/특징 키 5척 7촌, 보통 체격이다. 얼굴이 긴 편이고 피부가 검붉다. 머리를 바싹 짧게 깎았다. 나머지는 평범하다.

시찰요점 공산주의. 광산, 공장 또는 ○○에서 실천운동의 우려가 있다.

* 1932년 11월 이른바 나주 적색노동조합 사건으로 체포되어, 1933년 4월 8일 광주지방법원에서 치안유지법 위반으로 징역 2년을 받음[판결문].

홍향옥 洪鄕玉

481

종별 전남-관내-특요
창씨명 德山精一
별명
생년월일 1912.8.26
직업 농업
본적 전남 제주도 한림면翰林面 협재리狹才里 1902
주소 전남 제주도 한림면 협재리 1902
인상/특징 키 ○척 4촌, 보통 체격이다. 각진 얼굴에 이마가 넓다. 코가 높고 눈썹이 짙다. 눈은 오목눈에 크다. 귀와 입이 크다. 하이칼라머리에 쌍커풀이 있다. 뻐드렁니이고 가지런하지 않다. 미간에 동전 크기 상흔이 있다.
시찰요점 공산주의. 1937년 4월 15일 치안유지법 위반으로 징역 2년(미결 700일 통산)* 제주도적농창립준비회 사건

* 1937년 4월 12일 광주지방법원 목포지청에서 치안유지법 위반으로 징역 2년(미결구류 700일 통산)을 받음. '제주도 적색농민조합 사건'[매일신보 1937.4.16].

홍성하 洪性夏*

481

종별 전남-관내-특요
창씨명 德山宇七
별명 性河
생년월일 1898.1.15
직업
본적 전남 광산군 송정읍松汀邑 송정리松汀里
주소 경성부 돈암정敦岩町 471-5
인상/특징 키 5척 3촌. 올백머리. 둥근 얼굴에 흰 피부. 이마가 넓다. 눈이 작고 이가 가지런하다. 비만형. 나머지는 평범함.
시찰요점 일본 주오대학中央大學 졸업, 보성전문학교 교수로서 동교 럭비부장 당시 상하이上海 원정遠征. 민족적 언동이 농후함

* 홍성하(1898.1.15~1978.4.30). 일본 주오대학 경제학과 졸업, 보성전문학교 교수. 해방 후 제헌국회의원을 지낸 정치인.

조형식 趙炯植 481

종별 전남-관내-특요

창씨명 豊田英市

별명

생년월일 1915.11.1

직업 대화숙大和塾 서기

본적 전남 광주부 금정錦町 212

주소 전남 광주부 방림정芳林町 295

인상/특징 키 5척 5촌, 둥근 얼굴에 눈이 크다. 비만형. 입은 작고 귀와 코는 평범하다. 하이칼라머리

시찰요점 공산주의. 1939년 11월 14일 치안유지법 위반으로 징역 2년(광주지방법원)*

* 1939년 11월 14일 치안유지법 위반으로 광주지방법원에서 징역 2년(미결구류 400일 통산)을 받음[판결문].

조옥초 趙玉肖* 482

종별 전남-관내-특요

창씨명

별명 錫勳

생년월일 1898.7.22

직업 광산업

본적 전북 고창군 고창면高敞面 교촌리校村里 58

주소 전남 장성군 북일면北一面 신흥리新興里

인상/특징 키 5척 4촌, 보통 체격이다. 흰 피부에 얼굴이 길다. 머리카락은 왼쪽 가르마, 수염은 없음. 로이드안경을 착용.** 호남자로 보임.

시찰요점 국가의 존재를 부인하는 불온·과격한 언동. ①1918년 3월 16일 보안법 위반으로 징역 6월, ②1928년 폭력행위(이하 판독불능)***

* 조석훈趙錫勳이란 이름으로 고창농민조합, 고창청년회, 조선청년동맹 전북연맹, 고창노동회 등에서 활동함.

** 둥글고 굵은 셀룰로이드 테 안경. 미국의 희극 배우 로이드가 쓰고 영화에 출연한 데서 유래한다[국어사전].

*** ①1918년 3월 16일 보안법 위반으로 평양법원에서 징역 6월을 받음[수형인명부], ②1927년 10월 20일 고창농민조합원들이 폭력단취체령 위반으로 검속된 사건이라고 생각됨. 고창농민조합 사건[동아일보 1927.11.4, 조선일보 1927.10.29, 1927.11.15].

지영렬 池英烈

482

종별 전남-관내-특요

창씨명

별명 金昌五, 池澤龍

생년월일 1911.7.21

직업 노동

본적 함북 명천군 동면東面 발하리發河里

주소 전남 목포부 욱정旭町 12

인상/특징 키 5척 1촌 5푼. 하이칼라머리, 오른쪽 가르마. 입이 크고 약간 검은 피부에 둥근 얼굴. 항상 갈색 안경을 사용함.

시찰요점 공산주의, 배일사상. 1934년 11월 27일 치안유지법 위반으로 징역 2년(광주지방법원). 전남노농협의회사건*

---

* 1934년 11월 27일 치안유지법 위반으로 광주지방법원 형사부에서 징역 2년(미결구류일수 730일 본형에 산입)을 받음[판결문].

임귀석 林貴錫

482

종별 전남-관내-특요

창씨명

별명

생년월일 1914.8.15

직업

본적 전남 담양군 담양면潭陽面 평객리平客里 243

주소 목포형무소

인상/특징 키 5척 3촌, 보통 체격이다. 어두운 피부색. 눈이 작고 얼굴은 둥글다. 올백머리

시찰요점 공산주의 신봉. 늘 타인을 사주해 주의를 선전할 우려가 있음. ①1931년 12월 26일 보안법 위반으로 금고 10월(집행유예 2년), ②1940년 4월 치안유지법 위반으로 징역 5년*

---

* ①1931년 12월 26일 보안법 위반으로 광주지방법원 목포지청에서 금고 10월(집행유예 2년)을 받음[집행원부], ②1940년 4월 14일 치안유지법 위반으로 광주지방법원 목포지청에서 징역 5년을 받음[수형인명부].

이준범 李焌範 482

종별 전남-관내-특요
창씨명 李家焌範
별명
생년월일 1912.2.3
직업 식량영단食糧營團 전남지부 서기
본적 전남 광산군 서방면瑞坊面 오치리梧峙里 157
주소 전남 광산군 서방면 오치리 157
인상/특징 키 5척 6촌 5푼, 살찐 편. 얼굴이 둥글고 희다. 코는 낮고 크다. 눈이 다소 가늘다. 왼쪽 손목에 쌀알 크기의 검은 점이 있다.
시찰요점 공산·민족주의. 1930년 2월 26일 보안법 위반으로 징역 4월(집행유예 5년, 광주법원). 광주학생사건*

* 1930년 2월 26일 보안법 위반으로 광주지방법원에서 금고 4월(집행유예 5년)을 받음[수형인명부].

이강목 李康牧* 482

종별 전남-관내-특요
창씨명
별명
생년월일 1907.10.24
직업 농업, 광산업
본적 전북 임실군 둔남면屯南面 둔덕리屯德里 462
주소 전남 광산군 송정읍松汀邑 도호리道湖里
인상/특징 키 5척 3촌, 얼굴이 갸름하고 키가 작은 체구. 눈이 희다. 광대뼈가 튀어나왔다. ○가 크다. 올백머리
시찰요점 공산주의. 1935년 10월 25일 치안유지법 위반으로 징역 2년(집행유예 4년). 조선공산주의운동통일동맹사건

* 이강목(1907~1983, 전북 임실). 2005년 건국훈장 애족장을 받음.

임종대 林鍾大

483

종별 전남-관내-특요
창씨명
별명
생년월일 1906.6.4
직업 노동
본적 전남 담양군 월산면月山面 삼다리三茶里 484
주소 전남 담양군 월산면 삼다리 484
인상/특징 키 5척 5, 수척하다. 얼굴이 길고 코가 솟았다. 흰 피부에 하이칼라머리
시찰요점 공산주의. ①1931년 6월 13일 치안유지법 위반으로 징역 1년(미결 365일 통산), ②1934년 11월 27일 ○○○ 징역 2년(미결 730일 통산). 전남노농협의회 사건*

* ①1931년 6월 13일 치안유지법 위반으로 대구복심법원에서 징역 1년(미결구류일수 중 365일 본형에 산입)을 받음[판결문], ②1934년 11월 27일 치안유지법 위반으로 광주지방법원 형사부에서 징역 2년(미결구류일수 730일 본형에 산입)을 받음[판결문].

임종근 林鍾根*

483

종별 전남-관내-특요
창씨명
별명
생년월일 1907.12.29
직업 기와 제조업
본적 전남 보성군 벌교읍筏橋邑 전동리典洞里 537
주소 전남 순천군 순천읍順天邑 옥천리玉川里
인상/특징 키 5척 3촌, 비만 체격. 피부가 검다.
시찰요점 공산·민족주의, ML계, ○○ 훈도訓導. ①1928년 6월 13일 치안유지법 위반으로 징역 3년 6월, ②1934년 12월 26일 치안유지법 위반으로 징역 7년. 전남노농협의회사건*

* ①1931년 6월 13일 치안유지법 위반, 출판법 위반으로 대구복심법원에서 징역 1년 6월(미결구류일수 중 365일 본형에 산입)을 받음. '광주 성진회 사건'[판결문, 조선일보 1931.6.14], ②1934년 12월 26일 치안유지법 위반으로 광주지방법원에서 징역 2년(미결구류일수 중 545일을 본형에 산입)을 받음[판결문].

임영춘 林永春

483

종별 전남-관내-특요

창씨명

별명

생년월일 1909.1.12

직업 ○○○○ 판매인

본적 전남 목포부 목포대木浦台 3

주소 전남 목포부 목포대 3

인상/특징 키 5척 4촌, 보통 체격이다. 둥근 얼굴. 피부가 약간 검다. 코가 높고, ○이 크다. 로이드안경 사용

시찰요점 공산주의. 1932년 4월 8일 치안유지법 위반, 출판법 위반으로 징역 3년(목포지청). 불온문서살포 사건*

* ①1932년 4월 8일 치안유지법 위반, 출판법 위반으로 광주지방법원 목포지청에서 징역 3년을 받음[수형인명부], ②1938년 7월 시국대응전선사상보국연맹 결성 때 간사(광주)로 참여함[조선일보 1938.7.25].

임동춘 林東春

483

종별 전남-관내-특요

창씨명

별명 任藤敏芳, 岸木○○, 岸木勝, 文奉錫

생년월일 1915.1.7

직업

본적 전남 목포부 죽동竹洞 173

주소 전남 목포부 목포대木浦台 3

인상/특징 키 5척 1촌. 머리카락이 길고 얼굴 아랫부분이 작다. 피부는 검다. 눈과 입이 작고 치아는 고르다. 수염이 없다. 마른 체형.

시찰요점 공산주의, 전협계全協係. 1935년 3월 5일 치안유지법 위반으로 징역 2년(3년간 집행유예). 도쿄지방재판소*

* 1934년 4월 9일 전협출판 및 당 중앙부 인쇄국 돌격대원으로 판명되어 검사국에 송국되고, 6월 26일 치안유지법 위반으로 기소됨[특고월보 1934.1~1937.12(日誌)].

이신연 李信衍 [이신형 李信珩]* 483

종별 전남-관내-특요

창씨명

별명 益田信行

생년월일 1911.9.17

직업

본적 전남 제주도 조천면朝天面 조천리 1366

주소 전남 제주도 조천면 조천리 1366

인상/특징 키 5척 5촌. 얼굴이 약간 길고 약간 검은 편. 하이칼라머리. 마른 체형. 나머진 평범하다.

시찰요점 민족·공산주의. 1931년 1월 10일 치안유지법 위반으로 징역 2년(대구복심법원)

* 이신형(1911~미상, 제주 조천). 2019년 건국훈장 애족장을 받음. 원문의 이신연은 이신형의 오기.

이규호 李圭虎* 483

종별 전남-관내-특요

창씨명

별명

생년월일 1913.3.23

직업

본적 한성부 회현방會賢坊 미동美洞(옛 황금정黃金町 1정목丁目)

주소 광주형무소

인상/특징 키 5척 3촌, 보통 체격이다. 머리카락은 5푼 길이로 짧게 깎음. 얼굴은 둥글고 희며 이마가 넓다. 눈썹이 짙다. 수염은 조금 있다. 목소리가 형형하다. 오른쪽 눈 아래에서 윗입술까지 약 2촌 길이의 상흔이 있다.

시찰요점 무정부주의자. 1935년 상하이上海 조선인회 부회장 이용로李容魯 살해범인 엄순봉嚴舜奉(이명 엄형순嚴亨淳)의 공범. 치안유지법 및 살인죄, 징역 13년

* 이규창(李圭昌, 1913~2005, 서울 이명 이규호). 1968년 건국훈장 독립장을 받음. 이회영의 아들.

이윤필 李允必

484

종별 전남-관내-특요
창씨명
별명 松岡一尺
생년월일 1905.1.17
직업 전기상회 출장소장
본적 강원도 철원군 철원읍鐵原邑 외촌리外村里 306
주소 전남 목포부 상반정常盤町 2-5
인상/특징 키 5척 6촌, 비대한 체형에 하이칼라머리. 수염은 없다. 입이 작고 둥근 얼굴에 코가 높다. 피부가 검다. 왼쪽 손목에 5푼 길이의 ○○ 상처가 있다.
시찰요점 공산주의에 공명, 조선독립운동에 합류하려 함.

손표기 孫漂基

484

종별 전남-관내-특요
창씨명 大村漂基
별명
생년월일 1910.2.16
직업 토목현장 감독
본적 전남 장흥군 장평면長平面 용강리龍岡里
주소 전남 광주부 방림정芳林町 301 김정극金正克 방方
인상/특징 키 5척 5촌, 보통 체격이다. 얼굴이 가늘고 길다. 피부가 약간 검다. 눈빛이 날카롭다. 눈썹이 짙고 코가 높다. 수염이 없다. 걸을 때 상반신을 좌우로 흔드는 버릇이 있다.
시찰요점 공산주의. ①1931년 8월 1일 반전데이에 오사카 쓰루하시경찰서鶴橋署에 60일간 구속됨, ②1934년 5월 치안유지법 위반으로 징역 2년(집행유예 5년)*

* 1934년 5월 31일 치안유지법 위반으로 광주지방법원에서 징역 2년(집행유예 5년)을 받음[수형인명부], 1929년 광주학생운동 당시 경성 배재고등보통학교 동맹휴학을 주도하여 퇴학, 일본에 건너가 반제동맹에 가입해 활동하였으며 전협의 오사카지역 주요 간부로 활동함[조선일보 1934.4.19].

오원석 吳元錫* 484

종별 전남-관내-특요
창씨명 大山元一
별명
생년월일 1898.1.25
직업
본적 전남 강진군 군동면郡東面 덕천리德川里 819
주소 전남 강진군 군동면 덕천리 819
인상/특징 키 5척 2촌 5푼. 둥근 얼굴이 청백색이다. 보통 체격이다. 귀가 작다. 올백머리. 눈썹이 짙다.
시찰요점 배일공산주의. ①1932년 9월 9일 폭력행위 위반으로 징역 1년. 군동소작쟁의 사건, ②1936년 12월 28일 치안유지법 위반으로 징역 1년 6월(목포지청). 전남운동협의회사건

* 오원석(1899~1972, 전남 강진). 1990년 건국훈장 애족장(1982년 대통령표창)을 받음.

이상암 李相岩* 484

종별 전남-관내-특요
창씨명 大原相岩
별명
생년월일 1906.5.27
직업 순천지청 광의면호적기류협회光義面戶籍寄留協會 서기
본적 전남 구례군 광의면光義面 대전리大田里 401
주소 전남 구례군 광의면 대전리 401
인상/특징 키 5척 3촌, 보통 체격이다. 얼굴이 약간 둥근 편, 이마가 넓고 피부가 희다. 치아가 가지런하다. 수염은 위아래 모두 없다.
시찰요점 공산·민족주의. 1935년 10월 25일 전주지방법원에서 치안유지법 위반으로 징역 2년(집행유예)

* 이상암(1906~1949, 전남 구례). 2005년 건국훈장 애족장을 받음.

이형우 李亨雨*

485

종별 전남-관내-특요

창씨명 香村芳男

별명 憲俊

생년월일 1910.3.20

직업 면 지도원面指導員

본적 전남 순천군 송광면松光面 낙수리洛水里 383-13

주소 전남 순천군 쌍암면雙岩面 남강리南江里

인상/특징 키 5척 1촌, 얼굴은 둥글고 희다. 눈과 입은 작고 머리는 산발이다. 나머지는 평범하다.

시찰요점 공산주의. ①1930년 보안법 위반으로 금고 8월, ②1931년 치안유지법 위반으로 징역 1년, ③1934년 치안유지법 위반으로 징역 1년 6월

* 이형우(1910~미상, 전남 순천). 1990년 건국훈장 애족장(1968년 대통령표창)을 받음.

장일봉 張一峰

485

종별 전남-관내-특요

창씨명 河野靜男

별명 張斗男

생년월일 1911.5.3

직업

본적 전남 광주부 북정北町 295

주소 전남 광주부 임정林町 78

인상/특징 키 5척 4촌, 얼굴이 둥글고 피부가 희다. 귀가 크고 눈썹이 짙다. 눈과 입이 크다. 코는 높고 이는 가지런하다. 수염이 없다. 목소리가 맑다.

시찰요점 일본공산당 청년동맹원으로 활동. ①1934년 9월 8일 효고현兵庫縣에서 검거됨, 1935년 7월 25일 치안유지법 위반으로 징역 2년을 받음(오사카공소원大阪控訴院)*

* 1935년 7월 25일 치안유지법 위반으로 일본 오사카공소원大阪控訴院에서 징역 2년(미결구류일수 120일 통산)을 받음[수형인명부].

한종식 韓宗植

485

종별 전남-관내-특요

창씨명

별명 韓業

생년월일 1908.4.1

직업 제분업製粉業

본적 경기도 강화군 하도면下道面 문산리文山里 613

주소 전남 목포부 남교동南橋洞 시장 앞 한문식韓文植 방方

인상/특징 키 5척 3촌, 보통 체격이다. 둥근 얼굴이 검다. 머리를 짧게 깎았고 수염은 없다. 나머지는 평범하다.

시찰요점 공산주의. ①1928~1929년 중 ○범으로 구류 3회, ②1934년 3월 31일 치안유지법 위반으로 징역 3년 6월(전주지방법원)*

* 1934년 3월 31일 치안유지법 위반으로 전주지방법원에서 징역 3년 6월(미결구류일수 중 60일 본형 산입)을 받음[판결문, 수형인명부].

하순철 河順哲*

485

종별 전남-관내-특요

창씨명 河上哲

별명 河哲

생년월일 1910.3.19

직업 연와공장煉瓦工場 주임

본적 전남 영암군 영암면靈巖面 춘양리春陽里 160

주소 전남 순천군 황전면黃田面 선변리仙邊里

인상/특징 키 5척 4촌, 보통 체격이다. 얼굴이 넓다. 피부는 검붉은 색이다. 눈과 입이 크고 코가 높다. 하이칼라머리. 로이드안경을 쓴다.

시찰요점 공산주의를 신봉하여 노동운동에 분주함. ①1933년 7월 치안유지법 위반으로 징역 1년 6월, ②1936년 7월 치안유지법 위반으로 징역 2년(대구복심법원)

* 하순철(1899.12.19~미상, 전남 영암). 2018년 건국훈장 애족장을 받음. 출생일에 차이가 있지만 행적을 종합해 동일인으로 판단함.

강개동 姜介童 485

종별 전남-관내-특요
창씨명 神農漢一
별명 李一, 姜漢一
생년월일 1913.2.2
직업 전기라디오 수선업
본적 전남 강진군 도암면道岩面 석문리石門里 497
주소 전남 광주부 유정柳町 62
인상/특징 키 5척 3촌. 얼굴이 약간 길고 눈이 크다. 코가 높고 입과 귀는 평범하다.
시찰요점 공산주의. 1939년 11월 14일 치안유지법 위반으로 징역 1년 6월(광주지방법원)*

* 1939년 11월 14일 치안유지법 위반으로 광주지방법원에서 징역 1년 6월(미결구류일수 중 400일 본형에 산입)을 받음[판결문].

김한동 金漢棟 485

종별 전남-관내-특요
창씨명 金山年盛
별명
생년월일 1915.11.11
직업
본적 전남 함평군 나산면羅山面 월봉리月奉里 440
주소 전남 광주부 산수정山手町 490
인상/특징 키 5척 3촌, 둥근 얼굴, 입이 크고 코가 높다. 나머지는 평범하다.
시찰요점 공산주의. 1939년 11월 14일 치안유지법 위반으로 징역 2년(광주지방법원)*

* 1939년 11월 14일 치안유지법 위반으로 광주지방법원에서 징역 2년(미결구류일수 중 400일 본형에 산입)을 받음[판결문].

강점수 姜点洙

486

종별 전남-관내-특요

창씨명 神農茂美

별명

생년월일 1916.5.9

직업 광주산업주식회사 점원

본적 전남 강진군 도암면道岩面 석문리石門里 49

주소 전남 광주부 산수정山手町 109

인상/특징 키 5척 2촌 5푼. 얼굴이 길고 코가 높다. 윗입술에 약 1촌 길이 상처가 있다. 나머지는 평범함.

시찰요점 공산주의. 1939년 11월 14일 치안유지법 위반으로 징역 2년(광주지방법원)*

* 1939년 11월 14일 치안유지법 위반으로 광주지방법원에서 징역 2년(미결구류일수 중 400일 본형에 산입)을 받음[판결문].

김기수 金麒洙

486

종별 전남-관내-특요

창씨명 金光麒洙

별명

생년월일 1913.2.15

직업

본적 전남 보성군 보성읍寶城邑 보성리寶城里 194

주소 전남 보성군 보성읍 보성리 194

인상/특징 키 5척 5촌, 마른 체형. 흰 피부. 수염이 길다. 올백머리

시찰요점 공산주의. ①1932년 9월 치안유지법 위반으로 징역 1년*, ②1930년 1월 광주고등보통학교 백지동맹 사건으로 퇴학.

* 치안유지법 위반으로 1932년 6월 29일 광주지방법원 장흥지청에서 징역 2년, 1932년 9월 30일 대구복심법원에서 징역 1년을 받음. 1932년 12월 5일 고등법원에서 상고 기각됨[판결문].

김시용 金時容*

486

종별 전남-관내-특요
창씨명 金海時容
별명
생년월일 1906.2.4
직업
본적 전남 제주도 조천면朝天面 조천리朝天里
주소 전남 제주도 조천면 조천리
인상/특징 키 5척 3촌. 둥글고 흰 얼굴. 입이 크다.
시찰요점 공산주의. ①1929년 3월 신문지법 위반으로 도쿄東京 토쓰카서戶塚署에서 구류 15일, ②1929년 8월 신문지법 위반으로 벌금 300엔(도쿄지방법원), ③1931년 11월 24일 치안유지법 위반으로 징역 2년(부산지방법원)**

* 김시용(1906~1945, 제주). 1995년 건국훈장 애국장을 받음.
** 1942년 8월 13일 치안유지법 위반으로 광주지방법원에서 징역 3년을 받고 복역, 1945년 7월 23일 순국.

김한정 金漢貞*

486

종별 전남-관내-특요
창씨명 金山漢貞
별명
생년월일 1897.5.25
직업
본적 전남 제주도 대정면大靜面 가파리加波里 280
주소
인상/특징 키 5척 3촌, 마른 체형, 얼굴이 길고 검은 빛이다. 눈썹이 짙고 눈은 가늘고 날카롭다. 입이 크다. 수염은 없다. 하이칼라머리. 폐병 환자처럼 보인다.
시찰요점 공산·민족주의. ①1928년 12월 7일 보안법 위반으로 벌금 30엔, ②1928년 12월 23일 상해죄로 벌금 20엔, ③1933년 6월 5일 치안유지법 위반으로 징역 5년**

* 김한정(1896.5.22~1950.4.22 추정, 제주). 2019년 건국훈장 애국장을 받음.
** 제주 혁우동맹 사건.

김일준 金日準*

486

종별 전남-관내-특요

창씨명 金城日準

별명 一準

생년월일 1911.4.7

직업

본적 전남 제주도 조천면朝天面 함덕리咸德里 1067

주소 전남 제주도 조천면 함덕리 1067

인상/특징 키 5척 2촌, 보통 체격이다. 얼굴이 길고 약간 검은 편이다. 하이칼라머리. 눈빛이 날카롭고 오목눈(옴팡눈)이다.

시찰요점 공산주의. ①1931년 12월 8일 보안법 위반으로 징역 1년(집행유예 5년, 대구복심법원), ②1937년 4월 12일 치안유지법 위반으로 징역 2년(미결 70일 통산). 제주적농창립준비위원회

* 김일준(1911~1960, 제주). 1990년 건국훈장 애족장(1977년 대통령표창)을 받음.

김성오 金聲五*

486

종별 전남-관내-특요

창씨명 金泉聲五

별명

생년월일 1910.6.18

직업 수부水夫

본적 전남 제주도 구좌면舊左面 연평리演坪里 849

주소 전남 제주도 구좌면 연평리 849

인상/특징 키 5척 4촌, 얼굴이 길고 희다. 눈과 입이 작고 코는 크다. 하이칼라머리. 왼쪽 뺨 위쪽에 붉은 흉터.

시찰요점 민족·공산주의. 1933년 6월 치안유지법 위반으로 징역 2년 6월**

* 김성오(1901.6.18~1986, 제주). 2005년 건국훈장 애족장을 받음. 출생일에 큰 차이가 있지만, 본적 및 행적이 같아 동일인으로 판단함.

** 제주 혁우동맹 사건.

김기범 金基範* 487

종별 전남-관내-특요
창씨명 金城豊
별명
생년월일 1911.12.2
직업
본적 전남 제주도 제주읍濟州邑 삼도리三徒里 977
주소 전남 제주도 제주읍 삼도리 977
인상/특징 (1줄 판독불능) 얼굴이 둥글고 희다. 머리카락을 바짝 짧게 깎았다. 나머지는 평범하다.
시찰요점 공산주의 선전 및 운동의 우려가 있다.

* 1928년 제주공립보통학교 맹휴 주도. 1932년 9월 19일 조선공산당재건정리위원회 사건 관련 치안유지법 위반으로 경성지방법원에서 징역 3년(미결 통산 180일)을 받음[수형인명부, 동아일보 1931.9.2, 1932.9.20].

곽명수 郭明秀 487

종별 전남-관내-특요
창씨명 元山明秀
별명
생년월일 1905.4.16
직업
본적 전남 영암군 미암면美岩面 두억리斗億里 712
주소 전남 영암군 미암면 두억리 712
인상/특징 키 5척 2촌, 보통 체격이다. 올백머리에 수염은 없다. 눈썹이 짙다. 눈 귀 코는 평범하다. 얼굴은 둥글고 희다.
시찰요점 공산배일주의. ①1930년 4월 16일 치안유지법 및 출판법 위반으로 징역 10월(집행유예 3년), ②1930년 8월 22일 출판법 위반으로 벌금 80엔, ③1933년 9월 29일 치안유지법 위반으로 징역 5년*

* 두억리 야학회에서 공산사회 건설을 선동한 혐의로 1933년 9월 29일 광주지방법원 목포지청을 거쳐 1934년 3월 7일 대구복심법원에서 징역 5년(1심 미결구류일수 240일, 2심 미결구류일수 125일 산입)을 받음[판결문].

강문영 姜文永*

487

종별 전남-관내-특요

창씨명 吉金文雄

별명

생년월일 1915.1.22

직업 광주전삼조합光州轉三組合 사원

본적 전남 광주부 본정本町 4-43

주소 전남 광주부 누문정樓門町 135

인상/특징 키 5척 4촌, 보통 체격이다. 얼굴이 둥글고 눈이 작다. 나머지는 평범하다. 안경을 착용한다.

시찰요점 공산·민족주의. ①1929년 11월 광주학생사건 훈계 방면, ②1931년 6월 13일 치안유지법 위반으로 징역 1년(집행유예 3년), ③1936년 5월 2일 치안유지법 위반으로 징역 1년 6월

* 강문영(1915~1947, 전남 해남), 1995년 건국훈장 애국장을 받음.

김옥중 金玉仲

487

종별 전남-관내-특요

창씨명 金井玉仲

별명 敬仲, 金井精一

생년월일 1898.7.29

직업 농업, 해산물상海産物商

본적 전북 순창군 쌍치면雙置面 금평리金坪里 432

주소 전남 광주부 동정東町 145-21

인상/특징 키 5척 2촌, 마른 체형에 검은 피부. 얼굴이 길고 코가 높다. 올백머리

시찰요점 공산주의 신봉, 타인에게 주의를 선전선동하고 비밀결사를 조직할 우려가 있다.

강해석 姜海錫* 487

종별 전남-관내-특요
창씨명 神田實
별명
생년월일 1904.1.18
직업 조운회사 자동차부 광주주재원朝運會社 自動車部 光州駐在員
본적 전남 광주부 본정本町 5정목丁目 26
주소 전남 광주부 소정昭町 505-277
인상/특징 키 5척 4촌, 보통 체격이다. 하이칼라머리. 얼굴이 긴 편이고 이마는 좁다. 귀가 크고 눈썹이 짙다. 눈은 작고 코는 크다.
시찰요점 배일공산주의. 1930년 12월 22일 치안유지법 위반으로 징역 3년(제4차 조선공산당)

* 강해석(1904~1973, 전남 광주). 2005년 건국훈장 애족장을 받음.

강석원 姜錫元* 487

종별 전남-관내-특요
창씨명 神田弘
별명
생년월일 1908.8.21
직업 광산 인부 감독
본적 전남 광주부 본정本町 5정목丁目 26
주소 전남 광주부 누문정樓門町 74-1
인상/특징 키 5척 5촌. 하이칼라머리. 눈이 동그랗고 코가 낮다. 보통 체격이다.
시찰요점 배일사상 농후하고 사회주의에 공명. ①1931년 6월 13일 보안법 위반으로 징역 1년. 광주학생사건

* 강석원(1908~1991, 전남 광주). 1990년 건국훈장 애족장(1977년 대통령표창)을 받음.

강종득 姜宗得

488

종별 전남-관내-특요

창씨명 神農宗得

별명

생년월일 1903.8.11

직업

본적 전남 담양군 담양면潭陽面 객사리客舍里

주소 전남 담양군 담양면 객사리

인상/특징 키 5척 4촌, 비만인 편이다. 얼굴이 길고 검다. 눈이 작고 오목눈이다. 왼쪽 귀 아래에 약 1촌 길이의 비스듬한 모양의 흉터가 있다.

시찰요점 현 사회제도의 개혁을 도모함. 1930년 12월 22일 치안유지법 위반으로 징역 2년 6월(제4차 조선공산당)

* 강종득(1902~1960, 전남 담양). 2005년 건국훈장 애족장을 받음.

정순화 鄭順和

488

종별 전남-관내-특요

창씨명 玉川榮一

별명 一民, 一光王, 不平一

생년월일 1902.12.22

직업 농업

본적 전남 광양군 옥곡면玉谷面 광영리廣英里

주소 전남 광양군 옥곡면 광영리

인상/특징 키 5척 5촌. 산발한 머리. ○○. 약간 말을 더듬는다.

시찰요점 공산주의. ①1923년 2월 6일, 일본에서 조선으로 건너오는 관부연락선 내에서 혁명가革命歌를 크게 불러 기소유예, ②1928년 2월 12일 치안유지법 위반으로 징역 1년 6월(제2차 조선공산당)*

* ①1923년 8월 21일 불경죄에 대해 광주지검 순천지청에서 불기소[형사사건부]. ②1928년 2월 13일 치안유지법 위반으로 경성지방법원에서 징역 1년(미결구류일수 130일 통산)을 받음[수형인명부].

고순흠 高順欽* 488

종별 전남-관내-특요

창씨명 高道順欽

별명 ○充, 紅谷, 如山, 黑○鳳

생년월일 1893.1.14

직업 저술업

본적 전남 제주도 조천면朝天面 조천리朝天里 265-4

주소 전남 제주도 조천면 조천리 265-4

인상/특징 키 5척 3촌, 보통 체격이다. 창백하고 긴 얼굴. 긴 머리카락에 항상 안경을 착용한다.

시찰요점 공산주의를 선전하고 노동쟁의를 선동할 우려가 있다.

* 고순흠(1893~1977, 제주). 1990년 건국훈장 애족장(1963년 대통령표창)을 받음.

고병희 高秉禧* 488

종별 전남-관내-특요

창씨명 高見精一

별명

생년월일 1900.12.6

직업 잡화상

본적 전남 제주도 제주읍濟州邑 삼도리三徒里 206

주소 전남 제주도 제주읍 삼도리 206

인상/특징 키 5척 4촌, 보통 체격이다. 약간 검은 피부에 얼굴은 좁고 길다. 눈썹이 짙고 코가 높다.

시찰요점 무정부주의를 신봉. ①1931년 7월 14일 치안유지법 위반으로 징역 3년(대구복심법원). 우리계宇利契 사건

* 고병희(1900~1964, 제주). 1990년 건국훈장 애국장(1980년 건국포장)을 받음.

신광희 申光熙*

489

종별 전남-관내-특요

창씨명 竹山光

별명 涯波

생년월일 1904.8.18

직업 해산물상海産物商

본적 전남 완도군 소안면所安面 미라리美羅里

주소 전남 완도군 완도면莞島面 군내리郡內里

인상/특징 키 5척 4촌. 눈과 입이 크고 코가 높다. 흰 피부에 눈썹이 짙다. 머리를 짧게 깎았다. 나머지는 평범하다. 목소리가 높다.

시찰요점 민족·공산주의

* 완도군 소안면 노농회, 전남청년연맹, 소안농민조합, 광운단, 완도청년연맹 등에서 활동함. ①완도군 소안면 노농회 사건으로 1925년 5월 20일 광주지방법원에서 징역 6월(집행유예 2년)을 받음[판결문], ②완도 사립소안학교 폐쇄문제로 인한 이른바 '완도사건'으로 1930년 3월 31일 치안유지법 위반, 출판법 위반으로 대구복심법원에서 징역 2년 6월(미결구류일수 120일 산입)을 받음[판결문].

조극환 曺克煥*

489

종별 전남-관내-특요

창씨명

별명

생년월일 1887.6.7

직업 농업

본적 전남 진도군 진도면珍島面 쌍정리雙井里 25

주소 전남 영암군 군서면郡西面 해창리海倉里

인상/특징 키 5척 3촌, 마른 체형. 눈썹이 짙고 이마가 넓다. 얼굴이 둥글고 코가 높으며 치아는 고르다. 약간 검은 피부.

시찰요점 공산·민족주의. ①1919년 9월 18일 만세사건 제령制令 위반으로 징역 2년(9.5. 은사恩賜 출옥), ②1930년 12월 22일 치안유지법 위반으로 징역 3년(제4차 조선공산당)

* 조극환(1887~1966, 전남 영암). 1990년 건국훈장 애족장(1980년 대통령표창)을 받음.

조완석 曺完錫* 489

종별 전남－관내－특요

창씨명

별명

생년월일 1894.6.30

직업 금은세공업金銀細工業

본적 전북 순창군 순창면淳昌面 순화리淳化里

주소 전남 담양군 담양면潭陽面 객사리客舍里 157－1

인상/특징 키 5척 3촌, 마른 체형. 얼굴이 길고 광대뼈가 조금 나왔다. 턱이 길다. 왼쪽 다리를 전다.

시찰요점 민족·공산주의. ①1919년 제령 위반, 징역 1년(○○○), ②1930년 12월 22일 치안유지법 위반으로 징역 2년**, ③1934년 11월 27일 치안유지법 위반으로 징역 2년. 전남노농협의회 사건***

* 1990년 건국훈장 애족장을 받은 조완석(1895~1958, 전북 순창)과 동일인인지 확정할 수 없음.

** 1930년 12월 22일 치안유지법 위반으로 경성지방법원에서 징역 3년을 받음. '제4차 조선공산당 사건'[수형인명부, 조선일보 1930.6.25, 동아일보 1930.12.23].

*** 전남노농협의회 사건 관련 기록에 조완석이란 이름은 확인되지 않음.

송성수 宋聖秀* 489

종별 전남－관내－특요

창씨명

별명

생년월일 1905.11.13

직업 ○○회사 ○○원

본적 전남 나주군 남평면南平面 우산리雨山里 898

주소 전남 나주군 남평면 우산리898

인상/특징 키 5척 3촌, 마른 체형. 얼굴이 둥글고 작은 편. 검은 ○ 안경黑○眼鏡을 사용.

시찰요점 공산·민족주의. ①1928년 11월 8일 출판법 위반으로 징역 8월(집행유예 2년), ②1934년 11월 27일 치안유지법 위반으로 징역 2년(광주지방법원)

* 송성수(1905~1972, 전남 나주). 1990년 건국훈장 애족장(1986년 대통령표창)을 받음.

조문환 曺文煥* 490

종별 전남-관내-특요

창씨명

별명

생년월일 1907.11.10

직업

본적 전남 영암군 영암면靈岩面 교동리校洞里

주소 전남 영암군 영암면 교동리

인상/특징 키 5척 4촌. 얼굴이 길고 희다. 코가 높다. 눈썹이 짙다. 왼쪽 뺨 아래 종횡의 상흔이 있다.

시찰요점 공산·민족주의. 1930년 12월 22일 치안유지법 위반으로 징역 2년. 제4차 조선공산당

* 조문환(1907~1949, 전남 영암). 2005년 건국훈장 애족장을 받음.

조칠성 曺七星* 490

종별 전남-관내-특요

창씨명

별명

생년월일 1904.9.25

직업 농업

본적 전남 광산군 송정읍松汀邑 송정리松汀里 453

주소 전남 광산군 송정읍 송정리 453

인상/특징 키 5척 3촌. 얼굴이 조금 가늘고 길다. 이마가 넓다. 눈썹이 엷고 수염은 없다. (이하 판독불능)

시찰요점 민족적 관념이 치열하고 공산주의에 공명함

* 송정노동청년회, 광주청년동맹, 신간회 송정지회 활동. 1928년 4월 광주와 송정 지방 격문사건으로 구속됨[독립운동사 제9권]. 1928년 7월 21일 광주지방법원 예심에서 면소 결정을 받음[판결문].

조원경 曺元京 490

종별 전남-관내-특요

창씨명 夏山豊康

별명

생년월일 1919.5.20

직업

본적 전남 담양군 봉산면鳳山面 강정리江亭里 1007

주소 전남 광주부 욱정旭町 22

인상/특징 키 5척 3촌. 얼굴이 긴 편에 눈과 코는 작다. 나머지는 평범하다. 머리를 바짝 짧게 깎았다.

시찰요점 공산주의. 1941년 2월 8일 치안유지법 위반으로 징역 1년(집행유예 3년). 광주지방법원*

---

* 일본에 유학해 니혼대학 전문부 법률학과 재학 중 레빗구락부라는 비밀결사를 조직하고 공산주의 운동을 협의해 치안유지법을 위반한 혐의로 1941년 2월 8일 광주지방법원에서 징역 1년(집행유예 3년)을 받음[판결문].

정준균 鄭俊均* 490

종별 전남-관내-특요

창씨명 中村俊均

별명

생년월일 1913.7.20

직업 농업

본적 전남 완도군 고금면古今面 장룡리藏龍里 583

주소

인상/특징 키 5척 3촌. 머리를 바짝 짧게 깎았다. 보통 체격이다. 피부는 약간 검은 편이다. 얼굴은 조금 둥근 편이다. 나머지는 평범하다. 윗니에 은을 씌운 치아銀冠齒가 3개. 일본어에 능하다.

시찰요점 공산·민족주의. 1939년 2월 호남ML회 사건에 관계함**

---

* '전남운동협의회 사건'으로 1936년 12월 28일 광주지방법원 목포지청에서 징역 1년(미결구류 일수 365일)을 받음[조선일보 1936.12.13, 1936.12.31].

** 전남 장흥에서 "ML회재건준비클럽"이란 비밀결사를 조직해 활동한 혐의로 구속[조선일보 동아일보 1939.9.15], 1941년 8월 6일 광주지방법원에서 치안유지법 위반으로 징역 4년(미결구류 420일 통산)을 받음[판결문].

박봉두 朴鳳斗 491

종별 전남-관내-특요
창씨명 村井鳳斗
별명 農雲
생년월일 1915.1.8
직업 인쇄소 직공
본적 전남 광양군 광양면光陽面 인서리仁西里 173
주소 전남 광양군 광양면 인서리 173
인상/특징 키 5척 4촌 3푼, 보통 체격이다. 피부는 황백색이다. 코가 높고 입은 크다. 머리를 짧게 깎았다. 입술이 두껍다. ○○.
시찰요점 공산·민족주의. ①1935년 7월 19일 치안유지법 위반으로 징역 1년 6월(집행유예 5년). 광양지방 비밀결사 사건*

* 1935년 7월 19일 치안유지법 위반으로 광주지방법원에서 징역 1년 6월(집행유예 5년, 미결구류일수 365일 통산)을 받음[판결문]. '조선공산당 전남재건 광양지부 사건', '광양노동협의회 사건' 또는 '전남적색농민조합 사건'으로 불렸음[동아일보 1934.10.18, 1935.7.20, 조선일보 1934.10.19].

현호진 玄好珍* 491

종별 전남-관내-특요
창씨명 宇野好珍
별명
생년월일 1908.12.7
직업
본적 전남 제주도 성산면城山面 성산리城山里 237
주소 전남 제주도 성산면 성산리 237
인상/특징 키 5척 5촌, 보통 체격이다. 둥근 얼굴에 코가 높고 눈썹이 짙다. 하이칼라 머리를 했다.
시찰요점 공산주의를 신봉해 이를 선전하고 노동쟁의를 선동할 우려가 있다.

* 1933년 전협토건 간사이지부 중심인물로 활동함[재일조선인단체사전 1895~1945].

현호경 玄好景* 491

종별 전남-관내-특요

창씨명 宇野好景

별명

생년월일 1910.1.18

직업 직공

본적 전남 제주도 성산면城山面 성산리城山里 237

주소 전남 제주도 성산면 성산리 237

인상/특징 키 5척 4촌, 보통 체격이다. 둥근 얼굴에 코가 높다. 피부가 검고 머리를 짧게 깎았다. 눈이 날카롭다.

시찰요점 공산주의. 1935년 1월 21일 오사카지방재판소에서 치안유지법 위반으로 징역 3년**

---

* 일본공산당에서 활동하는 조선인 공산당원의 중심인물[조선일보 1934.4.23].

** 1935년 1월 21일 오사카지방재판소에서 치안유지법 위반으로 징역 3년(미결구류 300일 통산)을 받음[수형인명부].

곽사길 郭士吉 492

종별 전남-관내-특요

창씨명 玄山士吉

별명

생년월일 1915.1.18

직업 농업

본적 전남 완도군 고금면古今面 관산리冠山里 762

주소 전남 완도군 고금면 관산리 762

인상/특징 키 5척 6촌, 얼굴이 둥글고 보통 체격이다. 머리는 5푼 길이로 짧게 깎았다. 나머지는 평범하다. 오른쪽 눈이 불구.

시찰요점 공산·민족주의. 1938년 ○월 11일 호남ML회 사건으로 기소*

---

* 1938년 10월 5일에 체포되어 1939년 9월 11일 광주지방법원 검사국에 송국, 같은 달 22일에 예심에 회부됐다. 1941년 8월 6일 광주지방법원에서 치안유지법 위반으로 징역 2년(미결구류 420일 통산)을 받음[판결문].

오대진 吳大進* 492

종별 전남－관내－특요
창씨명 吳 大進
별명 泰秦
생년월일 1899.4.17
직업
본적 전남 제주도 대정면大靜面 하모리下摹里 914
주소 전남 제주도 대정면 하모리 914
인상/특징 키 5척 1촌. 긴 얼굴, 흰 피부에 눈썹이 짙고 얇다. 눈과 입이 크고 코가 높다. 하이칼라머리. 걸을 때 양 어깨를 ○.
시찰요점 공산·민족주의. ①1928년 12월 출판법 위반으로 벌금 30엔, ②1930년 상해죄로 벌금 20엔, ③1933년 6월 치안유지법 위반으로 징역 4년(대구복심법원)

* 오대진(1898~1979). 모슬포청년회, 제주청년연합회 활동, 조선공산당 제주도 야체이카 활동, 제주 혁우동맹 사건으로 체포, 1933년 6월 5일 치안유지법 위반으로 대구복심법원에서 징역 4년(미결구류 180일 산입)을 받음[판결문]. 건국준비위원회 제주도위원회 위원장을 지내고 1949년 일본에 망명, 도쿄에서 사망함.

유찬옥 柳贊玉* 492

종별 전남－관내－특요
창씨명 柳 贊玉
별명 大旭, ○○, ○男, 成湖
생년월일 1913.10.4
직업 나주읍 고원雇員
본적 전남 나주군 나주읍羅州邑 보산리寶山里 245
주소 전남 나주군 나주읍 남문정南門町 박준삼朴準三 방方
인상/특징 키 5척 3촌 5푼, 보통 체격이다. 피부가 검은 편이다. ○○, 입이 크고 눈썹이 짙다. 하이칼라머리.
시찰요점 민족·공산주의. ①1930년 3월 26일 보안법·출판법 위반으로 징역 10월, ②1930년 9월 18일 건조물 손괴죄로 징역 8월, ③1933년 3월 6일 치안유지법 위반으로 불기소

* 유찬옥(1916~1946, 전남 나주). 2001년 건국훈장 애족장을 받음.

유용의 柳龍義* 492

종별 전남-관내-특요
창씨명 柳 龍義
별명 赫
생년월일 1893.10.16
직업
본적 전남 영암군 신북면新北面 모산리茅山里 406
주소 전남 영암군 신북면 모산리 406
인상/특징 키 5척 3촌, 보통 체격이다. 하이칼라머리. 이마가 넓고 치아가 가지런하다. 호남자로 보인다. 머리카락이 백발이어서 항상 검게 염색한다.
시찰요점 공산·민족주의. ①1928년 8월 보안법 위반으로 징역 4월, ②1929년 7월 17일 치안유지법 위반으로 징역 2년(○○맹), ③1934년 3월 7일 치안유지법 위반으로 징역 5년(공산주의자협의회 사건)**

* 여러 판결문에는 유용희柳龍羲로 기록되어 있음. 이는 유용의의 오기. 연구에 따르면 족보에는 용의, 호적에는 혁赫.

** ①1928년 9월 28일 보안법 위반으로 광주지방법원에서 금고 4개월을 받음[판결문], ②1929년 7월 15일 치안유지법 위반으로 경성지방법원에서 징역 2년을 받음[판결문], ③1933년 9월 29일 광주지방법원 목포지청에서 징역 5년, 1934년 3월 7일 대구복심법원에서 징역 5년(1심 미결구류일수 240일, 2심 미결구류일수 125일 산입)을 받음[판결문].

유성황 柳成黃* 492

종별 전남-관내-특요
창씨명 柳川園平
별명 大植
생년월일 1909.6.3
직업 대화숙大和塾 서기
본적 전남 담양군 담양면潭陽面 만성리萬成里
주소 전남 광주부 (이하 판독불능)
인상/특징 키 5척 4촌, 마른 체형에 검은 피부. 얼굴이 긴 편이고 코가 높다. 나머지는 평범하다.
시찰요점 민족·공산주의에 공명하고 오사카에서 실천운동에 동참. ①1937년 9월 16일 치안유지법 위반으로 징역 2년 6월(광주지방법원)*

* 색인에는 이 이름이 빠져 있음.

** 1937년 9월 17일 치안유지법 및 출판법 위반으로 광주지방법원에서 징역 2년 6월을 받음[판결문].

강영수 姜榮秀

493

종별 전남-관내-특요

창씨명 安川源太郎

별명

생년월일 1909.8.8

직업 ○○○○○○○ 사원

본적 전남 (이하 판독불능)

주소 전남 목포부 창평정昌平町 7

인상/특징 키 5척 5촌 5푼. 얼굴이 넓은 편이고 피부가 희다. 눈이 가늘고 얼굴이 길다. 오른쪽 눈썹 위에 약 3푼 길이의 상흔이 있다.

시찰요점 공산주의. ①1930년 3월 20일 보안법 위반으로 징역 4개월 기소가 무죄, ②1936년 2월 20일 치안유지법 위반으로 징역 2년 6월(광주지방법원 목포지청)*

* ①목포공립상업학교 재학 중 1930년 3월 20일 보안법 위반, 출판법 위반으로 광주지방법원에서 징역 4월(집행유예 5년), 1930년 6월 21일 대구복심법원에서 무죄판결을 받음[판결문], ②1936년 3월 20일 치안유지법 위반으로 광주지방법원 목포지청에서 징역 2년 6월(미결구류 430일 통산)을 받음. '목포공산주의자동맹 사건'[수형인명부, 집행원부, 조선일보 1936.3.23].

정학현 鄭學鉉*

493

종별 전남-관내-특요

창씨명 屋城學鉉

별명 九星

생년월일 1907.2.1

직업

본적 전남 목포부 죽동竹洞 169

주소 전남 목포부 죽동 169

인상/특징 키 5척 3촌. 둥근 얼굴에 약간 검은 피부. 코가 높고 안면에 마맛자국이 있다.

시찰요점 배일공산주의. 성격이 거칠고 폭력적이다. ①1928년 4월 16일 상해죄로 징역 8월(광주지방법원 목포지청), ②1932년 4월 3일 치안유지법 위반으로 징역 2년(대구복심법원)**

* 목포청년동맹, 신간회 목포지회 활동.

** 치안유지법 위반으로 1932년 3월 18일 광주지방법원 목포지청에서 징역 2년, 1932년 4월 30일 대구복심법원에서 징역 2년을 받음. '목포청년동맹야학 사건'[조선일보 1932.3.21, 판결문].

정문두 鄭文斗 493

종별 전남-관내-특요
창씨명 松原文斗
별명
생년월일 1909.8.17
직업 농업
본적 전남 완도군 고금면古今面 장용리藏龍里 871
주소
인상/특징 키 5척 3촌, 비만 체격. 머리를 짧게 깎았다. 둥근 얼굴에 코와 입이 약간 크다.
시찰요점 공산·민족주의. 1938년 2월 8일 호남ML회 사건, 기소. 예심 중*

* 1941년 8월 6일 광주지방법원에서 치안유지법 위반으로 징역 4년(미결구류 420일 통산)을 받음[판결문].

정병생 鄭炳生* 494

종별 전남-관내-특요
창씨명 松原炳生
별명
생년월일 1911.1.24
직업 농업
본적 전남 완도군 고금면古今面 장용리藏龍里 588
주소 전남 완도군 고금면 장용리 588
인상/특징 키 5척 3촌, 보통 체격이다. 얼굴이 좁고 길다. 약간 검은 피부. 눈은 오목눈에 조금 크다. 입술이 크고 입이 조금 크다. 나머지는 평범하다.
시찰요점 공산·민족주의. 1938년 11월 8일 호남ML회 사건**

* 정병생(1913~1948, 전남 완도). 2020년 건국훈장 애족장을 받음.
** 1941년 8월 6일 광주지방법원에서 치안유지법 위반으로 징역 3년(미결구류 420일 통산)을 받음[판결문].

정병직 鄭炳直*

494

종별 전남-관내-특요
창씨명 松原炳直
별명 炳○
생년월일 1915.6.12
직업 농업
본적 전남 완도군 고금면古今面 장용리藏龍里 580
주소 전남 완도군 고금면 장용리 580
인상/특징 키 5척 7촌, 보통 체격이다. 얼굴이 둥글고 조금 작다. 약간 좁은 어깨. 눈썹이 짙고 나머지는 평범하다.
시찰요점 공산·민족주의. ①1934년 11월 전남운동협의회 사건 ○○○, ②1938년 8월 24일 호남ML회 사건

* 본명 정병래鄭炳來. 1941년 8월 6일 광주지방법원에서 치안유지법 위반으로 징역 3년(미결구류 420일 통산)을 받음[판결문].

김천두 金千斗

494

종별 전남-관내-특요
창씨명 松江千斗
별명 鳳斗
생년월일 1904.9.29
직업 면서기
본적 전남 여수군 병영면兵營面 삼인리三仁里 356
주소 전남 여수군 병영면 삼인리 356
인상/특징 키 5척 4촌. 눈이 크고 얼굴이 넓다. ○가 넓다. 하이칼라머리
시찰요점 배일공산주의. ①1932년 6월 24일 치안유지법 위반으로 징역 2년(광주지방법원 목포지청). 병영자유노동조합사건*

* 병영자유노동조합 집행위원장 활동. 1931년 9월 '병영적색격문사건'으로 체포됨. 1932년 6월 24일 광주지방법원 목포지청에서 치안유지법 위반으로 징역 2년을 받음[수형인명부, 동아일보 1932.6.28].

오상록 吳上祿* 494

종별 전남-관내-특요
창씨명 福川上祿
별명 金憲植
생년월일 1913.1.2
직업
본적 전남 해남군 산이면山二面 상공리相公里 667
주소 전남 목포부 죽교리竹橋里
인상/특징 키 5척 4촌, 보통 체격이다. 얼굴이 좁고 눈썹이 약간 엷다. 귀와 입이 작다. 하이칼라머리
시찰요점 공산주의. ①1930년 6월 보안법·출판법 위반으로 징역 6월(대구복심법원), ②1933년 11월 치안유지법 위반 사건으로 징역 1년 6월(일본 나고야지방법원)**

* 오상록(1913~1960, 전남 해남). 1990년 건국훈장 애족장을 받음.

** 전협화학 나고야지부 히가시구분회全協化學名古屋支部東區分會 상임위원, 도예공. 1931년 12월 2일에 검거되어, 1932년 6월 6일에 기소됨[사회운동의 상황社會運動の狀況, 1932]. '명고옥[나고야] 공산당 사건'으로 불림[조선일보 1933.8.23].

오임탁 吳林鐸* 494

종별 전남-관내-특요
창씨명 福川琳鐸
별명 五鐸
생년월일 1908.7.15
직업 농업
본적 전남 해남군 산이면山二面 상공리相公里 397
주소 전남 해남군 산이면 상공리 397
인상/특징 키 5척 5촌 5푼, 보통 체격이다. 각진 얼굴형에 약간 검은 피부색. 머리카락은 5푼 길이로 짧게 잘랐다.
시찰요점 공산주의. ①1936년 12월 28일 치안유지법 위반으로 징역 1년(미결일수 365일 통산). 전남운동협의회사건

* 오임탁(吳琳鐸, 1908~1950, 전남 해남). 2009년 건국포장을 받음. 이 자료 색인에는 吳琳鐸으로 표기되어 있음.

정경인 鄭璟仁*

495

종별	전남-관내-특요
창씨명	
별명	
생년월일	1891.9.2
직업	담양노동조합 상무이사
본적	전남 담양군 담양면潭陽面 지침리紙砧里
주소	전남 담양군 담양면 지침리
인상/특징	키 5척 5촌, 보통 체격이다. 하이칼라머리. 둥근 얼굴에 검은 피부. 입이 크다.
시찰요점	공산주의. ①1930년 12월 22일 치안유지법 위반으로 징역 2년 6월(제4차 조선공산당), ②1933년 3월 ○일 전북 적색협동조합 사건으로 검거. (판독 불능) 10월 14일 방면**

* 담양군청 고원 정경인(26세)은 1919년 5월 8일 광주지방법원에서 보안법 위반으로 징역 1년형을 받고, 같은 해 6월 17일 대구복심법원에서 무죄를 받음[판결문].

** ①1930년 12월 22일 치안유지법 위반으로 경성지방법원에서 징역 2년 6월(미결구류 500일 통산)을 받음. '제4차 조선공산당 사건'[수형인명부, 동아일보 1930.12.23], ②장성노동조합 사건과 협동조합 사건[조선일보 1933.10.5].

정병용 鄭炳庸*

495

종별	전남-관내-특요
창씨명	
별명	相奎, 望
생년월일	1890.8.27
직업	농업, 광업
본적	전남 담양군 금성면金城面 봉서리鳳棲里
주소	전남 담양군 무정면武貞面 오룡리五龍里
인상/특징	키 5척 5촌. 올백머리에 둥근 얼굴, 흰 피부. 보통 체격이다. 눈과 입이 크고 눈썹이 짙다. 이가 고르고 코가 높다.
시찰요점	공산·배일주의. ①1930년 11월 ○일 치안유지법 위반으로 징역 2년(제4차 조선공산당), ②1931년 11월 24일 폭력행위, 가택침입, 업무방해죄로 징역 6월

* 정병용(1890~1960, 전남 담양). 2019년 건국훈장 애국장을 받음.

윤석원 尹錫沅

495

종별 전남-관내-특요
창씨명 東泉
별명
생년월일 1906.5.18
직업 해산물상
본적 전남 제주도 제주읍濟州邑 일도리一徒里 1466
주소 전남 목포부 남교동南橋洞 54
인상/특징 키 5척 2촌. 얼굴이 길고 피부가 검다. 하이칼라머리
시찰요점 공산주의 농후. ①1927년 10월 29일 예배에 관한 죄로 벌금 20엔, ②1930년 11월 22일 치안유지법 위반으로 징역 2년, ③1932년 1월 조선공산당 제주도 야체이카 사건, 무죄(검사구형 2년)*

* ②1930년 12월 22일 경성지방법원에서 징역 2년을 받음. '제4차 조선공산당 사건'[동아일보 1930.12.23], ③제주도 비밀결사 사건 또는 제주 혁우동맹 사건. 1933년 2월 28일 광주지방법원 목포지청에서 징역 2년을 받고, 1933년 6월 5일 대구복심법원에서 무죄를 받음[동아일보 1933.3.3, 판결문].

이홍연 李烘衍

495

종별 전남-관내-특요
창씨명 赤城烘衍
별명 鳳衍
생년월일 1908.1.1
직업
본적 전남 나주군 나주읍羅州邑 북문정北門町 254
주소 전남 나주군 나주읍 과원정果院町 3
인상/특징 키 5척 5촌 7푼, 보통 체격이다. 약간 검붉은 피부. 얼굴이 길고 눈썹이 짙으며 코는 낮다. 하이칼라머리
시찰요점 공산주의 농후. ①1928년 5월 27일 치안유지법 위반으로 징역 4년(조선공산당 재건 사건), ②1937년 5월 26일 치안유지법 위반으로 징역 4년*

* 1937년 5월 26일 치안유지법 위반으로 광주지방법원에서 징역 4년(미결구류 500일 통산)을 받음. '조선공산당전남재건 사건, 조선공산당전남동맹 사건'[판결문, 조선일보 1937.5.30].

주원석 朱元錫* 495

종별 전남-관내-특요
창씨명 朱原堂雄
별명
생년월일 1905.12.5
직업 선어상鮮魚商
본적 전남 여수군 여수읍麗水邑 동정東町 1133
주소 전남 여수군 여수읍 동정 1133
인상/특징 키 5척 4촌, 보통 체격이다. 흰 피부에 둥근 얼굴.
시찰요점 공산·민족사상을 품고 늘 이곳저곳을 배회하며 불온언동을 한다. 성진회醒進會 사건으로 징역 1년

* 1936년 6월 29일 치안유지법 위반으로 광주지방법원에서 징역 1년 6월을 받음. 일명 '여수적색노동조합 조선공산당재건전남동맹 사건'[수형인명부, 동아일보 1936.7.1].

최창진 崔昌鎭 496

종별 전남-관내-특요
창씨명 山本昌鎭
별명
생년월일 1911.6.13
직업 주류판매, 여인숙
본적 전남 광주부 금정錦町 187
주소 전남 광주부 명치정明治町 4정목丁目 78
인상/특징 키 5척 5촌, 보통 체격이다. 얼굴이 둥글고 흰 피부. 눈썹이 짙고 치아가 고르다.
시찰요점 공산주의 ○○와 선전에 몰두함. ①1934년 11월 27일 치안유지법 위반으로 징역 2년(집행유예 4년). 전남운동협의회 사건*

* 1934년 11월 27일 치안유지법 위반으로 광주지방법원에서 징역 2년(미결구류 545일 통산, 집행유예 4년)을 받음[판결문]. 그해 12월 3일 출소. '전남노농협의회 사건'. 최창진은 재판 중 사상전환성명서를 냈다는 보도가 있음[조선일보 1934.10.30].

김완근 金完根* 496

종별 전남－관내－특요

창씨명

별명 松峰

생년월일 1874.1.17

직업 농업

본적 전남 광양군 광양면光陽面 구산리龜山里

주소 전남 광양군 광양면 구산리

인상/특징 키 5척 4촌 5푼. 얼굴이 조금 둥글다. 눈이 크고 코와 입은 조금 크다. 머리카락을 짧게 깎고 수염이 있다.

시찰요점 무정부주의. ①1928년 2월 12일 치안유지법 위반으로 징역 2년(제2차 조선공산당), ②1935년 10월 25일 치안유지법 위반으로 징역 1년 6월. 조선공산당통일동맹사건**

* 농민운동과 소작쟁의 운동을 주도. 해방 후 좌익활동과 관련해 미군정에 구속된 바 있으며, 민주주의민족전선의 전남민전 위원장으로 활약. 좌익세력에 대한 탄압이 극심해져 월북했으나 6·25전쟁 때 고향에 내려와 은신해 있다가 경찰에 체포된 후 행방불명.

** 1935년 10월 25일 치안유지법 위반으로 전주지방법원에서 징역 1년 6월(미결구류 530일 통산)을 받음[판결문].

김몽길 金夢吉 497

종별 전남－관내－특요

창씨명

별명

생년월일

직업 면장

본적 전남 보성군 웅치면熊峙面 강산리江山里 273

주소 전남 보성군 웅치면 강산리 273

인상/특징 키 5척 4촌, 보통 체격이다. 얼굴이 조금 길다. 머리는 바짝 깎았고 피부는 약간 희다. 코가 높고 입은 약간 크다. 나머지는 평범하다. 얼핏 놀고 먹는 사람처럼 보인다.

시찰요점 공산주의. ①1929년 4월 24일 출판법·폭력행위 위반으로 징역 6월(집행유예 4년), ②1931년 6월 13일 치안유지법 위반으로 징역 1년. 광주학생사건*

* ①광주공립고등보통학교 재학 중 출판법 위반 및 폭력행위 등 처벌에 관한 건 위반으로 1929년 4월 24일 광주지방법원에서 징역 6월, 같은 해 5월 30일 대구복심법원에서 징역 6월(집행유예 4년)을 받음. 하지만 집행유예는 1931년 8월 20일 광주지방법원 장흥지청에서 취소됨[판결문], ②1930년 10월 27일 치안유지법 위반으로 광주지방법원에서 징역 2년 6월(미결구류 80일 통산), 1931년 6월 13일 대구복심법원에서 징역 1년(미결구류 365일 통산)을 받음[판결문].

김상환 金相奐*

497

종별 전남-관내-특요

창씨명 金田光正

별명

생년월일 1909.5.10

직업 고흥해태조합高興海台組合 부이사

본적 전남 광양군 골약면骨若面 태인리太仁里 862-1

주소 전남 고흥군 금산면錦山面 신평리新平里

인상/특징 키 5척 6촌, 보통 체격이다. 긴 얼굴에 피부는 조금 검다. 눈썹이 짙고 머리는 짧게 깎았다. 치아는 가지런하다. (이하 판독불능)

시찰요점 공산주의. ①1930년 5월 16일 치안유지법 위반으로 금고 6월(집행유예 5년), ②1931년 6월 1일 치안유지법 위반으로 징역 2년. 광주학생사건

* 김상환(1909~1977, 전남 광양). 1990년 건국훈장 애족장(1968년 대통령표창)을 받음.

김유환 金瑬煥

497

종별 전남-관내-특요

창씨명

별명 一世, 石義

생년월일 1903.2.20

직업

본적 전남 제주도 조천면朝天面 조천리朝天里 2618

주소 전남 제주도 조천면 조천리 2618

인상/특징 키 5척 4촌. 얼굴이 가늘고 길다. 피부는 창백하고 눈썹이 짙다. 코가 높고 수염이 얇으며 하이칼라머리.

시찰요점 공산주의. ①1928년 12월 주거침입·업무방해·폭력행위로 벌금 20엔, ②1933년 6월 5일 치안유지법 위반으로 징역 2년(집행유예 4년)*

* ①1928년 12월 14일 광주지방법원 제주지청에서 벌금 20엔을 받음, 1929년 2월 19일부터 대구복심법원에서 항소심이 진행됐는데, 결과는 알 수 없음[동아일보 1929.2.17, 조선일보 1929.2.27], ②1933년 6월 5일 대구복심법원에서 치안유지법 위반으로 징역 2년(집행유예 4년)을 받음. 이른바 '제주 혁우동맹 사건'[판결문], ③1942년 8월 13일 광주지방법원에서 치안유지법 위반으로 징역 2년 6월을 받음[판결문].

김형수 金炯洙* 497

종별 전남-관내-특요
창씨명
별명
생년월일 1905.9.6
직업
본적 전남 제주도 제주읍濟州邑 이도리二徒里 1398
주소 전남 제주도 제주읍 이도리 1398
인상/특징 키 5척 5촌, 보통 체격에 흰 피부. 얼굴이 약간 길고 눈이 오목눈이다. 눈썹이 옅고 입은 크다. 코가 높다.
시찰요점 무정부주의. ①1931년 7월 14일 치안유지법 위반으로 징역 2년 6월. 우리계宇利契 사건

* 김형수(1905~1988, 제주). 1993년 건국훈장 애족장을 받음.

김인수 金寅洙 497

종별 전남-관내-특요
창씨명
별명
생년월일
직업 농업
본적 전남 장성군 진원면珍原面 산동리山東里 387
주소 전남 장성군 황룡면黃龍面 필암리筆岩里
인상/특징 키 5척 5촌, 마른 체형. 하이칼라머리. 눈썹이 옅고 수염이 없다. 이마가 넓다. ○○○. 귀와 입이 크고 치아가 고르다. 얼핏 보면 ○○○○.
시찰요점 공산주의·민족주의. ①1930년 12월 22일 치안유지법 위반으로 징역 2년(제4차 조선공산당), ②1934년 11월 29일 치안유지법 위반으로 징역 2년. 전북적색협의회 사건*

* ①1930년 12월 22일 경성지방법원에서 치안유지법 위반으로 징역 2년을 받음. 이른바 '제4차 조선공산당 사건'[동아일보 1930.12.23], ②1934년 7월 31일 전주지방법원 판결을 거쳐 1934년 11월 30일 대구복심법원에서 치안유지법 위반으로 징역 2년(미결구류 200일 통산)을 받음[판결문]. 당시 언론에는 '장성협동조합 사건'으로 알려짐[조선일보 1934.8.1].

강석봉 姜錫奉* 497

종별 전남-관내-특요

창씨명

별명 石雲, 錫峰, 朴一○, ○○○○

생년월일 1899.5.21

직업 잡화상

본적 전남 광주부 본정本町 5정목丁目 26

주소 전남 목포부 대화정大和町 2-7

인상/특징 키 5척 8촌. 얼굴이 크고 길다. 입이 크고 광대뼈가 튀어나왔다. 하이칼라머리

시찰요점 배일공산주의. ①1919년 9월 보안법 위반으로 징역 1년**, ②제3차 조선공산당 사건 (판독불능) 기소중지로 석방

* 강석봉(1898.5.21~1966.12.4, 전남 광주). 광주청년회, 중앙청년총동맹, 조선공산당 전남도당 책임비서, 전남 건준 부위원장, 광주시 인민위원장, 사회당 전남도당 위원장을 지낸 사회주의운동가[한국민족문화대백과사전, 한국사회주의운동인명사전].

** 3·1운동에 가담, 1919년 6월 16일 보안법 위반으로 광주지방법원에서 징역 1년 6월, 1919년 9월 15일 대구복심법원에서 징역 1년을 받음[판결문].

이종규 李鍾奎* 498

종별 전남-관내-특요

창씨명 木山鍾奎

별명

생년월일 1909.11.22

직업 신탄조합薪炭組合 이사

본적 전남 강진군 병영면兵營面 삼인리三仁里 357

주소 전남 강진군 강진읍康津邑 남성리南城里

인상/특징 키 5척 2촌 5푼, 가늘고 긴 체격. 둥근 얼굴에 머리는 5푼 길이로 짧게 깎았다. 피부가 검다. (이하 판독불능)

시찰요점 공산주의. ①1932년 6월 24일 치안유지법 위반으로 징역 1년 6월. 병영노동조합 사건, ②1934년 2월 28일 전남노농협의회 사건. 검거, 예심 면소免訴**

* 이종규(李鍾圭, 1909~1953, 전남 강진), 1990년 건국훈장 애족장(1986년 대통령표창)을 받음.

** 1935년 12월 23일 예심에서 면소 결정, 석방[조선일보 1935.12.25].

박일성 朴日星

498

종별 전남-관내-특요

창씨명 木下日星

별명 千世

생년월일 1908.10.30

직업 농업

본적 전남 완도군 고금면古今面 장룡리藏龍里 394

주소 전남 완도군 고금면 장룡리 394

인상/특징 키 5척 6촌, 보통 체격, 마른 체형. 얼굴은 가늘고 길다. 피부는 희다. 머리는 짧게 깎았다. 나머지는 평범하다.

시찰요점

이영직 李永直

498

종별 전남-관내-특요

창씨명 光山永直

별명 永植

생년월일 1917.8.5

직업 농업

본적 전남 완도군 고금면古今面 장룡리藏龍里 885

주소 전남 완도군 고금면 장룡리 885

인상/특징 키 5척 5촌, 마른 체격에 피부는 조금 검다. 머리를 짧게 깎았다. 얼굴은 조금 갸름하고 길다. 나머지는 평범하다. 오른쪽 뺨에 대두 크기의 상처가 있다.

시찰요점 공산·민족주의. ①1938년 8월 24일 호남ML회 사건 관계자로 검거됨, ②1934년 전남운동협의회 사건 관계

최규창 崔圭昌*

499

종별 전남-관내-특요
창씨명 芝正秀
별명 靑兒
생년월일 1908.2.9
직업 총력과總力課 촉탁
본적 전남 영암군 군서면郡西面 구림리鳩林里 75
주소 전남 광주부 구강정龜岡町 25
인상/특징 키 5척 5촌, 보통 체격이다. 하이칼라머리. 얼굴이 길고 코가 낮다. 치아는 가지런하다.
시찰요점 공산주의. ①1928년 10월 보안법·폭력행위 등 위반으로 징역 8월, ②1931년 6월 치안유지법 위반**, ③1934년 3월 7일 치안유지법 위반으로 징역 2년

* 최규창(1908~1949, 전남 영암). 1990년 건국훈장 애국장을 받음.
** 광주학생운동 성진회 관련 징역 1년 옥고를 치름.

김석준 金錫浚

499

종별 전남-관내-특요
창씨명 芝野錫浚
별명
생년월일 1902.9.20
직업 양복 직공
본적 전남 광산군 송정읍松汀邑 우산리牛山里
주소 전남 광주부 대화숙 내
인상/특징 키 5척 2촌. 얼굴이 길고 머리는 5푼 길이로 짧게 깎았다. 이마가 좁고 수염은 없다.
시찰요점 공산주의. ①1932년 6월 5일 공산주의자협의회사건, ②1934년 3월 7일 대구복심법원 무죄(검사 구형 1년 6월)*

* 1932년 6월 영암경찰서에 체포되어 1933년 6월 22일 광주지방법원 목포지청 예심에서 공판 회부 결정. 1933년 9월 29일 광주지방법원 목포지청, 1934년 3월 7일 대구복심법원에서 각각 무죄 판결을 받음[판결문].

김판권 金判權* 499

종별 전남-관내-특요

창씨명 柴岡郁雄

별명 芝明, 權金次郎

생년월일 1901.2.2

직업 보호관찰소 서기

본적 전남 영암군 덕진면德津面 영보리永保里 127

주소 전남 광주부 동정東町

인상/특징 키 5척 3촌. 머리카락이 짙다. 각진 얼굴에 입술은 평범하다. 눈이 크다. 수염이 짙다. 피부는 약간 검다. 보통 체격이다. 노동자처럼 보인다.

시찰요점 마르크스주의 신봉. ①1920년 치안유지법 위반으로 징역 3월(○○), ②1929년 3월 7일 치안유지법 위반·폭력행위 등으로 징역 5년(대구복심법원)

* 1933년 9월 29일 광주지방법원 목포지청에서 징역 5년, 1934년 3월 7일 대구복심법원에서 징역 5년(미결구류일 365일 통산)을 받음[판결문].

박준오 朴準午 499

종별 전남-관내-특요

창씨명 新京準之助

별명 別守

생년월일 1908.5.17

직업

본적 전남 광양군 광양면光陽面 도월리道月里 306

주소 전남 광양군 광양면 도월리 306

인상/특징 키 5척 3촌, 약간 비만 체격. 얼굴이 둥글고 검붉은 빛이다. 머리는 짧게 깎고 수염은 조금 있다.

시찰요점 공산주의·민족주의. ①1935년 7월 15일 치안유지법 위반으로 징역 1년 6월(집행유예 5년). 광양지방 비밀결사 사건*

* 1935년 7월 19일 치안유지법 위반으로 광주지방법원에서 징역 1년 6월(집행유예 5년, 미결구류일 365일 통산)을 받음[판결문].

신명철 申明哲* 499

종별 전남-관내-특요
창씨명 平山進
별명 東雲
생년월일 1909.11.4
직업 미곡상
본적 전남 영광군 법성면法聖面 진내리鎭內里 336
주소 전남 영광군 법성면 진내리 336
인상/특징 키 5척 5촌. 하이칼라머리. 얼굴이 약간 길다. 피부는 희다. 나머지는 평범하다. 눈이 특이한 황색이고 안광이 예리하다.
시찰요점 공산 및 배일사상을 품고 지방 청년을 사주·선동하며 비밀결사를 조직할 우려가 있다.

* 광주학생운동, 독서회 관련. 1931년 6월 13일 치안유지법 위반으로 대구복심법원에서 징역 1년(미결구류 365일 통산)을 받음[판결문].

신형우 申瀅雨* 499

종별 전남-관내-특요
창씨명
별명 岡山英三
생년월일 1923.12.30
직업 인부 감독
본적 전북 순창군 순창면淳昌面 438
주소 전남 여수군 돌산면突山面 신교리新橋里
인상/특징 키 5척 5촌. 머리를 짧게 깎았다. 얼굴이 길고 희다. 눈이 작고 눈썹이 짙다. 나머지는 평범하다. 마른 체격. ○○. 안경을 사용한다.
시찰요점 공산주의 사회 실현과 조선 민족의 해방을 기하고자 실천운동을 할 우려가 있다.

* 신형우(1922.12.31~1950, 전북 순창). 2020년 건국훈장 애족장을 받음.

선태섭 宣太燮 500

종별 전남-관내-특요
창씨명
별명
생년월일 1906.1.13
직업 주조업酒造業
본적 전남 구례군 마산면馬山面 마산리馬山里 453
주소 전남 구례군 광의면光義面 연파리煙波里 318
인상/특징 키 5척 3촌, 마른 체형. 얼굴은 약간 길고 흰 편이다. 수염은 엷다. 코가 높고 눈이 크다.
시찰요점 공산·배일주의. ①1928년 10월 출판법 위반으로 금고 6월, ②1934년 11월 27일 치안유지법 위반으로 징역 2년(미결 160일 통산). 전남노농협의회사건*

* ①1928년 10월 31일 광주지방법원 순천지청에서 출판법 위반과 보안법 위반으로 징역 1년(집행유예 4년), 같은 해 12월 20일 대구복심법원에서 금고 6월, 보안법 위반은 무죄 판결을 받음[판결문], ②1934년 11월 27일 치안유지법 위반으로 광주지방법원에서 징역 2년(미결구류 730일 통산)을 받음[판결문].

선동기 宣東基 500

종별 전남-관내-특요
창씨명
별명
생년월일 1906.11.20
직업 구례주조주식회사 사무원
본적 전남 구례군 마산면馬山面 광평리廣平里 804
주소 전남 구례군 구례면求禮面 백련리白蓮里 365
인상/특징 키 5척 3촌 5푼, 비만 체격. 하이칼라머리. 얼굴은 둥근 편에 눈이 크다. 피부는 약간 검다.
시찰요점 공산·민족주의. ①1935년 10월 25일 치안유지법 위반으로 징역 4년(전주지방법원)*

* 1935년 10월 25일 치안유지법, 출판법 위반으로 전주지방법원에서 징역 4년(구류일 530일 통산)을 받음. '전북적색교원 사건'[판결문, 동아일보 1934.12.28].

김찬섭 金瓚燮

500

종별 전남-관내-특요

창씨명

별명 南善

생년월일 1896.8.29

직업

본적 함북 성진군 학서면鶴西面 차삼동次三洞 626

주소 광주형무소

인상/특징 키 5척 5촌, 보통 체격이다. 얼굴이 크고 길다. 코가 높고 입이 크며 치아가 고르다. 하이칼라머리

시찰요점 1939년 3월 17일 성진적색농민조합재건준비회 사건, 치안유지법, 출판법, 주거침입, 강도미수, 상해치사로 징역 12년

임경홍 林敬洪

500

종별 전남-관내-정요

창씨명 林敬次郞

별명

생년월일 1901.11.13

직업

본적 전남 완도군 청산면青山面 국산리菊山里 64

주소 전남 완도군 청산면 국산리 64

인상/특징 키 5척 4촌, 마른 체형. 긴 머리에 코가 높고 수염이 있다.

시찰요점 배일사상을 품고 불온과격한 언동을 할 우려가 있다.

박준동 朴俊東 501

종별 전남-관내-정요
창씨명
별명
생년월일 1903.6.1
직업 포목상, 구례면 주조회사酒造會社 지배인
본적 전남 구례군 광의면光義面 지천리芝川里 238
주소 전남 구례군 구례면求禮面 봉동리鳳東里 310-1
인상/특징 키 5척 3촌, 보통 체격이다. 머리는 5푼 길이로 짧게 깎았다. 이마가 넓고 눈썹이 짙다. 머리카락이 적다.
시찰요점 불온한 언동으로 청소년을 선동하고, 정치사상에 자극을 일으키게 할 우려가 있다.

박영진 朴永震 501

종별 전남-관내-정요
창씨명 松岡永震
별명 星濃
생년월일 1900.5.29
직업 순천군 생활필수품소매상조합 이사
본적 전남 순천군 순천읍順天邑 금곡리金谷里 163
주소 전남 순천군 순천읍 금곡리 163
인상/특징 키 5척 2촌 5푼, 약간 비만. 얼굴이 넓고 둥글다. 머리카락이 길고 눈썹이 엷다. 치아는 고르다. 수염이 없다. 걸어갈 때 좁은 보폭으로 걷는다.
시찰요점 공산·민족주의가 농후해서 실력양성을 통해 민족자결을 실현하고자 함. ①1935년 7월 19일 치안유지법 위반으로 징역 2년(집행유예 5년)*

* 1935년 7월 19일 치안유지법 위반으로 광주지방법원에서 징역 2년(집행유예 5년)을 받음. '전남적색농민조합 사건'[판결문, 동아일보 1935.7.20].

최형천 崔亨天*

501

종별 전남-관내-정요
창씨명 德本亨天
별명
생년월일 1896.12.2
직업 해산물상
본적 전남 완도군 신안면新安面 맹선리孟仙里
주소 전남 완도군 신안면 맹선리
인상/특징 키 5척 3촌, 비만. 얼굴이 ○하고 약간 검다. 눈이 크고 날카로우며 치아는 가지런하다. 하이칼라머리
시찰요점 배일사상 농후. 치안유지법 위반으로 징역 3년

* 최형천(1896~1969, 전남 완도). 1990년 건국훈장 애족장(1986년 대통령표창)을 받음.

이정암 李正巖

501

종별 전남-관내-정요
창씨명
별명
생년월일 1902.7.15
직업
본적 전남 강진군 강진읍康津邑 목리牧里
주소 전남 목포부 산정리山亭里 2613
인상/특징 키 5척 4촌, 보통 체격이다. 둥근 얼굴에 피부는 희다. 코가 높고 올백머리를 했다.
시찰요점 배일사상을 품음. ①1927년 교토 리츠메이칸대학立命館大學 재학 중 조선노동조합에 가입해 활동했다.

김면수 金冕洙 502

종별 전남-관내-정요
창씨명 金村冕洙
별명
생년월일 1879.2.2
직업
본적 전남 강진군 작천면鵲川面 군자리君子里 398
주소 전남 강진군 작천면 군자리 398
인상/특징 키 5척 5촌. 얼굴이 좁고 길며 희다. 눈이 크다. 머리를 스포츠형으로 짧게 깎았다. 흰머리가 많다.
시찰요점 온건을 가장해서 조선독립을 선전한다.

김종성 金鍾聲* 502

종별 전남-관내-정요
창씨명 金本鍾聲
별명
생년월일 1906.1.23
직업 농업
본적 전남 무안군 해제면海際面 신정리新井里 742
주소 전남 무안군 해제면 신정리 742
인상/특징 키 5척 3촌. 얼굴이 둥글고 귀가 쫑긋하다. 눈이 동그랗다. 보통 체격이다. 오른손등에 상흔이 있다.
시찰요점 민족의식 농후

* 김종성(1906~1977, 전남 무안). 1990년 건국훈장 애국장을 받음.

황생주 黃生周 502

종별 전남-관내-정요
창씨명 長村生周
별명
생년월일 1905.9.2
직업 농업
본적 전남 장흥군 대덕면大德面 덕산리德山里 328
주소 전남 장흥군 대덕면 덕산리 328
인상/특징 키 5척 3촌. 둥근 얼굴에 눈과 코가 크다. 수염이 있다. 산발한 머리에 비만이다.
시찰요점 민족의식이 농후하고 천도교를 믿는다.

양장주 梁長柱 503

종별 전남-관내-정요
창씨명 梁川長柱
별명 章柱, 安車
생년월일 1905.10.28
직업 광산 경영
본적 전남 나주군 나주읍羅州邑 과원정果院町 45
주소 전남 나주군 나주읍 과원정 45
인상/특징 키 5척 3촌, 비만 체형. 얼굴이 둥글고 눈썹이 짙다. 머리를 5푼 길이로 짧게 깎았다.
시찰요점 배일사상 농후. ①1928년 남평유림南平儒林 폭력사건. 징역 6월을 공소하여 무죄*

* 1928년 3월 30일 광주지방법원에서 징역 8월(집행유예 5년)을 받고 항소, 1928년 5월 29일 대구복심법원에서 무죄를 받음. '남평유림각사건'[중외일보 1928.4.1, 1928.5.31].

문승수 文升洙*

503

종별 전남-관내-정요

창씨명 文川升洙

별명

생년월일 1907.1.22

직업 상업

본적 전남 완도군 군외면郡外面 대야리大也里

주소 전남 완도군 완도면莞島面 장도리長徒里 79

인상/특징 키 5척 4촌, 비만 체격. 얼굴이 둥글고 피부는 약간 검다. 눈이 크고 치아가 고르다. 하이칼라머리

시찰요점 민족주의. 보안법 위반으로 징역 1년

---

* 문승수(1905~1950, 전남 완도). 1990년 건국훈장 애국장(1982년 건국포장)을 받음.

위경영 魏京永

503

종별 전남-관내-정요

창씨명 青山京永

별명 京浪, 敬淵, 赤鍾, 魏晳

생년월일 1907.8.18

직업 인부人夫

본적 전남 완도군 소안면所安面 미라리美羅里

주소 전남 완도군 소안면 미라리

인상/특징 키 5척 4촌. 각진 얼굴인 편. 코가 낮다. 하이칼라머리. 눈이 크고 치아가 가지런하다. 말이 거칠고 난폭하다.

시찰요점 배일사상(서울계). ①1929년 12월 5일 치안유지법 위반으로 징역 2년(집행유예 3년)*

---

* 1929년 12월 5일 치안유지법 위반으로 신의주지방법원에서 징역 2년(집행유예 3년)을 받음. '제4차 조선공산당 사건'[수형인명부, 동아일보 1929.12.8].

국기열 鞠錡烈 503

종별 전남-관내-정요

창씨명

별명 泰日

생년월일 1892.5.22

직업 매일신보 광주지국장

본적 전남 담양군 담양면潭陽面 월변리月邊里 104

주소 전남 광주부 대정정大正町 175

인상/특징 키 5척 4촌. 하이칼라머리. 얼굴이 둥글고 이마가 넓다. 눈과 입이 크다. 비대한 체격에 수염은 없다.

시찰요점 민족주의 농후. 1925년부터 1934년까지 동아일보 편집국장. ①1927년 12월 3일 명예훼손죄로 벌금 50엔

김성호 金聲浩 504

종별 전남-관내-정요

창씨명

별명

생년월일 1899.9.5

직업 변호사

본적 전남 강진군 강진읍 康津邑 송전리松田里

주소 전남 목포부 죽동竹洞 44

인상/특징 키 5척 4촌, 보통 체격이다. 이마가 넓고 피부가 희다. 눈썹이 짙고 나머지는 평범하다.

시찰요점 민족의식이 농후하고 총독정치를 비판, 논평하며 내선일체를 저해할 우려가 있는 언동을 한다.

김길례 金吉禮 504

종별 전남-관내-정요
창씨명
별명
생년월일 1905.3.2
직업
본적 전남 광주부 남정南町 9
주소 전남 광주부 본정本町 164 김상렬金相烈 방方
인상/특징 키 5척. 긴 얼굴에 피부는 약간 검다. 이마가 넓고 머리를 묶었다.
시찰요점 민족 및 배일주의

정경옥 鄭景玉 504

종별 전남-관내-정요
창씨명 島田一淸
별명 摠亭, 岩
생년월일 1903.5.24
직업 목사
본적 전남 진도군 진도면珍島面 교동리校洞里 103
주소 전남 광주부 명치정明治町 4정목丁目 79번지
인상/특징 키 5척 3촌 6푼, 보통 체격이다. 하이칼라머리. 눈썹이 짙고 눈이 둥글다. 코 가운데가 넓다. 얼굴이 둥글고 피부가 희다. 입은 작다. 오른쪽 어깨 끝 7푼 위치에 상흔이 있다. 검은 무늬의 안경을 사용한다.
시찰요점 민족주의. 기독교 신자. ①1919년 소요사건에 관계, 보안법 위반으로 징역 6월*

* 1920년 2월 14일 보안법 위반으로 광주지방법원 목포지청에서 징역 6월을 받음[형사사건부, 매일신보 1920.1.13].

박순경 朴順景

504

종별 전남-관내-노요

창씨명

별명 (판독불능)

생년월일 1899.8.23

직업

본적 전남 목포브 양동陽洞 76

주소 전남 목포부 산정리山亭里 55

인상/특징 키 5척 5촌, 보통 체격이다. 둥근 얼굴에 눈이 크다. 코가 높고 입술 끝 왼쪽이 굽었다. 음성이 명료하다.

시찰요점 노동·소작쟁의를 선동 교사할 우려가 있다. ①1926년 8월 동맹파업 주모자로서 징역 8월

조동승 曺棟承*

504

종별 전남-관내-노요

창씨명 松原長春

별명 景敍, 京星

생년월일 1895.5.5

직업

본적 전남 화순군 능주면綾州面 남정리南亭里

주소 전남 화순군 능주면 남정리

인상/특징 키 5척 4촌. 얼굴이 길고 피부가 검다. 눈썹이 짙다. 눈이 작고 예리하다. 코가 높고 이가 가지런하다. 보통 체격이다. 나머지는 평범하다. 눈썹 ○. 항상 안경을 사용한다.

시찰요점 노동·소작쟁의에 관여하고 불온언동을 하여 타인을 선동할 우려가 있다. 1919년 문서위조 사기로 10월, 검속·구류 2회

* 1920~30년대 언론에는 조경서曺景敍란 이름으로 많이 알려짐. 능주노농회, 조선노농총동맹, 조선농민총동맹 등 단체 활동이 확인됨.

서구석 徐究錫* 504

종별 전남-관내-노요

창씨명 利川倉錫

별명 震

생년월일 1892.10.25

직업 포목상

본적 전남 무안군 암태면岩泰面 기동리基洞里 992

주소 전남 무안군 암태면 기동리 992

인상/특징 키 5척 1촌, 마른 체형에 긴 얼굴. 귀가 작다.

시찰요점 노동·소작 문제에 관해 불온·과격한 언동을 한다. ①1925년 5월 23일 소요·상해·가택침입으로 징역 1년**

---

* 2022년 건국훈장 애족장을 받은 서창석(徐昌錫, 1892.10.25~1953, 전남 무안)과 동일 인물로 판단됨. 판결문(①대정13년 형공 제499호, 500호, ②대정13년 형공공 제525, 526호)과 당시 언론(동아일보 조선일보)에는 서창석徐倉錫으로 기록되어 있음.

** 서창석徐倉錫은 암태도 소작쟁의를 주도하여 1924년 9월 18일 광주지방법원에서 징역 1년을 받았음. 1924년 11월 15일 대구형무소에서 보석으로 출옥한 채 재판을 이어갔는데, 1925년 3월 18일 대구복심법원에서 징역 1년을 받고 상고했지만 고등법원에서 기각되었음. 1925년 6월 7일 목포형무소에 수감되어 1926년 6월 7일에 출옥함. 이 자료의 '1925년 5월 23일'은 고등법원 판결일이라고 생각됨.

김상수 金祥洙 505

종별 전남-관내-노요

창씨명

별명

생년월일 1895.6.6

직업

본적 전남 무안군 지도면智島面 내양리內楊里 1073

주소 전남 목포부 북교동北橋洞 20

인상/특징 키 5척 6촌, 비만 체형에 둥근 얼굴. 피부가 검고 코가 펑펑하고 크다.

시찰요점 노동 또는 소작쟁의에 관해 불온·과격한 언동을 한다. ①1920년 12월 폭행죄로 벌금 20엔

강갑수 姜甲壽

505

종별 전남-관내-노요

창씨명

별명 甲洙

생년월일 1905.6.8

직업

본적 경북 김천군 농소면農所面 덕곡리德谷里 449

주소 전남 고흥군 소록도 갱생원更生園

인상/특징 키 5척 4촌 8푼. 하이칼라머리. 얼굴이 작고 눈썹이 짙다. 눈은 작다. 코가 낮고 귀와 입이 크다. 어깨가 넓다. 마른 체형이다. 걸음걸이가 느긋하다. 안면에 심한 ○○가 있다. 얼핏 보면 한센병자로 안다.

시찰요점 농촌의 자유와 해방을 주장하고 우민愚民을 선동하여 자기의 세력을 확장하려 한다. 니혼대학日本大學 1년 수학

배기섭 裵議燮

505

종별 전남-관내-보요

창씨명 星山議燮

별명 ○錫, 春錫, ○羅

생년월일 1907.5.7

직업 농업

본적 전남 완도군 고금면古今面 농상리農桑里 677

주소 전남 완도군 고금면 농상리 677

인상/특징 키 5척 5촌, 비만 체형에 머리는 짧게 깎았다. 얼굴이 둥글고 눈이 크다. 코가 높다. 나머지는 평범하다.

시찰요점 민족·배일주의. 지방문제에 관여하여 해방운동의 급선봉으로서 불온·과격한 언동으로 타인을 사주 선동할 우려가 있다.

이석순 李石順* 505

종별 전남－관내－보요

창씨명

별명 石

생년월일 1905.5.18

직업 과수원 고인雇人

본적 전남 목포부 남교동南橋洞 32

주소 전남 영암군 영암면靈巖面 회내리會內里 김태선 방金泰銑 方

인상/특징 키 5척 4촌 5푼. 얼굴이 길고 피부가 검다. 눈이 크고 코가 크다. 나머지는 평범하다.

시찰요점 언동이 과격하여 폭력행위로 나타날 우려가 있다.

＊ 1930년 12월 12일 치안유지법 위반으로 징역 2년(미결구류일 500일 통산)을 받음. '제4차 조선공산당' 사건[수형인명부, 동아일보 1930.12.23].

조주현 曺柱鉉* 506

종별 전남－관내－보요

창씨명 夏山雲

별명 雲

생년월일 1900.5.3

직업 양곡조합糧穀組合 서기

본적 전남 영광군 영광면靈光面 백학리白鶴里

주소 전남 영광군 영광면 백학리

인상/특징 키 5척 1촌, 마른 체형에 얼굴이 길고 눈이 크다. 피부는 희다. 수염이 없다. 일견 호남자인데 여성적이지는 않다.

시찰요점 민족·공산주의를 품고 시사時事에 관해 불온·과격한 언동을 한다.

＊ 시조시인. 「불살너주오」, 「초승달이 재넘을 때」 등 작품을 발표. 해방 후 조선문학가동맹 활동, 6·25를 전후해 월북[한국민족문화대백과사전]. 1937년 10월 이른바 '영광적색사건'으로 체포되어 1938년 5월 16일 예심에 회부됨[동아일보 1938.5.8, 조선일보 1938.5.19]. 1940년 2월 23일 광주지방법원 목포지청에서 보안법 위반으로 징역 10월(미결구류일 300일 통산)을 받음[수형인명부].

구동훈 具東勳

506

종별 전남-관내-보요

창씨명

별명 萬世

생년월일 1902.2.28

직업

본적 전남 담양군 담양면潭陽面 담주리潭州里 171

주소 1938년 4월 2일. 불명不明

인상/특징 키 5척 4촌, 보통 체격. 얼굴이 둥글고 눈이 크다. 코가 높고 피부가 청백색이다. 올백머리

시찰요점 사물에 쉽게 감격하고, 때로 불온·과격한 언동을 한다.

전채규 田采奎

506

종별 전남-관내-보요

창씨명

별명 三材, 長武, 中班, 在洪

생년월일 1894.3.19

직업

본적 전남 장성군 장성면長城面 ○○리 689

주소 전남 장성군 장성면 ○○리 689

인상/특징 키 5척, 몸집이 작다. 머리를 짧게 깎았다. 눈썹이 짙고 수염이 엷다. 이마가 넓고 하관이 뾰족하다. 눈이 크고 입은 작다. 코가 높다.

시찰요점 사물에 쉽게 감격한다. 또 쉽게 타인의 사주에 넘어가 그 언동이 위험하다.

박공근 朴恭根* 506

종별 전남-관내-보요
창씨명 新井恭根
별명 朴滿
생년월일 1901.2.14
직업
본적 전남 나주군 나주읍羅州邑 서문리西門里 33
주소 전남 나주군 나주읍 과원정果院町 52
인상/특징 키 5척 3촌, 보통 체격이다. 얼굴이 평평하다. 올백머리
시찰요점 공산주의에 공명, 폭력적인 성정性情. ①1930년 3월 보안법, 출판법 위반으로 징역 1년

* 박공근(1901~미상, 전남 나주). 2004년 건국훈장 애족장을 받음.

김영준 金永駿 506

종별 전남-관내-보요
창씨명
별명
생년월일 1897.6.28
직업
본적 전남 구례군 양문면良文面 금정리金亭里
주소 전남 구례군 광의면光義面 연파리烟波里
인상/특징 키 5척 3촌 5푼, 비만 체격. 눈이 작고 코와 귀, 입은 크다. 머리카락이 길고 이마가 넓다. 눈썹이 엷고 수염은 없다. 아래위 앞니가 금니다.
시찰요점 시사문제에 참견하고 불온·과격한 논평을 한다. ①1927년 9월 26일 사기죄로 징역 8월(집행유예 3년). 전직 경찰관

정태중 鄭泰重

507

종별 전남-관내-보요
창씨명
별명 木勛, 聖東
생년월일 1899.3.5
직업
본적 전남 구례군 상지면上旨面 구산리九山里 439
주소 전남 순천군 순천읍順天邑 매곡리梅谷里 164-1
인상/특징 키 5척 3촌, 보통 체격이다. 눈이 크고 코가 높다. 머리카락이 길다. 이마가 넓고 하관이 뾰족하다. 눈매가 날카롭다.
시찰요점 공산 및 민족주의. ①1928년 3월 23일 치안유지법 위반으로 징역 1년, ②1930년 3월 5일 보안법 위반으로 징역 1월*

* ①1928년 2월 13일 경성지방법원에서 징역 1년을 받음. '조선공산당' 사건[판결문, 동아일보 1928.3.6, 1928.10.9], ②1929년 10월 16일 광주지방법원 순천지청, 1930년 3월 5일 대구복심법원에서 징역 8월을 받음[판결문].

주동혁 朱東爀

507

종별 전남-관내-보요
창씨명
별명
생년월일 1901.1.10
직업
본적 전남 해남군 문내면門內面 동외리東外里 1133
주소 전남 해남군 문내면 동외리 1133
인상/특징 키 5척 5촌, 보통 체격에 머리는 산발. 피부가 검고 얼굴이 길다. 눈과 입이 작고 코가 높다. 수염은 없다.
시찰요점 배일사상이 농후해서 타인을 사주 선동할 우려가 있다.

김재희 金在禧*

507

종별 전남-관내-보요

창씨명 金海在禧

별명 正祥, 成鉉, 炳燁

생년월일 1895.10.7

직업

본적 전남 장흥군 장흥읍長興邑 해당리海堂里 209

주소 전남 광산군 송정읍松汀邑 807

인상/특징 키 5척 3촌 5푼. 얼굴이 둥글다. 비만 체격. 눈이 크고 눈썹이 짙다. 하관이 뾰족하다. 치아가 가지런하다. 수염은 없다. 일견 호남자로 보인다.

시찰요점 청소년에게 민족·공산주의 사상을 선전·교양할 우려가 있다.

* 김정상(金正祥, 1894~1965, 전남 완도, 이명 김재희). 1990년 건국훈장 애족장(1986년 대통령표창)을 받음.

김삼봉 金三峯

508

종별 전남-내지-특요

창씨명 池田三峯

별명 金治, 金東權

생년월일 1898.1.11

직업

본적 도쿄도東京都 죠토구城東區 오시마정大島町 3-401
(출생지 : 전남 광주부 부동정不動町 110)

주소 도쿄도 요도바시구淀橋區 가시와기柏木 108 가토加藤 방方

인상/특징 키 5척 3촌 5푼, 보통 체격이다. 얼굴이 둥글고 입이 크다. 하이칼라머리. 코가 높고 눈썹이 짙다. 눈은 작다.

시찰요점 배일 및 공산주의. 북풍회계北風會系. 인부人夫. 결혼함

김상훈 金相燻

508

종별 전남-내지-특요
창씨명 令上明燻
별명 岩波勇
생년월일 1904.12.17
직업 외교원外交員
본적 전남 제주도 조천면朝天面 함덕리咸德里 1501
주소 도쿄東京 ○○○○○ 1-27 杉○莊아파트
인상/특징 키 5척 1촌. 얼굴이 갸름하고 길다. 피부는 약간 검은 편이다. 올백머리
시찰요점 공산주의. 전협계全協系

이석모 李錫模

508

종별 전남-내지-특요
창씨명 春木淸
별명 基錫
생년월일 1913.10.22
직업
본적 전남 순천군 상사면上沙面 흘산리屹山里 28
주소 도쿄도東京都 간다구神田區 미사키정三崎町 2-153 다카하시高橋 방方
인상/특징 키 5척 2촌, 마른 체형. 얼굴이 길고 피부는 희다. 눈썹이 짙고 눈이 가늘다. 코가 높고 입이 크다. 하이칼라머리
시찰요점 공산주의. 1933년 6월 15일 치안유지법 위반으로 징역 4년

임기준 林己準 508

종별 전남-내지-특요
창씨명
별명 平澤義雄, 平田義雄
생년월일 1915.5.8
직업 직공職工
본적 전남 제주도 애월면涯月面 하가리下加里 935
주소 오사카부大阪府 히가시나리구東成區 이카이노서猪飼野西 2-2
인상/특징 키 5척 6촌 5푼, 마른 체형. 피부가 희다. 눈알이 크다. 코가 높고 수염이 무성하다.
시찰요점 공산주의를 신봉한다. 비밀결사를 조직, 타인을 사주 선동하여 이를 실현시키려고 기도할 우려가 있다.

이재원 李載圓 509

종별 전남-내지-특요
창씨명 大澤載圓
별명 金成民, 村田黑
생년월일 1906.8.16
직업
본적 전남 제주도 조천면朝天面 조천리朝天里 2535
주소 오사카시大阪市 니시나리구西成區 쓰루미하시기타통鶴見橋北通 6-6
인상/특징 키 5척 3촌. 얼굴이 둥글고 피부는 조금 검다. 눈썹이 짙고 머리카락은 5푼 길이로 짧게 깎았다. 아래턱이 뾰족하다. 광대뼈가 튀어나왔다. 말을 더듬는다.
시찰요점 공산주의 신봉자

이익우 李益雨 509

종별 전남-내지-특요
창씨명 桂城益雨
별명 益友
생년월일 1909.12.16
직업
본적 전남 제주도 한림면翰林面 한림리翰林里 1128
주소 오사카시大阪市 히가시구東區 키노정木野町 29
인상/특징 키 5척 2촌, 마른 체형. 얼굴이 길고 피부가 희다. 눈썹이 짙고 눈이 가늘다. 코는 높고 입이 크다. 하이칼라머리
시찰요점 공산주의. 1933년 6월 15일 치안유지법 위반으로 징역 4년*

* 1933년 6월 5일 대구복심법원에서 치안유지법 위반으로 징역 4년을 받음. '제주 혁우동맹 사건'[판결문].

한현상 韓晛相* 509

종별 전남-내지-특요
창씨명
별명
생년월일 1901.5.8
직업 백십자병원白十字病院 사무원
본적 전남 영암군 영암면靈巖面 교동리校洞里 365
주소 도쿄도東京都 스기나미구杉並區 마바시馬橋 2-216
인상/특징 키 5척 2촌, 보통 체격이다. 머리를 스포츠형으로 짧게 깎았다. 이마가 좁다. 얼굴에 십여 개의 마맛자국이 있다.
시찰요점 배일·사회주의적 색채가 농후해서 과격한 언동을 한다.

* 韓峴相(조선일보 1938.9.1), 韓晛相(동아일보 1938.8.27)

김서호 金瑞鎬 509

종별 전남-내지-특요
창씨명 金福瑞鎬
별명 金石松
생년월일 1907.10.3
직업 자유노동
본적 전남 제주도 조천면朝天面 조천리朝天里 2929
주소 오사카시大阪市 히가시나리구東成區 이카이노중猪飼野中 1정목丁目 30 이계송李桂松 방方
인상/특징 키 5척 4촌, 얼굴이 둥글고 보통 체격이다. 피부가 창백하다. 눈이 동그랗고 머리를 짧게 깎았다. 입이 약간 크다.
시찰요점 농후한 공산주의자. 전협계全協系. ①1930년 4월 24일 치안유지법 위반으로 징역 6월(집행유예 4년), ②1933년 6월 치안유지법 위반으로 징역 3년 6월*

* ①제주도 신좌면 조천리에서 공산주의를 선전해 치안유지법을 위반했다는 혐의로 1930년 4월 24일 광주지방법원 제주지청에서 징역 6월(집행유예 4년)을 받음[조선일보 1930.5.3], ②1933년 6월 19일 오사카공소원에서 치안유지법 위반으로 징역 3년 6월을 받음[수형인명부].

김달준 金達俊 509

종별 전남-내지-특요
창씨명 金光俊夫
별명
생년월일 1905.1.8
직업 케이스(용기) 제조업
본적 전남 제주도 애월면涯月面 하귀리下貴里 358
주소 오사카시大阪市 미나토구港區 벤텐정弁天町 2정목丁目 5
인상/특징 키 5척 4촌, 피부가 약간 검고 보통 체격이다. 하이칼라머리. 얼굴이 길고 코가 높다. 목이 특히 길다.
시찰요점 공산주의를 신봉하는 행동으로 검속처분을 받은 일이 있다.

강문범 姜文範*

510

종별 전남－내지－특요

창씨명 吉原文範

별명 山木○一郎, 姜允錫

생년월일 1908.3.1

직업 만년필 제조공

본적 전남 제주도 중○면中○面 상예리上猊里 1259

주소 오사카시大阪市 히가시구東區 엣추정越中町 865 松山廣一○

인상/특징 키 5척 3촌, 마른 체형. 얼굴이 둥글고 피부는 조금 검다. 하이칼라머리.

시찰요점 공산주의. ①1931년 6월 치안유지법, 보안법 위반으로 징역 1년

* 강문범(1910~1950, 전남 제주). 1990년 건국훈장 애족장을 받음.

조금동 曺今同*

510

종별 전남－내지－특요

창씨명

별명 平山勇, 小原錬吉

생년월일 1911.6.26

직업 마감공仕上げ工

본적 전남 화순군 청풍면淸風面 신리新里 142

주소 도쿄시東京市 오오모리구大森區 가미이케가미정上池上町 1027 明朗巢 방方

인상/특징 키 5척 5촌. 얼굴이 둥글고 피부는 청흑靑黑색. 보통 체격이다. 눈썹이 엷고 코는 낮다. 입이 크고 수염은 없다. 왼쪽 눈이 작고, 왼쪽 눈 아래에 상흔이 있다.

시찰요점 공산주의를 신봉하고 전협계全協系 각종 단체에서 간부로 주의 운동에 몰두한다.

* 조금동(1911~1945, 전남 화순). 2006년 건국훈장 애국장을 받음.

고영희 高永禧 510

종별 전남-내지-특요
창씨명
별명
생년월일 1906.5.5
직업
본적 전남 제주도 제주읍濟州邑 건입리健入里 1232
주소 오사카시大阪市 히가시나리구東成區 이카이노동猪飼野東 2정목丁目 11
인상/특징 키 5척 6촌, 보통 체격이다. 피부가 희고 머리카락이 길다. 눈썹이 짙고 쌍꺼풀. 코가 높다. 옅은 수염 ○○○○. 오른쪽 머리 아래에 사마귀가 하나 있다.
시찰요점 무정부주의(흑우회黑友會). ①1931년 7월 14일 치안유지법 위반으로 징역 2년 6월*

* 치안유지법 위반으로 1930년 12월 8일 광주지방법원, 1931년 7월 14일 대구복심법원에서 징역 2년 6월을 받음. '우리계 사건 또는 제주도 무정부주의비밀결사 사건'[판결문, 동아일보 1930.12.10, 조선일보 1931.7.18].

강기찬 康箕贊 510

종별 전남-내지-특요
창씨명
별명
생년월일 1903.5.28
직업 일본생명日本生命 외교원外交員
본적 전남 제주도 제주읍濟州邑 건입리健入里 122
주소 오사카시大阪市 히가시나리구東成區 쓰루하시기타노정鶴橋北之町 2정목丁目 229
인상/특징 키 5척 3촌 5푼, 비만 체격. 얼굴이 둥글고 머리카락이 칠흑 같다. 입이 크다.
시찰요점 무정부주의. ①1931년 7월 14일 치안유지법 위반으로 징역 2년 6월. 우리계宇利契 사건

* 강기찬(1903~1956, 제주도). 1990년 건국훈장 애국장(1980년 건국포장)을 받음.

김중원 金重遠

510

종별 전남-내지-특요
창씨명
별명 石山一郎
생년월일 1911.9.20
직업
본적 전남 제주도 조천면朝天面 조천리朝天里 2497
주소 오사카시大阪市 히가시나리구東成區 오바세미나미정小橋南町 2정목丁目 85 가형家兄 김필원金弼遠 방方
인상/특징 키 5척 5촌, 보통 체격이다. 얼굴이 둥글고 피부는 약간 검다. 눈에 쌍꺼풀이 있고 수염은 없다. 나머지는 평범하다.
시찰요점 공산주의를 신봉하고 그 실현운동을 기도하여 타인을 선동 선전할 우려가 있다.

박수봉 朴洙鳳

511

종별 전남-내지-특요
창씨명 新本洙鳳
별명 突
생년월일 1900.2.14
직업 인부 공급업人夫供給業
본적 전남 광양군 옥곡면玉谷面 광영리廣英里
주소 야마구치현山口縣 우베시宇部市 미나미구南區 마츠야마통松山通 7정목丁目 무라카미村上 방方
인상/특징 키 5척 3촌, 보통 체격이다. 얼굴이 둥글고 이마가 넓다. 코가 약간 크다. 광대뼈가 뾰족하다.
시찰요점 공산주의. ①1926년 6월 치안유지법·출판법 위반으로 징역 10월, ②1927년 4월 기부금 모집 위반으로 징역 1년 6월, 벌금 30엔*

---

* ①1926년 7월 3일 업무횡령, 보안법 및 출판법 위반으로 광주지방법원 순천지청에서 징역 10월을 받음. 1926년 9월 4일 대구복심법원에서 징역 10월을 받음. 1927년 2월 7일 출감, 1927년 3월 1일 대구복심법원에서 징역 5월로 감형[판결문, 동아일보 1927.2.10].

박찬규 朴燦圭* 511

종별 전남-내지-특요
창씨명 新井燦圭
별명
생년월일 1872.1.20**
직업
본적 전남 제주도 제주읍濟州邑 이도리二徒里 1464
주소 오사카시大阪市 히가시나리구東成區 이카이노서猪飼野西 3정목丁目 입구
인상/특징 키 5척 2촌, 얼굴이 둥글고 보통 체격에 피부가 희다. 하이칼라머리. 미남자. 나머지는 평범하다.
시찰요점 공산주의. 배일사상을 품고 타인의 선동에 넘어가기 쉬우며, 이것의 실현을 몽상하여 광분하고 있다.

* 1933년 6월 5일 치안유지법 위반으로 대구복심법원에서 징역 2년(집행유예 4년)을 받음. 이른바 '제주 혁우동맹 사건'[판결문].

** 위 판결문에는 박찬규의 인적 사항이 "전남 제주도 제주읍 이도리 1464번지(본적과 주소), 현재 나이 22세, 음력 1월 22일 출생"으로 기록되었음. 이 자료의 출생일(明治 5.1.20)과 차이가 큼.

최계순 崔季淳 511

종별 전남-내지-특요
창씨명
별명 瑞○
생년월일 1907.7.21
직업
본적 전남 광주부 명치정明治町 4정목丁目 49
주소 교토시京都市 사쿄구左京區 田中○分町 入船館 內
인상/특징 신장 5척 3촌. 둥근 얼굴, 머리카락은 5푼 길이로 짧게 깎았다. 피부는 희다. 귀와 입이 크고, 나머지는 평범하다.
시찰요점 배일사상이 농후하고 공산주의에 공명한다.

김점수 金点洙

511

종별 전남-내지-특요

창씨명

별명

생년월일 1906.9.1

직업 토공土工

본적 전남 나주군 영산포읍榮山浦邑 산하리山下里 278

주소 교토시京都市 후시미구伏見區 니시다이코쿠정西大黑町 1045

인상/특징 키 5척 3촌 5푼. 둥근 얼굴에 피부가 검다. 코가 크고 눈이 작다. 올백머리

시찰요점 민족·무정부주의. ①1924년 7월 3일 공문서 위조 행사, 사기로 징역 1년 6월

김정로 金正魯*

511

종별 전남-내지-특요

창씨명

별명 赤奴

생년월일 1907.1.16

직업

본적 전남 제주도 제주읍濟州邑 이도리二徒里 1460

주소 오사카시大阪市 히가시구東區 키노정木野町 29

인상/특징 키 5척 2촌, 마른 체형. 피부가 희다. 얼굴이 둥글다. 눈이 동그랗다. 백안白眼. 항상 안경을 착용한다.

시찰요점 공산주의. ①1930년 12월 22일 치안유지법 위반으로 징역 2년. 제4차 조선공산당

* 1930년 12월 22일 치안유지법 위반으로 경성지방법원에서 징역 2년을 받음. 이른바 '제4차 조선공산당 사건'[동아일보 1930.12.23].

김종화 金鍾和* 512

종별 전남-내지-특요

창씨명

별명

생년월일 1910.11.10

직업 오사카시 사회과 고원雇員

본적 전남 담양군 수북면水北面 풍수리豐水里

주소 오사카부大阪府 사카이시堺市 코요정向陽町 1-257

인상/특징 키 5척 8촌. 얼굴이 길다. 피부는 희다. 이마가 넓고 약간 비만 체격이다. 일견 미남자로 보이고 때때로 웃는 얼굴을 보인다.

시찰요점 공산주의. ①1931년 6월 10일 치안유지법 위반으로 징역 1년, ②1934년 5월 13일 치안유지법 위반으로 징역 3년

* 김종화(1910.1.10~미상, 전남 담양). 2021년 건국훈장 애국장을 받음.

김택수 金澤銖* 512

종별 전남-내지-특요

창씨명

별명

생년월일 1899.11.10

직업 오복상吳服商

본적 전남 제주도 제주읍濟州邑 일도리一徒里 1458

주소 오사카시大阪市 히가시나리구東成區 쥬도혼통中道本通 2정목丁目 62

인상/특징 키 5척 5촌, 보통 체격. 피부는 검다. 하이칼라머리. 코가 크고 눈썹이 짙다. 윗니 2개를 금으로 씌웠다.

시찰요점 공산주의·배일사상. ①1930년 12월 22일 치안유지법 위반으로 징역 2년 6월. 제4차 조선공산당

* 1930년 12월 22일 치안유지법 위반으로 경성지방법원에서 징역 2년 6월을 받음. 이른바 '제4차 조선공산당 사건'[동아일보 1930.12.23].

강태휴 姜泰烋

512

종별 전남-내지-특요
창씨명
별명 李○三, 姜○熙, 姜○熙
생년월일 1905.7.2
직업
본적 전남 제주도 대정면大靜面 안성리安城里 1661
주소 오사카시大阪市 기타구北區 미야코지마통都島通 미나미南 5정목丁目 103
인상/특징 키 5척 3촌 5푼, 보통 체격이다. 얼굴이 길고 피부가 검붉다. 올백머리. 안면에 주근깨가 있다.
시찰요점 공산주의를 품고 있다. 반제동맹 가담

강창거 姜昌擧*

512

종별 전남-내지-특요
창씨명
별명
생년월일 1909.9.16
직업 공장 사무원
본적 전남 제주도 제주읍濟州邑 용담리龍潭里 69
주소 오사카부大阪府 나카가와치군中河內郡 히라오카정枚岡町 누가타額田 2116
인상/특징 키 5척 3촌. 얼굴이 둥글고 피부가 희다. 보통 체격, 눈이 크다. 곱슬머리
시찰요점 공산주의. ①1929년 7월 보안법 위반으로 기소유예, ②1932년 9월 치안유지법 위반으로 징역 2년 6월**

* 강창거(1910~2004, 제주도). 2005년 건국훈장 애족장을 받음.

** 이른바 '조선공산당재건정리위원회 사건'[동아일보1932.9.20]. 1934년 출옥 후 일본에 건너가 오사카에서 거주. 광복 후 귀국, 1947년 2월 민주주의민족전선 제주도지부를 결성, 1949년 말 다시 일본으로 건너감[디지털제주문화대전].

강영석 姜永錫* 512

종별 전남-내지-특요
창씨명
별명 金昌涉
생년월일 1906.5.14
직업
본적 전남 광주부 본정本町 5정목丁目 26
주소 도쿄시東京市 이타바시구板橋區 네리마미나미정練馬南町 2-3885 하길한河吉漢 방方
인상/특징 키 5척 6촌, 보통 체격이다. 둥근 얼굴, 흰 피부, 하이칼라머리. 눈, 입, 코는 평범하다. 치아가 가지런하다. 나머지는 평범하다.
시찰요점 민족주의가 농후해서 공산주의에 공명하여 이를 연구하고 선전·고취하는데 몰두한다.

---

* 강영석(1906~1991, 전남 광주). 1990년 건국훈장 애족장을 받았지만 친일행적이 드러나 2010년 서훈이 취소됨.

박홍 朴鴻 513

종별 전남-내지-특요
창씨명 新京鴻太郎
별명
생년월일 1912.2.9
직업
본적 전남 광양군 광양면光陽面 도월리道月里 306
주소 교토시京都市 시모쿄구下京區 ○○○ ○정町 17
인상/특징 키 5척 1촌, 보통 체격이다. 피부가 검고 얼굴은 둥근 편이다. 코가 낮고 눈이 둥글다. 머리카락이 약간 길다.
시찰요점 공산주의. 전협섬유 교토지부 소속. ①1931년 2월 9일 치안유지법 위반으로 기소유예, ②1932년 11월 7일 치안유지법 위반으로 기소유예

김병옥 金秉玉

513

종별 전남-내지-특요

창씨명 島津秉玉

별명 今村一夫, 大友一夫

생년월일 1909.5.2

직업

본적 전남 제주도 조천면朝天面 조천리朝天里 2835

주소 오사카시大阪市 히가시나리구東成區 이카이노○猪飼野○ 4정목丁目 7 김병교金秉教 방方

인상/특징 키 5척 2촌 5푼, 비만 체격. 머리를 짧게 깎았다. 코가 높다. ○가 크고 입이 크다. 쌍꺼풀이 있고, 눈썹이 짙다. 치아가 고르다. 얼굴에 주근깨가 있다.

시찰요점 1933년 2월 일본공산당 입당. ①1934년 7월 19일 치안유지법 위반으로 징역 2년, 집행유예 5년

신원식 申元湜

513

종별 전남-내지-특요

창씨명

별명

생년월일 1888.11.26

직업

본적 전남 제주도 제주읍濟州邑 이호리梨湖里 522

주소 오사카시大阪市 미나토구港區 미사키정三先町 3정목丁目 97

인상/특징 키 5척 1촌. 피부가 희다. 두발이 옅고 하이칼라머리다. 귀가 작다. ○○○○○. 안경을 쓴다. (이하 판독불능)

시찰요점 공산주의, 전협계全協系. ①1920년부터 1년간 ○○에 봉직함.

신상철 申相澈 513

종별 전남-내지-특요

창씨명

별명 阿只

생년월일 1913.9.23

직업 (판독불능)

본적 전남 강진군 병영면兵營面 삼인리三仁里 253

주소 도쿄시東京市 교바시구京橋區 (이하 판독불능)

인상/특징 키 5척 2촌 5푼. 얼굴이 둥글고 크다. 피부가 희다. 눈이 가늘다.

시찰요점 공산주의. ①1932년 6월 24일 치안유지법 위반으로 징역 2년 6월. 병영자유노동조합 (이하 판독불능)*

* 1931년 9월 '병영적색격문사건'으로 체포됨. 1932년 6월 24일 광주지방법원 목포지청에서 치안유지법 위반으로 징역 2년 6월을 받음[동아일보 1932.6.28].

윤창석 尹昌錫* 514

종별 전남-내지-특요

창씨명 平野昌錫

별명 森山昌雄

생년월일 1913.9.5

직업 목○○○木○○○ 제조

본적 전남 제주도 조천면朝天面 조천리朝天里 2476

주소 오사카시大阪市 히가시나리구東成區 이카이노중猪飼野中 586 태번泰熕 방方

인상/특징 키 5척, 보통 체격이다. 얼굴이 좁고 길다. 피부는 조금 희다. 하이칼라머리. 코가 높다. 나머지는 평범하다.

시찰요점 공산주의를 신봉하고 언어가 불온·과격하다. 조금 지나면 직접행동으로 나타날 우려가 있다.

* 윤창석(1913~1949, 제주도). 2006년 대통령표창을 받음.

정영규 鄭永奎*

514

종별 전남-내지-특요

창씨명 東山永奎

별명 幼夢, 學奎

생년월일 1912.6.9

직업 목공업

본적 전남 광양군 광양면光陽面 인동리仁東里 310

주소 기후현岐阜縣 카모군加茂郡 야오쓰정八百津町 하자마조間組 부하

인상/특징 키 5척 3촌, 보통 체격이다. 이마가 약간 좁다. 피부는 검붉다. 입이 크고 코가 낮은 편이다. 귀가 크다. 머리를 짧게 깎았다. 수염은 없다. 나머지는 평범하다. 안면에 주근깨가 있다.

시찰요점 공산주의. ①1935년 7월 19일 치안유지법 위반 징역 2년(미결 365일 통산), 5년 집행유예

* 1935년 7월 19일 치안유지법 위반으로 광주지방법원에서 징역 2년(집행유예 5년, 미결구류일수 365일 통산)을 받은 정학규鄭學奎와 동일인으로 판단됨[판결문, 동아일보 1934.10.18, 1935.7.20, 조선일보 1934.10.19].

장봉수 張琫洙

514

종별 전남-내지-정요

창씨명

별명 正行, 三吉, ○○正則

생년월일 1896.2.7

직업

본적 전남 영암군 도포면都浦面 영호리永湖里

주소 후쿠오카현福島縣 이와키군石城郡 ○○大學 ○○所

인상/특징 키 5척 2촌, 보통 체격이다. 하이칼라머리. 이마가 넓고 하관이 크다. 눈과 귀가 크고 코가 높다. 얼굴이 길다.

시찰요점 대언장어大言壯語하며 배일사상을 고취할 우려가 있다.

정남국 鄭南局* 514

종별 전남-내지-정요

창씨명 新城南局

별명 台星, 南極, (판독불능)

생년월일 1897.11.5

직업 고물상

본적 전남 완도군 소안면所安面 미라리美羅里

주소 오사카시大阪市 미나토구港區 胞村町 2-58 신준희申晙熙 방方

인상/특징 키 5척 5촌, 보통 체격이다. 얼굴이 넓고 눈이 크다. 눈썹이 짙고 치아가 고르다. 하이칼라머리

시찰요점 민족주의(○○). ①1926년 5월 20일 폭행죄·협박죄로 징역 6월, ②1929년 12월 15일 치안유지법 위반으로 징역 2년

* 정남국(1897~1955, 전남 완도). 1990년 건국훈장 애국장을 받음.

최기동 崔基東 515

종별 전남-내지-정요

창씨명

별명 ○○, 王和, 星野

생년월일 1895.5.2

직업 사원社員

본적 전남 영암군 군서면郡西面 구림리鳩林里 365

주소 오사카시大阪市 니시나리구西成區 코기시정甲岸町 2-2 춘보원春宝園 방方

인상/특징 키 5척 5촌, 마른 체격. 이마가 좁다. 올백머리. 수염은 없다. 빰이 ○하다. 눈과 코가 작고 입은 크다. 귀는 작다. 치아가 가지런하다. 피부가 희다.

시찰요점 총독정치의 변혁을 기도함. ①1927년 10월 상해죄로 벌금 20엔, ②1930년 2월 조선공산당사건, 예심 면소

김호암 金虎岩 515

종별 전남-내지-노요
창씨명 立花春岩
별명
생년월일 1900.7.19
직업 (판독불능)
본적 전남 장흥군 장흥면長興面 원도리元道里
주소 나라현奈良縣 나라시奈良市 호류지역전法隆寺驛前
인상/특징 키 5척 2촌. 얼굴이 좁고 길다. 눈이 조금 가늘다. 머리카락이 없다.
시찰요점 민족·공산주의에 공명하고 노동운동에 분주하다. ①1926년 8월 ○○, 구류 20일

양재도 梁在道 515

종별 전남-내지-노요
창씨명 大山在道
별명 明述
생년월일 1900.11.28
직업
본적 전남 무안군 해제면海際面 양월리羊月里 366
주소 도쿄시東京市 요도바시구淀橋區 토츠카정戶塚町 3873
인상/특징 키 5척 4촌. 둥근 얼굴, 코는 작고 높다. 눈매가 날카롭다. 눈썹이 짙다. 귀가 크다. 머리카락이 길다. 비만한 편이다. 조금 말을 더듬는다.
시찰요점 사상·노동단체의 ○○을 지킴. 재도쿄조선노동총동맹

김상구 金相求* 516

종별 전남-내지-노요
창씨명
별명 大島義雄, 金漢澈
생년월일 1891.1.6
직업
본적 전남 순천군 해룡면海龍面 월전리月田里 72
주소 오사카시大阪市 히가시나리구東成區 北生野町 5-63
인상/특징 키 5척 3촌 5푼, 마른 체격. 얼굴이 둥글다. 머리카락이 길고 수염은 없다. 앞 윗니에 금으로 만든 의치가 1개 있다. 말끝이 높다.
시찰요점 노동·차가借家 문제에 관해 불온 언동을 한다. ①1926년 6월 6일 오사카, 소요죄로 징역 1년

* 1928년 4월 16일 소요죄로 오사카공소원에서 징역 1년을 받음[수형인명부, 조선일보 1927.12.17]. 오사카조선노동조합, 이마후쿠조선노동조합, 재일본조선노동총동맹 오사카연합회, 간사이조선노동조합연합회 등에서 중심인물로 활동함. 신간회 오사카지회 회장을 지냄[재일조선인단체사전 1895~1945].

박태을 朴台乙* 516

종별 전남-내지-보요
창씨명
별명 朴台鉉, 贊權
생년월일 1905.4.17
직업
본적 전남 해남군 삼산면三山面 신흥리新興里 407
주소 도쿄시東京市 나카노구中野區 시로야마정城山町 70 이광찬李光瓚 방方
인상/특징 키 5척 5촌, 보통 체격이다. 피부가 희고 올백머리. 얼굴이 약간 길고 수염은 없다.
시찰요점 배일사상을 품고 사건에 쉽게 감격한다. ①1932년 8월 3일 치안유지법 위반으로 징역 2년 6월

* ①1931년 3월 30일 치안유지법 위반죄로 도쿄지방재판소에서 징역 2년 6월(미결구류일 300일 통산)을 받음[조선일보 1931.4.1], 1932년 8월 30일 도쿄공소원에서 징역 2년 6월(미결구류일 300일 통산)을 받음[수형인명부]. 이상 '조선공산당 일본총국 사건', ②1938년 10월 17일 치안유지법 위반으로 도쿄지방재판소에서 징역 3년(미결구류일 350일 통산)을 받음[수형인명부], 1938년 11월 17일 도쿄공소원에서 징역 3년을 받음[수형인명부], 1938년 12월 1일 도쿄공소원에서 징역 3년을 받음[특고월보 1938.1~1942.12(日誌)].

이선홍 李善洪*

516

종별 전남-내지-보요
창씨명
별명 武田英雄
생년월일 1895.3.2
직업 인삼상
본적 전남 무안군 일로면一老面 의산리義山里
주소 가나가와현神奈川縣 가와사키시川崎市 하마정浜町 3-28 남철웅南哲雄 방方
인상/특징 키 5척 2촌. 얼굴이 길고 광대뼈가 튀어나왔다. 코는 약간 높다. 앞 윗니에 금으로 만든 의치가 2개 있다.
시찰요점 불온한 언동을 하며, 타인을 선동하여 폭력행위를 할 우려가 있다.

* 이선홍(1895.2.2~1944.9.12). 『친일인명사전』 수록. 친일반민족행위진상규명위원회의 친일반민족행위자 결정.

최종학 崔鍾學

516

종별 전남-내지-보요
창씨명
별명 岡木兼太郎
생년월일 1890.10.23
직업
본적 전남 광주부 학강정鶴岡町 143
주소 오사카시大阪市 히가시나리구東成區 이카이노정猪飼野町 주中 3정목丁目 7
인상/특징 키 5척. 얼굴이 갸름하다. 코가 높고 피부가 희다. 수염이 있다. 호남자. 얼핏 내지인(일본인)과 다르지 않아 보인다.
시찰요점 공산주의를 신봉하고 현재 사회 제도를 저주한다. ①1928년 10월 22일 오사카 야오서八尾署에 구류 25일

최장춘 崔長春 517

종별 전남-국외-특요

창씨명 鳩山長春

별명 相淳, (판독불능)

생년월일 1909.1.27

직업

본적 전남 보성군 보성면寶城面 보성리寶城里 144

주소 北支 河南省 開相國 2方 ○○ 16 岩目主肆(이하 판독불능)

인상/특징 키 5척 4촌, 마른 체격. 피부가 검고 눈매가 날카롭다. 아래턱이 뾰족하다. 올백 머리. 일견 노동자로 보인다. 걸을 때 (이하 판독불능)

시찰요점 공산주의. ①1932년 9월 치안유지법, 출판법, 보안법 위반으로 징역 1년 6월. 삐라·격문살포사건

* 최장춘(1909~1969, 전남 보성). 1990년 건국훈장 애족장(1982년 대통령표창)을 받음.

박재룡 朴在龍 517

종별 전남-국외-특요

창씨명 原重信

별명

생년월일 1898.1.13

직업 농장관리인

본적 전남 목포부 북교동北橋洞 232

주소 奉天省 奉天市 牧島區 康○街 2-25

인상/특징 키 5척 5촌. 얼굴이 길고 피부는 약간 검다. 눈, 입, 귀와 코는 평범하다. 하이칼라 머리

시찰요점 배일사상을 품고 또 사회주의에 공명하여 주의를 선전·실행할 우려가 있다. ①1926년 3월 목포제유회사木浦製油會社 동맹파업 사건으로 검거

이경채 李景彩*

517

종별 전남-국외-특요
창씨명
별명 判守
생년월일 1910.4.6
직업
본적 전남 광산군 송정읍松汀邑 송정리松汀里 611
주소 上海 佛組界 白○尼島路 446
인상/특징 키 5척 4촌. 얼굴이 둥근 편이다. 피부는 붉다. 코가 낮고 이는 가지런하다.
시찰요점 공산·민족주의가 농후해서 의열단원 일파로 반만항일反滿抗日에 분주하다. ①1928년 10월 치안유지법 위반으로 징역 1년 6월

* 이경채(李景采 1910~1978, 전남 광산). 1991년 건국훈장 애국장(1980년 대통령표창)을 받음. 한자 이름이 다르지만, 출생일과 공적이 일치하므로 동일인으로 판단.

이○근 李○根

518

종별 전남-국외-특요
창씨명
별명 坪亢, ○虎, ○根, 光
생년월일 1903.10.11
직업 ○○인쇄소 ○○원
본적 전남 광산군 송정읍松汀邑 송정리松汀里 586
주소 滿洲國 新京 梅○町 3丁目 24 李○成 방方
인상/특징 키 5척 6촌, 마른 체격. 얼굴이 좁고 길다. 피부가 희고 머리카락이 길다. 치아는 가지런하다.
시찰요점 공산주의의 선동에 의해 주의 선전할 우려가 있다.

이수동 李壽童* 518

종별 전남-국외-특요
창씨명
별명 ○永
생년월일 1912.10.14
직업 현장감독
본적 전남 광산군 송정읍松汀邑 송정리松汀里 827
주소 吉林省 依蘭縣(이하 판독불능)
인상/특징 키 5척 4촌 5푼, 비만 체격인 편이다. 얼굴이 둥글고 피부가 검다. 이마가 넓고 귀와 입이 크다. 하이칼라머리
시찰요점 민족적 색채가 농후하며 공산주의에 공명하여 연구와 선전 고취에 광분할 우려가 있다.

* 이수동(1912~미상, 전남 광주). 2021년 건국포장을 받음.

나월환 羅月煥* 518

종별 전남-국외-특요
창씨명
별명 月○, 公水
생년월일 1912.10.25
직업
본적 전남 나주군 왕곡면旺谷面 신원리新院里 406
주소 支那 上海 이하는 알 수 없음
인상/특징 키 5척 1촌 5푼, 보통 체격이다. 피부가 창백하고 눈이 가늘다. 코가 높고 광대뼈가 크다.
시찰요점 무정부주의를 신봉하고 조선독립운동에 광분한다. 중국군관학교 졸업, 헌병 중위

* 나월환(1912~1942, 전남 나주). 1963년 건국훈장 독립장을 받음.

고중립 高中立

518

종별 전남-국외-특요

창씨명

별명

생년월일 1909.12.29

직업

본적 전남 제주도 제주읍濟州邑 삼도리三徒里 93-5

주소 上海 ○子路 朝鮮人會

인상/특징 키 5척 5촌, 보통 체격이다. 얼굴이 길고 피부는 검다. 나머지는 분명하지 않다.

시찰요점 배일사상의 신념이 농후하고 민족주의를 신봉하여 타인을 사주·선동해 주의 실현할 우려가 있다.

홍순기 洪淳起

518

종별 전남-국외-특요

창씨명

별명 陽明

생년월일 1905.1.13

직업 만몽일보사滿蒙日報社 정치부원

본적 전남 제주도 제주읍濟州邑 삼도리三徒里 884

주소 萬洲國 新京 ○永晟路

인상/특징 키 5척 5촌, 보통 체격이다. 얼굴이 약간 좁고 길다. 피부는 청백색. 입과 눈이 작다. 코가 낮고 눈썹이 엷다. 치아가 고르다. 목소리가 ○○하다.

시찰요점 공산주의를 신봉하고 언론·출판 등으로 이를 선전할 우려가 있다. ①1930년 5월 16일 제4차 조선공산당, 징역 1년 6월*

* 1929년 12월 5일 신의주지방법원에서 징역 2년(집행유예 3년)을 받음. 1930년 5월 15일 평양복심법원에서 징역 1년 6월(집행유예 3년)을 받음[조선일보 1929.12.7, 1930.5.22].

오남기 吳南基 519

종별 전남-국외-특요

창씨명

별명

생년월일 1906.4.22

직업 북○자동차 회사원

본적 전남 화순군 동복면同福面 ○○리

주소 北京市 (이하 판독불능)

인상/특징 키 5척 4촌. 얼굴이 길고 피부가 약간 검다. 코가 높고 눈썹이 짙다. ○○○○○. 하이칼라머리

시찰요점 북경北京 민국대학民國大學 무정부주의 단체 가맹. 1933년 조선에 돌아왔다.

국채진 鞠採鎭* 519

종별 전남-국외-특요

창씨명

별명

생년월일 1904.7.18

직업

본적 전남 담양군 담양면潭陽面 양각리羊角里

주소 (판독불능)

인상/특징 키 5척 1촌. 올백머리. 입이 작고 눈이 돌출했다.

시찰요점 배일·공산주의. ①1919년 소요사건[3·1운동]으로 징역 4월, ②1929년 11월 광주학생사건 주모자

* 국채진(1902.7.18~미상, 전남 담양). 2019년 건국포장을 받음.

김부득 金富得* 519

종별 전남-국외-특요

창씨명

별명 (판독불능)

생년월일 1908.12.6

직업 (판독불능)

본적 ○○ ○○○ 누문정樓門町 114

주소 (판독불능)

인상/특징 키 5척. 얼굴이 좁고 길다. 피부는 검다. 눈썹이 짙고 눈은 작다. 수염은 없다. (1줄 판독불능) 안경을 쓴다.

시찰요점 공산주의. ①1932년 2월 1일 공무집행방해·상해죄로 징역 6월, ②1934년 12월 22일 치안유지법 위반으로 징역 2년**

* 본명 金富淂, 이명 : 在燦, 在千, 富得. 본적 주소 : 전라남도 광주군 광주읍 누문정 114번지[판결문].

** 1934년 12월 26일 치안유지법 위반으로 광주지방법원에서 징역 2년(미결구류일수 중 525일을 본형에 산입)을 받음[판결문].

김규열 金圭烈* 519

종별 전남-국외-특요

창씨명

별명 萬圭, 晩圭, 海友, 道烈

생년월일 1893.2.24

직업

본적 전남 구례군 내산면內山面 관산리官山里 234

주소 블라디보스톡 신한촌 알 모스크카야가街 ○○○○○○ 23 서정순徐貞順 방方

인상/특징 키 5척 2촌, 보통 체격이다. 얼굴이 둥글고 눈이 작다. 눈썹이 짙다. 산발한 머리

시찰요점 조선공산당원. 국제공산당 ○○부원으로 ○○ 공산당 운동에 활약함. 공산대학 졸업자. ①1920년 12월 4일 보안법 위반으로 징역 2년

* 김규열(1893~1968, 전남 구례). 1992년 건국훈장 애족장을 받음.

허진환 許振煥*

519

종별	전남-국외-특요
창씨명	
별명	南宮連
생년월일	1910.7.27
직업	
본적	전남 곡성군 옥과면玉果面 죽림리竹林里 135
주소	滿洲國 牡丹江市 平文街 4-2
인상/특징	키 5척 6촌, 보통 체격이다. 얼굴이 둥글고 피부는 청백색이다. 하이칼라머리
시찰요점	공산주의 사상이 농후하고 실천운동에 나설 우려가 있다.

박대술 朴大述

519

종별	전남-국외-특요
창씨명	新明大述
별명	
생년월일	1911.8.3
직업	신경 순천의원新京順天醫院 취직
본적	전남 해남군 북평면北平面 서홍리西洪里 975
주소	新京特別市 東營區 永華(판독불능)
인상/특징	키 5척 3촌. 오똑한 코에 희고 갸름한 얼굴. 눈썹이 짙다. 피부는 흰색, 눈이 크고 보통 체격이다. 수염은 ○○○.
시찰요점	공산주의. 1936년 12월 28일 치안유지법 위반으로 징역 2년

서진순 徐進淳

520

종별 전남-국외-특요

창씨명

별명

생년월일 1885.7.7

직업

본적 전남 장성군 장성면長城面 백계리白鷄里 279

주소 블라디보스토크浦鹽, 이하는 알 수 없음. 1938년 1월, 소재 불명

인상/특징 키 5척 5촌, 보통 체격이다. 하이칼라머리. 눈썹이 짙다. 눈과 입이 크다. 수염이 있고 코가 낮다.

시찰요점 고려공산당 및 북경 의열단원으로서 (이하 판독불능)

신동호 申東浩

520

종별 전남-국외-특요

창씨명

별명 崔永武

생년월일 1895.7.22

직업

본적 전남 광산군 서방면瑞坊面 우산리牛山里

주소 支那 上海 阜官路 ○○○○. 소재불명

인상/특징 키 5척 4촌. 머리카락을 5푼 길이로 짧게 깎았다. 얼굴이 둥글고 이마가 넓다. 귀가 크고 눈썹이 짙다. 보통 체격이다. 눈이 작고 코가 낮다. 입이 크다.

시찰요점 공산·민족주의 농후. 1926년 제2차 조선공산당 사건으로 도주, 경성지방법원에서 기소 중지

박봉춘 朴奉春 520

종별 전남-국외-정요
창씨명
별명 南敎
생년월일 1884.5.17
직업
본적 전남 목포부 북교동北橋洞 77
주소 上海 法界 朱象橋 堂安里
인상/특징 키 5척 3촌. 둥근 얼굴. 눈과 입이 크고 귀는 작다.
시찰요점 상해임시정부원과 ○○을 통해 조선 독립을 기도할 우려가 있다.

정병채 鄭炳彩 520

종별 전남-국외-정요
창씨명
별명 允燮
생년월일 1900.11.18
직업
본적 전남 완도군 고금면古今面 장용리藏龍里 641
주소 소련 모스크바
인상/특징 키 5척 4촌, 보통 체격이다. 둥근 얼굴, 코가 높다. 피부가 검고 이가 고르다. 하이칼라머리. 일본어, 러시아어, 중국어를 이해함.
시찰요점 1925년에 러시아로 들어감. 1926년 (이하 판독불능)

김용재 金容宰*

521

종별 전남-국외-정요
창씨명
별명 金卜乭, 金鐘
생년월일 **
직업
본적 전남 담양군 담양면潭陽面 객사리客舍里 135
주소 支那 江西 南昌 第3軍 教導師 第3團 第2營
인상/특징 키 5척 5촌. 둥근 얼굴, 피부는 희다. 보통 체격에 ○○. 치아가 고르고, 머리는 산발이다.
시찰요점 의열단 (이하 판독불능)

* 김용재(전남 담양). 1977년 건국훈장 독립장을 받음.

** 『용의조선인명부國外ニ於ケル容疑朝鮮人名簿』(1934)에는 1898년 4월 22일 출생, 본적과 주소는 이 자료와 똑같이 기록되어 있음.

김수인 金守仁*

521

종별 전남-국외-정요
창씨명
별명 (판독불능)
생년월일 1893.1.21
직업 무역상
본적 전남 여수군 여수읍麗水邑 서정西町 153
주소 江蘇省 (이하 판독불능)
인상/특징 키 5척 5촌. 긴 얼굴에 피부가 희다. 눈썹이 짙고 코가 높다. 하이칼라머리
시찰요점 민족주의가 농후하고 김원봉金元鳳 일파에게 운동자금 제공

* 1922년 5월 30일 '大正8년 제령 제7호' 위반으로 경성지방법원에서 징역 2년을 받음[판결문].

김상수 金上洙 521

종별 전남-국외-정요

창씨명

별명 仁玉, 錢鴻達

생년월일 1891.7.19

직업

본적 전남 순천군 월등면月燈面 대평리大坪里 336

주소 프랑스국 롱웨가街 아쉬르마르네 병원. (소재 불명)

인상/특징 키 5척 3촌, 보통 체격이다. 얼굴이 둥글고 눈매가 날카롭다. 가슴 중앙에 2전 동전 크기의 상처가 있다.

시찰요점 배일사상을 품고 조선독립운동에 분주하다. ①1919년 6월 13일 ○○○○ 태형 90

김종진 金宗振 521

종별 전남-국외-정요

창씨명

별명

생년월일 1889.12.19*

직업 일○日○

본적 전남 무안군 임자면荏子面 대기리大機里 128

주소 소재불명(1939년 7월 13일)

인상/특징 키 5척 2촌. 얼굴이 둥글고 입과 귀가 작다. 치아는 가지런하다. 상투를 틀었다. 입술이 두툼하다.

시찰요점 '일한합병'에 분노하여 해외로 달아났다. 조선 독립을 도모할 우려가 있다.

---

* 『용의조선인명부國外ニ於ケル容疑朝鮮人名簿』(1934)에는 1890년 12월 19일 출생.

김명구 金明究

521

종별 전남-국외-정요

창씨명

별명

생년월일 1885.12.19

직업 ○

본적 전남 목포부 죽동竹洞 160

주소 (판독불능)

인상/특징 키 5척 2촌. 얼굴이 둥글고 코가 높다. 치아가 가지런하다. 눈이 가늘다. 일견 호남자로 보인다.

시찰요점 현 정치에 불만을 품고 조선 독립을 도모할 우려가 있다.

김영수 金永洙

521

종별 전남-국외-정요

창씨명

별명 昌洙

생년월일 1907.12.12

직업 농업

본적 전남 광산군 석곡면石谷面 화암리花岩里 171

주소 중화민국. 이하는 자세하지 않음

인상/특징 키 5척 4촌, 보통 체격이다. 피부는 희다.

시찰요점 의열단장 김원봉 등의 지휘를 받아 반만항일反滿抗日을 위해 활동했다.

김일곤 金逸坤*

522

종별 전남-국외-정요
창씨명
별명 文明哲, ○○, 張平山
생년월일 1913.3.15
직업
본적 전남 담양군 금성면金城面 대성리大成里
주소 중화민국. 이하는 자세하지 않음
인상/특징 키 5척 3촌, 마른 체격. 눈은 작은 편이다. 얼굴이 좁고 긴 편이다. 입은 작고 눈썹이 짙다. 머리는 산발이다. 나머지는 평범하다.
시찰요점 민족주의적 배일사상이 농후하고 타인을 사주할 우려가 있다.

* 김일곤(1912~1943, 전남 담양). 1990년 건국훈장 독립장을 받음.

김승곤 金勝坤

522

종별 전남-국외-정요
창씨명
별명 黃民, ○○
생년월일 1914.1.7
직업
본적 전남 담양군 담양면潭陽面 용사리容舍里
주소 중화민국. 이하는 자세하지 않음
인상/특징 키 5척 6촌, 마른 체격. 얼굴이 길고 눈과 코가 작다. 나머지는 평범하다.
시찰요점 민족주의적 배일사상이 농후하고 타인을 사주할 우려가 있다.

* 김승곤(1915~2008, 전남 담양). 1977년 건국훈장 독립장을 받음.

박계천 朴桂千* 522

종별 전남-국외-정요

창씨명 元村桂千

별명 朴英

생년월일 1885.2.16

직업 농업

본적 전남 무안군 안좌면 安佐面 당고리唐古里

주소 吉林省 密山縣 向陽鎮 滿豊農號

인상/특징 키 5척 6촌, 보통 체격이다. 둥근 얼굴, 코가 높고 눈이 크다. 일견 호남자로 보인다.

시찰요점 조선독립을 몽상하고 조선 내 동지와 연락한다.

---

* 박계천(1885~1960, 전남 신안). 2017년 건국훈장 애족장을 받음.

표성천 表聲天 523

종별 전남-국외-노요

창씨명 大山茂一

별명

생년월일 1887.11.15

직업

본적 전남 무안군 자은면慈恩面 백산리白山里 773

주소 滿洲國 哈爾賓 ○○屯 ○○○○○

인상/특징 키 5척 5촌. 얼굴이 길고 코가 높다. 눈과 입이 크다.

시찰요점 소작문제에 관해 과격한 언동을 한다. ①1920년 6월 4일 제령 위반으로 징역 1년, ②1922년 8월 16일 소요, 공무집행 방해로 징역 2년 6월*

---

* ①1920년 12월 21일 정치범죄처벌령 위반, 출판법 위반, 보안법 위반으로 경성지방법원에서 징역 1년(미결구류일수 100일 산입)을 받음[판결문], ②1926년 8월 16일 소요 및 공무집행방해로 광주지방법원에서 징역 1년 2월(미결구류일수 30일 산입)을 받음[판결문].

박노영 朴魯泳*

523

종별 전남-국외-보요

창씨명

별명 朴魯英, 朴震

생년월일 1898.12.16

직업 건축사무소 고雇

본적 전남 장흥군 남상면南上面 월송리月松里 195

주소 上海 共同租界 四川路 101號

인상/특징 키 5척 3촌 5푼. 하이칼라머리. 귀가 크고 입이 작다. ○○.

시찰요점 사물에 감격하고 배일적 언행을 한다.

* 박진(朴震, 1897~1968, 전남 장흥, 이명 박노영). 1999년 건국훈장 애국장을 받음.

임경모 任暻模

523

종별 전남-정외-정요

창씨명

별명

생년월일 1909.4.24

직업 학생

본적 전남 여수군 소라면召羅面 현천리玄川里 58

주소 蘇聯邦

인상/특징 키 5척 5촌, 보통 체격이다. 얼굴이 둥글고 피부는 약간 검다. 나머지는 평범하다.

시찰요점 공산대학共産大學에 통학하면서 공산주의 연구에 몰두하고 이를 선전할 우려가 있다.

황보익 黃保翼

523

종별 전남-정외-정요

창씨명 黃原保翼

별명

생년월일 1894.2.12

직업 목사

본적 전남 보성군 벌교읍筏橋邑 벌교리筏橋里

주소 보성 ○○교실

인상/특징 키 5척 4촌 5푼. 얼굴이 둥글다. 하이칼라머리. 나머지는 평범하다.

시찰요점 반전反戰 사상을 품고 외국 선교사와 친교가 있으며, 국정자원國情資源 등을 조사·정탐해 보고할 우려가 있다.

난위량 欒爲樑(중국인)

524

종별 전남-정외-정요

창씨명

별명

생년월일 1882.2.20

직업 음식점 영업

본적 中華民國 山東省(이하 판독불능)

주소 목포부 본정本町 ○○○○ 인○관 仁○館

인상/특징 키 5척 3촌, 보통 체격이다. 머리를 짧게 깎았다. 나머지는 평범하다.

시찰요점 배일사상을 품고 있다.

소옥산 蕭玉山(중국인) 524

종별 전남-정외-정요
창씨명
별명
생년월일 1871.1.8
직업 음식점 영업
본적 中華民國 (이하 판독불능)
주소 목포부 (이하 판독불능)
인상/특징 키 5척 3촌 5푼. 얼굴이 길고 피부가 창백하다. 코가 높다. 비만 체격이다. 마맛자국. 사시斜視. 오른쪽 이마에 ○○ 크기의 흉터가 있다.
시찰요점 배일사상 (판독불능). 국제자원國際資源을 염탐해 알아내 첩보할 우려가 있다.

추자현 鄒子賢(중국인) 524

종별 전남-정외-정요
창씨명
별명
생년월일 1904.5.17
직업 (판독불능)
본적 中華民國 (이하 판독불능)
주소 (판독불능)
인상/특징 키 5척 7촌. 얼굴이 길고 피부가 희다. 눈과 입이 크다. 눈썹이 짙다. 나머지는 평범하다.
시찰요점 중국인 중 유력한 (판독불능). 국정자원國情資源 등을 탐지, 염탐해 보고할 우려가 있다.

토손 팜릭 タウソン パムリク 524

종별 전남-정외-정요

창씨명

별명 (판독불능)

생년월일 1905.8.18

직업 천주교 선교사

본적 (판독불능)

주소 제주도 제주읍濟州邑 (이하 판독불능)

인상/특징 키 6척 ○촌, 보통 체격이다. 눈썹이 짙다. 눈동자가 동그랗고 팔자수염. 머리카락은 5푼 길이로 짧게 깎았다.

시찰요점 국정자원을 탐지해 몰래 보고할 우려가 있다.

라이언 와코스 구니에르 ライアン-ワコス グニエル 524

종별 전남-정외-정요

창씨명

별명 (판독불능)

생년월일 1907.9.26

직업 천주교 선교사

본적 영국 아일랜드 (이하 판독불능)

주소 제주도 서귀면西皈面 서홍리西烘里

인상/특징 키 5척 4촌, 보통 체격이다. 얼굴이 둥글다. 하이칼라머리. 눈이 작고 ○○.

시찰요점 국정자원을 탐사해 몰래 보고할 우려가 있다.

아우만 맥폴리시 アウマン マクポリシ 525

종별 전남-정외-정요
창씨명
별명 (판독불능)
생년월일 1889.4.14
직업 천주교 선교사
본적 영국 (이하 판독불능)
주소 목포부 산정리山亭里 97
인상/특징 키 6척 2촌, 비만 체격. 코가 크고 얼굴이 길다.
시찰요점 전남 지방 선교에 있어서 조선인 교역자 사이에 신용이 있음을 이용해 국정자원을 몰래 탐지해 첩보할 우려가 있다.

오스텐 코이니 オステン コイニー 525

종별 전남-정외-정요
창씨명
별명 徐○○
생년월일 1909.9.30
직업 천주교 선교사
본적 영국 (이하 판독불능)
주소 제주도 서귀면西皈面 서홍리西烘里
인상/특징 키 5척 8촌, 마른 체격. 얼굴이 길고 피부가 희다. 코가 높고 눈이 크다. 입은 작다. 나머지는 평범하다.
시찰요점 국정자원을 몰래 탐사해 몰래 보고할 우려가 있다.

387603

極秘

昭和二十年三月

要視察人略名簿

全羅北道

1945년 3월

조선인요시찰인약명부

전라북도

전북고全北高 제348호
소화昭和 20년[1945] 3월 30일

[발신자] 전라북도지사(경찰서장)
[수신자] 경무국장
각 도지사
경보국장警保局長
경시총감
관계 각 청廳 장관 및 부현府縣 지사
관동청關東廳, 대만총독부 각 경무국장
조선헌병사령관 및 조선 내 각 헌병대장
조선 내 관계 각 경찰서장
경무국 각 파견원

요시찰인약명부 조제調製에 관한 건

조선인의 내지도항제한제도內地渡航制限制度 폐지에 따라 본 도에서 수제首題 명부를 별책과 같이 첨부함으로 통보함

위 보고 통보를 전달함

발송처
경무국장, 각 도지사, 관하 각 서署
경성 본정·종로·동대문·서대문·용산 각 경찰서장
평양·대구·신의주·진남포·인천·목포·원산·청진·종성·부산·부산수상·대전·여수·웅기·온성 각 경찰서장
경무국 파견원 : 신징新京·간도間島·하얼빈哈爾濱·펑톈奉天·상하이上海·지린吉林·훈춘琿春·도쿄東京·오사카大阪·시노모세키下關·톈진天津
경보국장, 경시총감, 북해도·가라후토樺太 각 장관
교토京都·오사카大阪·나가사키長崎·후쿠오카福岡·오이타大分·야마구치山口·히로시마廣島·오카야마岡山·도치기栃木·후쿠이福井·가나가와神奈川·시즈오카靜岡·아이치愛知·기후岐阜·시가滋賀·나가노長野·효고兵庫·와카야마和歌山·미야기宮城·아오모리青森·이시카와石川·도야마富山·미에三重 각 현縣 지사
관동국 경무부장(신징), 대만총독부 경무국장
조선헌병대사령관, 조선 내 각 헌병대장(경성·평양·나남·함흥·광주·부산)
전주헌병대장

요시찰인 인원표 1945년 3월

구분	종별	인원수	소계	합계
관내	특요	77	84	131
	정요	5		
	노요	1		
	보요	1		
내지	특요	22	25	
	정요	2		
	보요	1		
국외	특요	16	19	
	정요	3		
외사	정요	3	3	

종별	이름	이름	창씨명	비고
전북-管內-特要	방한회	方漢廻	市村漢廻	
전북-管內-特要	송정섭	宋正爕	郎山正爕	
전북-管內-特要	정진흥	鄭鎭興	池田鎭興	
전북-管內-特要	이동운	李東雲	早瀨東雲	
전북-管內-特要	임종식	林宗植	林秀次郎	본문에는 林宗桓
전북-管內-特要	장기룡	張基龍	張本基龍	
전북-管內-特要	임종남	林鐘楠		
전북-管內-特要	한원규	韓元圭	西原元圭	
전북-管內-特要	한대석	韓大錫	西原健雄	
전북-管內-特要	박윤하	朴潤河		
전북-管內-特要	이우성	李愚誠	豊城愚誠	
전북-管內-特要	조천득	趙天得	豊榮天得	
전북-管內-特要	박찬순	朴贊旬	戶川達雄	
전북-管內-特要	조용관	趙容寬		
전북-管內-特要	이재중	李在仲		본문에는 李在中
전북-管內-特要	이계손	李桂孫		
전북-管內-特要	이현상	李鉉相		
전북-管內-特要	이기택	李起澤	李家起澤	
전북-管內-特要	임봉호	林鳳鎬		

종별	이름	이름	창씨명	비고
전북－管內－特要	이승렬	李承烈		
전북－管內－特要	이철수	李喆洙	李山喆洙	
전북－管內－特要	김규선	金圭鮮	金澤茂雄	
전북－管內－特要	김철주	金鐵柱	金家鐵柱	
전북－管內－特要	김병숙	金炳璹	金井秀夫	
전북－管內－特要	김한섭	金漢燮	金世漢燮	
전북－管內－特要	김종련	金宗連	金原茂吉	
전북－管內－特要	김병화	金炳化	金洲守誼	
전북－管內－特要	김소완산	金小完山	金子愼太郎	
전북－管內－特要	곽한종	郭漢宗	加來新	
전북－管內－特要	김원주	金源柱	金海源柱	
전북－管內－特要	김길호	金吉浩	金村吉浩	
전북－管內－特要	김창한	金昌漢	金子昌漢	
전북－管內－特要	김덕균	金德均	金本德均	
전북－管內－特要	박판동	朴判同	和山厚一	
전북－管內－特要	신석창	辛錫昌	辛錫昌	
전북－管內－特要	위태준	魏太駿		
전북－管內－特要	김영창	金永昌	歡城永昌	
전북－管內－特要	길재철	吉在哲	吉田安邦	
전북－管內－特要	최순기	崔淳基	芳山逢次郎	
전북－管內－特要	조광호	趙光浩	玉川光浩	
전북－管內－特要	고종근	高鍾根	高山鍾根	
전북－管內－特要	전기배	田起培	田中起成	
전북－管內－特要	김병륜	金炳倫	月谷炳倫	
전북－管內－特要	최월상	崔月上	月村健道	
전북－管內－特要	이동선	李東璇	中本東璇	
전북－管內－特要	정충조	鄭忠朝	桓孫忠朝	
전북－管內－特要	조기승	趙紀勝	國重紀勝	
전북－管內－特要	이동욱	李東郁	國本東郁	
전북－管內－特要	오길수	吳吉洙	吳山吉洙	
전북－管內－特要	오치옥	吳治玉	吳環	
전북－管內－特要	오오득	吳五得	吳村五得	

종별	이름	이름	창씨명	비고
전북－管內－特要	안용갑	安鏞甲	安田哲三	
전북－管內－特要	송여상	宋汝相	松山茂	
전북－管內－特要	김성남	金聖男	松下聖男	
전북－管內－特要	김종철	金鍾喆	松岡憲重	
전북－管內－特要	이정순(여)	李正淳(女)	特山正淳	본문에는 牧山正淳
전북－管內－特要	권영태	權榮台	安田榮台	
전북－管內－特要	한상순	韓相舜	秋田相舜	
전북－管內－特要	장재섭	張在燮	朝野芳吉	
전북－管內－特要	박내은	朴來殷	青木茂雄	
전북－管內－特要	노환	盧桓	安東桓雄	
전북－管內－特要	홍건표	洪建杓	洪原建杓	
전북－管內－特要	박흥식	朴興植	城宮惠本	
전북－管內－特要	김운선	金雲善		
전북－管內－特要	허응철	許應徹		
전북－管內－特要	허국봉	許菊峰		
전북－管內－特要	백남철	白南哲	白川清本	
전북－管內－特要	박원배	朴源培	清水源培	
전북－管內－特要	신괴식	申槐植		
전북－管內－特要	신규식	申奎植		
전북－管內－特要	이용필	李容泌	廣村容泌	
전북－管內－特要	신언진	申彦眞	平山義雄	
전북－管內－特要	황병수	黃炳洙	平海炳洙	
전북－管內－特要	구호림	具浩林	竹村彰益	
전북－管內－特要	문병국	文炳國	文元炳國	
전북－管內－特要	문홍항	文洪恒	文源洪恒	
전북－管內－特要	권용훈	權容勳	權藤容勳	
전북－管內－政要	김석락	金錫洛	金川錫洛	
전북－管內－政要	정희수	鄭喜秀	良正喜秀	
전북－管內－政要	권중기	權重褀	安東重褀	
전북－管內－政要	김현수	金玄洙		
전북－管內－政要	윤철	尹喆	東山榮善	
전북－管內－勞要	송충현	宋忠顯		

종별	이름	이름	창씨명	비고
전북-管內-普要	조철제	趙哲濟	咸趙哲濟	
전북-內地-特要	김재형	金載亨	石川末廣	
전북-內地-特要	김용태	金容泰	新光羅門	
전북-內地-特要	홍영기	洪英基	德山英基	
전북-內地-特要	이반석	李班石		
전북-內地-特要	김재숙	金載淑	金城正雄	
전북-內地-特要	김용배	金容培	金谷容培	
전북-內地-特要	김병갑	金秉甲	金城重信	
전북-內地-特要	강난수	姜蘭秀	神江壽元	
전북-內地-特要	김병일	金炳一	金子炳一	
전북-內地-特要	이강휘	李焵徽	義本焵徽	
전북-內地-特要	배종윤	裵宗潤	武田英雄	
전북-內地-特要	종봉식	宗鳳植		
전북-內地-特要	이은직	李殷直	國本直樹	
전북-內地-特要	김갑손	金甲孫	康村甲孫	
전북-內地-特要	박상호	朴相浩	木戶大宮	
전북-內地-特要	김엽득	金葉得		
전북-內地-特要	김용규	金容珪		
전북-內地-特要	김보동	金寶同		
전북-內地-特要	김용일	金容日		
전북-內地-特要	강석린	姜錫麟		
전북-內地-特要	백남교	白南敎	白川南敎	
전북-內地-特要	평소유신	平沼惟新		
전북-內地-政要	구덕조	具德祖		
전북-內地-政要	유재요	劉載堯	安田玄乘	
전북-內地-普要	강완봉	姜完奉		
전북-國外-特要	양정묵	梁丁默	梁川正作	
전북-國外-特要	최영석	崔英錫	遠山英錫	
전북-國外-特要	이봉길	李奉吉		
전북-國外-特要	이상규	李祥奎		
전북-國外-特要	김재묵	金載默	武光載默	
전북-國外-特要	김창수	金昌洙	成田秀吉	

종별	이름	이름	창씨명	비고
전북-國外-特要	이불억	李弗億	大山弗億	
전북-國外-特要	박기성	朴奇盛	牧原杖夫	
전북-國外-特要	최규섭	崔圭燮	松平吉市	
전북-國外-特要	김현표	金顯杓	松平行正	
전북-國外-特要	오원모	吳元模		
전북-國外-特要	정재섭	鄭再燮		
전북-國外-特要	정윤옥	鄭允玉		
전북-國外-特要	김봉일	金奉日		
전북-國外-特要	양기주	梁基周	三原平男	
전북-國外-特要	신일용	辛日鎔		
전북-國外-政要	진장권	陳壯權	千谷正一	
전북-國外-政要	정용석	鄭用石	秋田用石	
전북-國外-政要	시창석	柴昌錫	柴田昌錫	
전북-外事-政要(外國人)	임덕선	林德先		
전북-外事-政要(外國人)	유옥화(여)	柳玉花(女)		
전북-外事-政要(外國人)	우강의	于江義		

방한회 方漢廻

535

종별 전북-관내-특요
창씨명 市村漢廻
별명
생년월일 1890.10.1
직업
본적 전북 군산부 개복정開福町 2-115
거주지 전북 군산부 개복정 2-115
인상/특징 키 5척 2촌. 피부가 희고 얼굴은 둥글다. 수염이 없다. 비만 체격. 귀와 입이 작다.
시찰요점 공산주의를 신봉하고 이것을 선전 선동할 우려가 있다.

정진흥 鄭鎭興

535

종별 전북-관내-특요
창씨명 池田鎭興
별명 中尾鎭炯
생년월일 1922.3.20
직업
본적 전북 김제군 청하면青蝦面 월현리月弦里 738
거주지 입감 중入監中
인상/특징 키 5척 6촌, 얼굴이 길고 마른 체형. 나머지는 평범하다.
시찰요점 민족의식이 농후해서 조선 독립을 몽상하고 비밀결사를 조직하여 실천운동에 나설 우려가 있다.

송정섭 宋正燮* 535

종별 전북-관내-특요
창씨명 郎山正燮
별명
생년월일 1921.7.18
직업 농업
본적 전북 전주부 완산정完山町 56
거주지 전주형무소
인상/특징 키 5척 2촌. 얼굴이 길고 눈썹이 짙으며 눈이 크다. 머리카락을 바싹 짧게 깎았다. 나머지는 평범하다.
시찰요점 민족의식이 농후해서 조선 독립을 기도하고 타인을 사주·선동할 우려가 있다.

* 1944년 6월 12일 치안유지법 위반으로 전주지방법원에서 징역 2년 6월을 받음[판결문].

이동운 李東雲 535

종별 전북-관내-특요
창씨명 早瀨東雲
별명 珍祥
생년월일 1916.3.16
직업 자동차회사 사무원
본적 전북 정읍군 정주읍井州邑 연지리蓮池里 99
거주지 전북 정읍군 정주읍 연지리 197
인상/특징 키 5척 3촌. 피부가 희고 얼굴이 길다. 마른 체격이다. 나머지는 평범하다.
시찰요점 민족·공산주의를 품고 불온·과격한 언동을 할 우려가 있다.

임종환 林宗桓* 535

종별 전북-관내-특요
창씨명 林秀次郎
별명 時雨, 林豹
생년월일 1885.6.11
직업 침구술鍼灸術
본적 전북 익산군 이리읍裡里邑 경정京町 7
거주지 전북 익산군 이리읍 욱정旭町 55
인상/특징 키 5척 3촌, 보통 체격이다. 눈이 크고 피부는 희다. 귀가 크고 코는 높다. 눈썹이 짙다. 얼굴이 길고 이마가 넓다. 대머리가 되고 있다.
시찰요점 총독정치를 비방하고 현 사회제도를 저주함. 불온·과격사상을 선전하고 또한 타인을 선동할 우려가 있다.

* ①1925년 12월 17일 '대정8년 제령 제7호' 위반, 출판법 위반으로 대구복심법원에서 징역 8월, 1926년 4월 8일 고등법원에서 징역 8월을 받음[판결문], ②1931년 5월 14일 치안유지법 위반으로 경성지방법원에서 징역 3년, 1931년 6월 18일 경성복심법원에서 징역 3년(미결구류일 300일 산입)을 받음. '전북공산당 사건'[조선일보 1931.5.15, 판결문].

장기룡 張基龍 535

종별 전북-관내-특요
창씨명 張本基龍
별명
생년월일 1921.3.7
직업
본적 전북 익산군 황등면黃登面 신성리新城里 287
거주지 전주형무소
인상/특징 키 5척 4촌, 보통 체격이다. 얼굴이 둥글다. 머리를 바싹 짧게 깎았다. 피부가 희다. 나머지는 평범하다.
시찰요점 민족·공산주의 사상이 농후해서 타인을 사주·선동할 우려가 있다.

임종남 林鐘楠

536

종별 전북-관내-특요
창씨명
별명 林鍾斗, 松永勇之助
생년월일 1912.1.5
직업
본적 전북 김제군 봉남면鳳南面 신호리新湖里 506
거주지 전북 김제군 봉남면 신호리 506
인상/특징 키 5척 6촌, 보통 체격이다. 피부는 검고 얼굴이 길다. 눈썹, 입, 코는 평범하다. 수염은 없다.
시찰요점 공산주의를 신봉하여 주의 확대와 강화를 위해 늘 각종 단체에 가입하고 실천운동에 종사하며 타인을 사주·선동할 우려가 있다.

한원규 韓元圭

536

종별 전북-관내-특요
창씨명 西原元圭
별명 龍河, 永岩
생년월일 1919.5.27
직업
본적 전북 남원군 사매면巳梅面 대율리大栗里 460
거주지 소재불명
인상/특징 키 5척 4촌, 보통 체격이다. 피부는 약간 검다. 얼굴이 조금 긴 편이고 눈썹이 옅다. 눈이 크고 코가 높다. 입이 크다. 나머지는 평범하다.
시찰요점 민족의식이 농후해서 불온·과격한 문서를 작성하여 타인을 사주·선동할 우려가 있다.

한대석 韓大錫* 536

종별 전북-관내-특요
창씨명 西原健雄
별명
생년월일 1923.9.16
직업 농업
본적 전북 옥구군 대야면大野面 산월리山月里 889
거주지 전북 옥구군 대야면 산월리 889
인상/특징 키 4척 8촌. 얼굴이 둥글고 피부는 엷은 누런색이다. 나머지는 평범하다.
시찰요점 민족의식이 농후해서 불온·과격한 언동을 하고 타인을 사주·선동할 우려가 있다.

* 한대석(1923~2003, 전북 옥구). 1992년 대통령표창을 받음.

박윤하 朴潤河* 536

종별 전북-관내-특요
창씨명
별명
생년월일 1926.6.25
직업
본적 전북 완주군 삼례면參禮面 후정리後亭里 161-2
거주지 전주형무소
인상/특징 키 5척 3촌, 보통 체격이다. 둥근 얼굴, 피부는 희다. 눈이 크다. 나머지는 평범하다.
시찰요점 민족의식이 농후해서 조선 독립을 되찾기 위해 실천운동에 나설 우려가 있다.

* 박윤하(1925~1996, 전북 완산). 1990년 건국훈장 애족장(1982년 대통령표창)을 받음.

이우성 李愚誠*

536

종별	전북-관내-특요
창씨명	豊城愚誠
별명	將軍
생년월일	1907.11.1
직업	삼례임도조합參禮賃搗組合 이사
본적	전북 완주군 삼례면參禮面 구와리舊瓦里 371
거주지	전북 완주군 삼례면 구와리 371
인상/특징	키 5척 3촌. 얼굴이 길고 안색이 창백하다. 코가 조금 높고 입이 작다. 수염이 있다.
시찰요점	공산주의를 신봉하고 현 사회제도를 부인하며 타인을 사주·선동할 우려가 있다.

* 이우성(1905~1948, 전북 전주). 2018년 건국훈장 애족장을 받음.

조천득 趙天得

536

종별	전북-관내-특요
창씨명	豊榮天得
별명	
생년월일	1917.4.10
직업	사진업
본적	전북 익산군 성당면聖堂面 부곡리富谷里 151
거주지	전북 익산군 성당면 부곡리 151
인상/특징	키 5척 2촌, 보통 체격이다. 둥근 얼굴에 흰 피부. 입술이 두껍다. 미남자로 보인다.
시찰요점	민족·공산주의를 신봉하는 기독교 맹신자로서 포교를 통해 타인을 사주·선동할 우려가 있다.

박찬순 朴贊旬 537

종별 전북-관내-특요

창씨명 戶川達雄

별명

생년월일 1921.12.21

직업 금융조합 서기

본적 전북 정읍군 신태인읍新泰仁邑 신덕리新德里 1945

거주지 전북 김제군 금구면金溝面 금구리金溝里 佐野度想 방方

인상/특징 키 5척 2촌 5푼. 둥근 얼굴에 입이 크다. 나머지는 평범하다.

시찰요점 민족의식이 농후해서 조선 독립을 기도하고 또 타인을 사주·선동할 우려가 있다.

조용관 趙容寬* 537

종별 전북-관내-특요

창씨명

별명 一星

생년월일 1885.9.7

직업 광산사鑛山師

본적 전북 군산부 장재정藏財町 37

거주지 전북 익산군 함라면咸羅面 함열리咸悅里 625

인상/특징 키 5척 5촌, 약간 체격이 크다. 눈썹이 짙고 이마가 넓다. 하관이 크다. 코가 크다. 피부는 약간 검다. 오른쪽 눈이 실명이다. 안경을 쓴다.

시찰요점 총독정치를 저주하고 공산주의 선전을 위해 노동조합 등에 관계하며 노동자에게 사상을 주입할 우려가 있다.

* 조용관(1885~1950, 전북 익산). 2005년 건국포장을 받음.

이재중 李在中*

537

종별 전북-관내-특요

창씨명

별명 在洙

생년월일 1907.1.26

직업

본적 전북 장수군 장수면長水面 장수리長水里 566

거주지 소재불명

인상/특징 키 5척 2촌. 얼굴이 길고 눈썹이 짙다. 눈은 가늘고 길다. 보통 체격이다. 치아가 고르다. 왼쪽 눈 아래에 흉터가 있다.

시찰요점 공산주의 사회의 실현을 기대하여 그 실천운동을 이끌 우려가 있다.

* 일제감시대상인물카드 및 당시 언론에서는 '李在仲'으로 기록했다. 1934년 12월 20일 치안유지법 위반으로 경성지방법원에서 징역 4년을 받음. 이른바 '조선반제동맹 경성지방준비위원회 사건'[동아일보 1934.12.21].

이계손 李桂孫*

537

종별 전북-관내-특요

창씨명

별명 鎭奎

생년월일 1906.9.3

직업 농업

본적 함북 길주군 웅평면雄坪面 용남동龍南洞 677

거주지 전주형무소

인상/특징 키 5척 5촌, 비만 체격. 피부가 약간 검다. 얼굴이 길고 눈 입이 크다. 코가 높고 이마가 넓다. 머리를 짧게 깎았다. 나머지는 평범하다.

시찰요점 공산주의를 신봉하고 타인을 사주·선동할 우려가 있다.

* ①이른바 '길주좌익농조 사건'으로 체포, 예심을 거쳐 재판에 넘겨짐[매일신보 1937.7.9], 1938년 12월 22일 치안유지법 위반으로 청진지방법원에서 징역 10년, 1939년 2월 25일 경성복심법원에서 공소취하 결정을 받음[집행원부, 형사사건부]. ②1941년 8월 28일 소요죄 위반으로 경성지방법원에서 징역 2년 6월을 받음[판결문].

이현상 李鉉相* 537

종별 전북-관내-특요
창씨명
별명 火山, 井均
생년월일 1906.9.27
직업
본적 전북 금산군 군북면郡北面 외부리外釜里 116
거주지 소재불명
인상/특징 키 5척 3촌, 보통 체격이다. 눈썹이 엷다. 피부는 검고 치아는 가지런하다. 나머지는 평범하다.
시찰요점 중국 혁명운동에 공명하고 조선혁명을 도모하여 실천운동에 나설 우려가 있다.

* ①1930년 4월 25일 치안유지법 위반, 보안법 위반, 출판법 위반으로 경성지방법원에서 징역 3년을 받음. '학생공산당 사건'[수형인명부], ②1935년 12월 20일 치안유지법 위반으로 경성지방법원에서 징역 4년[수형인명부], ③경성콤그룹 사건으로 복역, 1948년 현재 남로당 중앙위원[조선연감 1948].

이기택 李起澤* 537

종별 전북-관내-특요
창씨명 李家起澤
별명 龍德
생년월일 1903.2.15
직업
본적 전북 임실군 성수면聖壽面 월평리月坪里 338
거주지 전북 임실군 성수면 월평리 338
인상/특징 키 5척 4촌. 둥근 얼굴. 눈이 크고 피부는 검다. 나머진 평범하고 특징이 없다.
시찰요점 공산주의 및 민족주의를 실현하고자 비밀결사를 조직할 우려가 있다.

* 1935년 10월 25일 치안유지법 위반으로 전주지방법원에서 징역 5년(미결구류일 530일 통산)을 받음. '전북적색교원 사건'[판결문, 조선일보 1935.10.26].

임봉호 林鳳鎬*

538

종별 전북-관내-특요

창씨명

별명

생년월일 1918.10.13

직업 농업

본적 전북 순창군 인계면仁溪面 갑동리甲洞里 484

거주지 전북 순창군 인계면 갑동리 484

인상/특징 키 5척 2촌 5푼, 보통 체격이다. 얼굴이 둥글고 눈썹이 짙다. 눈이 가늘고 예리하며 입은 다문다. 피부는 약간 검다. 나머지는 평범하다. 앞니 아래에 금니 1개가 있다.

시찰요점 조선 독립을 희구하며, 그 실천운동을 할 우려가 있다.

---

* 임봉호(1918~1999, 전북 순창). 1990년 건국훈장 애족장(1982년 대통령표창)을 받음.

이승렬 李承烈

538

종별 전북-관내-특요

창씨명

별명

생년월일 1917.12.28

직업 읍서기

본적 전북 부안군 부령면扶寧面 선은리仙隱里 511

거주지 전북 부안군 부령면 선은리 511

인상/특징 키 5척 3촌. 얼굴이 조금 길고 피부가 희다. 코가 높고 눈이 크다. 입과 귀는 평범하다. 치아가 가지런하다. 미남자로 보인다.

시찰요점 공산주의를 신봉하고 타인을 사주·선동하여 실천운동을 할 우려가 있다.

이철수 李喆洙*

538

종별 전북－관내－특요

창씨명 李山喆洙

별명 洪福

생년월일 1902.3.10

직업

본적 함북 길주군 동해면東海面 석성동石城洞 1001

거주지 전주형무소

인상/특징 키 5척 3촌 5푼, 보통 체격이다. 얼굴이 둥글고 피부는 조금 희다. 코가 높고 치아는 가지런하다. 나머지는 평범하다.

시찰요점 민족의식이 농후해서 공산주의를 신봉하고 정치에 관해 불온·과격한 언동을 함. 타인을 사주·선동하고 공산주의 사회를 실현하기 위해 직접행동에 나설 우려가 있다.

* 1930년 '간도 5·30 폭동 사건'으로 체포돼 1932년 5월 31일 경성지방법원에서 치안유지법 위반으로 징역 4년을 받은 이철수와 같은 사람일 가능성이 있음. 다만 이 사건으로 처벌받은 이철수의 인물정보를 보면, 출생일(1905.10.11), 이명(乙龍), 본적(함북 길주군 동해면 석성동 1002)에서 차이가 있음[매일신보 1930.10.16, 동아일보 1932.6.1, 일제감시대상인물카드].

김규선 金圭鮮*

538

종별 전북－관내－특요

창씨명 金澤茂雄

별명

생년월일 1910.10.27

직업 양복상

본적 전북 완주군 이서면伊西面 반교리盤橋里 1403

거주지 전북 전주부 완산정完山町 245

인상/특징 키 5척 5촌. 얼굴이 길다. 코, 입, 귀, 눈이 크다. 치아

시찰요점 현재 사회제도를 저주하고 공산주의를 품고 있어서 청년들 사이에 선전할 우려가 있다.

* 김규선(1911~미상, 전북 전주). 2020년 건국훈장 애족장을 받음.

김철주 金鐵柱* 538

종별 전북-관내-특요

창씨명 金家鐵柱

별명

생년월일 1908.2.9

직업 전주식육배급조합全州食肉配給組合 이사

본적 전북 전주부 검암정劍岩町 147

거주지 전북 전주부 청수정淸水町 58

인상/특징 키 5척 4촌. 얼굴이 약간 크고 입이 작다. 코는 조금 크다. 치아는 가지런하다. 올백머리. 귀 아래 각이 진 턱뼈가 솟았다.

시찰요점 현재 사회제도를 저주하고 공산주의를 신봉하여 반역을 기도할 우려가 있다.

* 1934년 3월 31일 치안유지법 위반으로 전주지방법원에서 징역 4년, 같은 해 11월 29일 대구복심법원에서 징역 3년 6월을 받음. '전북공산당 사건'[조선일보 1934.4.1, 판결문].

김병숙 金炳璹 538

종별 전북-관내-특요

창씨명 金井秀夫

별명 炳植, 炳淑

생년월일 1893.11.26

직업 다목농장多木農場 서기

본적 전북 김제군 진봉면進鳳面 정당리淨塘里 709

거주지 전북 김제군 진봉면 정당리 709

인상/특징 키 5척 7촌 5푼, 비대한 체격. 수염이 엷다. 이마가 넓고 아래턱이 둥글다. 피부가 희다. 귀와 입이 크다. 눈매가 예리하고 코가 높다. 호남자로 보인다.

시찰요점 공산주의에 공명하고 비밀결사를 조직하여 주의를 선전할 우려가 있다.

* 1925년 12월 17일 '대정8년 제령 제7호' 위반, 출판법 위반으로 대구복심법원에서 징역 8월을 받음. 『민중운동』 사건[판결문, 조선일보 1925.12.8], 사상보국연맹 광주지부 김제분회 간사[동아일보 1939.7.9].

김한섭 金漢燮

539

종별 전북-관내-특요

창씨명 金世漢燮

별명 破連

생년월일 1914.4.16

직업 학술강습회 서기

본적 전북 정읍군 정주읍井州邑 연지리蓮池里 208

거주지 전북 정읍군 정주읍 연지리 208

인상/특징 키 5척 3촌 5푼. 얼굴이 둥글고 피부는 검다. 보통 체격이다. 나머지는 평범하다.

시찰요점 농후한 공산주의 사상을 품고 불온과격한 언동을 하여 타인을 사주·선동할 우려가 있다.

* 1934년 9월 17일 치안유지법 위반으로 전주지방법원에서 징역 2년(집행유예 4년)을 받음[판결문].

김종련 金宗連

539

종별 전북-관내-특요

창씨명 金原茂吉

별명 允喆

생년월일 1908.3.18

직업 광산인부 감독

본적 전북 김제군 백구면白鷗面 영상리嶺上里 410

거주지 전북 김제군 백구면 영상리 133

인상/특징 키 5척 4촌, 보통 체격이다. 얼굴이 조금 길고 코가 높다. 눈썹이 짙고 눈이 가늘다. 피부색이 검고 입이 크다.

시찰요점 공산주의를 신봉하고 지방 청년에게 이를 선전·선동하며 결사를 조직할 우려가 있다.

* ①1930년 4월 16일 불경죄, 치안유지법 위반으로 전주지방법원에서 징역 1년, 같은 해 5월 20일 대구복심법원에서 징역 1년을 받음[판결문]. ②1933년 12월 4일 치안유지법 위반으로 전주지방법원에서 징역 1년 6월을 받음[판결문].

김병화 金炳化*

539

종별 전북-관내-특요
창씨명 金洲守誼
별명
생년월일 1922.4.5
직업
본적 전북 완주군 고산면高山面 읍내리邑內里 73
거주지 전주형무소
인상/특징 키 5척 2촌, 보통 체격이다. 얼굴이 약간 길고 피부는 희다. 나머지는 평범하다.
시찰요점 민족·공산주의를 신봉하고 언동이 과격하여 타인을 사주·선동할 우려가 있다.

* 김병화(1922~1967, 전북 전주). 2011년 건국훈장 애족장을 받음.

김소완산 金小完山

539

종별 전북-관내-특요
창씨명 金子愼太郎
별명 金容哲, 氏野金一
생년월일 1906.2.10
직업
본적 전북 전주부 완산정完山町 232
거주지 전북 전주부 서정曙町 205
인상/특징 키 5척 4촌. 코가 높고 피부가 희다. 나머지는 평범하다.
시찰요점 민족·공산주의를 신봉하고 실천운동을 할 우려가 있다.

곽한종 郭漢宗*

539

종별 전북-관내-특요
창씨명 加來新
별명 相珠, 尙洙, 高木
생년월일 1905.10.16
직업 자동차 운전수
본적 전북 전주부 서정曙町 154
거주지 전북 전주부 청수정淸水町 981
인상/특징 키 5척 5촌. 피부가 약간 검다. 코가 높다. 나머지는 평범하다.
시찰요점 민족의식이 농후하여 타인을 선동하고 비밀결사를 조직할 우려가 있다.

* 원 자료 본문에는 '郭'만 기록. '郭漢宗'은 색인에서 확인.

김원주 金源柱*

539

종별 전북-관내-특요
창씨명 金海源柱
별명
생년월일 1921.6.18
직업
본적 전북 전주부 대화정大和町 130
거주지 전북 김제군 월촌면月村面 신월리新月里 199
인상/특징 키 5척 4촌. 피부가 청백색이다. 보통 체격이다. 나머지는 평범하다.
시찰요점 민족의식이 농후하여 조선독립을 몽상하고 비밀결사를 조직하여 실천운동에 나설 우려가 있다.

* 김원주(1921~미상, 전북 전주). 1995년 건국훈장 애족장을 받음.

김길호 金吉浩

540

종별 전북-관내-특요

창씨명 金村吉浩

별명

생년월일 1922.11.9

직업 농업

본적 전북 정읍군 정우면淨雨面 회룡리回龍里 793

거주지 전북 정읍군 정우면 회룡리 793

인상/특징 키 5척 4촌. 얼굴이 길고 피부는 희다. 머리를 바싹 짧게 깎았다. 미남자로 보인다.

시찰요점 민족의식이 농후하여 조선독립을 획책하고 타인을 사주·선동할 우려가 있다.

김창한 金昌漢*

540

종별 전북-관내-특요

창씨명 金子昌漢

별명 日生, 春權, チヨンミルトン, 百練

생년월일 1905.8.23

직업 농업

본적 전북 남원군 남원읍南原邑 죽항리竹巷里 212

거주지 전북 남원군 남원읍 죽항리 143

인상/특징 키 5척 1촌, 보통 체격이다. 얼굴이 둥글고 피부가 희다. 귀가 크고 눈썹은 엷다. 나머지는 평범하다.

시찰요점 공산주의를 신봉하고 비밀결사를 조직하는 등 불온계획을 할 우려가 있다.

* 김창한(1905~1950, 전북 남원). 2005년 건국포장을 받음.

김덕균 金德均

540

종별 전북-관내-특요

창씨명 金本德均

별명

생년월일

직업 무직

본적 전북 익산군 오산면五山面 신지리新池里 190

거주지 전북 익산군 오산면 신지리 190

인상/특징 키 5척 4촌. 얼굴이 둥글고 피부가 약간 검다. 머리를 짧게 깎았다. 코가 높다.

시찰요점 민족주의가 농후해서 김일성金日成을 숭배하고 조선독립운동을 할 우려가 있다.

박판동 朴判同*

540

종별 전북-관내-특요

창씨명 和山厚一

별명

생년월일 1909.1.1

직업 고무신 장사

본적 전북 김제군 성덕면聖德面 소라리所羅里 639**

거주지 전북 김제군 김제읍金堤邑 요촌리堯村里 471

인상/특징 키 5척 4촌, 보통 체격이다. 얼굴이 약간 길고 피부는 희다. 눈썹이 짙다. 머리는 짧게 바싹 깎았다. 수염은 없다.

시찰요점 공산주의를 신봉하고 지방청년을 교양하며 비밀결사를 조직할 우려가 있다.

---

* 1930년 4월 25일 치안유지법 위반으로 경성지방법원에서 징역 3년을 받음. '학생공산당 사건' [수형인명부, 조선일보 1930.4.20].

** 묘라리妙羅里의 오기.

신석창 辛錫昌

540

종별 전북-관내-특요

창씨명 辛錫昌

별명

생년월일 1911.11.23

직업 농업

본적 전북 부안군 동진면東津面 창북리昌北里 915

거주지 전북 부안군 동진면 창북리 915

인상/특징 키 5척 4촌, 보통 체격이다. 피부는 검고 눈이 크다. 얼굴이 길고 눈썹이 짙다. 코는 큰데 조금 낮다.

시찰요점 민족·공산주의 사상을 품고 운동하며 불온·과격한 언동을 하고 타인을 사주·선동할 우려가 있다.

위태준 魏太駿

540

종별 전북-관내-특요

창씨명

별명

생년월일 1912.5.10

직업 ○철물공업 경영

본적 전북 전주부 청수정淸水町 46

거주지 전북 옥구군 대야면大野面 지경리地境里 742

인상/특징 키 5척 6촌. 얼굴이 길고 피부가 조금 검다. 보통 체격이다. 안경을 쓴다.

시찰요점 민족의식이 농후해서 공산주의를 신봉하고 타인을 사주·선동할 우려가 있다.

김영창 金永昌

541

종별 전북-관내-특요

창씨명 歡城永昌

별명

생년월일 1918.2.1

직업 무직

본적 전북 무주군 적상면赤裳面 삼가리三加里 1594

거주지 전북 무주군 적상면 삼가리 1594

인상/특징 키 5척 6촌, 마른 체격. 피부가 검다. 머리카락이 길고 광대뼈가 튀어나왔다. 몸을 앞으로 굽히는 버릇이 있다.

시찰요점 민족의식이 농후해서 조선독립을 몽상하고 타인을 사주·선동할 우려가 있다.

길재철 吉在哲*

541

종별 전북-관내-특요

창씨명 吉田安邦

별명 在誠, 在成

생년월일 1910.2.17

직업

본적 전북 금산군 부리면富利面 현내리縣內里 201

거주지 전북 전주부 다주정多住町 74

인상/특징 키 5척 5촌. 얼굴이 길다. 턱이 조금 길다.

시찰요점 공산주의를 신봉하고 주의의 선전 혹은 비밀결사를 조직할 우려가 있다.

---

* 1934년 12월 24일 치안유지법 위반으로 전주지방법원에서 징역 10월(집행유예 3년)을 받음. '조선공산당전북재건 사건'[판결문, 조선일보 1934.12.25].

최순기 崔淳基*

541

종별 전북-관내-특요
창씨명 芳山逢次郎
별명
생년월일 1924.8.15
직업
본적 전북 전주부 완산정完山町 296
거주지 전주형무소
인상/특징 키 5척 5촌, 보통 체격이다. 눈이 작고 피부가 희다. 나머지는 평범하다.
시찰요점 민족의식이 농후해서 타인의 선동에 편승하여 비범한 행동을 감행할 우려가 있다.

* 최순기(1924~1990, 전북 전주). 1990년 건국훈장 애족장을 받음.

조광호 趙光浩*

541

종별 전북-관내-특요
창씨명 玉川光浩
별명
생년월일 1906.12.11
직업 군郡 지방서기
본적 전북 임실군 둔남면屯南面 봉천리鳳泉里 407
거주지 전북 군산부 신풍정新豊町 881
인상/특징 키 5척 3촌, 보통 체격이다. 얼굴이 약간 길다. 나머지는 평범하다.
시찰요점 농후한 공산주의를 품고 실천운동에 나서 타인을 사주·선동할 우려가 있다.

* 1935년 10월 25일 치안유지법 위반으로 전주지방법원에서 징역 4년(미결구류일 530일 통산)을 받음. '전북적색교원 사건'[판결문, 조선일보 1935.10.26].

고종근 高鍾根*

541

종별 전북-관내-특요
창씨명 高山鍾根
별명
생년월일 1923.6.23
직업 농업
본적 전북 옥구군 대야면大野面 죽산리竹山里 113
거주지 전북 옥구군 대야면 죽산리 113
인상/특징 키 5척. 얼굴이 둥글다. 피부가 희다. 마른 체격.
시찰요점 민족의식이 농후해서 불온·과격한 언동을 하며 타인을 사주·선동할 우려가 있다.

* 고종근(1923~2009, 전북 옥구). 1990년 건국훈장 애족장을 받음.

전기배 田起培*

541

종별 전북-관내-특요
창씨명 田中起成
별명
생년월일 1923.12.26
직업 농장 사무원
본적 전북 옥구군 회현면澮縣面 원우리院隅里 336
거주지 전북 옥구군 회현면 원우리 336
인상/특징 키 5척. 얼굴이 둥글고 피부가 희다. 마른 체격.
시찰요점 민족의식이 농후해서 불온언동을 하며 타인을 사주·선동할 우려가 있다.

* 1941년 12월 30일 치안유지법 위반으로 전주지방법원에서 징역 1년 6월(집행유예 4년)을 받음[판결문].

김병륜 金炳倫*

542

종별 전북-관내-특요
창씨명 月谷炳倫
별명 進浩
생년월일 1913.5.17
직업 이리운수조합 사무원
본적 전북 김제군 백구면白鷗面 유강리柳江里 121
거주지 전북 익산군 이리읍裡里邑 욱정旭町 2구區 234
인상/특징 키 5척 3촌 5푼, 보통 체격이다. 피부가 검고 눈이 작다. 눈썹이 크다. 코와 입이 크다. 로이드안경을 쓴다.
시찰요점 공산주의를 신봉하고 이를 청년·학생에게 선전하며 실천운동을 할 우려가 있다.

* 김병륜(1913~1951, 전북 김제). 2020년 건국훈장 애족장을 받음.

최월상 崔月上*

542

종별 전북-관내-특요
창씨명 月村健道
별명 金泰鎭
생년월일 1912.12.10
직업
본적 전북 전주부 완산정完山町 308
거주지 전북 정읍군 정주읍井州邑 연지리蓮池里 40
인상/특징 키 5척 3촌 8푼, 체격은 평범하고 얼굴이 조금 길다. 피부는 희다. 머리에 흰머리카락이 많다.
시찰요점 현재 사회제도를 저주하고 공산주의사회의 실현을 기하고자 불온획책하며 타인을 사주·선동할 우려가 있다.

* 최월상(1912~1948, 전북 전주). 2006년 건국훈장 애족장을 받음.

이동선 李東璇 542

종별 전북-관내-특요

창씨명 中本東璇

별명 岩田

생년월일 1910.1.25

직업 농업

본적 전북 고창군 부안면富安面 봉암리鳳岩里 118

거주지 전북 정읍군 영원면永元面 앵성리鶯成里 116

인상/특징 키 5척 5촌. 피부가 검붉다. 얼굴형이 사각이다.

시찰요점 공산·민족주의 사상을 품고 불온언동을 하며 타인을 사주·선동할 우려가 있다.

정충조 鄭忠朝* 542

종별 전북-관내-특요

창씨명 桓孫忠朝

별명

생년월일 1909.8.20

직업 과수원 경영

본적 전남 여수군 소라면召羅面 현천리玄川里 551

거주지 전북 남원군 운봉면雲峰面 주촌리舟村里 381

인상/특징 키 5척 4촌 5푼, 보통 체격이다. 피부가 희고 얼굴이 둥글다. 하이칼라 머리. 나머지는 평범하다.

시찰요점 공산주의에 공명하고 불온·과격한 언동을 하며 타인을 사주·선동할 우려가 있다.

* 1936년 6월 29일 치안유지법 위반, 출판법 위반으로 광주지방법원에서 징역 5년을 받음. '여수적로사건, 조선공산당재건전남동맹사건'[형사사건부, 동아일보 1936.7.1].

조기승 趙紀勝* 542

종별 전북-관내-특요
창씨명 國重紀勝
별명
생년월일 1902.2.22
직업 이리운수조합 사무원
본적 전북 김제군 김제읍金堤邑 교동리校洞里 247
거주지 전북 부안군 부안읍扶安邑 동중리東中里 66
인상/특징 키 5척 3촌. 얼굴이 길고 피부가 희다. 눈썹이 엷고 눈이 크다. 코가 높다. 마른 체형. 아래위 금으로 된 의치가 있다. 미남자로 보인다.
시찰요점 민족의식이 농후해서 비밀결사, 비밀출판 등으로 민족의식을 선전하며 불온을 기도할 우려가 있다.

* 1930년 6월 18일 치안유지법 위반으로 경성지방법원에서 징역 2년을 받음[수형인명부]. 국사편찬위원회 '한국근현대인물자료 편집자 주석'에는 '조기승(1900.2.23~1977.9.2), 본적: 전북 김제군 김제면 교동리 247, 주소: 경기도 고양군 한지면 이태원리 419'로 기록함.

이동욱 李東郁* 542

종별 전북-관내-특요
창씨명 國本東郁
별명 蘇然碧波
생년월일 1890.1.17
직업 광산 현장 감독
본적 황해도 서흥군 도면道面 능리陵里 162
거주지 전북 완주군 이서면伊西面 관교리館橋里**
인상/특징 키 5척 3촌. 피부가 조금 검다. 보통 체격이다. 나머지는 평범하다.
시찰요점 공산주의를 신봉하고 비밀결사에 가입, 실천운동을 할 우려가 있다.

* 이동욱(1890~미상, 황해도 서흥). 2015년 건국훈장 애국장을 받음.
** 은교리銀橋里 혹은 반교리盤橋里의 오기.

오길수 吳吉洙* 543

종별 전북－관내－특요

창씨명 吳山吉洙

별명 吳燮

생년월일 1905.6.6

직업 농업

본적 전북 임실군 임실면任實面 갈마리渴馬里 181

거주지 전북 임실군 임실면 갈마리 181

인상/특징 키 5척 2촌. 얼굴이 둥글다. 피부가 조금 검다. 코가 높고 눈썹이 짙다.

시찰요점 공산주의를 신봉하고 주의 선전을 위해 비밀결사를 조직하거나 타인을 사주·선동할 우려가 있다.

* 1930년 12월 9일 치안유지법 위반에 대해 경성지방법원 예심에서 면소 결정을 받음. 이른바 '전북공산당 사건'[조선일보 1930.12.18].

오치옥 吳治玉* 543

종별 전북－관내－특요

창씨명 吳環

별명

생년월일 1912.7.28

직업 자동차회사 사무원

본적 전북 완주군 상관면上關面 대성리大聖里 66

거주지 전북 완주군 상관면 대성리 66

인상/특징 키 5척 3촌 5푼, 보통 체격이다. 피부가 조금 검다. 얼굴이 갸름하고 코가 높다. 눈썹이 짙다.

시찰요점 공산주의를 품고 노동자·농민에게 이를 선전·선동할 우려가 있다.

* 1934년 12월 24일 치안유지법 위반으로 전주지방법원에서 징역 1년을 받음. '조선공산당전북재건 사건'[판결문, 조선일보 1934.12.25].

오오득 吳五得*

543

종별 전북-관내-특요

창씨명 吳村五得

별명

생년월일 1906.4.12

직업 농업

본적 전북 김제군 봉남면鳳南面 양전리良田里 493

거주지 전북 김제군 봉남면 양전리 493

인상/특징 키 5척 4촌. 얼굴이 둥글다. 눈과 입이 작고 피부는 희다.

시찰요점 공산주의를 품고 지방 청소년을 사주·선동할 우려가 있다.

* 오오득(1909~1950, 전북 김제). 2006년 건국훈장 애국장을 받음.

안용갑 安鏞甲*

543

종별 전북-관내-특요

창씨명 安田哲三

별명

생년월일 1921.5.5

직업 금융조합 서기

본적 전북 김제군 부량면扶梁面 대평리大坪里 480

거주지 전북 전주부 본정本町 2정목丁目 47 安國正二 방方

인상/특징 키 5척 5촌, 보통 체격이다. 코, 입, 눈은 평범하다. 얼굴이 길고 피부는 청황색이다. 온화해 보이는 인상이다.

시찰요점 민족의식이 농후해서 조선독립을 몽상하고 비밀결사를 조직하여 실천운동에 나설 우려가 있다.

* 1943년 4월 23일 치안유지법 위반으로 전주지방법원에서 징역 1년(집행유예 3년)을 받음[판결문].

송여상 宋汝相 543

종별 전북-관내-특요
창씨명 松山茂
별명 松田, 神田, 朴承燦, 宋雲相, 橋本, 佐藤
생년월일 1907.7.30
직업 서당 강사
본적 전북 정읍군 신태인읍神泰仁邑 화호리禾湖里 324
거주지 전북 정읍군 감곡면甘谷面 계룡리桂龍里
인상/특징 키 5척 2촌. 얼굴이 길고 피부가 희다. 보통 체격이다. 눈썹이 짙고, 치아가 고르다. 코가 높다.
시찰요점 공산주의사상을 품고 실천운동 계획에 참여하는 등 여러 차례의 투쟁경력이 있다.

김성남 金聖男* 543

종별 전북-관내-특요
창씨명 松下聖男
별명 金一, 金一洙, 李鎭國
생년월일 1908.8.9
직업 전주부 노무계全州府勞務係
본적 전북 전주부 다가정多佳町 49
거주지 전북 전주부 고사정高砂町 230
인상/특징 키 5척 4촌, 보통 체격이다. 피부는 검붉다. 얼굴이 길고 눈과 입이 크다.
시찰요점 공산주의를 신봉하고 주의 선전을 위해 실행운동 및 비밀결사를 조직하고 비밀출판을 지원할 우려가 있다.

* 김성남(1908~1955, 전북 고창). 2019년 건국훈장 애국장을 받음.

김종철 金鍾喆*

544

종별 전북-관내-특요
창씨명 松岡憲重
별명
생년월일 1923.9.1
직업 농업
본적 전북 옥구군 대야면大野面 산월리山月里 389
거주지 전북 익산군 이리읍裡里邑 본정本町 1정목丁目 28
인상/특징 키 5척 4촌. 얼굴이 둥글고 피부는 붉다. 마른 체격으로 보인다.
시찰요점 민족의식이 농후해서 불온한 언동을 하고 타인을 사주·선동할 우려가 있다.

* 1941년 12월 30일 치안유지법 위반으로 전주지방법원에서 징역 1년 6월(집행유예 4년)을 받음. 이어 1942년 3월 30일 고등법원에서도 징역 1년 6월(집행유예 4년)을 받음[판결문].

이정순 李正淳(여)*

544

종별 전북-관내-특요
창씨명 牧山正淳
별명 李貞淳
생년월일 1910.9.29
직업
본적 전북 옥구군 구읍면舊邑面 옥봉리玉峯里 391**
거주지 전북 군산부 둔율정屯栗町 170
인상/특징 키 5척. 얼굴이 길고 피부가 희다. 눈썹이 가늘고 치아가 가지런하다.
시찰요점 좌익학생 등과 교유함. 공산주의의 실천운동을 할 우려가 있다.

* 이정순(1911~미상, 전북 옥구). 2020년 대통령표창을 받음.
** 『조선행정구획편람』(1944.5)에는 '옥구면沃溝面 옥봉리'가 확인됨.

권영태 權榮台* 544

종별 전북-관내-특요
창씨명 安田榮台
별명 衡南
생년월일 1905.12.7
직업
본적 함남 홍원군 홍원읍洪原邑 기양리岐陽里 63-3
거주지 전주형무소
인상/특징 키 5척 4촌, 마른 체격. 피부는 조금 검다. 얼굴이 길고 곱슬머리다. 눈썹이 엷고 눈이 오목눈이다. 코가 낮고 입은 크다.
시찰요점 공산주의를 신봉하고 이를 하층 대중에게 주입·선동하고자 수단을 가리지 않고 책동할 우려가 있다.

* 1935년 12월 20일 치안유지법 위반으로 경성지방법원에서 징역 5년(미결 180일 통산)을 받음. '조선공산당재건설동맹 사건' [동아일보 1935.12.21].

한상순 韓相舜* 544

종별 전북-관내-특요
창씨명 秋田相舜
별명 相奉, 金革, 金龍進, 車光鐵
생년월일 1915.12.9
직업
본적 전북 전주부 다가정多佳町 58
거주지 소재불명
인상/특징 키 5척 2촌 5푼. 머리를 바싹 짧게 깎았다. 얼굴이 길고 보통 체격이다. 이마가 넓다. 나머지는 평범하다.
시찰요점 공산주의를 신봉하고 불온·획책을 하며 타인을 사주·선동할 우려가 있다.

* 1936년 3월 7일 치안유지법 위반으로 전주지방법원에서 징역 1년을 받음[판결문].

장재섭 張在燮*

544

종별 전북-관내-특요
창씨명 朝野芳吉
별명
생년월일 1909.12.29
직업 고물상
본적 전북 전주부 검암정劍岩町 174
거주지 전북 전주부 완산정完山町 512
인상/특징 키 5척 6촌 3푼. 얼굴이 길고 코가 높다. 눈이 작고 피부는 약간 검다. 마른 체격에 머리를 바싹 짧게 깎았다.
시찰요점 현재 사회제도를 저주하고 불온기획을 하며 주의·사상을 선전할 우려가 있다.

* 장재섭(1909~1950, 전북 전주). 2019년 건국훈장 애족장을 받음.

박내은 朴來殷*

544

종별 전북-관내-특요
창씨명 青木茂雄
별명
생년월일 1918.9.25
직업 농업
본적 전북 금산군 진산면珍山面 지방리芝芳里 567
거주지 전북 금산군 진산면 지방리 539
인상/특징 키 5척 2촌, 마른 체격. 눈과 입이 작다. 눈썹이 짙고, 나머지는 평범하다.
시찰요점 민족·공산주의를 품고 실천운동을 할 우려가 있다.

* 박래은(1918~2005, 충남 금산). 1990년 건국훈장 애족장(1982년 대통령표창)을 받음.

노환 盧桓* 545

종별 전북-관내-특요
창씨명 安東桓雄
별명
생년월일 1916.2.2
직업
본적 전북 익산군 황등면黃登面 율촌리栗村里 178
거주지 전주형무소
인상/특징 키 5척 5촌. 얼굴이 검붉다. 머리를 바싹 짧게 깎았다. 눈썹이 짙다. 나머지는 평범하다.
시찰요점 민족주의가 농후해서 조선독립을 바라고 타인을 사주·선동하여 결사를 조직할 우려가 있다.

* 노환(1916~1994, 전북 익산). 1990년 건국훈장 애국장(1977년 건국포장)을 받음.

홍건표 洪建杓* 545

종별 전북-관내-특요
창씨명 洪原建杓
별명 上村
생년월일 1923.8.16
직업
본적 전북 익산군 금마면金馬面 신용리新龍里 340
거주지 예심 중豫審中
인상/특징 키 5척 2촌. 얼굴이 둥글고 피부가 검다. 눈과 코는 작고 입술이 엷다. 뒷머리가 편평하다.
시찰요점 민족주의가 농후해서 조선독립을 이루고자 실천운동에 나설 우려가 있다.

* 홍건표(1923~1975, 전북 익산). 1990년 건국훈장 애국장(1977년 대통령표창)을 받음.

박흥식 朴興植* 545

종별 전북-관내-특요
창씨명 城宮惠本
별명
생년월일 1906.4.5
직업 농업
본적 전북 남원군 수지면水旨面 호리好里 603
거주지 전북 남원군 수지면 호리 603
인상/특징 키 5척 3촌, 보통 체격이다. 피부가 약간 검고 이마가 넓다.
시찰요점 공산주의를 신봉하고 불온·과격한 언동을 하며 타인을 사주·선동할 우려가 있다.

* 1942년 7월 14일 치안유지법 위반으로 경성지방법원에서 징역 3년을 받음[수형인명부, 일제감시대상인물카드].

김운선 金雲善* 545

종별 전북-관내-특요
창씨명
별명
생년월일 1907.7.2
직업 사무원
본적 전남 강진군 칠량면七良面 현평리峴坪里 270
거주지 전북 고창군 부안면富安面 봉암리鳳岩里 해익사海益社 농장간척 공사장
인상/특징 키 5척 5촌. 머리를 바싹 짧게 깎았다. 피부는 검붉고 눈썹이 옅다. 코가 높고 입이 크다. 비대한 체격. 나머지는 평범하다.
시찰요점 공산주의를 품고 늘 이것의 연구에 몰두하며 타인을 사주·선동할 우려가 있다.

* 1930년 4월 25일 치안유지법 위반으로 경성지방법원에서 징역 3년을 받음. '학생공산당 사건' [수형인명부, 일제감시대상인물카드, 조선일보 1930.4.20].

허응철 許應徹*

545

종별 전북-관내-특요
창씨명
별명
생년월일 1910.7.17
직업
본적 함북 성진군 학중면鶴中面 농장리農場里 282
거주지 전주형무소
인상/특징 키 5척 3촌, 보통 체격이다. 얼굴이 길고 피부가 희다. 머리를 바싹 깎았다. 나머지는 평범하다.
시찰요점 민족·공산주의를 신봉하고 타인을 사주·선동할 우려가 있다.

* 1936년 10월 19일 청진지방법원에서 징역 10년을 받음. '조선공산주의자동맹사건'[조선일보 1936.10.21].

허국봉 許菊峰*

545

종별 전북-관내-특요
창씨명
별명 澤春, 赤波
생년월일 1913.4.1
직업
본적 함북 성진군 학중면鶴中面 송하리松下里 609
거주지 전주형무소
인상/특징 키 5척 3촌, 보통 체격이다. 얼굴이 길다. 머리는 바싹 짧게 깎았다. 피부가 희다. 주근깨가 있다.
시찰요점 공산주의를 신봉하고 타인을 사주·선동할 우려가 있다.

* 1939년 3월 17일 치안유지법 위반, 강도미수로 청진지방법원에서 징역 15년을 받음[일제감시대상인물카드]. 1941년 8월 28일 소요죄로 경성지방법원에서 징역 8월을 받음[판결문].

백남철 白南哲

546

종별 전북-관내-특요
창씨명 白川清本
별명
생년월일 1911.11.10
직업 보험 외교원外交員
본적 전북 부안군 부령면富寧面 서외리西外里 607
거주지 전북 부안군 부령면 서외리 204
인상/특징 키 5척 2촌. 피부가 희다. 눈썹이 짙고 얼굴이 둥글다. 보통 체격에 코가 높고 이가 가지런하다.
시찰요점 공산주의를 신봉하고 실천운동에 종사함. 또 타인을 사주·선동할 우려가 있다.

* 1934년 3월 31일 치안유지법 위반으로 전주지방법원에서 징역 1년(집행유예 3년)을 받음[판결문].

박원배 朴源培*

546

종별 전북-관내-특요
창씨명 清水源培
별명
생년월일 1926.2.28
직업
본적 전북 전주부 노송정老松町 86
거주지 입감 중入監中
인상/특징 키 5척 5촌, 마른 체형. 얼굴이 길고 머리를 바싹 짧게 깎았다. 눈이 크고 코와 입, 귀는 평범하다.
시찰요점 민족의식이 농후해서 김일성金日成을 숭배하고 조선독립운동을 할 우려가 있다.

* 박원배(1926~1998, 전북 전주). 1990년 건국훈장 애족장(1983년 대통령표창)을 받음.

신괴식 申槐植* 546

종별 전북-관내-특요

창씨명

별명 申然植

생년월일 1912.9.26

직업 주조업酒造業

본적 전북 순창군 순창면淳昌面 가남리佳南里 531

거주지 전북 완주군 고산면高山面 읍내리邑內里 25

인상/특징 키 5척 3촌. 피부가 희다. 얼굴이 조금 길고 광대뼈가 튀어나왔다.

시찰요점 공산주의를 신봉하고 조선민족 해방을 기하고자 실천운동을 할 우려가 있다.

* 1940년 1월 19일 일본 도쿄 경시청에 검거됨[특고월보 1940.4].

신규식 申奎植* 546

종별 전북-관내-특요

창씨명

별명 高山次郎

생년월일 1921.1.8

직업 농업

본적 전북 순창군 순창면淳昌面 가남리佳南里 597

거주지 전북 순창군 순창면 가남리 597

인상/특징 키 5척 3촌, 보통 체격이다. 둥근 얼굴에 머리를 바싹 짧게 깎았다. 눈이 크고 눈썹이 짙다. 나머지는 평범하다.

시찰요점 공산주의 사회의 실현 및 조선민족의 해방을 기하고자 실천운동을 할 우려가 있다.

* 1941년 12월 가나가와현 요코하마시에서 조선독립운동을 모의한 혐의로 체포, 1942년 5월 25일 요코하마지방재판소 검사국에 송국됨[특고월보 1941.12, 1942.6]. 1943년 12월 22일 치안유지법 위반으로 요코하마지방재판소에서 징역 2년을 받음[수형인명부].

이용필 李容泌 546

종별 전북-관내-특요

창씨명 廣村容泌

별명 武夫

생년월일 1923.12.5

직업 농업

본적 전북 남원군 사매면巳梅面 대율리大栗里 630

거주지 전북 남원군 사매면 대율리 630

인상/특징 키 5척 3촌. 얼굴이 둥글고 눈이 크다. 입과 귀는 평범하고 피부가 희다. 보통 체격에 눈썹이 짙다.

시찰요점 민족의식이 농후해서 불온·과격한 문서를 작성하여 타인을 사주·선동할 우려가 있다.

신언진 申彦眞* 546

종별 전북-관내-특요

창씨명 平山義雄

별명 李平山, 鉱埼

생년월일 1904.2.2

직업 보험 외교원外交員

본적 전북 옥구군 회현면澮縣面 고사리古寺里 463

거주지 전북 군산부 산상정山上町 908

인상/특징 키 5척 3촌. 피부가 희고 얼굴이 길다. 머리를 바싹 짧게 깎았다. 치아가 가지런하고 코가 높다.

시찰요점 공산주의에 공명하고 늘 노동자·농민에 대하여 주의의 선전을 할 우려가 있다.

* 신언진(1904~1958, 전북 옥구). 1995년 건국훈장 애족장을 받음.

황병수 黃炳洙 547

종별 전북-관내-특요

창씨명 平海炳洙

별명

생년월일 1921.3.10

직업

본적 전북 고창군 성내면星內面 조동리槽東里 353

거주지 전주형무소

인상/특징 키 5척 5촌, 보통 체격이다. 얼굴이 조금 길고 피부가 희다. 코가 높고 눈이 크다. 귀와 입은 평범하다. 머리를 짧게 깎고 치아는 가지런하다. 코에 상흔이 있다.

시찰요점 민족·공산주의 사상을 품고 불온·과격한 언동을 하며 타인을 사주·선동할 우려가 있다.

구호림 具浩林* 547

종별 전북-관내-특요

창씨명 竹村彰益

별명

생년월일 1920.11.7

직업 농업

본적 전북 옥구군 대야면大野面 광교리光橋里 1460

거주지 예심 중豫審中

인상/특징 키 5척. 얼굴이 길고 피부가 희다. 하이칼라 머리. 기타 평범하다. 안경을 쓴다.

시찰요점 민족의식이 농후해서 민족자결주의를 표방하며 조선독립을 실현하고자 이것의 실천운동에 나설 우려가 있다.

* 구호림(1920~2008, 전북 옥구). 2001년 건국훈장 애족장을 받음.

문병국 文炳國* 547

종별 전북-관내-특요
창씨명 文元炳國
별명 炳鶴
생년월일 1907.12.5
직업 농업
본적 전북 임실군 임실면任實面 성가리城街里 10
거주지 전북 임실군 임실면 성가리 10
인상/특징 키 5척 1촌. 둥근 얼굴, 피부는 창백하다. 이마가 넓고 입이 크다. 나머지는 평범하다.
시찰요점 공산주의에 공명하고 비밀결사를 조직할 우려가 있다.

* 1931년 5월 14일 이른바 '전북공산당 사건' 판결에서 무죄를 받음[조선일보 1931.5.15]. 그러나 '수형인명부'에는 같은 날 치안유지법 위반으로 경성지방법원에서 징역 2년을 받았다고 기록.

문홍항 文洪恒 547

종별 전북-관내-특요
창씨명 文源洪恒
별명
생년월일 1924.11.25
직업
본적 전북 김제군 백산면白山面 조종리祖宗里 269
거주지 입감 중入監中
인상/특징 키 5척 4촌. 둥근 얼굴. 머리를 짧게 바싹 깎았다. 피부는 조금 검은 편. 보통 체격이다. 나머지는 평범하다.
시찰요점 민족의식이 농후해서 조선독립을 몽상하고 비밀결사를 조직하여 실천운동에 나설 우려가 있다.

권용훈 權容勳 547

종별 전북-관내-특요
창씨명 權藤容勳
별명 權松年
생년월일 1910.7.9
직업 고물상
본적 전북 완주군 삼례면參禮面 신탁리新卓里 700
거주지 전북 완주군 삼례면 신탁리 700
인상/특징 키 5척 5촌 5푼. 얼굴이 길고 피부는 조금 검다. 이마가 좁고 코가 약간 높다. 눈이 크고 예리하다. 말을 더듬는 버릇이 있다.
시찰요점 공산주의를 품고 자본가를 저주하며 사유재산제도를 부인하려는 듯한 언동에 나서 타인을 사주·선동할 우려가 있다.

* 1935년 8월 13일 치안유지법 위반으로 전주지방법원에서 징역 2년을 받음. '조선공산당전북재건 사건'[판결문, 동아일보 1935.4.27].

김석락 金錫洛* 548

종별 전북-관내-정요
창씨명 金川錫洛
별명 海龍
생년월일 1894.1.15
직업 농업
본적 전북 진안군 백운면白雲面 운교리雲橋里 654
거주지 전북 진안군 백운면 운교리 654
인상/특징 키 5척 3촌. 얼굴이 둥글고 귀가 크다. 머리를 짧게 깎았다. 수염은 아래위가 모두 무성하다.
시찰요점 민족의식이 농후해서 신령한 힘에 의한 조선독립을 몽상하며 타인을 사주·선동할 우려가 있다.

* 김석락(1893~1959, 전북 진안). 2010년 건국포장을 받음.

정희수 鄭喜秀 548

종별 전북-관내-정요
창씨명 良正喜秀
별명
생년월일 1896.5.9
직업 목사
본적 전북 완주군 조촌면助村面 만성리萬成里 743
거주지 전북 김제군 김제읍金堤邑 요촌리堯村里 103
인상/특징 키 5척 4촌, 보통 체격이다. 피부가 약간 검다. 턱이 뾰족하고 수염은 없다.
시찰요점 민족의식이 농후해서 외국인 선교사 등과 연락하고 이면책동을 함. 타인을 사주·선동하며 불온한 언동에 나설 우려가 있다.

권중기 權重祺* 548

종별 전북-관내-정요
창씨명 安東重祺
별명 重敦
생년월일 1896.12.29
직업 농업
본적 전북 익산군 함열면咸悅面 와리瓦里 599
거주지 전북 김제군 백구면白鷗面 마산리麻山里 368
인상/특징 키 5척 4촌, 보통 체격이다. 얼굴이 조금 길고 피부는 희다. 눈동자가 크다. 아래위 각 1개씩 금으로 된 의치가 있다.
시찰요점 민족적 좌경주의를 품고 불온한 언동에 나설 우려가 있다.

* 당시 언론에는 '權重祺'로 보도됨[동아일보 1922.9.21, 1926.3.3].

김현수 金玄洙*

549

종별 전북-관내-정요
창씨명
별명 汀岸, 胡影, 正煥, 朱新革
생년월일 1914.8.8
직업
본적 충남 논산군 부적면夫赤面 아호리阿湖里 167
거주지 전주형무소
인상/특징 신장 5척 1촌. 얼굴이 둥글고 피부는 희다. 눈이 크다. 나머지는 평범함.
시찰요점 민족·공산주의를 신봉하고 반일사상이 농후해서 타인을 사주·선동할 우려가 있다.

* 1938년 5월 20일 강도살인미수, 치안유지법 위반으로 공주지방법원에서 징역 10년을 받음[일제감시대상인물카드]. 1937년 11월 11일 중국 상하이에서 조선인거류민회장 이갑녕을 저격하여 체포됨. 중국 군관학교를 졸업하고 활동한 아나키스트[조선일보 1938.4.9].

윤철 尹喆

549

종별 전북-관내-정요
창씨명 東山榮善
별명
생년월일 1884.4.8
직업 인쇄업
본적 충남 예산군 예산면禮山面 예산리禮山里 180
거주지 전북 장수군 계내면溪內面 장계리長溪里 213
인상/특징 키 5척 5촌. 피부가 희고 얼굴이 길다. 코가 높고 수염이 있다.
시찰요점 늘 불온한 언동을 하고 해외 불령자不逞者와 연락할 우려가 있다.

송충현 宋忠顯 550

종별 전북－관내－노요
창씨명
별명 來顯
생년월일 1895.10.25
직업 광산업
본적 전북 고창군 고창면高敞面 읍내리邑內里
거주지 전북 고창군 고창면 교촌리校村里 262－1
인상/특징 키 5척 4촌, 보통 체격이다. 얼굴이 둥글다. 수염이 있다.
시찰요점 노동·소작문제에 관해 불온·과격한 언동을 하고 자신이 중심이 되어 타인을 사주·선동할 우려가 있다.

조철제 趙哲濟* 551

종별 전북－관내－보요
창씨명 咸趙哲濟
별명 定普
생년월일 1895.12.3
직업 광업
본적 전북 정읍군 감곡면甘谷面 주룡리柱龍里 121**
거주지 소재불명
인상/특징 키 5척 4촌, 보통 체격이다. 이마가 넓고 뺨이 뾰족하다. 귀가 크고 치아가 가지런하다. 피부는 약간 검다. 코가 높다. 윗앞니에 백금으로 된 의치가 1개 있다.
시찰요점 전 무극대도無極大道 교주. 무지한 부민部民에게 황당무계한 언설을 유포할 우려가 있다.

* 조철제(1895~1958). 1918년 전북 태인에서 무극도를 창도, 1936년 일제에 의해 교단이 해체됨. 해방 후 종교활동 재개, 부산에서 태극도란 교단 아래 대규모 신앙촌을 형성함[한국민족문화대백과사전].

** 계룡리桂龍里의 오기.

김재형 金載亨* 552

종별 전북-내지-특요
창씨명 石川末廣
별명
생년월일 1925.11.15
직업 펜치 제작공
본적 전북 정읍군 정주읍井州邑 장명리長明里 134
거주지 오사카시大阪市 이쿠노구生野區 이카이노정猪飼野町 니시西 3정목丁目 81 岩田憲三방方
인상/특징 키 5척 3촌, 마른 체형. 이마와 얼굴이 길다. 눈이 작고 코가 높다.
시찰요점 민족의식이 농후해서 조선독립을 기도企圖하고 타인을 사주·선동할 우려가 있다.

* 1943년 12월 25일 오사카에서 조선 독립 사상을 선동한 혐의로 검거, 1944년 4월 24일 송국됨[독립운동사자료집 별집3, 특고월보 1944.6].

김용태 金容泰* 552

종별 전북-내지-특요
창씨명 新光羅門
별명 洪容宇, 洪德宇
생년월일 1916.1.6
직업
본적 전북 고창군 무장면茂長面 무장리茂長里 282
거주지 1944년 1월 20일 중부 제46부대에 학병으로 입대
인상/특징 키 5척 3촌. 피부가 희고 머리를 바싹 짧게 깎았다. 입과 귀가 조금 작다. 수염이 없다.
시찰요점 공산주의를 신봉하고 불온·과격한 언동을 하며 타인을 사주·선동할 우려가 있다.

* 1936년 4월 8일 치안유지법 위반으로 전주지방법원에서 징역 1년 6월(집행유예 3년)을 받음[소화11년형공제405호 판결문].

홍영기 洪英基* 552

종별 전북-내지-특요
창씨명 德山英基
별명
생년월일 1918.12.3
직업
본적 전북 순창군 복흥면福興面 어은리漁隱里 658
거주지 야마구치형무소山口刑務所
인상/특징 키 5척 5촌. 머리를 바싹 짧게 깎았다. 둥근 얼굴, 피부가 희다. 코가 높고 눈이 반짝인다. 입과 귀는 평범하다. 마른 체형. 일견 지식계급으로 보인다.
시찰요점 민족의식이 농후해서 조선 독립을 바람. 비밀결사를 조직할 우려가 있다.

* 홍영기(1918~1999, 전북 순창). 1995년 건국훈장 애족장을 받음.

이반석 李班石 553

종별 전북-내지-특요
창씨명
별명 鍾得, 武田德夫
생년월일 1906.3.17
직업 토공土工
본적 전북 군산부 개복정開福町 2정목丁目 111
거주지 도쿄도東京都 나카노구中野區 가미정上町 28 鎌田テワ 방方
인상/특징 키 5척 6촌, 피부가 희고 보통 체격이다. 눈썹이 짙고 코가 높다.
시찰요점 공산주의를 신봉함. 노동자 사이에 끼어 실천운동을 할 우려가 있다.

김재숙 金載淑

553

종별 전북-내지-특요
창씨명 金城正雄
별명 載淑
생년월일 1919.5.15
직업
본적 전북 남원군 산내면山內面 장항리獐項里 516
거주지 입감 중入監中(도쿄)
인상/특징 키 5척 6촌, 보통 체격이다. 코가 높고 눈이 작다. 귀가 크다. 나머지는 평범하다.
시찰요점 민족의식이 농후해서 조선독립을 몽상함. 불온·과격한 언동을 하며 또 타인을 사주·선동할 우려가 있다.

김용배 金容培

553

종별 전북-내지-특요
창씨명 金谷容培
별명 金澤正一, 汀培
생년월일 1899.9.12
직업 해산물상
본적 전북 임실군 삼계면三溪面 세심리洗心里 110
거주지 도쿄도東京都 에바라구荏原區 유타카정豊町 6-183
인상/특징 키 5척 5촌, 보통 체격이다. 피부가 검다. 얼굴은 조금 길고 눈이 가늘다. 입이 크고 수염은 없다.
시찰요점 농후한 민족·공산주의 사상을 품고 이를 선전할 우려가 있다.

김병갑 金秉甲

553

종별 전북-내지-특요

창씨명 金城重信

별명 金鐵, 谷川鐵雄

생년월일 1909.4.18

직업 경제시사신보사經濟時事新報社 기자

본적 전북 전주부 완산정完山町 33

거주지 도쿄도東京都 세타가야구世田ケ谷區 오하라정大原町 1184 出世莊

인상/특징 키 5척 3촌. 머리를 바싹 짧게 깎았다. 얼굴이 둥글고 피부는 희다. 눈이 작고 입이 작다. 눈썹이 올라간다. 왼쪽 눈에 별이 있다. 코 오른쪽 아래에 작은 콩 크기의 검은 사마귀가 있다.

시찰요점 무정부주의를 신봉하고 좌경단체에 가입, 실천운동을 할 우려가 있다.

강난수 姜蘭秀*

553

종별 전북-내지-특요

창씨명 神江壽元

별명

생년월일 1916.3.5

직업 회사원

본적 전북 고창군 아산면雅山面 상갑리上甲里

거주지 야마구치형무소山口刑務所

인상/특징 키 5척 5촌, 보통 체격이다. 둥근 얼굴, 바싹 짧게 깎은 머리. 피부가 희고 코가 높다. 눈썹이 짙고 입과 귀는 평범하다. 얼굴에 주근깨가 있다.

시찰요점 민족의식이 농후해서 조선독립을 바라며 비밀결사를 조직할 우려가 있다.

* 강수원(姜壽元, 1916.3.5~2003.4.25, 전북 고창). 1990년 건국훈장 애족장(1977년 대통령표창)을 받음.

김병일 金炳一* 553

종별 전북-내지-특요

창씨명 金子炳一

별명

생년월일 1901.1.6

직업 사무원

본적 전북 김제군 김제읍金堤邑 교동리校洞里 37

거주지 히로시마현廣島縣 야마가타군山縣郡 야스노촌 발전공사장安野村發電工事場 니시마츠조西松組

인상/특징 키 5척 2촌 5푼. 얼굴이 둥글고 이마가 넓다. 피부는 희다. 귀, 입, 코가 크다. 보통 체격이다. 치아 아래위 4, 아래 1 의치

시찰요점 공산주의에 공명하고 비밀결사를 조직하고 주의를 선전할 우려가 있다.

―― * 1926년 5월 7일 조선청년총동맹 상무위원 김병일은 출판법 위반으로 경성복심법원에서 금고 3월(집행유예 2년)을 받음[대정15년형공제136호 판결문].

이강휘 李烱徽* 554

종별 전북-내지-특요

창씨명 義本烱徽

별명

생년월일 1919.11.21

직업 노동

본적 전북 김제군 청하면靑蝦面 관상리官上里 130

거주지 입감 중入監中(오사카)

인상/특징 키 5척 5촌, 마른 체형. 얼굴이 길고 흰 피부. 머리는 바싹 짧게 깎았다. 코가 높고, 나머지는 평범하다. 이마가 길어 얼핏 대머리 같다.

시찰요점 민족주의를 품고 조선독립 달성을 위해 실천운동을 할 우려가 있다.

―― * 이강휘(1919~1950, 전북 김제). 2021년 건국훈장 애족장을 받음.

배종윤 裵宗潤* 554

종별 전북-내지-특요

창씨명 武田英雄

별명

생년월일 1919.12.12

직업 학병學兵

본적 전북 고창군 고창면高敞面 읍내리邑內里 107

거주지 1944년 1월 20일 조선 제24부대에 학병으로 입대함

인상/특징 키 5척 8촌, 보통 체격이다. 피부가 희고 얼굴이 길다. 입이 크고 코가 높다. 나머지는 평범하다.

시찰요점 민족의식이 농후해서 불온·과격한 언동을 하며 실천운동을 할 우려가 있다.

* 도쿄 주오대학 예과 2학년 배종윤은 1941년 10월 14일에 검거되어 1942년 7월 25일 도쿄지방재판소 검사국에 송치됐다[특고월보 1942.9]. 함께 체포된 원용학, 강상호는 모두 서훈됐다. 서훈되지 못한 것은 아마도 배종윤의 월북 정황 때문인 것 같다[동아일보 1970.5.18].

종봉식 宗鳳植 [송봉식 宋鳳植]* 554

종별 전북-내지-특요

창씨명

별명 映運, 英運, 鳳柱, 暉映, 金○, のんき, 永云, 古○

생년월일 1907.10.7

직업 자유노동

본적 전북 익산군 왕궁면王宮面 광암리光岩里 541

거주지 도쿄도東京都 세타가야구世田ケ谷區 기타자와北澤 5-780 용택容澤 방方

인상/특징 키 5척 4촌. 피부가 희다. 얼굴이 조금 길고 눈썹이 짙다. 눈이 크고 치아는 고르다. 음성이 명료하다.

시찰요점 무정부주의를 신봉하고 동료간에 주의·선전을 할 우려가 있다.

* '송봉식宋鳳植'의 오기로 추정.

이은직 李殷直* 554

종별 전북-내지-특요

창씨명 國本直樹

별명

생년월일 1917.10.18

직업 일본대학 예술과

본적 전북 정읍군 정우면淨雨面 오금리梧琴里 298

거주지 도쿄도東京都 혼조구本所區 긴시정錦系町 4024 四村治郎 방方

인상/특징 키 5척 5촌, 마른 체형. 보통 체격이다. 갸름한 얼굴에 피부가 희다. 코는 조금 높고 눈과 입은 평범하다. 머리카락을 5푼 길이로 짧게 깎았다. 일본어가 뛰어나다.

시찰요점 민족의식이 농후해서 조선독립을 기도하고 타인을 사주·선동할 우려가 있다.

* 1941년 11월 17일 일본 경시청에 검거되어 12월 10일 치안유지법 위반으로 도쿄형사지방재판소 검사국에 송국됨[사회운동의 상황社會運動の狀況(1941)].

김갑손 金甲孫 554

종별 전북-내지-특요

창씨명 康村甲孫

별명 金一煥, 藤田

생년월일 1912.7.5

직업 토공土工

본적 전북 정읍군 태인면泰仁面 태서리泰西里 725

거주지 나가사키현長崎縣 오무라시大村市 다케마쓰미야쇼지竹松宮川路 8번 金子繁雄 방方

인상/특징 키 5척 5촌, 보통 체격이다. 얼굴이 둥글고 피부는 조금 검다. 코가 약간 크고 입이 크다. 치아가 고르다. 이마가 넓다.

시찰요점 공산주의에 공명하고 실천운동에 광분해 타인을 사주·선동할 우려가 있다.

박상호 朴相浩* 554

종별 전북-내지-특요
창씨명 木戶大宮
별명 朴相公, 朴日官, 金容準, 木戶博
생년월일 1907.6.9
직업 화물운송업
본적 전북 김제군 공덕면公德面 동계리東溪里 849
거주지 도쿄도東京都 시나가와구品川區 니시오사키西大崎 2-157 青柳莊 내內
인상/특징 키 5척 4촌, 비만 체형. 피부가 검고 올백머리를 했다.
시찰요점 공산주의 사상을 품고 늘 불온언동을 할 우려가 있다.

* 경시청에 체포된 박상호가 공산청년회 회원임이 판명되어 1934년 9월 26일 송치됨[특고월보 1934.1~1937.12(日誌)].

김엽득 金葉得* 555

종별 전북-내지-특요
창씨명
별명 具德龍, 金薰, 金斗實, 三浦健一, 金具得
생년월일 1909.2.20
직업 회사 지배인
본적 전북 익산군 이리읍裡里邑 고현정古縣町 729
거주지 도쿄도東京都 이타바시구板橋區 아카쓰카정赤塚町 471 貫井輕金鑄造所
인상/특징 키 5척 4촌. 얼굴이 둥글고 피부가 약간 검다. 이마가 넓고 눈이 크다. 보통 체격에 하이칼라 머리.
시찰요점 공산주의 사상을 품고 불온·과격한 언동을 할 우려가 있다.

* 1936년 5월 13일 도쿄형사지방재판소 예심 결정에 의해 치안유지법 위반으로 공판에 회부됨[사상월보, 1936.7]. 1936년 7월 10일 도쿄형사지방재판소에서 징역 2년을 받음[수형인명부].

김용규 金容珪* 555

종별 전북-내지-특요
창씨명
별명
생년월일 1914.11.10
직업
본적 전북 김제군 금구면金溝面 상신리上新里
거주지
인상/특징 키 5척 4촌, 약간 비만 체격. 피부가 조금 검고 나머지는 평범하다.
시찰요점 공산주의를 신봉하고 비밀결사를 조직하여 실천운동을 할 우려가 있다.

* ①1940년 2월 5일 치안유지법 위반(마르크스주의연구회 활동)으로 검거됨[특고월보 1940.4], ②이른바 '재요코하마조선인학생민족·공산주의그룹'이란 조직 활동 혐의로 1941년 12월 13일 검거되어 1942년 5월 25일 요코하마지방재판소 검사국에 송국[사회운동의 상황社會運動の狀況(1942), 특고월보 1941.12, 1942.6].

김보동 金寶同 555

종별 전북-내지-특요
창씨명
별명 上田正一
생년월일 1906.11.17
직업 제재공製材工
본적 전북 부안군 부안면扶安面 모산리茅山里 410
거주지 오사카부大阪府 다이쇼구大正區 미나미이즈오정南泉尾町 3-97
인상/특징 키 5척 2촌 5푼, 마른 체형. 얼굴이 검붉다. 얼굴이 길고 눈이 작다. 왼쪽 다리를 전다.
시찰요점 민족의식이 농후해서 비밀결사에 가입하여 실천운동을 할 우려가 있다.

김용일 金容日*

555

종별 전북－내지－특요

창씨명

별명 金光鉉, 白川進

생년월일 1917.7.15

직업

본적 전북 부안군 백산면白山面 원천리元川里 122

거주지

인상/특징 키 5척 5촌, 보통 체격이다. 피부가 적백색이다. 얼굴이 조금 길고 치아가 고르다. 머리를 바싹 짧게 깎았다.

시찰요점 공산주의를 신봉하고 또 민족의식이 농후해서 타인을 사주·선동하며 이것의 실천 활동을 목적으로 하는 불온한 기도를 할 우려가 있다.

* 1940년 1월 9일 '유물론연구회' 활동으로 일본 도쿄 경시청에 체포됨[특고월보 1940.1].

강석린 姜錫麟

555

종별 전북－내지－특요

창씨명

별명

생년월일 1919.3.2

직업 교토제국대학 의학부

본적 전북 김제군 진봉면進鳳面 가실리加實里 475

거주지 교토시京都市 사쿄구左京區 긴카쿠지정銀閣寺町 67 井上 방方

인상/특징 키 5척 3촌, 보통 체격이다. 머리를 바싹 짧게 깎았다. 얼굴이 둥글고 코와 입이 크다. 치아가 가지런하다. 나머지는 평범하다.

시찰요점 민족의식이 농후해서 비밀결사에 가입해 실천운동을 할 우려가 있다.

* 강석린(1919～1997, 전북 김제). 1999년 건국훈장 애족장을 받음.

백남교 白南敎* 555

종별 전북-내지-특요
창씨명 白川南敎
별명
생년월일 1909.6.9
직업 춘추사春秋社 도쿄지국장
본적 전북 고창군 아산면雅山面 반산리盤山里 602**
거주지 도쿄도東京都 스기나미구杉並區 아사가야阿佐ケ谷 5-5 大平莊
인상/특징 키 5척 5촌, 피부가 희고 코가 높다. 얼굴이 길고 입이 크다. 나머지는 평범하다. 목소리가 가늘다.
시찰요점 공산주의 사상을 품고 불온·과격한 언동을 할 우려가 있다.

* 1934년 2월 25일 경시청에 검거된 메이지대학 학생 백남교는 4월 9일 검사국에 송국됨[특고월보 1934.1~1937.12(日誌)].
** 반암리盤岩里의 오기로 추정.

平沼惟新* 556

종별 전북-내지-특요
창씨명 平沼惟新
별명
생년월일 1915.2.18
직업
본적 전북 정읍군 이평면梨坪面 팔선리八仙里 51
거주지 입감 중入監中(홋카이도)
인상/특징 키 5척 6촌, 비만 체격. 얼굴이 크고 하이칼라 머리. 이마가 평평하고 눈이 크다. 코가 높다. 나머지는 평범하다.
시찰요점 민족의식이 농후해서 조선독립을 기도하고 타인을 사주·선동할 우려가 있다.

* 창씨명만 기록. 일본 홋카이도에서 1944년 4월 3일 검거, 5월 29일에 송국됨[특고월보, 1944.7, 독립운동사자료집 별집3].

구덕조 具德祖

557

종별 전북-내지-정요
창씨명
별명
생년월일 1904.10.10
직업
본적 전북 익산군 낭산면朗山面 용기리龍機里 629
거주지 소재불명
인상/특징 키 5척 7촌 5푼. 머리를 바싹 짧게 깎았다. 비만 체형. 피부가 검고 얼굴이 편평하다. 윗니 왼쪽에 금으로 씌운 치아가 2개 있다.
시찰요점 현재 사회제도를 부인하고 현재의 정치를 비난하며 타인을 선동할 우려가 있다.

유재요 劉載堯

557

종별 전북-내지-정요
창씨명 安田玄乘
별명 南俊
생년월일 1910.2.23
직업 불교 포교사
본적 전북 부안군 상서면上西面 청림리青林里 875
거주지 오사카시大阪市 히가시구東區 기요보리정清堀町 3
인상/특징 키 5척 4촌, 보통 체격이다. 얼굴이 길다. 흰머리가 많고, 후두부에 약 1촌 길이의 장방형으로 머리가 빠진 곳이 있다. 오른쪽 눈이 실명이며 안경을 쓴다.
시찰요점 민족의식이 농후해서 포교를 핑계로 타인을 사주·선동할 우려가 있다.

강완봉 姜完奉 558

종별	전북-내지-보요
창씨명	
별명	
생년월일	1899.6.22
직업	대정익찬회大政翼贊會 문화부 촉탁
본적	전북 익산군 낭산면朗山面 호암리虎岩里 550
거주지	도쿄시東京市 고지마치구麴町區 나가타정永田町 2-32
인상/특징	키 5척 4촌, 보통 체격이다. 얼굴이 둥글고 피부가 희다. 이마가 넓고 눈썹이 짙다. 코가 높고 눈동자는 다색이다. 입은 작고 금니가 1개 있다.
시찰요점	공산·민족주의를 품고 불온한 언동 및 출판물을 간행할 우려가 있다.

양정묵 梁丁默 559

종별	전북-국외-특요
창씨명	梁川正作
별명	
생년월일	1917.10.21
직업	기술견습
본적	전북 정읍군 정주읍井州邑 시기리市基里 242
거주지	滿洲國 東安省 林口縣 林口街 中區 海田寫眞館 內
인상/특징	키 5척 2촌. 피부가 붉은색이다. 얼굴이 둥글고 마른 체형이다. 나머지는 평범하다.
시찰요점	민족·공산주의를 신봉하고 불온언동을 할 우려가 있다.

최영석 崔英錫 559

종별 전북-국외-특요

창씨명 遠山英錫

별명 崔啓源, 張源一, 上野海龍, 李蘇民, 劉敏

생년월일 1913.11.24

직업

본적 전북 전주부 노송정老松町 494

거주지 소재불명(華北 贊皇縣 我凹城)

인상/특징 키 5척 5촌, 보통 체격이다. 얼굴은 조금 길다. 눈이 작고 예리하다. 올백머리. 나머지는 평범하다. 위 앞니 2개가 빼드렁니다.

시찰요점 옛 의열단 일당의 조선혁명간부학교 제2기 졸업생으로서 불령운동不逞運動에 종사하는 것으로 의심됨.

이봉길 李奉吉* 559

종별 전북-국외-특요

창씨명

별명 牧野哲

생년월일 1900.10.28

직업 일만산업공사日滿産業公司 상무취체역

본적 전북 김제군 김제읍金堤邑 신풍리新豊里 225

거주지 新京 長通路 14-1

인상/특징 키 5척 2촌 5푼, 보통 체격이다. 얼굴이 둥글고 피부가 희다. 눈썹이 짙고 치아가 가지런하다. 호남자로 보인다.

시찰요점 공산·민족주의를 품고 비밀결사·비밀출판 등을 하거나 불온·과격한 언동을 하여 민중을 사주·선동할 우려가 있다.

* 1931년 2월 12일 치안유지법 위반으로 경성복심법원, 3월 30일 고등법원에서 징역 3년을 받음. '제4차조선공산당 사건'[판결문].

이상규 李祥奎* 560

종별 전북-국외-특요
창씨명
별명 劉秀簿, 柳秀芳, 山田重雄, 李憲
생년월일 1895.11.20
직업
본적 전북 김제군 봉남면鳳南面 신응리新應里 77
거주지 奉天市 大和區 隅田町 5-9
인상/특징 키 5척 6촌, 보통 체격이다. 수염이 있다. 이마가 넓고 치아가 가지런하다. 올백머리
시찰요점 공산주의에 공명하고 불온·과격한 언동을 하며 타인을 사주·선동할 우려가 있다.

* 이상규(1895~미상, 전북 정읍). 2009년 건국훈장 애족장을 받음.

김재묵 金載默 560

종별 전북-국외-특요
창씨명 武光載默
별명
생년월일 1914.10.7
직업 궁전제작소宮田製作所 사무원
본적 전북 고창군 무장면茂長面 교흥리校興里 442
거주지 滿洲國 浜江省 珠河一面 坡新城街 106號
인상/특징 키 5척 2촌. 눈이 작다. 마른 체형이고 몸집이 작다. 피부는 조금 검다. 얼굴이 둥글다.
시찰요점 공산주의를 신봉하고 불온·과격한 언동을 하며 타인을 사주·선동할 우려가 있다.

김창수 金昌洙*

560

종별 전북-국외-특요

창씨명 成田秀吉

별명 日治

생년월일 1901.2.28

직업 일만산업공사日滿産業公司

본적 전북 정읍군 용북면龍北面 화호리禾湖里 522

거주지 天津 第6區 土號路 養和里 23號

인상/특징 키 5척 1촌 눈이 작다. 마른 체형. 코가 높고 빰이 뾰족하다. 얼굴이 붉게 빛난다. 오른쪽 빰에 2전짜리 동전 크기의 부스럼 자국이 있다.

시찰요점 공산주의에 공명하고 국체의 변혁을 목적으로 비밀결사를 조직하고 주의를 선전할 우려가 있다.

---

* ①1934년 6월 25일 치안유지법 위반으로 경성지방법원에서 징역 3년을 받음. '조공재건공작위원회 사건'[동아일보 1934.6.26]. 이 판결과 관련한 형기 계산문제로 1935년 3월 9일 경성지방법원, 3월 30일 경성복심법원, 5월 9일 고등법원에서 재판이 이어졌다.[판결문, 조선일보 1935.3.24, 1935.4.3, 1935.5.10], ②자유당 전북도당 위원장, 제3대 국회의원을 지냄. 조선공산당 책임비서 김철수(金綴洙, 1893~1986)의 동생[한국근현대인물자료, 두산백과].

이불억 李弗億

560

종별 전북-국외-특요

창씨명 大山弗億

별명 善行, 李繁夫, 李番, 大山茂

생년월일 1896.8.29

직업 협화회 개원현 본부원協和會 開原縣 本部員

본적 전북 순창군 순창면淳昌面 순화리淳化里 237

거주지 滿洲國 四平省 開原縣 開原街 掏鹿大街 8番

인상/특징 키 5척 7촌. 둥근 얼굴. 아래턱이 뾰족하다. 눈과 입이 작다. 코가 높다. 피부가 검다. 올백머리

시찰요점 공산·민족주의를 품고 비밀결사를 조직하거나 각종 운동과 제휴할 우려가 있다.

박기성 朴奇盛* 560

종별 전북－국외－특요
창씨명 牧原杖夫
별명 斗彦
생년월일 1910.11.18
직업 행정
본적 전북 김제군 만경면萬頃面 만경리萬頃里 301
거주지 滿洲國 新京特別市 東榮區 新業街 1316
인상/특징 키 5척 2촌. 머리를 바싹 짧게 깎았다. 얼굴이 길고 피부가 희다. 눈썹이 엷다. 눈이 작고 코가 낮다. 마른 체형. 치아가 고르다. 목소리가 낮다.
시찰요점 공산주의를 신봉하고 불온·과격한 언동을 감행하며 좌익단체에 가입해 실천운동과 제휴할 우려가 있다.

* ①1932년 3월 25일 치안유지법 위반으로 경성지방법원에서 징역 1년 6월을 받음. '조선공산당 재건협의회 사건'[조선일보 1932.3.26, 수형인명부], ②1936년 9월 19일 치안유지법 위반으로 전주지방법원에서 징역 2년(미결구류 120일 산입)을 받음[판결문].

최규섭 崔圭燮* 560

종별 전북－국외－특요
창씨명 松平吉市
별명 壽, 泰喜
생년월일 1902.10.15
직업 학교장學校長
본적 전주부 상생정相生町 55
거주지 吉林省 樺甸縣 集廠村 東文國民學校
인상/특징 키 5척 4촌. 피부가 희다. 둥근 얼굴. 입이 크고 이마가 넓다.
시찰요점 민족·공산주의를 신봉하고 주의의 실현을 기하며 비밀결사를 조직할 우려가 있다.

* 1931년 5월 14일 치안유지법 위반, 출판법 위반으로 경성지방법원에서 징역 3년 6월을 받음. '전북공산당 사건'[조선일보 1931.5.15, 수형인명부, 일제감시대상인물카드].

김현표 金顕杓* 561

종별 전북－국외－특요
창씨명 松平行正
별명 嶽輝, 金星
생년월일 1913.9.15
직업 무역상
본적 전북 금산군 금산읍錦山邑 상옥리上玉里 168
거주지 大連市 富久町 172 大連自動車組合 ○○○
인상/특징 키 5척 2촌. 머리를 바싹 짧게 깎았다. 얼굴이 길고 피부가 황백색이다. 입이 크다. 왼쪽 다리를 절어서 항상 지팡이를 사용한다.
시찰요점 민족·공산주의가 농후해서 혁명운동에 참가한 일이 있음. 청소년을 사주·선동할 우려가 있다.

* 1935년 10월 28일 치안유지법 위반으로 전주지방법원, 1936년 6월 30일 대구복심법원에서 징역 2년 6월을 받음. '금산독서회 사건' [판결문, 동아일보 1935.9.16, 1936.7.3].

오원모 吳元模 561

종별 전북－국외－특요
창씨명
별명
생년월일 1914.11.10
직업
본적 전북 김제군 성덕면聖德面 성덕리聖德里 652
거주지 소재불명(중국)
인상/특징 키 5척 7촌. 둥근 얼굴. 비만 체형. 눈이 크다. 나머지는 평범하다.
시찰요점 공산주의자로서 중국 홍군紅軍에 투신하여 실천운동에 종사하고 있음.

정재섭 鄭再燮* 561

종별 전북-국외-특요
창씨명
별명 斗燮
생년월일 1903.10.26
직업 중국 비행소좌飛行少佐
본적 전북 전주부 완산정完山町 510
거주지 소재불명, 곤명비행학교 교관昆明飛行學校 敎官
인상/특징 키 5척 5촌. 코가 높고 입은 약간 작다. 나머지는 평범하다.
시찰요점 재중국 한국민족혁명당 출신으로 항일전에 활약 중인 자

* 1933년 중국 귀화[프랑스 외무부 문서보관소 소장 한국독립운동 사료3].

정윤옥 鄭允玉* 561

종별 전북-국외-특요
창씨명
별명 華岩, 金石
생년월일 1896.9.14
직업
본적 전북 김제군 월촌면月村面 장화리長華里 213
거주지 (소재불명) 중국
인상/특징 키 5척 3촌 5푼, 마른 체형. 피부가 희다. 항상 중국옷을 착용한다. 날래고 사나워 보인다.
시찰요점 상하이에 있는 조선인 무정부주의자의 수령 격으로서 한국맹혈단韓國猛血團의 배후로 있으면서 늘 직접 행동에 나서고 있음.

* 정화암(鄭華岩, 1896~1981, 전북 김제 이명 정윤옥). 1983년 건국훈장 독립장을 받음.

김봉일 金奉日

561

종별 전북-국외-특요

창씨명

별명 金永洙, 林相秀

생년월일 1908.2.1

직업

본적 전북 전주부 대정정大正町 4정목丁目 76

거주지 소재불명(만주, 중국)

인상/특징 키 5척 4촌. 눈이 크고 코가 높다. 하이칼라 머리. 호남자로 보인다.

시찰요점 공산주의자로서 중국 군관학교 제3기생. 국외 불령자와 연락하며 불온행동을 하고 있음.

양기주 梁基周*

561

종별 전북-국외-특요

창씨명 三原平男

별명 藤井良治

생년월일 1913.12.25

직업 점원

본적 전북 익산군 팔봉면八峯面 덕기리德基里 150

거주지 關東州 大連市 初音町 344 南紅海빌딩 내內

인상/특징 키 5척 4촌 5푼. 둥근 얼굴, 피부가 희다. 눈이 날카롭다. 입이 크고 코가 높다. 하이칼라 머리. 안경을 쓴다.

시찰요점 공산주의를 신봉함. 청소년에게 주의를 선전하거나 선동할 우려가 있다.

* 1934년 3월 31일 치안유지법 위반 및 범인 은닉으로 전주지방법원에서 징역 1년 4월(미결구류 180일 산입, 집행유예 4년)을 받음. '전북공산당 사건'[판결문, 조선일보 1934.4.1].

신일용 辛日鎔* 562

종별 전북-국외-특요
창씨명
별명 湖山, 金俊
생년월일 1891.11.7
직업 인쇄소
본적 전북 부안군 부령면扶寧面 동중리東中里 361
거주지 北支 北京 北池子 烟々房 14
인상/특징 키 5척 7촌. 피부가 희고 얼굴이 길다. 눈이 크다. 비만 체격이다.
시찰요점 공산·민족주의를 품고 저작著作과 언론으로 집요한 민족운동을 할 우려가 있다.

* ①1923년 1월 16일 '대정8년 제령 제7호' 위반, 신문지법 위반으로 경성지방법원에서 징역 1년 6월을 받음. '신생활사 사건'[판결문, 조선일보 1923.1.17], ②1925년 10월 중국 망명. 1931년 만주에서 체포됨. 귀국 후 1933년 9월 6일 치안유지법 위반으로 경성지방법원에서 징역 1년 6월(집행유예 3년)을 받음. '조선일보 필화 사건'[동아일보 1925.12.1, 1931.9.1, 1933.9.7].

진장권 陳壯權* 563

종별 전북-국외-정요
창씨명 千谷正一
별명 長權
생년월일 1903.8.30
직업 중화영화주식회사中華映畵株式會社 사원
본적 전북 옥구군 임피면臨陂面 축산리鷲山里 429
거주지 上海 東余抗路 集賢里 61號
인상/특징 키 5척 4촌, 피부가 희고 보통 체격이다. 나머지는 평범하다.
시찰요점 민족·공산의식이 농후해서 조선독립을 몽상하고 있음.

* 진장권(1903~1967, 전북 옥구). 1990년 건국훈장 애국장을 받음.

정용석 鄭用石

563

종별 전북-국외-정요
창씨명 秋田用石
별명 龍錫
생년월일 1906.4.25
직업
본적 전북 금산군 추부면秋富面 추정리秋井里 339
거주지 소재불명(만주)
인상/특징 키 5척 4촌 5푼, 보통 체격이다. 얼굴이 둥글고 피부가 희다. 눈과 입이 크다. 치아가 가지런하다.
시찰요점 민족의식이 농후해서 반만항일反滿抗日 사상을 품고 직접 행동에 나설 우려가 있다.

시창석 柴昌錫

563

종별 전북-국외-정요
창씨명 柴田昌錫
별명 甲錫
생년월일 1908.9.13
직업
본적 전북 정읍군 태인읍泰仁邑 태창리泰昌里 6
거주지 소재불명(소련, 만주)
인상/특징 키 5척 4촌, 비만 체격. 둥근 얼굴. 피부가 검붉다. 눈썹이 짙다. 귀가 작다. 하이칼라 머리
시찰요점 반만항일反滿抗日 사상을 품고 불령국不逞國[불령단不逞團의 오기]에 가담해 활동 중인 자.

임덕선 林德先

564

종별 전북－외사－정요(외국인)

창씨명

별명

생년월일 1912.2.5

직업 면포상綿布商

본적 中華民國 山東省 捷霞縣 下野大川村

거주지 전북 정읍군 정주읍井州邑 시기리市基里 293

인상/특징 키 5척 5촌, 비만 체격. 얼굴이 좁고 길다. 눈매가 날카롭다. 코가 높다.

시찰요점 항일의식이 강해 스스로 국정國情을 조사하고 또 자료를 수집·첩보할 우려가 있다.

유옥화 柳玉花(女)

564

종별 전북－외사－정요(외국인)

창씨명

별명 雨亭

생년월일 1906.5.25

직업 여관여중旅館女中

본적 전북 전주부 완산정完山町 33

거주지 전북 전주부 대정정大正町 1정목丁目 박다여관博多旅館

인상/특징 키 4척 9촌 5푼. 얼굴이 둥글고 코가 높다. 눈이 크고 입이 작다. 피부가 희고 나머지는 평범하다. 코 왼쪽 옆에 사마귀가 있다.

시찰요점 프랑스 하이난섬海南島 영사 메타라의 첩으로서 편지 왕래가 있음. 군사·외교 국정國情을 조사할 우려가 있다.

우강의 于江義 564

종별 전북－외사－정요(외국인)

창씨명

별명

생년월일 1913.12.2

직업 군산 중화상회中華商會 서기

본적 中華民國 山東省 登州府 榮城縣 千家莊

거주지 전주형무소

인상/특징 키 5척 5촌, 마른 체형. 피부가 희고 머리는 장발이다. 코가 높다. 나머지는 평범하다. 로이드안경을 사용한다. 일본어에 매우 능하다.

시찰요점 군사·외교의 기밀을 캐내어 첩보할 우려가 있다.

昭和二十年三月

要視察人略名簿

慶尚南道

1945년 3월

조선인요시찰인약명부

경상남도

경남고외慶南高外 제599호
소화昭和 20년[1945] 3월 31일

[발신자] 경상남도지사
[수신자] 미에현三重縣 지사知事

요시찰인약명부要視察人略名簿 송부送付에 관한 건

조선인 내지도항제한제도內地渡航制限制度의 폐지에 따른 취급협정에 따라 본도 내에서 사상적으로 경계를 요하는 자로서 경찰상으로 특히 엄계嚴戒가 필요하다고 인정되는 자를 별지 명부로 통보함

이와 같이 통보함

종별	이름	이름	창씨명	비고
경남－特要	양창윤	梁昌尹	梁川昌允	
경남－特要	신재홍	申才弘	平山弘	
경남－特要	강대홍	姜大洪	樂山牧夫	
경남－特要	조세준	曺世譐	西原徹	
경남－特要	노재갑	盧在甲	盧在甲	
경남－特要	안상철	安常喆	安田常敎	본문에는 安田常喆
경남－特要	장두관	張斗瓘	長忠助	본문에는 張斗權
경남－特要	고경인	高敬仁	高山敬仁	
경남－特要	김병건	金秉健	德富健一	
경남－特要	이미동	李美東	片山美東	
경남－特要	최상기	崔翔起	高山翔起	
경남－特要	김영배	金永培	金井滿	
경남－特要	박대갑	朴大甲	三木茂生	
경남－特要	권대형	權大衡	吉山英一	
경남－特要	김병홍	金炳洪	龍宮清	
경남－特要	최태호	崔台鎬	崔村台鎬	
경남－特要	하경상	河璟尙	三輪璟尙	
경남－特要	고종	高宗	兪龍穆	
경남－特要	장태성	張台星	杉山台成君	
경남－特要	신현중	愼弦重	大山眞一郎	
경남－特要	김정규	金正奎	金本時平	
경남－特要	최학주	崔學柱	山佳學柱	
경남－政要	최천택	崔天澤	香山滿	
경남－政要	허명호	許明鎬	大野牧夫	
경남－政要	민영학	閔泳鶴	松岡磯介	
경남－政要	강대창	姜大昌	神農和唱	
경남－政要	이응윤	李應允	道川應允	
경남－政要	한봉근	韓鳳根	西原秀夫	
경남－政要	최범술	崔凡述	崔凡述	
경남－政要	신영업	申榮業	申榮業	
경남－普要	이응규	李應奎	竹山重美	
경남－普要	김시행	金時行	金和時行	

종별	이름	이름	창씨명	비고
경남-普要	손성섭	孫聲燮	孫聲燮	
경남-普要	박영준	朴泳俊	新川泳俊	
경남-普要	김철수	金鐵守	松田鐵守	
경남-普要	박정갑	朴正甲	三木正甲	
경남-普要	최영준	崔永俊	寧山日盛	
경남-普要	최영삼	崔永三	寧山永三	
경남-普要	심봉순	沈鳳淳	青松鳳淳	
경남-普要	김태순	金兌淳	金松祐平	
경남-普要	최기석	崔璣奭	山佳司烈	
경남-普要	양창엽	梁昌燁	梁本昌燁	
경남-普要	지수만	池守萬	池原守萬	
경남-普要	신은이	辛銀伊	重光銀伊	

양창윤 梁昌允* 569

종별 경남-특요
창씨명 梁川昌允
별명 露山
생년월일 1903.1.3
직업 선원
본적 전남 제주도 구좌면舊左面 연평리演坪里 1238
거주지 부산부 합선정溘仙町 893
인상/특징 키 5척 3촌. 보통 체격이다. 얼굴이 둥글고 피부가 검다. 눈이 오목눈이다. 나머지는 평범하다. 항상 근시안경을 쓴다.
시찰요점 공산주의를 품고 타인을 선동하며 불온·과격한 언동을 한다.

* ①1932년 7월 23일 출판법 위반, 보안법 위반으로 부산지방법원에서 징역 1년을 받음. '부산적색노조재건위원회 사건'[조선일보 1932.7.26, 수형인명부], ②1933년 '적우사赤友社 사건'에서 예심과 복심 면소처분을 받음[동아일보 1933.2.18].

신재홍 申才弘* 569

종별 경남-특요
창씨명 平山弘
별명
생년월일 1900.10.22
직업 전구 제조
본적 전남 제주도 구좌면舊左面 연평리演坪里 1695
거주지 부산부 합선정溘仙町 1924
인상/특징 키 5척 2촌. 얼굴이 둥글다. 피부가 희다. 눈이 크고 입이 크다. 아랫입술이 두껍다.
시찰요점 민족·공산주의를 신봉하고 타인을 사주·선동할 우려가 있다.

* 신재홍(1900~1960, 제주도). 2005년 건국훈장 애국장을 받음.

강대홍 姜大洪* 569

종별 경남-특요
창씨명 樂山牧夫
별명
생년월일 1906.2.12
직업 찻집喫茶店
본적 김해군 진영면進永面 진영리進永里 319
거주지 부산부 변천정辨天町 1-19
인상/특징 키 5척 3촌. 얼굴이 길고 코가 높다. 말을 더듬는 버릇이 있다.
시찰요점 공산주의를 신봉하고 타인을 사주·선동할 우려가 있다.

* 1930년 8월 30일 경성지방법원에서 징역 3년을 받음. '제3차 조선공산당, 일명 ML당 사건'[동아일보 1930.9.5].

조세준 曺世譐 569

종별 경남-특요
창씨명 西原徹
별명
생년월일 1903.11.15
직업 운송회사 사무원
본적 김해군 김해읍金海邑 동상리東上里 1043
거주지 부산부 초장정草場町 3-89
인상/특징 키 5척 5촌. 눈이 가늘고 코가 높다. 항상 안경을 쓴다. 왼쪽 눈 아래에 상흔이 있다.
시찰요점 공산주의를 품고 과격한 언동을 함

노재갑 盧在甲* 569

종별 경남-특요

창씨명

별명

생년월일 1911.3.10

직업 운송회사 사무원

본적 경남 김해군 김해읍金海邑 회현리會峴里 261

거주지 경남 부산부 동대신정東大新町 3-275

인상/특징 키 5척 1촌, 보통 체격이다. 얼굴이 둥글고 피부가 희다. 눈과 입이 크다.

시찰요점 공산주의적 민족주의자로서 과격한 배일排日 의식을 품고 있다.

* ①1933년 4월 22일 치안유지법 위반으로 부산지방법원에서 징역 1년 6월을 받음. '김해농조사건'[동아일보 1933.4.26], ②1938년 5월 3일 부산지방법원에서 징역 3년(미결구류 200일 통산)을 받음. '김해공산당농민조합재건 사건'[동아일보 1938.3.5].

안상철 安常喆 569

종별 경남-특요

창씨명 安田常喆(색인에는 安田常敎)

별명

생년월일 1880.12.29

직업 양돈업

본적 창원군 웅남면熊南面 외동리外洞里

거주지 부산부 초읍리草邑里 604-3

인상/특징 키 5척 4촌, 체격은 평범하다. 피부는 조금 검고 얼굴이 둥글다. 눈이 크다.

시찰요점 공산주의적 민족주의자로서 동지를 선동하며 직접 행동에 나설 우려가 농후한 자다.

장두권 張斗權* 570

종별 경남-특요

창씨명 長忠助

별명 斗煥, 斗南

생년월일 1900.9.23

직업 고물상

본적 진주부 금정錦町 290

거주지 진주부 옥봉정玉峰町

인상/특징 키 5척 2촌. 얼굴이 길다. 눈썹이 짙다. 눈이 작다. 코가 크다. 피부가 흰 편이다. 눈꼬리가 치켜 올라간다.

시찰요점 공산계 민족주의를 신봉하고 정치변혁 의욕이 농후해서 늘 불온언동을 하며 타인을 사주·선동할 우려가 있다.

* 색인에는 장두관張斗瓘으로 기록됨. 1990년 건국훈장 애족장(1977년 대통령표창)을 받은 장두관(張斗瓘, 1900~1958, 경남 진주)과 동일인일 가능성이 있음.

고경인 高敬仁* 570

종별 경남-특요

창씨명 高山敬仁

별명 ブラヂメルデーニン, 鄭昌一

생년월일 1899.3.6

직업 우차조합牛車組合 서기

본적 진주부 동정東町 201

거주지 진주부 동정 201

인상/특징 키 5척 4촌, 비만 체격이다. 얼굴이 둥글고 피부는 약간 검다. 입술이 두껍다. 나머지는 평범하다.

시찰요점 공산주의 사상을 품고 늘 동지 획득에 광분하고 있다.

* 1935년 3월 11일 치안유지법 위반으로 함흥지방법원에서 징역 4년을 받음. '제3차 태평양적색노조 사건'[조선일보 1935.3.12, 형사사건부, 일제감시대상인물카드].

김병건 金秉健* 570

종별 경남-특요
창씨명 德富健一
별명
생년월일 1899.11.12
직업 문구상文具商
본적 양산군 양산면梁山面 북부동北部洞
거주지 양산군 양산면 북부동
인상/특징 키 5척 4촌 4푼, 보통 체격이다. 얼굴이 약간 길다. 입이 작고 나머지는 평범하다. 머리 앞뒤에 1곳씩 머리가 벗겨진 부분이 완연하다.
시찰요점 공산주의를 신봉하고 늘 불온·과격한 언동을 하며 타인을 선동할 우려가 있다.

---

* 전병건(1899~1950, 경남 양산). 1990년 건국훈장 애족장을 받음. 그런데 공훈록은 3·1운동 참여 사실만을 기록하고 있다. 전병건은 이른바 '양산농민조합 사건'으로 1933년 3월 25일 부산지방법원에서 소요죄로 징역 4년을 받았다[동아일보 1932.9.29, 1933.3.27, 형사사건부]. 이 사건 관련 기록에 간혹 '金秉健'과 '全秉健'이 혼재한다.

이미동 李美東* 570

종별 경남-특요
창씨명 片山美東
별명 守龍, 光虎
생년월일 1911.11.6
직업 농업
본적 울산군 울산읍蔚山邑 서생면西生面 대송리大松里 264
거주지 울산군 울산읍 서생면 대송리 264
인상/특징 키 5척 4촌, 보통 체격이다. 얼굴이 둥글고 피부가 검다. 수염은 없다. 머리를 바싹 짧게 깎았다.
시찰요점 치열한 민족계 공산주의를 품고 늘 불온·과격한 언동을 한다.

---

* 이미동(1911~미상, 경남 울산). 2018년 건국훈장 애족장을 받음.

최상기 崔翔起 570

종별 경남-특요
창씨명 高山翔起
별명
생년월일 1908.8.2
직업 농업
본적 울산군 서생면西生面 위양리渭陽里 548
거주지 동래군 일광면日光面 반천리伴川里
인상/특징 키 5척 1촌, 보통 체격이다. 얼굴이 길고 피부가 희다. 약간 오목눈이다. 나머지는 평범하다.
시찰요점 치열한 민족적 공산주의를 품고 있다.

김영배 金永培 570

종별 경남-특요
창씨명 金井滿
별명 王耕
생년월일 1911.12.25
직업 무직
본적 부산부 학견정鶴見町 171
거주지 부산부 학견정 1711
인상/특징 키 5척 7촌. 얼굴이 둥글고 피부가 희다. 보통 체격이다. 입이 조금 작다. 하이칼라 머리. 나머지는 평범하다.
시찰요점 치열한 민족적 공산주의를 품고 불온·과격한 언동을 한다.

박대갑 朴大甲*

571

종별 경남-특요

창씨명 三木茂生

별명

생년월일 1912.7.6

직업 동아흥업회사東亞興業會社 사장

본적 사천군 삼천포읍三千浦邑 벌리閥里 (번지 판독불능)

거주지 사천군 삼천포읍 동리東里 70

인상/특징 키 5척 5촌, 보통 체격이다. 얼굴빛이 약간 검고 얼굴이 조금 길다. 머리를 바싹 짧게 깎았다. 나머지는 평범하다.

시찰요점 공산주의를 신봉하고 무산자의 활동 (이하 판독불능)

* 삼천포농민조합대회 축사 관련 사천경찰서에 검속, 구류됨[조선일보 1931.10.27, 1931.11.1]. 삼천포읍회의원 당선[동아일보 1939.5.23].

권대형 權大衡*

571

종별 경남-특요

창씨명 吉山英一

별명 正執平

생년월일 1901.8.20

직업 농업

본적 하동군 청암면靑巖面 궁항리弓項里 840

거주지 하동군 청암면 궁항리 840

인상/특징 키 5척 3촌, 보통 체격이다. 얼굴이 약간 길고 하이칼라 머리. 코가 높고 눈이 작다. 치아가 고르다. 나머지는 평범하다.

시찰요점 민족적 공산주의를 신봉하고 불온·과격한 언동을 한다. 타인을 선동할 우려가 있다.

* 권대형(1898~1947, 경남 하동). 2005년 건국훈장 애족장을 받음.

김병홍 金炳洪

571

종별 경남－특요
창씨명 龍宮淸
별명 仁洪
생년월일 1914.2.15
직업 잡화상
본적 경남 하동군 양보면良甫面 운암리雲岩里 115
거주지 경남 하동군 양보면 운암리 115
인상/특징 키 5척 4촌, 보통 체격이다. 얼굴이 길고 피부가 희다. 곱슬머리. 항상 로이드안경을 쓴다.
시찰요점 공산주의자로서 타인을 선동할 우려가 있다.

최태호 崔台鎬

571

종별 경남－특요
창씨명 崔村台鎬
별명
생년월일 (판독불능)
직업 재목상材木商
본적 함양군 안의면安義面 석천리石川里 184
거주지 함양군 안의면 석천리 184
인상/특징 키 ○○. 얼굴이 둥글고 피부는 약간 검다. 조금 비만 체격. 하이칼라 머리. (이하 판독불능)
시찰요점 민족○○○○ 농후함. 불온·과격한 언동을 함. 타인을 선동할 우려가 있다.

하경상 河璟尙

571

종별 경남-특요

창씨명 三輪璟尙

별명

생년월일 1906.5.27

직업 회사원

본적 함양군 안의면安義面 ○○○ ○○○

거주지 함양군 안의면 ○○○ ○○○

인상/특징 키 5척 5촌, 보통 체격이다. 광대뼈가 튀어나왔다. 얼굴이 길다. 눈썹이 엷다. 피부가 ○○. 눈, 코 입이 크다. ○○○○ 의치가 있다.

시찰요점 공산주의를 신봉하고 타인을 선동할 우려가 있다.

고종 高宗

571

종별 경남-특요

창씨명 兪龍穆

별명 龍○

생년월일

직업 흥업회사 (이하 판독불능)

본적 경성부 관훈정寬勳町 177

거주지 합천군 가야면伽倻面 치인리緇仁里 10

인상/특징 키 5척 ○촌, 보통 체격이다. 얼굴이 길고 이마가 넓다. 광대뼈가 튀어나오고 눈썹이 짙다. 눈이 크다. ○○○○. 코가 크다. 안경을 쓴다.

시찰요점 공산계 민족주의를 품고 늘 동지 획득에 광분하며 타인을 선동할 우려가 있다.

장태성 張台星*

572

종별 경남-특요
창씨명 杉山台成君
별명 豊川隆
생년월일 1909.6.19
직업 부산일보 기자
본적 전북 옥구군 옥구면沃溝面 옥정리玉井里 212
거주지 통영군 통영읍統營邑 대화정大和町
인상/특징 키 5척 4촌, 비만 체격. 얼굴이 둥글고 피부가 희다. 나머지는 평범하다.
시찰요점 치열하게 공산주의를 품고 타인을 사주·선동할 우려가 있다.

* 장태선(張台成, 1909~1987, 전북 옥구). 2008년 건국포장을 받음.

신현중 愼弦重*

572

종별 경남-특요
창씨명 大山眞一郎
별명
생년월일 1910.8.4
직업 농업
본적 경성부 내자동內資洞 26
거주지 통영군 통영읍統營邑 명정리明井里 396
인상/특징 키 5척 5촌, 보통 체격이다. 얼굴이 둥글고 피부가 희다. 눈, 입, 코는 평범하다.
시찰요점 공산주의를 신봉하고 과격한 언사를 하며 타인을 선동할 우려가 있다.

* 신현중(1910~1980, 경성부). 1990년 건국훈장 애족장(1982년 대통령표창)을 받음.

김정규 金正奎* 572

종별 경남-특요
창씨명 金本時平
별명
생년월일 1899.7.4
직업 수산피혁제조업水産皮革製造業
본적 합천군 초계면草溪面 관평리官坪里 380
거주지 통영군 통영읍統營邑 길야정吉野町 151-28
인상/특징 키 5척 5촌, 보통 체격이다. 얼굴이 길고 피부는 조금 검다. 눈과 코는 평범하고 입이 크다.
시찰요점 공산주의를 신봉하고 타인을 사주·선동할 우려가 있다.

* 1926년 7월 26일 치안유지법 위반으로 경성 종로경찰서에 인치됨. 1928년 2월 13일 치안유지법 위반으로 경성지방법원에서 징역 2년을 받음. '조선공산당 사건'[일제감시대상인물카드, 조선일보 1928.2.16, 판결문].

최학주 崔學柱* 572

종별 경남-특요
창씨명 山佳學柱
별명
생년월일 1906.3.6
직업 회사원
본적 통영군 통영읍統營邑 서정曙町 251
거주지 통영군 통영읍 서정 182
인상/특징 키 5척 4촌, 보통 체격이다. 각진 얼굴, 피부는 조금 검다. 눈은 평범하다. 입이 크고 코가 높다. 안경을 쓴다.
시찰요점 무정부주의를 신봉하고 불온·과격한 언동을 한다. 타인을 사주·선동하여 비밀결사를 조직할 우려가 있다.

* 일본에서 조선동흥노동동맹 대표, 『흑색신문』 발행인 등 아나키스트 단체 활동[재일조선인단체사전]. 1934년 12월 6일 치안유지법 위반으로 종로경찰서에서 경성지방법원 검사국으로 송치, 12월 17일 불기소 처분으로 방면. 1935년 6월 다시 종로경찰서에 체포, 7월 8일 송국, 1936년 2월 예심에서 불기소 결정[조선일보 1934.12.7, 동아일보 1934.12.19, 조선중앙일보 1935.6.22, 1935.7.8, 1936.2.7].

최천택 崔天澤* 573

종별 경남-정요
창씨명 香山滿
별명
생년월일 1896.6.12
직업 반도제강회사半島製鋼會社 지배인
본적 부산부 좌천정佐川町 496
거주지 부산부 좌천정 562
인상/특징 키 5척 4촌. 얼굴이 둥글고 눈이 크다. 매우 심한 근시.
시찰요점 민족주의 사상을 품고 정치의 변혁을 목적으로 불온·과격한 언동을 한다.

* 최천택(1896~1962, 경남 부산). 2003년 건국훈장 애족장을 받음.

허명호 許明鎬 573

종별 경남-정요
창씨명 大野牧夫
별명
생년월일 1904.10.24
직업 앰플 제조업
본적 부산부 수정壽町 77
거주지 부산부 수정정水晶町 332
인상/특징 키 5척 4촌. 얼굴이 길고 피부가 검다.
시찰요점 민족주의를 품고 불온·과격한 언동을 하며 타인을 사주·선동할 우려가 있다.

민영학 閔泳鶴* 573

종별 경남-정요

창씨명 松岡磯介

별명

생년월일 1890.3.20

직업 주조업酒造業

본적 마산부 오동동午東洞 205

거주지 마산부 오동동 205

인상/특징 키 5척 2촌. 피부가 흰 편이다. 코가 높다. 눈이 가늘다. 이마가 벗겨졌다. 광대뼈가 튀어나왔다. 음성이 낮고 일본어 솜씨가 좋다.

시찰요점 민족주의를 신봉하고 불온·과격한 언동을 하며 타인을 선동·사주할 우려가 있다.

* 마산부회의원[매일신보 1939.5.22, 부산일보 1940.2.3].

강대창 姜大昌 573

종별 경남-정요

창씨명 神農和唱

별명

생년월일 1898.4.5

직업 회사원

본적 사천군 유동면杻洞面 길평리吉坪里

거주지 사천군 유동면 길평리

인상/특징 키 5척 4촌. 얼굴이 길고 피부가 희다. 나머지는 평범하다. 호남자로 보인다.

시찰요점 민족주의자로서 정치변혁을 목적으로 불온·과격한 언동을 한다. 또 타인을 사주·선동할 우려가 있다.

이응윤 李應允

573

종별 경남-정요

창씨명 道川應允

별명 冠名: 舜根, 金

생년월일 1900.9.14

직업 회사원

본적 함안군 군북면郡北面 명관리明館里 438

거주지 함안군 군북면 명관리 438

인상/특징 키 5척 7촌 5푼. 얼굴이 둥글다. 하이칼라 머리. 눈이 날카롭고 귀와 코는 평범하다.

시찰요점 민족주의가 농후해서 정치의 변혁을 목적으로 불온·과격한 언동을 하며 타인을 선동할 우려가 있다.

한봉근 韓鳳根*

573

종별 경남-정요

창씨명 西原秀夫

별명 志肇, 錦

생년월일 1895.10.20

직업 무직

본적 밀양군 밀양읍密陽邑 조일정朝日町

거주지 밀양군 밀양읍 조일정

인상/특징 키 5척 5촌. 얼굴이 길고 피부가 검다. 눈과 귀가 크다. 코가 높다. 코 아래에 수염을 기른다.

시찰요점 민족주의가 극히 농후해서 타인을 사주·선동할 우려가 있다.

* 한봉근(1894~1927, 경남 밀양). 1980년 건국훈장 독립장을 받음. 하지만 한봉근의 사망일은 1958년 7월 21일로 공훈록의 오류[경향신문 1959.1.9].

최범술 崔凡述* 574

종별 경남-정요
창씨명 崔凡述
별명 英煥
생년월일 1904.5.26
직업 승려
본적 사천군 곤명면昆明面 신산리新山里 86 다솔사多率寺**
거주지 사천군 곤명면 신산리 86 다솔사
인상/특징 키 5척 5촌, 보통 체격이다. 각진 얼굴, 피부는 조금 검다. 코가 높고 귀와 입, 눈이 크다. 나머지는 평범하다. 머리를 바싹 짧게 깎았다.
시찰요점 민족사상이 농후하며 포교를 구실로 신도를 사주·선동하고 정치의 변혁을 기도할 우려가 있다.

* 최범술(1904~1979, 경남 사천). 1990년 건국훈장 애족장(1986년 대통령표창)을 받음.
** 『공훈록』 본적에는 용산리龍山里

신영업 申榮業* 574

종별 경남-정요
창씨명
별명
생년월일 1901.8.10
직업 약종상藥種商
본적 울산군 언양면彦陽面 서부리西部里
거주지 합천군 합천면陜川面 합천리陜川里 609
인상/특징 키 5척 5촌, 보통 체격이다. 둥근 얼굴, 눈이 크고 피부가 희다. 머리는 바싹 짧게 깎았다. 나머지는 평범하다.
시찰요점 공산계 민족주의를 품고 늘 불온·과격한 언동을 하며 타인을 사주·선동할 우려가 있다.

* ①1928년 4월 울산군 언양면 기생조합 설립 반대 활동. 검사국에서 폭력취체령 위반과 출판법 위반으로 1928년 9월 17일 부산지방법원에서 징역 8개월(집행유예 1년), 벌금 50원을 받음[조선일보 1928.9.30], ②언양만세문 사건으로 검속됨[조선일보 1928.12.28], ③1932년 2월 24일 양산농민조합 정기대회 관련 검속되어 구류 25일 처분을 받음[조선일보 1932.3.1, 1932.3.19].

이응규 李應奎* 574

종별 경남-보요

창씨명 竹山重美

별명 李友秋[友狄의 오기], 李仁奎

생년월일 1908.9.8

직업 농장 관리인

본적 경남 사천군 곤명면昆明面 금성리金城里

거주지 경남 사천군 곤명면 금성리

인상/특징 키 5척 2촌, 보통 체격이다. 얼굴이 둥글고 피부가 희다. 귀가 크고 코가 높다. 나머지는 평범하다. 호남자로 보인다. 체격이 약하고 작다.

시찰요점 사회운동에 간여하고 불온·과격한 언동을 하며 타인을 사주·선동할 우려가 있다.

* ①1933년 4월 20일 치안유지법 위반, 출판법 위반으로 대구지방법원에서 징역 4년(미결구류일 180일 산입)을 받음. '공산주의자협의회 사건'[판결문, 조선일보 1933.4.27], ②군기보호법 위반으로 1938년 2월 25일 경성지방법원, 5월 9일 경성복심법원, 7월 18일 고등법원에서 징역 5년을 받음[판결문, 조선일보 1938.7.19].

김시행 金時行 574

종별 경남-보요

창씨명 金和時行

별명

생년월일 1911.11.20

직업 농업

본적 창원군 진해읍鎭海邑 경화동慶和洞 1-257

거주지 창원군 진해읍 경화동 1-257

인상/특징 키 5척 6촌, 보통 체격이다. 얼굴이 둥글고 피부는 검다. 눈이 크다. 나머지는 평범하다. 항상 검붉은 ○의 안경을 쓴다.

시찰요점 민족주의. 불온·과격한 언동을 하고 타인을 사주·선동할 우려가 있다.

손성섭 孫聲燮 574

종별 경남-보요

창씨명

별명

생년월일 1908.12.26

직업 식량영단 직원

본적 사천군 삼천포읍 三千浦邑 선구리仙龜里 19

거주지 사천군 삼천포읍 벌리閥里 19

인상/특징 키 5척 6촌, 보통 체격이다. 얼굴이 둥글고 피부가 희다. 머리를 바싹 짧게 깎았다. 나머지는 평범하다. 호남자로 보인다.

시찰요점 민족주의를 품고 사회혁명을 강조. 일찍이 계급투쟁 경력이 있다.

박영준 朴泳俊* 575

종별 경남-보요

창씨명 新川泳俊

별명

생년월일 1913.1.23

직업 카지마조鹿島組 부산주재원釜山駐在員

본적 사천군 삼천포읍三千浦邑 서리西里 328

거주지 부산부 초량정草梁町 흥아여관興亞旅館

인상/특징 키 5척 5촌, 보통 체격이다. 하이칼라 머리. 얼굴이 길고 눈이 작다. 코가 높다. 나머지는 평범하다.

시찰요점 공산주의. 타인을 사주·선동할 우려가 있다.

* ①1931년 10월 21일 삼천포농민조합 정기대회에서 검속됨[동아일보 1931.10.27], ②1935년 7월 3일 사천경찰서에 검거되어 취조받다가 11월 15일에 석방됨[조선일보 1935.11.19].

김철수 金鐵守

575

종별 경남-보요

창씨명 松田鐵守

별명

생년월일 1905.8.16

직업 어업

본적 사천군 삼천포읍三千浦邑 서리西里 22-5

거주지 사천군 삼천포읍 서리 22-5

인상/특징 키 5척 6촌, 보통 체격이다. 얼굴이 갸름하고 길다. 머리를 바싹 짧게 깎았다. 눈썹이 짙고 코가 높다. 나머지는 평범하다.

시찰요점 소비에트 공산주의를 품고 일본으로 도항할 우려가 있다.

박정갑 朴正甲

575

종별 경남-보요

창씨명 三木正甲

별명

생년월일 1895.1.1

직업 어업

본적 사천군 삼천포읍三千浦邑 벌리閥里 152

거주지 사천군 삼천포읍 선구리仙龜里 177

인상/특징 키 5척 4촌, 보통 체격이다. 머리를 바싹 짧게 깎았다. 나머지는 평범하다. 얼굴은 희끗희끗한 붉은색이다.

시찰요점 요주의 인물로서 일본으로 도항할 우려가 있음

최영준 崔永俊

575

종별 경남-보요
창씨명 寧山日盛
별명 永俊
생년월일 1904.3.17
직업 신문기자
본적 사천군 사남면泗南面 화전리花田里 1498
거주지 사천군 사남면 화전리 1498
인상/특징 키 5척 2촌, 보통 체격이다. 코, 입, 귀는 평범하다. 눈매가 날카롭고 얼굴이 길다.
시찰요점 민족사상을 품은 자

최영삼 崔永三

575

종별 경남-보요
창씨명 寧山永三
별명
생년월일 1915.11.14
직업 공리公吏, 연맹 이사
본적 사천군 사남면泗南面 화전리花田里 320
거주지 사천군 사남면 화전리 320
인상/특징 키 5척 2촌, 코가 높고 체격은 약간 비만형. 얼굴이 둥글고 피부는 검붉다. 입과 귀, 눈은 평범하다.
시찰요점 민족주의 농후

심봉순 沈鳳淳

575

종별 경남-보요
창씨명 靑松鳳淳
별명
생년월일 1895.12.14
직업 잠수부
본적 남해군 서면西面 서호리西湖里
거주지 남해군 서면 서호리
인상/특징 키 5척 4촌, 보통 체격이다. 얼굴이 조금 길고 피부는 검다. 나머지는 평범하다.
시찰요점 총포화약취체령 위반 및 도박죄 전과 7범. 일본으로 도항할 우려가 있음

김태순 金兌淳*

576

종별 경남-보요
창씨명 金松祐平
별명
생년월일 1905.2.26
직업 농업
본적 하동군 화개면花開面 덕온리德穩里 708**
거주지
인상/특징 키 5척. 얼굴이 조금 길고 보통 체격이다. 입과 귀, 코는 평범하다. 하이칼라머리. 나머지는 평범하다.
시찰요점 사회운동에 관여해 불온·과격한 언동을 하며, 타인을 선동할 우려가 있다.

* ①1928년 10월 30일 출판법 위반, 보안법 위반으로 대구복심법원에서 금고 4월을 받음. '조선청년총동맹 경남도연맹 사건'[판결문, 동아일보 1928.11.1], ②1935년 10월 25일 전주지방법원에서 징역 2년(집행유예 4년), 1935년 12월 20일 대구복심법원에서 징역 2년(미결구류 530일 산입)을 받음. '전북적색교원 사건'[판결문, 동아일보 1935.10.26].

** 덕은리德隱里

최기석 崔璣奭

576

종별 경남-보요

창씨명 山佳司烈

별명

생년월일 1902.10.21

직업 무직

본적 산청군 단성면丹城面 강루리江樓里 180

거주지 산청군 단성면 강루리 180

인상/특징 키 5척 5촌, 보통 체격이다. 얼굴이 길고 이마가 넓다. 코가 높다. 나머지는 평범하다.

시찰요점 사회제도에 불만을 품고 불온·과격한 언동을 한다.

양창엽 梁昌燁

576

종별 경남-보요

창씨명 梁本昌燁

별명

생년월일 1896.5.24

직업 해산물상

본적 전남 제주도 한림면翰林面 한림리翰林里 1026

거주지 통영군 통영읍統營邑 대화정大和町 93

인상/특징 키 5척 7촌, 살찐 편. 둥근 얼굴, 피부가 희다. 귀가 크고 입은 조금 작다. 코는 평범하다. 언어가 명료하다.

시찰요점 민족주의·공산주의를 신봉. 불온한 언동을 하며 타인을 사주·선동할 우려가 있다.

지수만 池守萬* 576

종별 경남－보요
창씨명 池原守萬
별명
생년월일 1907.1.15
직업 양곡糧穀 사원社員
본적 통영군 통영읍統營邑 명정리明井里 311
거주지 통영군 통영읍 신정新町 124
인상/특징 키 5척 4촌, 비만 체격. 둥글 얼굴, 피부는 조금 검다. 눈과 입이 크고 코가 높다.
시찰요점 민족·공산주의를 신봉. 불온·과격한 언동을 하며 타인을 선동할 우려가 있다.

* ①1932년 통영 메이데이 격문 사건으로 부산지방법원 마산지청 검사국에서 불기소 처분을 받음[조선일보 1932.5.26], ②통영소비조합 간부로서 1934년 5월 8일에 출판법 위반으로 마산검사국에 송국됨[조선일보 1934.5.15].

신은이 辛銀伊* 576

종별 경남－보요
창씨명 重光銀伊
별명
생년월일 1902.10.10
직업 농업
본적 통영군 통영읍統營邑 조일정朝日町 462
거주지 통영군 통영읍 봉평리鳳坪里 27
인상/특징 키 5척 5촌, 마른 체형. 얼굴이 조금 길고 창백하다. 눈이 크고 입은 평범하다. 코가 높다. 목소리가 저음이다.
시찰요점 공산주의를 신봉하고 불온·과격한 언동을 하며 타인을 사주·선동할 우려가 있다.

* 1933년 5월 30일 부산지방법원에서 징역 1년(미결구류 120일 통산)을 받음. '통영격문사건' [조선일보 1933.6.2].

秘

387665

昭和二十年三月

要視察人略名簿

忠清南道

1945년 3월

조선인요시찰인약명부

충청남도

충남고忠南高 제373호
소화昭和 20년[1945] 3월 30일

[발신자] 충청남도지사

요시찰인약명부要視察人略名簿 송부送付에 관한 건
(2월 1일자 조보비朝保秘 제71호에 대한 것)

대호對號 '조선인 내지도항제한제도內地渡航制限制度의 폐지에 따른 도항취급에 관한 건'에 기초하여 본도 요시찰인약명부를 별책과 같이 송부함

추신: 도착 후 별첨 수령기受領記를 회송해 주기 바람

본서 발송처
경무국장, 각 도지사
경성 본정·동대문·서대문·용산·평양·대구·신의주·진남포·인천·군산·목포·원산·청진·종성·부산·부산 수상·여수·웅기·온성 각 서장
내무성 경보국장警保局長, 경시총감, 북해도청 장관, 가라후토청樺太廳 장관
교토京都·오사카大阪·나가사키長崎·후쿠오카福岡·오이타大分·시즈오카静岡·아이치愛知·기후岐阜·시가滋賀·효고兵庫·나가노長野·야마구치山口·히로시마廣島·오카야마岡山·도치기栃木·후쿠이福井·가나가와神奈川·와카야마和歌山·미야기宮城·니카타新潟·아오모리青森·이시카와石川·도야마富山·미에三重 각 현縣 지사
도쿄東京·오사카·시노모세키下關·베이징北京·톈진天津·상하이上海·신징新京·하얼빈哈爾濱·지린吉林·옌지延吉·훈춘琿春 각 파견원
관동청 경무국장, 대만총독부 경무국장
조선헌병대사령관, 경성·대구·평양·함흥·나남 각 헌병대장
관하管下 각 경찰서장

종별	이름	이름	창씨명	비고
충남-管內-特要	강일	姜日	井田法榮	
충남-管內-特要	한경석	韓慶錫	西原慶錫	
충남-管內-特要	한만석	韓萬錫	西原正雄	
충남-管內-特要	신현정	申鉉鼎	鵬程雲開	
충남-管內-特要	임윤재	任允宰		
충남-管內-特要	윤영순	尹暎淳	豊原暎淳	
충남-管內-特要	조남석	趙南錫	豊川南錫	
충남-管內-特要	심영섭	沈英爕		
충남-管內-特要	신표성	愼杓晟	愼杓晟	
충남-管內-特要	이동원	李東元		
충남-管內-特要	이선준	李銑濬		
충남-管內-特要	이택종	李澤鍾		
충남-管內-特要	이봉수	李鳳洙	大山一	
충남-管內-特要	한봉적	韓鳳適	西原鳳適	
충남-管內-特要	조병언	趙昺彦	良原昺彦	
충남-管內-特要	맹의섭	孟義燮	武林繁	
충남-管內-特要	송덕만	宋德萬	高木德萬	
충남-管內-特要	김연배	金連培	苑村幾	
충남-管內-特要	김응시	金應時	川本靈	
충남-管內-特要	김동진	金東鎭	金生東鎭	
충남-管內-特要	김우진	金宇鎭	金岡宇鎭	
충남-管內-特要	김지종	金知宗	金城東明	
충남-管內-特要	김동훈	金東訓	金城東訓	
충남-管內-特要	고예귀	高禮貴	高山禮貴	
충남-管內-特要	황규경	黃圭景	梅石健作	
충남-管內-特要	김계숙	金桂淑	金村桂淑	
충남-管內-特要	박성돈	朴盛暾	松本光裕	
충남-管內-特要	최찬희	崔瓚熙	松田瓚熙	
충남-管內-特要	유진만	兪鎭萬	松山鎭萬	
충남-管內-特要	조중원	趙重湲	松山重靑	
충남-管內-特要	이윤희	李允熙	牧山允熙	본문에는 李允植
충남-管內-特要	이택구	李澤求	松本澤求	
충남-管內-特要	주윤흥	朱允興	福田淸治	

종별	이름	이름	창씨명	비고
충남-管內-特要	최교환	崔敎煥	山本文雄	
충남-管內-特要	황석현	黃奭顯		
충남-管內-特要	박헌영	朴憲永		
충남-管內-特要	공형신	公炯信		
충남-管內-特要	최판칠	崔判七	小山利夫	
충남-管內-特要	정갑용	鄭甲溶	鄭本甲溶	
충남-管內-特要	주진경	朱鎭璟	安川鎭璟	
충남-管內-特要	김희성	金熙星	金原熙星	
충남-管內-特要	김승남	金承南		
충남-管內-特要	이종국	李鍾國	木山庚一	
충남-管內-特要	권영민	權寧珉	菊村寧珉	
충남-管內-特要	정환석	鄭煥奭	金城煥奭	본문에는 錦城煥奭
충남-管內-特要	박창신	朴昌信	木村光春	
충남-管內-特要	이달	李達	木原常夫	
충남-管內-特要	이정하	李正夏	宮本正夏	
충남-管內-特要	신철	申哲	平山哲	
충남-管內-特要	이윤희	李允熙	平岩允熙	
충남-管內-特要	금홍근	琴鴻根	平田健正	
충남-管內-特要	성낙훈	成樂薰		
충남-管內-特要	이호철	李戶喆	西島逸存	
충남-管內-政要	강찬희	姜讚熙	八王讚熙	
충남-管內-政要	박재옥	朴在玉		
충남-管內-政要	이강일	李康日	谷一	
충남-管內-政要	이선식	李宣植		
충남-管內-政要	이수건	李壽鍵		
충남-管內-政要	임긍호	林兢鎬		
충남-管內-政要	김정철	金正哲	太田正哲	
충남-管內-政要	김경선	金敬善	金田利重郎	
충남-管內-政要	남천우	南靝祐		
충남-管內-政要	박의양	朴儀陽	楠原儀陽	
충남-管內-政要	송기면	宋奇勉	山木奇勉	
충남-管內-政要	이원생	李源生	松山源生	
충남-管內-政要	안성호	安聖鎬	安東聖鎬	

종별	이름	이름	창씨명	비고
충남-管內-政要	김노동	金魯東		
충남-管內-政要	김명동	金明東		
충남-管內-政要	김상정	金商玎		
충남-管內-政要	남정	南正	南正	
충남-管內-普要	배기영	裵基英	星野基英	
충남-管內-普要	노제민	盧濟民	天之濟民	
충남-管內-普要	김현균	金玄均		
충남-內地-特要	박흥규	朴興圭	朴井興圭	
충남-內地-特要	이심철	李心喆	富永心喆	
충남-內地-特要	오영남	吳永男	吳海永男	
충남-內地-特要	권용선	權容先	永井靜雄	
충남-內地-特要	정갑진	鄭甲辰	佐久間辰雄	
충남-內地-特要	김방응	金邦應		
충남-國外-特要	노을룡	盧乙龍		
충남-國外-特要	임무심	林茂心	林茂心	
충남-國外-特要	천병림	千炳林	千代炳林	
충남-國外-特要	천경	千璟	千代璟	
충남-國外-特要	천용칠	千龍七	千代龍七	
충남-國外-特要	조석구	趙錫九		
충남-國外-特要	이종희(여)	李鍾嬉(女)	木山鍾嬉	
충남-國外-特要	이목성	李穆成		
충남-國外-特要	이이덕	李二德		
충남-國外-特要	김찬형	金燦亨	金井燦亨	
충남-國外-特要	방우석	方禹錫	方山俊興	
충남-國外-特要	홍병철	洪炳哲	常岡炳哲	
충남-國外-特要	원기용	元基容		
충남-國外-特要	강범진	康范鎭		
충남-國外-特要	정인석	鄭寅晳		
충남-國外-特要	이수준	李秀峻	青木秀峻	
충남-國外-特要	김찬진	金瓚鎭		
충남-國外-特要	김영만	金榮萬		
충남-國外-特要	유해준	兪海濬	前田海濬	
충남-國外-特要	윤기순	尹己順	平野己順	

종별	이름	이름	창씨명	비고
충남-國外-特要	석찬문	石燦文		
충남-國外-政要	윤대여	尹大汝		
충남-國外-政要	노철룡	盧喆龍		
충남-國外-政要	박장규	朴章圭	新本成雄	
충남-國外-政要	박영희	朴寧熙		
충남-國外-政要	심상언	沈相彦		
충남-國外-政要	이호원	李浩源		
충남-國外-政要	이한구	李漢求		
충남-國外-政要	이일영	李鎰永		
충남-國外-政要	이중화	李重和		
충남-國外-政要	유영로	柳永魯		
충남-國外-政要	유명국	柳明國		
충남-國外-政要	김노원	金魯源	金谷魯源	
충남-國外-政要	구태서	具泰書		
충남-國外-政要	공영규	孔泳奎		
충남-國外-政要	최용기	崔龍基		
충남-國外-政要	김수	金守		
충남-國外-政要	김종환	金宗煥		
충남-國外-政要	김영숙	金永肅		
충남-國外-政要	김소범	金小凡		
충남-國外-政要	이종건	李鍾乾	木村鍾乾	
충남-國外-政要	신세철	申世徹		
충남-國外-政要	서두원	徐斗源		
충남-國外-政要	문장국	文章國	平山章國	
충남-國外-政要	민병길	閔丙吉		
충남-國外-政要	민성기	閔成基		
충남-國外-政要	천순갑	千順甲		
충남-國外-政要	천상기	千相基		
충남-國外-政要	성주복	成周復		
충남-國外-政要	이종덕	李鍾德	李村鍾德	

강일 姜日* 584

종별 충남-관내-특요
창씨명 井田法榮
별명 印中, 姜星求
생년월일 1910.8.20
직업
본적 충남 부여군 장암면場岩面 장하리長蝦里
주거지 충남 부여군 임천면林川面 두곡리豆谷里 292
인상/특징 키 5척 2촌. 얼굴이 길다. 피부는 희다. ○○. 머리는 산발이다. 나머지는 평범하다.
시찰요점 민족·공산주의 ○○○○. 타인을 선동하여 ○○○사를 조직할 우려가 있는 자

* 강일(1911~1974, 충남 부여). 1990년 건국훈장 애족장(1977년 대통령표창)을 받음.

한경석 韓慶錫* 584

종별 충남-관내-특요
창씨명 西原慶錫
별명
생년월일 1909.7.2
직업
본적 충남 아산군 영인면靈仁面 신화리新化里 371
주거지 충남 아산군 영인면 신화리 371
인상/특징 키 5척 5촌, 보통 체격이다. 얼굴이 둥근 편. 이마가 넓다. 광대뼈가 조금 튀어나왔다. 피부가 검은 편이다. 하이칼라머리. 나머지는 평범하다.
시찰요점 민족·공산주의자로서 공산사회 실현을 기도할 우려가 있는 자

* 한경석(1909~1951, 충남 아산). 2008년 건국훈장 애국장을 받음.

한만석 韓萬錫* 584

종별 충남-관내-특요
창씨명 西原正雄
별명
생년월일 1913.1.24
직업
본적 충남 아산군 영인면靈仁面 신화리新化里 372
주거지 충남 아산군 영인면 신화리 372
인상/특징 키 5척 3촌, 보통 체격이다. 피부는 약간 검다. 얼굴은 조금 길다. 하이칼라머리. 나머지는 평범하다.
시찰요점 예산농업학교 재학 중 광주학생사건의 학교 동요를 주도한 자로서 퇴학 처분을 받았다. 1936년 치안유지법 기소유예. 공주지방법원 검사국

* 한만석(1913~미상, 충남 아산). 2021년 대통령표창을 받음.

신현정 申鉉鼎* 585

종별 충남-관내-특요
창씨명 鵬程雲開
별명 申鉉商, 王樹仁, 王書人, 申商洙
생년월일 1905.1.20
직업
본적 충남 예산군 예산면禮山面 신예원리新禮院里
주거지 충남 공주군 공주읍公州邑 상반정常盤町 189
인상/특징 키 5척 4촌, 보통 체격이다. 피부는 희다. 얼굴이 길고 눈과 입이 작다. 하이칼라머리. 수염은 없다. 아래턱이 뾰족하다. 눈썹이 옅다. 눈썹 사이에 큰 콩 크기의 마맛자국이 있다.
시찰요점 무정부주의자로서 해외 불령자와 연락하여 반역을 획책할 우려가 있는 자

* 신현상(1905~1950, 충남 예산, 이명 신현정). 1990년 건국훈장 애국장(1977년 건국포장)을 받음.

임윤재 任允宰*

585

종별 충남-관내-특요

창씨명

별명 任一

생년월일 1898.9.15

직업

본적 충남 보령군 주산면珠山面 황률리篁栗里

주거지 충남 보령군 주산면 금암리金岩里

인상/특징 키 5척 3촌. 얼굴이 길고 피부가 검다. 코가 높고 귀는 작다. 보통 체격이다. 하이칼라머리. 나머지는 평범하다.

시찰요점 형평사원衡平社員, 신문기자 등이면서 언론이 과격한 자

* ①1929년 4월 15일 신의주지방법원 예심에서 면소됨. '서울계 조선공산당 사건'[동아일보 1929.6.4, 중외일보 1929.6.5], ②1933년 4월 28일 '조선공산당재건 국내공작위원회 사건' 예심에서 면소됨[동아일보 1933.4.29].

윤영순 尹暎淳*

585

종별 충남-관내-특요

창씨명 豊原暎淳

별명 判金

생년월일 1911.9.5

직업

본적 충남 예산군 신양면新陽面 죽천리竹川里

주거지 충남 예산군 예산읍禮山邑 예산리禮山里 475

인상/특징 키 5척 4촌, 보통 체격이다. 피부가 희다. 얼굴이 길고 수염이 있다. 귀와 눈이 작고 눈썹이 짙다. 치아는 가지런하다. 뻐드렁니. 오른쪽 귀가 청각불능이다.

시찰요점 민족·공산주의자로서 비밀결사를 조직할 우려가 있는 자

* 1930년 1월 29일 치안유지법 위반, 보안법 위반으로 서대문형무소 입소. 1931년 4월 7일 치안유지법 위반으로 경성지방법원에서 징역 2년(집행유예 5년)을 받음[일제감시대상인물카드, 매일신보 1931.4.9].

조남석 趙南錫*

585

종별 충남-관내-특요

창씨명 豊川南錫

별명 木村, 南修三, 南修

생년월일 1909.1.1

직업

본적 충남 논산군 성동면城東面 개척리蓋尺里 365

주거지 충남 논산군 성동면 개척리 365

인상/특징 키 5척 5촌. 피부가 검다. 마른 체형. 얼굴이 둥글고 눈이 크다. 머리카락이 길고 왼쪽 가르마. 나머지는 평범하다.

시찰요점 공산주의자로서 실천운동에 나설 우려가 있는 자

* 일본 유학 중 공산주의에 심취, 교토 지방에서 적색구원회 활동. 1936년 5월 논산군사상선도위원의 알선으로 논산군청 임시고원으로 취직[사상휘보, 1936.12].

심영섭 沈英燮

585

종별 충남-관내-특요

창씨명

별명 虛舟

생년월일 1905.3.14

직업 화가

본적 충남 당진군 송악면松嶽面 부곡리富谷里 179

주거지 충남 당진군 송악면 중흥리中興里 407

인상/특징 키 5척 3촌. 올백머리. 피부가 희고 치아가 가지런하지 않다. 얼굴이 길고 마른 체형이다. 목소리가 저음이다.

시찰요점 무정부주의자로서 현 사회제도를 부인하는 자

신표성 愼杓晟* 585

종별 충남-관내-특요
창씨명 愼杓晟
별명 芸谷
생년월일 1897.3.8
직업 농업
본적 충남 논산군 양촌면陽村面 남산리南山里 37
주거지 충남 논산군 양촌면 모촌리茅村里 440
인상/특징 키 5척 5촌. 하이칼라머리. 피부가 검고 눈이 동그랗다. 수염은 없다. 나머지는 평범하다. 일본어가 매우 탁월하며 일본인처럼 보인다.
시찰요점 공산주의를 신봉하고 각종 사상단체에 가맹하여 제2차 조선공산당사건 관계자로서 실형을 받은 자

* 신표성(1897~1847, 충남 논산). 2009년 건국포장을 받음.

이동원 李東元* 585

종별 충남-관내-특요
창씨명
별명 李淳
생년월일 1907.11.25
직업
본적 함북 길주군 덕산면德山面 지산동芝山洞 163
주거지 공주형무소
인상/특징 키 5척 2촌, 보통 체격이다. 피부가 약간 검다. 얼굴이 길고 눈이 약간 둥글다. 치아는 가지런하다. 머리를 바싹 짧게 깎았다. 쌍꺼풀이 있다. 나머지는 평범하다. 흰 머리카락이 많다.
시찰요점 공산주의자. 길주좌익농민조합사건. 1936년 치안유지법 위반, 징역 10년

* 1939년 2월 7일 치안유지법 위반으로 청진지방법원에서 징역 10년을 받음[일제감시대상인물카드, 형사사건부].

이선준 李銑濬* 586

종별 충남-관내-특요

창씨명

별명

생년월일 1911.12.7

직업

본적 충남 당진군 송산면松山面 삼월리三月里 209

주거지 충남 아산군 온양면溫陽面 온양리溫陽里

인상/특징 키 5척 2촌. 얼굴이 조금 길다. 피부는 희다. 머리는 산발이다. 눈썹이 짙고 눈이 크다. 치아가 고르다. 보통 체격이다. 나머지는 평범하다.

시찰요점 민족·공산주의자로서 타인을 사주·선동해 비밀결사를 조직할 우려가 있는 자

* 이선준(1911~미상, 충남 당진). 2020년 건국훈장 애족장을 받음.

이택종 李澤鍾* 586

종별 충남-관내-특요

창씨명

별명

생년월일 1912.7.12

직업

본적 함남 영흥군 인흥면仁興面 영흥리永興里 5-6

주거지 대전형무소

인상/특징 키 5척 4촌. 얼굴이 길고 피부가 희다. 코가 높다. 나머지는 평범하다.

시찰요점 공산주의자로서 타인을 선동할 우려가 있는 자

* 1933년 5월 29일 치안유지법 위반, 소요, 방화, 건조물훼기, 주거침입, 살인미수, 공무집행방해, 상해죄로 함흥지방법원에서 징역 12년(미결구류 180일 통산)을 받음. 경성복심법원 공판에서는 1934년 6월 27일 공소 취하. '영흥농민조합 사건, 영흥농민폭동 사건'[형사사건부, 동아일보 1933.5.30, 1934.6.28].

이봉수 李鳳洙*

586

종별 충남-관내-특요

창씨명 大山一

별명 李赫, 李奭, 李○

생년월일 1899.6.6

직업

본적 경성부 원동정苑洞町 179**

주거지 충남 대전부 본정本町 2정목丁目 65

인상/특징 키 5척 4촌. 머리카락을 5푼 길이로 짧게 깎았다. 피부는 희다. 이마가 넓고 보통 체격이다. 눈매가 날카롭다. 금으로 된 의치가 2개

시찰요점 공산주의를 신봉하고 이면에서 책모策謀할 우려가 있는 자

* 1928년 2월 13일 경성지방법원에서 무죄를 받음. '조선공산당 사건'[동아일보 1928.3.6].

** 『왜정시대인물사료』에는 '江原道 春川郡 新北面 新洞里(원적), 京城府 苑洞 179(현주소)'로 기록됨. '일제감시대상인물카드'에는 본적, 주소, 출생지 모두 '경성부 원정 179'으로 기록.

한봉적 韓鳳適*

586

종별 충남-관내-특요

창씨명 西原鳳適

별명 韓哲

생년월일 1909.6.30

직업

본적 함남 정평군 귀림면歸林面 내동리內洞里 93

주거지 공주형무소

인상/특징 키 5척 5촌, 보통 체격이다. 얼굴이 길고 피부는 약간 검다. 입이 크고 눈썹이 짙다. 머리를 바싹 짧게 깎았다. 눈이 크고 날카롭다.

시찰요점 정평농민조합사건 관계자. 1944년 4월 28일 함흥지방법원에서 징역 7년

* 1933년 12월 14일 치안유지법 위반으로 경성복심법원에서 징역 5년(미결구류일 180일 산입)을 받음[판결문].

조병언 趙昺彦*

586

종별 충남-관내-특요

창씨명 良原昺彦

별명

생년월일 1905.2.1

직업

본적 충남 예산군 응봉면鷹峯面 입침리笠沈里 299

주거지 충남 예산군 대흥면大興面 손지리孫支里

인상/특징 키 5척 4촌. 얼굴이 약간 길고 피부는 희다. 눈과 입이 작다. 하이칼라머리. 나머지는 평범하다. 미남자로 보인다.

시찰요점 민족·공산주의자로서 타인을 사주·선동할 우려가 있는 자

* 1930년 3월 대흥공립보통학교 백지시험답안 사건을 교사한 혐의로 체포됨. 같은 해 7월 28일 보안법 위반에 대해 공주지방법원 홍성지청 예심에서 면소 판결. 검사의 항고는 9월 4일 경성 복심법원에서 기각[조선일보 1930.8.1, 판결문].

맹의섭 孟義燮*

586

종별 충남-관내-특요

창씨명 武林繁

별명 鶴汀

생년월일 1891.3.10

직업

본적 충남 연기군 조치원읍鳥致院邑 조치원리鳥致院里

주거지 충남 연기군 조치원읍 조치원리

인상/특징 키 5척 3촌. 얼굴이 둥글고 피부가 희다. 코가 높고 머리는 산발이다. 나머지는 평범하다.

시찰요점 민족주의자로서 사회주의에 공명해 타인을 사주·선동할 우려가 있는 자

* ①동아일보 조치원지국 기자로서 작성한 기사가 문제가 되어 1927년 11월 9일 공주지방법원에서 벌금 30원 및 과료 10원을 받음[조선일보 1927.11.17], ②해방 후 조치원읍장, 조치원체육회 명예회장[대한민국인사록(1950)].

송덕만 宋德萬*

586

종별 충남-관내-특요

창씨명 高木德萬

별명 奉萬, 奉瑞, 鈴木一郎

생년월일 1900.8.12

직업 음식점

본적 경남 하동군 적량면赤良面 고절리高節里 862-4

주거지 충남 대전부 본정本町 2정목丁目

인상/특징 키 5척 5촌. 하이칼라머리. 얼굴이 길고 피부가 희다. 이마가 좁다. 눈이 동그랗고 입이 작다. 보통 체격이다. 목소리가 높다. 나머지는 평범하다.

시찰요점 니혼대학日本大學 졸업. 오스키 사카에大杉榮 일파와 친교가 있다. 1925년 신의주에서 검거, 조선공산당 사건으로 징역 2년

* 1928년 2월 13일 치안유지법 위반으로 경성지방법원에서 징역 2년 6월을 받음[일제감시대상인물카드, 동아일보 1928.3.6].

김연배 金連培*

586

종별 충남-관내-특요

창씨명 苑村幾

별명

생년월일 1910.1.29

직업 성환농장成歡農場 사무원

본적 경성부 화동花洞 1021

주거지 충남 천안군 성환면成歡面 성환리成歡里

인상/특징 키 5척 7촌. 머리를 바싹 짧게 깎았다. 얼굴이 길고 피부가 약간 검다. 이마는 평범하다. 귀가 크고 눈썹이 짙다. 목소리가 저음이다. 나머지는 평범하다.

시찰요점 공산주의를 품고 타인의 선동에 편승하기 쉽다. 주의를 선전할 우려가 있는 자

* 1931년 10월 28일 치안유지법 위반으로 경성지방법원에서 징역 5년을 받음. '조선공산당 사건'[조선일보 1931.10.29].

김응시 金應時*

587

종별 충남-관내-특요

창씨명 川本靈

별명 何石

생년월일 1893.2.8

직업 노동

본적 충남 보령군 웅천면熊川面 구룡리九龍里

주거지 충남 서천군 장항읍長項邑 옥동정玉東町 19 金村淳甲 방方

인상/특징 키 5척 3촌, 가늘고 긴 체격. 피부가 희다. 눈썹이 짙다. 하이칼라머리. 나머지는 평범하다. 걸을 때 상체를 앞으로 기울이는 버릇이 있다.

시찰요점 사회주의자로서 관청의 시책에 반대하고 청소년·노동자를 선동하여 주의를 선전할 우려가 있는 자.

* 1926년 1월 상해죄로 체포되어 2월 13일 공주지방법원에서 징역 1년, 이어 경성복심법원에서 벌금 1백원 판결을 받고 4월 21일 출감. '형평사원 모욕사건' [동아일보 1926.1.16, 조선일보 1926.2.17, 1926.4.23].

김동진 金東鎭

587

종별 충남-관내-특요

창씨명 金生東鎭

별명 東駿, 加藤金波

생년월일 1905.11.7

직업

본적 충남 홍성군 고도면高道面 상촌리上村里 201

주거지 충남 홍성군 홍성읍洪城邑 오관리五官里 125

인상/특징 키 5척 6촌, 비만 체격. 얼굴이 조금 길다. 귀와 입, 코가 크다. 손발이 크다. 눈썹이 짙다. 광대가 높다. 수염이 조금만 있어도 항상 깎는다. 올백머리. 가운데부터 가르마

시찰요점 민족·공산주의를 품고 불온·과격한 언동을 하며 타인을 선동할 우려가 있다.

김우진 金宇鎭*

587

종별	충남-관내-특요
창씨명	金岡宇鎭
별명	金武
생년월일	1899.4.27
직업	잡화상
본적	충남 홍성군 고도면高道面 상촌리上村里 349
주거지	충남 홍성군 고도면 상촌리 349
인상/특징	키 5척 3촌 5푼. 얼굴이 길고 피부가 희다. 코가 높고 입이 크다. 보통 체격이다. 치아가 고르다. 머리는 산발이다.
시찰요점	공산주의자로서 해외 불령자와 연락하여 반역을 감행할 우려가 있는 자

* 김우진(1890~1952, 충남 홍성). 1995년 건국훈장 애국장을 받음.

김지종 金知宗*

587

종별	충남-관내-특요
창씨명	金城東明
별명	鐸義, 金光, 東明
생년월일	1901.6.15
직업	
본적	함남 북청군 북청읍北青邑 당포동棠浦洞
주거지	충남 예산군 예산읍禮山邑 주교리舟橋里 충남제사회사忠南製絲會社 안
인상/특징	키 5척 3촌, 보통 체격이다. 마른(瘦) ○, 하관이 작다. 곱슬머리
시찰요점	공산대학 중퇴자로서 주의 운동에 활동하고 있는 자

* 김지종(1902~미상, 함남 북청). 2022년 건국훈장 애족장을 받음.

김동훈 金東訓

587

종별 충남-관내-특요

창씨명 金城東訓

별명

생년월일 1902.3.13

직업

본적 충남 서산군 소원면所遠面 신덕리新德里 522

주거지 충남 서산군 소원면 신덕리 522

인상/특징 키 5척 7촌, 체격이 ○○. 얼굴이 긴 편이다. 피부는 희다. 눈이 조금 작다. 머리는 산발이다. 수염이 적다. 나머지는 평범하다. 발음이 ○○하고 여성의 것과 같다.

시찰요점 ○○○○○주의자로서 타인을 사주·선동하고 비밀결사를 조직할 우려가 있음.

고예귀 高禮貴

587

종별 충남-관내-특요

창씨명 高山禮貴

별명 山峯, 西○, 永責, 石峯, 奉柱

생년월일 1906.3.11

직업

본적 충남 예산군 예산읍禮山邑 산성리山城里 475

주거지 충남 예산군 예산읍 산성리 475

인상/특징 키 5척 1촌. 얼굴이 좁고 길다. 피부가 노랗다. 코가 높고 치아가 가지런하다. 눈썹이 짙다. 나머지는 평범하다.

시찰요점 무정부주의를 신봉하고 불온·과격한 언동을 할 우려가 있는 자

황규경 黃圭景

587

종별 충남-관내-특요
창씨명 梅石健作
별명 山形
생년월일 1911.8.20
직업
본적 충남 홍성군 홍동면洪東面 월림리月林里 301
주거지 충남 홍성군 광천읍廣川邑 광천리廣川里 190-15
인상/특징 키 5척 4촌, 마른 체형. 머리카락이 길고 왼쪽 가르마. 피부가 검붉다. 얼굴이 ○하고 길다. 눈썹이 짙고 코가 높다. 수염은 없다. 나머지는 평범하다.
시찰요점 공산주의자로서 일본 적색구원, 공산청년, 반제동맹에 관계함. 주의를 선전할 우려가 있는 자

김계숙 金桂淑

587

종별 충남-관내-특요
창씨명 金村桂淑
별명 金桂協, ○永吉
생년월일 1917.5.19
직업
본적 함남 홍원군 용원면龍原面 중동리中洞里 253
주거지 공주형무소
인상/특징 키 5척 3촌, 보통 체격이다. 얼굴이 둥글고 피부가 희다. 눈이 작고 코가 낮다. 나머지는 평범하다.
시찰요점 공산주의자. 1943년 11월 21일 함흥지방법원에서 치안유지법 위반으로 징역 6년*

* '홍원좌익농민조합재건 및 지나사변후방교란 사건'. 일제의 사건 기록에 의하면, 함흥지방법원 검사국은 김계숙과 김홍빈金洪斌, 米田奎龍 등 68명에 대해 1938년 2월 8일, 1938년 8월 8일, 1941년 7월 8일 예심을 청구했으며 1942년 3월 20일에 공판 회부 결정이 내려졌다[사상휘보 1943].

박성돈 朴盛暾 588

종별 충남-관내-특요
창씨명 松本光裕
별명 朴演
생년월일 1894.10.7
직업
본적 충남 서산군 서산읍瑞山邑 읍내리邑內里 311
주거지 충남 서산군 서산읍 읍내리 311
인상/특징 키 5척 5촌 5푼, 보통 체격이다. 코가 높고 머리카락은 5푼 길이로 짧게 깎았다. 수염이 조금 있다. 피부가 검다. 치아는 가지런하다. 눈썹이 엷다. 나머지는 평범하다.
시찰요점 배일사상을 품은 자로서 또한 공(이하 판독불능)

최찬희 崔瓚熙 588

종별 충남-관내-특요
창씨명 松田瓚熙
별명
생년월일 1902.1.21
직업 농업
본적 충남 부여군 은산면恩山面 가곡리佳谷里 132
주거지 충남 부여군 은산면 가곡리 132
인상/특징 키 5척 3촌 5푼. 얼굴이 길고 아래턱이 뾰족하다. 피부는 조금 검다. 마른 체형에 하이칼라머리. 눈이 오목눈이다. 코가 높고 수염이 있다. 치아는 고르지 않다. 나머지는 평범하다. 얼핏 병자처럼 보인다.
시찰요점 배일사상을 품고 또한 공산주의에 공명하여 주의를 선전할 우려가 있는 자

유진만 兪鎭萬* 588

종별 충남-관내-특요
창씨명 松山鎭萬
별명 叔海, 鎭軾
생년월일 1912.2.16
직업 신탄목재상薪炭木材商
본적 충남 연기군 서면西面 다촌리茶村里 269
주거지 충남 논산군 벌곡면伐谷面 만목리晩木里 79
인상/특징 키 5척 5촌, 보통 체격이다. 피부가 희고 하이칼라머리. 치아가 고르다. 수염은 없다. 나머진 평범하다. 호남자로 보인다.
시찰요점 농후한 민족주의자로서 또한 공산주의에 공명하여 주의 운동의 우려가 있는 자

* 유진만(1912~1966, 충남 연기). 1990년 건국훈장 애국장을 받음.

조중원 趙重遠 588

종별 충남-관내-특요
창씨명 松山重青
별명 孔人
생년월일 1907.2.8
직업 농업
본적 충남 논산군 부적면夫赤面 신교리新橋里 318
주거지 충남 논산군 부적면 신교리 318
인상/특징 키 5척 5촌. 머리카락을 5푼 길이로 짧게 깎았다. 얼굴이 길고 피부는 약간 검다. 귀가 작고 이마는 평범하다. 눈썹이 짙고 눈은 평범하다. 코가 높고 입이 약간 작다. 치아는 고르다. 마른 체형에 목소리가 저음이다.
시찰요점 프롤레타리아예술을 배경으로 하여 공산·민족주의 선전에 활동하는 자

이윤식 李允植* 588

종별 충남-관내-특요
창씨명 牧山允植
별명 李芳, 李邦
생년월일 1899.1.20
직업
본적 충남 논산군 연산면連山面 임리林里 140
주거지 충남 연기군 남면南面 월산리月山里 78 임헌기林憲紀 방方
인상/특징 키 5척 3촌. 머리카락을 5푼 길이로 짧게 잘랐다. 얼굴이 둥글고 피부는 약간 검다. 이마가 넓다. 귀와 눈이 작고 보통 체격이다. ○○이 있다. 치아가 작고 고르지 않다. 나머지는 평범하다. 아랫입술이 나왔다. 오른쪽 윗니에 금니가 있다.
시찰요점 공산주의자로서 실천운동에 나설 우려가 있는 자

* 1931년 5월 6일 치안유지법 위반으로 경성지방법원에서 징역1년(집행유예 4년)을 받음. 'ML당 사건'[판결문(사상월보 제1권 제3호 부록, 1931.6), 동아일보 1931.5.8].

이택구 李澤求* 588

종별 충남-관내-특요
창씨명 松本澤求
별명
생년월일 1913.12.29
직업
본적 함남 문천군 명구면明龜面 내양리內陽里 126
주거지 대전형무소
인상/특징 키 5척 4촌, 보통 체격이다. 얼굴이 둥글고 피부가 흰 편이다. ○이 크다. 남을 대할 때 눈을 부릅뜨는 버릇이 있다.
시찰요점 공산주의자로서 공산사회 실현을 기도해 실천운동의 우려가 있다.

* 1935년 4월 22일 치안유지법 위반으로 함흥지방법원에서 징역 2년(미결구류 140일 산입)을 받음. '제3차 문천적색농조 사건'[일제감시대상인물카드, 조선일보 1935.4.23].

주윤흥 朱允興*

588

종별 충남-관내-특요

창씨명 福田淸治

별명 一善

생년월일 1903.2.18

직업

본적 충남 당진군 합덕면合德面 도리島里 193

주거지 충남 당진군 합덕면 도리 193

인상/특징 키 5척 3촌, 보통 체격이다. 얼굴이 약간 길다. 눈이 크고 피부는 검은 편이다. 머리는 산발, 수염은 없다. 나머지는 평범하다.

시찰요점 공산주의를 신봉하고 각종 사상단체에 관계해 비밀결사의 우려가 있는 자

* ①1931년 6월 3일 경성지방법원에서 치안유지법 위반 사건에 대해 무죄 판결을 받음[판결문(사상월보 제1권 제7호 부록, 1931.10)], ②1932년 2월 29일 경성지방법원 검사국에서 불기소 처분을 받고 출감함. '조선공산당재건준비회 사건'[조선일보 1932.3.2].

최교환 崔敎煥

588

종별 충남-관내-특요

창씨명 山本文雄

별명 敎漢

생년월일 1908.4.3

직업 제련소 수위

본적 강원도 고성군 장전읍長箭邑 장전리長箭里 259

주거지 충남 서천군 장항읍長項邑 화천정和泉町 432

인상/특징 키 5척 3촌. 얼굴이 길고 피부가 희다. 광대뼈가 튀어나왔다. 아래턱이 뾰족하다.

시찰요점 공산주의를 품고 노동자 문제에 대해 주의를 선전·선동할 우려가 있다.

황석현 黃奭顯* 589

종별 충남-관내-특요
창씨명
별명
생년월일 1886.3.1
직업
본적 충남 보령군 주산면珠山面 화평리花坪里 272
주거지 충남 보령군 주산면 동오리東五里 백용수白龍洙 방方
인상/특징 키 5척 3촌, 보통 체격이다. 얼굴이 긴 편이다. 눈이 오목눈이고 코가 뾰족하다. 광대뼈가 튀어나오고 머리가 산발이다. 나머지는 평범하다. 안면에 마맛자국이 있다.
시찰요점 민족·공산주의자로서 실천운동에 나설 우려가 있는 자.

* 황석현(1886~1945, 충남 보령). 2019년 건국훈장 애국장을 받음

박헌영 朴憲永* 589

종별 충남-관내-특요
창씨명
별명 朴德龍
생년월일 1900.5.1
직업
본적 충남 예산군 신양면新陽面 신양리新陽里 299
주거지 소재불명
인상/특징 키 5척 3촌. 머리가 산발이다. 얼굴이 둥글고 피부가 검다. 눈썹이 짙다. 근시, 입이 크고 보통 체격이다. 수염이 짙고 항상 깎는다.
시찰요점 화요회계 공산주의자로서 러시아·상해에서 활약. 치안유지법 위반으로 징역 6년. 집요한 투쟁경력을 가진 자

* 조선공산당, 고려공산청년회 결성. 해방 후 남조선노동당 부위원장.

공형신 公炯信*

589

종별 충남-관내-특요
창씨명
별명
생년월일 1909.1.9
직업
본적 함남 문천군 문천면文川面 문양리文陽里 202
주거지 공주형무소
인상/특징 키 5척 4촌, 보통 체격이다. 눈과 입이 크다. 피부는 검다. 얼굴이 둥글고 머리를 바싹 짧게 깎았다. 나머지는 평범하다. 태도가 오만하다.
시찰요점 공산주의자로서 늘 지하의 조직운동에 몰두하는 자

* ①1932년 함남 문천 '제2차 문천적색소작조합 사건'으로 체포되어 취조받음[동아일보 1932.7.21], ②1933년 7월 19일 치안유지법 위반으로 함흥지방법원에서 징역 2년 6월(미결구류 60일 통산)을 받음. '문천독서회 사건'[조선중앙일보 1933.7.21], ③1940년 4월 26일 치안유지법 위반으로 함흥지방법원에서 징역 5년을 받음[일제감시대상인물카드, 형사사건부].

최판칠 崔判七

589

종별 충남-관내-특요
창씨명 小山利夫
별명
생년월일 1913.2.25
직업
본적 경성부 다옥정茶屋町 149
주거지 충남 천안군 직산면稷山面 군동리郡東里 100
인상/특징 키 5척 4촌. 하이칼라머리. 얼굴이 길고 피부가 검다. 이마가 좁고 눈썹이 짙다. 눈과 입이 크다. 코는 높다. 나머지는 평범하다.
시찰요점 ①1932년 대구사범학교 내 사회과학연구그룹사건, 징역 1년(집행유예 4년), ②1935년 적색노동그룹대중 사건

정갑용 鄭甲溶

589

종별 충남-관내-특요

창씨명 鄭本甲溶

별명

생년월일 1911.10.29

직업

본적 경기도 인천부 경정京町 137

주거지 충남 천안군 천안읍天安邑 남산정南山町 1정목丁目

인상/특징 키 5척 4촌. 올백머리. 둥근 얼굴, 피부가 검다. 귀가 크고 코가 높다. 치아는 가지런하다. 나머지는 평범하다.

시찰요점 ①1931년 인천적색노동조합사건 관계, ②1933년 징역 2년 6월*

---

* 1935년 1월 31일 치안유지법 위반으로 경성지방법원에서 징역 2년 6월을 받음. '인천적색노동조합 사건'[매일신보 1935.2.1].

주진경 朱鎭璟*

589

종별 충남-관내-특요

창씨명 安川鎭璟

별명

생년월일 1912.10.17

직업 사무원

본적 함남 북청군 덕성면德城面 이망지리泥望只里 560

주거지 충남 공주군 탄천면灘川面 남산리南山里 남산광산

인상/특징 키 5척 5촌, 마른 체형. 피부가 희고 하이칼라머리. 눈썹이 조금 길다. 피부가 희다. 입이 작고 치아가 가지런하다. 미남자

시찰요점 공산주의를 신봉하고 늘 과격한 언동을 하며 현 사회제도에 불만을 품고 타인을 선동할 우려가 있다.

---

* 1935년 1월 27일 함흥지방법원에서 징역 2년 6월을 받음. '적색북청농민조합 덕성지부재건협의회 사건' [조선일보 1935.1.29, 사상휘보 제2호(1935.3)].

김희성 金熙星*

589

종별 충남－관내－특요
창씨명 金原熙星
별명
생년월일 1914.1.23
직업 사무원
본적 함남 홍원군 운학면雲鶴面 장남리壯南里 334
주거지 충남 부여군 규암면窺岩面 수리공사장
인상/특징 키 5척 1촌. 보통 체격이다. 얼굴이 둥글고 피부가 희다. 이마가 넓고 머리를 바싹 짧게 깎았다. 수염은 없다. 나머지는 평범하다.
시찰요점 공산주의에 공명해 타인을 사주·선동하며 실천운동에 나설 우려가 있는 자

* 1939년 4월 14일 치안유지법 위반으로 경성지방법원에서 징역 2년을 받음[판결문, 일제감시대상인물카드, 조선일보 1939.4.16].

김승남 金承南

589

종별 충남－관내－특요
창씨명
별명
생년월일 1910.9.30
직업
본적 함북 길주군 동해면東海面 동호리東湖里 343
주거지 대전형무소
인상/특징 키 5척 4촌, 보통 체격이다. 얼굴이 길고 피부가 검다. 눈썹이 짙다. 코가 높고 하이칼라머리를 했다. 나머지는 평범하다.
시찰요점 ①1931년 근포소년회 사건, 치안유지법·폭력행위, 징역 1년 6월, ②1935년 길주좌익농조 사건, 징역 10년*

* ①1933년 6월 5일 치안유지법 위반으로 경성복심법원에서 징역 1년 6월을 받음. '길주 근포소년회 사건'[판결문, 동아일보 1933.6.6], ②1937년 6월 30일 청진지방법원 예심결정, 1938년 12월 22일 치안유지법 위반으로 청진지방법원에서 징역 10년을 받음. '길주좌익농조 사건'[조선일보 1937.7.9, 일제감시대상인물카드].

이종국 李鍾國* 590

종별 충남-관내-특요
창씨명 木山庚一
별명 李敎化, 朴東浦, 金愛福
생년월일 1915.11.12
직업
본적 충남 아산군 인주면仁州面 문방리文方里 140
주거지 충남 아산군 인주면 문방리 140
인상/특징 키 5척 3촌. 머리를 바싹 짧게 깎았다. 얼굴이 좁고 길다. 피부는 청백색이다. 코가 높다. 치아가 고르다. 보통 체격이다. 나머지는 평범하다.
시찰요점 공산주의 사상을 품고 타인을 사주·선동할 우려가 있는 자

* 1938년 8월 2일 치안유지법 위반으로 경성지방법원에서 징역 1년(집행유예 4년)을 받음. '조선공산당 재건운동'[일제감시대상인물카드, 동아일보 1938.8.3].

권영민 權寧珉* 590

종별 충남-관내-특요
창씨명 菊村寧珉
별명 寧○, 甲慶, 安哲
생년월일 1909.12.24
직업 삼익사三益社 사무원
본적 충남 논산군 양촌면陽村面 임화리林花里 370
주거지 충남 논산군 강경읍江景邑 본정本町 100
인상/특징 키 5척 4촌. 얼굴이 약간 길고 흰 피부. 눈은 오목눈이다. 귀가 크고 코가 높다. 머리는 바싹 짧게 깎았다. 나머지는 평범하다. 입술 위쪽에 작은 콩 크기의 사마귀가 있다.
시찰요점 공산사회 실현을 요망해 실천운동에 나설 우려가 있는 자

* 1933년 10월 16일 공주지방법원, 1933년 11월 22일 경성복심법원, 1934년 2월 8일 고등법원에서 치안유지법 위반, 보안법 위반, 공무집행방해로 징역 2년을 받음. '양촌농민사건'[조선일보 1933.10.18, 판결문].

정환석 鄭煥奭 590

종별 충남-관내-특요
창씨명 錦城煥奭
별명 石汀
직업 지물업指物業
생년월일 1891.5.27
본적 충남 당진군 당진면唐津面 대덕리大德里 277
주거지 충남 예산군 예산읍禮山邑 예산리禮山里
인상/특징 키 5척 3촌, 보통 체격이다. 머리를 5푼 길이로 짧게 깎았다. 수염이 있다. 얼굴이 조금 길고 피부는 검다. 코가 높고 눈이 약간 크며 오목눈이다. 눈썹이 짙다. 나머지는 평범하다.
시찰요점 사회주의자로서 늘 좌경자와 교유하고 사회문제를 말하며 타인을 선동할 우려가 있는 자

박창신 朴昌信 590

종별 충남-관내-특요
창씨명 木村光春
별명
생년월일 1900.1.23
직업
본적 충남 당진군 합덕면合德面 신석리新石里 509
주거지 충남 당진군 합덕면 운산리雲山里 63
인상/특징 키 5척 3촌 5푼. 얼굴이 길고 피부가 검은 편이다. 코가 높고 크다. 올백머리를 했다. 수염은 없다. 나머지는 평범하다.
시찰요점 배일사상을 품은 자로서 공산주의에 공명해 주의를 선전할 우려가 있는 자

이달 李達*

590

종별 충남-관내-특요
창씨명 木原常夫
별명 佐藤龍男, 李○寧, 李東寧
생년월일 1889.5.8
직업 상공신문商工新聞 기자
본적 충남 논산군 부적면夫赤面 부황리夫皇里
주거지 충남 대전부 본정本町 2정목丁目 15
인상/특징 키 5척 5촌, 보통 체격이다. 얼굴이 긴 편이다. 나머지는 평범하다. 일본어, 영어, 중국어에 매우 능함. 일본인풍으로 보인다.
시찰요점 극단적 민족주의자로서 ○○○의에 공명해 ○○ 과격하게 나서는 자

* 이달(1890~미상, 충남 논산). 2021년 건국훈장 애족장을 받음.

이정하 李正夏*

590

종별 충남-관내-특요
창씨명 宮本正夏
별명
생년월일 1901.6.22
직업 농업
본적 충남 예산군 응봉면鷹峯面 등촌리登村里 398
주거지 충남 예산군 응봉면 등촌리 398
인상/특징 키 5척 4촌. 얼굴이 길고 피부가 희다. 입이 크다. 머리를 5푼 길이로 짧게 깎았다. 나머지는 평범하다.
시찰요점 민족·공산주의자로서 각종 사상단체에 관계하여 비밀결사 조직의 우려가 있는 자

* 1930년 9월 13일 '고려공산청년회 및 학생전위동맹 사건' 관련 경성지방법원 예심에서 무죄 면소 결정을 받음[동아일보 1930.9.14].

신철 申哲

590

종별 충남-관내-특요
창씨명 平山哲
별명 申麟湜, 一波
생년월일 1909.11.16
직업
본적 충남 대전부 춘일정春日町 2정목丁目 30
주거지 충남 대전부 춘일정 2정목 30
인상/특징 키 5척 1촌, 보통 체격이다. 얼굴이 넓고 눈이 오목눈이다. 오른쪽 어깨부터 왼쪽 상박 측면에 칼 흉터가 있다.
시찰요점 마르크스사회주의자로서 각종 사상단체에 관계하여 타인을 사주·선동할 우려가 있는 자

이윤희 李允熙*

590

종별 충남-관내-특요
창씨명 平岩允熙
별명 李네스토르, 松本政一
생년월일 1903.4.20
직업
본적 충남 대덕군 기성면杞城面 가수원리佳水院里
주거지 충남 대덕군 기성면 가수원리 532
인상/특징 키 5척 4촌. 얼굴이 조금 길고 피부는 희다. 눈이 크고 체격은 마른 편. 머리는 산발이고 가운데부터 가르마가 진다. 앞 윗니 1개가 겹친다.
시찰요점 무정부주의자로서 일본 내 아나키스트계 동지와 연락하여 실천운동에 나설 우려가 있는 자

* 이윤호(1902~1950, 충남 대덕). 2015년 건국포장을 받음.

금홍근 琴鴻根 591

종별 충남-관내-특요
창씨명 平田健正
별명 琴鴻, 寬淵
생년월일 1910.6.21
직업
본적 충남 예산군 고덕면古德面 중리中里 502
주거지 충남 예산군 삽교면揷橋面 신가리新佳里 183
인상/특징 키 5척 3촌, 마른 체형. 얼굴이 긴 편이며 코가 높다. 아래턱이 뾰족하다. 올백머리. 나머지는 평범하다.
시찰요점 무정부주의자로서 동지와 연락하여 실천운동에 나설 우려가 있는 자

성낙훈 成樂薰* 591

종별 충남-관내-특요
창씨명
별명
생년월일 1893.6.27
직업 농업
본적 충남 예산군 덕산면德山面 옥계리玉溪里 134
주거지 충남 당진군 당진면唐津面 시곡리柿谷里
인상/특징 키 5척 7촌. 입, 눈이 크다. 코가 높고 얼굴이 길다. 피부가 희고 하이칼라머리. 나머지는 평범하다.
시찰요점 공산주의에 공명하고 불온·과격한 언동을 하며 타인을 선동할 우려가 있다.

* 성낙훈(1893~1965, 충남 당진). 2020년 건국포장을 받음.

이호철 李戶喆* 591

종별 충남-관내-특요
창씨명 西島逸存
별명 原人, 雅號, 錦江學人
생년월일 1901.10.29
직업
본적 충남 부여군 홍산면鴻山面 남촌리南村里 149
주거지 충남 부여군 홍산면 남촌리 149
인상/특징 키 5척 5촌. 피부가 희고 눈이 크다. 올백머리. 안면에 3푼 길이의 상흔이 있다.
시찰요점 공산주의자로서 각종 사상단체에 관계하여 주의 선전 및 비밀결사 조직의 우려가 있는 자

* 이호철(1901~1971, 충남 부여). 1990년 건국훈장 애족장(1987년 대통령표창)을 받음.

강찬희 姜讚熙* 592

종별 충남-관내-정요
창씨명 八王讚熙
별명
생년월일 1907.7.10
직업 농업
본적 충남 예산군 대흥면大興面 손지리遜支里 36
주거지 충남 예산군 대흥면 손지리 36
인상/특징 키 5척 4촌, 보통 체격이다. 얼굴이 조금 길다. 하이칼라머리. 치아가 고르다. 나머지는 평범하다.
시찰요점 민족주의자로서 조선독립을 몽상하여 타인을 사주·선동할 우려가 있는 자

* ①1930년 11월 11일 보안법 위반으로 공주지방법원에서 징역 8월을 받음. '예산백지답안 사건'[조선일보 1930.11.20], ②1933년 2월 17일 보안법 위반으로 공주지방법원에서 징역 1년을 받음. '만경좌 사건'[판결문, 조선일보 1933.2.28].

박재옥 朴在玉* 592

종별 충남-관내-정요
창씨명
별명 朴在淳
생년월일 1895.8.10
직업
본적 충남 홍성군 홍주면洪州面 송월리松月里 23
주거지 소재불명
인상/특징 키 5척 2촌. 둥근 얼굴. 눈썹이 엷다. 눈은 평범하고 보통 체격이다. 이마는 대머리다. 치아 위쪽에 금으로 된 의치가 2개. 평이한 일본어를 이해한다.
시찰요점 총독의 시정施政을 부인하고 타인을 사주·선동할 우려가 있는 자

* 박재옥(1889~1946, 충남 홍성). 2017년 건국훈장 애족장을 받음.

이강일 李康日 592

종별 충남-관내-정요
창씨명 谷一
별명
생년월일 1910.2.11
직업
본적 충남 대덕군 탄동면炭洞面 장동리長洞里 149
주거지 충남 공주군 공주읍公州邑 본정本町 225
인상/특징 키 5척 3촌. 얼굴이 둥글고 피부가 희다. 하이칼라머리. 코가 높고 입은 작다. 치아가 가지런하다. 보통 체격이다. 나머지는 평범하다. 장사꾼 느낌
시찰요점 민족주의를 품고 불온 과격한 언동을 하여 타인을 선동할 우려가 있는 자

이선식 李宣植

592

종별	충남-관내-정요
창씨명	
별명	春奉
생년월일	1890.2.21
직업	농업
본적	충남 서천군 한산면韓山面 종지리種芝里 263
주거지	충남 서천군 한산면 종지리 263
인상/특징	키 5척 5촌, 보통 체격이다. 머리는 산발. 얼굴이 길고 피부가 희다. 나머지는 평범하다.
시찰요점	민족주의자로서 기독교를 깊이 믿고 조선독립을 희구하는 자

이수건 李壽鍵*

592

종별	충남-관내-특요
창씨명	
별명	永壽, 李贊, 正義
생년월일	1898.9.8
본적	경북 칠곡군 지천면枝川面 신동新洞 52-1
주거지	공주형무소
인상/특징	키 5척 4촌, 마른 체형. 얼굴이 길고 피부가 창백하다. 귀와 눈이 작은 편이다. 하이칼라머리. 나머지는 평범하다.
시찰요점	재외 불령자와 기맥을 통해 독립운동을 기도할 우려가 있는 자

* ①1919년 7월 19일 출판법 위반, '대정8년 제령 제7호' 위반, 협박, 사문서위조행사로 대구지방법원에서 징역 1년 6월을 받음[판결문], ②1930년 8월 정신이상을 보이던 상태에서 부친을 살해하고 체포됨[중외일보 1930.8.21, 1930.8.30].

임긍호 林兢鎬* 592

종별 충남-관내-정요
창씨명
별명 省庵
생년월일 1898.4.27
직업
본적 충남 청양군 화성면化城面 수정리水汀里 571
주거지 충남 청양군 화성면 수정리 571
인상/특징 키 5척 4촌, 비만 체격. 얼굴이 둥글고 피부는 약간 검다. 눈이 동그랗고 코가 크다. 입은 작다. 하이칼라머리. 수염은 없다. 얘기할 때 곁눈질로 보는 버릇이 있다.
시찰요점 농후한 민족주의자로서 해외 불령자와 연락, 독립운동을 기도할 우려가 있다.

* 임긍호(1901~1964, 충남 청양). 1990년 건국훈장 애족장을 받음.

김정철 金正哲* 592

종별 충남-관내-정요
창씨명 太田正哲
별명
생년월일 1899.10.1
직업
본적 충남 대덕군 산내면山內面 삼괴리三槐里
주거지 대전부 춘일정春日町
인상/특징 키 5척 3촌. 얼굴이 길고 피부가 검다. 마른 체형. 눈이 크고 눈썹이 짙다. 이마가 넓고 귀가 크다. 입은 작다. 머리를 5푼 길이로 짧게 깎았다. 치아가 고르다. 나머지는 평범하다. 뒷머리 가운데 1촌 길이로 머리가 벗어졌다.
시찰요점 민족주의자로서 3·1사건에 관계하여 형을 받은 자이며, 재외 불령자와 연락할 우려가 있는 자

* 김정철(1900~1966, 충남 대전). 1990년 건국훈장 애족장(1983년 대통령표창)을 받음.

김경선 金敬善 592

종별 충남-관내-특요('정요'의 오기로 판단)

창씨명 金田利重郎

별명

생년월일 1898.2.1

직업 여관업

본적 경남 김해군 김해면金海面 외동리外洞里 334

주거지 충남 대덕군 유성면儒城面 봉명리鳳鳴里 480

인상/특징 키 5척 3촌, 비만인 편. 피부가 희고 코와 입이 크다. 눈썹이 짙고 하이칼라머리. 얼굴이 둥글다. 이마가 넓다. 치아가 고르다. 수염은 깎는다. 나머지는 평범하다.

시찰요점 민족주의자로서 타인을 선동하고 실천운동에 나설 우려가 있는 자

남천우 南薫祐* 593

종별 충남-관내-정요

창씨명

별명 龍佑, 天祐

생년월일 1894.3.24

직업 목사

본적 강원도 인제군 인제면麟蹄面 상동리上東里

주거지 충남 대전부 본정本町 2정목丁目 88

인상/특징 키 5척 4촌, 보통 체격이다. 얼굴이 넓고 코가 크다. 피부는 희다. 하이칼라머리, 가르마. 나머지는 평범하다.

시찰요점 민족주의자로서 기독교 신자

---

* 1935년 1월 31일 치안유지법 위반, 보안법 위반으로 경성지방법원에서 징역 1년 6개월(미결구류 180일 산입)을 받음. '홍천 십자가당 사건'[동아일보 1935.2.1, 일제감시대상인물카드].

박의양 朴儀陽* 593

종별 충남-관내-정요
창씨명 楠原儀陽
별명
생년월일 1901.2.5
직업 주조회사酒造會社 전무취체
본적 경북 영주군 풍기면豐基面 서부동西部洞 42
주거지 충남 대덕군 유성면儒城面 장대리場垈里
인상/특징 키 5척 6촌, 보통 체격이다. 얼굴이 길고 피부는 검다. 입이 조금 크다. 이마가 벗어졌다.
시찰요점 치열한 민족주의자로서 조선의 경제적 정치적 독립을 기하고자 책동할 우려가 있는 자

* 1926년 7월 12일 경성지방법원에서 기소유예 처분을 받음. '제2차 조선공산당 사건'[조선일보 1926.7.14].

송기면 宋奇勉* 593

종별 충남-관내-정요
창씨명 山木奇勉
별명 奇善
생년월일 1897.1.6
직업 농업
본적 충남 서천군 화양면華陽面 화촌리花村里 315
주거지 충남 서천군 화양면 화촌리 315
인상/특징 키 5척 3촌. 얼굴이 길고 피부가 희다. 머리는 산발, 수염은 없다. 나머지는 평범하다.
시찰요점 민족주의자로서 열렬한 기독교 신자인데 신의 뜻이 있을 때는 어떤 일도 감행할 것이라고 말하는 자

* 송기면(宋箕勉, 1896~1950, 충남 서천). 1990년 건국훈장 애족장(1982년 대통령표창)을 받음.

이원생 李源生*

593

종별 충남-관내-정요
창씨명 松山源生
별명
출생일자 1873.2.7
직업
본적 충남 서산군 고북면高北面 신정리新井里 217
주거지 충남 서천군 서천면舒川面 군사리郡司里 739
인상/특징 키 5척 4촌. 얼굴이 길고 넓다. 머리를 바싹 짧게 깎았다. 수염이 짙다. 가늘고 긴 체격이다. 나머지는 평범하다.
시찰요점 ①민족주의·공산주의자로서 현 정치를 논평하여 타인을 선동할 우려가 있다, ②1920년 제령制令 위반으로 징역 1년 6월

* 이원생(1873~1947, 충남 서산). 1990년 건국훈장 애족장(1977년 대통령표창)을 받음.

안성호 安聖鎬*

593

종별 충남-관내-정요
창씨명 安東聖鎬
별명
생년월일 1890.3.23
직업 목사
본적 충남 공주군 정안면定安面 운궁리雲弓里 249
주거지 충남 공주군 공주읍公州邑 상반정常盤町 10
인상/특징 키 5척 5촌 5푼, 마른 체형. 얼굴이 가늘고 길다. 눈이 크고 피부가 희다. 머리는 산발. 목이 가늘다. 코가 높다.
시찰요점 민족주의자로서 불온·과격한 언동을 하여 타인을 사주·선동할 우려가 있는 자

* 1919년 8월 29일 보안법 위반, 출판법 위반으로 공주지방법원에서 무죄를 받음[판결문].

김노동 金魯東 593

종별 충남-관내-정요
창씨명
별명
생년월일 1899.1.16
직업 농업
본적 충남 홍성군 서부면西部面 이호리梨湖里 683
주거지 충남 공주군 공주읍公州邑 금학정金鶴町 340
인상/특징 키 5척 3촌. 머리를 묶다. 얼굴이 길고 피부가 희다. 눈이 크고 코가 높다. 체형은 마른 편이다. 왼쪽 귀밑털에 2전 동전 크기의 벗어진 흔적이 있다.
시찰요점 배일사상을 품고 타인을 사주·선동하며 또 상서건백上書建白하는 어리석음이 있는 자

김명동 金明東* 593

종별 충남-관내-정요
창씨명
별명 箕山
생년월일 1903.11.25
직업
본적 충남 공주군 공주읍公州邑 본정本町 57
주거지 충남 공주군 공주읍 금학정金鶴町 233
인상/특징 키 5척 3촌. 하이칼라머리. 얼굴이 길고 피부는 희다. 눈썹이 짙다. 눈이 동그랗고 입이 크다. 보통 체격이다. 치아가 가지런하다. 콧수염이 있다. 폐 디스토마환자
시찰요점 조선독립을 몽상하고 불온·과격한 언동을 하여 타인을 사주·선동할 우려가 있는 자

* 신간회 상무집행위원, 해방 후 제헌국회의원.

김상정 金商玎* 593

종별 충남-관내-정요

창씨명

별명 明玉, 寒月堂

생년월일 1874.9.13

직업 농업

본적 충남 서산군 부석면浮石面 칠전리七田里 105

주거지 충남 서산근 성연면聖淵面 고남리古南里

인상/특징 키 5척 3촌, 보통 체격이다. 얼굴이 약간 길다. 아래턱이 뾰족하다. 눈썹이 짙고 눈이 오목눈이다. 입이 크고 보통 체격이다. 치아가 고르다. 콧수염이 있다. 피부는 검은 편이다. 마맛자국이 있다. 백성풍百性風이다.

시찰요점 극단적 민족주의자로서 총독정치를 기뻐하지 않고 불온·과격한 언동을 하는 자. 왜노倭奴의 말을 듣지 않겠다고 귀를 절단했다.

* 김상정(1875~1954, 충남 서산). 1990년 건국훈장 애족장(1982년 대통령표창)을 받음.

남정 南正* 594

종별 충남-관내-정요

창씨명 南正

별명 南和, 龍華, 韶熙, 明熙

생년월일 1880.5.28

직업

본적 충남 서산군 대호지면大湖芝面 도이리桃李里 81

주거지 충남 서산군 대호지면 도이리 81

인상/특징 키 5척 4촌. 머리는 산발. 얼굴이 좁고 이마가 넓다. 눈이 작고 눈썹이 짙다. 코가 높다. 수염은 조금 있다. 나머지는 평범하다.

시찰요점 농후한 민족주의자로서 일찍이 만주에서 조선혁명대본영이라는 결사를 조직하고 총독부 청사 폭탄사건에 관계하여 형벌을 받은 자

* 남정(1830~1950, 충남 서산). 1991년 건국훈장 애국장(1986년 대통령표창)을 받음.

배기영 裵基英 594

종별 충남-관내-보요

창씨명 星野基英

별명

직업 농업

출생일자 1898.11.14

본적 충남 당진군 신평면新平面 한정리寒井里 256

주거지 충남 당진군 순성면順城面 본리本里

인상/특징 키 5척 3촌. 얼굴이 둥글고 피부가 검다. 올백머리. 이마가 넓고 입이 크다. 눈썹이 짙다. 눈과 코가 크다. 윗니가 가지런하다. 수염이 있다. 비만 체격. 목소리가 탁하다. 나머지는 평범하다.

시찰요점 배일사상을 품고 불온·과격한 언동을 하며 타인을 사주·선동할 우려가 있는 자

노제민 盧濟民 594

종별 충남-관내-보요

창씨명 天之濟民

별명

생년월일 1877.6.26

직업 목사

본적 충북 청주군 부용면芙蓉面 문곡리文谷里 1085

주거지 충남 연기군 조치원읍鳥致院邑 신흥정新興町

인상/특징 키 5척 4촌. 머리는 산발. 얼굴이 둥글고 피부가 누렇다. 이마가 넓고 눈썹이 엷다. 눈이 가늘다. 비만 체격. 치아가 가지런하고 입이 크다. 귀와 코는 평범하다. 수염은 없다. 옆은 마맛자국이 있다.

시찰요점 시사時事에 관해 무계無稽한 풍설을 유포하고 혹은 기독교를 배경으로 우민愚民을 사주·선동하며 민족의식을 선동할 우려가 있는 자

김현균 金玄均* 594

종별 충남-관내-보요

창씨명

별명 偉均, 肅均, 衛均

생년월일 1900.2.29

직업 회사 사무원

본적 전남 강진군 강진면康津面 서성리西城里 196

주거지 충남 서천군 장항읍長項邑 수동정水東町 992-5

인상/특징 키 5척 2촌. 둥근 얼굴, 하관은 조금 뾰족하다. 머리는 산발. 귀와 눈은 약간 작은 편이다. 보통 체격이다. 수염은 없다. 나머지는 평범하다.

시찰요점 농후한 배일사상을 품은 자로서 타인을 선동할 우려가 있는 자

* 김현균(1900~1962, 전남 강진). 2019년 대통령표창을 받음.

박흥규 朴興圭* 595

종별 충남-내지-특요

창씨명 朴井興圭

별명 ○原植村, 山崎信夫, 河野耕人, 河村久三, 岩田久三

생년월일 1907.6.27

직업

본적 충남 보령군 주산면珠山面 야룡리野龍里 349

주거지 도쿄도東京都 스기나미구杉並區 시모타카이도정下高井戶町 1-26

인상/특징 키 5척 2촌. 머리카락이 길다. 얼굴이 각지고 둥글다. 피부가 검다. 이마가 넓다. 귀는 평범하다. 치아가 고르다. 수염이 없다. 보통 체격이다. 목소리는 평범하다. 광대뼈가 특히 ○하다.

시찰요점 공산주의자로서 일본공산당에 가입하여 투쟁한 경력이 있으며 불온·과격한 언동을 하는 자

* ①1932년 9월 13일 치안유지법 위반으로 도쿄지방재판소 검사국에 송치됨[특고월보 1932.9], ②1933년 6월 27일 일본 경시청에서 검사국으로 송치, 7월 14일 기소됨[독립운동사자료집 별집3:재일본한국인민족운동자료집], ③1935년 3월 25일 치안유지법 위반으로 도쿄지방재판소에서 징역 2년(집행유예 4년)을 받음[수형인명부].

이심철 李心喆* 595

종별 충남-내지-특요
창씨명 富永心喆
별명 富永信助
생년월일 1905.6.2
직업
본적 충남 당진군 순성면順城面 봉소리鳳巢里 1040
주거지 이시카와현石川縣 가나자와시金澤市 로쿠이타정六板町 16
인상/특징 키 5척 4촌 5푼, 보통 체격이다. 각진 얼굴. 머리카락이 길고 가르마. 코가 작고 높다. 피부는 약간 검다. 치아가 가지런하다. 나머지는 평범하다.
시찰요점 민족·공산주의자로서 좌경자左傾者와 교우하고 실천운동에 나설 우려가 있는 자

* 1934년 12월 10일 치안유지법 위반으로 나고야공소원에서 징역 2년을 받음[수형인명부].

오영남 吳永男* 595

종별 충남-내지-특요
창씨명 吳海永男
별명 阪井利廣, 吳永洙
생년월일 1908.8.15
직업
본적 충남 청양군 화성면化城面 농암리農岩里 80
주거지 오사카시大阪市 아사히구旭區 아카가와정赤川町 9정목丁目 旭日莊 아파트
인상/특징 키 5척 2촌, 보통 체격이다. 얼굴이 편평하다. 코가 높고 피부가 검다. 치아는 가지런하다. 나머지는 평범하다.
시찰요점 공산주의를 신봉하고 실천운동에 나설 우려가 있는 자

* ①1933년 6월 10일 치안유지법 위반으로 기소됨[사상월보 1934.8], ②1935년 4월 25일 치안유지법 위반으로 오사카지방재판소에서 징역 2년을 받음[수형인명부].

권용선 權容先

595

종별 충남-내지-특요

창씨명 永井靜雄

별명 權永淑, 山下進

생년월일 1901.11.1

직업

본적 충남 공주군 계룡면鷄龍面 화헌리華軒里 314(실형實兄 : 논산군 연산면連山面 청동리靑銅里)

주거지 도쿄도東京都 세타가야世田ヶ谷 세타가야정世田ヶ谷町 2-1446

인상/특징 키 5척 2촌. 얼굴이 둥글고 피부가 검다. 앞머리가 길다. 보통 체격이다. 나머지는 평범하다.

시찰요점 민족·공산주의자로서 각종 사상단체에 관계하여 주의를 선전할 우려가 있는 자

정갑진 鄭甲辰*

595

종별 충남-내지-특요

창씨명 佐久間辰雄

별명

생년월일 1904.10.1

직업

본적 충남 논산군 강경읍 江景邑 금정錦町 280

주거지 도쿄도東京都 혼조구本所區 미도리정綠町 4-21

인상/특징 키 5척 6촌, 골격이 크고 살이 쪘다. 피부는 조금 희다. 눈썹이 짙고 입술이 두껍다. 코는 보통이다. 나머지는 평범하다. 특히 입술이 두껍다.

시찰요점 무정부·공산주의자로서 이것의 실현을 위해 타인을 사주·선동할 우려가 있는 자

* 아나키스트 단체 '건달회' 활동. 1940년 12월 24일 경시청에 체포되어 1941년 11월 14일에 검사국에 송국됨. 1943년 11월 15일 예심에서 도쿄형사지방재판소 회부 결정. 1944년 9월 증거불충분으로 무죄 석방[특고월보 1940.12, 1941.11, 1943.11, 재일조선인단체사전 1895~1945].

김방응 金邦應* 595

종별 충남-내지-특요
창씨명
별명 金子陽一
생년월일 1905.9.1
직업
본적 충남 천안군 갈전면葛田面 가전리佳田里 445
주거지 도쿄도東京都 조도구城東區 오시마정大島町 2-540 松井 방方
인상/특징 키 5척 2촌, 보통 체격이다. 얼굴이 둥글고 머리카락이 길다. 피부는 검다. 입이 조금 크고 눈썹이 짙다. 나머지는 평범하다.
시찰요점 치열한 공산주의자로서 수많은 투쟁경력이 있으며 실천운동에 나설 우려가 있는 자

* 김방응(1905~미상, 충남 천안). 2020년 건국훈장 애족장을 받음.

노을룡 盧乙龍* 596

종별 충남-국외-특요
창씨명
별명 伯万, 元濟, 一龍, 雲龍, 盧槿, 炳元, 伯元, 複興, 復○
생년월일 1905.3.28
직업
본적 충남 홍성군 홍성읍洪城邑 오관리五官里 292
주거지 난징南京(이하는 자세하지 않음)
인상/특징 키 5척 3촌. 머리는 산발, 보통 체격이다. 얼굴이 둥글고 귀와 눈이 크다. 코가 높고 입은 작다. 피부가 희다. 치아는 가지런하다. 나머지는 평범하다.
시찰요점 농후한 민족주의자로서 불령단不逞團에 투신하여 불령운동에 활약 중인 자

* 노을룡(1895~1944, 충남 홍성). 1995년 건국훈장 독립장을 받음.

임무심 林茂心

596

종별 충남-국외-특요

창씨명 林茂心

별명

생년월일 1911.3.29

직업

본적 서천군 서남면西南面 죽산리竹山里 183

주거지 北京 哈德門外 三元庵 25號

인상/특징 키 5척 4촌. 얼굴이 둥글고 눈과 입이 크다. 머리카락은 바싹 짧게 깎았다. 보통 체격이다. 나머지는 평범하다.

시찰요점 공산주의자로서 실천운동에 나설 우려가 있는 자

천병림 千炳林*

596

종별 충남-국외-특요

창씨명 千代炳林

별명 石出, 炳一, 炳日, 韓元晟, 一來, 華松, 方子遠

생년월일 1896.8.6

직업

본적 부여군 부여면扶餘面 가증리佳增里 257

주거지 重慶 桂林 民革黨 本部

인상/특징 키 5척 5촌, 마른 체형. 얼굴이 조금 길고 피부가 검다. 눈썹이 짙고 머리는 중국식으로 했다. 나머지는 평범하다.

시찰요점 김원봉金元鳳 일파의 불령단不逞團에 투신. 또 무정부주의자와 연락하여 불령운동에 활동 중인 자

---

* 천병림(1896~1943, 충남 부여). 1994년 건국훈장 독립장을 받음.

천경 千璟 596

종별 충남－국외－특요

창씨명 千代璟

별명 甲伊, 南伊, 景伊, 陳洪毅, 王榍五, 曺晃

생년월일 1917.8.25

직업

본적 충남 부여군 부여면扶餘面 가증리佳增里 257

주거지 重慶 방면

인상/특징 키 5척 2촌, 보통 체격이다. 얼굴이 좁고 길다. 피부가 희다. 코는 크고 낮다. 입술이 두껍다. 나머지는 평범하다. 쌍꺼풀이 있다.

시찰요점 무정부·공산주의자로서 중국군관학교를 졸업하고 불령운동에 활약 중인 자

천용칠 千龍七 596

종별 충남－국외－특요

창씨명 千代龍七

별명 龍九, 水峯, 陳義山, 陳樂山

생년월일 1915.10.5

직업

본적 충남 부여군 부여면扶餘面 가증리佳增里 317

주거지 重慶 방면

인상/특징 키 5척 2촌, 보통 체격이다. 얼굴이 둥글고 피부가 희다. 코는 낮다. 나머지는 평범하다.

시찰요점 무정부·공산주의자로서 중국군관학교를 졸업하고 불령운동에 활약 중인 자

조석구 趙錫九

596

종별 충남-국외-특요

창씨명

별명 建武, 世根

생년월일 1898.10.5

직업

본적 서천군 종천면鍾川面 도만리都万里 257

주거지 北京市 化平門内 新簾子胡同 47

인상/특징 키 5척 7촌, 보통 체격이다. 머리는 산발. 얼굴이 길고 코가 높다. 수염은 없다. 나머지는 평범하다.

시찰요점 공산주의를 신봉하고 불온 과격한 언동을 하는 자

이종희 李鍾嬉(女)*

596

종별 충남-국외-특요

창씨명 木山鍾嬉

별명 慶勳

생년월일 1913.6.25

직업

본적 아산군 인주면仁州面 문방리文方里 140

주거지 北京市 前門外 虎坊橋 26

인상/특징 키 4척 8촌. 머리를 묶었다. 피부가 희고 눈이 크다. 치아가 가지런하다. 비만이다. 나머지는 평범하다. 충청도 사투리

시찰요점 공산주의를 신봉하고 주의선전에 활동하는 자

* 1938년 7월 2일 치안유지법 위반으로 경성지방법원에서 징역 10월(미결구류 200일 통산, 집행유예 4년)을 받음[조선일보 1938.7.27, 1938.8.3].

이목성 李穆成 596

종별 충남-국외-특요
창씨명
별명 李道三
생년월일 1892.7.30
직업
본적 아산군 신창면新昌面 수장리水長里 376
주거지 北滿 寧古塔 大平街
인상/특징 키 5척 6촌. 얼굴이 길고 피부가 희다. 눈이 약간 오목눈이다. 입이 작다. 머리를 바싹 짧게 깎았다. 수염은 없다. 나머지는 평범하다.
시찰요점 민족주의자로서 공산주의에 공명하여 러시아와 만주 국경을 배회하며 적화운동에 활약 중인 것으로 의심되는 자

이이덕 李二德* 597

종별 충남-국외-특요
창씨명
별명 今同, 李達, 伊德, 宋一舟
생년월일 1909.4.12
직업
본적 청양군 대치면大峙面 주정리酒亭里 501
주거지 重慶 또는 柳州
인상/특징 키 5척 2촌, 보통 체격이다. 이마가 넓은 편이다. 피부가 희고 머리는 산발. 코가 높다. 나머지는 평범하다.
시찰요점 농후한 무정부주의자. 불령단不逞團에 투신하여 총유總有 테러를 감행하고 있는 자

* 이달(李達, 1910~1942, 충남, 이명 이이덕). 1992년 건국훈장 독립장을 받음.

김찬형 金燦亨

597

종별 충남-국외-특요

창씨명 金井燦亨

별명 星園

생년월일 1900.8.8

직업

본적 논산군 강경읍江景邑 중정中町 33○

주거지 奉天市 敷島區 康泰街 3段 40-42

인상/특징 키 5척 5촌. 얼굴이 길고 피부가 검다. 보통 체격이다. 코가 높다. 눈이 크고 눈썹이 짙다. 머리카락이 짙고 하이칼라머리.

시찰요점 공산주의자로서 각종 사상단체에 관계하여 주의 선전의 우려가 있는 자

방우석 方禹錫

597

종별 충남-국외-특요

창씨명 方山俊興

별명 俊錫, 俊英, 斗波

생년월일 1901.2.9

직업 어용달御用達

본적 홍성군 결성면結城面 교항리橋項里 715

주거지 三江省 陽原縣 帶嶺村 小白屯 三泰公司

인상/특징 키 5척 7촌. 얼굴이 길다. 수염이 나면 깎는다. 피부가 희고 코가 높다. 치아가 고르다. 마른 체형. 나머지는 평범하다. 윗니 2개가 금니. 이마에 큰 콩 크기의 부스럼 흔적이 있다.

시찰요점 공산주의자로서 실천운동에 나설 우려가 있는 자

홍병철 洪炳哲

597

종별 충남-국외-특요
창씨명 常岡炳哲
별명
생년월일 1897.10.27
직업
본적 당진군 합덕면合德面 대합덕리大合德里 240
주거지 吉林省 蛟河縣 蛟河驛 福興路 8號
인상/특징 키 5척 4촌. 얼굴이 둥글고 입과 귀가 크다. 코는 높다. 하이칼라머리
시찰요점 민족·공산주의자로서 주의 선전 및 비밀결사를 조직할 우려가 있는 자

원기용 元基容

597

종별 충남-국외-특요
창씨명
별명
생년월일 1891.8.4
직업
본적 청양군 청양면靑陽面 읍내리邑內里
주거지 러시아령 시베리아
인상/특징 키 5척 1촌, 보통 체격이다. 얼굴이 각졌다. 눈썹이 짙고 눈이 크다. 피부가 희다. 머리는 단발. 치아가 가지런하다. 수염은 엷다. 나머지는 평범하다. 호남자로 보인다. 흰머리가 많다.
시찰요점 민족·공산주의자로서 러시아로 들어간 후 실천운동에 활약 중인 것으로 의심되는 자

강범진 康范鎭*

597

종별 충남－국외－특요

창씨명

별명

생년월일 1907.6.26

직업

본적 공주군 신상면新上面 유구리維鳩里 426

주거지 北京 西城市口 大興旅館內

인상/특징 키 5척 2촌. 얼굴이 긴편이고 피부가 희다. 머리카락은 바싹 짧게 깎았다. 귀, 눈, 입이 작다. 치아는 가지런하다. 보통 체격이다. 나머지는 평범하다.

시찰요점 민족·공산주의자로서 실천운동에 나설 우려가 있는 자

* 강범진(1907～1981, 충남 공주). 1990년 건국훈장 애족장(1977년 대통령표창)을 받음.

정인석 鄭寅晳*

597

종별 충남－국외－특요

창씨명

별명 演浩, 愚石, 一先

생년월일 1891.12.17

직업

본적 충남 서산군 정미면貞美面 승산리升山里 206

주거지 間島省 延吉縣 龍井村 朝日區 大通路

인상/특징 키 5척 4촌. 올백머리. 얼굴이 길고 피부가 검다. 눈썹이 짙다. 코가 높고 치아가 가지런하다. 수염이 있다. 보통 체격이다. 목소리가 탁하다. 나머지는 평범하다.

시찰요점 조선공산당 만주총국 동만도東滿道 간부로서 활동하고 있는 자

* 1927년 북간도 총영사관에 체포되어 치안유지법 위반으로 서대문형무소에 1년 6개월 동안 입감[용의조선인명부(1934)]. 1928년 12월 27일 치안유지법 위반으로 경성지방법원에서 징역 1년 6월(미결구류 150일 산입)을 받음. '간도공산당 사건'[판결문].

이수준 李秀峻* 597

종별 충남-국외-특요
창씨명 靑木秀峻
별명
생년월일 1914.8.1
직업 서기
본적 공주군 우성면牛城面 상서리上西里 347
주거지 奉天省 新民縣街 第二國民優級學校
인상/특징 키 5척 3촌 5푼, 얼굴이 길고 마른 체형. 피부가 희다. 눈썹이 짙고 눈이 크다. 코가 높다. 나머지는 평범하다. 강원도 사투리
시찰요점 공산주의자. ①1934년 3월 치안유지법 위반으로 징역 1년 6월(경성복심법원), ②1938년 3월 치안유지법 위반으로 징역 2년(원산지방법원)

* 이수준(1914~1968, 충남 공주). 2022년 건국훈장 애국장을 받음.

김찬진 金瓚鎭* 598

종별 충남-국외-특요
창씨명
별명
생년월일 1897.11.27
직업
본적 충남 공주군 사곡면寺谷面 호계리虎溪里 329
주거지 滿洲國 濱江省 賓縣內 胡同門稗 8號
인상/특징 키 5척 3촌. 얼굴이 둥근 편, 피부가 희다. 광대뼈가 튀어나왔다. 코가 높은 편이다. 눈이 작고 눈썹이 짙다. 하이칼라머리. 가운데 가르마. 나머지는 평범하다.
시찰요점 공산주의자로서 해외 불령자不逞者와 연락하며 불온행동의 우려가 있는 자

* 김찬진(1897~미상, 충남 공주). 2021년 대통령표창을 받음.

김영만 金榮萬* 598

종별 충남-국외-특요
창씨명
별명 秋峯, 昌基
생년월일 1889.6.21
직업
본적 (출생지) 논산군 벌곡면伐谷面 덕목리德木里 96
주거지 러시아령 시베리아
인상/특징 키 5척 2촌. 머리를 바싹 짧게 깎았다. 얼굴이 둥글고 피부가 검다. 눈썹이 짙다. 보통 체격이다. 치아가 고르다. 나머지는 평범하다.
시찰요점 치열한 공산주의자로서 제3차 조선공산당사건에 관계하여 목하 도망 중인 자

* 김영만(1891~1934, 충남 논산). 2009년 건국훈장 애족장을 받음.

유해준 兪海濬* 598

종별 충남-국외-특요
창씨명 前田海濬
별명 兪○明, 陳鴻泰
생년월일 1917.12.10
직업
본적 당진군 합덕면合德面 대합덕리大合德里
주거지 蒙疆 張家口市 菜園 三井社宅 72
인상/특징 키 5척 3촌, 보통 체격이다. 얼굴이 약간 길고 피부가 검다. 하이칼라머리. 눈썹이 짙고 눈이 가늘다. 코가 높고 치아가 가지런하다. 나머지는 평범하다.
시찰요점 농후한 민족·공산주의자로서 김원봉金元鳳 일파의 불령단不逞團에 투신하여 불령운동에 활약 중인 자

* 유해준(1917~1986, 충남 당진). 1977년 건국훈장 독립장을 받음.

윤기순 尹己順*

598

종별 충남-국외-특요

창씨명 平野己順

별명 樂重, 己重, 尹植, 尹(木+英), 尹(木+英)一

생년월일 1900.7.12

직업

본적 충남 홍성군 장곡면長谷面 화계리花溪里 182

주거지 間島 延吉縣 公園區 橋南路 第2碑 9號

인상/특징 키 5척 4촌. 얼굴이 긴 편이고 피부가 희다. 마른 체형. 눈이 오목눈이고 양 뺨이 솟았다. 올백머리. 앞니 아래 위에 금니 4개가 있다.

시찰요점 농후한 민족주의자로서 또한 공산주의에 공명하여 이를 실현하기 위해 실천운동에 나설 우려가 있는 자

* 윤기순(1900~1950, 충남 홍성). 1990년 건국훈장 애족장(1983년 대통령표창)을 받음.

석찬문 石燦文*

598

종별 충남-국외-특요

창씨명

별명 元培

생년월일 1894.3.15

직업

본적 논산군 강경읍江景邑 황금정黃金町 83

주거지 吉林省 吉敦線 江密峯站前 朝鮮人商店內

인상/특징 키 5척 5촌. 얼굴이 길다. 보통 체격이다. 피부가 희다. 귀와 입은 평범하다. 눈이 오목눈이고 눈썹이 짙다. 코가 높다.

시찰요점 불령단不逞團에 투신하여 중국공산당원으로서 불령운동에 활약 중인 것으로 의심되는 자

* 1920년 1월 31일 '대정8년 제령 제7호' 위반으로 대전지방법원 강경지청에서 징역 5월을 받음 [수형인명부].

윤대여 尹大汝*

599

종별	충남-국외-정요
창씨명	
별명	尹相玉, 尹汝福, 尹東山
생년월일	1918.1.2
직업	
본적	공주군 탄천면灘川面 덕지리德芝里 485
주거지	吉林省 江東大村 實父 尹錫俊 方
인상/특징	어릴 때부터 국외에서 성장한 자이므로 알 수 없다.
시찰요점	민족주의자로서 군관학교를 졸업하고 흉포한 행위를 감행할 우려가 있는 자

* 윤여복(尹汝福, 1918~1950, 충남 공주, 이명 윤대여). 1990년 건국훈장 애족장(1986년 대통령표창)을 받음.

노철룡 盧喆龍

599

종별	충남-국외-정요
창씨명	
별명	崔成章, 朴大吉, 朴雲
생년월일	1914.5.29
직업	
본적	홍성군 홍성읍洪城邑 오관리五官里
주거지	重慶 또는 柳州 방면
인상/특징	키 5척 1촌, 보통 체격이다. 머리를 5푼 길이로 짧게 깎았다. 피부가 희고 얼굴은 좁고 길다. 눈썹이 엷다. 눈이 가는 편이다. 코는 조금 높다. 나머지는 평범하다.
시찰요점	민족주의자로서 군관학교를 졸업하고 불령운동不逞運動에 활약 중인 자

박장규 朴章圭*

599

종별 충남-국외-정요

창씨명 新本成雄

별명 龍雲

생년월일 1901.10.10

직업

본적 부여군 임천면林川面 비정리飛亭里 243

주거지 通化省 柳河縣 安鎭村 公所

인상/특징 키 5척 7촌. 얼굴이 길고 피부는 조금 검다. 체격은 비만인 편이다. 입이 조금 크다. 나머지는 평범하다. 하이칼라머리. 입을 벌리고 치아를 드러내는 버릇이 있다.

시찰요점 민족주의자로서 정의부에 투신함. 군자금 조달, 기타 불령운동不逞運動에 나설 우려가 있는 자

* 박장규(1901~미상, 충남 부여). 2022년 건국훈장 애족장을 받음.

박영희 朴寧熙*

599

종별 충남-국외-정요

창씨명

별명 斗熙, 琴秋, 劍秋, 朴杓, 靜斬

생년월일 1896.12.28

직업

본적 부여군 은산면恩山面 가곡리佳谷里

주거지 소련 모스크바 지방

인상/특징 키 5척 2촌. 피부가 희고 얼굴이 조금 길다. 코가 높고 머리는 산발이다. 나머지는 평범하다.

시찰요점 민족주의자로서 언동이 거칠고 현재 대한독립단 간부로서 활약 중인 자

* 박영희(1896~1930, 충남 부여). 1977년 건국훈장 독립장을 받음.

심상언 沈相彦

599

종별 충남-국외-정요
창씨명
별명
생년월일 1903.11.10
직업
본적 아산군 음봉면陰峯面 산동리山洞里 725
주거지 러시아 小學嶺. 이하는 자세하지 않다.
인상/특징 키 5척 3촌. 둥근 얼굴. 보통 체격이다. 나머지는 평범하다.
시찰요점 민족주의자로서 1920년 만주국 군관학교를 졸업하고 불령운동不逞運動에 활약 중인 것으로 의심되는 자

이호원 李浩源*

599

종별 충남-국외-정요
창씨명
별명 甲源, 松江, 康德載
생년월일 1896.4.11
직업
본적 공주군 장기면長岐面 월송리月松里 192
주거지 通化省 通化縣 三棟楡樹村 東安街 姪 李必秀 方
인상/특징 키 5척 2촌. 얼굴이 둥글고 눈썹이 짙다. 입이 큰 편이다. 머리는 산발. 나머지는 평범하다. 눌변으로서 응접하는 태도에 오만한 기풍이 있다.
시찰요점 농후한 배일사상을 품은 자로서 또한 공산주의에 공명해 주의 선전 및 비밀결사를 조직할 우려가 있는 자

* 이호원(1891~1978, 충남 공주). 2000년 건국훈장 독립장을 받음.

이한구 李漢求 599

종별 충남-국외-정요
창씨명
별명
생년월일 1897.4.4
직업
본적 서산군 대호지면大湖芝面 사성리沙城里 360
주거지 哈爾賓 南崗西入作市 五道街 23內
인상/특징 키 5척 4촌. 얼굴이 둥글다. 하이칼라머리. 나머지는 평범하다.
시찰요점 민족주의자로서 현 정치를 혐오해 불령운동不逞運動을 기획할 우려가 있는 자

이일영 李鎰永* 599

종별 충남-국외-정요
창씨명
별명 鵬海, 公益, 公三
생년월일 1899.5.15
직업
본적 천안군 천안읍天安邑 읍내리邑內里 93
주거지 滿洲國 三江省 三道崗 三行洋行
인상/특징 키 5척 4촌. 얼굴이 좁고 길다. 피부는 희고 수염이 조금 있다. 눈이 작고 코가 높다. 귀와 입은 평범하다. 눈썹이 짙다. 머리는 산발이다. 나머지는 평범하다. 목소리가 탁하다.
시찰요점 민족주의자로서 조선독립운동에 활동 중인 것으로 의심되고 있는 자

* 이봉해(李鵬海, 1896~1950, 충남 천안). 1968년 건국훈장 독립장을 받음.

이중화 李重和

600

종별 충남-국외-정요
창씨명
별명 劍山, 中和
생년월일 1913
직업
본적 논산군 연산면連山面 관동리官洞里 528
주거지 소재불명
인상/특징 불명
시찰요점 중국에서 성장해 항일운동에 활약 중인 것으로 의심되는 자

유영로 柳永魯

600

종별 충남-국외-정요
창씨명
별명 明五, 養魯
생년월일 1888.10.5
직업 노동
본적 서산군 부석면浮石面 가사리柯沙里
주거지 샌프란시스코 부츠시에스트리트 233
인상/특징 키 5척 3촌. 얼굴이 길다. 비만 체격. 코가 크다. 나머지는 평범하다.
시찰요점 배일사상을 품고 불온한 기획에 유인될 우려가 있는 자

유명국 柳明國

600

종별 충남－국외－정요

창씨명

별명 明魯, 明玉

생년월일 1884.11.25

직업 농업

본적 서산군 부석면浮石面 가사리柯沙里 996

주거지 미국령 하와이 호놀룰루 우편비서함 1919

인상/특징 키 5척 2촌, 얼굴이 둥글고 비만 체격. 나머지는 평범하다.

시찰요점 배일사상을 품고 반역을 감행할 우려가 있는 자

김노원 金魯源

600

종별 충남－국외－정요

창씨명 金谷魯源

별명 良鐸

생년월일 1900.6.22

직업 진성반점振聲飯店

본적 대덕군 산내면山內面 삼괴리三槐里 256

주거지 北京 前門外 西河沿 45

인상/특징 키 5척 4촌. 얼굴이 길고 피부가 희다. 보통 체격이다. 귀와 눈, 코는 평범하다. 입이 크고 눈썹이 엷다. 하이칼라머리. 수염은 없다. 나머지는 평범하다.

시찰요점 민족주의자로서 조선독립을 기도하여 타인을 사주·선동할 우려가 있는 자

구태서 具泰書

600

종별 충남-국외-정요

창씨명

별명 金哲九, 具哲伊

생년월일 1900.12.4

직업

본적 청양군 목면木面 대평리大平里

주거지 소재불명

인상/특징 키 5척 5촌, 보통 체격이다. 얼굴이 조금 길고 눈이 작다. 코는 크고 낮다. 귀가 작다. 광대뼈가 뾰족하다. 나머지는 평범하다.

시찰요점 민족주의자로서 신민부新民府에 투신하여 불령운동不逞運動에 활약 중인 것으로 의심되는 자

공영규 孔泳奎

600

종별 충남-국외-정요

창씨명

별명 蘭山

생년월일 1899.11.13

직업 면화상棉花商

본적 논산군 상월면上月面 대명리大明里 777

주거지 湖北省 石家莊 新開街 永興里 15

인상/특징 키 5척 4촌 5푼, 비만 체격인 편이다. 얼굴이 둥글고 눈이 작다. 피부가 검다. 머리는 산발, 수염이 짙다. 나머지는 평범하다.

시찰요점 민족주의자로서 재외불령자在外不逞者와 연락하여 불온한 기획을 할 우려가 있는 자

최용기 崔龍基 600

종별 충남-국외-정요
창씨명
별명 龍柱
생년월일 1883.4.21
본적 서산군 이북면梨北面 내리內里 392
주거지 미국 하와이
인상/특징 키 5척 1촌. 얼굴이 길다. 눈매가 날카롭다. 나머지는 평범하다. 얼굴에 손가락 끝 크기의 사마귀가 있다.
시찰요점 민족주의자로서 재외불령자在外不逞者와 연락하여 불온한 기획을 할 우려가 있는 자

김수 金守 600

종별 충남-국외-정요
창씨명
별명 晟演
생년월일 1892.4.21
직업
본적 서천군 한산면韓山面 지현리芝峴里
주거지 奉天市 敷島區 協和街 2段 16-21
인상/특징 키 5척 4촌, 보통 체격이다. 얼굴이 둥글고 피부가 희다. 눈이 동그랗고 입이 작다. 치아가 고르고 눈썹이 짙다. 머리는 산발. 나머지는 평범하다.
시찰요점 민족주의자로서 불온·과격한 언동을 하며 타인을 사주·선동할 우려가 있는 자

김종환 金宗煥 601

종별 충남-국외-정요
창씨명
별명
생년월일 1896.1.21
직업 농업
본적 부여군 규암면窺岩面 진변리津邊里 29
주거지 濱江縣 濱○加板站 鄭家庄子交
인상/특징 키 5척 4촌. 얼굴 둥글고 피부가 희다. 나머지는 평범하다.
시찰요점 민족주의자로서 조선독립을 몽상하여 불온한 기획을 할 우려가 있는 자

김영숙 金永肅* 601

종별 충남-국외-정요
창씨명
별명 秉翊, 相周, 百舟
생년월일 1886.9.3
직업
본적 논산군 양촌면陽村面 임화리林花里 366
주거지 哈爾賓市 驛前 海關街 59
인상/특징 키 5척 4촌, 보통 체격이다. 얼굴이 둥글고 피부가 누렇다. 나머지는 평범하다.
시찰요점 민족주의자로서 재외불령자在外不逞者와 연락하고 불온한 기획을 할 우려가 있는 자

* 김영숙(1886~1955, 충남 논산). 1963년 건국훈장 독립장을 받음.

김소범 金小凡*

601

종별 충남-국외-정요

창씨명

별명 顯才, 泰顯, 泰仁

생년월일 1890.4.10

직업 정미업

본적 부여군 남면南面 삼룡리三龍里

주거지 奉天省 柳河縣 第一區 二道

인상/특징 키 5척 4촌. 얼굴이 길고 눈이 크다. 코가 높고 광대뼈가 튀어나왔다. 입이 크고 피부는 조금 검다. 비만 체격. 나머지는 평범하다.

시찰요점 불령단不逞團 통의부統義府에 투신하고 해원지방공소海原地方公所 통신원으로 활동하는 자

* 김소범(1890~미상, 충남 부여). 2012년 건국훈장 애족장을 받음.

이종건 李鍾乾*

601

종별 충남-국외-정요

창씨명 木村鍾乾

별명 東初, 世章, 元一

생년월일 1906.5.14

직업

본적 천안군 수신면修身面 동창리凍倉里 215

주거지 重慶

인상/특징 키 5척 5촌. 얼굴이 약간 길다. 아래턱이 뾰족하다. 피부가 희고 이마가 넓다. 머리카락을 5푼 길이로 짧게 깎았다. 눈이 동그랗고 크다. 코가 높고 눈썹이 짙다. 나머지는 평범하다. 목소리가 변한다. 말이 특히 빠르다.

시찰요점 농후한 민족주의자로서 군관학교를 졸업하고 김원봉金元鳳 밑에서 불령운동不逞運動에 활동 중인 자

* 이종건(1906~1960, 충남 천안). 1977년 건국훈장 독립장을 받음.

신세철 申世徹

601

종별 충남-국외-정요

창씨명

별명 趙烈, 申世玥, 申世喆

생년월일 1904.4.10

직업

본적 공주군 신하면新下面 화흥리花興里 53

주거지 알 수 없음

인상/특징 키 5척 5촌. 얼굴이 둥글고 피부가 희다. 머리는 산발이다. 코가 높고 치아가 가지런하다. 수염은 없다. 보통 체격이다. 나머지는 평범하다.

시찰요점 국민정부 군사위원회 간부훈련반 제6대를 졸업한 후 불령운동不逞運動에 활약 중인 것으로 의심되는 자

서두원 徐斗源

601

종별 충남-국외-정요

창씨명

별명 漢友

생년월일 1899.11.10

직업

본적 논산군 채운면彩雲面 우기리禹基里

주거지 미국 오하이오주 클리블랜드시

인상/특징 키 5척 2촌, 보통 체격이다. 얼굴이 긴 편이다. 피부가 검다. 머리는 산발. 나머지는 평범하다.

시찰요점 민족주의를 품고 불온한 기획을 할 우려가 있는 자

문장국 文章國 601

종별 충남-국외-정요
창씨명 平山章國
별명 鳳龍
생년월일 1893.10.8
직업 약종상藥種商
본적 서산군 근흥면近興面 마금리磨金里
주거지 間島省 汪淸縣 春明鄕 大旺川街 2區
인상/특징 키 5척 4촌. 얼굴이 둥글고 피부가 희다. 눈이 크고 코가 높다. 눈썹이 짙고 머리는 산발이다. 미남자로 보인다.
시찰요점 민족주의자로서 불온한 행동에 나설 우려가 있는 자

민병길 閔丙吉* 601

종별 충남-국외-정요
창씨명
별명 蘇雲, 君宗
생년월일 1884.5.22
직업
본적 아산군 온양면溫陽面 좌부리左部里 136
주거지 重慶
인상/특징 키 5척 3촌. 얼굴이 둥글고 하이칼라머리. 눈썹이 짙고 코가 높다. 입이 크다. 보통 체격이다. 왼쪽 윗니에 금니 1개.
시찰요점 민족주의자로서 불령단不逞團에 투신. 김구金九의 중요간부로서 활약 중인 자

* 민병길(1884~1942, 충남 아산). 1991년 건국훈장 애국장(1968년 대통령표창)을 받음.

민성기 閔成基

602

종별 충남-국외-정요

창씨명

별명

생년월일 1904.4.27

직업 비행사

본적 아산군 온양면溫陽面 좌부리左部里 136

주거지 重慶

인상/특징 키 5척 5촌. 얼굴이 둥글다. 눈과 입이 크다. 코와 귀는 평범하다. 피부가 희다. 수염은 없다. 왼쪽 윗니에 금의치 2개

시찰요점 농후한 민족주의자로서 불령단不逞團에 투신하여 활약 중인 것으로 의심되는 자

천순갑 千順甲

602

종별 충남-국외-정요

창씨명

별명

생년월일 1897.1.10

직업

본적 부여군 부여면扶餘面 가증리佳增里

주거지 블라디보스토크 新韓村 テレジオドローツウイ 27-8

인상/특징 키 5척 4촌, 보통 체격이다. 얼굴이 길고 피부가 희다. 머리는 산발. 나머지는 평범하다.

시찰요점 배일사상을 품고 불온·과격한 언동을 할 우려가 있는 자

천상기 千相基 602

종별 충남-국외-정요

창씨명

별명 相玉

생년월일 1868.3.10

직업

본적 부여군 부여면扶餘面 가증리 佳增里

주거지 블라디보스토크 新韓村 テレジオドローツウイ 27-8

인상/특징 키 5척 5촌. 머리는 산발. 보통 체격이다. 얼굴은 둥근편. 나머지는 평범하다.

시찰요점 배일사상을 품고 불온·과격한 언동을 할 우려가 있는 자

성주복 成周復 602

종별 충남-국외-정요

창씨명

별명 駿用, 周福, 周寬, 駿泳, 周寔

생년월일 1888년생

직업

본적 호적 기록에서 빠진 자. (출생지) 아산군 배방면排芳面 회룡리回龍里

주거지 重慶

인상/특징 키 5척 3촌, 체격은 비만인 편. 얼굴이 사각형이다. 양쪽 발이 활 모양으로 굽었다(藿足).

시찰요점 농후한 민족주의자이고 조선민족혁명당 간부로서 불령운동不逞運動에 활약 중인 자

이종덕 李鍾德

602

종별 충남-국외-정요

창씨명 李村鍾德

별명

생년월일 1887.11.10

직업 목사

본적 홍성군 장곡면長谷面 화계리花溪里 254

주거지 安東省 鳳凰城縣 二道河子 申赫均 方

인상/특징 키 5척 3촌. 얼굴이 좁고 길다. 눈이 작고 피부가 희다. 보통 체격이다. 수염이 8자 모양이다. 머리는 산발. 나머지는 평범하다.

시찰요점 농후한 민족주의자로서 불온·과격한 언동을 할 우려가 있는 자

1945년 3월

조선인요시찰인약명부

함경북도

함북고비병咸北高秘丙 제533호
소화昭和 20년[1945] 4월 6일

[발신자] 함경북도지사
[수신자] 경무국장
관계 각 청廳 장관

요시찰인약명부要視察人略名簿 송부送付에 관한 건

조선인 내지도항제한제도內地渡航制限制度의 폐지에 따른 취급협정에 기초하여 본도 내 요시찰인약명부를 별책과 같이 송부함

추신 : 본 약명부 수령 후 별첨 영수기領收記를 회송해 주기 바람

발송처
경무국장, 각 도지사, 경성 본정·종로·동대문·서대문·용산·평양·대구·신의주·진남포·인천·군산·목포·원산·부산·부산수상·대전·여수 각 경찰서장
내무성 경보국장警保局長, 경시총감, 북해도 장관, 가라후토청樺太廳 장관
교토京都·오사카大阪·나가사키長崎·후쿠오카福岡·오이타大分·야마구치山口·히로시마廣島·오카야마岡山·도치기栃木·후쿠이福井·가나가와神奈川·시즈오카靜岡·아이치愛知·기후岐阜·시가滋賀·나가노長野·효고兵庫·와카야마和歌山·미야기宮城·아오모리青森·이시카와石川·도야마富山·미에三重 각 부현府縣 지사
도쿄東京·오사카大阪·시노모세키下關·베이징北京·톈진天津·상하이上海·신징新京·하얼빈哈爾濱·간도間島·지린吉林·펑톈奉天·무단장牡丹江·훈춘琿春 각 파견원
관동청 경무국장, 대만총독부 경무국장
조선헌병대사령관, 경성·평양·대구·함흥·나남 각 헌병대장
관하 경찰서장

요시찰인종별인원수표 [함경북도]

구분	종별	인원수	소계	합계
관내	특요	131	138	279
	정요	7		
	보요			
내지	특요	2	5	
	노요	2		
	보요	1		
국외	특요	103	136	
	정요	30		
	보요	3		

요시찰인약명부색인표

종별	이름	이름	창씨명	비고
함북－管內－特要	윤석필	尹錫弼	平沼行弼	
함북－管內－特要	윤짐송	尹朕松	平沼宇一	
함북－管內－特要	배성달	裵聖達		
함북－管內－特要	마청룡	馬靑龍	梧川靑龍	
함북－管內－特要	임학순	任學淳		
함북－管內－特要	박기동	朴基棟	新本基雄	
함북－管內－特要	박재형	朴在衡	井本吉勇	
함북－管內－特要	박태을	朴太乙	新本太乙	
함북－管內－特要	박경득	朴庚得	英井庚得	
함북－管內－特要	박훈병	朴勳秉		
함북－管內－特要	박금봉	朴今鳳	善元今鳳	
함북－管內－特要	박장송	朴長松	朴澤正盛	
함북－管內－特要	박문일	朴文一	木村文一	
함북－管內－特要	장순명	張順明	星野順明	
함북－管內－特要	장채극	張彩極	竹村英作	
함북－管內－特要	장원태	張源泰	張田源泰	
함북－管內－特要	장남룡	張南龍	吉本南龍	
함북－管內－特要	장학봉	張學鳳	大張烽	
함북－管內－特要	장문행	張文行	吉田文行	

종별	이름	이름	창씨명	비고
함북-管內-特要	장기태	張淇泰	張田淇泰	
함북-管內-特要	조규헌	趙奎憲	白川富一	
함북-管內-特要	장채호	張彩昊	吉原正雄	
함북-管內-特要	장봉익	張鳳翼	平陽春南	
함북-管內-特要	장성종	張聲鍾	安東聲鍾	
함북-管內-特要	지동완	池東浣	池田東浣	
함북-管內-特要	지길남	池吉南	池田吉南	
함북-管內-特要	이용국	李龍國	綠野青丘	
함북-管內-特要	이봉남	李鳳南	安岳鳳南	
함북-管內-特要	이일복	李一福	芝山一福	
함북-管內-特要	이청룡	李青龍		
함북-管內-特要	이재익	李在益		
함북-管內-特要	이도원	李圖遠	松山圖遠	
함북-管內-特要	이승전	李承典	吉倉正茂	
함북-管內-特要	이팔석	李八石	宮本八石	
함북-管內-特要	이인수	李仁守	武本仁守	
함북-管內-特要	이수영	李壽永	安木穗馥	
함북-管內-特要	이도우	李道雨	茂山道雄	
함북-管內-特要	이삼월쇠	李三月釗	白山三月釗	
함북-管內-特要	이원섭	李元燮	李山丙喆	李山丙喆은 이병철의 창씨명. 본문 참조
함북-管內-特要	이승범	李勝凡	芝山勝凡	
함북-管內-特要	이일수	李一洙	松山一洙	
함북-管內-特要	이대진	李大珍	大高東作	
함북-管內-特要	이두흥	李斗興	廣川斗興	
함북-管內-特要	이재섭	李載燮	星野載燮	
함북-管內-特要	이명	李溟	松岡清一	
함북-管內-特要	이남훈	李南薰	木村薰	
함북-管內-特要	이봉재	李鳳宰	國本鳳宰	
함북-管內-特要	임윤기	林允基		
함북-管內-特要	양두석	梁斗錫	梁川斗錫	
함북-管內-特要	함춘성	咸春星	江原春雄	
함북-管內-特要	한정택	韓楨宅	清原楨宅	

종별	이름	이름	창씨명	비고
함북-管內-特要	한최욱	韓最頊	西原最頊	
함북-管內-特要	송성관	宋成寬	武本寬治	
함북-管內-特要	현일봉	玄一鳳	玄山一鳳	
함북-管內-特要	현초득	玄初得		
함북-管內-特要	현우철	玄禹鐵	延山禹鐵	
함북-管內-特要	현영호	玄永晧	玄山永晧	
함북-管內-特要	현일송	玄一松	玄海一松	
함북-管內-特要	원태봉	元泰鳳	元原泰鳳	
함북-管內-特要	황구룡	黃九龍	平沼淸新	
함북-管內-特要	황태성	黃泰成	東野錢	
함북-管內-特要	황운한	黃雲漢		
함북-管內-特要	오격석	吳格石	吳山格石	
함북-管內-特要	정재훈	鄭在勳	善竹新造	
함북-管內-特要	정가운	鄭嘉云	河本嘉云	
함북-管內-特要	정남수	鄭南洙	烏川南洙	
함북-管內-特要	정석형	鄭錫亨	烏川錫亨	
함북-管內-特要	정일인	鄭日仁	烏川日仁	
함북-管內-特要	정창섭	鄭昌燮	鄭村昌燮	
함북-管內-特要	정운태	鄭云台	國本秀雄	
함북-管內-特要	정명준	鄭命俊	德山芳松	
함북-管內-特要	정태은	鄭泰殷	花山壽男	
함북-管內-特要	안초길	安初吉	安田光雄	
함북-管內-特要	최창식	崔昌植		
함북-管內-特要	최창극	崔昌極	崔村昌極	
함북-管內-特要	최학송	崔學松	大山學松	
함북-管內-特要	최용섭	崔龍燮	佐井龍燮	
함북-管內-特要	최필종	崔弼鍾		
함북-管內-特要	최봉산	崔鳳山		
함북-管內-特要	최우집	崔禹集	武川旭	
함북-管內-特要	최판흥	崔判興	山本判興	
함북-管內-特要	최석순	崔錫筍		
함북-管內-特要	최용진	崔龍振	山田龍振	
함북-管內-特要	최판옥	崔判玉	渡邊卓令	

종별	이름	이름	창씨명	비고
함북-管內-特要	채수억	蔡壽億	平安壽億	
함북-管內-特要	김태균	金泰均	安田泰均	
함북-管內-特要	김증두	金增斗	金川增治	
함북-管內-特要	김하창	金河昌		
함북-管內-特要	김길돌	金吉乭	金井吉乭	
함북-管內-特要	김복	金福	金原福	
함북-管內-特要	김창원	金昌元	金山昌元	
함북-管內-特要	김창일	金昌一	德山秋夫	
함북-管內-特要	김재수	金在水	金澤在水	
함북-管內-特要	김학걸	金鶴傑	金田鶴傑	
함북-管內-特要	김수경	金壽慶	西川賢一	
함북-管內-特要	김승준	金承俊	松田承俊	
함북-管內-特要	김원술	金元述	金海元述	
함북-管內-特要	김영재	金永才	金城永才	
함북-管內-特要	김상국	金相國	金川相國	
함북-管內-特要	김수혁	金秀赫	金海秀次郎	
함북-管內-特要	김용걸	金容杰	金城容杰	
함북-管內-特要	김선곤	金善坤	金城耕慈	
함북-管內-特要	김금남	金今男	金坂今男	
함북-管內-特要	김경철	金景哲	金田景哲	
함북-管內-特要	김복만	金福萬	金海誠	
함북-管內-特要	김채준	金采俊	豊永淸	
함북-管內-特要	김귀남	金貴南	金村貴南	
함북-管內-特要	김호경	金灝經	金城幸作	
함북-管內-特要	김윤선	金允善	福島興國	
함북-管內-特要	김석준	金碩俊	金海碩俊	
함북-管內-特要	김상록	金商祿	森本正雄	
함북-管內-特要	김광수	金光洙	金光勳	
함북-管內-特要	김태화	金泰華	大本泰華	
함북-管內-特要	김홍상	金洪相	金城洪相	
함북-管內-特要	김형관	金衡寬	金原大高	
함북-管內-特要	김성범	金星範	竹田信一	
함북-管內-特要	김재림	金在淋		

종별	이름	이름	창씨명	비고
함북－管內－特要	허성진	許聖鎭	松許聖鎭	
함북－管內－特要	허용훈	許容勳	吉村貞一	
함북－管內－特要	허석필	許錫弼	松下錫弼	
함북－管內－特要	허남룡	許南龍	岩本南龍	본문에는 岩村南龍
함북－管內－特要	강두송	姜斗松	神農斗松	
함북－管內－特要	강석준	姜錫俊	大山錫俊	
함북－管內－特要	차철돌	車鐵乭	江村鐵乭	
함북－管內－特要	신동욱	申東昱	中山勝夫	
함북－管內－特要	맹두은	孟斗恩	昭山富男	
함북－管內－特要	민공호	閔工鎬	松川工鎬	
함북－管內－特要	전창록	全昌祿	全村昌祿	
함북－管內－特要	전금석	全金錫	松山金錫	본문에는 松本金錫
함북－管內－特要	전여종	全呂鍾		
함북－管內－特要	김우일	金宇一	石川宇一	
함북－管內－特要	전인학	全仁學		
함북－管內－特要	천주돌	千周乭		
함북－管內－政要	박영문	朴英文		
함북－管內－政要	이광호	李光鎬	白山光鎬	본문에는 白山泰光
함북－管內－政要	엄달봉	嚴達奉	嚴本聲宇	
함북－管內－政要	오상호	吳尙浩	海野尙浩	
함북－管內－政要	오기수	吳麒洙	牧野一雄	
함북－管內－政要	김한동	金漢童	秋山一夫	
함북－管內－政要	등전원태랑	藤田源太郎		
함북－內地－特要	정사갑	鄭四甲		
함북－內地－特要	김선희	金善姬		
함북－內地－普要	김임	金稔		
함북－內地－普要	김완식	金完植	金波完植	
함북－內地－勞要	박일범	朴日範		
함북－國外－特要	여남수	呂南壽		
함북－國外－特要	마창수	馬昌洙		
함북－國外－特要	박상순	朴相淳		
함북－國外－特要	방규성	方奎星	天村景光	
함북－國外－特要	박광영	朴光英		

종별	이름	이름	창씨명	비고
함북-國外-特要	박도석	朴道石		
함북-國外-特要	박성렬	朴成烈		
함북-國外-特要	박봉헌	朴鳳憲	新井鳳憲	
함북-國外-特要	박병균	朴秉均	新井康民	
함북-國外-特要	박자갑	朴自甲	泉自甲	
함북-國外-特要	박승룡	朴昇龍	新井昇龍	
함북-國外-特要	동하현	董夏鉉		
함북-國外-特要	이익성	李益星		
함북-國外-特要	이철봉	李鐵峰		
함북-國外-特要	이충근	李忠根		
함북-國外-特要	이영석	李濚錫		
함북-國外-特要	이두용	李斗用	星山斗用	
함북-國外-特要	이봉남	李鳳南		
함북-國外-特要	이학린	李學麟		
함북-國外-特要	이우석	李隅石		
함북-國外-特要	이괄	李括		
함북-國外-特要	이영근	李英根		
함북-國外-特要	이만송	李萬松		
함북-國外-特要	이인구	李麟求	春野繁	
함북-國外-特要	이경봉	李庚鳳		
함북-國外-特要	이장군	李將軍	立花巖	본문에는 기록 없음
함북-國外-特要	이홍렬	李洪烈	夏山茂洪	
함북-國外-特要	이창일	李昌日		
함북-國外-特要	임민호	林珉鎬		
함북-國外-特要	이봉철	李鳳鐵		
함북-國外-特要	육학림	陸學林	陸川學林	
함북-國外-特要	한흥립	韓興立		
함북-國外-特要	송태규	宋泰奎		
함북-國外-特要	남무길	南戊吉		
함북-國外-特要	남병린	南秉麟		
함북-國外-特要	남충렬	南忠烈		
함북-國外-特要	나순금(여)	羅順金(女)		
함북-國外-特要	구철성	具哲成		

종별	이름	이름	창씨명	비고
함북-國外-特要	현해도	玄海濤		
함북-國外-特要	현귀남	玄貴南	正山貴南	
함북-國外-特要	황이옥	黃利玉		
함북-國外-特要	홍석기	洪錫箕		
함북-國外-特要	오성륜	吳成崙		
함북-國外-特要	황일보	黃一甫		
함북-國外-特要	권영주	權永周	陽村永周	
함북-國外-特要	오쾌일	吳快一		
함북-國外-特要	정봉죽	鄭鳳竹		
함북-國外-特要	정희현	鄭希賢		
함북-國外-特要	정병조	鄭炳朝	吉村炳朝	
함북-國外-特要	안시운	安時運		
함북-國外-特要	안이남	安二男		
함북-國外-特要	안태진	安泰珍		
함북-國外-特要	채수오	蔡洙五		
함북-國外-特要	최원강	崔元强		
함북-國外-特要	최홍범	崔鴻範		
함북-國外-特要	최태민	崔泰敏	海山泰敏	
함북-國外-特要	최정국	崔正國		
함북-國外-特要	최형진	崔亨鎭		
함북-國外-特要	최원용	崔元容	大山元容	
함북-國外-特要	최석하	崔錫夏		
함북-國外-特要	최창석	崔昌錫	大山昌錫	
함북-國外-特要	최주석	崔周石	白三富治	
함북-國外-特要	최문호	崔文鎬		
함북-國外-特要	최운송	崔雲松	山本秀雄	
함북-國外-特要	최상만	崔想萬	山本想萬	
함북-國外-特要	김창욱	金昌郁		
함북-國外-特要	김문석	金文錫		
함북-國外-特要	김세광	金世光		본문에는 기록 없음
함북-國外-特要	김득용	金得用	鷹峰得用	
함북-國外-特要	김하구	金河求		본문에는 金河球
함북-國外-特要	김철훈	金轍壎		

종별	이름	이름	창씨명	비고
함북-國外-特要	김양수	金良洙		
함북-國外-特要	김하룡	金河龍		
함북-國外-特要	김병주	金秉周		
함북-國外-特要	김종철	金宗哲		
함북-國外-特要	김성범	金星範	竹田信一	중복수록 본문에는 삭제 표시
함북-國外-特要	김원길	金元吉	金城元吉	
함북-國外-特要	김완석	金完石	金海完石	
함북-國外-特要	김백용	金百用		
함북-國外-特要	허정삼	許正三		
함북-國外-特要	허길완	許吉完		본문에는 기록 없음
함북-國外-特要	김영환	金泳煥		
함북-國外-特要	김동준	金東俊		
함북-國外-特要	김인묘석	金寅卯石	金城義久	
함북-國外-特要	김낙준	金洛俊		
함북-國外-特要	김승훈	金承塤		
함북-國外-特要	강정윤	姜丁允	大山洛哲	
함북-國外-特要	김추신(여)	金秋信(女)		
함북-國外-特要	김명월	金明月	金田秀夫	
함북-國外-特要	김택룡	金澤龍	金山林經	
함북-國外-特要	허승룡	許承龍	岩村承龍	
함북-國外-特要	김채룡	金采龍	金原進	
함북-國外-特要	김호근	金灝根		
함북-國外-特要	서상용	徐相庸		
함북-國外-特要	신윤치	申允致		
함북-國外-特要	주청송	朱青松		
함북-國外-特要	주관중	朱管仲		
함북-國外-特要	차종수	車鍾洙	富田常平	
함북-國外-特要	전승익	全承翼	鶴見承翼	
함북-國外-特要	전성호	全盛鎬		
함북-國外-特要	전원협	金元俠	全村元俠	
함북-國外-特要	전길룡	全吉龍	全村吉龍	
함북-國外-特要	전용신	全鎔臣		

종별	이름	이름	창씨명	비고
함북-國外-政要	박희영	朴凞榮		
함북-國外-政要	박성민	朴性民		
함북-國外-政要	박창렬	朴昌烈		
함북-國外-政要	지득룡	池得龍		
함북-國外-政要	이승래	李承來		
함북-國外-政要	이성오	李成五		
함북-國外-政要	이일붕	李日鵬	芝山日鵬	
함북-國外-政要	이태륜	李太倫		
함북-國外-政要	이동철	李東喆	塔城東哲	
함북-國外-政要	양하구	梁河龜		
함북-國外-政要	양재한	梁材韓		
함북-國外-政要	유규병	柳奎秉		
함북-國外-政要	우전갑	禹殿甲		
함북-國外-政要	원재룡	元在龍		
함북-國外-政要	고이영	高利英		
함북-國外-政要	고양인	高陽吝	高山陽吝	
함북-國外-政要	권호범	權豪範		
함북-國外-政要	안일봉	安逸鳳		
함북-國外-政要	최경천	崔慶天		
함북-國外-政要	최준형	崔俊衡		
함북-國外-政要	채규오	蔡奎伍		
함북-國外-政要	김문호	金文鎬		
함북-國外-政要	김창옥	金昌玉		
함북-國外-政要	김홍종	金洪鍾		
함북-國外-政要	강순	姜純		
함북-國外-政要	강제환	姜齊煥		
함북-國外-政要	허기	許琦	岩村璣	
함북-國外-政要	맹정국	孟正國		
함북-國外-普要	윤동철	尹東喆		
함북-國外-普要	남송	南松		
함북-國外-普要	마종국	馬鍾國		

윤석필 尹錫弼*

620

종별 함북-관내-특요
창씨명 平沼行弼
별명
생년월일 1900.12.24
직업 목재상木材商
본적 함북 경성군 경성면鏡城面 승암동勝岩洞
주거지 함북 청진부 금정錦町
인상/특징 키 5척 6촌, 보통 체격이다. 얼굴이 길고 피부가 희다. 눈썹이 짙다. 나머지는 평범하다.
시찰요점 민족·공산주의를 신봉하고 타인을 사주·선동하며 실천운동에 나설 우려가 있다.

* 북선운송합명회사 대표사원, 조선신문사 나남지국 무산주재원, 무산지국장, 면회의원, 도회의원 등 역임[조선인사흥신록(1935), 조선일보 1936.10.9].

윤짐송 尹朕松*

620

종별 함북-관내-특요
창씨명 平沼宇一
별명 星宇
생년월일 1907.4.27
직업
본적 함북 경성군 주을온면朱乙溫面 팔향동八鄕洞 165
주거지 소재불명
인상/특징 키 5척 4촌. 얼굴이 길고 피부가 검다. 보통 체격이다. 눈썹이 짙다. 수염은 없다. 나머지는 평범하다.
시찰요점 공산주의를 신봉하고 지방 청소년을 사주·선동하여 불온한 행동에 나설 우려가 있다.

* 경성청년동맹, 조선청년총동맹 등에서 윤성우란 이름으로 활동했다[용의조선인명부(1934), 동아일보 1930.10.7, 조선일보 1929.1.25, 1930.11.22].

배성달 裵聖達 620

종별 함북-관내-특요
창씨명
별명 東林革
생년월일 1907.9.28
직업
본적 경북 대구부 봉산정鳳山町 37
주거지 소재불명
인상/특징 키 5척 4촌 5푼. 피부가 희고 눈썹이 짙다. 얼굴이 약간 길다. 눈이 가늘고 길며 날카롭다. 코가 높고 치아가 고르다. 보통 체격이다. 호남자로 보인다.
시찰요점 민족의식이 농후하고 배일사상을 품었음. 공산주의에 공명하고 늘 주의의 연구에 몰두하며 부민部民을 선동할 우려가 있다.

마청룡 馬靑龍 620

종별 함북-관내-특요
창씨명 梧川靑龍
별명
생년월일 1909.11.20
직업 무직
본적 함남 혜산군 봉두면鳳頭面 백암리白岩里
주거지 함북 경성군 어대진읍漁大津邑 송흥동松興洞 상송上松
인상/특징 키 5척 3촌, 보통 체격이다. 얼굴이 약간 길고 피부가 검다. 머리를 바싹 짧게 깎았다. 입이 크다. 나머지는 평범하다.
시찰요점 민족·공산주의를 신봉하여 일찍이 동만東滿 조선인의 조국광복회祖國光復會라는 비밀결사에 공명한 바 있다.

임학순 任學淳 621

종별 함북－관내－특요
창씨명 豊川學淳
별명 古分乭
생년월일 1907.10.2
직업 교원敎員
본적 함남 이원군 남면南面 상차호리上遮湖里 114
주거지 함북 청진부 원정元町
인상/특징 키 5척 7촌, 마른 체형. 얼굴이 길고 코가 높다. 귀가 작다. 머리를 바싹 짧게 깎았다. ○○. 치아가 고르지 않다. 평안도 사투리
시찰요점 공산주의를 신봉하고 타인을 사주·선동하며 실천운동에 나설 우려가 있다.

박기동 朴基棟 621

종별 함북－관내－특요
창씨명 新本基雄
별명 曙野
생년월일
직업 나진철공회사 출장소 주임
본적 전남 광양군 광양면光陽面 읍내리邑內里 60
주거지 함북 청진부 본정本町 3정목丁目 88
인상/특징 키 5척 4촌. 얼굴이 둥글고 피부가 희다. 입이 작고 코가 높다. 귀는 약간 작다. 머리를 바싹 짧게 깎았다. 수염은 없다. 나머지는 평범하다.
시찰요점 민족·공산주의를 신봉하고 타인을 사주·선동할 우려가 있다.

박재형 朴在衡* 621

종별 함북-관내-특요

창씨명 井本吉勇

별명 宗玉

생년월일 1903.3.14

직업 농업 겸 보험외교

본적 함북 학성군 학성면鶴城面 금천동錦川洞 400

주거지 함북 학성군 학성면 금천동 400

인상/특징 키 5척 3촌. 얼굴이 둥글고 피부가 검붉은 색이다. 보통 체격이다. 머리를 바싹 짧게 깎았다. 나머지는 평범하다.

시찰요점 공산주의를 신봉하고 타인을 사주·선동할 우려가 있다.

* 1932년 성진농민조합사건 관계로 피신 중[용의조선인명부(1934)].

박태을 朴太乙* 622

종별 함북-관내-특요

창씨명 新本太乙

별명 正錫

생년월일 1907.10.5

직업 농업

본적 함북 경성군 어랑면漁郞面 하우동河隅洞 336

주거지 함북 경성군 어랑면 하우동 336

인상/특징 키 5척 5촌, 보통 체격이다. 얼굴이 길고 피부가 희다. 입이 크고 뻐드렁니다. 머리를 바싹 짧게 깎았다. 나머지는 평범하다.

시찰요점 공산주의를 신봉하고 청소년을 사주·선동하여 실천운동에 나설 우려가 있다.

* 1934년 11월 27일 치안유지법 위반으로 청진지방법원에서 징역 2년(미결구류 380일 통산)을 받음[동아일보 1934.11.29].

박경득 朴庚得* 622

종별 함북－관내－특요
창씨명 英井庚得
별명 辰會
생년월일 1910.9.21
직업 철공소
본적 함남 신흥군 가평면加平面 장풍리長豐里 677
주거지 청진부 송음정松蔭町 3정목丁目 363(함경남도에 피검되어 취조 중)
인상/특징 키 5척 5촌, 보통 체격이다. 얼굴이 둥글고 피부고 희다. 눈썹이 짙다. 눈매가 날카롭고 코가 높다. 치아가 가지런하다.
시찰요점 공산주의를 신봉하고 과감한 실천투쟁에 나설 우려가 있다.

* 1934년 3월 26일 치안유지법 위반으로 함흥지방법원에서 징역 3년(미결통산 210일 통산)을 받음. '신흥적색노동조합 사건'[동아일보 1934.3.27].

박훈병 朴勳秉* 622

종별 함북－관내－특요
창씨명
별명
생년월일 1909.4.24
직업 대공大工
본적 함남 덕원군 적전면赤田面 당중리堂中里 206
주거지 소재불명
인상/특징 키 5척 4촌 5푼. 얼굴이 긴 편이다. 나머지는 평범하다.
시찰요점 공산주의를 신봉하고 불온·과격한 언동을 하며 타인을 사주·선동할 우려가 있다.

* ①1931년 4월 22일 치안유지법 위반으로 함흥지방법원에서 징역 2년(미결구류 120일 통산)을 받음. '일명 함남공산당 사건'[동아일보 1931.5.14, 조선일보 1931.5.14], ②1934년 11월 22일 치안유지법 위반으로 함흥지방법원에서 징역 2년(미결구류 300일 통산)을 받음. 함흥형무소에서 1936년 1월 27일 출옥함. '덕원적색농민조합 사건'[동아일보 1934.11.24, 조선일보 1936.2.4].

박금봉 朴今鳳

622

종별 함북-관내-특요

창씨명 善元今鳳

별명 云鍾

생년월일 1917.11.5

직업

본적 함북 길주군 덕산면德山面 지산동芝山洞 만어리晩於里

주거지 청진형무소

인상/특징 키 5척 3촌, 보통 체격이다. 얼굴이 둥글고 피부가 검다. 눈이 동그랗고 크다. 나머지는 평범하다. 오른쪽 얼굴에 화상 흉터가 있다.

시찰요점 공산주의를 신봉하고 타인을 사주·선동할 우려가 있다.

박장송 朴長松*

622

종별 함북-관내-특요

창씨명 朴澤正盛

별명 셈린, 朴志成, 金元宗, 徐永鎬

생년월일 1903.1.9

직업 탄광 노무계

본적 함북 온성군 온성면穩城面 주원동周原洞 537

주거지 함북 온성군 온성면 주원동 537

인상/특징 키 5척 5촌. 얼굴이 길고 피부가 희다. 눈썹이 크다. 코가 높고 콧수염이 있다. 보통 체격이다. 나머지는 평범하다.

시찰요점 농후한 공산주의자로서 실행운동에 나설 우려가 있다.

* 1931년 10월 28일 치안유지법 위반으로 경성지방법원에서 징역 3년을 받음. '조선후계공산당 사건'[조선일보 1931.10.29].

박문일 朴文一 622

종별 함북-관내-특요
창씨명 木村文一
별명 朴哲, 朴承鎬
생년월일 1905.5.18
직업 토목하청원土木下請員
본적 경북 대구부 달성정達城町 3
주거지 소재불명
인상/특징 키 5척 3촌, 마른 체형. 위쪽 수염이 있다. 얼굴이 길고 피부가 검다. 나머지는 평범하다.
시찰요점 민족·공산주의자로서 배일사상을 품고 실천운동에 나설 우려가 있다.

장순명 張順明* 623

종별 함북-관내-특요
창씨명 星野順明
별명 水山, 永山, 昌澤
생년월일 1900.12.13
직업
본적 함남 원산부 용동龍洞 72
주거지 청진형무소
인상/특징 키 5척 2촌 5푼. 얼굴이 둥글고 피부는 조금 희다. 귀가 작고 눈썹이 짙다. 눈이 크고 수염이 있다.
시찰요점 농후한 공산주의자로서 언동이 과격해 위험성이 있다.

* ①1925년 6월 8일 경성지방법원에서 보안법 위반으로 징역 8월을 받음. '적기사건, 적기만세 사건'[판결문, 왜정시대인물사료], ②1928년 2월 13일 경성지방법원에서 징역 2년 6월(미결구류 330일 통산)을 받음. '조선공산당 사건'[조선일보 1928.2.14], ③1934년 3월 13일 청진지방법원에서 징역 5년(미결구류 40일 통산)을 받음. '함북공산당사건'[조선일보 1934.3.16].

장채극 張彩極*

623

종별 함북-관내-특요

창씨명 竹村英作

별명 山海, 大關

생년월일 1898.8.27

직업 극장 경영주

본적 함북 부령군 청암면青岩面 반죽동班竹洞 229

주거지 함북 청진부 녹정綠町 401

인상/특징 키 5척 3촌. 얼굴이 약간 길고 광대뼈가 튀어나왔다. 치아가 고르다. 약간 말을 더듬는 버릇이 있다. 나머지는 평범하다. 로이드안경을 쓴다.

시찰요점 과격한 배일사상을 가짐. 공산주의에 공명하여 타인을 선동할 우려가 있다.

* 장채극(1897~1972, 함북 부령). 1993년 건국훈장 애족장을 받음.

장원태 張源泰*

623

종별 함북-관내-특요

창씨명 張田源泰

별명

생년월일 1909.1.25

직업 주류 소매酒類小賣

본적 함북 경성군 주을읍朱乙邑 오류동五柳洞 275

주거지 함북 경성군 주을읍 온천동溫川洞

인상/특징 키 5척 5촌, 보통 체격이다. 얼굴이 조금 길고 눈이 크다. 피부는 희다. 나머지는 평범하다. 호남자로 보인다.

시찰요점 공산주의를 신봉하고 타인을 사주·선동할 우려가 있다.

* 1936년 10월 19일 청진지방법원에서 징역 2년을 받음. '조선공산주의자동맹 사건, 함북노농협의회 사건'[동아일보 1934.7.29, 조선일보 1936.10.21].

장남룡 張南龍* 624

종별 함북-관내-특요

창씨명 吉本南龍

별명 六尺

생년월일 1905.10.10

직업 잡역 인부

본적 함북 부령군 청암면青岩面 반죽동班竹洞

주거지 함북 청진부 반죽정班竹町 미쓰비시사택三菱社宅 직원구락부

인상/특징 키 5척 7촌. 얼굴이 길다. 보통 체격이다. 나머지는 평범하다.

시찰요점 공산주의 및 배일사상을 품고 실천활동에 나설 우려가 있다.

* 1934년 11월 6일 청진지방법원에서 징역 5년(미결구류 550일 통산)을 받음[동아일보 1934. 11.8].

장학봉 張學鳳 624

종별 함북-관내-특요

창씨명 大張烽

별명 張烽

생년월일 1907.10.12

직업 서화업書畫業

본적 함북 청진부 포항정浦項町 242

주거지 함북 청진부 화원정花園町 2정목丁目 28

인상/특징 키 5척 4촌. 얼굴이 길고 피부가 검다. 눈이 크다. 입과 코는 조금 크고 높다. 마른 체형. 오른발을 전다.

시찰요점 민족·공산주의를 품고 해방운동 및 사회운동 등에 관해 불온·과격한 언동을 한다.

장문행 張文行*

624

종별 함북-관내-특요

창씨명 吉田文行

별명 鈴木龜雄

생년월일 1906.4.5

직업 일철삼사회日鐵三社會 노무계

본적 함남 영흥군 순령면順寧面 중양리中陽里 173

주거지 함북 청진부 서정산정西靜山町

인상/특징 키 5척 3촌 5푼. 코가 높고 얼굴이 길다. 피부는 희다. 나머지는 평범하다. 직경 8푼 크기로 머리가 벗겨졌다.

시찰요점 공산주의를 신봉하고 타인을 사주·선동하며 실천운동에 나설 우려가 있다.

* 1933년 5월 29일 함흥지방법원에서 징역 2년을 받음. '영흥농조사건, 영흥농민폭동사건'[조선일보 1933.5.30].

장기태 張淇泰*

624

종별 함북-관내-특요

창씨명 張田淇泰

별명

생년월일 1914.1.13

직업

본적 함북 경성군 주을온면朱乙溫面 오류동五柳洞 275

주거지 소재불명

인상/특징 키 5척 3촌, 마른 체형. 아래턱이 뾰족하다. 귀는 조금 크고 입은 조금 작다. 나머지는 평범하다.

시찰요점 공산주의를 신봉하고 타인을 사주·선동할 우려가 있다.

* 1936년 10월 19일 청진지방법원에서 징역 2년을 받음. '조선공산주의자동맹 사건'[조선일보 1936.5.28, 1936.10.21].

조규헌 趙奎憲*

624

종별 함북-관내-특요

창씨명 白川富一

별명 斗熙

생년월일 1899.12.29

직업 노무계장勞務係長

본적 함남 북청군 양가면良家面 중리中里 2302

주거지 학성군 학서면鶴西面 청학동青鶴洞 석면광업소

인상/특징 키 5척 2촌, 몸집이 작다. 눈이 크고 날카롭다. 치아가 가지런하다. 코가 높고 얼굴이 길다. 피부는 조금 검다. 노동자풍으로 보인다.

시찰요점 치열하게 공산주의를 품고 있으며 실천활동에 나설 우려가 있다.

* 1932년 9월 19일 치안유지법 위반으로 경성지방법원에서 징역 2년(미결구류 180일 통산)을 받음. '조선공산당재건정리위원회 사건'[동아일보 1932.9.20].

장채호 張彩昊*

624

종별 함북-관내-특요

창씨명 吉原正雄

별명 張丙喆

생년월일 1907.9.7

직업 정회町會 회장

본적 함북 청진부 동수남정東水南町 575

주거지 함북 청진부 청암정青岩町 575

인상/특징 키 5척 4촌. 얼굴이 길고 피부가 희다. 코가 높다. 나머지는 평범하다. 호남자로 보인다.

시찰요점 배일·공산사상을 품고 불온한 언동을 하며 타인을 사주·선동할 우려가 있다.

* 1934년 11월 6일 청진지방법원에서 징역 1년 6개월(미결구류 1년 6개월 통산)을 받음. '청암적색테러사건'[조선중앙일보 1934.11.8].

장봉익 張鳳翼*

625

종별 함북-관내-특요
창씨명 平陽春南
별명
생년월일 1905.12.27
직업 ○○업
본적 함북 부령군 석막면石幕面 창흥동彰興洞 300
주거지 함북 청진부 화원정花園町 317
인상/특징 키 5척 3촌. 얼굴이 약간 길고 피부가 검다. 눈이 가는 편이다. 나머지는 평범하다.
시찰요점 배일·공산주의를 품고 불온한 언동을 하며 타인을 사주·선동할 우려가 있다.

* 1927년 3월 25일 청진지방법원에서 징역 6월(집행유예 2년)을 받음. '태양회 사건'[조선일보 1927.3.31].

장성종 張聲鍾*

625

종별 함북-관내-특요
창씨명 安東聲鍾
별명
생년월일
직업 석탄광산 하청下請
본적 함남 북청군 속후면俗厚面 나호리羅湖里 572
주거지 함북 학성군 학남면鶴南面 만춘동晩春洞 제1구
인상/특징 키 5척 5촌, 조금 마른 체형. 얼굴이 긴 편, 피부는 희다. 머리를 바싹 짧게 깎았다.
시찰요점 공산주의를 신봉하고 실천운동에 나설 우려가 있다.

* 1937년 9월 11일 함흥지방법원 예심 회부. '북청농조재건후창준비위원회, 공청재건준비회 조직사건'[조선일보 1937.9.13, 사상휘보 제25호(1940)].

지동완 池東浣* 625

종별 함북-관내-특요
창씨명 池田東浣
별명 南, 姜哲根, 長島, 吉孫
생년월일 1907.5.7
직업 야스다생명安田生命 외교원
본적 함북 경성군 용성면龍城面 강덕정康德町 282
주거지 함북 청진부 화원정花園町 1정목丁目 36
인상/특징 키 5척 4촌. 얼굴이 둥글고 피부가 희다. 수염은 없다. 나머지는 평범하다. 의안義眼이다. 안경을 쓴다.
시찰요점 공산주의를 신봉하고 불온·과격한 언동을 한다.

* 반제동맹 전국서기국 재정부장. 1933년 12월 28일 일본 경시청에 검거되어 1934년 5월 28일 송치, 7월 7일에 기소됨[특고월보 1934.1~1937.12(日誌), 사회운동의 상황 社會運動の狀況(1934)].

지길남 池吉南* 625

종별 함북-관내-특요
창씨명 池田吉南
별명 池湖○, 明浩金永, 成龍峴, 穴獨虫
생년월일 1908.8.18
직업 연탄배급소
본적 함북 경성군 주남면朱南面 화우동花隅洞 472
주거지 함북 청진부 반죽정斑竹町 주택영단 2형 662호
인상/특징 키 5척 2촌, 보통 체격이다. 얼굴이 둥글고 피부가 검다. 입술이 두껍다. 나머지는 평범하다.
시찰요점 공산주의를 신봉하고 타인을 사주·선동할 우려가 있다.

* 지길남(1911~미상, 함북 경성). 2022년 건국훈장 애국장을 받음.

이용국 李龍國*

626

종별 함북-관내-특요

창씨명 綠野靑丘

별명 金乭, 曙紅

생년월일 1904.6.10

직업 식량, 잡화

본적 함북 길주군 길주읍吉州邑 길북동吉北洞 291

주거지 함북 길주군 길주읍 길북동 291

인상/특징 키 5척 3촌. 피부가 희다. 코가 높은 편. 나머지는 평범하다.

시찰요점 정치에 관해 불온·과격한 언동을 하며 각 주의단체의 간부로서 공산주의운동에 분주하다.

* 이용국(1904~1973, 함북 길주). 2018년 건국훈장 애족장을 받음.

이봉남 李鳳南*

626

종별 함북-관내-특요

창씨명 安岳鳳南

별명

생년월일 1910.3.8

직업 노동

본적 함북 온성군 영와면永瓦面 용남동龍南洞 59

주거지 함북 온성군 영와면 용남동 59

인상/특징 키 5척 1촌 5푼, 비만 체격. 피부가 창백하고 얼굴이 둥글다. 나머지는 평범하다.

시찰요점 공산주의를 신봉하고 불온한 언동을 하며 타인을 사주·선동할 우려가 있다.

* 1933년 7월 21일 치안유지법 위반, 보안법 위반으로 경성복심법원에서 징역 3년(미결 구류 210일 통산)을 받음. '함북공산당 사건'[판결문, 동아일보 1933.7.22].

이일복 李一福* 626

종별 함북-관내-특요

창씨명 芝山一福

별명

생년월일 1910.3.8

직업 광산업

본적 함북 학성군 학중면鶴中面 수동水洞

주거지 함북 성진부 욱정旭町 601(치안유지법 위반에 의거해 검거, 송국됨. 심리 중)

인상/특징 키 5척 3촌, 비만 체격. 얼굴이 둥글고 수염은 없다. 머리를 바싹 짧게 깎았다. 나머지는 평범하다.

시찰요점 공산주의를 신봉하고 타인을 사주·선동할 우려가 있다.

* ①1934년 10월 25일 청진지방법원에서 징역 3년 6월(미결구류 730일 통산)을 받음 '성진농민조합 사건'[조선일보 1934.10.26], ②1945년 4월 18일 치안유지법 위반으로 청진지방법원 성진지청, 6월 30일 경성복심법원에서 재판 받음[판결문].

이청룡 李青龍* 627

종별 함북-관내-특요

창씨명

별명

생년월일 1902.11.4

직업 두부제조

본적 함북 길주군 길주읍吉州邑 영기동營基洞 17

주거지 함북 길주군 길주읍 영기동 17

인상/특징 키 5척 3촌, 보통 체격이다. 피부가 희고 코가 높다. 나머지는 평범하다. 호남자

시찰요점 정치에 관해 불온·과격한 언동을 하고 또 공산주의 선전의 우려가 있다.

* 1932년 3월 25일 청진지방법원에서 징역 8월을 받음. '웅기미창습격사건'[조선일보 1932.3.29, 일제감시대상인물카드].

이재익 李在益*

627

종별 함북-관내-특요

창씨명

별명 極光, 李ハーフユル

생년월일 1900.2.10

직업

본적 함북 회령군 회령읍會寧邑 이동二洞 256

주거지 소재불명

인상/특징 키 5척 3촌. 머리를 바싹 짧게 깎았다. 피부가 희고 얼굴이 길다. 눈썹이 엷다. 치아가 가지런하다. 위쪽 수염이 있다. 마른 체형이며 목소리가 크다. 나머지는 평범하다. 이마가 넓다. 안면에 마맛자국이 있다.

시찰요점 공산주의자로서 해외 주의자와 연락해 운동할 우려가 있다.

* 1928년 5월 조선공산당 사건 피고로 재판 중 병보석으로 출감, 세브란스 병원에 입원, 국외 탈출[동아일보 1928.5.18, 조선일보 1935.12.15].

이도원 李圖遠

627

종별 함북-관내-특요

창씨명 松山圖遠

별명 七南, 北沿

생년월일 1900.11.28

직업 토목업

본적 함북 경성군 어랑면漁郎面 봉강동鳳岡洞 296

주거지 함북 경성군 주을읍朱乙邑 온천동溫川洞 7구區

인상/특징 키 5척 4촌, 비만 체격. 눈썹이 짙다. 수염이 있다. 귀와 눈, 코, 입이 크다. 치아가 가지런하다. 용모가 추하다. 난폭하고 오만한 태도를 가진다.

시찰요점 정치 변혁을 목적으로 불온한 언동을 하고 또 공산주의 선전에 노력할 우려가 있다.

이승전 李承典*

627

종별 함북－관내－특요

창씨명 吉倉正茂

별명 鍾喆

생년월일 1905.5.17

직업 보험외교원

본적 함북 학성군 학동면鶴東面 탑하동塔下洞 731

주거지 함북 청진부 원정元町 2정목丁目 11

인상/특징 키 5척 4촌 5푼, 보통 체격이다. 피부가 검다. 코와 눈이 크다. 나머지는 평범하다. 눈이 심한 오목눈이다.

시찰요점 공산주의를 신봉하고 타인을 사주·선동할 우려가 있다.

—— * 1932년 5월 31일 치안유지법 위반으로 경성지방법원에서 징역 2년 6월(미결구류 240일 통산)을 받음. '간도 5·30사건'[동아일보 1932.6.1].

이팔석 李八石*

627

종별 함북－관내－특요

창씨명 宮本八石

별명 澤協, 赤柱

생년월일 1906.2.10

직업 우차부牛車夫

본적 함북 경성군 어랑면漁郎面 송흥동松興洞 248

주거지 함북 경성군 어랑면 송흥동 248

인상/특징 키 5척 2촌, 보통 체격이다. 피부가 희고 얼굴이 길다. 눈, 입이 크고 코가 높다. 나머지는 평범하다.

시찰요점 공산주의를 신봉하고 불온·과격한 언동을 하며 타인을 사주·선동할 우려가 있다.

—— * 1936년 6월 16일 청진지방법원에서 징역 2년(집행유예 5년)을 받음. '함북적색농민조합 사건'[동아일보 1936.6.17].

이인수 李仁守 627

종별 함북-관내-특요
창씨명 武本仁守
별명 漢景
생년월일 1908.9.22
직업
본적 경북[경남의 오기] 통영군 통영읍統營邑 조일정朝日町 237
주거지 소재불명
인상/특징 키 5척 2촌. 얼굴이 길고 피부가 창백하다. 약간 마른 체형. 수염은 없다. 눈이 작고 입이 크다. 코가 높다.
시찰요점 민족·공산주의를 신봉하고 이 운동에 관해 타인을 사주·선동할 우려가 있다.

이수영 李壽永 628

종별 함북-관내-특요
창씨명 安木穗馥
별명
생년월일 1926.10.13
직업 십장什長
본적 충북 청주군 강외면江外面 상봉리上鳳里 114
주거지 함북 부령군 관해면觀海面 나석동羅石洞
인상/특징 키 5척 2촌. 머리를 바싹 짧게 깎았다. 얼굴이 둥글다. 코가 조금 평평하고 크다. 나머지는 평범하다.
시찰요점 공산주의를 신봉하고 타인을 사주·선동할 우려가 있다.

이도우 李道雨 628

종별 함북-관내-특요
창씨명 茂山道雄
별명 五男
생년월일 1905.12.5
직업 기제복상旣製服商*
본적 경성부 봉래정蓬萊町 4정목丁目 150
주거지 함북 온성군 남양면南陽面 남양동南陽洞
인상/특징 키 5척 3촌, 비만 체격. 얼굴이 둥글고 피부가 희다. 이마가 넓다. 귀와 눈, 입이 크다. 눈썹이 짙고 코가 높다. 치아는 가지런하다. 나머지는 평범하다.
시찰요점 공산주의를 신봉하고 타인의 선동에 편승해 쉽게 주의를 선전할 우려가 있다.

* 기성복 판매

이삼월쇠 李三月釗* 628

종별 함북-관내-특요
창씨명 白山三月釗
별명 永哲
생년월일 1909.3.7
직업 농업
본적 함북 명천군 하고면下古面 수룡동水龍洞 547
주거지 함북 명천군 하고면 수룡동 547
인상/특징 키 5척 2촌. 얼굴이 길고 눈이 크다. 나머진 평범하다.
시찰요점 공산주의를 신봉하고 타인을 사주·선동하며 주의를 선전할 우려가 있다.

* 1937년 11월 12일 치안유지법 위반으로 청진지방법원에서 징역 5년(미결구류 500일 통산)을 받음. '명천좌익농민조합 사건'[일제감시대상인물카드, 매일신보 1937.11.13].

이원섭 李元燮* 628

종별 함북-관내-특요
창씨명 李山丙龍**
별명 令監, 李赫
생년월일 1906.3.24
직업
본적 함북 길주군 동해면東海面 석성동石城洞 742
주거지 청진형무소
인상/특징 키 5척 4촌, 보통 체격이다. 둥근 얼굴, 피부는 희다. 머리를 바싹 깎았다. 눈이 크고 입이 작다. 나머지는 평범하다. 말을 더듬는 버릇이 있다. 격한 담화를 한다. 이마에 굵은 가로 주름이 있다.
시찰요점 공산주의를 신봉하고 정치에 관해 불온·과격한 언동을 하며 타인을 사주·선동할 우려가 있다.

* 1930년 11월 22일 길주격문사건 범인으로 청진지방법원 검사국에 송치됨[조선일보 1930.11.28].

** 색인에는 李元燮(李山丙喆)이라고 기록. 이는 본 항목의 李元燮과 다음 항목인 李丙喆을 혼동해 합쳐 썼기 때문이다.

이병철 李丙喆 628

종별 함북-관내-특요
창씨명 李山丙喆
별명 亨燮
생년월일 1908.7.16
직업
본적 함북 길주군 동해면東海面 석성동石城洞 742
주거지 청진형무소
인상/특징 키 5척 2촌, 마른 체형. 얼굴이 길고 피부가 조금 검다. 눈은 오목눈이다. 나머진 평범하다. 말을 더듬는 버릇이 있다. 흰머리가 약간 있다.
시찰요점 공산주의를 신봉하고 정치에 관해 불온·과격한 언동에 나설 우려가 있다.

이승범 李勝凡* 628

종별 함북-관내-특요
창씨명 芝山勝凡
별명 範淳
생년월일 1911.6.27
직업
본적 함북 길주군 덕산면德山面 지산동芝山洞 字間仲仙 768
주거지 청진형무소
인상/특징 키 5척 6촌, 보통 체격이다. 피부가 희고 얼굴이 둥글다. 나머지는 평범하다.
시찰요점 공산주의자로서 타인을 사주·선동할 우려가 있다.

* 1939년 2월 7일 청진지방법원에서 징역 8년(미결구류 580일 통산)을 받음[일제감시대상인물카드, 형사사건부].

이일수 李一洙* 629

종별 함북-관내-특요
창씨명 松山一洙
별명 一龍
생년월일 1906.10.19
직업 식량영단 봉강鳳岡 공장장
본적 함북 경성군 어랑면漁郎面 하남동河南洞 275
주거지 함북 경성군 어랑면 하남동 275(청진경찰서에 검거되어 취조 중)
인상/특징 키 5척 3촌, 보통 체격이다. 얼굴이 길고 피부가 희다. 머리를 바싹 짧게 깎았다. 눈이 가늘다. 나머지는 평범하다.
시찰요점 민족·공산주의를 신봉하고 늘 불온·과격한 언동을 하며 타인을 선동할 우려가 있다.

* 1936년 6월 16일 치안유지법 위반으로 청진지방법원에서 징역 3년을 받음. '함북적색농민조합사건'[일제감시대상인물카드, 동아일보 1936.6.17].

이대진 李大珍

629

종별 함북-관내-특요
창씨명 大高東作
별명 李山
생년월일 1902.1.21
직업 노동
본적 충북 괴산군 청안면清安面 읍내리邑內里 219
주거지 함북 무산군 무산읍茂山邑 남산동南山洞
인상/특징 키 5척 3촌, 마른 체형. 얼굴이 조금 길고 피부는 희다. 눈썹이 짙다. 앞 윗니 2개가 금니다. 나머지는 평범하다.
시찰요점 민족·공산주의를 신봉하고 불온행동의 우려가 있다.

이두흥 李斗興

629

종별 함북-관내-특요
창씨명 廣川斗興
별명 斗吉
생년월일 1908.8.20
직업 노동
본적 함남 혜산군 운흥면雲興面 상장리上長里 48
주거지 함북 무산군 연암동延岩洞 동수상촌東水上村
인상/특징 키 5척 6촌, 보통 체격이다. 얼굴이 조금 길고 피부가 검다. 눈이 둥글고 크다. 나머지는 평범하다.
시찰요점 만주의 공비共匪와 연락하여 불온한 행동에 나설 우려가 있다.

이재섭 李載燮*

629

종별 함북-관내-특요

창씨명 星野載燮

별명

생년월일 1910.8.5

직업 철공소 하청원下請員

본적 함남 함주군 서풍호리西豊湖里 45

주거지 함북 경흥군 아오지읍阿吾地邑 회암동灰岩洞 89

인상/특징 키 5척 4촌. 피부가 검고 얼굴이 조금 길다. 코가 높다. 나머지는 평범하다.

시찰요점 민족·공산주의를 신봉하고 각지에 잠재한 동지와 연락, 실천활동의 우려가 있다.

—— * 1933년 12월 11일 함흥지방법원에서 징역 1년 6개월(미결구류 150일 통산)을 받음. '흥남적색노조사건'[조선일보 1933.12.12].

이명 李溟*

629

종별 함북-관내-특요

창씨명 松岡淸一

별명 仁善, 致昊, 鐵亘

생년월일 1907.3.4

직업 일철日鐵 청진운수淸津運輸 현장감독

본적 함남 홍원군 보현면普賢面 어은리漁隱里 85

주거지 함북 청진부 파정巴町 5

인상/특징 키 5척 5촌, 보통 체격이다. 피부가 약간 검고 눈이 크다. 코가 높다. 입이 크고 이마가 넓다.

시찰요점 공산주의를 신봉하고 타인을 사주·선동할 우려가 있다.

—— * 1938년 3월 24일 치안유지법 위반으로 청진지방법원에서 징역 4년을 받음[일제감시대상인물카드].

이남훈 李南薰* 629

종별 함북-관내-특요

창씨명 木村薰

별명

생년월일 1907.5.22

직업

본적 함북 길주군 동해면東海面 동호동東湖洞 50

주거지 함북 길주군 동해면 동호동 50(보석으로 출옥 중)

인상/특징 키 5척 6촌, 보통 체격이다. 얼굴이 길고 피부가 희다. 코가 높고 눈과 입이 크다. 눈썹이 짙고 치아가 가지런하다.

시찰요점 공산주의를 신봉하고 타인을 사주·선동할 우려가 있다.

* ①1933년 6월 5일 경성복심법원에서 징역 2년 6월을 받음. '길주 근포소년회 사건'[판결문], ②1938년 12월 22일 치안유지법 위반으로 청진지방법원에서 징역 10년을 받음[일제감시대상인물카드], ③1941년 8월 30일 서대문형무소 수감 중 경성지방법원에서 징역 10월을 받음[소화15년 형공 제2936호 판결문].

이봉재 李鳳宰* 630

종별 함북-관내-특요

창씨명 國本鳳宰

별명 姜鐵

생년월일 1909.11.11

직업 노동, 일철日鐵 공원工員

본적 경기도 안성군 이죽면二竹面 장원리長院里 790

주거지 함북 청진부 동수남정東水南町 주택영단 제134호

인상/특징 키 5척 3촌, 보통 체격이다. 얼굴이 둥글고 이마가 좁다. 눈이 가늘고 입은 작다. 코가 낮다. 나머지는 평범하다.

시찰요점 현 사회제도에 불만을 품고 공산사회의 실현을 몽상한다. 실천활동의 우려가 있다.

* 1934년 9월 21일 치안유지법 위반으로 경성지방법원에서 징역 2년(미결구류 500일 통산)을 받음. '안성 죽산 농우학원 사건'[수형인명부, 동아일보 1933.8.4, 1934.9.15].

임윤기 林允基* 630

종별 함북-관내-특요

창씨명

별명 春山

생년월일 1910.2.25

직업

본적 평남 강서군 성태면星台面 성이리星二里

주거지 소재불명

인상/특징 키 5척 3촌 5푼. 얼굴이 둥글다. 코가 높다. 나머지는 평범하다. 윗앞니 2개가 금니다.

시찰요점 공산주의를 신봉하고 타인을 사주·선동할 우려가 있다.

* 1931년 2월 28일 치안유지법 위반으로 경성지방법원에서 징역 5년을 받음. '간도 제2차 공산당 사건'[매일신보 1930.6.19, 1931.3.1].

양두석 梁斗錫 631

종별 함북-관내-특요

창씨명 梁川斗錫

별명

생년월일 1898.5.7

직업 漁業

본적 함남 삼수군 삼남면三南面 신풍리新豊里

주거지 함북 청진부 진사정眞砂町 272

인상/특징 키 5척 4촌 5푼, 비만 체격. 얼굴이 둥글고 피부는 약간 검다. 이마가 넓은 편이다. 눈썹이 엷고 눈이 크다. 나머지는 평범하다.

시찰요점 공산주의를 신봉하고 완력으로 노동자를 누르며 이를 선동하여 쟁의 등을 야기할 우려가 있다.

함춘성 咸春星* 631

종별 함북-관나-특요

창씨명 江原春雄

별명 無窮花人

생년월일 1911.4.22

직업 목재회사 사무원

본적 함북 회령군 회령읍會寧邑 이동二洞 344

주거지 함북 회령군 회령읍 오동五洞 81

인상/특징 키 5척 2촌 5푼. 얼굴이 조금 길고 피부가 검다. 이마가 약간 넓고 코가 높다. 입이 크다. 나머진 평범하다. 일본어가 유창하다.

시찰요점 공산주의를 신봉하고 타인을 사주·선동할 우려가 있다.

* 1933년 11월 21일 일본 경시청에 검거, 1934년 5월 30일 기소됨. 전협토건 가나가와지부에서 활동[사회운동의 상황社會運動の狀況(1934), 특고월보 1934.1~1937.12(日誌)].

한정택 韓楨宅* 631

종별 함북-관내-특요

창씨명 清原楨宅

별명

생년월일 1915.3.14

직업 양철·생철업[ブリキ業]

본적 함남 함주군 북면北面 흥봉리興峰里

주거지 함북 나진부 미광정末廣町

인상/특징 키 5척 3촌, 보통 체격이다. 머리를 바짝 짧게 깎았다. 피부가 희고 눈이 크다. 나머지는 평범하다. 항상 안경을 쓴다.

시찰요점 사상 전과자와 친교한다. 시국의 여러 행사 등을 수행하며 염전사상厭戰思想을 품고 있다.

* 1937년 3월 5일 함흥지방법원에서 징역 4년을 받음. '제3차 조선공산청년동맹재건사건'[매일신보 1937.3.7].

한최욱 韓最項* 631

종별 함북-관내-특요

창씨명 西原最項

별명

생년월일 1910.3.15

직업 노동

본적 함남 북청군 속후면俗厚面 오매리梧梅里 840

주거지 함북 학성군 학남면鶴南面 만춘동晩春洞 1구

인상/특징 키 5척 3촌. 얼굴이 긴 편이고 이마가 넓다. 눈이 크고 피부가 희다. 나머지는 평범하다.

시찰요점 공산주의를 신봉하고 과격한 언동을 하며 타인을 사주·선동할 우려가 있다.

* 1935년 10월 25일 함흥지방법원, 1937년 6월 30일 경성복심법원에서 징역 3년 6월을 받음. '함흥 조선공산청년동맹 사건'[판결문, 조선일보 1935.10.26, 1937.7.1].

송성관 宋成寬* 632

종별 함북-관내-특요

창씨명 武本寬治

별명

생년월일 1907.3.8

직업 철공소

본적 함남 함흥부 본정本町 5정목丁目 105

주거지 함북 청진부 녹정綠町 406

인상/특징 키 5척 5촌. 체격은 마른 편이다. 머리를 바싹 짧게 깎았다. 피부가 희고 코가 높다. 나머지는 평범하다.

시찰요점 공산주의를 신봉하고 타인을 사주·선동할 우려가 있다.

* 1934년 10월 2일 함흥지방법원에서 1936년 9월 2일 경성복심법원에서 치안유지법 위반으로 징역 7년을 받음. '제2태평양노동조합 사건'[판결문, 일제감시대상인물카드, 조선일보 1934.10.3].

현일봉 玄一鳳* 632

종별 함북-관내-특요

창씨명 玄山一鳳

별명

생년월일 1913.8.6

직업 정町 부총대副總代

본적 함북 성진부 농성정農城町 242

주거지 함북 성진부 성현정城峴町 1구

인상/특징 키 5척 5촌, 마른 체격. 수염은 없다. 코가 높다. 얼굴이 둥글고 피부가 희다. 나머지는 평범하다. 호남자로 보인다.

시찰요점 공산주의를 신봉하고 불온·과격한 언동을 하며 청소년을 선동한다.

---

* ①1932년 성진농민조합 사건 관계자, 치안유지법 위반 피의자가 되어 검거를 피해 도주[용의조선인명부(1934)], ②1936년 10월 19일 청진지방법원에서 치안유지법 위반으로 징역 3년을 받음. '조선공산주의자동맹 사건'[일제감시대상인물카드, 조선일보 1936.10.21].

현초득 玄初得* 632

종별 함북-관내-특요

창씨명

별명 大薰

생년월일 1910.3.19

직업

본적 함북 경성군 주을읍朱乙邑 중평동仲坪洞 110

주거지 함북 경성군 주을읍 중평동 110

인상/특징 키 5척 5촌, 마른 체형. 얼굴이 길고 피부가 희다. 코가 높고 눈썹이 짙다. 눈은 약간 크다. 수염은 없다. 윗니에 금니가 4개 있다.

시찰요점 공산주의를 신봉하고 타인을 사주·선동할 우려가 있다.

---

* 1933년 3월 청진지방법원, 1933년 5월 15일 경성복심법원에서 징역 3년을 받음. '중평청년회 사건'[판결문, 조선일보 1933.5.16].

현우철 玄禹鐵 632

종별 함북-관내-특요
창씨명 延山禹鐵
별명
생년월일 1919.11.20
직업
본적 함북 길주군 웅평면雄坪面 남일동南一洞 신흥촌新興村
주거지 청진형무소
인상/특징 키 5척 2촌, 마른 체형. 둥근 얼굴. 코가 낮다. 머리는 바싹 짧게 깎았다. 나머지는 평범하다. 왼쪽 눈 옆에 1전 동전 크기의 마맛자국이 있다.
시찰요점 공산주의를 신봉하고 타인을 사주·선동하며 불온·과격한 언동에 나설 우려가 있다.

현영호 玄永晧 633

종별 함북-관내-특요
창씨명 玄山永晧
별명 玄松鶴
생년월일 1914.5.19
직업 농업
본적 함북 명천군 하가면下加面 둔전동屯田洞 168
주거지 함북 명천군 하가면 둔전동 168
인상/특징 키 5척 3촌. 얼굴이 둥글고 피부가 검다. 눈이 작고 코가 크다. 나머지는 평범하다.
시찰요점 과격한 민족·공산주의를 신봉하고 타인을 사주·선동할 우려가 있다.

현일송 玄一松*

633

종별 함북-관내-특요

창씨명 玄海一松

별명 日松

생년월일 1915.2.3

직업 농업, 매일신보 지국장

본적 함북 명천군 하가면下加面 포항동浦項洞 193

주거지 함북 명천군 하가면 포항동 193

인상/특징 키 5척 4촌, 보통 체격이다. 피부가 희다. 머리를 바싹 짧게 깎았다. 나머지는 평범하다.

시찰요점 과격한 민족·공산주의를 신봉하고 타인을 사주·선동할 우려가 있다.

---

* 1939년 1월 17일 청진지방법원에서 치안유지법 위반 등으로 징역 7년 6월(미결구류 500일 통산)을 받음[일제감시대상인물카드, 형사사건부].

원태봉 元泰鳳

633

종별 함북-관내-특요

창씨명 元原泰鳳

별명 玉淑, 容九

생년월일 1903.5.12

직업

본적 함북 성진군 학상면鶴上面 호양동湖陽洞 62

주거지 소재불명

인상/특징 키 5척 4촌, 보통 체격이다. 얼굴이 조금 넓은 편이다. 눈이 크고 피부가 검다. 나머지는 평범하다.

시찰요점 공산주의에 공명하기에 용이하여 타인에게 선동되기 쉽다.

황구룡 黃九龍*

633

종별 함북－관내－특요

창씨명 平沼淸新

별명 恩以

생년월일 1905.3.1

직업 회사원

본적 함북 경성군 주을읍朱乙邑 중평동仲坪洞

주거지 함북 청진부 생구정生駒町

인상/특징 키 5척 6촌, 마른 체형. 얼굴이 긴 편이고 피부가 검다. 나머지는 평범하다.

시찰요점 공산주의를 신봉하고 타인을 사주·선동할 우려가 있다.

* 1933년 7월 21일 경성복심법원에서 치안유지법 위반, 보안법 위반, 출판법 위반으로 징역 4년을 받음. '함북공산당 사건'[판결문, 동아일보 1932.10.25].

황태성 黃泰成*

633

종별 함북－관내－특요

창씨명 東野錢

별명 自由人, 秋山, 權天山, 黃錢

생년월일 1900.1.2

직업 우유영업

본적 함북 길주군 길주읍吉州邑 영기동營基洞 24

주거지 함북 길주군 길주읍 길남동吉南洞

인상/특징 키 5척 4촌. 얼굴이 둥글고 피부가 약간 검다. 입이 크다. 치아가 가지런하지 않다. 나머지는 평범하다.

시찰요점 정치에 관해 불온·과격한 언동을 하고 또 주의운동의 선구자로서 자임하며 주의자 간에 상당한 세력이 있다.

* ①1927년 7월 1일 치안유지법 위반으로 경성복심법원에서 징역 8월(미결구류 30일 통산, 집행유예 3년)을 받음. '태양회 사건'[판결문, 조선일보 1927.3.31], ②1930년 12월 22일 경성복심법원에서 징역 1년 6월(미결구류 365일 통산)을 받음. '함경북도청년연맹 사건'[판결문, 조선일보 1930.12.23].

황운한 黃雲漢* 633

종별 함북－관내－특요
창씨명
별명 松學
생년월일 1904.10.8
직업 대공大工
본적 함북 명천군 서면西面 삼향동三鄕洞
주거지 함북 명천군 서면 삼향동
인상/특징 키 5척 4촌, 비만 체격. 눈이 크고 코가 높다. 얼굴이 둥글고 피부가 희다. 나머지는 평범하다.
시찰요점 민족·공산주의 사상을 품고 타인을 사주·선동할 우려가 있다.

* 1933년 10월 30일 치안유지법 위반으로 경성복심법원에서 징역 5년(미결구류 200일 산입)을 받음. '명천공산당 사건'[판결문, 조선일보 1933.7.3].

오격석 吳格石* 634

종별 함북－관내－특요
창씨명 吳山格石
별명
생년월일 1912.3.1
직업 농업
본적 함북 경성군 어랑면漁郞面 호양동湖陽洞 263
주거지 함북 경성군 어랑면 호양동 263
인상/특징 키 5척 2촌, 비만 체격. 얼굴이 둥글고 피부가 약간 검다. 머리를 바싹 짧게 깎았다. 나머지는 평범하다.
시찰요점 공산주의를 신봉해 늘 불온·과격한 언동을 하며 타인을 사주·선동할 우려가 있다.

* 1936년 6월 16일 청진지방법원에서 치안유지법 위반으로 징역 3년(미결구류 540일 통산)을 받음. '함북적색농민조합 사건'[일제감시대상인물카드, 집행원부, 동아일보 1936.6.17].

정재훈 鄭在勳 634

종별 함북-관내-특요
창씨명 善竹新造
별명 虎聲
생년월일 1905.1.2
직업 무직
본적 함북 회령군 회령읍會寧邑 오동五洞 42
주거지 함북 청진부 송음정松蔭町 3정목丁目 363
인상/특징 키 5척 4촌, 비만 체격. 얼굴이 둥글고 피부가 희다. 눈이 가늘고 귀와 코가 크다. 나머지는 평범하다.
시찰요점 좌경사상을 품고 타인을 사주·선동할 우려가 있다.

정가운 鄭嘉云* 634

종별 함북-관내-특요
창씨명 河本嘉云
별명 女萬
생년월일 1913.9.20
직업 농업
본적 함북 경성군 어랑면漁郎面 송흥동松興洞 95
주거지 함북 경성군 어랑면 송흥동 95
인상/특징 키 5척 7촌. 얼굴이 길고 피부가 조금 검다. 코가 높다. 눈이 약간 작고 눈썹이 질다. 보통 체격이다. 쉰 목소리가 난다.
시찰요점 공산주의를 신봉하고 타인을 사주·선동할 우려가 있다.

* 1933년 6월 27일 치안유지법 위반으로 청진지방법원에서 징역 1년 6월(미결구류 200일 통산)을 받음[동아일보 1933.7.1].

정남수 鄭南洙* 634

종별 함북-관내-특요
창씨명 烏川南洙
별명
생년월일 1907.10.23
직업 농업
본적 함북 경성군 어랑면漁郎面 하우동河隅洞 343
주거지 함북 경성군 어랑면 하우동 343
인상/특징 키 5척 5촌, 보통 체격이다. 얼굴이 둥글고 피부가 희다. 치아가 고르다. 나머지는 평범하다. 안경을 쓴다.
시찰요점 민족·공산주의를 품고 불온·과격한 언동을 하며 타인을 사주·선동할 우려가 있다.

* 1933년 12월 말부터 함북 어대진경찰서에 잡혀 있다가 1934년 2월 10일에 풀려남[동아일보 1934.2.13].

정석형 鄭錫亨* 635

종별 함북-관내-특요
창씨명 烏川錫亨
별명 德仁
생년월일 1908.7.11
직업 회사원
본적 함북 경성군 어랑면漁郎面 하우동河隅洞 470
주거지 함북 온성군 온성면穩城面 남양동南陽洞 72
인상/특징 키 5척 5촌, 보통 체격이다. 얼굴이 길고 눈이 크다. 코가 높다. 나머지는 평범하다.
시찰요점 민족·공산주의를 신봉하고 불온·과격한 언동을 하며 타인을 사주·선동할 우려가 있다.

정일인 鄭日仁* 635

종별 함북-관내-특요
창씨명 烏川日仁
별명 錫斗
생년월일 1902.4.2
직업 농업
본적 함북 경성군 어랑면漁郞面 하우동河隅洞 470
주거지 소재불명
인상/특징 키 5척 6촌, 보통 체격이다. 얼굴이 약간 둥글다. 눈이 크고 코가 높다. 치아는 가지런하다. 머리를 바싹 짧게 깎았다. 나머지는 평범하다.
시찰요점 민족·공산주의를 신봉하고 불온·과격한 언동을 한다.

* ①1930년 12월 22일 경성복심법원에서 징역 1년 6월(미결구류 365일 통산)을 받음. '함경북도청년연맹 사건'[판결문, 동아일보 1930.12.23], ②1936년 6월 16일 청진지방법원에서 치안유지법 위반으로 징역 3년(미결구류 540일 통산)을 받음. '함북적색농민조합 사건'[일제감시대상인물카드, 집행원부, 동아일보 1936.6.17].

정창섭 鄭昌燮* 635

종별 함북-관내-특요
창씨명 鄭村昌燮
별명 喆奉
생년월일 1906.10.8
직업
본적 함북 경성군 어랑면漁郞面 송흥동松興洞 756
주거지 청진부 강덕정康德町 송원사택松原社宅(조선공산당 재건 사건으로 취조 중)
인상/특징 키 5척 4촌 5푼, 보통 체격이다. 눈과 입이 크다. 입술이 엷다. 용모는 평범하다. 배에 맹장수술 흉터가 있다. 왼쪽 손목 위쪽 2곳에 부스럼 흉터가 있다.
시찰요점 민족·공산주의를 신봉하고 실천 활동에 광분한다.

* 1936년 6월 16일 청진지방법원에서 치안유지법 위반으로 징역 5년(미결구류 540일 통산)을 받음. '함북적색농민조합 사건'[일제감시대상인물카드, 집행원부, 동아일보 1936.6.10, 1936.6.17].

정운태 鄭云台* 635

종별 함북-관내-특요
창씨명 國本秀雄
별명 鍾重, 雲台
생년월일 1909.6.26
직업 인부 감독
본적 전북 남원군 운봉면雲峯面 권포리權布里 684
주거지 함북 청진부 목하전정目賀田町 9 청진토목출장소
인상/특징 키 5척 4촌, 보통 체격이다. 얼굴이 약간 둥글고 피부는 검다. 코가 높다. 입이 크다. 눈이 크고 날카롭다.
시찰요점 사회주의를 신봉하고 또 민족의식이 농후해서 불온·과격한 언동을 한다.

* 1933년 10월 6일 치안유지법 위반으로 전주지방법원에서 징역 1년 6월(미결구류 150일 통산)을 받음. '운봉 야학 사건'[동아일보 1933.10.11].

정명준 鄭命俊* 635

종별 함북-관내-특요
창씨명 德山芳松
별명
생년월일 1903.7.26
직업 伊丹組 사무원
본적 경북 칠곡군 지천면枝川面 신동新洞 407
주거지 함북 청진부 나남본정羅南本町 83 이단조
인상/특징 키 5척 2촌. 얼굴이 둥글고 눈이 가늘다. 코가 높다. 눈썹이 짙다. 나머지는 평범하다.
시찰요점 무정부주의를 받들고 늘 현 사회제도에 대해 불평을 주창하며 무산노동자를 선동할 우려가 있다.

* 정명준(1900~1959, 경북 칠곡). 1990년 건국훈장 애족장(1977년 대통령표창)을 받음.

정태은 鄭泰殷 635

종별 함북-관내-특요
창씨명 花山壽男
별명
생년월일 1902.9.2
직업 노동
본적 경기도 용인군 남서면南西面 진목리眞木里 130
주거지 함북 경흥군 아오지읍阿吾地邑 회암동灰岩洞 탄갱 사택
인상/특징 키 5척 3촌, 보통 체격이다. 피부가 약간 검다. 눈이 크고 머리는 바싹 짧게 깎았다. 나머지는 평범하다.
시찰요점 민족·공산주의를 품고 불온한 언동을 할 우려가 있다.

안초길 安初吉* 636

종별 함북-관내-특요
창씨명 安田光雄
별명
생년월일 1912.1.20
직업
본적 함북 학성군 학중면鶴中面 송하동松下洞 896
주거지 소재불명
인상/특징 키 5척 6촌, 비만 체격. 눈이 크고 코가 높다. 얼굴이 둥글다. 호남자로 보인다.
시찰요점 공산주의를 신봉하고 늘 불온한 언동을 하며 타인을 사주·선동할 우려가 있다.

* 1935년 7월 16일 청진지방법원에서 징역 4년(미결구류 300일 통산)을 받음. '성진농민조합 사건'[일제감시대상인물카드, 형사사건부, 동아일보 1935.7.18].

최창식 崔昌植

637

종별 함북－관내－특요
창씨명
별명 崔植
생년월일 1913.4.19
직업
본적 함북 경성군 주남면朱南面 화우동花隅洞 304
주거지 소재불명
인상/특징 키 5척 4촌. 얼굴이 둥글고 피부가 검다. 보통 체격이다. 나머지는 평범하다.
시찰요점 공산주의를 신봉하고 늘 불온·과격한 언동을 하며 타인을 사주·선동할 우려가 있다.

최창극 崔昌極*

637

종별 함북－관내－특요
창씨명 崔村昌極
별명 開童
생년월일 1891.12.20
직업
본적 함북 온성군 온성면穩城面 서흥동西興洞 45
주거지 함북 온성군 온성면 서흥동 45
인상/특징 키 5척 3촌. 얼굴이 둥글고 입이 크다. 나머지는 평범하다. 말을 할 때 눈을 깜빡인다.
시찰요점 지방선각자를 자임하고 민족·공산사상을 신봉하며 불온한 기도를 할 우려가 있다.

* ①1930년 2월 신간회 온성지회 위원장으로서 보안법 위반, 명예훼손으로 기소됨. '온성청소년연맹'[조선일보 1930.2.24], ②1930년 6월 24일 청진지방법원 회령지청 예심에서 면소됨. 소위 '훈련회 사건'[조선일보 1930.7.1].

최학송 崔學松*

637

종별 함북-관내-특요

창씨명 大山學松

별명 東旭, 鶴松, 鄭明九

생년월일 1904.3.21

직업

본적 함북 경성군 어랑면漁郞面 지방동芝坊洞 210

주거지 간도형무소間島刑務所

인상/특징 키 5척 9촌, 비만 체격. 얼굴이 길고 피부는 약간 붉은색이다. 코가 높다. 힘이 세다. 때로 안경을 쓴다. 일본어를 약간 이해한다.

시찰요점 치열한 공산주의 사상을 품고 불온·과격한 언동을 하며 실천활동의 우려가 있다.

* 1936년 6월 16일 청진지방법원에서 치안유지법 위반으로 징역 2년 6월(미결구류 540일 통산)을 받음. '함북적색농민조합 사건'[일제감시대상인물카드, 집행원부, 동아일보 1936.6.10, 1936.6.17].

최용섭 崔龍燮*

637

종별 함북-관내-특요

창씨명 佐井龍燮

별명 龍河

생년월일 1908.12.13

직업 상공경제회商工經濟會 사무원

본적 함북 학성군 학상면鶴上面 상평동上坪洞 1757

주거지 함북 성진부 행정幸町 82

인상/특징 키 5척 4촌, 보통 체격이다. 피부가 희고 얼굴이 둥글다. 코가 높고 눈이 크다. 나머지는 평범하다.

시찰요점 공산주의를 신봉하고 타인을 사주·선동할 우려가 있다.

* 1935년 5월 21일 청진지방법원에서 징역 2년 6월(미결구류 650일 통산)을 받음. '제2차 성진농민조합 사건'[조선중앙일보 1935.5.23].

최필종 崔弼鍾*

637

종별 함북-관내-특요

창씨명

별명 明勛

생년월일 1915.11.19

직업

본적 함북 경흥군 노서면蘆西面 용현동龍峴洞 155

주거지 소재불명

인상/특징 키 5척 3촌. 얼굴이 길고 피부가 희다. 눈썹이 짙다. 코가 높다. 마른 체형

시찰요점 공산주의를 신봉하고 청소년을 사주·선동할 우려가 있다.

---

* 1932년 11월 21일 경성복심법원에서 징역 2년 6월을 받음. '경흥독서회 사건'[판결문, 중앙일보 1932.11.23].

최봉산 崔鳳山

637

종별 함북-관내-특요

창씨명

별명 奉山

생년월일 1912.3.9

직업

본적 함북 경성군 주남면朱南面 화우동花隅洞 122

주거지 소재불명

인상/특징 키 5척 3촌. 이마가 넓고 얼굴이 둥글다. 보통 체격이다. 나머지는 평범하다.

시찰요점 공산주의를 신봉하고 늘 불온·과격한 언동을 하며 타인을 사주·선동할 우려가 있다.

최우집 崔禹集*

638

종별 함북-관내-특요

창씨명 武川旭

별명 聲波, 崔旭, 一無

생년월일 1897.2.5

직업 고물상

본적 강원도 양양군 양양면襄陽面 조산리造山里 530

주거지 함북 청진부 남포운정南浦雲町 54

인상/특징 키 5척 3촌 5푼, 보통 체격이다. 수염이 조금 있다. 입이 작고 치아가 가지런하다. 피부가 검고 얼굴이 둥글다. 나머지는 평범하다.

시찰요점 극렬한 공산주의자로서 불온·과격한 언동을 하며 실천활동의 우려가 있다.

* 1934년 6월 22일 함흥지방법원에서 징역형을 받음. '양양적색농민조합 사건'[조선일보 1934.1.26, 1934.6.23].

최판흥 崔判興*

638

종별 함북-관내-특요

창씨명 山本判興

별명

생년월일 1900.8.5

직업

본적 충북 영동군 황간면黃澗面 신흥리新興里 282

주거지 함북 무산군 삼사면三社面 연암동延岩洞

인상/특징 키 5척 3촌, 비만 체격. 귀가 작고 눈이 둥글고 작다. 코가 낮고 용모가 추해 보인다. 얼굴이 붉고 턱뼈가 높다. 말을 더듬는다.

시찰요점 민족·공산주의 사상을 품고 타인을 사주·선동할 우려가 있다.

* 1933년 6월 13일 치안유지법 위반으로 공주지방법원, 1934년 7월 20일 경성복심법원에서 에서 징역 4년을 받음. '영동농민조합 사건'[조선일보 1933.6.15, 판결문].

최석순 崔錫筍* 638

종별 함북－관내－특요
창씨명
별명 錫範
생년월일 1907.3.1
직업
본적 함북 온성군 미포면美浦面 장덕동長德洞 303
주거지 함북 온성군 남양면南陽面 남양동南陽洞 70
인상/특징 키 5척 5촌, 보통 체격이다. 피부가 검고 얼굴이 길다. 코가 높고 눈썹이 짙다. 나머지는 평범하다. 일본어에 매우 능하다.
시찰요점 민족·공산주의 사상을 품고 타인을 사주·선동할 우려가 있다.

* 1933년 7월 21일 경성복심법원에서 징역 4년을 받음. '함북공산당 사건'[판결문].

최용진 崔龍振 638

종별 함북－관내－특요
창씨명 山田龍振
별명 龍進, 宗鶴
생년월일 1919.5.17
직업 탄광 공작계
본적 함남 혜산군 운흥면雲興面 대중리大中里 11통 5호
주거지 함북 경성군 주을읍朱乙邑 주을광업소
인상/특징 키 5척 2촌, 보통 체격이다. 둥근 얼굴, 눈과 코가 크다. 나머지는 평범하다.
시찰요점 민족·공산주의를 신봉하고 타인을 사주·선동할 우려가 있다.

최판옥 崔判玉*

638

종별 함북-관내-특요

창씨명 渡邊卓令

별명

생년월일 1904.4.3

직업 이다숙二茶塾 주사主事

본적 전남 영암군 영암면靈岩面 교동리校洞里 333

주거지 함북 청진부 신암정新岩町 4정목丁目 이다숙二茶塾

인상/특징 키 5척 6촌. 얼굴이 길고 피부가 희다. 보통 체격이다. 치아가 고르다. 나머지는 평범하다.

시찰요점 총독정치에 불만을 품고 배일사상이 농후하며 또 공산주의를 신봉한다.

* ①1930년 12월 22일 경성지방법원에서 치안유지법 위반으로 징역 2년 6월(집행유예 6년)을 받음. '제4차 조선공산당 사건'[조선일보 1930.12.24], ②1933년 9월 29일 광주지방법원 목포지청에서 치안유지법 위반으로 징역 3년(미결구류 240일 통산)을 받음. '영암농민데모 사건'[판결문].

채수억 蔡壽億*

638

종별 함북-관내-특요

창씨명 平安壽億

별명 奎殷

생년월일 1909.10.6

직업 농업

본적 함북 학성군 학서면鶴西面 덕인동德仁洞 304

주거지 함북 학성군 학서면 덕인동 304

인상/특징 키 5척. 얼굴이 둥글고 피부가 검다. 보통 체격이다. 코가 높다. 나머지는 평범하다.

시찰요점 공산주의를 신봉하고 타인의 선동에 빠지기 쉬우며 잠행 운동을 할 우려가 있다.

* 1935년 5월 21일 청진지방법원에서 치안유지법 위반으로 징역 1년(미결구류 365일 통산, 집행유예 5년)을 받음. '제2차 성진노조 사건'[동아일보 1935.5.23].

김태균 金泰均*

639

종별 함북-관내-특요

창씨명 安田泰均

별명 春光, 次孫

생년월일 1904.12.19

직업 자유노동

본적 함북 청진부 신암정新岩町 56

주거지 함북 청진부 화원정花園町 1정목丁目

인상/특징 키 5척 5촌. 얼굴이 둥글고 피부는 비교적 희다. 입이 크고 코가 높다. 나머지는 평범하다.

시찰요점 민족·공산주의를 품고 타인을 사주·선동할 우려가 있다.

* 1929년 4월 1일 경성지방법원에서 치안유지법 위반으로 징역 2년을 받음[일제감시대상인물카드, 판결문].

김증두 金增斗*

639

종별 함북-관내-특요

창씨명 金川增治

별명

생년월일 1911.4.27

직업 일철운수日鐵運輸 사원

본적 함남 영흥군 순령면順寧面 중양리中陽里 131

주거지 함북 청진부 창평정昌平町 1정목丁目

인상/특징 키 5척 5푼. 얼굴이 길고 눈과 코가 작다. 나머지는 평범하다.

시찰요점 공산주의사상을 품고 실천운동에 나설 우려가 있다.

* 1934년 7월 12일 경성복심법원에서 치안유지법 위반 등으로 징역 4년(미결구류 180일 통산)을 받음. '영흥농민조합사건'[판결문, 조선일보 1934.7.13].

김하창 金河昌

639

종별 함북-관내-특요

창씨명

별명 癸得

생년월일 1903.5.20

직업

본적 함북 부령군 서상면西上面 창평동蒼坪洞 329

주거지 함북 부령군 서상면 창평동 329

인상/특징 키 5척 3촌. 얼굴이 갸름하고 길다. 피부가 희고 마른 체형이다.

시찰요점 민족·공산주의를 신봉. 일찍이 동만東滿 사상단체의 간부로서 사상운동에 분주하다.

김길돌 金吉乭

640

종별 함북-관내-특요

창씨명 金井吉乭

별명 昌漢

생년월일 1907.7.12

직업 탄갱음장炭坑飮場

본적 함북 길주군 길주읍吉州邑 길남동吉南洞 215

주거지 함북 경흥군 상하면上下面 오봉동梧鳳洞

인상/특징 키 5척 5촌, 보통 체격이다. 피부가 검고 얼굴이 길다. 눈이 크고 코가 높다. 나머지는 평범하다.

시찰요점 공산주의를 품고 정치에 관해 불온·과격한 언동을 한다.

김복 金福

640

종별 함북-관내-특요

창씨명 金原福

별명 應謙, 如石

생년월일 1904.7.27

직업 무직

본적 함북 학성군 학동면鶴東面 성하동城下洞 129

주거지 함북 성진부 남정南町 56

인상/특징 키 5척 5촌. 피부가 검고 얼굴이 긴 편이다. 눈매가 날카롭다. 코가 크고 체격이 좀 크다. 사나워 보인다.

시찰요점 공산주의를 품고 주의 선전을 할 우려가 있다.

김창원 金昌元*

640

종별 함북-관내-특요

창씨명 金山昌元

별명

생년월일 1907.10.20

직업 조배급소組配給所 주임

본적 함북 경성군 주을읍朱乙邑 하면동河面洞 773

주거지 함북 무산군 삼사면三社面 유평동楡坪洞 서송조西松組

인상/특징 키 5척 2촌. 피부가 희고 코가 낮다. 수염은 없다. 나머지는 평범하다. 코 왼쪽 아래에 작은 사마귀가 있다.

시찰요점 민족·공산사상을 품고 늘 불온·과격한 언동을 하며 타인을 사주·선동할 우려가 있다.

* ①경성청년동맹 위원으로서 1930년 1월 13일에 체포되어 청진지방법원 검사국에 송치되었다가 2월 3일에 석방됨. '경성고보 격문 사건'[중외일보 1930.2.7], ②1930년 9월 30일 청진지방법원 예심에서 면소됨. '함북 공산당 사건'[조선일보 1930.10.5].

김창일 金昌一*

640

종별 함북-관내-특요

창씨명 德山秋夫

별명 秋水

생년월일 1905.10.4

직업 주조회사酒造會社 지배인

본적 함북 청진부 미길정美吉町 8

주거지 함북 청진부 나남본정羅南本町 84

인상/특징 키 5척 2촌. 얼굴이 조금 갸름하고 길다. 피부는 검고 눈이 크다. 나머지는 평범하다.

시찰요점 공산주의를 품고 늘 마을 안 청년을 유도하여 실천 활동을 할 우려가 있다.

* 1930년 7월 11일 청진지방법원에서 징역 3년, 1930년 12월 22일 경성복심법원에서 징역 1년 6월을 받음. '조선청년총동맹 함북도연맹 사건'[매일신보 1930.7.15, 판결문].

김재수 金在水*

640

종별 함북-관내-특요

창씨명 金澤在水

별명 金蜂

생년월일 1901.4.30

직업 노동

본적 함북 학성군 학성면鶴城面 장현동將峴洞 553

주거지 함북 성진부 욱정旭町 228

인상/특징 키 5척 2촌, 보통 체격이다. 둥근 얼굴. 피부는 희다. 수염이 없다. 나머지는 평범하다. 일본어를 잘 이해한다. 태도가 침착하다.

시찰요점 공산사상을 품고 과격한 언동을 한다.

* ①1927년 7월 1일 치안유지법 위반으로 경성복심법원에서 징역 8월을 받음. '태양회 사건'[판결문, 일제감시대상인물카드], ②1930년 12월 22일 경성복심법원에서 징역 1년 6월을 받음. '조선청년총동맹 함북도연맹 사건'[판결문], ③1934년 10월 25일 청진지방법원에서 징역 5년을 받음. '성진적색농민조합 사건'[동아일보 1934.10.26].

김학걸 金鶴傑*

640

종별 함북-관내-특요

창씨명 金田鶴傑

별명 鐵峰

생년월일 1909.11.23

직업

본적 함북 학성군 학동면鶴東面 성하동城下洞

주거지 청진보호교도소

인상/특징 키 5척 2촌, 보통 체격이다. 둥근 얼굴, 피부가 희다. 수염은 없다. 나머지는 평범하다. 안경을 쓴다.

시찰요점 공산주의를 신봉하고 타인을 사주·선동할 우려가 있다.

* 1934년 10월 25일 청진지방법원에서 징역 5년을 받음. '성진적색농민조합 사건'[동아일보 1934.10.26].

김수경 金壽慶*

641

종별 함북-관내-특요

창씨명 西川賢一

별명

생년월일 1913.3.8

직업 매약賣藥, 청매請賣

본적 경기도 개성부 북본정北本町 570

주거지 함북 청진부 금정錦町 112

인상/특징 키 5척 2촌. 머리를 바싹 짧게 깎았다. 얼굴이 둥글고 피부가 희다. 이마가 넓다. 귀, 코, 입은 평범하다. 눈이 작다. 눈썹이 짙다. 치아가 가지런하다. 보통 체격이다.

시찰요점 공산주의를 신봉하고 타인을 사주·선동할 우려가 있다.

* 1934년 6월 25일 치안유지법 위반으로 경성지방법원에서 징역 2년(미결구류 120일 통산, 집행유예 4년)을 받음. '조선공산당재건 조선공작위원회 사건'[일제감시대상인물카드, 동아일보 1934.6.26].

김승준 金承俊* 641

종별 함북-관내-특요
창씨명 松田承俊
별명
생년월일 1911.7.2
직업 환이운송점丸二運送店 서기
본적 함북 경성군 주을읍朱乙邑 온천동溫泉洞 55
주거지 함북 경성군 주을읍 온천동 55
인상/특징 키 5척 2촌, 보통 체격이다. 얼굴이 둥글고 피부가 조금 검다. 눈이 가늘다. 나머지는 평범하다.
시찰요점 민족·공산주의를 신봉하고 불온·과격한 언동을 하며 타인을 선동할 우려가 있다.

* 1933년 11월 4일 청진지방법원에서 징역 4년을 받음. '함북공산당재건사건'[조선일보 1933.7.28, 1933.11.7].

김원술 金元述* 641

종별 함북-관내-특요
창씨명 金海元述
별명
생년월일 1913.1.28
직업 약종상藥種商
본적 함북 경흥군 웅기읍雄基邑 웅기동雄基洞 435
주거지 함북 경흥군 웅기읍 웅기동 435
인상/특징 키 5척 3촌. 얼굴이 둥글고 피부가 희다. 나머지는 평범하다.
시찰요점 민족·공산주의를 품고 타인을 사주·선동할 우려가 있다.

* ①1933년 7월 28일 함북공산당 사건에 연좌되어 체포되었다가 1933년 8월 27일에 풀려남[조선중앙일보 1933.8.4, 1933.8.22], ②1938년 1월 25일 치안유지법 위반으로 청진지방법원에서 징역 5년을 받음. '조선공산당재건투쟁준비위원회 사건'[金元述 외 11인의 判決書(한국민족해방운동사자료집 7권)].

김영재 金永才*

641

종별 함북-관내-특요
창씨명 金城永才
별명 永錫
생년월일 1902.1.15
직업 고물상
본적 전남 보성군 벌교읍筏橋邑 고읍리古邑里 398
주거지 함북 청진부 포항정浦項町 205
인상/특징 키 5척 3촌, 보통 체격이다. 얼굴이 둥글고 피부가 희다. 나머지는 평범하다.
시찰요점 공산주의를 신봉하고 실천활동의 우려가 있다.

* 1934년 11월 27일 치안유지법 위반 등으로 광주지방법원에서 징역 3년(미결구류 365일 통산)을 받음. '전남노농협의회 사건'[동아일보 1933.11.22, 1934.11.28].

김상국 金相國

641

종별 함북-관내-특요
창씨명 金川相國
별명
생년월일 ○○○○.12.2
직업 농업
본적 함북 학성군 학중면鶴中面 농성동農城洞 707
주거지 함북 학성군 학상면鶴上面 호양동湖陽洞 391
인상/특징 키 5척 5촌, 비만이다. 코가 낮고 둥근 얼굴. 피부가 검다. 나머지는 평범하다.
시찰요점 공산주의를 신봉하고 타인을 사주·선동할 우려가 있다.

김수혁 金秀赫 641

종별 함북-관내-특요
창씨명 金海秀次郎
별명 乙鳳
생년월일 1914.1.22
직업 농업
본적 함북 명천군 하운면下雲面 명천동明川洞 265
주거지 함북 명천군 하운면 명천동 265
인상/특징 키 5척 3촌. 피부가 검붉다. 얼굴이 길고 비만인 편. 치아가 고르다. 나머지는 평범하다. 목소리가 높다.
시찰요점 공산주의를 신봉하고 타인을 사주·선동할 우려가 있다.

김용걸 金容杰* 642

종별 함북-관내-특요
창씨명 金城容杰
별명 李海林, 李學淳, 李基烈
생년월일 1906.9.18
직업
본적 함북 경성군 주남면朱南面 삼향동三鄕洞
주거지 소재불명
인상/특징 키 5척 4촌. 얼굴이 길고 피부가 희다. 이마가 넓고 귀가 크다. 눈썹이 짙고 눈매가 날카롭다. 코가 높다. 보통 체격이다.
시찰요점 공산주의를 신봉하고 민족해방투쟁과 불온·과격한 언동을 한다.

---

* 1931년 3월 31일 도쿄지방재판소에서 징역 3년(미결구류 150일 통산)을 받음. '조선공산당 일본총국 사건'[조선일보 1930.8.30, 조선신문 1931.4.1].

김선곤 金善坤*

642

종별 함북-관내-특요

창씨명 金城耕慈

별명

생년월일 1905.12.4

직업 함북합성장유조합咸北合成醬油組合 경리계經理係

본적 함남 정평군 춘류면春柳面 월성리月城里 116

주거지 함북 청진부 원정元町 1정목丁目 48

인상/특징 키 5척 3촌 5푼, 비만. 얼굴이 둥글고 피부가 희다. 눈, 눈썹, 입이 크다. 코가 높다. 사각턱이다.

시찰요점 공산주의를 신봉하고 타인을 사주·선동할 우려가 있다.

---

* 1933년 12월 26일 함흥지방법원에서 징역 1년 6월을 받음. '적색정평농민조합 문산지부재건사건'[조선일보 1933.12.29].

김금남 金今男

642

종별 함북-관내-특요

창씨명 金坂今男

별명 昌顯

생년월일 1913.3.17

직업

본적 함북 학성군 학서면鶴西面 덕인동德仁洞 306

주거지 소재불명

인상/특징 키 5척 3촌. 얼굴이 둥글고 피부가 검다. 나머지는 평범하다.

시찰요점 공산주의를 신봉하고 늘 주의자들과 연락하며 불온계획을 기도할 우려가 있다.

김경철 金景哲 642

종별 함북-관내-특요

창씨명 金田景哲

별명

생년월일 1909.11.27

직업 노동

본적 함남 함주군 연포면連浦面 복흥리福興里

주거지 함북 무산군 무산읍茂山邑 성천동城川洞 삼봉三峯

인상/특징 키 5척 2촌. 마른 편이다. 피부가 검다. 나머지는 평범하다. 노동자풍으로 보인다. 신체가 병약하다.

시찰요점 민족·공산주의를 신봉하고 타인을 사주·선동할 우려가 있다.

김복만 金福萬 642

종별 함북-관내-특요

창씨명 金海誠

별명 アニソフ, 昌傑, 朴昌傑

생년월일 1907.10.20

직업

본적 함북 길주군 덕산면德山面 금천동錦川洞 1264

주거지 함북 길주군 덕산면 금천동 1264

인상/특징 키 5척 2촌. 얼굴이 둥글고 눈썹이 짙다. 광대뼈가 튀어나왔다. 피부가 희다. 나머지는 평범하다.

시찰요점 모스크바공산대학 출신으로서 조선공산당재건에 활동할 우려가 있다.

김채준 金采俊*

642

종별 함북-관내-특요

창씨명 豊永淸

별명 采龍

생년월일 1910.4.6

직업 상공경제회商工經濟會 주사主事

본적 함북 성진부 욱정旭町 355

주거지 함북 성진부 행정幸町 250

인상/특징 키 5척 3촌, 비대한 체격. 얼굴이 둥글고 피부는 약간 검다. 치아가 고르다. 나머지는 평범하다.

시찰요점 공산주의적 과격한 언동을 하고 타인에게 선동되기 쉽다.

* 1932년 성진농민조합 사건에 관계된 치안유지법 피의자로서 검거를 피해 도주함[용의조선인명부(1934)].

김귀남 金貴南*

643

종별 함북-관내-특요

창씨명 金村貴南

별명 元哲, 北星, 東洙, 李雨雀

생년월일 1910.1.12

직업 어업

본적 함북 경성군 주을읍朱乙邑 차향동次鄕洞

주거지 함북 경성군 주을읍 차향동

인상/특징 키 5척 3촌. 둥근 얼굴, 피부는 검다. 눈과 입이 크고 코가 낮다. 쌍꺼풀이 있다.

시찰요점 공산주의를 품고 타인을 사주·선동하며 실천활동의 우려가 있다.

* 1936년 6월 16일 청진지방법원에서 치안유지법 위반으로 징역 6년을 받음. '함북적색농민조합사건'[일제감시대상인물카드, 동아일보 1936.6.17].

김호경 金灝經*

643

종별 함북-관내-특요

창씨명 金城幸作

별명 金革

생년월일 1905.1.2

직업 면서기

본적 함남 북청군 후창면厚昌面 이리二里 76

주거지 함북 온성군 훈융면訓戎面 사수동沙水洞

인상/특징 키 5척 2촌, 보통 체격이다. 얼굴이 둥글고 피부는 검다. 코가 낮다. 나머지는 평범하다.

시찰요점 공산주의자로서 암암리에 현 사회제도의 개혁을 목적으로 하는 주의를 선전할 우려가 있다.

* ①1932년 2월 24일 치안유지법 위반으로 도쿄공소원에서 징역 2년(미결구류 560일 통산)을 받음[특고월보 1930.3~1933.12(日誌)], ②1933년 8월 1일 일본 경시청에 체포됨[사회운동의 상황社會運動の狀況 1933].

김윤선 金允善

643

종별 함북-관내-특요

창씨명 福島興國

별명 ワシリー, 金山

생년월일 1900.3.3

직업 용원傭員

본적 함북 경흥군. 이하는 자세하지 않음

주거지 함북 나진부 특무기관

인상/특징 키 5척 6촌, 피부가 희고 체격은 약간 비만이다. 코가 크다. 나머지는 평범하다. 안경을 쓴다.

시찰요점 해외에서 돌아온 자로서 만주·러시아령·북경·상해 등 각지의 특무기관에 밀정으로서 사용되고 있다고 칭한다. 동태에 주의를 요한다.

김석준 金碩俊*

643

종별 함북－관내－특요

창씨명 金海碩俊

별명 磧俊, 鳳哲

생년월일 1908.1.13

직업 농업

본적 함북 학성군 학동면鶴東面 한동閑洞 618

주거지 함북 학성군 학동면 한동 618

인상/특징 키 5척 5촌, 보통 체격이다. 얼굴이 둥글고 피부는 검붉은 색이다. 코가 높고 입이 작다. 나머지는 평범하다.

시찰요점 공산주의를 신봉하고 타인을 사주·선동할 우려가 있다.

* ①1931년 8월 6일 한동閑洞에서 발생한 면서기 폭행사건으로 인해 도주[용의조선인명부(1934)], ②1935년 12월 청진지방법원에서 징역 2년형이 구형됨. '성진노조 사건'[동아일보 1935.12.7].

김상록 金商祿*

643

종별 함북－관내－특요

창씨명 森本正雄

별명 相祿, 飄

생년월일 1910.9.5

직업

본적 함북 길주군 장백면長白面 용담동龍潭洞 947

주거지 함북 길주군 장백면 영호동英湖洞

인상/특징 키 5척 3촌, 보통 체격이다. 피부가 희다. 얼굴이 길다. 나머지는 평범하다.

시찰요점 공산주의 사상을 품고 정치에 관해 불온·과격한 언동을 할 우려가 있다.

* 1929년 2월 27일 보안법 위반으로 경성복심법원에서 징역 10월을 받음. '러시아혁명기념강연사건'[판결문, 동아일보 1930.1.26].

김광수 金光洙 643

종별 함북-관내-특요
창씨명 金光勳
별명
생년월일 1916
직업 노동
본적 경남 창원군 천가면天加面 동선리東仙里
주거지 함북 회령군 회령읍會寧邑 화풍탄광花豊炭鑛
인상/특징 키 5척 5촌. 얼굴이 길다. 눈이 크고 코가 높다. 피부는 검다. 주근깨가 있다.
시찰요점 공산주의 사상을 품고 실천을 싫어하며 타인을 사주·선동할 우려가 있다.

김태화 金泰華 644

종별 함북-관내-특요
창씨명 大本泰華
별명
생년월일 1905.2.23
직업 회사원
본적 함북 경흥군 웅기읍雄基邑 웅기동雄基洞 310
주거지 함북 경흥군 아오지읍阿吾地邑 농경동農耕洞
인상/특징 키 5척 4촌, 보통 체격이다. 피부는 조금 검다. 마맛자국이 있다.
시찰요점 민족·공산주의 사상을 품고 타인을 선동할 우려가 있다.

김홍상 金洪相*

644

종별 함북-관내-특요

창씨명 金城洪相

별명 七峰, 東赫

생년월일 1910.5.10

직업 농업

본적 함북 명천군 하가면下加面 용포동龍浦洞 380

주거지 함북 명천군 하가면 용포동 380

인상/특징 키 5척, 비만 체격. 얼굴이 둥글고 피부가 검붉다. 입이 크다. 나머지는 평범하다.

시찰요점 과격한 민족·공산주의를 신봉, 타인을 사주·선동할 우려가 있다.

* 1939년 5월 24일 치안유지법 위반으로 청진지방법원에서 징역 7년(미결구류 500일 통산)을 받음[일제감시대상인물카드, 집행원부].

김형관 金衡寬*

644

종별 함북-관내-특요

창씨명 金原大高

별명 金鶴

생년월일 1901.11.8

직업 무직

본적 함북 청진부 수성정輸城町 229

주거지 함북 청진부 수성정 229

인상/특징 키 5척 2촌. 얼굴이 조금 길고 피부가 검다. 입이 작다. 나머지는 평범하다.

시찰요점 민족·공산주의를 신봉, 타인을 사주·선동할 우려가 있다.

* 1931~1933년 조선공산당 재건 사건으로 징역 2년형을 받고 서대문형무소에서 복역함[조선일보 1933.10.1].

김성범 金星範* 644

종별 함북-관내-특요

창씨명 竹田信一

별명

생년월일 1914.10.9

직업 농업

본적 함북 학성군 학동면鶴東面 석호동石湖洞 828

주거지 함북 학성군 학동면 석호동 828

인상/특징 키 5척 3촌, 보통 체격이다. 피부가 검다. 코가 높고 입술이 두껍다. 나머지는 평범하다.

시찰요점 공산주의를 신봉하고 타인을 사주·선동할 우려가 있다.

* 1931년 7월 30일 경성복심법원에서 보안법 위반 등으로 징역 8월을 받음. 1931년 9월 21일 고등법원 상고는 기각됨[판결문].

김재림 金在淋* 644

종별 함북-관내-특요

창씨명

별명

생년월일 1914.6.21

직업 노동

본적 함북 경흥군 웅기읍雄基邑 웅기동雄基洞 138

주거지 함북 청진부 일철운수주식회사日鐵運輸株式會社

인상/특징 키 5척 2촌 5푼, 조금 비만인 체격. 나머지는 평범하다.

시찰요점 공산주의를 신봉하고 타인을 사주·선동할 우려가 있다.

* 1935년 7월 9일 청진지방법원, 7월 22일 경성복심법원에서 징역 3년을 받음. '웅기열성자협의 동맹 사건'[형사사건부, 조선일보 1935.7.20].

허성진 許聖鎭*

645

종별 함북-관내-특요
창씨명 松許聖鎭
별명
생년월일 1914.12.8
직업
본적 함북 학성군 학남면鶴南面 송하동松下洞 568
주거지 전주형무소
인상/특징 키 5척 4촌, 마른 체형. 이마와 빰이 검다. 둥근 얼굴. 나머지는 평범하다.
시찰요점 공산주의를 신봉하고 타인을 사주·선동할 우려가 있다.

* 1941년 10월 28일 치안유지법 위반으로 청진지방법원에서 징역 10년을 받음[일제감시대상인물카드, 형사사건부].

허용훈 許容勳

645

종별 함북-관내-특요
창씨명 吉村貞一
별명 良福
생년월일 1905.9.2
직업 매약상賣藥商
본적 함북 학성군 학중면鶴中面 송하동松下洞 896
주거지 함북 성진부 송중정松中町 1구區
인상/특징 키 5척 4촌, 보통 체격이다. 피부가 희다. 얼굴이 둥글다. 수염은 없다.
시찰요점 공산주의를 신봉하고 타인을 사주·선동할 우려가 있다.

허석필 許錫弼* 645

종별 함북-관내-특요
창씨명 松下錫弼
별명 百万石
생년월일 1902.10.21
직업 농업
본적 함북 학성군 학중면鶴中面 송하동松下洞 533
주거지 함북 성진부 송중정松中町 1구區
인상/특징 키 5척 5촌, 보통 체격이다. 얼굴이 둥글고 피부는 약간 검다. 안면에 주근깨가 있다.
시찰요점 공산주의를 신봉하고 타인을 사주·선동할 우려가 있다.

* 1935년 7월 16일 청진지방법원에서 징역 3년을 받음. '성진농조 후계 사건'[일제감시대상인물카드, 동아일보 1935.7.13, 1935.7.18].

허남용 許南龍 646

종별 함북-관내-특요
창씨명 岩村南龍(岩本南龍)
별명 昌根, 虎哲
생년월일 1916.10.23
직업
본적 함북 길주군 동해면東海面 용원동龍原洞 자룡산촌字龍山村 25
주거지 청진형무소
인상/특징 키 5척 3촌, 비만 체격. 얼굴이 둥글고 피부는 약간 검다. 나머지는 평범하다.
시찰요점 공산주의를 신봉하고 타인을 사주·선동할 우려가 있다.

강두송 姜斗松

646

종별 함북-관내-특요
창씨명 神農斗松
별명
생년월일
직업 목사
본적 함북 청진부 포항정浦項町 110
주거지 함북 청진부 금정錦町 3정목丁目 7
인상/특징 키 5척 6촌. 얼굴이 둥글고 피부가 약간 창백하다. 보통 체격이다. 종교인 특유의 온화한 풍모를 가장한다.
시찰요점 기독교도를 선동하여 불온 획책을 할 우려가 있다.

강석준 姜錫俊*

646

종별 함북-관내-특요
창씨명 大山錫俊
별명 姜彬
생년월일 1905.1.25
직업 농업
본적 함북 경성군 용성면龍城面 어유동漁遊洞
주거지 함북 청진부 봉암정鳳岩町 25(조선공산당재건사건 취조 중)
인상/특징 키 5척 5촌, 체격이 약간 크다. 얼굴이 둥근 편이고 피부가 검다. 광대뼈가 튀어 나왔다. 머리를 바싹 짧게 깎았다.
시찰요점 민족·공산주의자로서 조선공산당 재건을 기도해 실행 운동 중 검거되어 취조 중

* 1931년 12월 26일 경성지방법원에서 징역 8년을 받음. '제3차 간도공산당 사건'[매일신보 1931.12.27].

차철돌 車鐵乭* 647

종별 함북－관내－특요

창씨명 江村鐵乭

별명

생년월일 1910.2.3

직업 연초煙草 배급인

본적 함북 경성군 어랑면漁郎面 송흥동松興洞 677

주거지 함북 경성군 어랑면 송흥동 677

인상/특징 키 5척 5촌, 보통 체격이다. 얼굴이 둥글고 피부가 약간 검다. 머리를 바싹 짧게 깎았다. 이마가 넓고 눈썹이 짙다. 입이 크고 코가 높다. 나머지는 평범하다.

시찰요점 공산주의를 신봉하고 타인을 사주·선동할 우려가 있다.

＊ 1936년 6월 16일 청진지방법원에서 치안유지법 위반으로 징역 2년 6월(미결구류 540일 통산)을 받음. '함북적색농민조합 사건'[일제감시대상인물카드, 동아일보 1936.6.17].

신승혁 辛承赫* 647

종별 함북－관내－특요 / 4월 1일 사망

창씨명 重光承赫

별명 辛赫

생년월일 1910.6.23

직업 수위守衛

본적 함남 이원군 남면南面 포항리浦項里 436

주거지 함북 청진부 서송향정西松鄕町(조선공산당재건사건 취조 중)

인상/특징 키 5척 4촌, 마른 체형. 피부가 희고 입이 작다. 얼굴이 갸름하고 길다. 수염은 없다. 안경을 쓴다.

시찰요점 농후한 공산주의자로서 조선공산당 재건에 광분 중 검거하여 취조 중

＊ 인명록 맨 위쪽에 "(1945년) 4월 1일 사망"이라고 기록, 명부에 두 줄을 그어 삭제 표시함. 색인에는 제외함.

신동욱 申東昱 647

종별 함북-관내-특요

창씨명 中山勝夫

별명

생년월일 1918.12.7

직업 수산학교水産學校 교유敎諭

본적 함북 청진부 동월포정東月浦町 859

주거지 함북 청진부 창평정昌平町 2정목丁目 463

인상/특징 키 5척 2촌, 보통 체격이다. 얼굴이 조금 넓은 편이다. 피부가 희다. 눈썹이 짙고 눈이 크다 머리를 바싹 짧게 깎았다. 신체가 강건하다.

시찰요점 공산주의 사상을 품고 있는 자처럼 언동이 과격하며 불온 획책의 우려가 있다.

맹두은 孟斗恩* 648

종별 함북-관내-특요

창씨명 昭山富男

별명 斗信, 貴玺

생년월일 1905.4.10

직업 인쇄업

본적 함북 경성군 경성면鏡城面 승암동勝岩洞 213

주거지 함북 경성군 경성면 승암동 213

인상/특징 키 5척 5촌. 얼굴이 약간 길고 코가 높다. 나머지는 평범하다. 호남자로 보이며 안경을 쓴다.

시찰요점 공산주의를 품고 또 선전할 우려가 있다.

---

* ①1931년 3월 2일 치안유지법 위반으로 경성복심법원에서 징역 2년을 받음. '함북공산당 사건'[판결문], ②1933년 5월 4일 청진지방법원에서 징역 6개월을 받음[조선중앙일보 1933.5.10].

민공호 閔工鎬* 648

종별 함북-관내-특요
창씨명 松川工鎬
별명 貢鎬, 璋鎬
생년월일 1911.1.18
직업 한바飯場 정장丁場
본적 충북 영동군 심천면深川面 금정리錦汀里 656
주거지 함북 경흥군 아오지읍阿吾地邑 농경동農耕洞 탄갱 사택 814
인상/특징 키 5척 4촌, 보통 체격이다. 각진 얼굴, 피부가 검다. 이마가 넓고 입이 크다. 목소리가 낮다. 오른쪽 턱 부분에 사마귀가 하나 있다.
시찰요점 공산주의를 신봉하고 주의 선전의 우려가 있다.

* 1934년 7월 20일 치안유지법 위반으로 경성복심법원에서 징역 1년 6월을 받음. '영동농민조합 적우동맹 사건'[일제감시대상인물카드, 판결문, 동아일보 1934.7.21].

전창록 全昌祿* 649

종별 함북-관내-특요
창씨명 全村昌祿
별명 香南, 陰泉
생년월일 1909.9.29
직업 군 서기
본적 함북 온성군 유포면柔浦面 향당동香棠洞 246
주거지 함북 온성군 유포면 향당동 246
인상/특징 키 5척 2촌, 체격은 마른 체형이다. 얼굴이 창백하고 갸름하며 길다. 나머지는 평범하다. 광대뼈가 튀어나왔다.
시찰요점 공산주의를 품고 타인을 사주·선동할 우려가 있다.

* 1933년 7월 21일 경성복심법원에서 징역 4년을 받음. '함북공산당 사건'[조선중앙일보 1933.7.22, 일제감시대상인물카드, 판결문].

전금석 全金錫*

649

종별 함북-관내-특요
창씨명 松本金錫
별명 全南, 永哲
생년월일 1914.2.6
직업 직공
본적 함북 경성군 주을읍朱乙邑 이암동梨岩洞 289
주거지 함북 청진부 수성정輸城町
인상/특징 키 5척 3촌. 얼굴이 길고 이마가 넓다. 피부는 붉다. 코가 높고 눈이 오목눈이다. 나머지는 평범하다.
시찰요점 공산주의를 신봉하고 타인을 사주·선동할 우려가 있다.

* 1933년 8월 28일 치안유지법 위반으로 경성복심법원에서 징역 3년을 받음. '이암소년회 사건' [판결문, 동아일보 1933.8.22].

전여종 全呂鍾*

649

종별 함북-관내-특요
창씨명
별명 全海
생년월일 1902.6.25
직업
본적 함북 회령군 회령읍會寧邑 일동 一洞 211
주거지 소재불명
인상/특징 키 5척 1촌. 얼굴이 둥글고 피부가 희다. 이마가 넓다. 보통 체격이다. 나머지는 평범하다. 목소리가 여성스럽다.
시찰요점 공산주의를 신봉하고 늘 불온한 언동을 하며 주의 선전의 우려가 있다.

* 전여종(1902~미상, 함북 회령). 2020년 건국포장을 받음.

김우일 金宇一* 649

종별 함북-관내-특요
창씨명 石川宇一
별명
생년월일 1903.4.21
직업
본적 함북 온성군 유포면柔浦面 풍서동豊西洞 159
주거지 함흥형무소
인상/특징 키 5척 6촌. 조금 각진 얼굴. 이마가 넓고 피부가 창백하다. 코가 높고 눈이 조금 크다. 나머진 평범하다.
시찰요점 총독정치에 불만을 품고 배일·공산주의를 신봉하며 타인을 사주·선동할 우려가 있다.

* 1933년 7월 21일 치안유지법 위반으로 경성복심법원에서 징역 9년을 받음. '함북공산당 사건' [조선일보 1932.4.22, 동아일보 1933.7.22].

전인학 全仁學* 649

종별 함북-관내-특요
창씨명
별명 全一, 全華, 全海
생년월일 1893.12.25
직업
본적 함북 길주군 덕산면德山面 상하동上下洞 1176
주거지 소재불명
인상/특징 키 5척 3촌. 보통 체격. 얼굴이 둥글고 눈이 크다. 나머지는 평범하다.
시찰요점 공산주의를 신봉하고 정치에 관해 불온·과격한 언동을 할 우려가 있다.

* 전일(全一, 1893~1938, 함북 길주, 이명 전인학). 2007년 건국훈장 독립장을 받음.

천주돌 千周乭*

650

종별 함북-관내-특요

창씨명

별명 明洙

생년월일 1903.5.13

직업 농업

본적 함북 명천군 상가면上加面 연덕동淵德洞 100

주거지 함북 무산군 연사면延社面 사지동四芝洞

인상/특징 키 5척 5촌. 얼굴이 길고 코가 높다. 피부가 희고 눈썹이 짙은 편이다. 나머지는 평범하다.

시찰요점 공산주의를 신봉하고 타인을 사주·선동할 우려가 있다.

* 1937년 11월 12일 청진지방법원에서 징역 3년 6월을 받음. '명천 제1차 좌익농민조합 사건' [매일신보 1937.11.13].

박영문 朴英文

651

종별 함북-관내-정요

창씨명

별명 英世, 王振世, 朴海

생년월일 1898.8.8

직업 농업

본적 함북 명천군 아간면阿間面 용호동龍湖洞 780

주거지 함북 명천군 아간면 용호동 780

인상/특징 키 5척 4촌. 얼굴이 둥글고 피부가 희다. 보통 체격이다. 코가 높다. 나머지는 평범하다. 왼손 무명지 둘째 마디부터 절단했다.

시찰요점 배일사상을 품고 불온한 언동을 한다.

이광호 李光鎬

651

종별 함북-관내-정요

창씨명 白山泰光*

별명

생년월일 1898.2.27

직업 수위守衛, 수산화공회사水産化工會社

본적 함남 정평군 광덕면廣德面 부평리富坪里

주거지 함북 청진부 송음정松蔭町 3정목丁目 313

인상/특징 키 5척 5촌, 보통 체격이다. 얼굴이 조금 길고 피부는 약간 검다. 눈이 크고 코가 높다. 나머지는 평범하다.

시찰요점 천도교 종리사로서 배일사상을 품음. 민족주의를 고취할 우려가 있다.

* 색인에는 '白山光鎬'로 기재.

엄달봉 嚴達奉

651

종별 함북-관내-정요

창씨명 嚴本聲宇

별명 延勳

생년월일 1897.2.3

직업 미싱(재봉틀) 판매

본적 강원도 영월군 남면南面 광천리廣川里 368

주거지 함북 무산군 무산읍茂山邑 남산동南山洞

인상/특징 키 5척 4촌, 보통 체격이다. 이마가 넓고 귀가 작다. 눈과 입이 크다. 치아가 가지런하다. 코가 낮고 피부가 창백하다. 나머지는 평범하다.

시찰요점 배일사상을 품고 조선독립을 목적으로 하는 불령행동의 우려가 있다.

오상호 吳尙浩* 652

종별 함북－관내－정요
창씨명 海野尙浩
별명 贊淳, 相鎬
생년월일 1895.10.25
직업 일용 노동자
본적 함남 삼수군 관흥면館興面 채가리彩佳里
주거지 함북 청진부 서송향정西松鄕町 상배수구上排水溝
인상/특징 키 5척 4촌, 보통 체격이다. 둥근 얼굴에 피부는 희다. 나머지는 평범하다.
시찰요점 조선독립을 몽상하고 불령행동에 나설 우려가 있다.

* 오찬순(吳贊淳, 1894～미상, 함남 삼수, 이명 오상호). 2011년 건국훈장 애국장을 받음.

오기수 吳麒洙* 652

종별 함북－관내－정요
창씨명 牧野一雄
별명 泳慶, 吳陵波, 吳勳
생년월일 1892.7.16
직업 토목 청부土木請負
본적 경북 의성군 의성면義城面 중리中里 767
주거지 함북 부령군 부령면富寧面 유평동柳坪洞 자소무산字小茂山
인상/특징 키 5척 2촌. 얼굴이 둥글고 피부가 희다. 눈썹이 짙고 이마가 넓다. 비만 체격. 눈매가 날카롭다.
시찰요점 재만在滿 불령단不逞團에 들어가 독립운동에 종사, 타인을 선동할 우려가 있다.

* 오기수(1892～1959, 경북 의성). 1990년 건국훈장 애족장(1977년 대통령표창)을 받음.

김한동 金漢童*

652

종별 함북-관내-정요

창씨명 秋山一夫

별명 金赫, 金勳, 告○

생년월일 1899.4.12

직업 노동

본적 함북 성진부 본정本町 57-3

주거지 함북 성진부 서정西町 26

인상/특징 키 5척 5촌. 얼굴이 길고 피부가 희다. 눈이 크고 날카롭다. 코가 높고 귀가 크다. 입은 평범하다. 머리카락이 붉은색이어서 언뜻 보기에 혼혈아 같다.

시찰요점 정치에 관해 불온·과격한 언동을 하며 민족·공산주의를 고취할 우려가 있다.

* 1934년 6월 13일 전주지방법원, 같은 해 7월 9일 대구복심법원에서 치안유지법 위반으로 징역 2년을 받음[판결문].

藤田源太郎

652

종별 함북-관내-정요

창씨명

별명

생년월일 1914.5.4

직업 사감舍監

본적 돗토리현鳥取縣 야즈군八頭郡 지즈정智頭町 니시우즈카西宇塚 532

주거지 함북 청진부 서송향정西松鄕町 일철협화료日鐵協和寮(응소 중應召中)

인상/특징 키 5척 6촌. 피부가 희다. 머리를 바싹 짧게 깎았다. 얼굴이 길고 코가 높다. 안경을 쓴다. 호남자로 보인다.

시찰요점 민족협화, 정치의 독립을 표방한 동아연맹협회東亞聯盟協會의 지도정신을 신봉하고 정치에 관해 불온언동의 우려가 있다.

정사갑 鄭四甲* 653

종별 함북-내지-특요
창씨명
별명 松光義雄, 野村義俊
생년월일 1913.2.28
직업 잡역
본적 함북 명천군 하우면下雩面 명천동明川洞
주거지 도쿄도東京都 후카가와구深川區 후카가와병원深川病院 내
인상/특징 키 5척 2촌, 보통 체격이다. 얼굴이 둥글고 눈이 작다. 나머지는 평범하다.
시찰요점 민족·공산주의를 품고 불온한 언동을 하며 타인을 사주·선동할 우려가 있다.

* ①1933년 8월 1일 경시청에 검거, 10월 28일 검사국에 송치. 전협全協 회원[특고월보 1930.3~1933.12(日誌)], ②1933년 12월 경시청에 검거, 1934년 6월 11일 검사국에 송국[특고월보 1934.1~1937.12(日誌)].

김선희 金善姬* 653

종별 함북-내지-특요
창씨명
별명
생년월일 1898.3.6
직업 목사
본적 함북 명천군 상우남면上雩南面 상장동上場洞 159
주거지 오사카시大阪市 아사히구旭區 시기타정新喜多町 295
인상/특징 키 4척 9촌. 피부가 검다. 보통 체격이다. 얼굴이 둥글고 눈이 크다. 코가 높고 눈썹이 짙다. 귀는 작고 입이 조금 크다. 히스테리가 있다.
시찰요점 무정부주의자로서 기독교를 신봉하며 불온행동의 우려가 있다.

* 1925년 함북 명천에서 체포. 그해 12월 25일 청진지방법원에서 제령 위반, 폭발물취체 위반으로 징역 2년(집행유예 3년)을 받음[부산일보 1925.5.3, 동아일보 1925.12.22, 경성일보 1925.12.27].

김임 金稔 654

종별 함북-내지-보요
창씨명
별명 龍澤, 子稔
생년월일 1902.9.15
직업
본적 함북 청진부 송향정松鄕町 318
주거지 소재불명
인상/특징 키 5척 3촌, 마른 체형. 피부가 검다. 코가 높다. 나머지는 평범하다. 항상 안경을 쓴다.
시찰요점 늘 배일적 언동을 하고 과격한 연설을 하다가 중지·검거 등을 당한 자

김완식 金完植* 654

종별 함북-내지-보요
창씨명 金波完植
별명 鄭勳
생년월일 1919.3.18
직업
본적 함북 경흥군 웅기읍雄基邑 백학동白鶴洞 50
주거지 소식불명
인상/특징 키 5척 5촌, 보통 체격이다. 피부는 약간 검다. 얼굴이 둥글다. 나머지는 평범하다.
시찰요점 조선독립을 몽상하고 불온한 언동에 나설 우려가 있다.

* 1935년 중국 난징 중앙군관학교 제2반 정치훈련반 제3기(약칭 의열단파 제3기 훈련반)를 졸업. 1936년 1월 간도성 용정촌에 돌아가 자수하고 귀순의사를 밝힘. 1936년 9월 5일 도교시 세타가야중학교에 입학. 9월 25일 도쿄 경시청에서 조사 받음. 간도 일본총영사관경찰서의 도항증명이 있으므로 석방됨[특고월보 1934.1~1937.12(日誌), 특고월보 1936.9].

박일범 朴日範 654

종별 함북-내지-노요
창씨명
별명
생년월일 1906.5.19
직업 날품팔이
본적 함북 성진부 쌍포정雙浦町
주거지 가라후토樺太 모토도마리군元泊郡 시루토루정知取町 大字知取字松ヶ技北丁 2
인상/특징 키 5척 4촌, 마른 체형. 머리카락이 길다. 나머지는 평범하다. 호남자로 보인다.
시찰요점 불량분자와 교유함. 또 무지한 청년 등의 노동문제 등을 선동할 우려가 있다.

여남수 呂南壽* 655

종별 함북-국외-특요
창씨명
별명
생년월일 1905
직업
본적 모름
주거지 露領 尼灣
인상/특징 키 5척 5촌. 얼굴이 길고 피부가 희다. 이마가 넓고 눈썹이 짙다. 눈이 크고 코가 높다. 입이 작다. 마른 체형
시찰요점 공산주의

* 여남수(1904~1933, 함남 무산). 2008년 건국포장을 받음.

마창수 馬昌洙* 655

종별 함북-국외-특요
창씨명
별명 興吉
생년월일 1891.7.17
직업
본적 함북 길주군 동해면東海面 용동龍洞 403
주거지 소재불명
인상/특징 키 5척 5촌. 피부가 붉은 편이다. 보통 체격이다. 얼굴이 길다. 나머지는 평범하다.
시찰요점 민족·공산주의

* 1919년 3·1운동 가담 후 간도로 건너감. 고려공산당 간부로 활동[용의조선인명부(1934)].

박상순 朴相淳* 656

종별 함북-국외-특요
창씨명
별명 雲京
생년월일
직업
본적 함북 경원군 동원면東原面 중평동中坪洞
주거지 러시아령 송왕령宋王嶺
인상/특징 키 5척 4촌. 둥근 얼굴. 눈이 둥글고 비만 체격.
시찰요점 고려공산당원

* 1884년 4월 출생. 1916년 훈춘으로 이주, 1923년 고려공산당원이 됨[용의조선인명부(1934)].

방규성 方奎星 656

종별	함북-국외-특요
창씨명	天村景光
별명	李山, 今山, 二石, 華山
생년월일	1908.4.25
직업	여인숙
본적	함북 성진부 욱정旭町 188
주거지	間島省 延吉縣 圖們北區 9統 32
인상/특징	키 5척 5촌. 피부가 검고 얼굴이 둥글다. 비만 체격. 말을 더듬는 버릇이 있다. 나머지는 평범하다. 태도가 ○○.
시찰요점	쉽게 타인에게 선동되어 과격한 언동을 한다.

박광영 朴光英 656

종별	함북-국외-특요
창씨명	
별명	朴鐵, 朴忘洙
생년월일	1900.5.8
직업	서기
본적	함북 부령군 연천면連川面 창평동蒼坪洞 102
주거지	哈爾賓 道裡地般街
인상/특징	키 5척 2촌, 비만 체격. 얼굴이 둥글고 피부가 희다. 입이 작다. 나머지는 평범하다. 호남자로 보인다.
시찰요점	공산주의자

박도석 朴道石* 656

종별 함북-국외-특요
창씨명
별명
생년월일 1901.2.6
직업
본적 함북 온성군 영와면永瓦面 상화동上和洞 163
주거지 소재불명
인상/특징 키 5척 2촌, 마른 체형. 얼굴이 둥글고 피부가 검다. 눈, 입, 코가 작다. 나머지는 평범하다.
시찰요점 항상 내외 주의자와 연락하고 주의선전의 우려가 있다.

* 1927년 7월 29일 청진지방법원에서 치안유지법 위반으로 징역 2년을 받음[일제감시대상인물카드, 동아일보 1927.8.11].

박성렬 朴成烈* 656

종별 함북-국외-특요
창씨명
별명 朴震, 朴基三, 宋宗三, 宋仁燮, 東華
직업 사립학교 교사
생년월일 1906.10.15
본적 함북 명천군 하우면下雩面 함진동咸鎭洞
주거지 間島省 延吉縣 鳳寧村 南溝屯 第4牌 58戶
인상/특징 키 5척 3촌, 마른 체형. 얼굴이 조금 길고 피부가 검다. 광대뼈가 튀어나오고 입이 크다. 나머지는 평범하다.
시찰요점 공산주의자

* 1936년 10월 19일 경성복심법원에서 치안유지법 위반으로 징역 3년을 받음. '함북 사회운동의 거두'[판결문, 동아일보 1935.10.17, 매일신보 1936.10.20].

박봉헌 朴鳳憲*

657

종별 함북-국외-특요
창씨명 新井鳳憲
별명
생년월일
직업 자칭 광산업
본적 함북 경흥군 웅기읍雄基邑 웅기동雄基洞 53
주거지 間島省 間島市 新安區 協和路 17牌
인상/특징 키 5척 3촌. 얼굴이 둥글고 피부가 검다. 나머지는 평범하다. 말을 많이 한다.
시찰요점 민족·공산주의자

* 1933년 11월 4일 청진지방법원에서 징역 4년을 받음. '함북재건공산당 사건'[조선일보 1933.11.7].

박병균 朴秉均*

657

종별 함북-국외-특요
창씨명 新井康民
별명 長石
생년월일 1912.12.7
직업 무직
본적 함북 회령군 회령읍會寧邑 오동五洞 81
주거지 間島省 延吉縣 延吉街 大和區 第1牌
인상/특징 키 5척 4촌. 얼굴이 둥글고 피부는 청백색이다. 이마가 넓고 귀가 크다. 눈썹이 짙고 코가 높다. 입은 작다. 호남자로 보인다.
시찰요점 공산주의자

* ①1930년 2월 16일 청진지방법원 회령지청에서 제령 위반으로 징역 6월을 받음[조선일보 1930.2.21], ②1934년 8월 3일 청진지방법원에서 치안유지법 위반으로 징역 3년을 받음. '회령공산청년동맹 사건'[매일신보 1934.8.11, 일제감시대상인물카드, 형사사건부].

박자갑 朴自甲* 657

종별 함북-국외-특요
창씨명 泉自甲
별명 東順, 昌建, 來今, 時化
생년월일 1900.8.2
직업 회사원
본적 함북 온성군 온성면穩城面 동화동東和洞 411
주거지 三江省 佳木斯市 無盡會社
인상/특징 키 5척 2촌. 얼굴이 조금 둥글고 피부가 희다. 눈동자가 크고 코가 높다. 나머지는 평범하다.
시찰요점 공산주의자

* 1930년 8월 30일 치안유지법 위반으로 경성지방법원에서 징역 3년(미결구류 110일 통산)을 받음. '제3차 조선공산당 사건, ML당 사건'[중외일보 1930.8.31, 일제감시대상인물카드].

박승룡 朴昇龍* 657

종별 함북-국외-특요
창씨명 新井昇龍
별명 治宇
생년월일 1907.2.5
직업
본적 함북 경성군 주을온면朱乙溫面 온천동溫川洞 75
주거지 中支 江蘇縣 城內 盛苑 46
인상/특징 키 5척 7촌. 둥근 얼굴, 피부는 희다. 나머지는 평범하다.
시찰요점 공산주의자

* ①1931년 6월 3일 경성지방법원에서 무죄를 받음. '열성자회 사건'[조선일보 1931.6.4], ②1934년 11월 27일 청진지방법원에서 치안유지법 위반으로 징역 2년(미결구류 365일 통산, 집행유예 5년)을 받음. '경성 어랑적색농민조합 사건'[동아일보 1934.11.29], ③1936년 6월 16일 청진지방법원, 1936년 10월 31일 경성복심법원에서 치안유지법 위반으로 징역 6년을 받음. '함북적색농민조합 사건'[동아일보 1936.6.17, 일제감시대상인물카드].

동하현 董夏鉉

658

종별 함북-국외-특요

창씨명

별명 承鉉, 董林, 董承, 春卯

생년월일 1905.11.14

직업

본적 함북 명천군 하우면下雩面 명천동明川洞

주거지 北京市外 5區 東市場 東街 8號

인상/특징 키 5척 5촌. 얼굴이 길고 피부가 희다. 눈이 크고 코가 높다. 입이 크다. 나머지는 평범하다. 눈이 나쁘다. 언제나 히죽히죽 웃는 버릇이 있다.

시찰요점 귀순자로서 재외 공산주의와 연락함

이익성 李益星

658

종별 함북-국외-특요

창씨명

별명 翼星

생년월일 1911.3.16

직업 남경정사南京政社 정치선전원政治宣傳員

본적 함북 경성군 용성면龍城面 수북동水北洞

주거지 南京 西革門 小二條 33號(소식불명)

인상/특징 키 5척 3촌 5푼. 얼굴이 약간 길다. 귀가 크고 눈썹이 짙다. 나머지는 평범하다. 안면에 주근깨가 있다.

시찰요점 민족·공산주의자로서 해외 주의자와 기맥을 통하고 불온행동의 우려가 있다.

이철봉 李鐵峰 658

종별 함북-국외-특요
창씨명
별명 東國, 東初
생년월일 1896.12.24
직업
본적 함북 명천군 하우면下雩面 명천동明川洞 408
주거지 露領 新韓村 拘豊臣里(1934년 이후 소식불명)
인상/특징 키 5척 4촌, 보통 체격이다. 피부가 희고 코가 높다. 나머지는 평범하다.
시찰요점 공산당원

이충근 李忠根* 658

종별 함북-국외-특요
창씨명
별명
생년월일 1892.8
직업
본적 함북 경원군 동원면東原面 공자동孔子洞
주거지 露領 尼灣
인상/특징 키 5척 2촌. 둥근 얼굴, 피부가 검다. 귀가 작고 눈썹이 짙다. 비만 체격. 나머지는 평범하다.
시찰요점 공산주의, 배일사상

* 1933년 만주 길림성 훈춘현 파견헌병대의 밀정[용의조선인명부(1934)].

이영석 李濚錫 659

종별	함북-국외-특요
창씨명	
별명	吾兼, 亨錫
생년월일	1899.4.16
직업	
본적	함북 경원군 안농면安農面 이동梨洞 785
주거지	露領 블라디보스토크
인상/특징	키 5척 3촌, 비만 체격. 얼굴이 둥글고 피부가 검다. 나머지는 평범하다. 윗니에 금니가 있다.
시찰요점	공산주의, 배일사상

이두용 李斗用 659

종별	함북-국외-특요
창씨명	星山斗用
별명	
생년월일	1892.8.15
직업	
본적	함북 온성군 훈융면訓戎面 금화동金華洞 811
주거지	東寧縣 三岔口
인상/특징	키 5척 3촌. 얼굴 볼이 높다. 코가 높다. 피부가 희다. 나머지는 평범하다. 오른 손목에 쌀알 크기의 문신 4개가 있다.
시찰요점	조선독립을 기도해 1922년 경원군 송천동松川洞에 침입한 범인이다.

이봉남 李鳳南

659

종별 함북-국외-특요

창씨명

별명 鍾益, 鍾一

생년월일 1901.4.1

직업

본적 함북 명천군 상하면上下面 석현동石峴洞 138

주거지 露領 하바로프스크

인상/특징 키 5척 4촌, 얼굴이 둥글고 비만 체격이다. 나머지는 평범하다. 호남자로 보인다. 말할 때 얼굴을 왼쪽으로 기울인다.

시찰요점 공산주의

이학린 李學麟*

659

종별 함북-국외-특요

창씨명

별명 恒洙, 李石

생년월일 1892.1.15

직업

본적 함북 명천군 상가면上加面 조당동潮塘洞 519

주거지 支那 廣東 黃浦軍事政治學校內, 소식불명

인상/특징 키 5척 4촌. 얼굴이 둥글고 눈이 크다. 코가 높다. 수염은 없다.

시찰요점 민족·공산주의

* 이학린(1899~미상, 함북 명천). 1995년 건국훈장 애국장을 받음.

이우석 李隅石 659

종별 함북-국외-특요
창씨명
별명
생년월일 1906.1.7
직업
본적 함북 성진부 욱정旭町
주거지 露領 블라디보스토크 新韓村, 소식불명
인상/특징
시찰요점 불령 조선인의 수령 이동휘李東輝의 장남으로서 치열한 배일사상을 품고 있다.*

* 이동휘의 아들 이영일李英一은 1988년 74세로 소련에서 작고[동아일보 1991.6.9, 1991.6.27].

이괄 李括* 659

종별 함북-국외-특요
창씨명
별명 殷熙
생년월일 1898.5.10
직업 신문『레닌의 길』주필
본적 함북 종성군 남산면南山面 삼봉동三峰洞
주거지 露領 煙秋, 소식불명
인상/특징 키 5척 2촌, 보통 체격이다. 얼굴이 둥글고 피부가 희다. 눈썹이 크고 짙다. 하관이 둥글다. 얼굴에 마맛자국이 있다.
시찰요점 공산주의자

* 이괄(1898~미상, 함북 종성). 2009년 건국포장을 받음.

이영근 李英根* 660

종별 함북-국외-특요
창씨명
별명 富甲
생년월일 1905
직업 농업
본적 함북 경성군 주남면朱南面 용암동龍岩洞 192
주거지 間島省 延吉縣 長安村 小野屯 8牌 14戶
인상/특징 키 5척 5촌. 얼굴이 길고 이마가 각졌다. 눈이 크고 눈매가 날카롭다. 코가 높고 입이 작다. 눈썹이 엷다. 왼쪽 귀 앞에 대두 크기의 흉터가 있다.
시찰요점 배일·공산주의

* 1928년 12월 27일 경성지방법원에서 치안유지법 위반으로 징역 2년을 받음. '간도공산당 사건'[일제감시대상인물카드, 판결문].

이만송 李萬松 660

종별 함북-국외-특요
창씨명
별명 根遠
생년월일 1906.4.21
직업
본적 함북 경성군 주남면朱南面 일암동一岩洞 215
주거지 露領 본보이섬, 소식불명
인상/특징 키 5척 3촌 5푼. 얼굴이 길고 피부가 검다. 이마가 넓다. 눈썹이 짙고 눈이 크다. 코가 높다. 마른 편
시찰요점 공산주의

이인구 李麟求

660

종별 함북-국외-특요

창씨명 春野繁

별명 辛甲

생년월일 1891.11.3

직업 토건 청부請負

본적 함북 명천군 서면西面 명남동明南洞 1063

주거지 東滿總省 鶴立縣 鶴岡街 西成區

인상/특징 키 5척 3촌, 보통 체격이다. 피부가 검은 편. 얼굴이 둥글고 코가 낮다. 눈이 둥글다. 나머지는 평범하다.

시찰요점 공산주의

이경봉 李庚鳳

660

종별 함북-국외-특요

창씨명

별명 興官, 復興, 馬超軍

생년월일 1910.8.12

직업

본적 함북 회령군 봉의면鳳儀面 남산동南山洞 128

주거지 南京 鄭社巷 同慶里 14號, 소식불명

인상/특징 키 5척 2촌, 보통 체격이다. 얼굴이 길다. 눈과 입, 귀, 코가 크다.

시찰요점 민족·공산주의

이홍렬 李洪烈* 660

종별	함북-국외-특요
창씨명	夏山茂洪
별명	李珍, 秋天, 如秋
생년월일	1906.1.4
직업	보험 외교원外交員
본적	함북 명천군 하가면下加面 포항동浦項洞 69
주거지	牡丹江省 寧安縣 牡丹江市 西長安街 大陽保險會社
인상/특징	키 5척 9촌. 얼굴이 조금 길고 피부가 약간 푸르다. 보통 체격이다. 나머지는 평범하다. 말을 더듬고 말이 빠르다.
시찰요점	민족·공산주의

* 1931년 5월 21일 청진지방법원에서 징역 6월을 받음. '명천청년동맹 데모 사건'[조선일보 1931.5.28].

이창일 李昌日* 660

종별	함북-국외-특요
창씨명	
별명	
생년월일	1902.6.25
직업	전 모某 기관 밀정
본적	함북 경원군 안농면安農面 이동梨洞 82
주거지	新京 入船町 4丁目 3, 소식불명
인상/특징	키 5척 3촌, 보통 체격이다. 얼굴이 길고 코가 높다. 목이 짧다. 우둔해 보이는 인상이다. 러시아어에 매우 능하다.
시찰요점	공산주의

* 1933년 12월 20일 경성지방법원에서 징역 7년(미결구류 350일 통산)을 받음. '간도공산당 사건'[동아일보 1933.12.21, 조선일보 1933.12.22, 일제감시대상인물카드].

이봉철 李鳳鐵*

661

종별 함북-국외-특요

창씨명

별명

생년월일 1912.8.25

직업 농업

본적 함북 경성군 어랑면漁郎面 지방동芝坊洞 879

주거지 間島省 圖們市 康德區 南陽路

인상/특징 키 5척 4촌, 보통 체격이다. 피부가 검다. 머리를 바싹 짧게 깎았다. 눈이 크다. 나머지는 평범하다.

시찰요점 민족·공산주의

* 1933년 10월 30일 청진지방법원에서 징역 15년을 받음. '훈춘 반제동맹 사건'[조선일보 1933.10.3, 1933.10.18, 형사사건부].

임민호 林珉鎬*

661

종별 함북-국외-특요

창씨명

별명 ダブローグ, 沈道斌, 金昌燮

생년월일 1902.9.28

직업

본적 함북 회령군 창두면昌斗面 창태蒼苔

주거지 間島省 延吉縣 龍井街 北新區 大道路 8牌 22號

인상/특징 키 5척 5촌. 마른 편이다. 얼굴이 길고 피부가 약간 검다. 코가 높고 입이 작다. 머리를 바싹 짧게 깎았다.

시찰요점 공산주의

* 임민호(林民鎬, 1904~1970, 함북 회령). 2008년 건국훈장 애족장을 받음.

육학립 陸學林* 661

종별 함북-국외-특요

창씨명 陸川學林

별명

생년월일 1901.1.21

직업 선무원宣撫員

본적 함북 길주군 웅평면雄坪面 용천동龍川洞 907

주거지 間島省 圖們市 仲秋區 關東軍 依囑

인상/특징 키 5척 3촌, 얼굴이 길고 눈과 입이 크다. 코가 높고 피부가 희다. 나머지는 평범하다.

시찰요점 공산주의

* 육학림(1901~1945, 함북 길주). 2005년 건국포장을 받음.

한흥립 韓興立 662

종별 함북-국외-특요

창씨명

별명

생년월일 1901.9.18

직업

본적 함북 경흥군 웅기읍雄基邑 비파동琵琶洞

주거지 間島省 龍井村 한용석韓勇錫 방方

인상/특징 키 5척 3촌, 마른 체형. 피부가 희고 얼굴이 긴 편이다. 눈썹이 짙다. 눈이 작고 코가 높다. 나머지는 평범하다. 윗니에 금니가 있다.

시찰요점 민족주의를 신봉함

송태규 宋泰奎 662

종별 함북-국외-특요

창씨명

별명 山雨

생년월일 1901.7.28

직업

본적 함북 경흥군 웅기읍雄基邑 웅상동雄尙洞

주거지 露領 水青 흐루타보카, 소식불명

인상/특징 키 5척 3촌, 얼굴이 길고 마른 체형. 코가 높고 피부가 검다. 나머지는 평범하다.

시찰요점 공산주의

남무길 南戊吉 662

종별 함북-국외-특요

창씨명

별명 徽裕

생년월일 불명

직업

본적 함북 경성군 주북면朱北面 부복동富卜洞 240

주거지 露領 巢學岺地方, 소식불명

인상/특징 키 5척 5촌, 얼굴이 둥글고 비만 체격이다. 피부가 검고 이마가 크다. 눈이 사시다.

시찰요점 공산주의자

남병린 南秉麟*

662

종별	함북-국외-특요
창씨명	
별명	秉極, 煥洙
생년월일	1899.12.21
직업	게페우 통역**
본적	함북 길주군 동해면東海面 창촌동倉村洞 433
주거지	露領 블라디보스토크
인상/특징	키 5척 7촌, 마른 체형. 피부가 희고 이마가 조금 넓다. 얼굴이 길고 코가 높다.
시찰요점	정치에 관해 불온언동을 하고 주의운동에 분주할 우려가 있다.

* 남병린(1903~미상, 함북 길주). 2021년 건국포장을 받음.

** ゲペウ, 소련 국가정치보안부.

남충렬 南忠烈*

663

종별	함북-국외-특요
창씨명	
별명	
생년월일	1906. 월일 불명
직업	정미업
본적	함북 청진부 신암정新岩町 87
주거지	間島省 延吉縣 明月村 朝日區 16牌 28號
인상/특징	키 5척 6촌, 보통 체격이다. 둥근 얼굴에 눈이 길고 코가 크다. 나머지는 알 수 없다.
시찰요점	공산주의

* 1926년 7월 20일 체포, 1926년 12월 6일 신의주지방법원에서 징역 1년(집행유예 2년)을 받음. '뇌성단'[용의조선인명부(1934), 동아일보 1926.7.24, 조선일보 1926.12.11].

나순금 羅順金(女) 663

종별 함북－국외－특요
창씨명
별명
생년월일 1908.1.1
직업
본적 함북 회령군 회령읍會寧邑 오동五洞 81－3
주거지 中東沿線 海林
인상/특징 키 4척 7촌. 얼굴이 둥글고 눈과 코가 작다. 나머지는 평범하다. 보통 체격이다. 왼쪽 뺨에 희고 큰 점이 있다.
시찰요점 공산주의

구철성 具哲成 663

종별 함북－국외－특요
창씨명
별명 鐵石, 鐵錫
생년월일 1892.2.25
직업
본적 함북 온성군 온성면穩城面 동화동東和洞
주거지 露領 煙秋 蛤蟆塘, 소식불명
인상/특징 키 5척 3촌. 얼굴이 길고 눈이 조금 크다. 나머지는 평범하다.
시찰요점 배일·공산주의

* 구철성(1892~1937, 함북 온성). 2006년 건국포장을 받음.

현해도 玄海濤 664

종별 함북-국외-특요
창씨명
별명
생년월일 1897.4.3
직업
본적 함북 부령군 서상면西上面 창평동蒼坪洞
주거지 간 곳을 알 수 없음
인상/특징 알 수 없음
시찰요점 공산주의

현귀남 玄貴南 664

종별 함북-국외-특요
창씨명 正山貴南
별명 忠鍊, 正鎬
생년월일 1903.1.9
직업 서기
본적 함북 명천군 아간면阿間面 황곡동黃谷洞 101
주거지 哈爾賓 承德街 16號 朝鮮人居留會館
인상/특징 키 5척 3촌, 보통 체격이다. 얼굴이 둥글고 피부가 창백하다. 눈썹이 크다. 입술이 두껍다. 나머지는 평범하다.
시찰요점 공산주의

황이옥 黃利玉

664

종별 함북－국외－특요

창씨명

별명

생년월일 1899.8.18

직업 농업

본적 함북 온성군 남양면南陽面 남양동南陽洞

주거지 露領 尼市, 소식불명

인상/특징 키 5척 2촌, 보통 체격이다. 둥근 얼굴에 피부는 약간 검다. 입이 크고 눈은 조금 크다. 나머지는 평범하다.

시찰요점 배일·공산주의

홍석기 洪錫箕

664

종별 함북－국외－특요

창씨명

별명 允鳳

생년월일 1898.6.20

직업 러시아 군인

본적 함북 부령군 부령면富寧面 유평동柳坪洞 258

주거지 露領, 소식불명

인상/특징 키 5척 3촌. 얼굴이 긴 편이다. 체격은 마른 체형. 나머지는 평범하다.

시찰요점 배일·공산주의

오성륜 吳成崙* 664

종별 함북-국외-특요
창씨명
별명 東完/ 範喆/ 鳳煥
생년월일 1898. 월일 불명
직업
본적 함북 온성군 영와면永瓦面 용남동龍南洞 231
주거지 滿洲國 治安部 特別工作班
인상/특징 키 5척 3촌. 얼굴이 둥글다. 비만 체격. 나머지는 평범하다.
시찰요점 민족·공산주의

* 1898~1947. 의열단, 중국공산당, 동북항일연군 등에서 일본제국주의와 싸운 사회주의 계열 독립운동가. 1941년 전향, 일제에 협력했다.

황일보 黃一甫* 665

종별 함북-국외-특요
창씨명
별명
생년월일 1889.5.10
직업
본적 함북 부령군 부령면富寧面 최현동最賢洞
주거지 三江省 佳木斯市 康樂街
인상/특징 키 5척 5촌. 얼굴이 둥글고 피부는 조금 검다. 비만. 수염이 엷다. 풍채가 나빠 보인다.
시찰요점 공산주의

* 1928년 12월 27일 경성지방법원에서 치안유지법 위반으로 징역 2년 6월(미결구류 150일 통산)을 받음. '간도공산당 사건'[판결문, 중외일보 1927.10.27, 매일신보 1928.5.1].

권영주 權永周* 665

종별 함북-국외-특요

창씨명 陽村永周

별명 赤坡, 宗一, 律

생년월일 1901.12.8

직업 매일신보 지국장

본적 함북 길주군 덕산면德山面 상하동上下洞 138

주거지 延吉縣 龍井村

인상/특징 키 5척 4촌. 치아가 고르지 않다. 피부는 약간 검고 눈과 입, 귀가 작다. 나머지는 평범하다.

시찰요점 공산주의

* 1935년 6월 5일 경성복심법원에서 치안유지법 위반 등으로 징역 3년을 받음[판결문, 일제감시대상인물카드].

오쾌일 吳快一* 665

종별 함북-국외-특요

창씨명

별명 具市咸次, 鎭漢, 鎭男

직업 신문기자

생년월일 1911.6.7

본적 전남 나주군 나주읍羅州邑 본정本町 80

주거지 牡丹江市 西長安街 每新支局 內

인상/특징 키 5척 2촌, 비만 체격. 얼굴이 둥글고 이마가 넓다. 피부가 희다. 나머지는 평범하다.

시찰요점 배일·공산주의

* 1931년 6월 13일 대구복심법원에서 치안유지법 위반, 보안법 위반, 출판법 위반으로 징역 2년(미결구류 300일 통산)을 받음[판결문].

정봉죽 鄭鳳竹 666

종별 함북-국외-특요
창씨명
별명
생년월일 1891.8.12
직업
본적 함북 온성군 미포면美浦面 미산동美山洞 409
주거지 間島省 琿春縣 春化保 東興鎮
인상/특징 키 5척 4촌. 얼굴이 둥글고 피부가 붉다. 나머지는 평범하다. 코 오른쪽에 작은 콩 크기의 마맛자국이 있다.
시찰요점 공산주의를 품고 배일·불령행동의 우려가 있다.

정희현 鄭希賢* 667

종별 함북-국외-특요
창씨명
별명 鶴
생년월일 1890.9.11
본적 함북 경성군 오촌면梧村面 승암동勝岩洞 136
주거지 露領 블라디보스토크 하라타우나이, 소식불명
인상/특징 키 5척 9촌 1푼. 피부가 조금 검다. 머리를 바싹 짧게 깎았다. 일본인처럼 보이고 일본어에 능통하다. 얼굴에 마맛자국이 있다.
시찰요점 공산주의

* 정희현(1890~1938, 함북 경성). 2012년 건국포장을 받음.

정병조 鄭炳朝*

667

종별 함북-국외-특요

창씨명 吉村炳朝

별명 煥鈞

생년월일 1904.2.27

직업

본적 함북 학성군 학남면鶴南面 용남동龍南洞 176

주거지 間島省 汪淸縣 春明村 大肚川 新市街 第31號

인상/특징 키 5척 5촌 6푼, 보통 체격이다. 피부가 약간 검다. 코가 높고 얼굴이 길다. 입이 크고 눈썹이 짙다.

시찰요점 공산주의

* 1930년 9월 30일 청진지방법원 예심에서 면소됨. '함북공산당 사건'[조선일보 1930.10.5, 동아일보 1930.10.7].

안시운 安時運

667

종별 함북-국외-특요

창씨명

별명 曾孫

생년월일 1899.2.28

직업

본적 함북 온성군 온성면穩城面 동화동東和洞

주거지 支那 武漢 方面

인상/특징 키 5척 2촌. 얼굴이 둥글고 입이 조금 크다. 나머지는 평범하다. 수염이 있다.

시찰요점 공산·민족주의

안이남 安二男

667

종별 함북-국외-특요

창씨명

별명 東周

생년월일 1899.10.16

직업

본적 함북 길주군 장백면長白面 남동南洞 549

주거지 露領 崇玉嶺 情水溝

인상/특징 키 5척 5촌, 보통 체격이다. 눈, 입, 코는 평범하다. 머리를 바싹 짧게 깎았다.

시찰요점 정치에 관해 불온·과격의 언동을 한다.

안태진 安泰珍

667

종별 함북-국외-특요

창씨명

별명 美鶴, 泰顕

생년월일 1895.5.4

직업

본적 함북 온성군 온성면穩城面 서흥동西興洞

주거지 東安省 林口縣 古城鎭 開拓洞

인상/특징 키 5척 4촌. 나머지는 평범하다.

시찰요점 민족·공산주의

채수오 蔡洙五

668

종별	함북-국외-특요
창씨명	
별명	
생년월일	1900.2.28
직업	
본적	함북 경원군 용덕면龍德面 용향동龍香洞 206
주거지	露領 四萬里
인상/특징	키 5척 4촌, 보통 체격이다. 얼굴이 붉고 길다. 나머지는 평범하다.
시찰요점	고려공산당원

최원강 崔元强

668

종별	함북-국외-특요
창씨명	
별명	西童
생년월일	1897.12.1
직업	
본적	함북 온성군 미포면美浦面 장덕동長德洞 178
주거지	汪淸縣 春芳村 凉泉子上項
인상/특징	키 5척 3촌 5푼. 얼굴이 길고 피부가 검붉다. 눈이 작다. 나머지는 평범하다.
시찰요점	조선독립을 기도하고 무장침입의 우려가 있다.

최홍범 崔鴻範 668

종별 함북-국외-특요
창씨명
별명
생년월일 1892.5.9
직업 게페우원ゲペウ員*
본적 함북 회령군 벽성면碧城面 촌동村洞
주거지 露領 하바로프스크
인상/특징 알 수 없음
시찰요점 공산주의

* 게페우 : 소련 국가정치보안부

최태민 崔泰敏 668

종별 함북-국외-특요
창씨명 海山泰敏
별명 泰駿
생년월일 1900.9.10
직업
본적 함북 온성군 온성면穩城面 주원동周原洞 309
주거지 露領 블라디보스토크
인상/특징 키 5척 4촌, 보통 체격이다. 얼굴이 둥글다.
시찰요점 고려공산당원

최정국 崔正國* 668

종별 함북-국외-특요
창씨명
별명 무젝이
생년월일 1887. 이하 알 수 없음.
직업
본적 함북 온성군 영와면永瓦面 용남동龍南洞
주거지 間島省 汪淸縣 羅子溝 三道河子
인상/특징 키 5척 3촌. 얼굴이 긴 편이다. 코가 높다. 나머지는 평범하다.
시찰요점 배일·공산주의

* 최정국(1887~미상, 함북 온성). 2011년 건국훈장 애족장을 받음.

최형진 崔亨鎭 669

종별 함북-국외-특요
창씨명
별명 衡山
생년월일 1901.1.4
직업
본적 함북 명천군 상가면上加面 연덕동淵德洞
주거지 露領 블라디보스토크 新韓村
인상/특징 키 5척 3촌, 보통 체격이다. 얼굴이 길고 피부가 검다. 눈이 가늘다. 나머지는 평범하다. 얼굴에 주근깨가 있다.
시찰요점 공산주의

최원용 崔元容*

669

종별 함북-국외-특요

창씨명 大山元容

별명

생년월일 1902.3.7

직업

본적 함북 온성군 유포면柔浦面 세선동世仙洞 355-3

주거지 露領 시베리아 치타

인상/특징 키 5척 3촌. 둥근 얼굴, 피부가 창백하다. 코, 이, 입, 눈은 평범하다. 마른 체형

시찰요점 공산주의

* 조선청총함북도연맹 사건으로 예심에 회부 중 1929년 10월 탈주함[조선일보 1929.10.29, 용의조선인명부(1934)].

최석하 崔錫夏*

669

종별 함북-국외-특요

창씨명

별명 長吉, 獨派熙

생년월일 1908.8.15

직업

본적 함북 온성군 영와면永瓦面 상화동上和洞 269

주거지 滿洲國 吉林 방면

인상/특징 키 5척 4촌. 얼굴이 길고 눈이 크다. 나머지는 평범하다.

시찰요점 공산주의

* 1927년 7월 29일 청진지방법원에서 치안유지법 위반으로 징역 1년을 받음[일제감시대상인물카드, 동아일보 1927.8.11].

최창석 崔昌錫*

669

종별 함북-국외-특요

창씨명 大山昌錫

별명 昌益

생년월일 1896.12.22

직업

본적 함북 온성군 유포면柔浦面 세선동世仙洞

주거지 南京 方面

인상/특징 키 5척 3촌, 보통 체격이다. 얼굴이 둥글고 피부는 조금 검다. 이마가 넓고 눈이 가늘고 길다. 코가 높다. 나머지는 평범하다.

시찰요점 공산주의

* 1930년 8월 30일 경성지방법원에서 징역 5년(미결구류 600일 통산)을 받음. 'ML당 사건'[조선일보 1930.6.25, 동아일보 1930.9.5].

최주석 崔周石*

669

종별 함북-국외-특요

창씨명 白三富治

별명

생년월일 1909.1.3

직업 트럭 운반업

본적 함북 성진군 학동면鶴東面 용포동龍浦洞 434

주거지 間島省 龍井街 新安屯 14牌 20

인상/특징 키 5척 4촌, 보통 체격이다. 얼굴이 약간 길고 눈이 가늘고 길다. 말할 때 콧소리를 낸다.

시찰요점 공산주의

* 1936년 3월 11일 경성복심법원에서 치안유지법 위반으로 징역 2년을 받음. '성진농민조합 사건'[판결문, 조선일보 1936.3.14].

최문호 崔文鎬* 669

종별 함북-국외-특요

창씨명

별명

생년월일 1897.1.15

직업

본적 함북 온성군 유포면柔浦面 풍리동豊利洞 148

주거지 間島省 延吉縣 延吉街 興隆色區 大和路 第1牌 第4號

인상/특징 키 5척 3촌 5푼, 비만 체격. 얼굴이 둥글고 눈이 동그랗다. 나머지는 평범하다.

시찰요점 공산주의

* 1933년 12월 20일 경성지방법원에서 징역 6년을 받음. '간도공산당 사건'[동아일보 1933.12.23, 일제감시대상인물카드].

최운송 崔雲松* 670

종별 함북-국외-특요

창씨명 山本秀雄

별명 東鎬, 湧麗

생년월일 1909.1.16

직업 목재 청부木材請負

본적 함북 온성군 영와면永瓦面 용남동龍南洞

주거지 北安省 綏化驛前 慶源客棧 內

인상/특징 키 5척 5촌, 마른 체형. 얼굴이 길고 눈과 입이 작다. 치아가 고르지 않다.

시찰요점 공산주의

* 1932년 11월 17일 청진지방법원에서 징역 7년, 1933년 7월 21일 경성복심법원에서 징역 7년을 받음. '함북공산당 사건'[매일신보 1932.11.21, 판결문, 일제감시대상인물카드].

최상만 崔想萬* 670

종별	함북－국외－특요
창씨명	山本想萬
별명	徹雄
생년월일	1912.1.28
직업	
본적	함북 온성군 영와면永瓦面 용남동龍南洞 210
주거지	間島省 汪淸縣 春華村 石峴協會學院
인상/특징	키 5척 1촌, 마른 체형. 얼굴이 조금 길고 피부는 창백하다. 나머지는 평범하다.
시찰요점	공산주의

* 1932년 11월 17일 청진지방법원에서 징역 6년, 1933년 7월 21일 경성복심법원에서 징역 6년을 받음. '함북공산당 사건'[매일신보 1932.11.21, 판결문].

김창욱 金昌郁 670

종별	함북－국외－특요
창씨명	
별명	昌洛, 安亘
생년월일	1900.8.29
직업	
본적	함북 학성군 학상면鶴上面 쌍포동雙浦洞 713
주거지	露領 水淸
인상/특징	키 5척 4촌. 이마가 평평하고 피부가 검다. 보통 체격이다. 눈이 조금 크다. 나머지는 평범하다. 인상이 나쁜 편이다.
시찰요점	공산주의

김문석 金文錫 670

종별 함북-국외-특요
창씨명
별명
생년월일 1888.1.14
직업
본적 함북 온성군 미포면美浦面 미산동美山洞
주거지 露領 水淸
인상/특징 키 5척 6촌. 얼굴이 갸름하고 길다. 눈이 크고 날카롭다. 코가 높다. 피부는 희다. 나머지는 평범하다.
시찰요점 민족·공산주의, 고려공산당원

김득용 金得用* 670

종별 함북-국외-특요
창씨명 鷹峰得用
별명 河龍(암호), 따만그
생년월일 1904.4.28
직업 서기
본적 함북 명천군 아간면阿間面 사동沙洞 80
주거지 間島省 和龍縣 花田子 鳳林村
인상/특징 키 5척 3촌. 얼굴이 둥글고 피부가 희다. 입이 작고 코가 높다. 눈이 둥글다. 나머지는 평범하다. 왼손 검지와 중지, 무명지가 각 관절부터 없다.
시찰요점 공산주의

* 1927년 10월 간도총영사관에서 검거, 1933년 12월 20일 경성지방법원에서 징역 4년을 받음. '간도공산당 사건'[일제감시대상인물카드, 용의조선인명부(1934), 조선일보 1932.12.28, 동아일보 1933.12.23].

김하구 金河球* 671

종별 함북-국외-특요

창씨명

별명

생년월일 1880.8

직업

본적 함북 명천군 아간면阿間面 용암동龍岩洞 724

주거지 露領 블라디보스토크 新韓村

인상/특징 키 5척 3촌, 보통 체격이다. 얼굴이 길고 눈이 크다. 피부가 검다. 나머지는 평범하다.

시찰요점 공산주의

* 색인에는 '金河求'로 기록.

김철훈 金轍壎* 671

종별 함북-국외-특요

창씨명

별명

생년월일 1885.8

직업

본적 함북 명천군 하우면下雩面 명천동明川洞

주거지 露領 블라디보스토크

인상/특징 키 5척 5촌. 얼굴이 긴 편이다. 피부가 붉다. 코가 높다. 눈이 크고 날카롭다. 나머지는 평범하다.

시찰요점 공산주의

* 김철훈(金哲勳, 1885~1938, 함북 명천). 2006년 건국훈장 애국장을 받음.

김양수 金良洙 671

종별 함북-국외-특요
창씨명
별명 良善
생년월일 1895.11.4
직업
본적 함북 명천군 하고면下古面 정문동旌門洞 261
주거지 間島省 和龍縣 南陽坪 社陽村
인상/특징 키 5척 4촌. 피부가 희고 얼굴이 길다. 눈이 크다. 마른 체형. 나머지는 평범하다. 오른쪽 다리를 전다.
시찰요점 공산주의

김하룡 金河龍 671

종별 함북-국외-특요
창씨명
별명 金括, 金苦泉
생년월일 1906.8.1
직업
본적 함북 경성군 오촌면梧村面 독진동獨津洞 314
주거지 天津 방면
인상/특징 키 5척 4촌 5푼. 얼굴이 둥글고 코가 낮다. 나머지는 평범하다. 안경을 쓴다.
시찰요점 사회주의

김병주 金秉周

671

종별	함북-국외-특요
창씨명	
별명	舟城
생년월일	1906.5.4
직업	운송업
본적	함북 무산군 무산읍茂山邑 성천동城川洞
주거지	延吉縣 明月溝 吉林 材木會社 內
인상/특징	키 5척 4촌 5푼. 피부가 검다. 보통 체격이다. 얼굴이 둥글고 입이 크다. 눈썹이 짙고 치아가 가지런하다. 나머지는 평범하다.
시찰요점	민족·공산주의

김종철 金宗哲

671

종별	함북-국외-특요
창씨명	
별명	全奎振, 金韓
생년월일	1905.7.16
직업	
본적	함북 명천군 상고면上古面 중평동仲坪洞 144
주거지	露領 모스크바
인상/특징	알 수 없음
시찰요점	공산주의

김성범 金星範*

672

종별 함북-국외-특요

창씨명 竹田信一

별명

생년월일 1914.10.9

직업 농업

본적 함북 학성군 학동면鶴東面 석호동石湖洞 828

주거지 함북 학성군 학동면 석호동 828

인상/특징 키 5척 3촌, 보통 체격이다. 피부가 검다. 코가 높고 입술이 두껍다. 나머지는 평범하다.

시찰요점 공산주의

* 중복 수록(함북-국내-특요). 본문에는 두 줄을 그어 삭제 표시. 색인에는 남아 있음.

김원길 金元吉

672

종별 함북-국외-특요

창씨명 金城元吉

별명 俊吉, 學武

생년월일 1911.3.11

직업

본적 함북 온성군 유포면柔浦面 세선동世仙洞 52

주거지 支那 廣西省 佳林 방면

인상/특징 키 5척 2촌. 얼굴이 둥글고 피부가 창백하다. 눈썹이 짙다. 비만 체격. 나머지는 평범하다.

시찰요점 김구 일파의 재외불령운동에 투입, 조선에 들어올 우려가 있다.

김완석 金完石*

672

종별 함북－국외－특요

창씨명 金海完石

별명 顯彬

생년월일 1908.7.7

직업 농업

본적 함북 명천군 동면東面 극동極洞 848

주거지 間島省 延吉縣 平安村 吉安屯 3牌

인상/특징 키 5척 5촌, 보통 체격이다. 얼굴이 둥글고 피부가 검다. 코가 높다. 나머지는 평범하다.

시찰요점 공산주의

* 1933년 6월 27일 청진지방법원에서 치안유지법 위반으로 징역 2년을 받음. '명천공산당 사건' [동아일보 1933.7.1, 일제감시대상인물카드].

김백용 金百用*

672

종별 함북－국외－특요

창씨명

별명 武虎

생년월일 1906.4.29

직업 양복점

본적 함북 경성군 주남면朱南面 용전동龍田洞 564

주거지 牡丹江市 掖河區 雙陽街

인상/특징 키 5척 3촌, 보통 체격이다. 얼굴이 길고 피부가 검다. 눈이 크고 코가 높다. 귀가 크고 입은 작다. 극도의 근시, 안경을 쓴다.

시찰요점 민족·공산주의

* 1933년 7월 21일 경성복심법원에서 치안유지법 위반으로 징역 2년을 받음. '함북공산당 사건' [일제감시대상인물카드, 조선일보 1933.7.22].

허정삼 許正三

672

종별 함북-국외-특요
창씨명
별명 許眞, 許哲, 許正奎
생년월일 1906.4.4
직업
본적 함북 무산군 연사면延社面 사지동四芝洞
주거지 蘇聯 블라디보스토크 방면
인상/특징 키 5척 5촌, 보통 체격이다. 피부가 붉다. 나머지는 평범하다.
시찰요점 불령하며 조선에 들어올 우려가 있다.

김영환 金泳煥*

672

종별 함북-국외-특요
창씨명
별명
생년월일 1911.10.9
직업 대공大工
본적 함북 경흥군 노서면蘆西面 용현동龍峴洞 148
주거지 東安省 林口縣 林口街 創機通
인상/특징 키 5척 3촌, 마른 편이다. 눈썹이 짙고 입이 작다. 코가 높고 피부가 희다. 나머지는 평범하다. 일본어에 매우 능하다.
시찰요점 공산주의

* 1932년 9월 27일 청진지방법원, 1932년 11월 21일 경성복심법원에서 징역 3년을 받음. '웅기독서회 사건 또는 경흥독서회 사건'[판결문, 동아일보 1932.11.17, 중앙일보 1932.11.23].

김동준 金東俊

673

종별 함북-국외-특요

창씨명

별명 傳業

생년월일 1900.7.14

직업 양복점

본적 함북 명천군 아간면阿間面 용암동龍岩洞 707

주거지 奉天市 大和區 康泰街 2段 121號

인상/특징 키 5척 2촌. 피부가 검고 둥근 얼굴. 눈이 크고 눈썹이 짙다. 나머지는 평범하다.

시찰요점 공산주의

김인묘석 金寅卯石*

673

종별 함북-국외-특요

창씨명 金城義久

별명 鐵柱

생년월일 1905.4.4

직업 목재업

본적 함북 학성군 학동면鶴東面 석호동石湖洞

주거지 間島省 汪清縣 春明村 旭町區 4班-10

인상/특징 키 5척 5촌. 얼굴이 길고 코가 높다. 눈썹이 짙고 치아가 가지런하다. 나머지는 평범하다.

시찰요점 공산주의

* 1935년 7월 16일 청진지방법원에서 치안유지법 위반으로 징역 4년을 받음. '성진농조 후계 사건'[일제감시대상인물카드, 동아일보 1935.7.18]. 국가보훈처 '집행원부와 형사사건부'는 '금인묘석'으로 읽고 있음.

김낙준 金洛俊*

673

종별 함북-국외-특요

창씨명

별명 金燦

생년월일 1894.7.29

직업 농업

본적 함북 명천군 상우남면上雩南面 마전동麻田洞 318

주거지 間島省 延吉縣 延吉街 新興區 西大路 第8牌

인상/특징 키 5척 1촌. 얼굴이 조금 둥글고 눈썹이 짙다. 눈이 크다. 치아가 가지런하지 않고 금니가 있다.

시찰요점 공산주의

* 1932년 6월 30일 경성지방법원에서 치안유지법 위반으로 징역 10년을 받음. '조선공산당 사건'[일제감시대상인물카드, 동아일보 1932.6.25, 1932.7.1].

김승훈 金承塤*

673

종별 함북-국외-특요

창씨명

별명 ポリスタラフスキ

생년월일 1901.1.19

직업

본적 함북 회령군 팔을면八乙面 상금생동上金生洞 519

주거지 間島省 龍井街 北龍區 大通路 8-8

인상/특징 키 5척 5촌, 보통 체격이다. 피부가 희다. 눈이 약간 가늘고 얼굴이 긴 편이다. 머리를 바싹 짧게 깎았다. 나머지는 평범하다.

시찰요점 민족·공산주의

* 1937년 7월 13일 경성지방법원에서 치안유지법 위반으로 징역 3년 6월을 받음. '경성지방좌익노동조합조직준비회 사건'[판결문, 일제감시대상인물카드, 조선일보 1937.7.11].

강정윤 姜丁允* 673

종별 함북-국외-특요

창씨명 大山洛哲

별명 洛哲, 丁允

생년월일 1907.4.10

직업

본적 함북 경성군 주을온면朱乙溫面 중평동仲坪洞 147

주거지 三江省 佳木斯市 城東區 一德街 豊泰旅館 5號

인상/특징 키 5척 4촌. 얼굴이 둥글고 눈이 크다. 입은 조금 크다. 나머지는 평범하다.

시찰요점 공산주의

* 1933년 5월 15일 경성복심법원에서 치안유지법 위반으로 징역 2년을 받음. '서당적화 사건' [판결문, 동아일보 1933.5.16].

김추신 金秋信(女)* 673

종별 함북-국외-특요

창씨명

별명 韓敬元, 金銀愛, 恩惠

생년월일 1908.10.5

직업

본적 평북 의주군 의주읍義州邑 동부동東部洞 122

주거지 天津市 特別 第3區 大韓路 73號 김일환金一煥 방方

인상/특징 키 4척 8촌. 얼굴이 둥글다. 머리카락을 묶었다. 피부가 희고 보통 체격이다. 나머지는 평범하다.

시찰요점 공산주의

* 김추신(1908~미상, 평북 신의주). 2018년 건국포장을 받음.

김명월 金明月*

674

종별 함북-국외-특요
창씨명 金田秀夫
별명 基錫
생년월일 1909.2.14
직업 신발업靴業
본적 함북 명천군 하가면下加面 천동泉洞 323
주거지 牡丹江市 西新街 19-5
인상/특징 키 5척 5촌, 보통 체격이다. 얼굴이 길고 피부가 검다. 머리를 바싹 짧게 깎았다. 나머지는 평범하다.
시찰요점 공산주의

* ①1931년 5월 21일 청진지방법원에서 징역 6월 받음. '명천청년동맹 데모 사건'[형사사건부, 조선일보 1931.5.28], ②1937년 11월 12일 청진지방법원에서 치안유지법 위반으로 징역 5년을 받음. '명천제1차좌익농민조합 사건'[일제감시대상인물카드, 매일신보 1937.11.13].

김택룡 金澤龍*

674

종별 함북-국외-특요
창씨명 金山林經
별명
생년월일 1911.10.17
직업 사무원
본적 함북 회령군 회령읍會寧邑 오산동鰲山洞 98
주거지 奉天省 復縣 松樹驛前
인상/특징 키 5척 2촌. 얼굴이 조금 길고 피부가 청백색이다. 귀가 크다. 코가 높고 입이 작다. 나머지는 평범하다.
시찰요점 공산주의

* 1933년 11월 4일 청진지방법원에서 치안유지법 위반으로 징역 4년을 받음. '함북재건공산당 사건'[조선일보 1933.7.28, 1933.11.7, 일제감시대상인물카드].

허승룡 許承龍

674

종별 함북-국외-특요

창씨명 岩村承龍

별명

생년월일 1912.11.9

직업 농업

본적 함북 무산군 연사면延社面 신장동新章洞 전원동田苑洞

주거지 間島省 和龍縣 亞東村 大東屯

인상/특징 키 5척 4촌 5, 보통 체격이다. 귀가 크고 얼굴이 길다. 피부가 검붉다. 나머지는 평범하다.

시찰요점 민족·공산주의

김채룡 金采龍*

674

종별 함북-국외-특요

창씨명 金原進

별명

생년월일 1905.3.14

직업 무직

본적 함북 학성군 학동면鶴東面 한동閑洞 746

주거지 哈爾賓市 外國人街 2道街通 75號

인상/특징 키 5척 8촌. 얼굴이 길고 피부가 검다. 눈이 날카롭고 코가 높다. 입이 나왔다. 나머지는 평범하다.

시찰요점 공산주의

* ①1927년 7월 13일 체포된 후 예심을 거쳐 1930년 7월 11일 청진지방법원, 1930년 12월 22일 경성복심법원에서 치안유지법 위반에 대해 무죄를 받음. '함북청년연맹 사건'[조선일보 1930.3.8, 1930.7.14, 매일신보 1930.12.16, 1930.12.23], ②1934년 10월 25일 청진지방법원에서 징역 4년을 받음. '성진적색농민조합 사건'[조선일보 1934.10.26].

김호근 金灝根*

674

종별 함북-국외-특요

창씨명

별명

생년월일 1903.2.16

직업 군 위안소軍慰安所 경영

본적 함북 경흥군 웅기읍雄基邑 웅기동雄基洞 21

주거지 北支 北京城 內外

인상/특징 키 5척 6촌, 보통 체격이다. 얼굴이 길고 피부가 희다. 코가 크고 눈썹이 짙다. 나머지는 평범하다.

시찰요점 민족·공산주의

* ①1927년 7월 13일 체포되어 1930년 2월 28일 청진지방법원 예심에서 면소 결정을 받고 풀려남. '함북청년연맹 사건'[조선일보 1930.3.8], ②1930년 10월 청진지방법원 예심에서 면소 판결을 받음. '함북41인 사건' [동아일보 1930.10.7].

서상용 徐相庸*

675

종별 함북-국외-특요

창씨명

별명 元俊

생년월일 1873

직업 협화회 분회장分會長

본적 함북 길주군 동해면東海面 사계동斜溪洞

주거지 間島省 延吉縣 八道溝

인상/특징 키 5척 5촌. 얼굴이 길고 눈이 크다. 코가 높고 눈썹이 짙다. 나머지는 평범하다.

시찰요점 공산주의

* 서상용(1873~1961, 함북 길주). 1977년 건국훈장 독립장을 받음.

신윤치 申允致

675

종별 함북-국외-특요

창씨명

별명 泰洞

생년월일 1900.4.6

직업 러시아군인露軍

본적 함북 청진부 신암정新岩町 103

주거지 露領

인상/특징 키 5척 4촌, 마른 체형. 피부가 검고 얼굴이 길다. 눈이 크다. 나머지는 평범하다.

시찰요점 공산주의

주청송 朱青松*

675

종별 함북-국외-특요

창씨명

별명

생년월일 1903.3.1

직업

본적 함북 종성군 종성면鍾城面 동관동潼關洞

주거지 間島 延吉縣公署

인상/특징 키 5척 2촌. 얼굴이 약간 길고 피부가 검다. 이마가 넓고 눈이 작다. 나머지는 평범하다. 쉰 목소리

시찰요점 공산주의

* 1931년 10월 28일 경성지방법원에서 징역 5년을 받음. '조선공산당 후계당 사건 또는 조선공산당재건위원회 사건' [조선일보 1930.4.20, 1931.10.29, 1935.2.22].

주관중 朱管仲

676

종별 함북-국외-특요
창씨명
별명
생년월일 1902.11.28(음력)
직업
본적 함북 경흥군 풍해면豊海面 추동楸洞 191
주거지 露領 セバリ*
인상/특징 키 5척 4촌. 얼굴이 긴 편이고 눈이 크다. 코가 높고 눈썹이 엷다. 얼굴이 창백하다. 말을 할 때 평안하게 행동하는 버릇이 있다.
시찰요점 공산주의

* 러시아령 세베리 어장漁場[용의조선인명부(1934)]

차종수 車鍾洙*

676

종별 함북-국외-특요
창씨명 富田常平
별명 晩承
생년월일 1897.6.15
직업 잡화상
본적 함북 청진부 영남정永南町
주거지 間島省 延吉縣 龍井街 龍門區 連德路
인상/특징 키 5척 4촌 5푼, 보통 체격이다. 얼굴이 약간 둥글고 피부가 희다. 눈이 크다. 나머지는 평범하다.
시찰요점 공산주의

* 차종수(1897~미상, 함북 부령). 2022년 건국훈장 애족장을 받음.

전승익 全承翼* 676

종별 함북-국외-특요
창씨명 鶴見承翼
별명 有光, 世融
생년월일 1903.3.7
직업
본적 함북 종성군 남산면南山面 삼봉동三峰洞
주거지 三江省 依蘭縣 依蘭街 王會長東院
인상/특징 키 5척 6촌, 마른 체형. 볼살이 없다. 눈썹이 엷고 치아가 희다. 코가 높다.
시찰요점 공산주의

* 1931년 3월 9일 경성지방법원에서 치안유지법 위반으로 징역 3년을 받음. '제5차 조선공산당 사건 또는 열성자회 사건'[조선일보 1931.3.10, 일제감시대상인물카드].

전성호 全盛鎬* 676

종별 함북-국외-특요
창씨명
별명 盛龍
생년월일 1896.9.10
직업 만선일보滿鮮日報 지국장
본적 함북 경성군 오촌면梧村面 용포동龍浦洞 351
주거지 延吉縣 延吉街 新南區 公園 7-16
인상/특징 키 5척 7촌. 얼굴이 갸름하고 길다. 귀가 작고 콧수염이 있다. 나머지는 평범하다.
시찰요점 간도·상해 방면의 불령자不逞者와 기맥을 통하고 불온획책의 우려가 있다.

* 전성호(1896~1950, 함북 경성). 1990년 건국훈장 애국장(1980년 건국포장)을 받음.

전원협 全元俠 676

종별 함북-국외-특요
창씨명 全村元俠
별명 律, 元英
생년월일 1904.10.20
직업
본적 함북 온성군 유포면柔浦面 세선동世仙洞 32
주거지 행방불명
인상/특징 키 5척 2촌. 둥근 얼굴에 피부가 희다. 눈썹이 짙다. 비만 체격. 들창코. 왼쪽 눈 아래에 작은 사마귀. 위쪽 앞니 왼쪽에 금니가 있다.
시찰요점 공산주의

전길룡 全吉龍 677

종별 함북-국외-특요
창씨명 全村吉龍
별명 起龍
생년월일 1908.4.21
직업
본적 함북 온성군 유포면柔浦面 세선동世仙洞 428
주거지 露領
인상/특징 키 5척 6촌, 보통 체격이다. 눈썹이 짙고 눈은 약간 가늘다. 피부가 희고 코가 높다. 치아가 고르다.
시찰요점 민족·공산주의

전용신 全鎔臣 677

종별 함북-국외-특요
창씨명
별명 張維輔, 金容燮
생년월일 1915.3.3
직업
본적 함북 종성군 행영면行營面 용산동龍山洞 325
주거지 支那. 이하는 자세하지 않음
인상/특징
시찰요점 조선독립을 표방하고 불온·과격의 언동을 한다.

박희영 朴凞榮 678

종별 함북-국외-정요
창씨명
별명
생년월일 1896.7
직업 농업
본적 함북 명천군 상우면上雩面 용반동龍蟠洞
주거지 間島省 延吉縣 銅佛寺
인상/특징 키 5척 4촌 5푼. 얼굴이 각지고 피부가 희다. 귀와 눈이 크다. 나머지는 평범하다.
시찰요점 정치의 변혁을 목적으로 하는 불온한 언동을 한다.

박성민 朴性民

678

종별	함북-국외-정요
창씨명	
별명	
생년월일	1890.8.13
직업	
본적	함북 무산군 영북면永北面 양영동梁永洞
주거지	間島省 安圖縣 四道河子
인상/특징	키 5척 6촌. 얼굴이 각지고 피부가 검붉다. 코가 높고 귀가 크다. 살찐 편이다. 눈이 크고 항상 충혈돼 있다.
시찰요점	군자금 획득이라고 칭하고 강도·절도 행위를 한다.

박창렬 朴昌烈

678

종별	함북-국외-정요
창씨명	
별명	李松, 吉山
생년월일	1897.5.7
직업	
본적	함북 무산군 영북면永北面 노덕동鹵德洞
주거지	和龍縣 三道溝 大站洞
인상/특징	키 5척 5촌. 얼굴이 약간 긴 편이다. 눈과 입이 작고 코가 낮다. 피부가 희다. 나머지는 평범하다.
시찰요점	불령행동不逞行動 및 공산주의 선동의 우려가 있다.

지득룡 池得龍

678

종별 국외-함북-정요
창씨명
별명 章浩, 雨降
생년월일 1884.12.28
직업
본적 함북 경성군 주남면朱南面 부평동富坪洞
주거지 牡丹江省 寧安縣 寧古塔
인상/특징 키 5척 2촌, 체격은 마른 체형이다. 얼굴이 갸름하고 길다. 나머지는 평범하다.
시찰요점 정치의 변혁을 목적으로 하는 불온행동의 우려가 있다.

이승래 李承來*

679

종별 국외-함북-정요
창씨명
별명 君白
생년월일 1886
직업
본적 함북 회령군 회령읍會寧邑 일동一洞
주거지 滿洲國 敦化縣 二道梁子
인상/특징 키 5척 6촌, 보통 체격이다. 얼굴이 크고 길다. 피부가 검다. 눈썹이 짙다. 나머지는 평범하다. 머리가 편평하며 ○○흉터가 있다.
시찰요점 민족주의

* 이승래(1886~미상, 함북 회령). 2021년 건국훈장 애족장을 받음.

이성오 李成五 679

종별 함북-국외-정요
창씨명
별명
생년월일 1891.6.4
직업 목재상
본적 함북 무산군 영북면永北面 지초동芝草洞
주거지 間島省 安圖縣 小草溝 이춘산李春山 방方
인상/특징 키 5척 4촌, 피부가 검고 마른 체형이다. 중국인처럼 보인다. 중국옷을 입고 중국어에 매우 능하다.
시찰요점 조선독립을 기도하며 불령자不逞者와 연락하는 자

이일붕 李日鵬 679

종별 함북-국외-정요
창씨명 芝山日鵬
별명 城春
생년월일 1901.9.29
직업
본적 함북 길주군 길주읍吉州邑 길남동吉南洞 212
주거지 間島省 延吉縣 大佛洞 이하춘李河春 방方
인상/특징 키 5척 3촌. 둥근 얼굴, 비만 체격. 눈이 크고 코가 낮다. 피부가 검다. 목이 짧다. 턱이 약간 나왔다. 머리카락이 ○○.
시찰요점 정치에 관해 불온한 언동을 한다.

이태륜 李太倫*

679

종별 함북-국외-정요

창씨명

별명 延吉, 興燮

생년월일 1892.6.25

직업

본적 함북 경원군 유덕면有德面 장안동莊安洞

주거지 露領

인상/특징 키 5척 4촌. 얼굴이 둥글고 피부가 검다.

시찰요점 불령운동不逞運動의 우려가 있다.

* 이태륜(1892~미상, 함북 경원). 2011년 건국훈장 애족장을 받음.

이동철 李東喆*

679

종별 함북-국외-정요

창씨명 塔城東哲

별명

생년월일 1904.10.18

직업

본적 함북 학성군 학남면鶴南面 예동禮洞 142

주거지 河北省 天津 日本租界 新壽街 平壤旅館

인상/특징 키 5척 6촌 5푼. 얼굴이 길다. 피부는 조금 검다. 마른 체형. 눈이 가늘고 길다. 코는 조금 높다. 나머지는 평범하다.

시찰요점 민족주의

* 손기업孫基業의 관동군 사령관 암살계획에 참가한 혐의로 1932년 12월 12일 중국 톈진 헌병대에 검거되었으나 증거불충분으로 석방됨[소화사상통제사자료昭和思想統制史資料(1940)].

양하구 梁河龜* 680

종별 함북-국외-정요
창씨명
별명
생년월일 1882
직업
본적 함북 경흥군 노서면蘆西面 굴포동屈浦洞
주거지 露領 煙秋 방면
인상/특징 키 5척 4촌. 얼굴이 둥글고 하관이 뾰족하다. 눈이 작고 코가 높다. 귀와 입이 작다. 피부가 검다.
시찰요점 정치를 논의하고 타인을 선동한다.

* 양하구(1882~미상, 함북 경흥). 2014년 건국훈장 애국장을 받음.

양재한 梁材韓 680

종별 함북-국외-정요
창씨명
별명 二子, 河應, 材漢
생년월일 1895.5.10
직업 양복사입상洋服仕立商
본적 함북 경흥군 노서면蘆西面 굴포동屈浦洞
주거지 間島省 琿春 西門外
인상/특징 키 5척 5촌. 얼굴이 둥글고 피부가 창백하다. 광대뼈가 튀어나왔다. 입이 작다. 나머지는 평범하다. 윗니에 금니 1개가 있다.
시찰요점 중국 재류금지처분을 받음. 조선독립운동의 우려가 있다.*

* 1922년 4월 11일 간도총영사로부터 2년간 중국재류금지처분을 받음[해외의 한국독립운동사료(ⅩⅩⅩⅣ):만주지역 본방인재류금지관계잡건本邦人在留禁止關係雜件].

유규병 柳奎秉

680

종별	함북－국외－정요
창씨명	
별명	万福
생년월일	1900.4.19
직업	
본적	함북 경원군 경원면慶原面 회동檜洞
주거지	蒙古 庫倫
인상/특징	키 5척 1촌, 얼굴이 둥글고 체격은 비만이다. 나머지는 평범하다.
시찰요점	조선독립운동에 분주하다.

우전갑 禹殿甲*

680

종별	함북－국외－정요
창씨명	
별명	基順
생년월일	1881.8.29
직업	
본적	함북 명천군 하우면下雩面 함진동咸鎭洞
주거지	間島省 延吉縣 磨盤磖子
인상/특징	키 5척 8촌. 얼굴이 길고 피부가 희다. 코가 높고 보통 체격이다. 수염이 붉다. 나머지는 평범하다.
시찰요점	정치의 변혁을 목적해 불온·과격한 언행을 한다.

* 1921년 8월 1일 간도총영사로부터 3년간 중국재류금지처분을 받음[해외의 한국독립운동사료(XXXIV):만주지역 본방인재류금지관계잡건本邦人在留禁止關係雜件].

원재룡 元在龍*

681

종별 함북-국외-정요

창씨명

별명 天景

생년월일 1881

본적 함북 경원군 경원면慶原面 봉운동峰雲洞

주거지 牡丹江省 寧安縣 방면

인상/특징 키 5척 2촌. 얼굴이 둥글고 코가 높고 눈썹이 짙다. 피부가 검다. 나머지는 평범하다.

시찰요점 배일사상

* 원재룡(미상~미상, 함북 경원). 2005년 건국훈장 애국장을 받음.

고이영 高利英*

681

종별 함북-국외-정요

창씨명

별명

생년월일 1903.5.23

직업

본적 함북 학성군 학성면鶴城面 송암동松岩洞

주거지 露領

인상/특징 키 5척 1촌, 보통 체격이다. 둥근 얼굴, 피부가 검붉다. 코가 낮고 입이 작다. 눈썹이 짙다. 나머지는 평범하다. 얼굴에 주근깨가 있다.

시찰요점 민족주의

* 성진경찰서에 의해 신인회新人會가 해산당할 때 일주일간 검속됨[동아일보 1925.11.15], 순종 인산일 직전 성진경찰서에 검속됨[시대일보 1926.6.15]. 1927년 1월 간도로 간 후 행방불명[용의조선인명부(1934)].

고양인 高陽吝* 681

종별 함북-국외-정요

창씨명 高山陽吝

별명 一順

생년월일 1896.6.2.

직업

본적 함북 온성군 훈융면訓戎面 금화동金華洞 485

주거지 露領 니콜리스크시市 방면

인상/특징 키 5척 2촌. 얼굴이 길고 피부가 검다. 눈이 크고 예리하다. 나머지는 평범하다. 동상 때문에 발가락이 모두 없어졌다.

시찰요점 신건주재소新乾駐在所 습격 범인으로서 불령행위를 한다.

* 1923년 5월 25일 함흥지방법원 청진지청에서 무기징역을 받음. '신건원주재소 습격 사건'[동아일보 1923.6.2, 매일신보 1923.6.23].

권호범 權豪範* 681

종별 함북-국외-정요

창씨명

별명 永禧, 英禧

생년월일 1892.6.19

직업

본적 함북 경성군 용성면龍城面 영북동永北洞

주거지 滿洲國 濱綏縣 山中站 東方韓人屯

인상/특징 키 5척 4촌, 보통 체격이다. 피부가 검붉다. 눈, 입, 코가 작고 쌍꺼풀이 있다. 팔자수염이 있다. 왼쪽 귀 앞뒤에 상흔이 있다.

시찰요점 배일사상

* 1933년 7월 24일 신의주지방법원에서 징역 2년(집행유예 5년)을 받음[조선일보 1933.7.28], 하얼빈총영사관에 자수한 후 재판을 받았다는 기록도 있음[매일신보 1933.7.19].

안일봉 安逸鳳

682

종별 함북-국외-정요

창씨명

별명 明淳

생년월일 1900.3.22

직업 농업

본적 함북 명천군 서면西面 용동龍洞 215

주거지 間島省 延吉縣 東盛湧

인상/특징 키 5척 3촌. 머리가 각진 모양이다. 피부가 창백하고 코가 높다. 눈이 크고 입이 크다. 눈썹이 짙다. 목소리가 크고, 태도가 오만하다.

시찰요점 정치의 변혁을 목적으로 하는 불온행동의 우려가 있다.

최경천 崔慶天

682

종별 함북-국외-정요

창씨명

별명

생년월일 1885.4.30

직업

본적 함북 경원군 안농면安農面 이동梨洞

주거지 黑龍江省 饒河縣 방면

인상/특징 키 5척 8촌. 얼굴이 길다. 코가 높다. 비만 체격

시찰요점 조선독립을 표방하며 직접 행동을 한다.

최준형 崔俊衡*

682

종별 함북-국외-정요

창씨명

별명 還甲乭, 壽山

생년월일 1883.2.28

직업

본적 함북 경원군 경원면 慶源面 회동檜洞 215

주거지 露領 煙秋 방면

인상/특징 키 5척 6촌. 얼굴이 갸름하고 길다. 팔자수염이 있다. 얼굴에 마맛자국이 있다.

시찰요점 조선독립을 표방하고 공산주의를 선전한다.

* 최준형(1883~미상, 함북 경원). 2013년 건국훈장 애국장을 받음.

채규오 蔡奎伍

682

종별 함북-국외-정요

창씨명

별명 雲南

생년월일 1881.2.24

직업

본적 함북 경원군 안농면安農面 양동良洞

주거지 間島省 延吉 방면

인상/특징 키 5척 7촌. 얼굴이 둥글고 피부가 검다. 코가 높다. 비만 체격. 마맛자국이 있다.

시찰요점 조선독립을 표방하고 불온한 언행을 한다.

김문호 金文鎬 683

종별 함북－국외－정요
창씨명
별명 弼
생년월일 1890.1.8
직업
본적 함북 경원군 안농면安農面 양동良洞 949
주거지 黑龍江省 饒河縣 방면
인상/특징 키 5척 3촌. 얼굴이 둥글고 피부가 희다. 나머지는 평범하다.
시찰요점 조선독립을 표방하고 직접 행동을 한다.

김창옥 金昌玉 683

종별 함북－국외－정요
창씨명
별명 昌鋒, 完一
생년월일 *
직업
본적 함북 경원군 안농면安農面 양동良洞 682
주거지 間島省 琿春 방면
인상/특징 키 5척 6촌 5푼. 눈이 크고 코가 높다. 하관이 뾰족하다. 마맛자국이 있다.
시찰요점 조선독립을 표방하고 불온행동을 할 우려가 있다.

* 용의조선인명부(1934)에는 1894년 8월 15일 출생으로 기록.

김홍종 金洪鍾

683

종별	함북-국외-정요
창씨명	
별명	
생년월일	1889.12.4
직업	농업
본적	함북 학성군 학동면鶴東面 석호石湖 828
주거지	滿洲國 (이하 판독불능)
인상/특징	키 5척 3촌. 머리를 바싹 짧게 깎았다. 나머지는 평범하다.
시찰요점	민족·공산주의

강순 姜純*

683

종별	함북-국외-정요
창씨명	
별명	崗德
생년월일	1889
직업	
본적	함북 경성군 주북면朱北面 부하동富下洞 290
주거지	간 곳을 알 수 없음
인상/특징	키 5척 7촌 4푼. 얼굴이 둥글고 피부가 검다. 나머지는 평범하다. 오른쪽 ○○ 가운데 비스듬하게 5푼 길이의 상흔이 있다.
시찰요점	총독정치에 불만을 품고 조선독립을 기도한다.

* 1922년 1월 13일 간도총영사로부터 3년간 중국재류금지처분을 받음[해외의 한국독립운동사료(XXXⅣ):만주지역 본방인재류금지관계잡건本邦人在留禁止關係雜件, 용의조선인명부(1934)].

강제환 姜齊煥

683

종별 함북-국외-정요
창씨명
별명
생년월일 1892.1.4
직업
본적 함북 종성군 화방면華方面 사탄동沙灘洞 109
주거지 露領 八面園 방면
인상/특징 키 5척 6촌. 얼굴이 길다. 코가 크고 피부는 붉다. 살찐 편이며 수염이 있다.
시찰요점 조선독립을 위해 조선에 들어올 우려가 있다.

허기 許琦*

683

종별 함북-국외-정요
창씨명 岩村璣
별명 許璣
생년월일 1897
직업 사진업
본적 함북 종성군 종성면鍾城面 주산동周山洞
주거지 北京 崇文門 방면
인상/특징 키 5척 3촌, 보통 체격이다. 둥근 얼굴, 피부가 희다. 머리에 1촌 5푼 크기의 상흔이 있다.
시찰요점 국권회복을 몽상하고 불온행동의 우려가 있다.

* 1933년 12월 20일 치안유지법 위반으로 경성지방법원에서 징역 4년(미결구류 750일 통산)을 받음. '간도공산당 사건'[일제감시대상인물카드, 조선일보 1932.12.28, 조선일보 1933.12.21].

맹정국 孟正國*

684

종별	함북-국외-정요
창씨명	
별명	
생년월일	1882.3.11
직업	
본적	함북 명천군 상우북면上雩北面 세이동洗耳洞
주거지	間島省 琿春縣 勇和村 哈達門屯 第1牌
인상/특징	키 5척 4촌. 얼굴이 둥글고 크다. 피부는 희다. 코가 높고 귀가 크다. 보통 체격이다. 나머지는 평범하다. 중국어에 매우 능하다.
시찰요점	민족주의

* 간도총영사로부터 1922년 7월 20일부터 3년간 중국재류금지처분을 받음[해외의 한국독립운동사료(XXXIV):만주지역 본방인재류금지관계잡건本邦人在留禁止關係雜件, 용의조선인명부(1934)].

윤동철 尹東喆*

684

종별	함북-국외-보요
창씨명	
별명	鳳吉
생년월일	**
직업	인쇄업
본적	함북 학성군 학중면鶴中面 임명동 臨溟洞 277
주거지	間島省 延吉縣 延吉街 新安區 公園路
인상/특징	키 5척 6촌. 얼굴이 크고 피부가 검다. 입술이 두껍고 코가 높다. 나머지는 평범하다.
시찰요점	사물에 쉽게 감격하고 타인을 사주·선동한다.

* 간도총영사로부터 1922년 7월 20일부터 3년간 중국재류금지처분을 받음[해외의 한국독립운동사료(XXXIV):만주지역 본방인재류금지관계잡건本邦人在留禁止關係雜件, 용의조선인명부(1934)].

** 용의조선인명부(1934)에는 1886년 10월 3일 출생으로 기록.

남송 南松 684

종별 함북-국외-보요
창씨명
별명
생년월일 1905
직업 이원吏員
본적 함북 종성군 남산면南山面 간평동間坪洞
주거지 間島省 和龍縣公署 財務課
인상/특징 키 5척 3촌 6푼, 보통 체격이다. 피부가 희다. 나머지는 평범하다. 윗앞니에 틀니가 2개 있다.
시찰요점 배일사상

마종국 馬鍾國 684

종별 함북-국외-보요
창씨명
별명
생년월일 1906.11.18
직업 회사원
본적 함북 길주군 웅평면雄坪面 용천동龍川洞 294
주거지 和龍縣 開山屯 東滿人絹パルプ會社
인상/특징 키 5척 4촌. 얼굴이 둥글다. 귀가 크고 코가 높다. 보통 체격이다.
시찰요점 정치에 관여하고 과격한 언동을 한다.

1945년 3월

조선인요시찰인약명부

전라남도

昭和二十年
朝鮮人要視察人略名簿
特高課

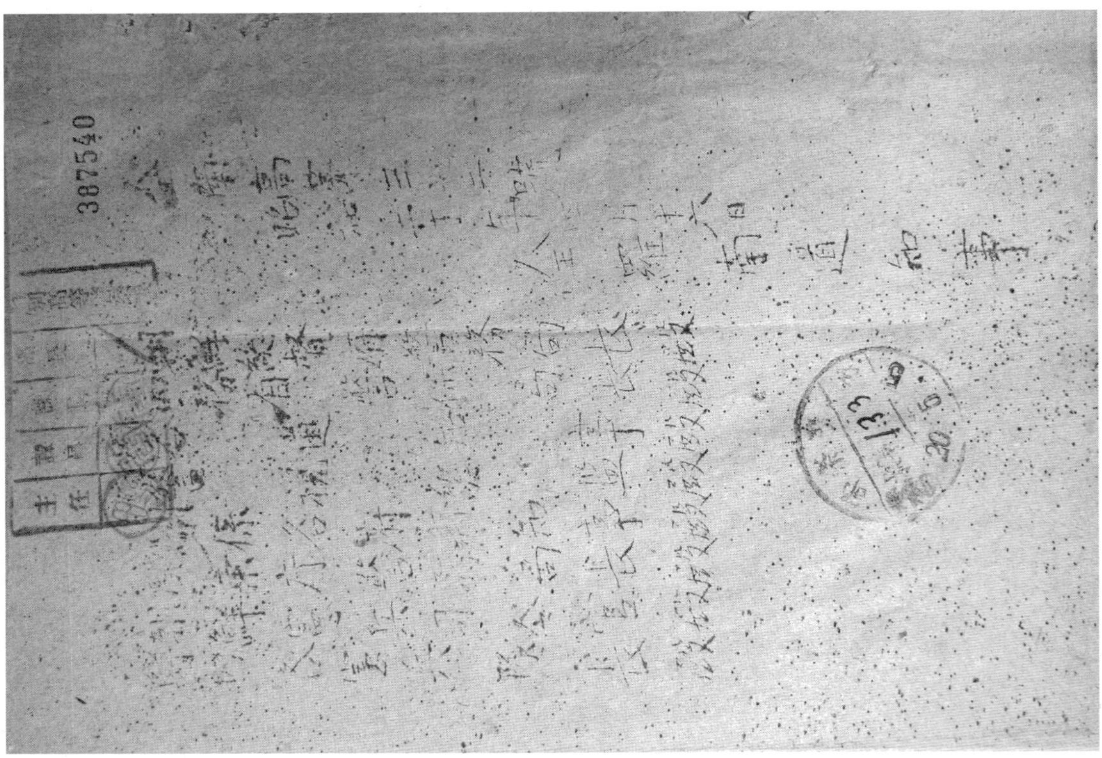

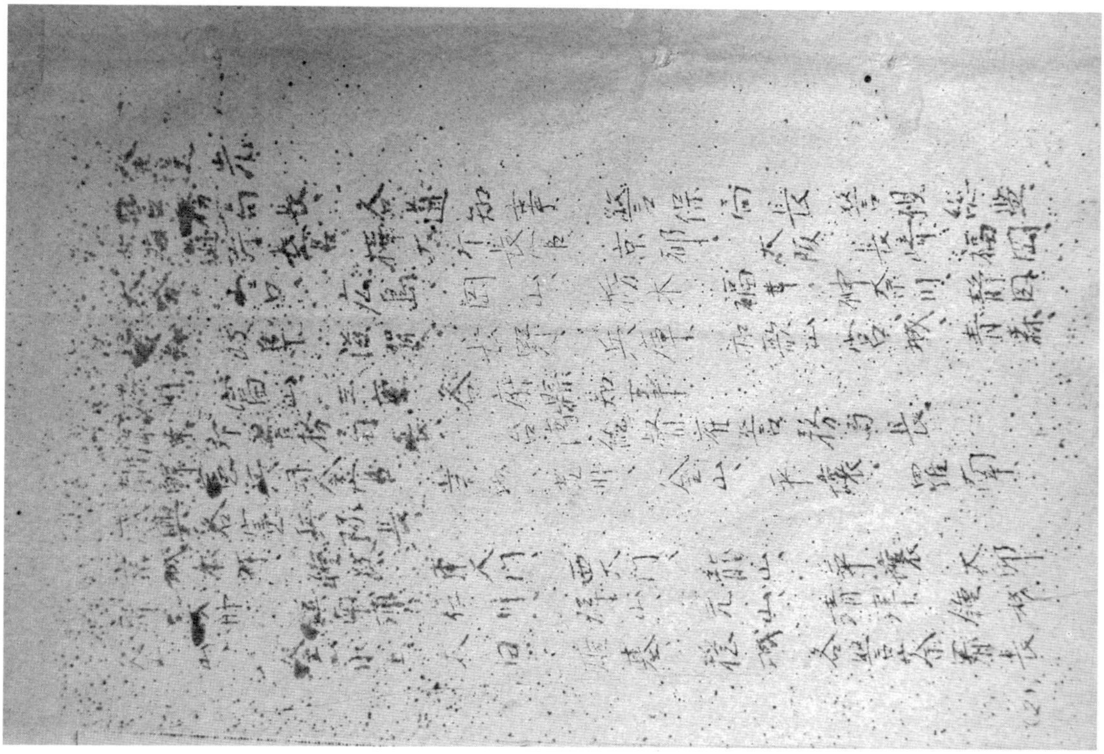

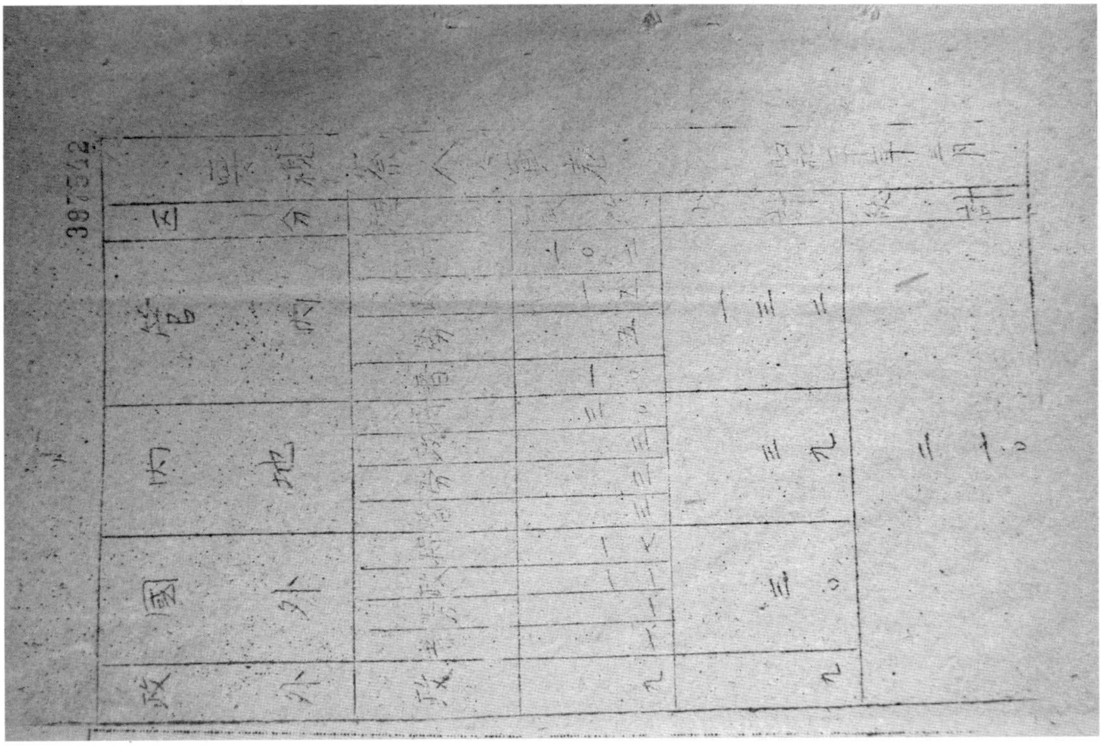

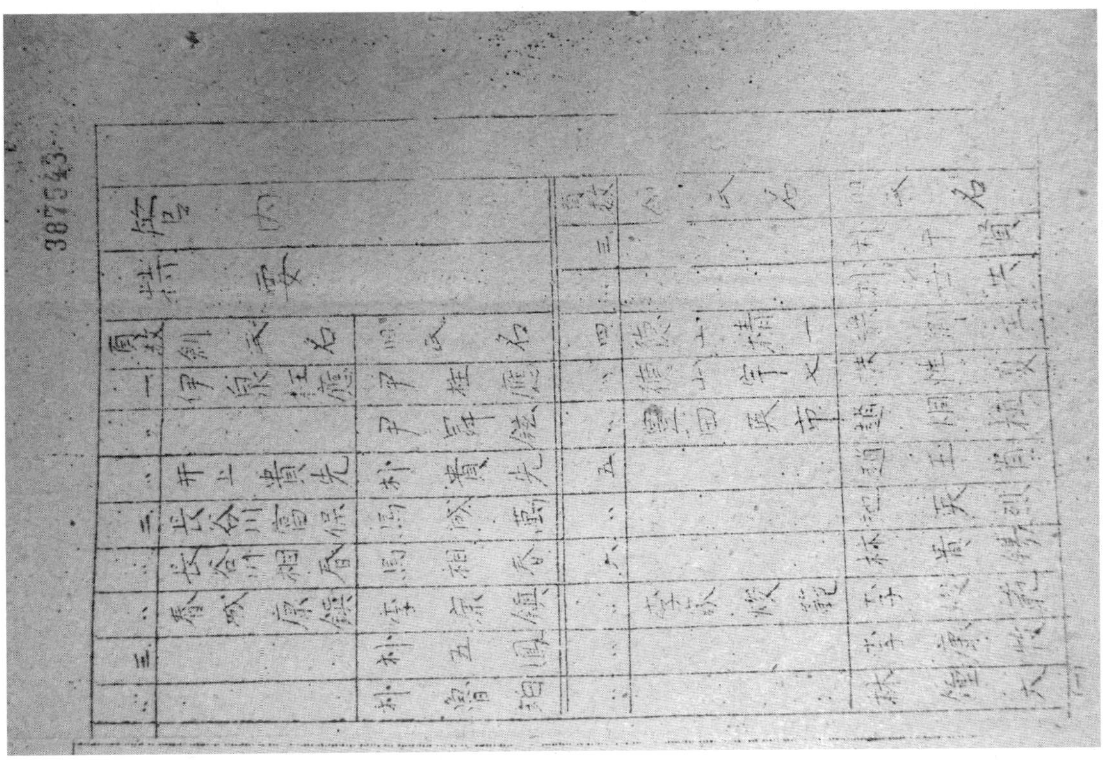

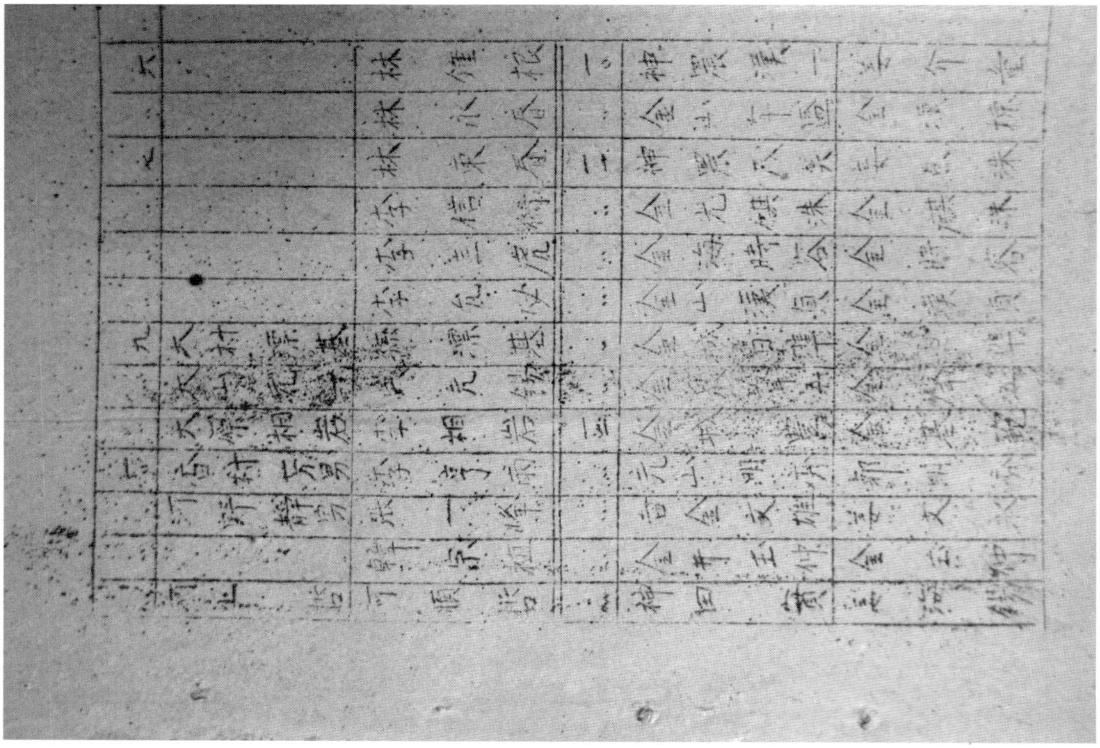

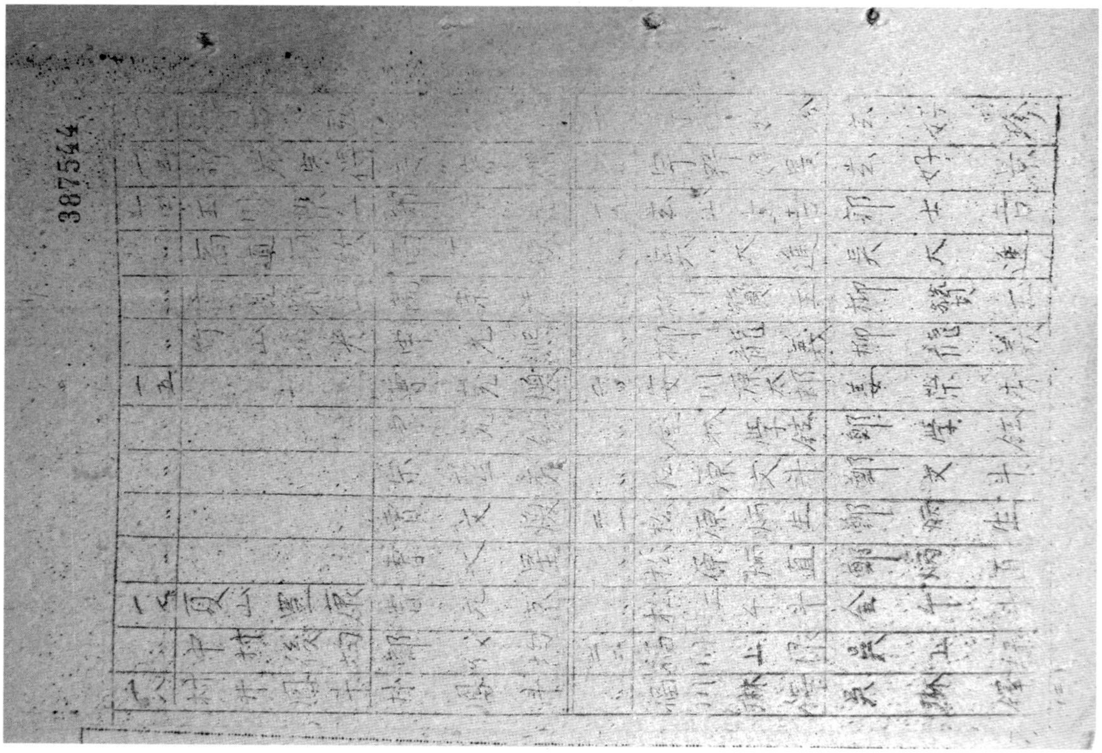

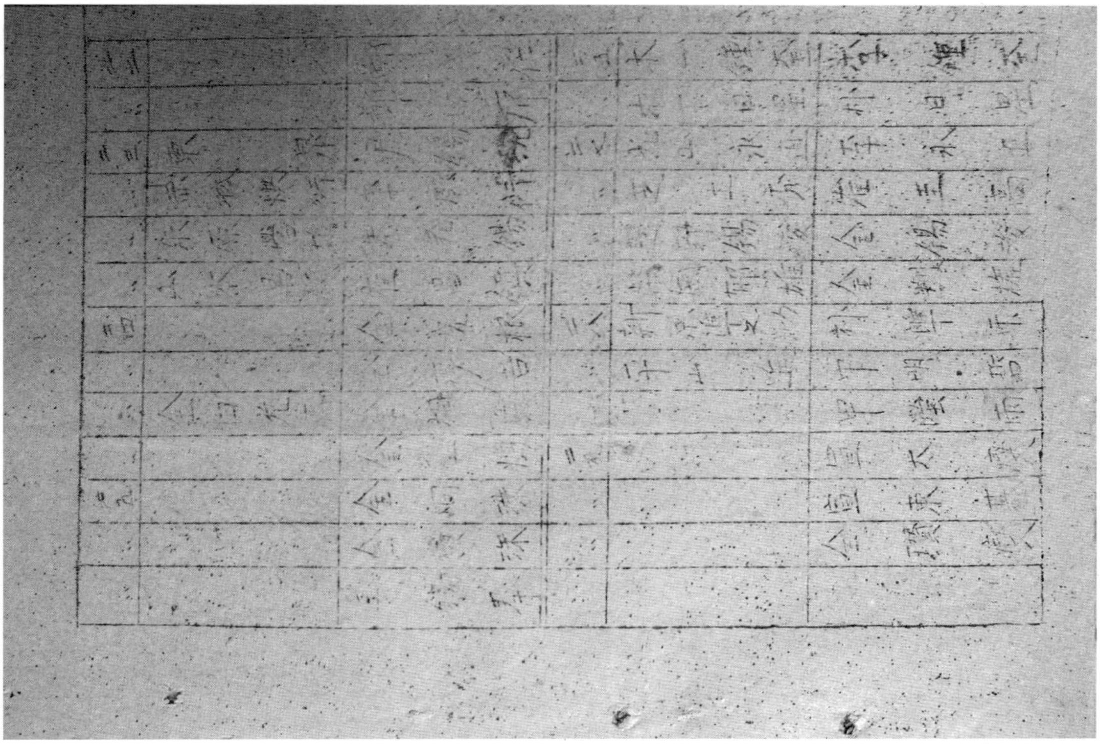

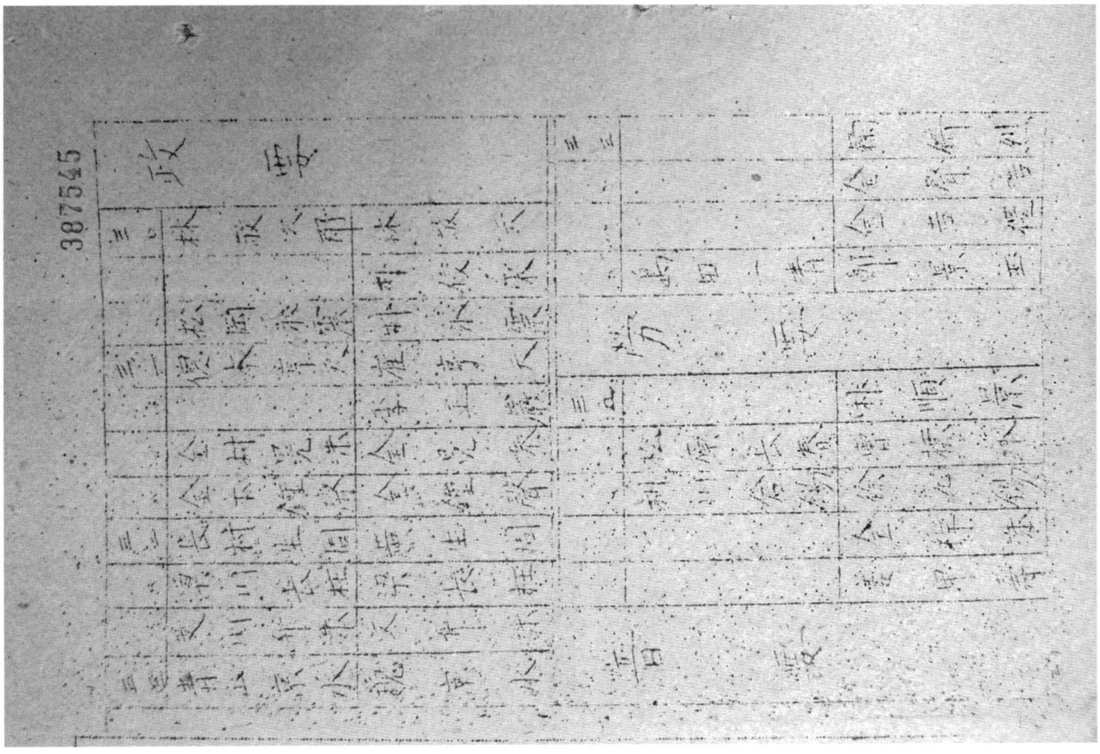

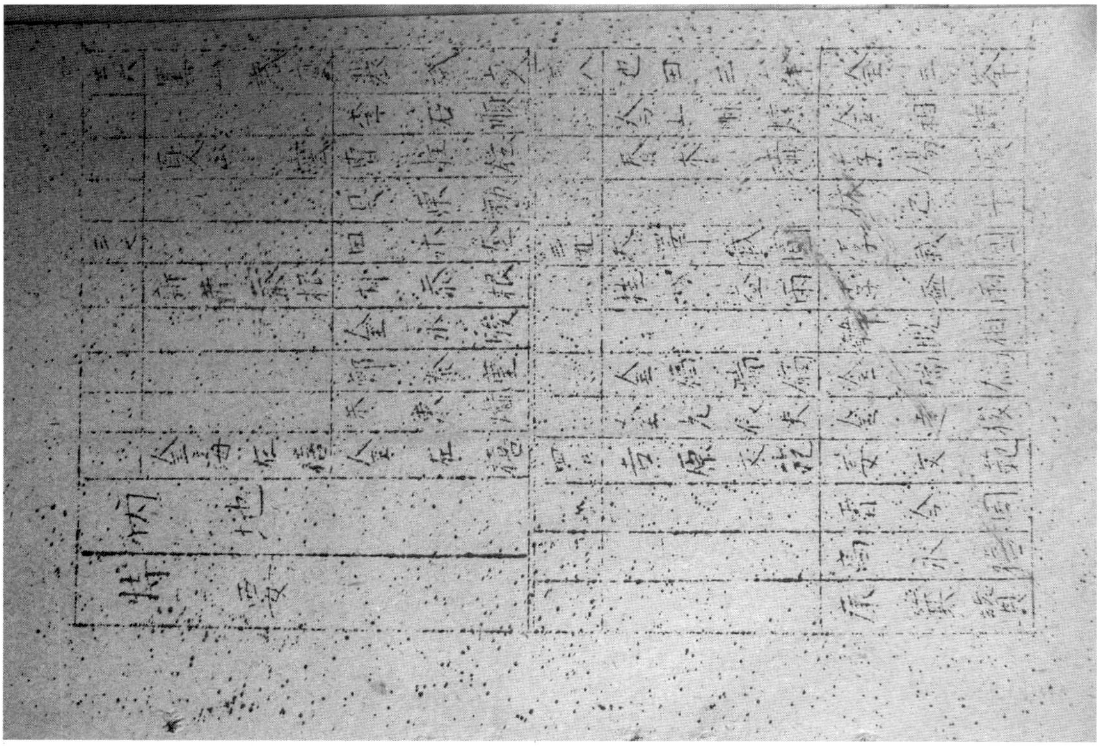

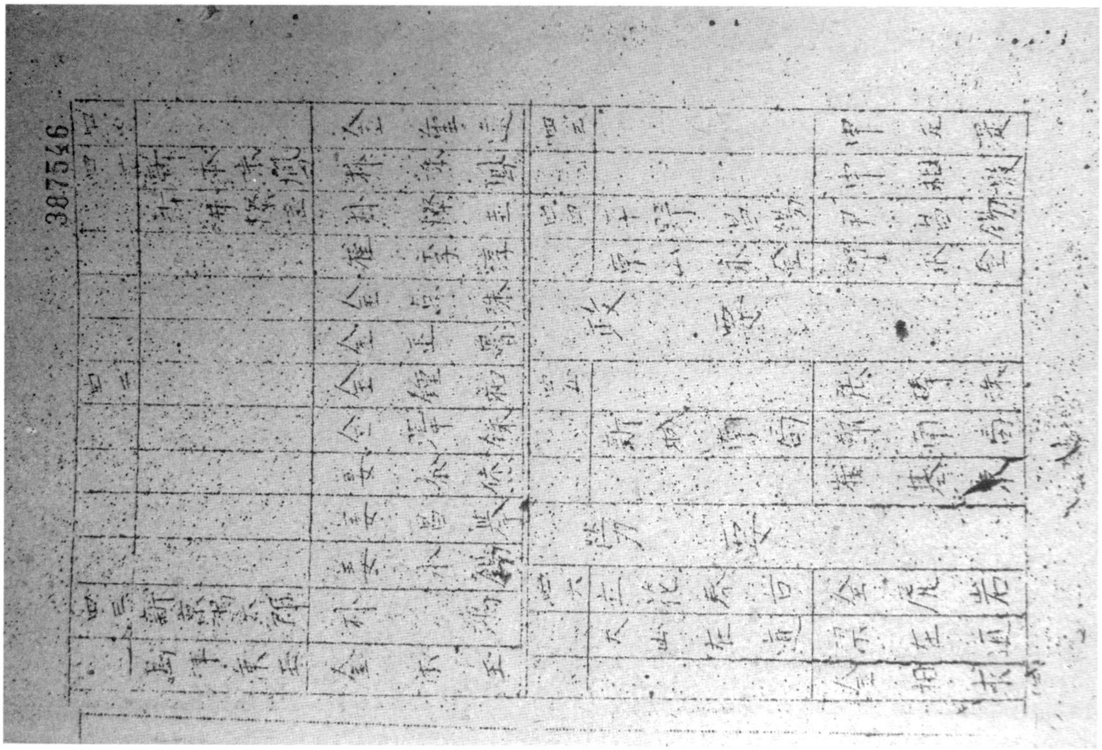

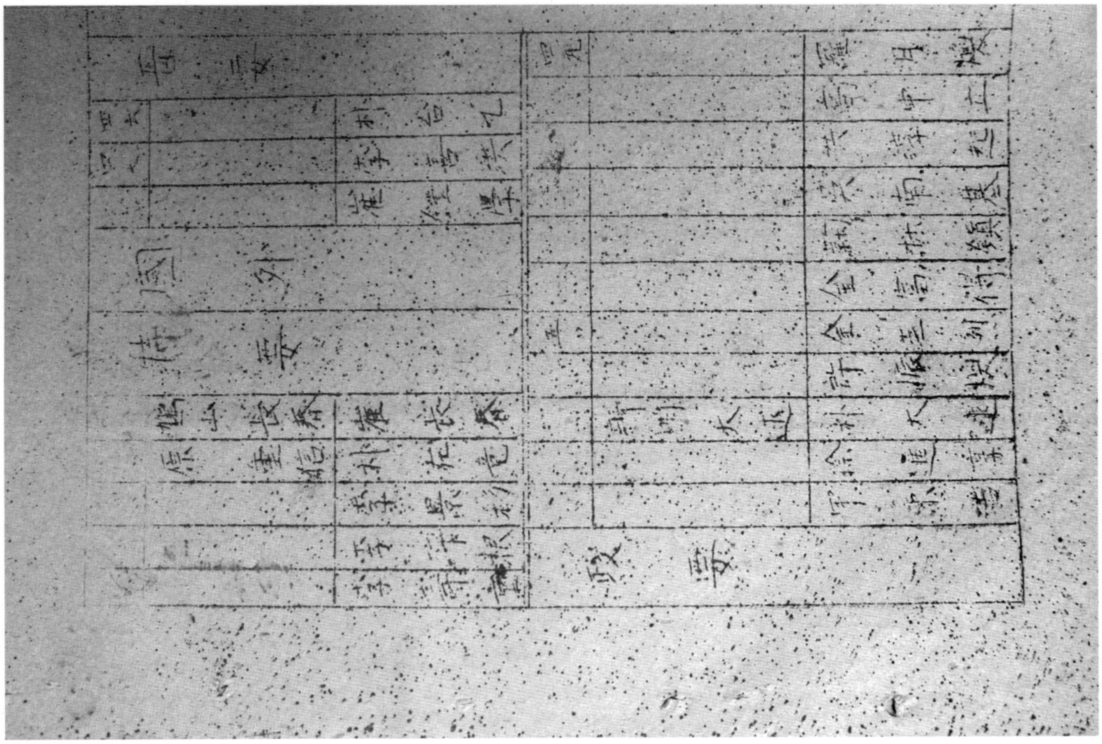

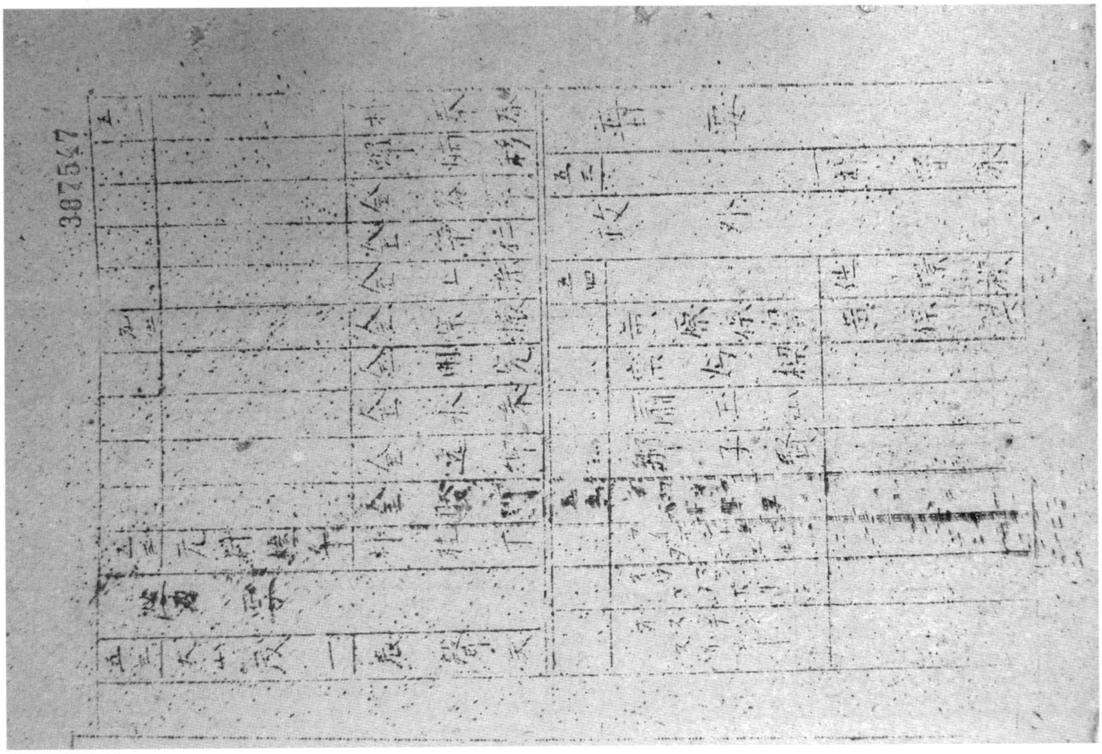

387548

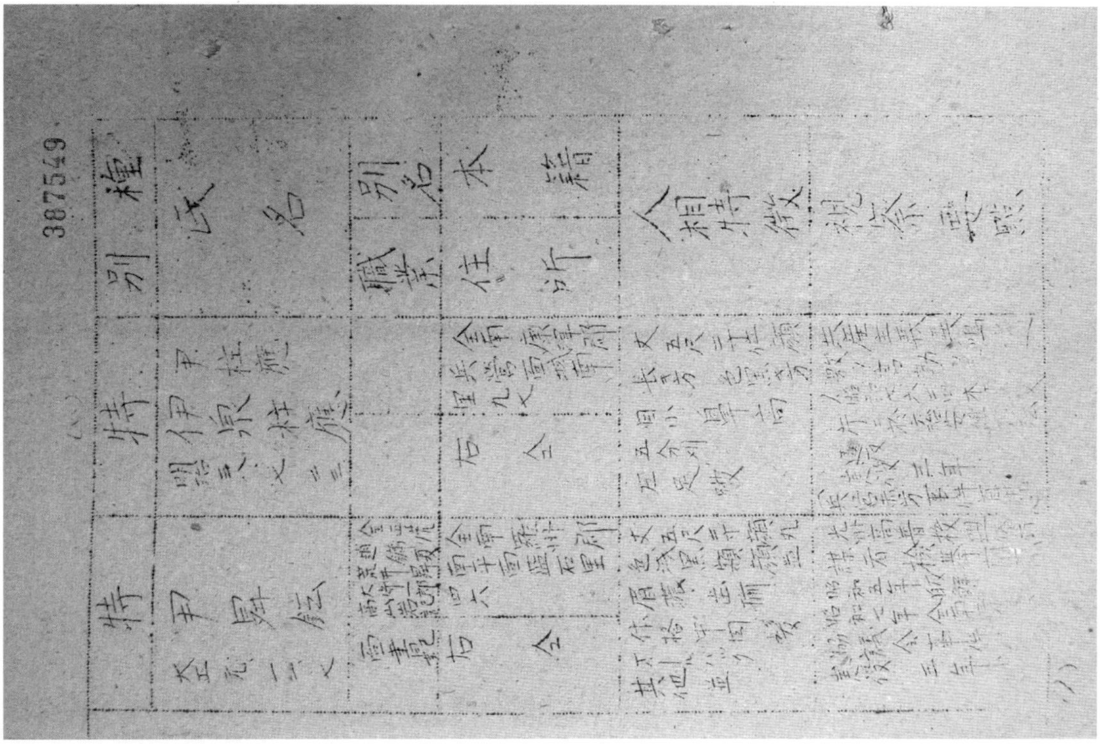
387549

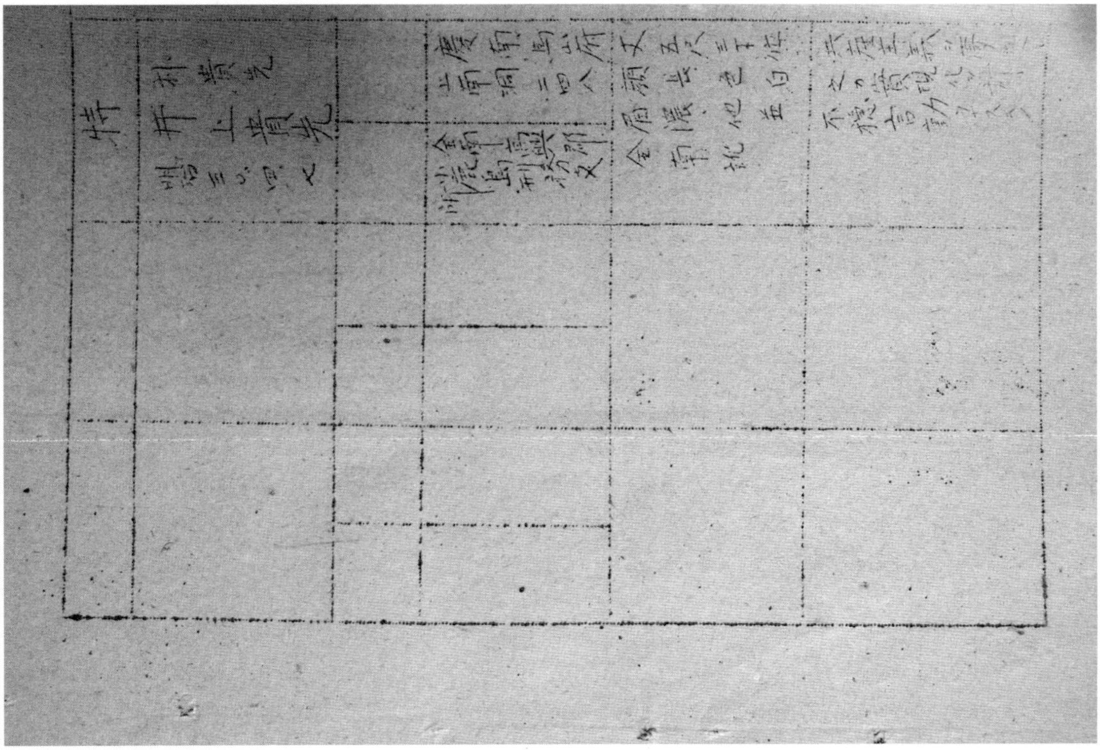

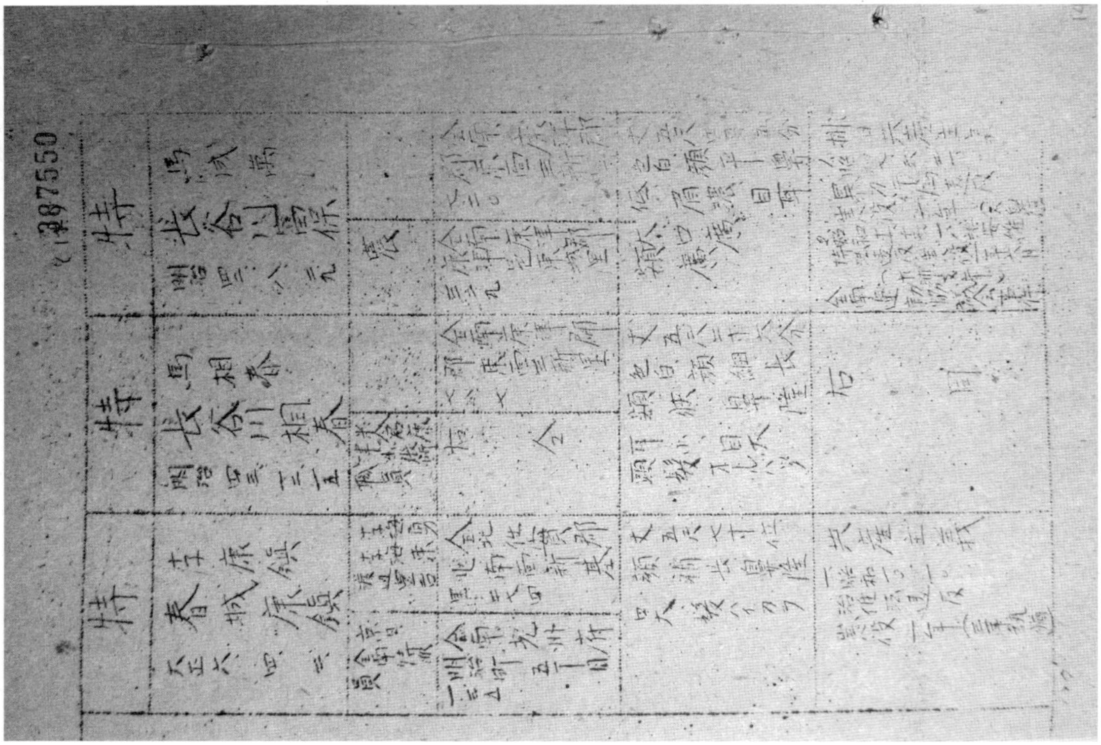

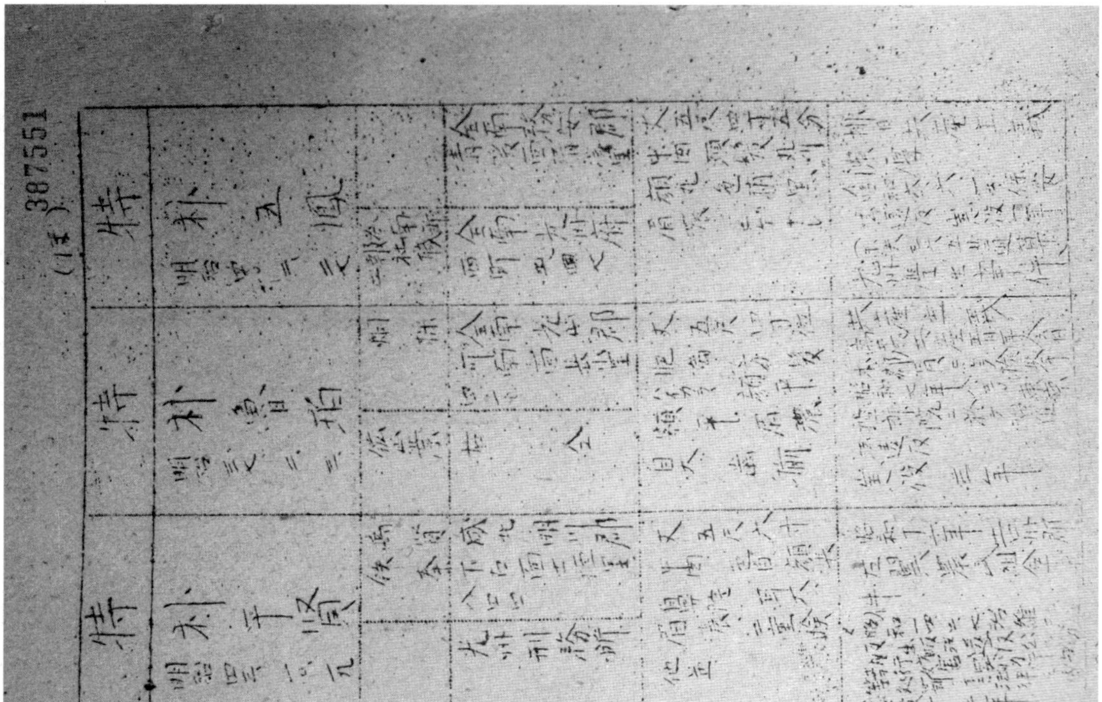

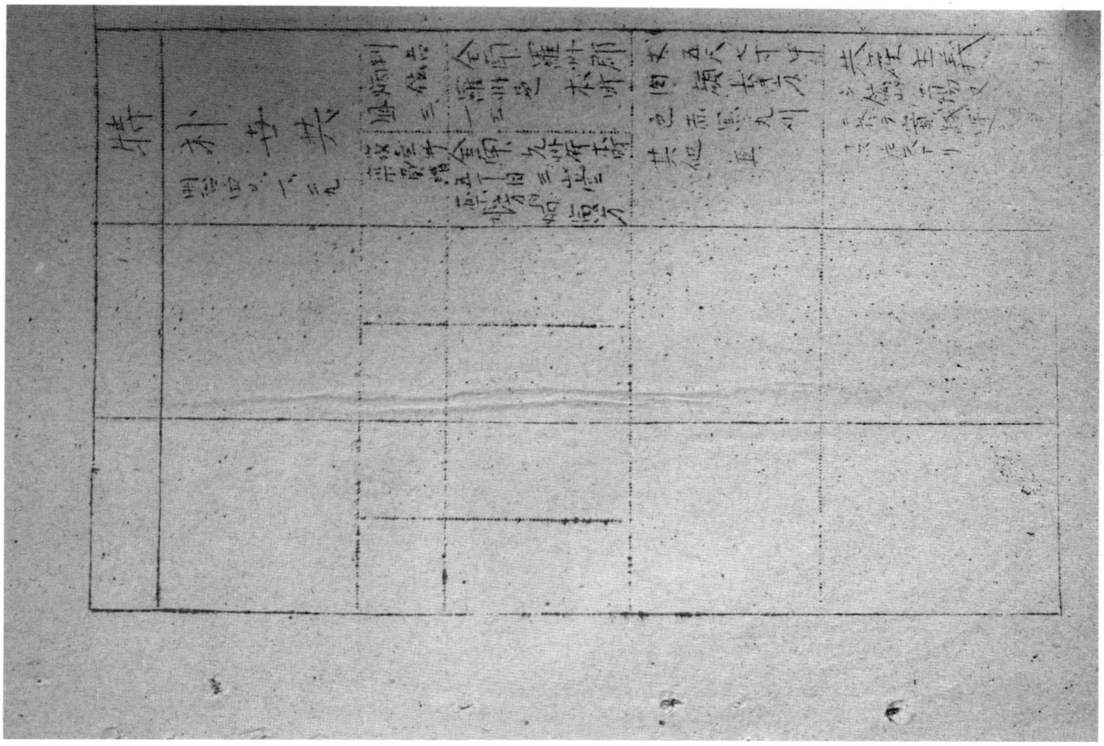

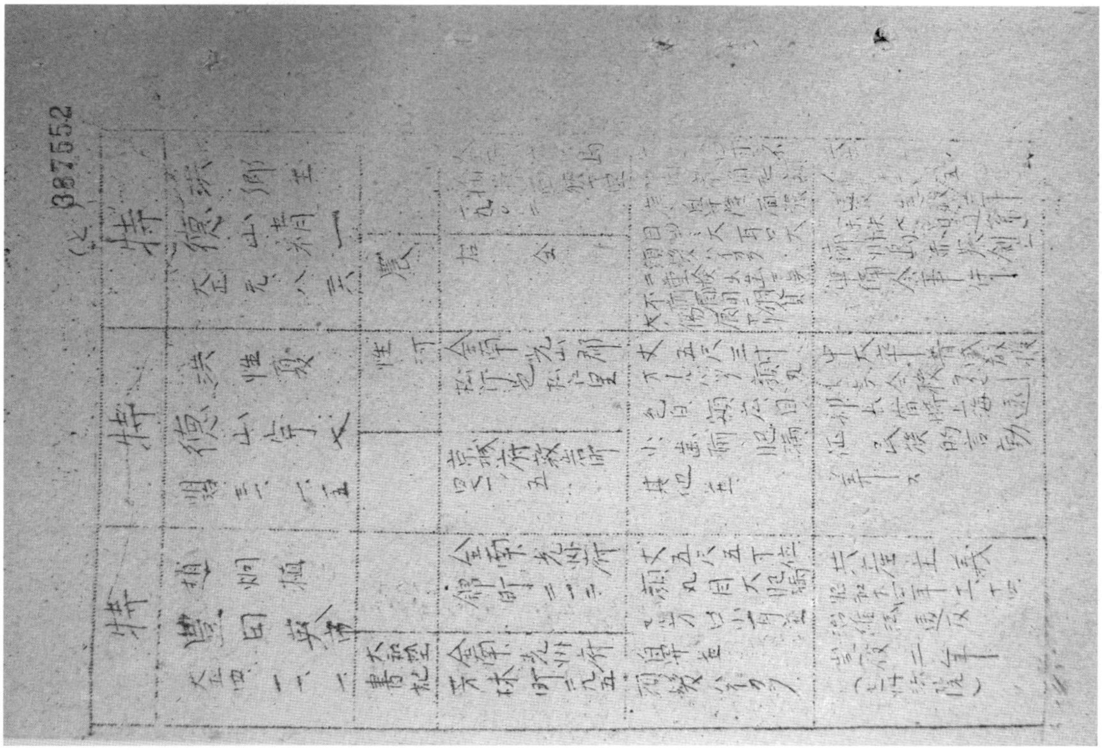

387552

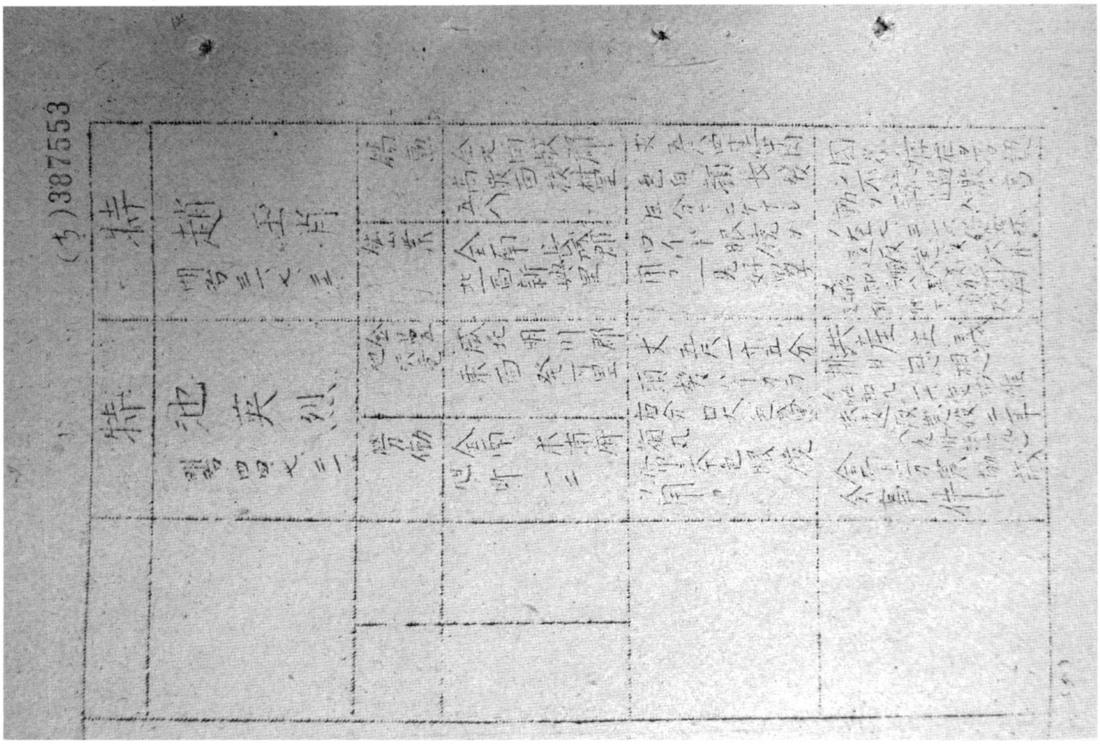
387553

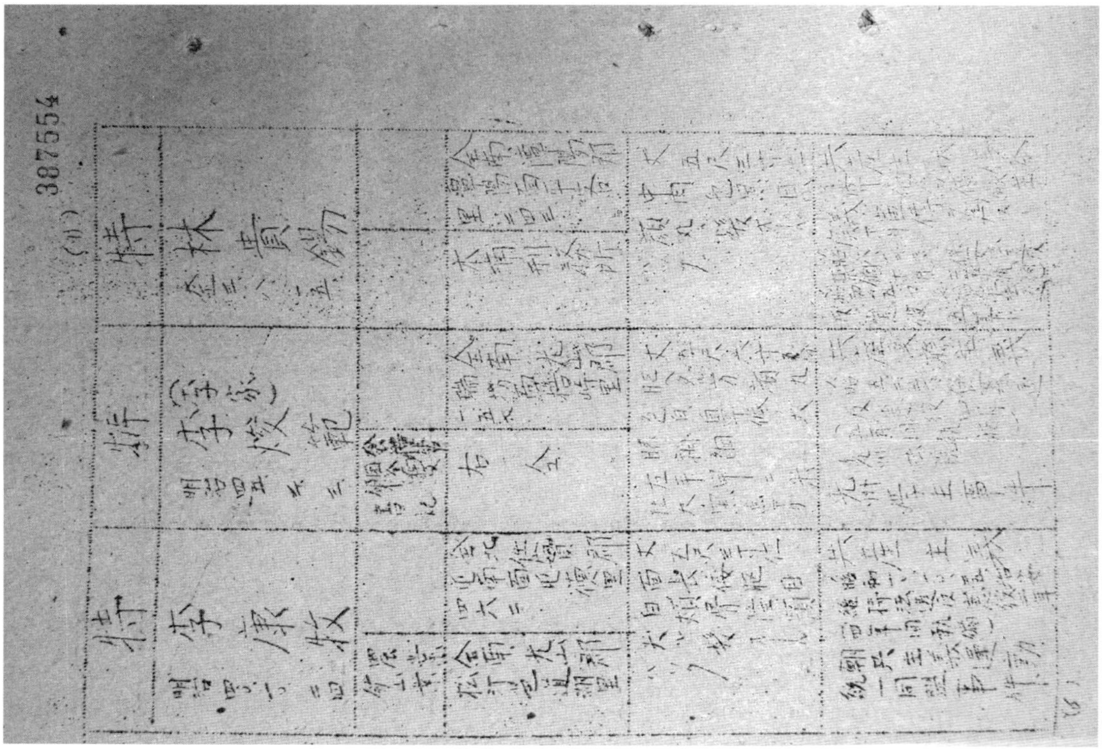
387554

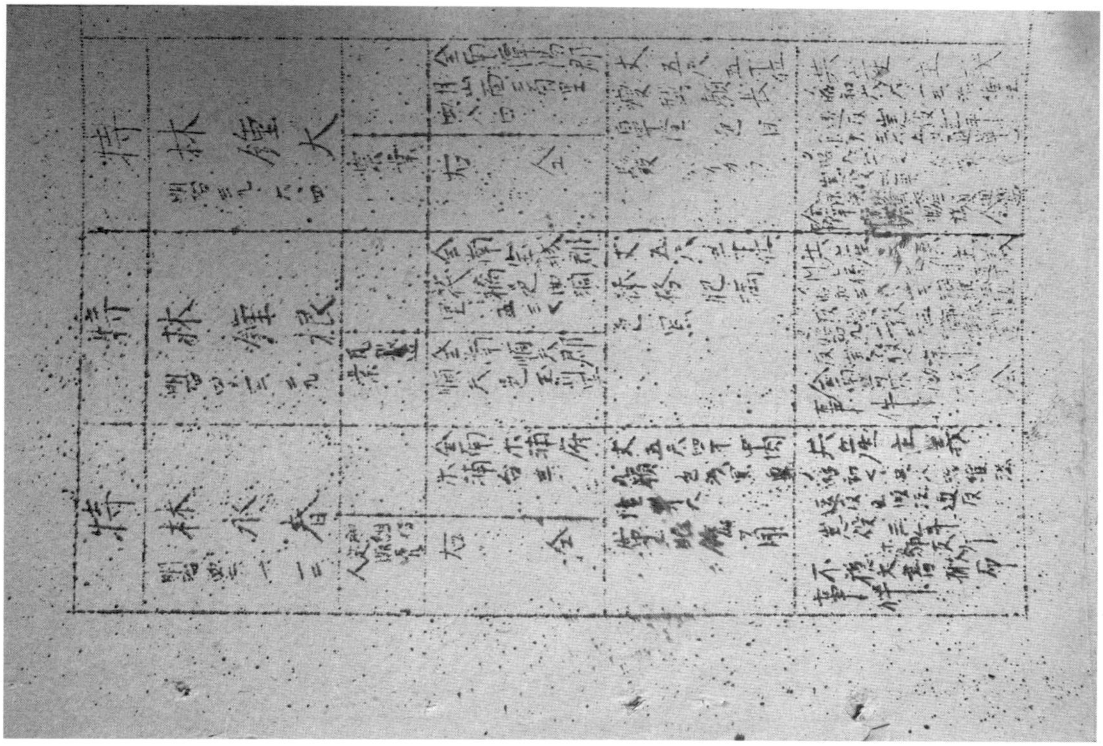

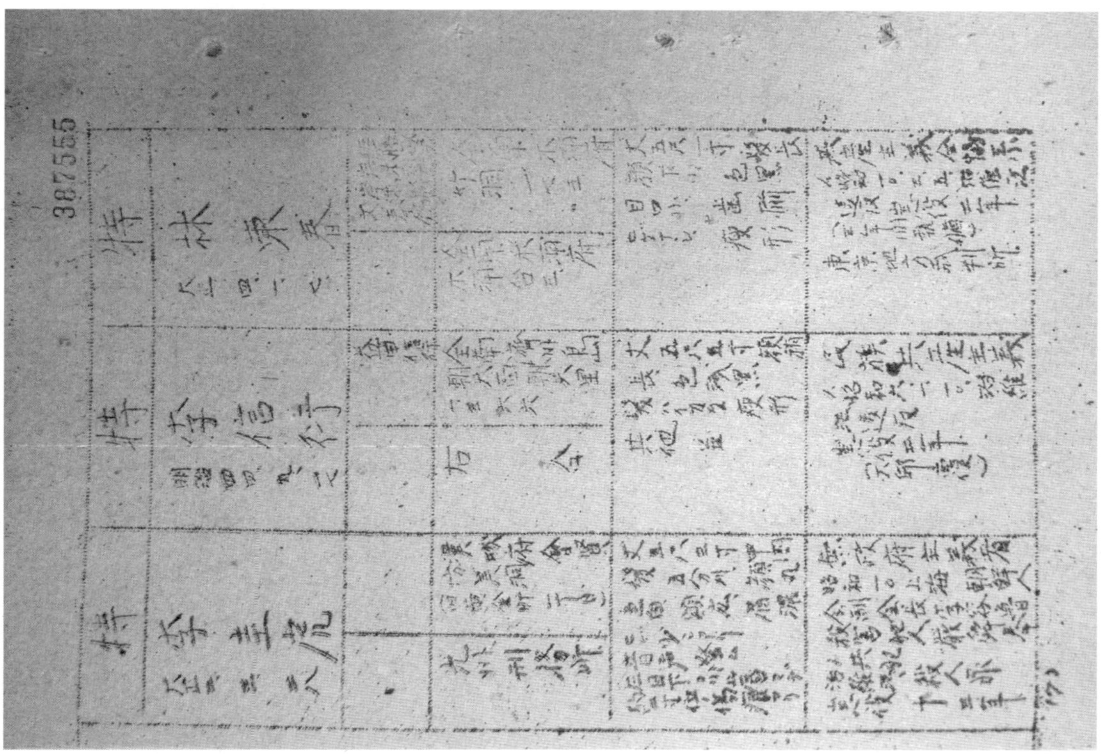

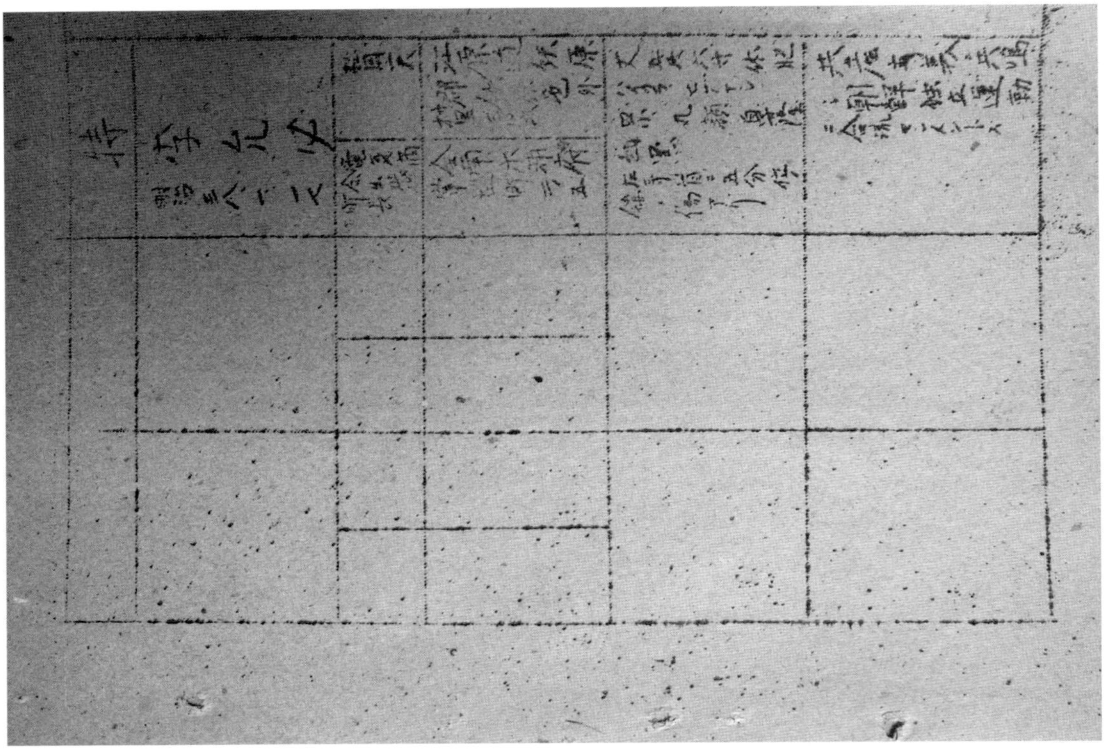

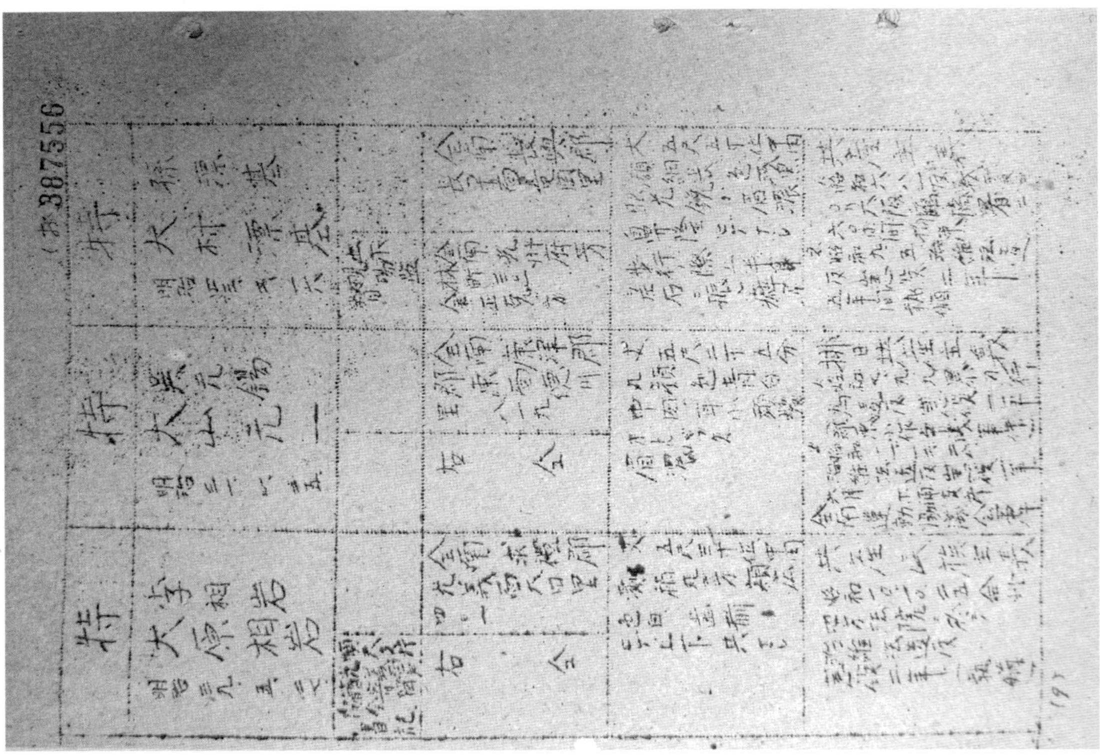

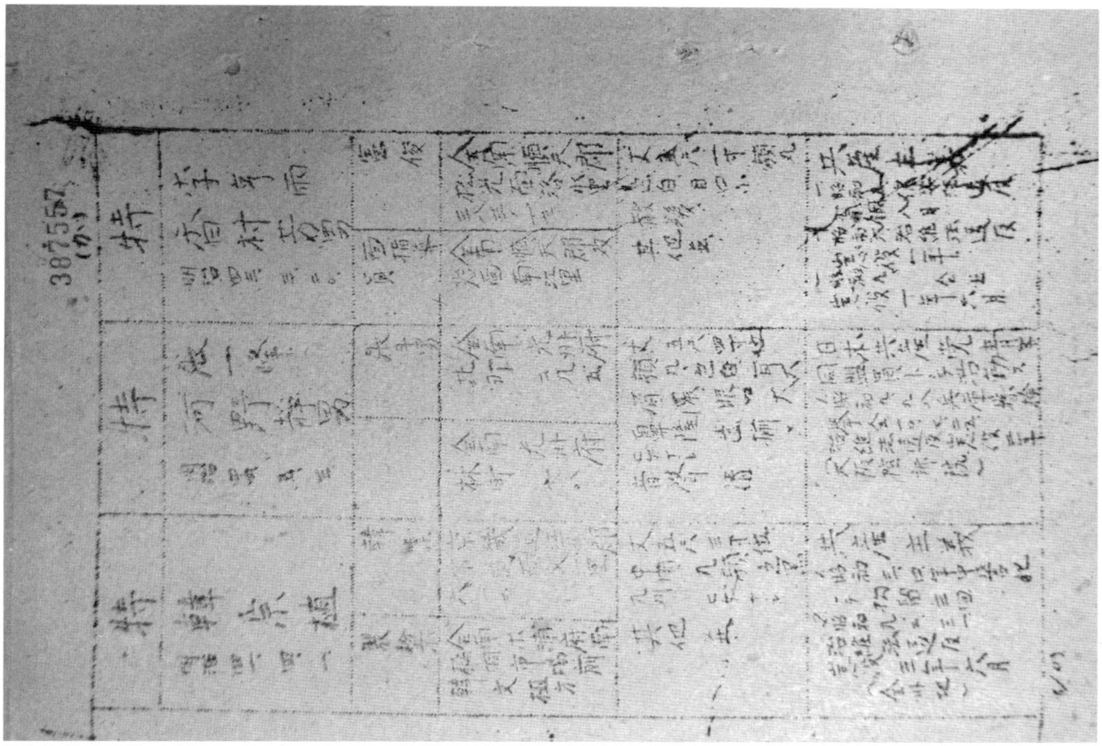

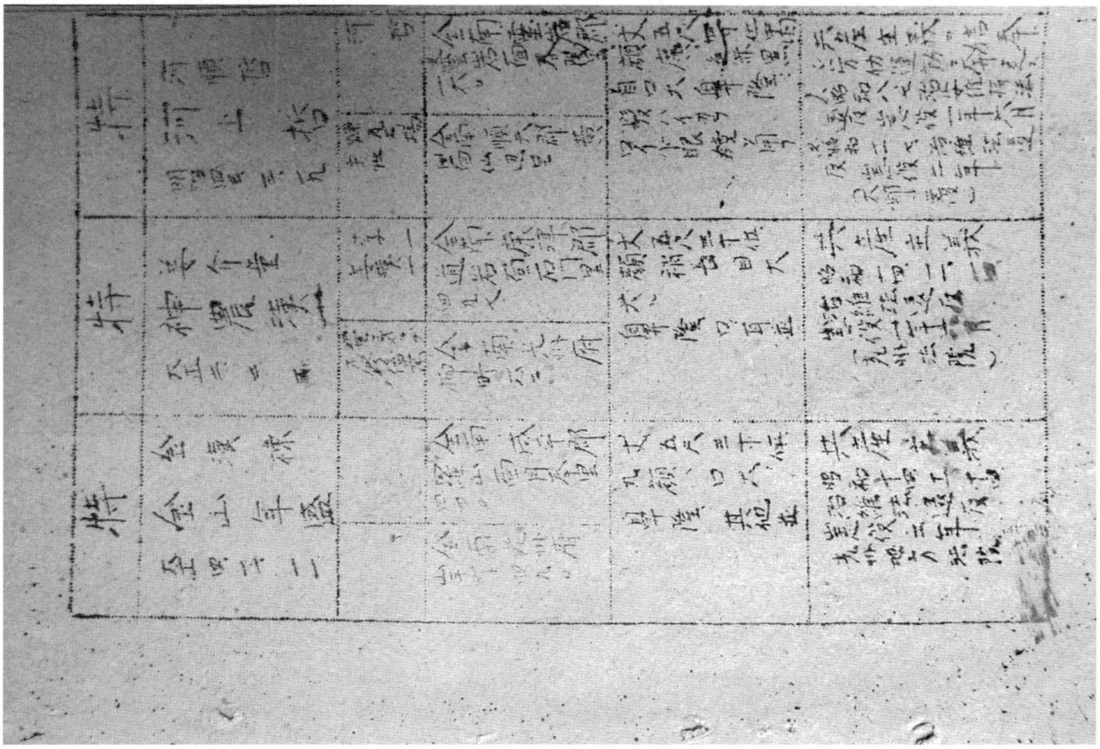

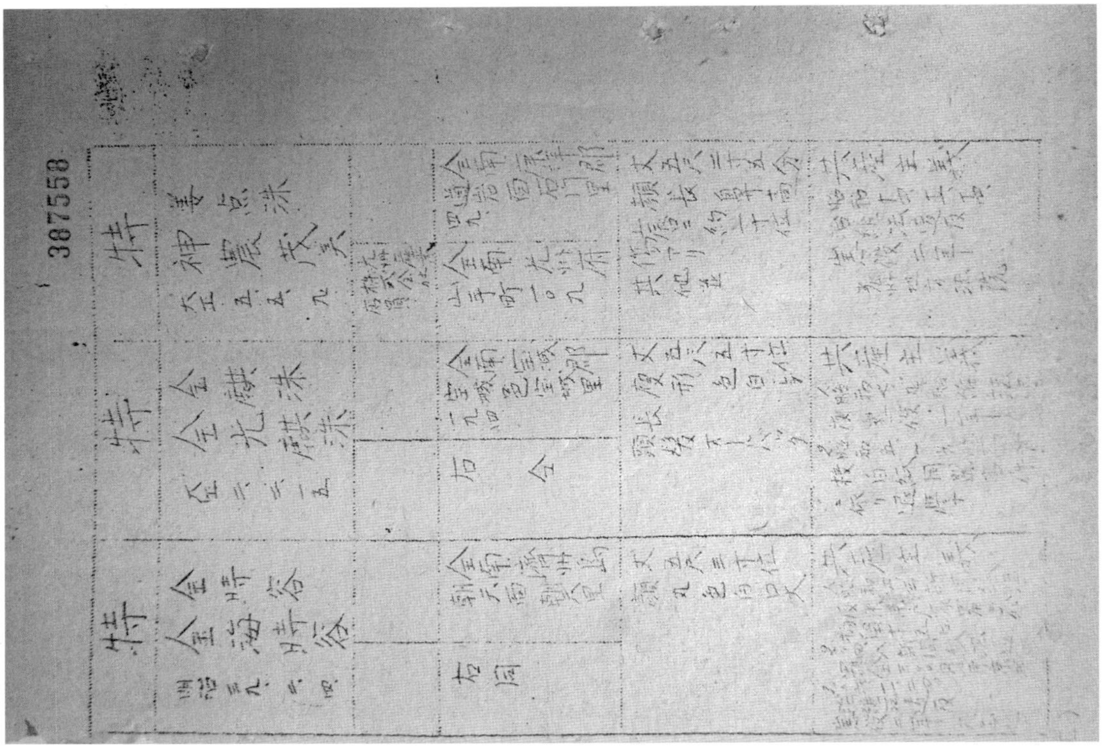

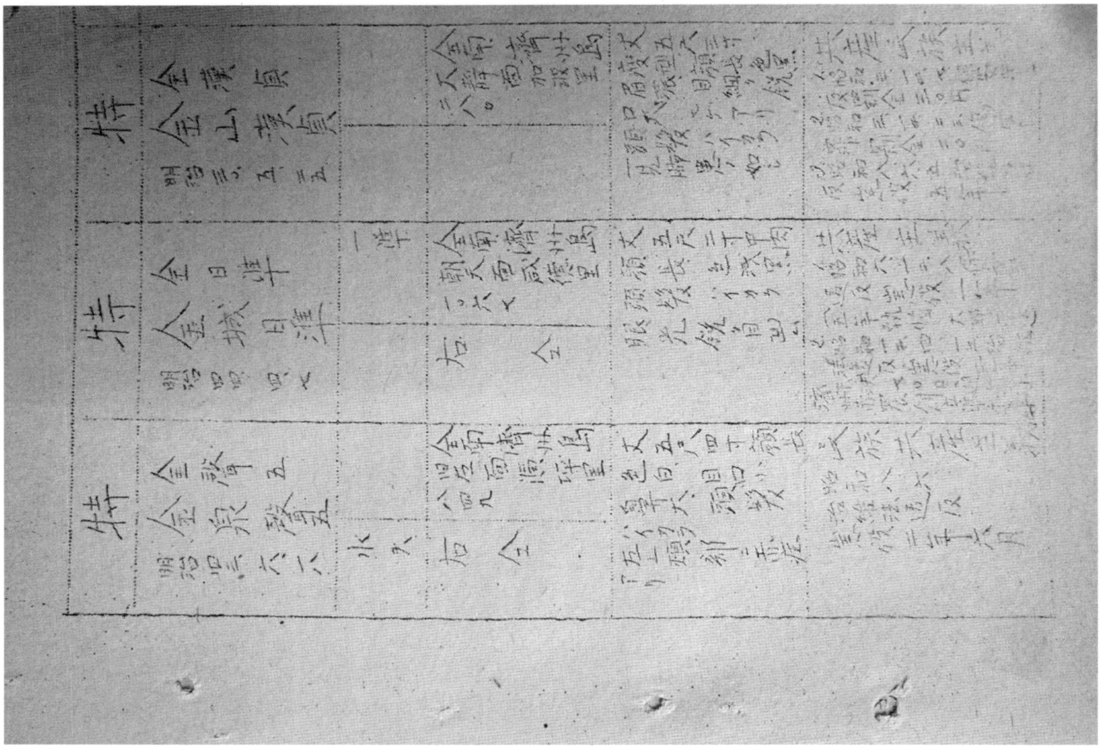

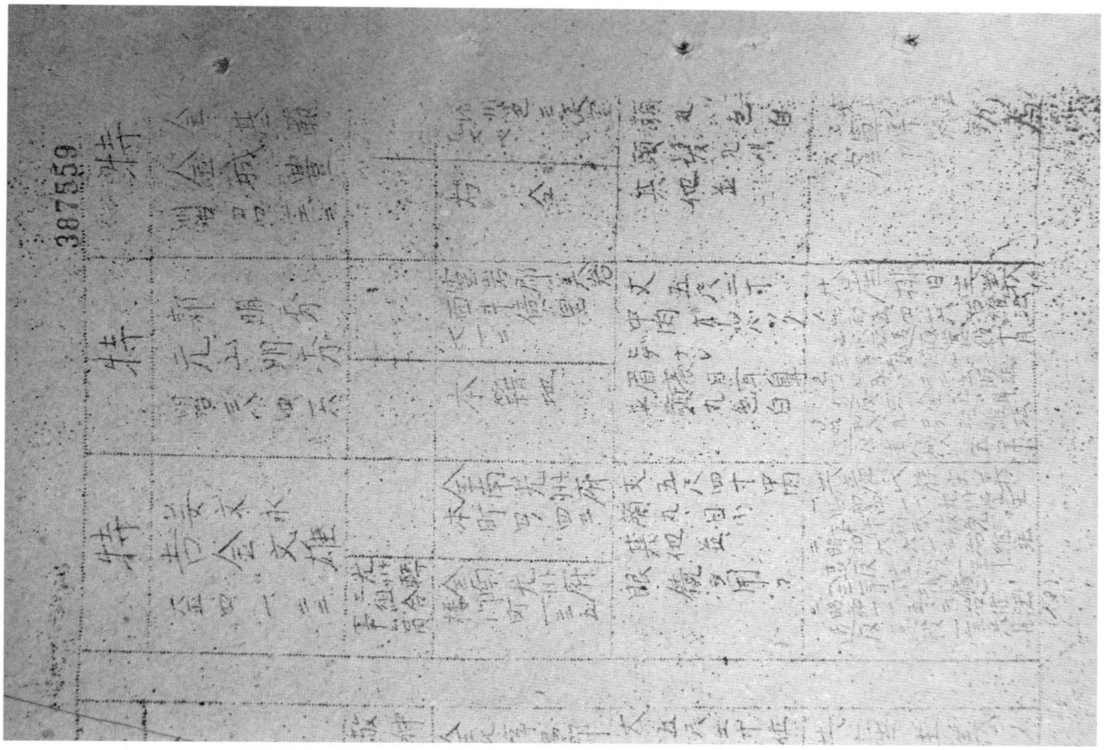

387559

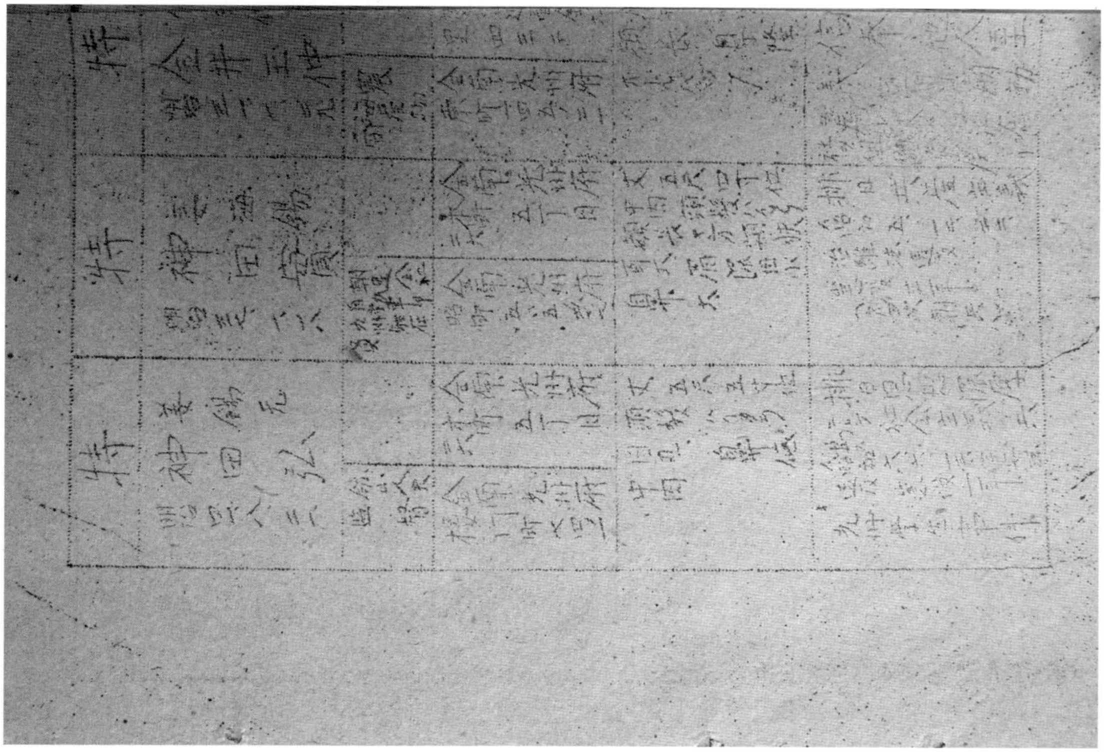

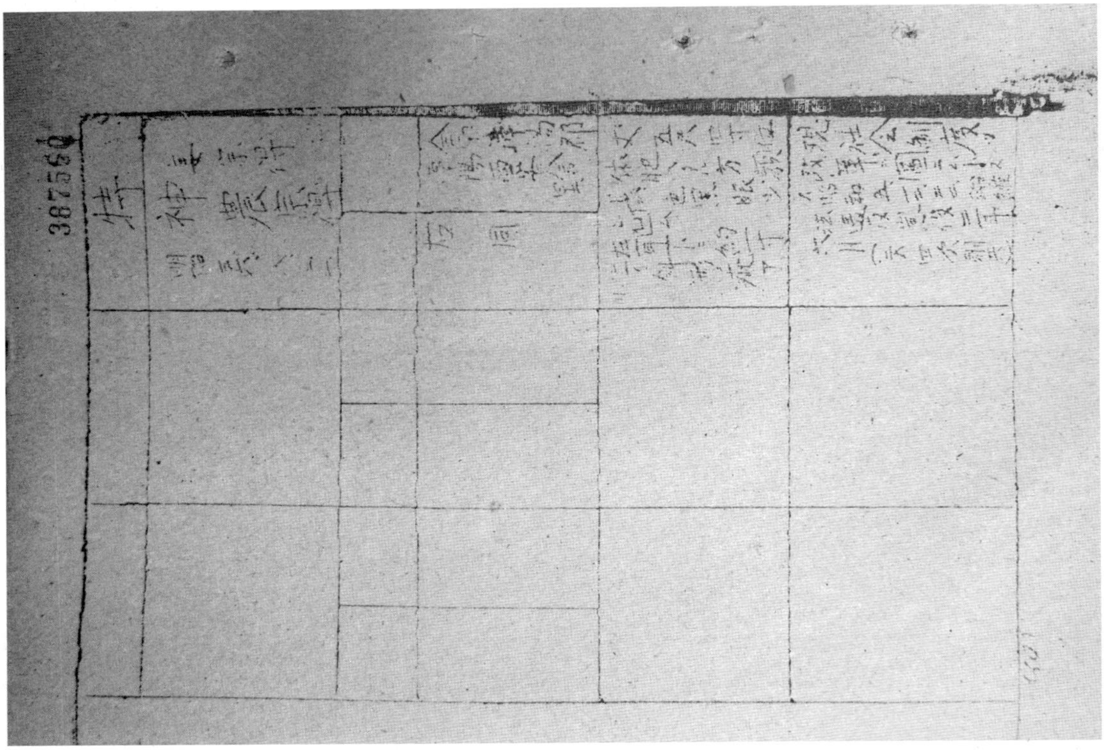

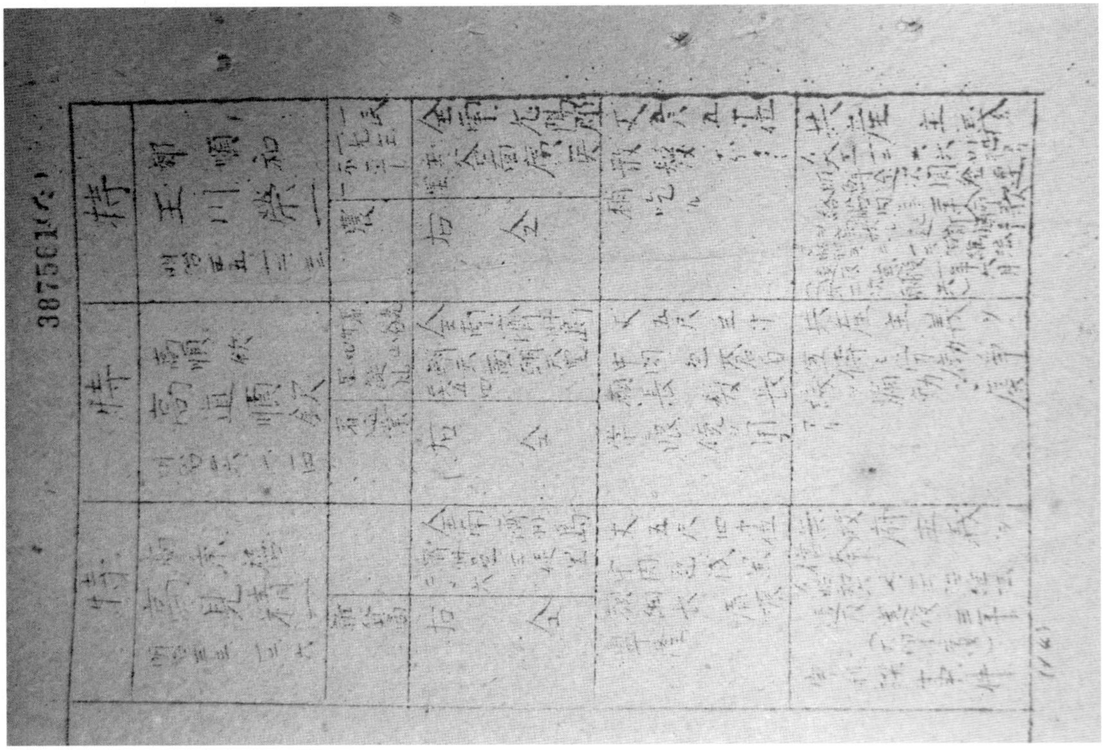

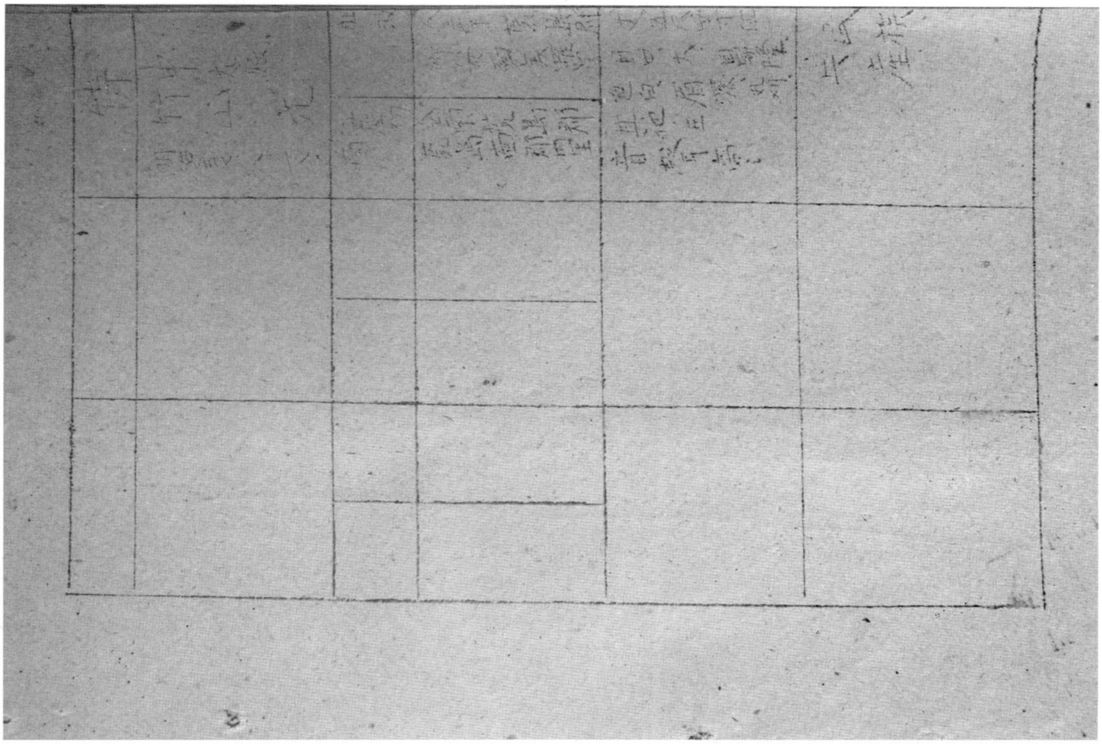

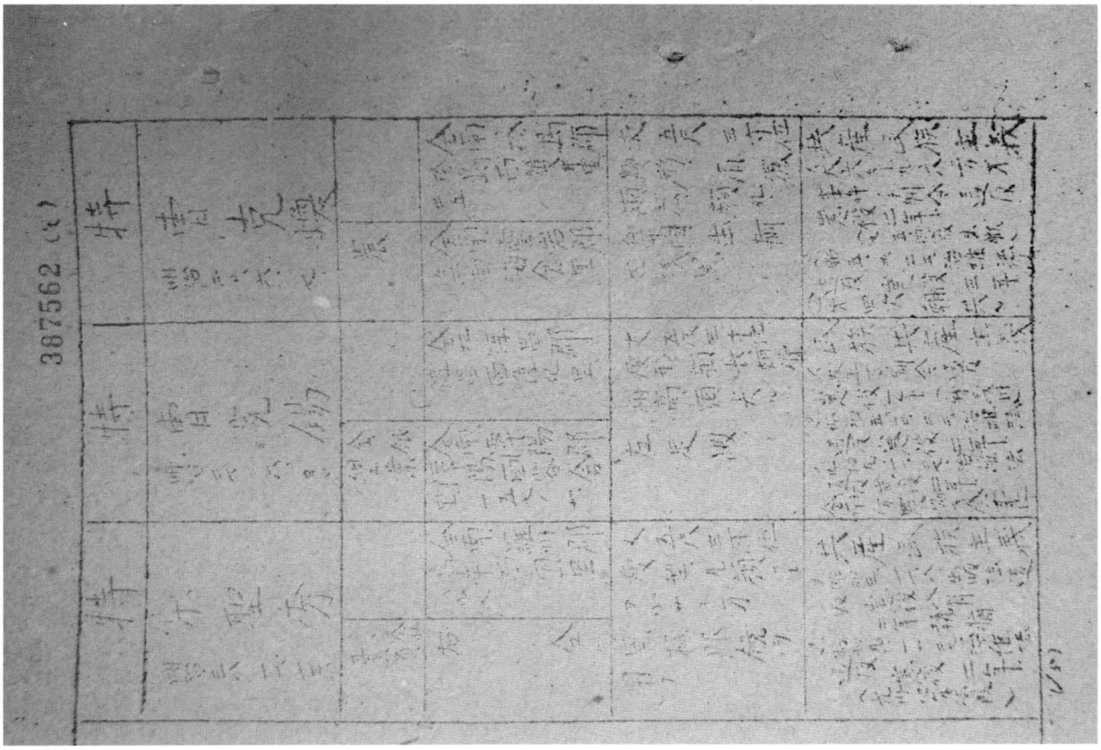

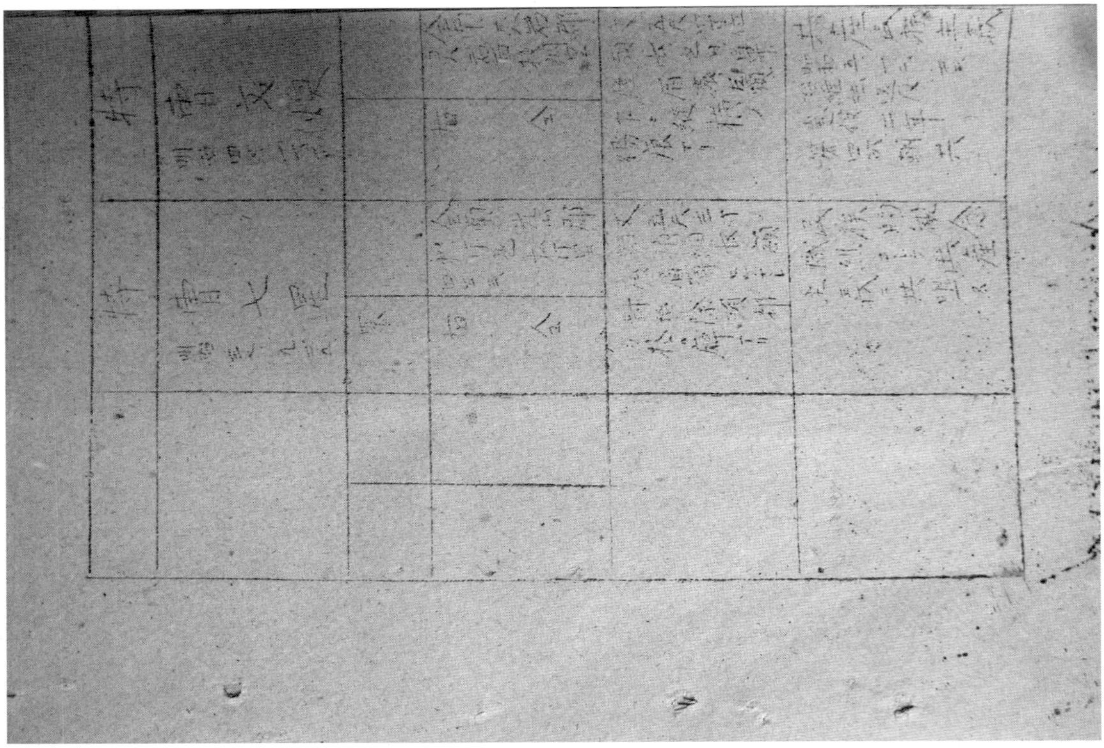

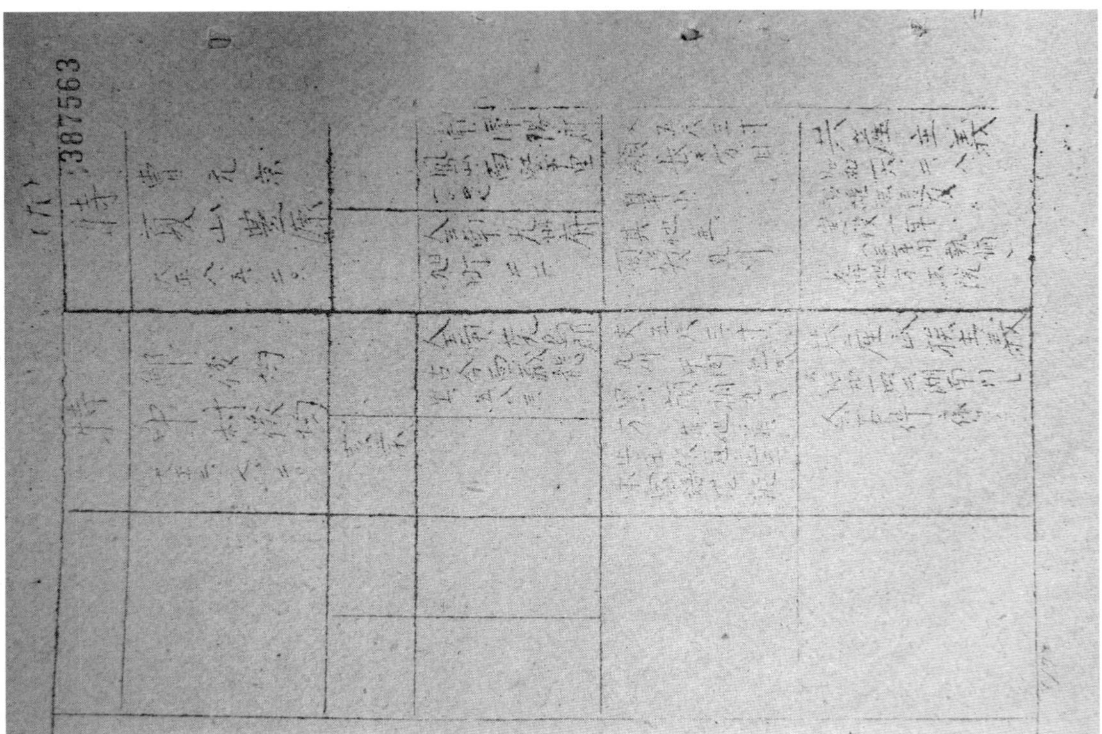

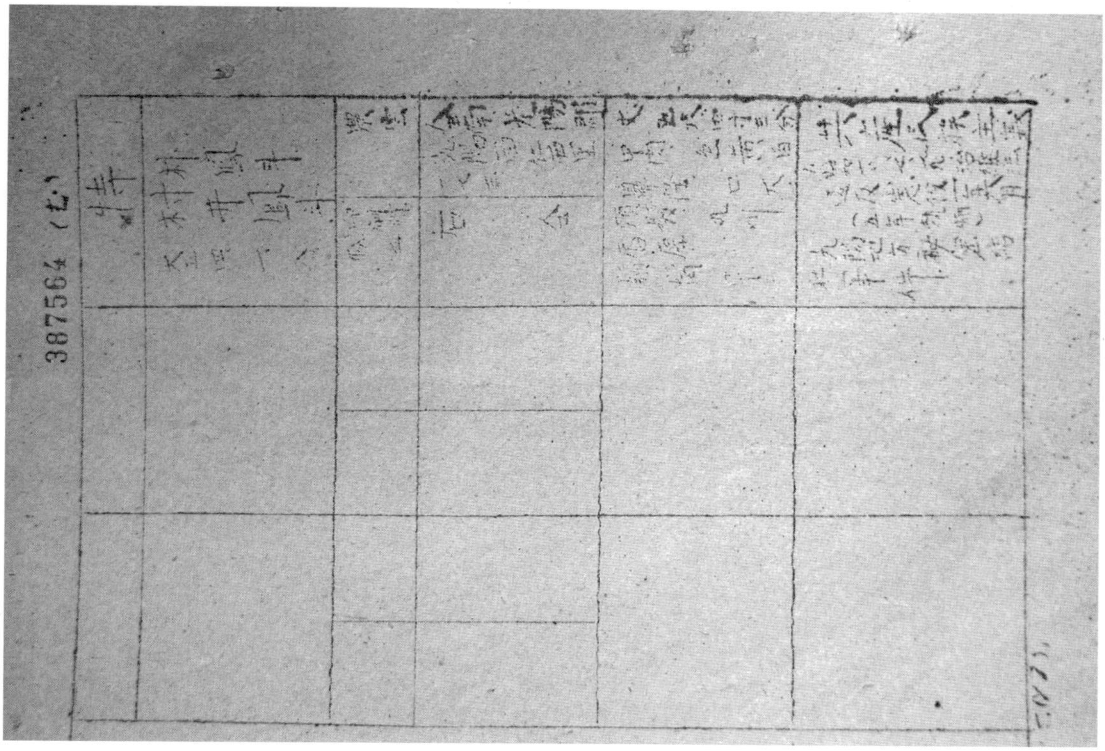

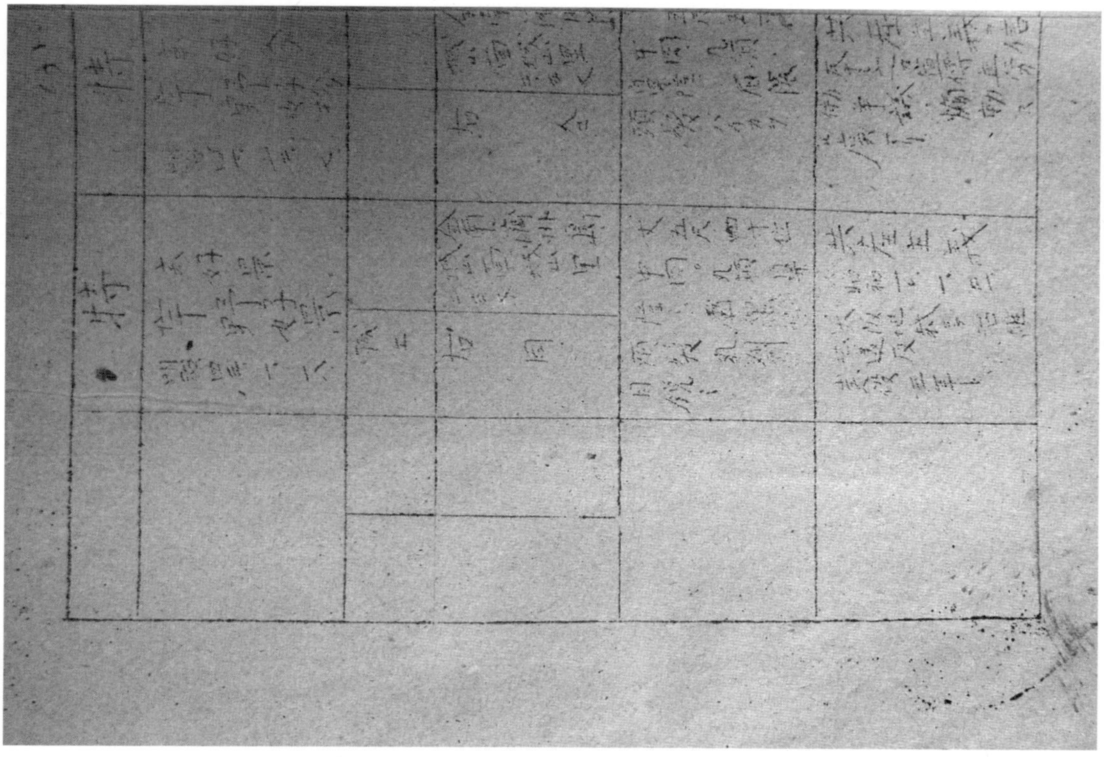

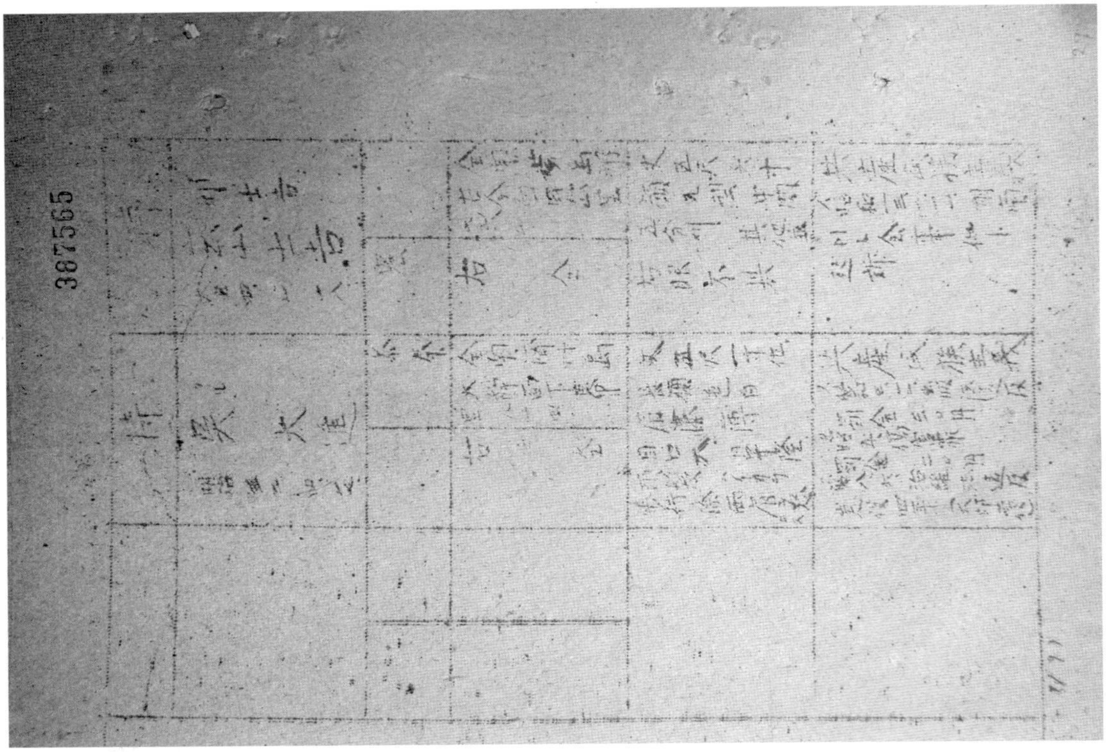

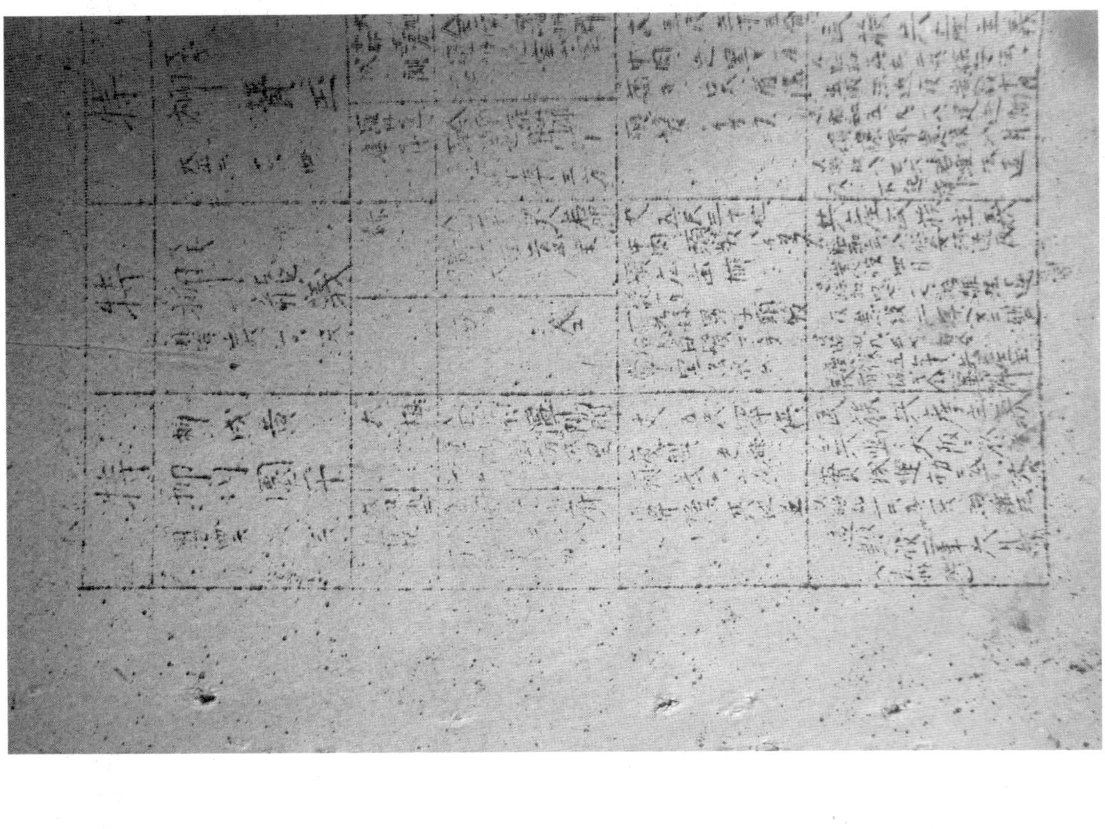

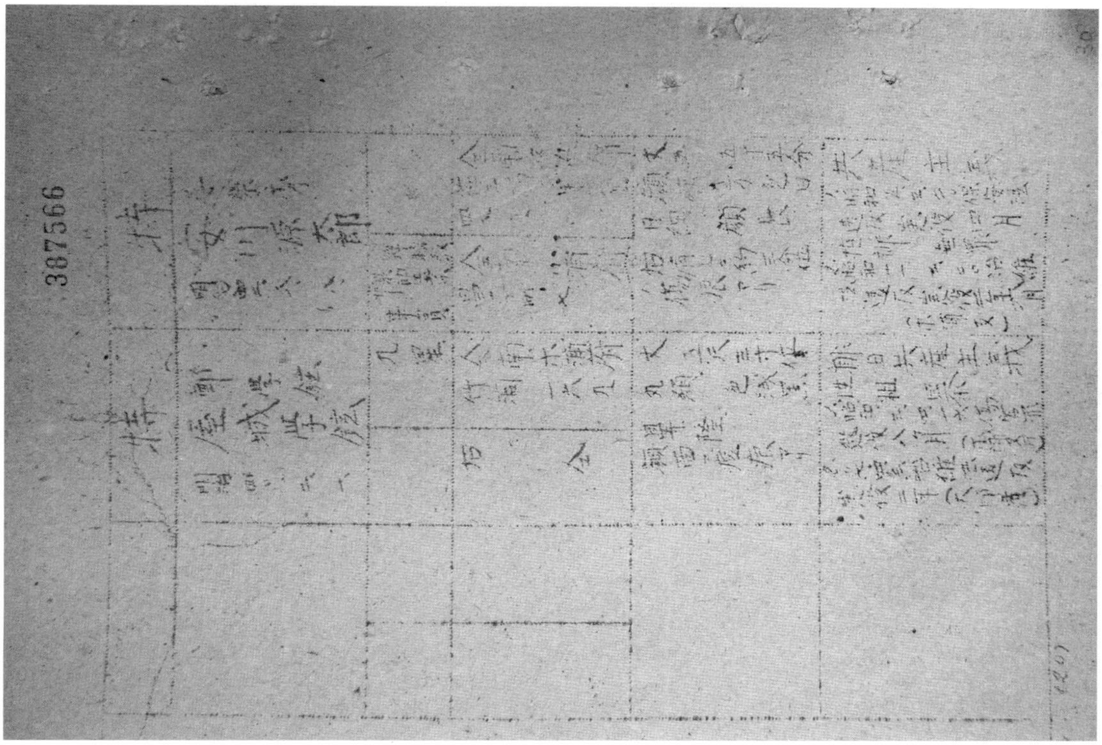

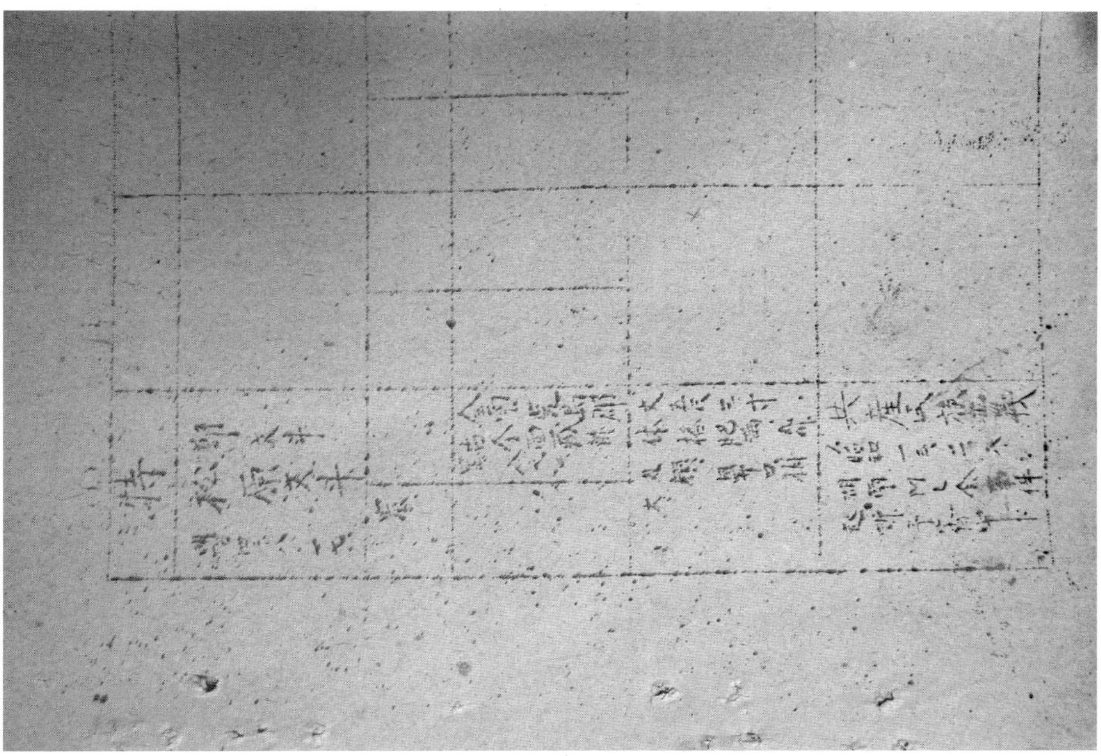

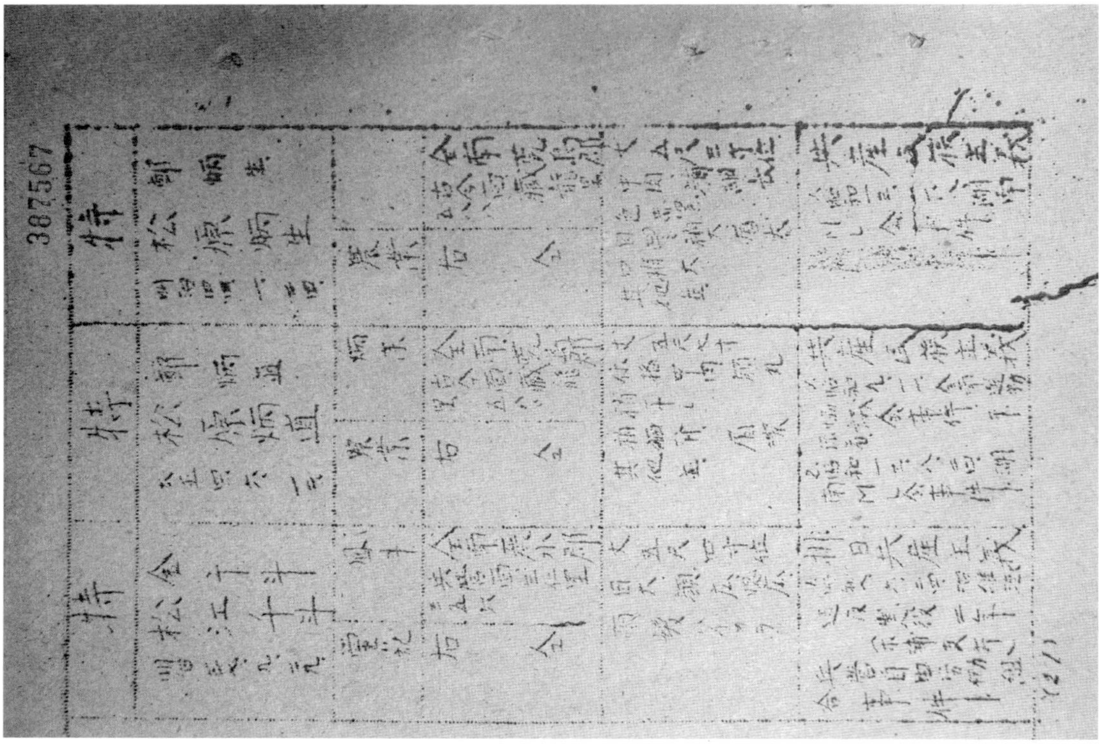

387567

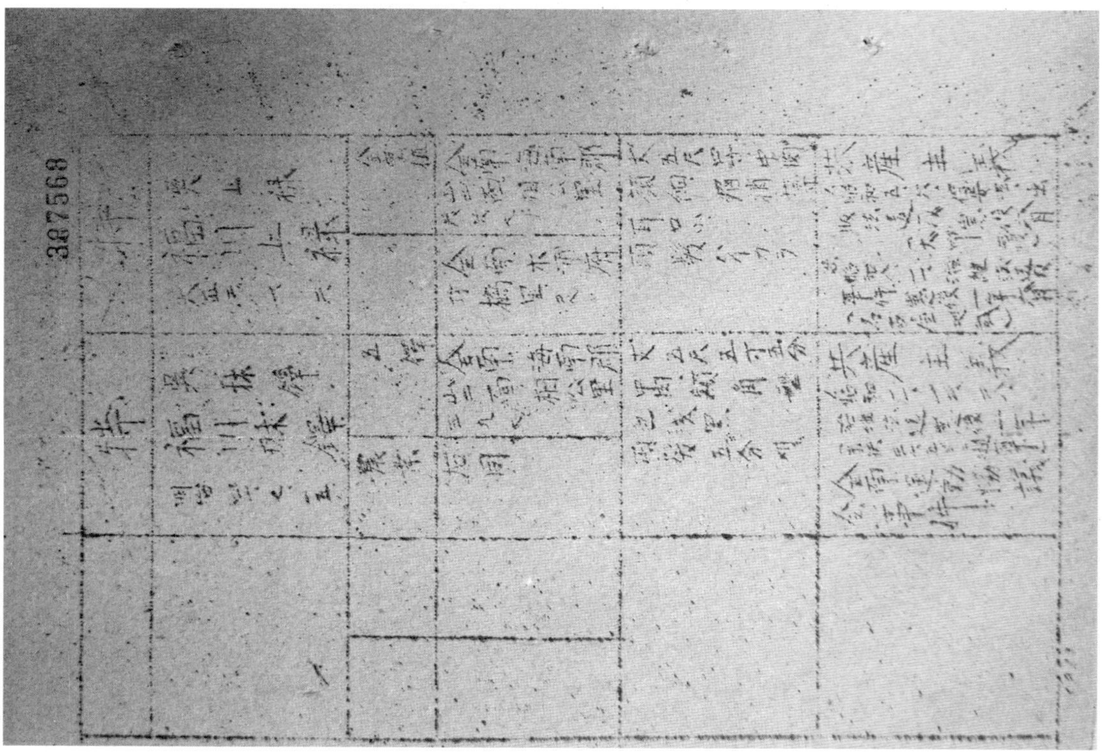

387568

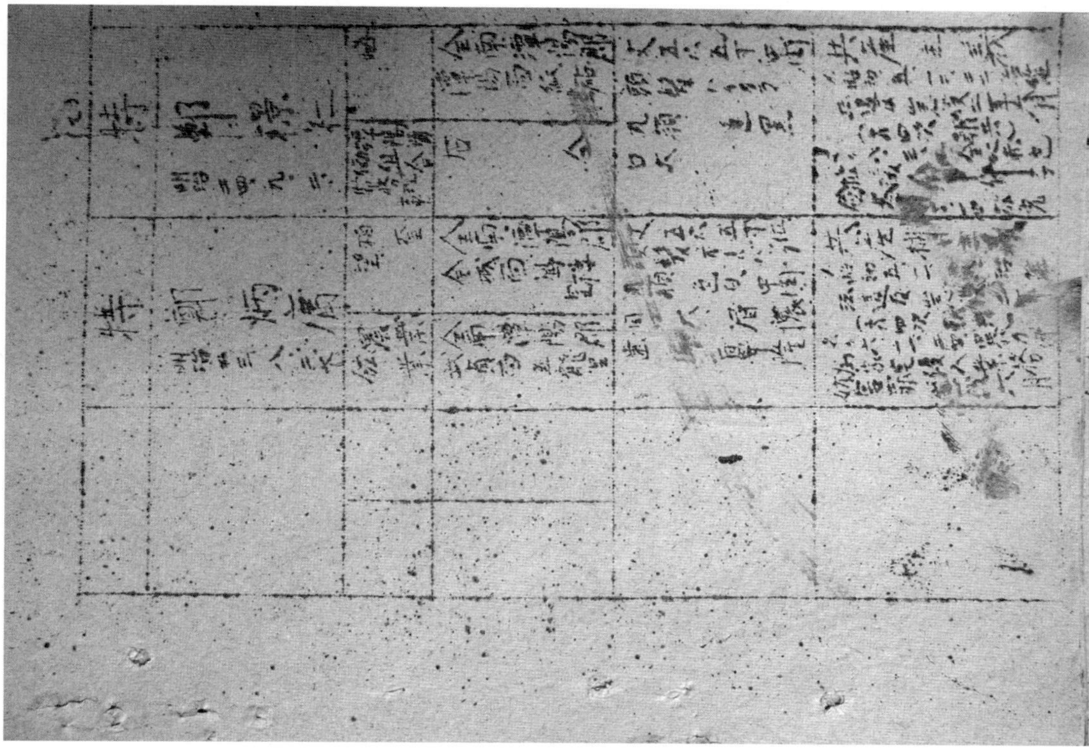

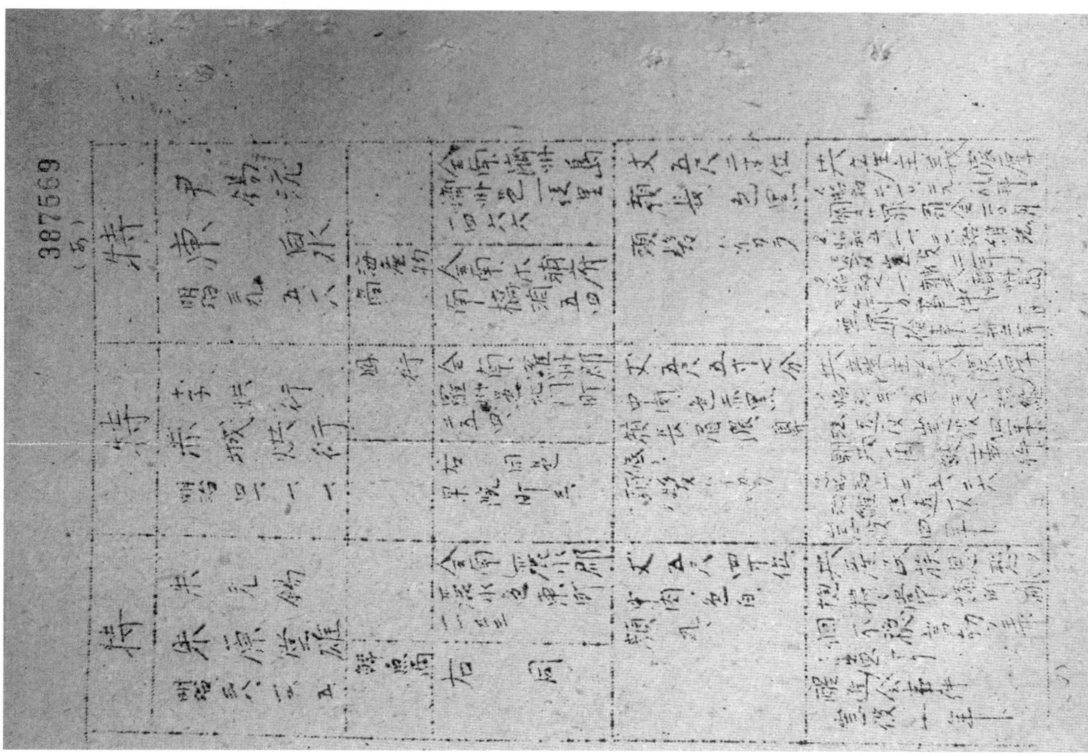

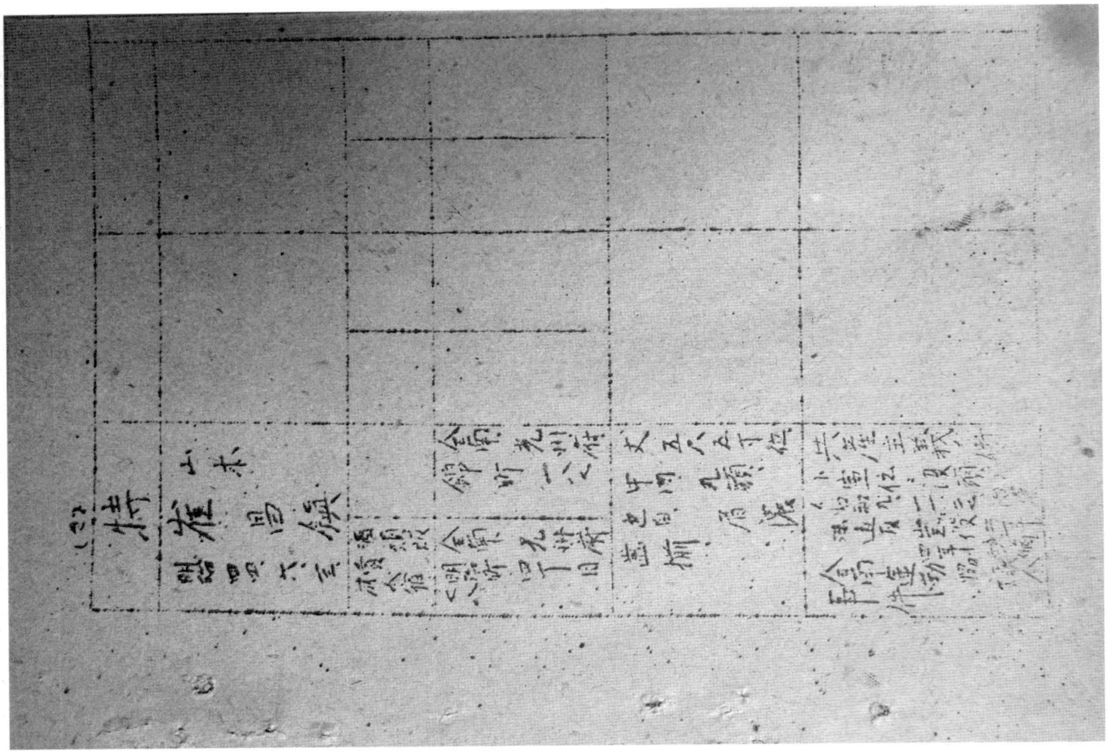

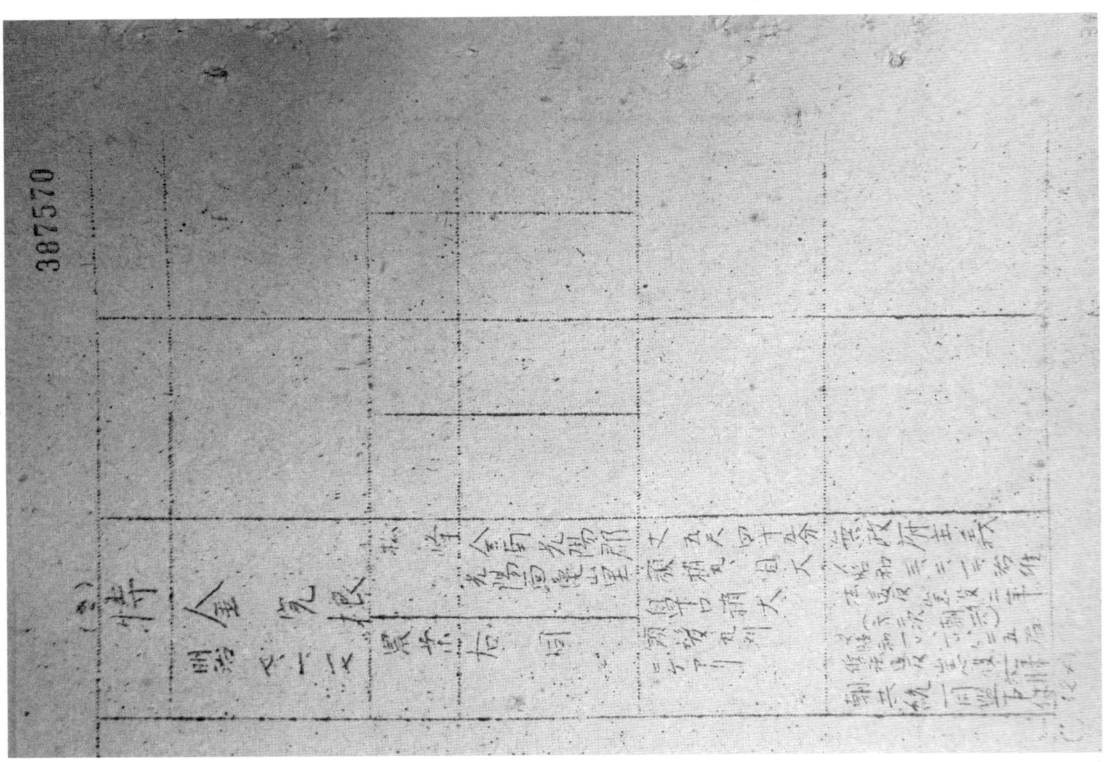

387570

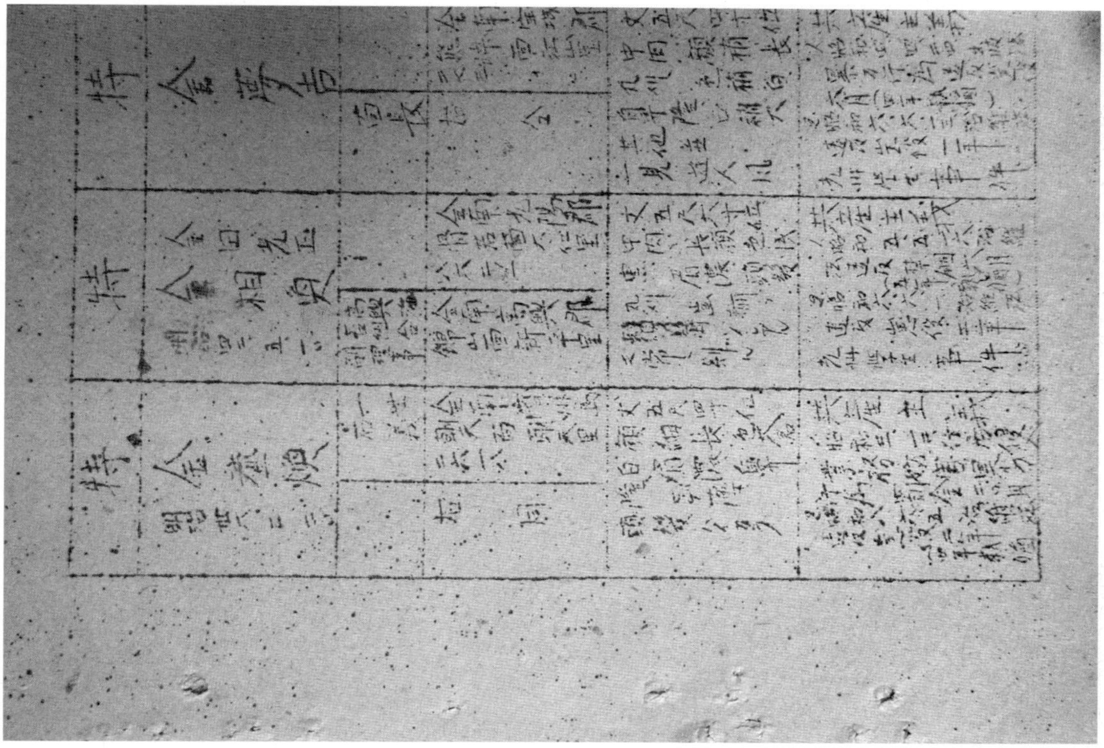

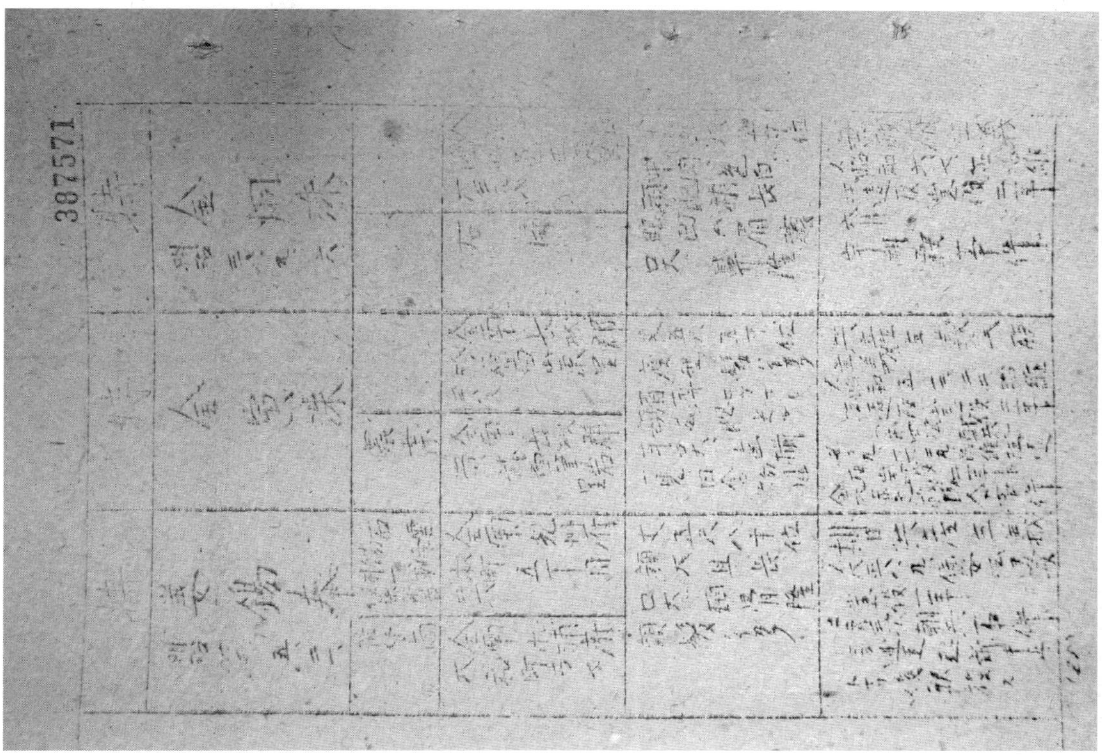

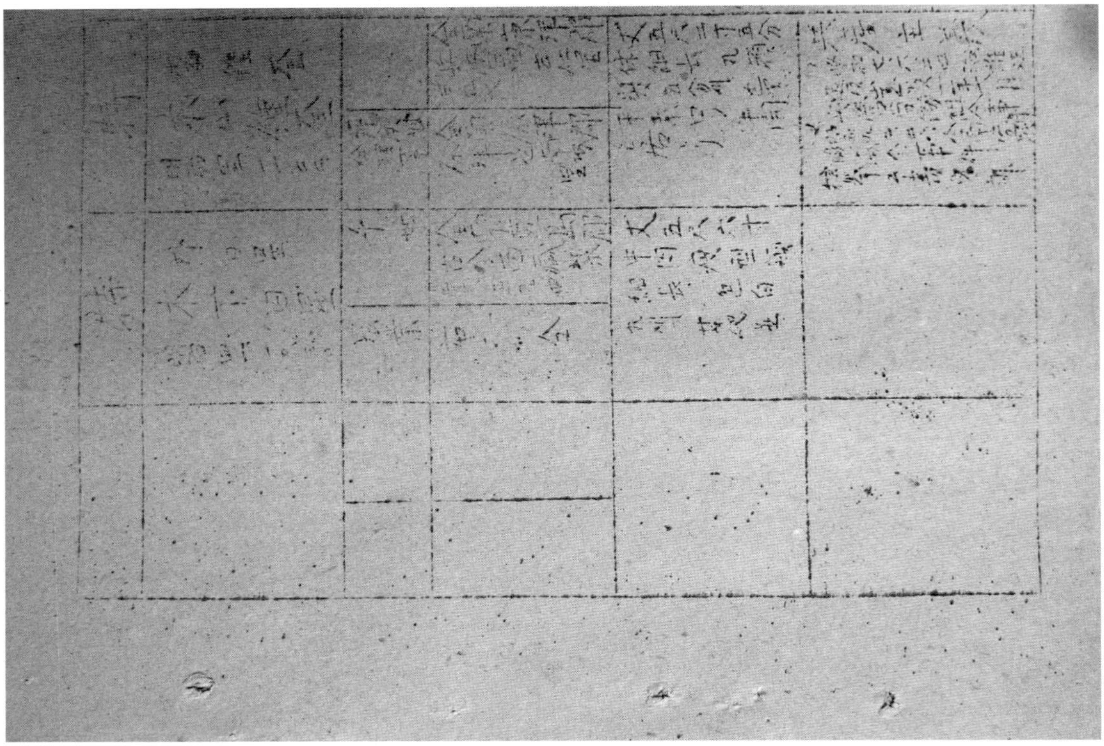

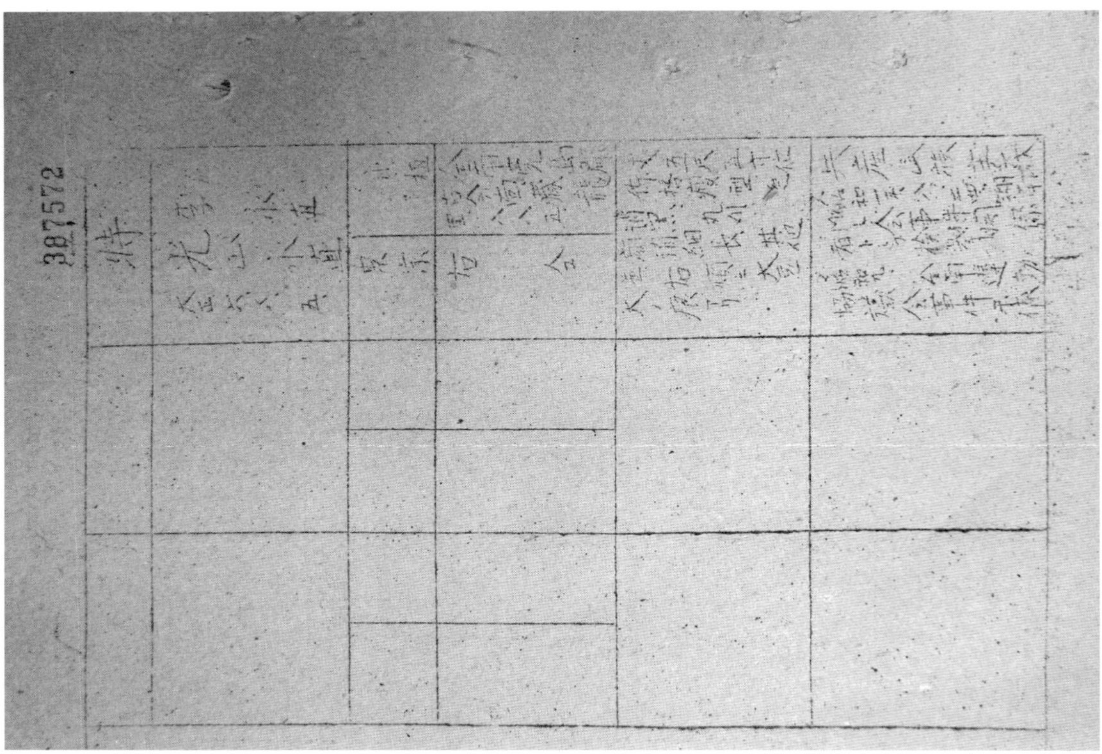

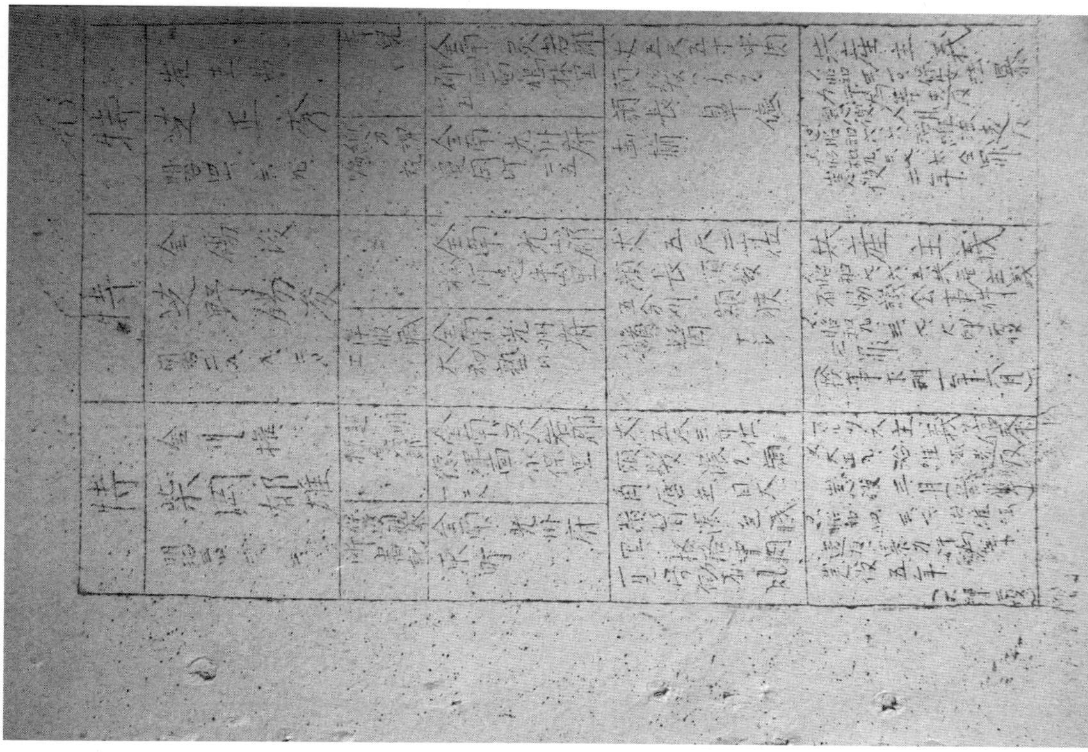

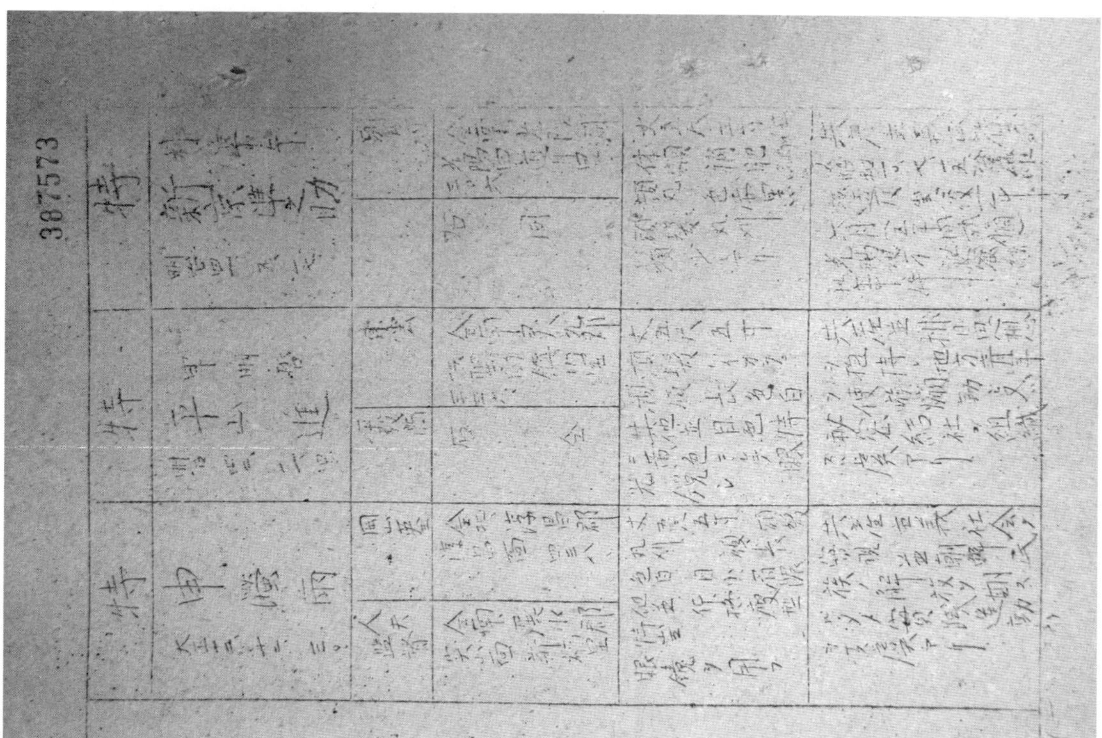

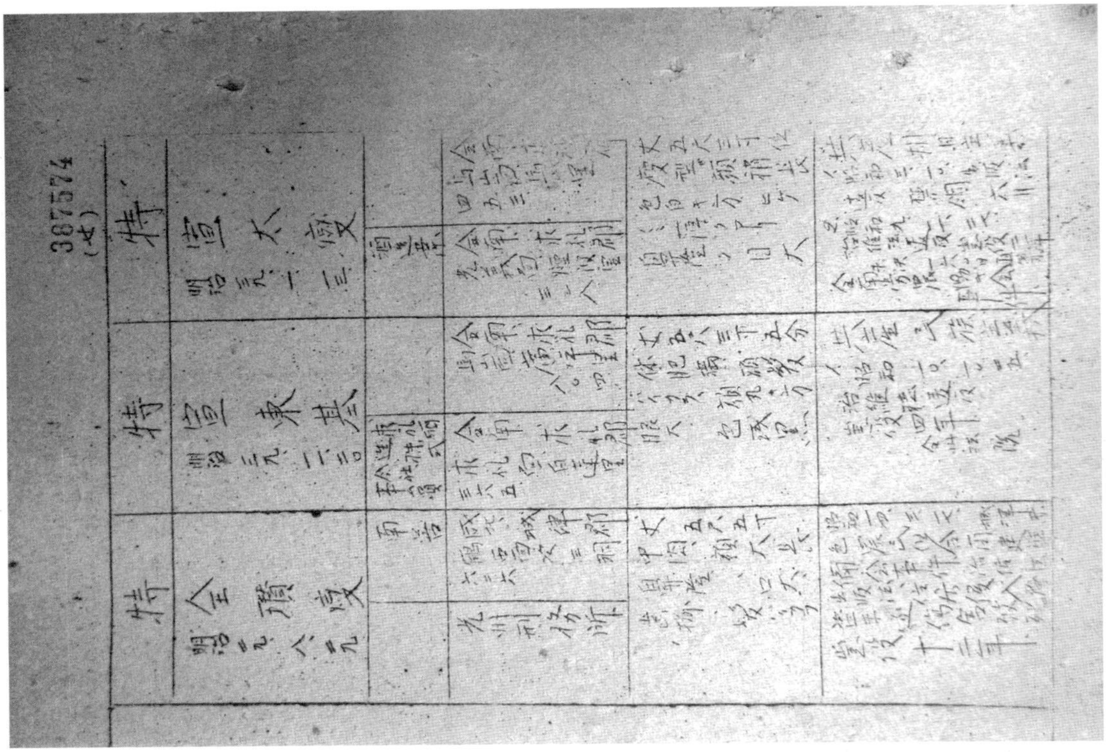
387574
(止)

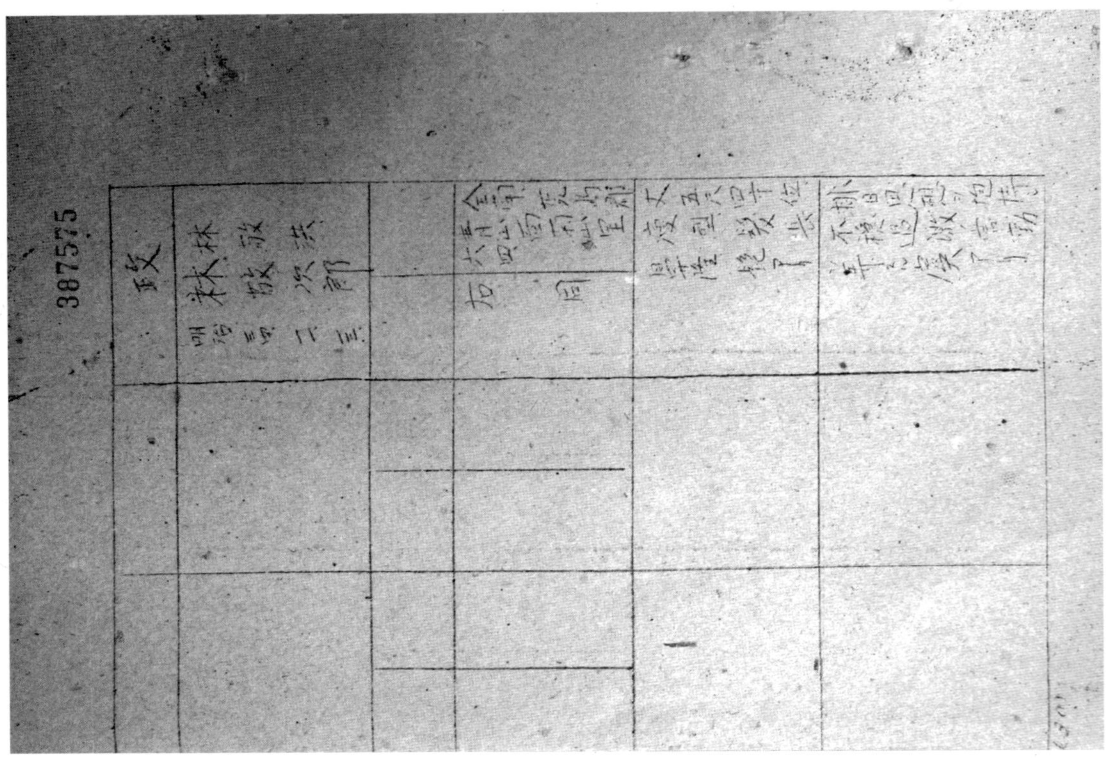
387575

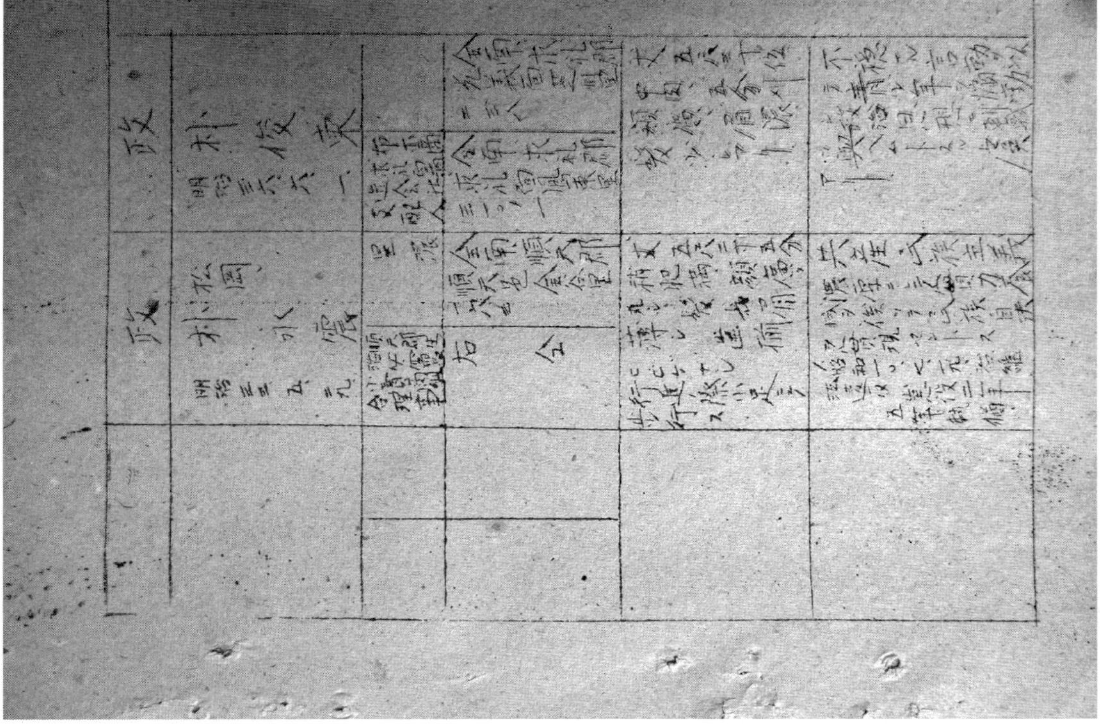

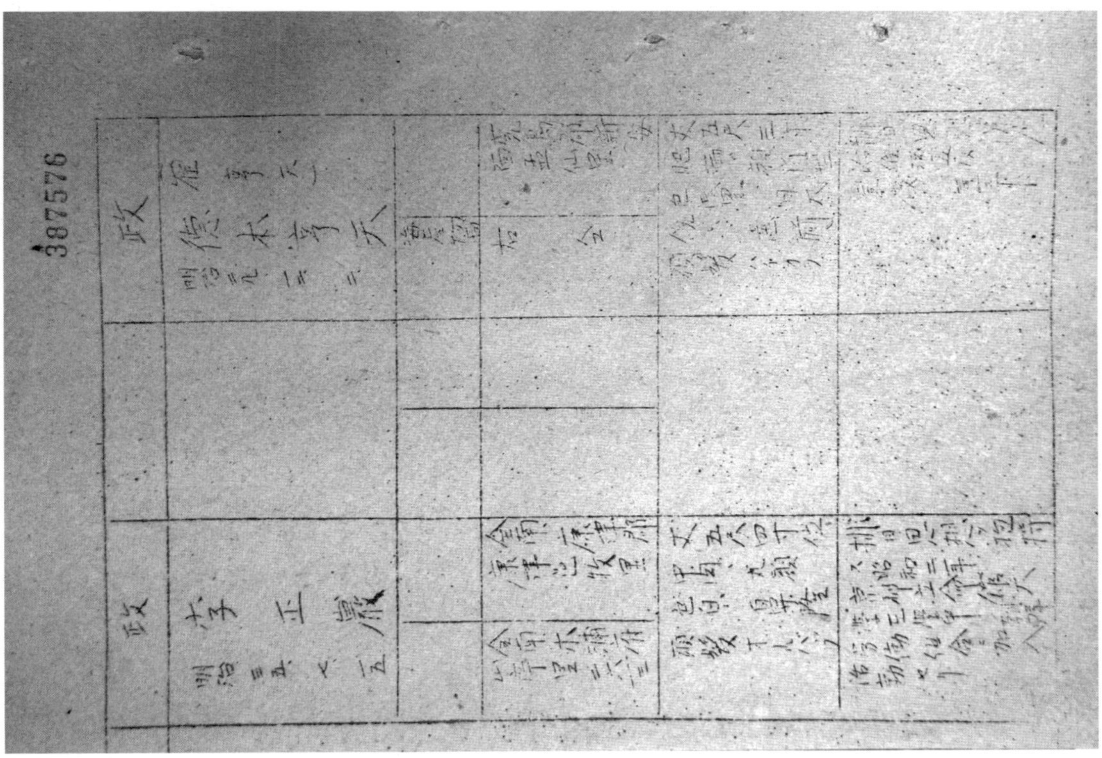

3887576

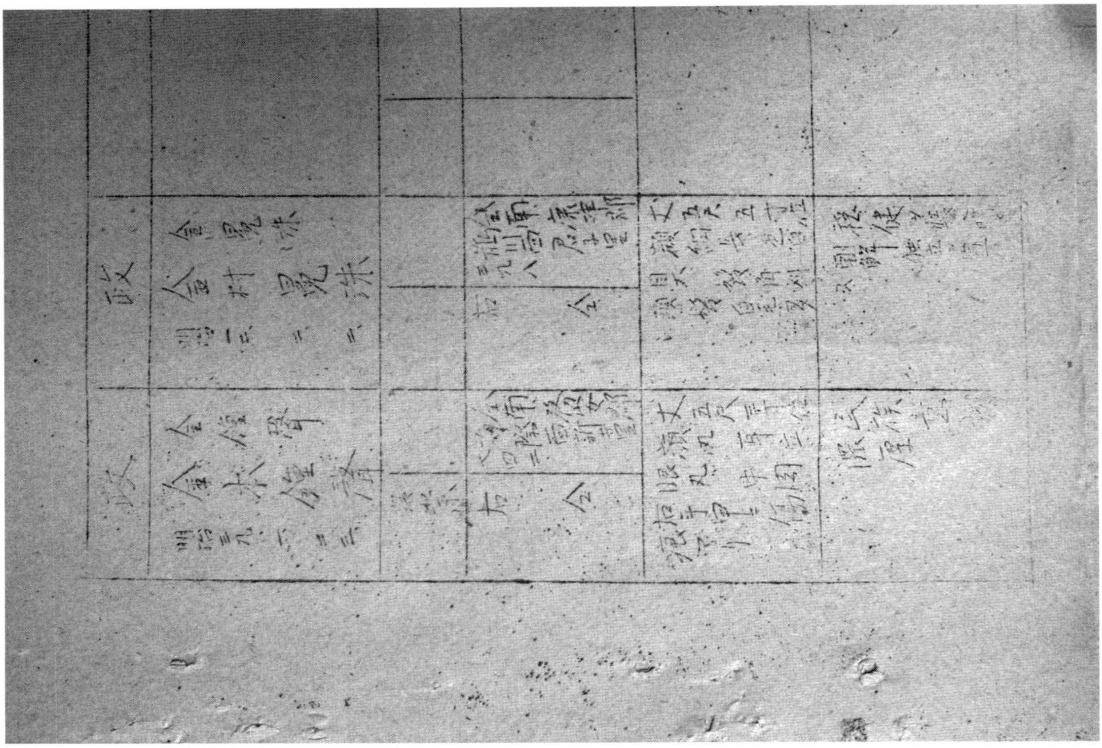

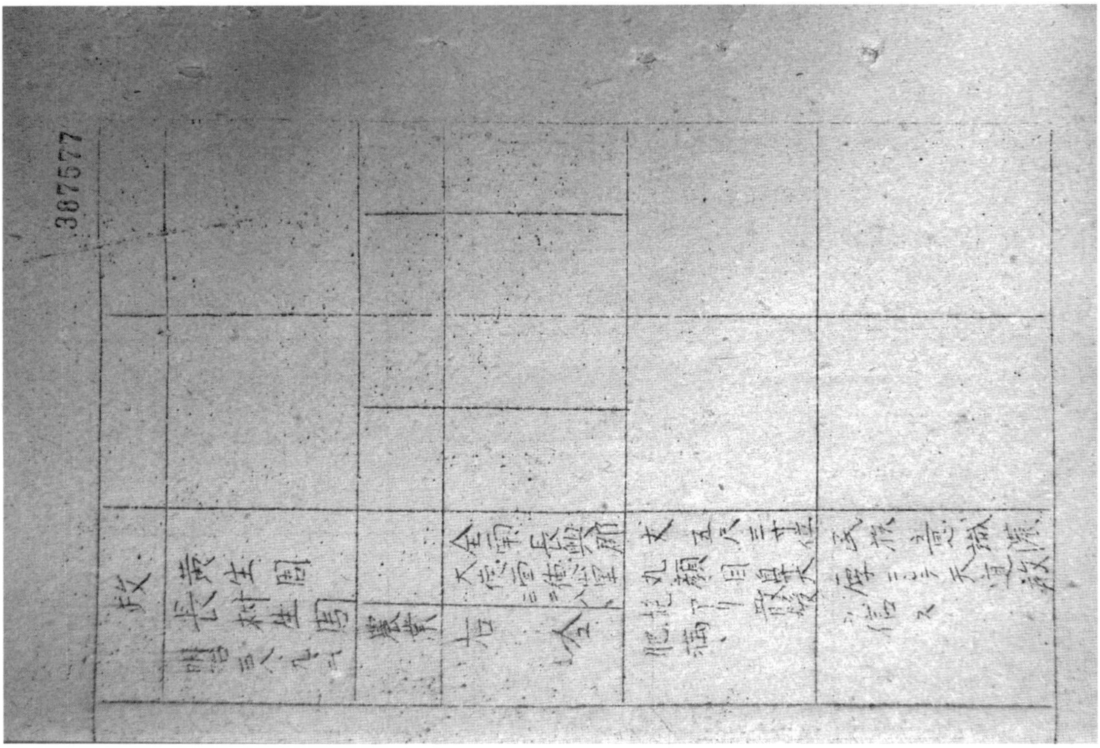

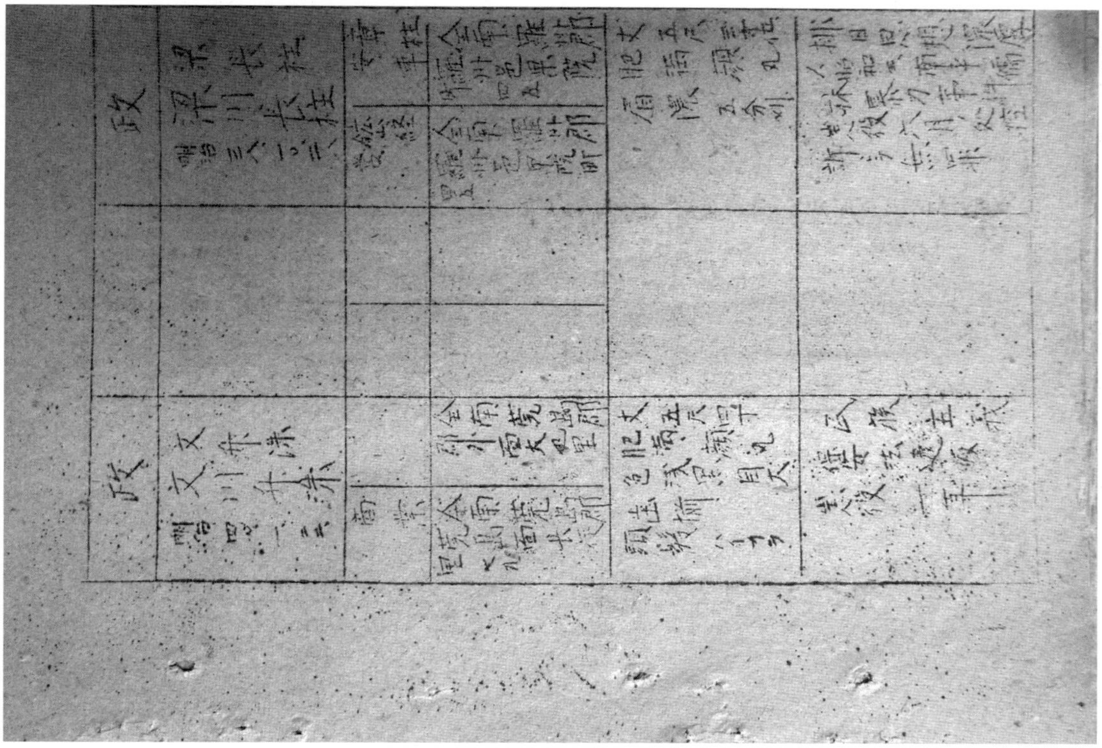

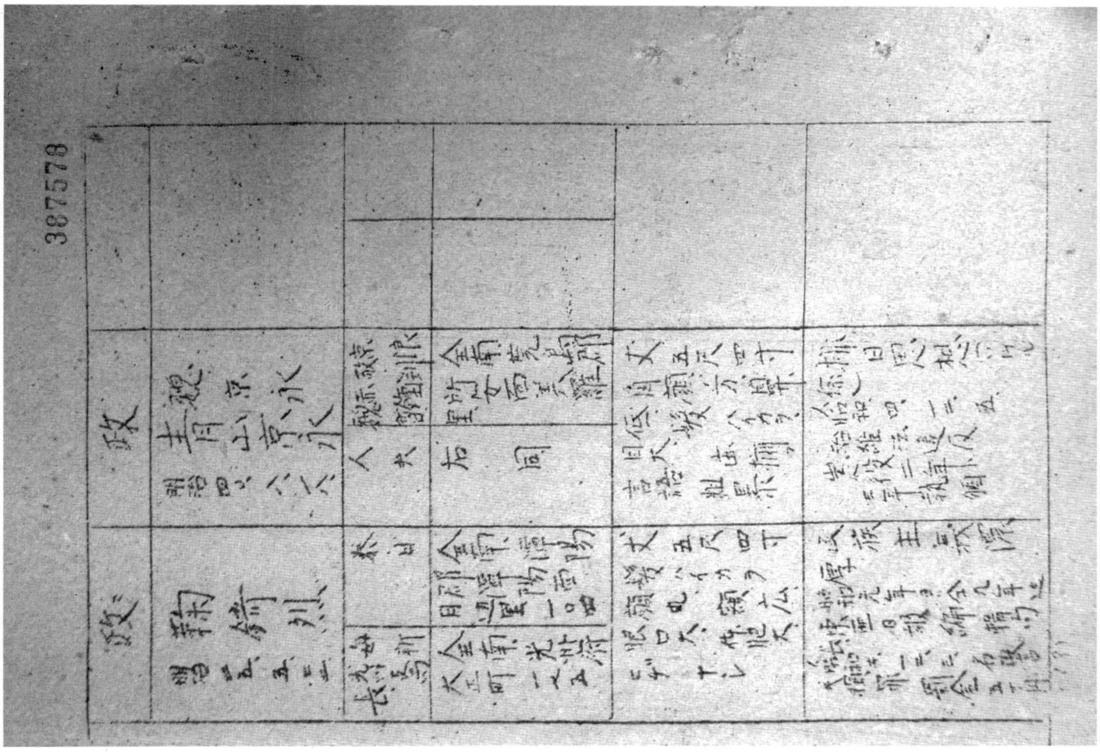

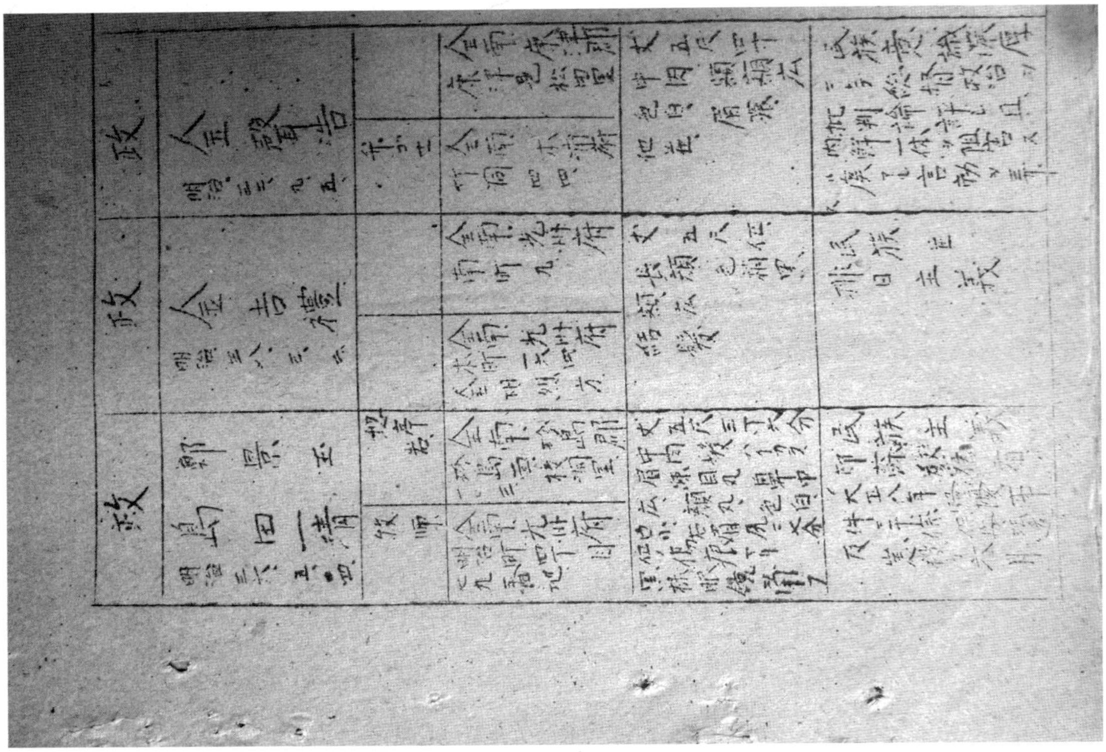

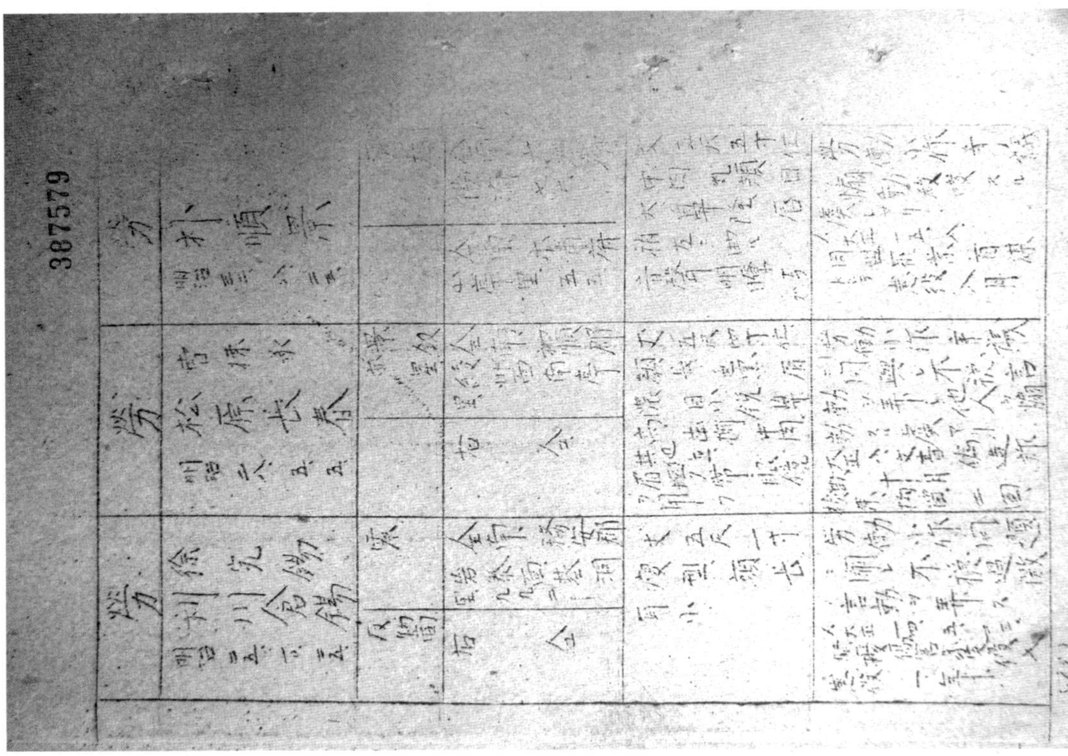

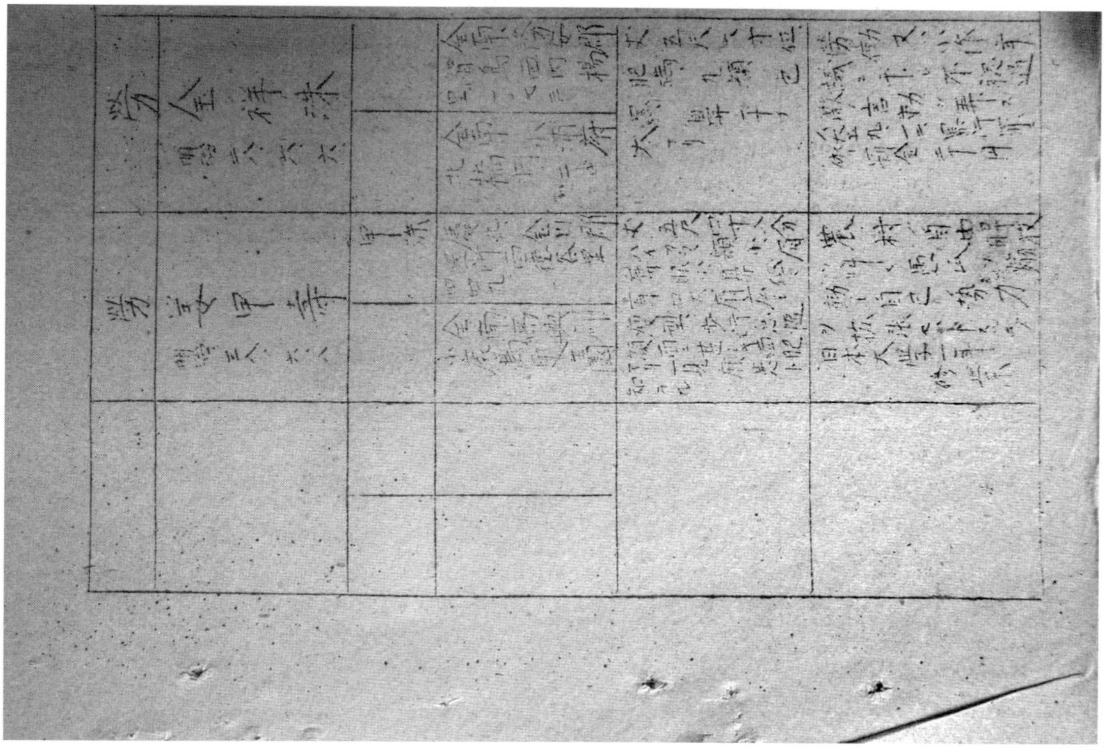

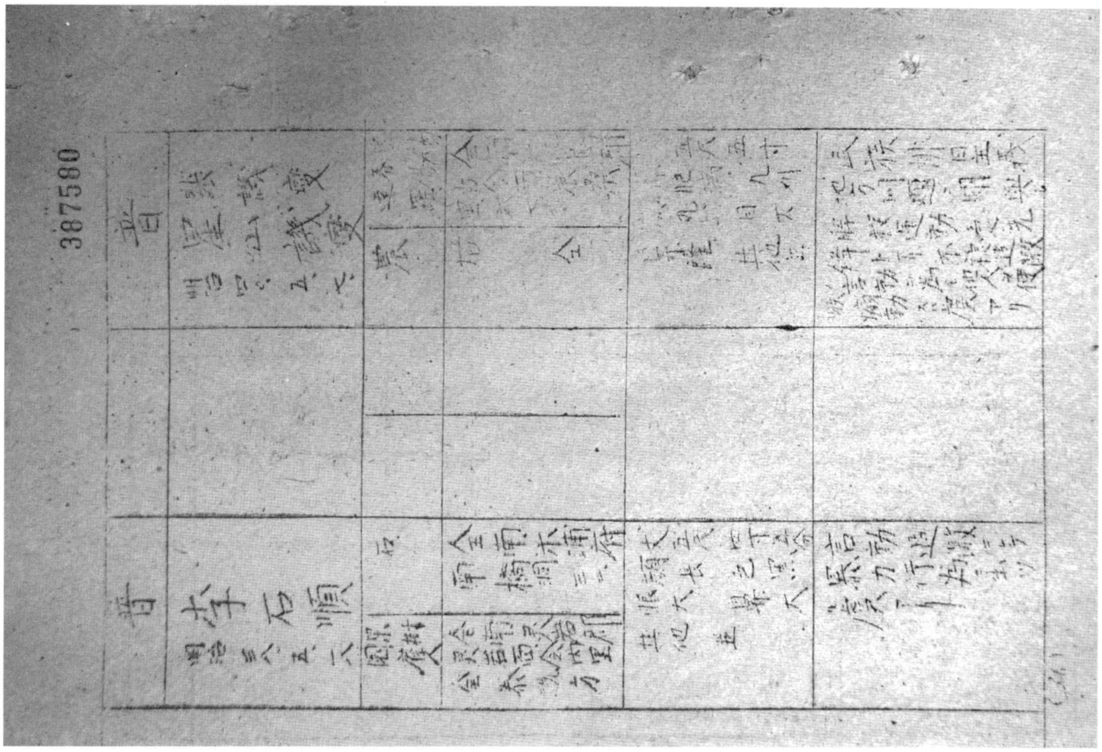

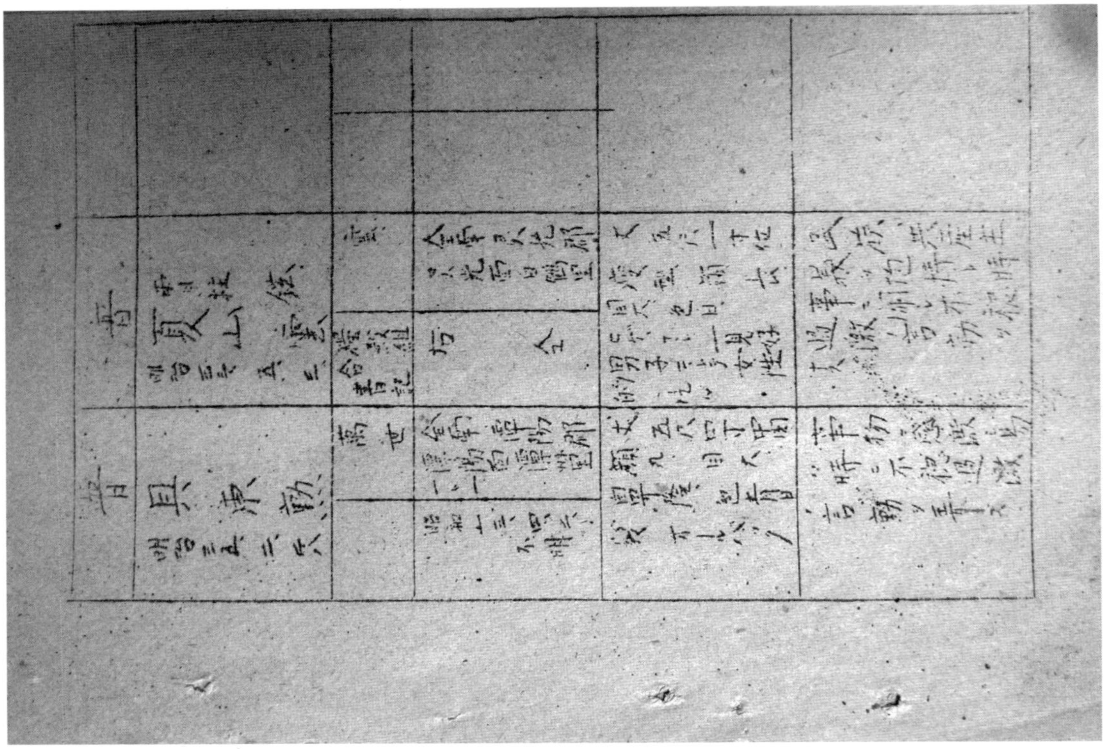

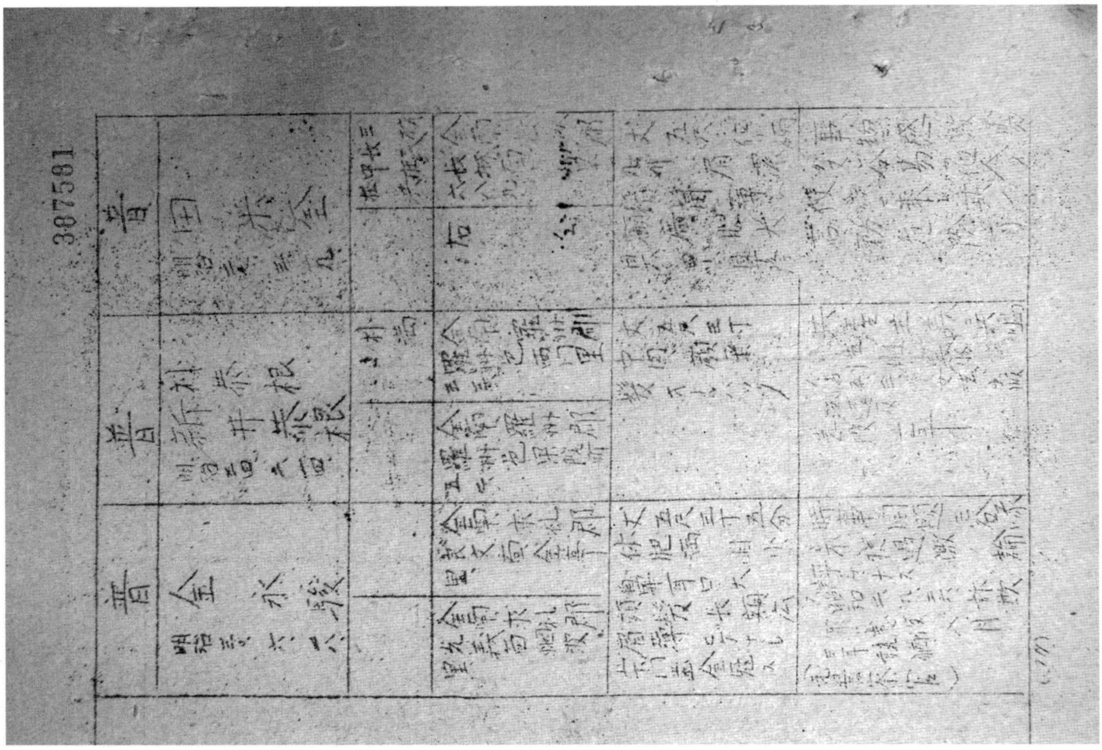

387581

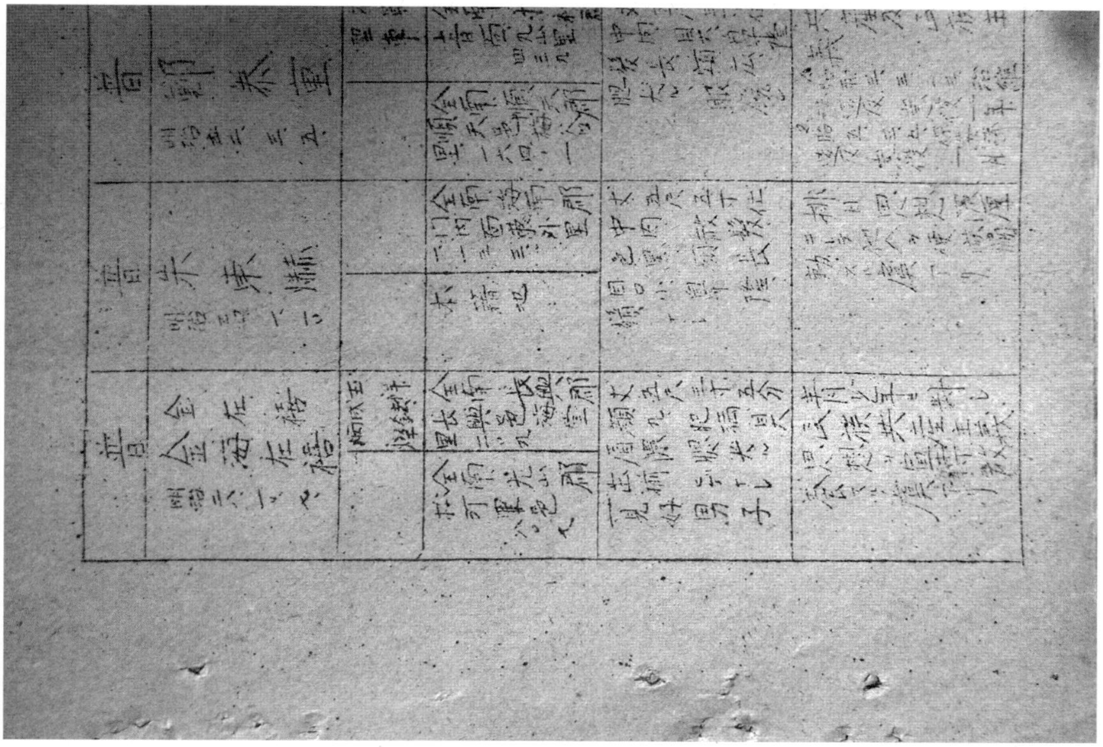

387582
内地

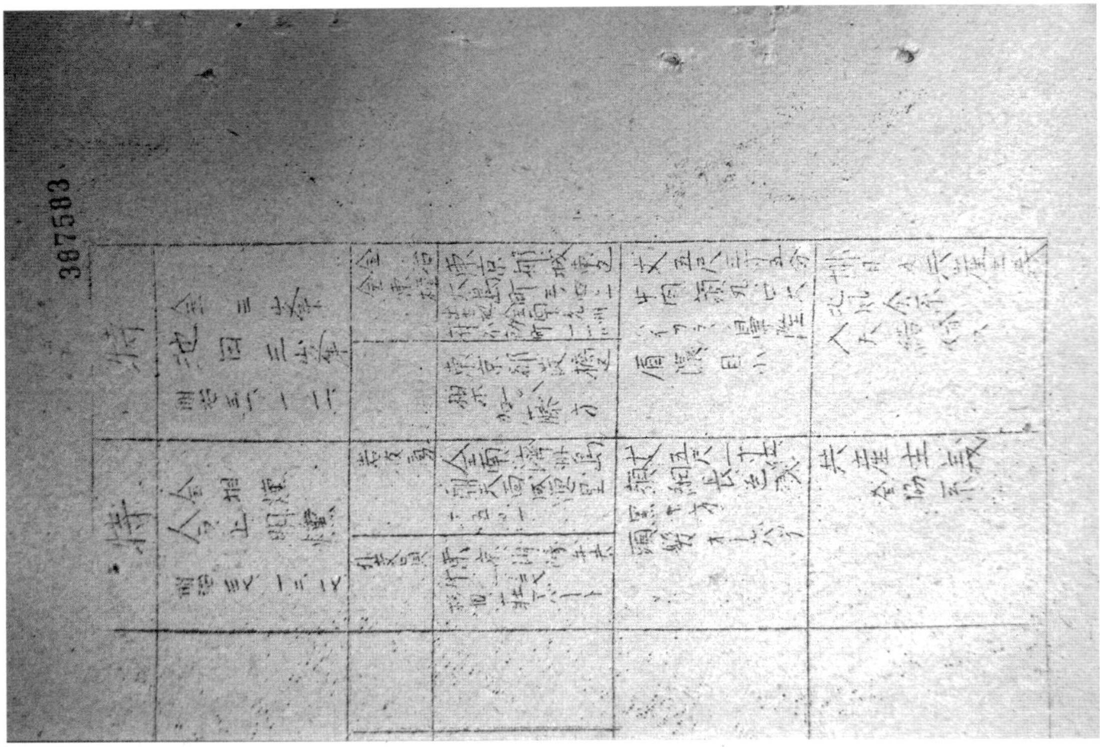

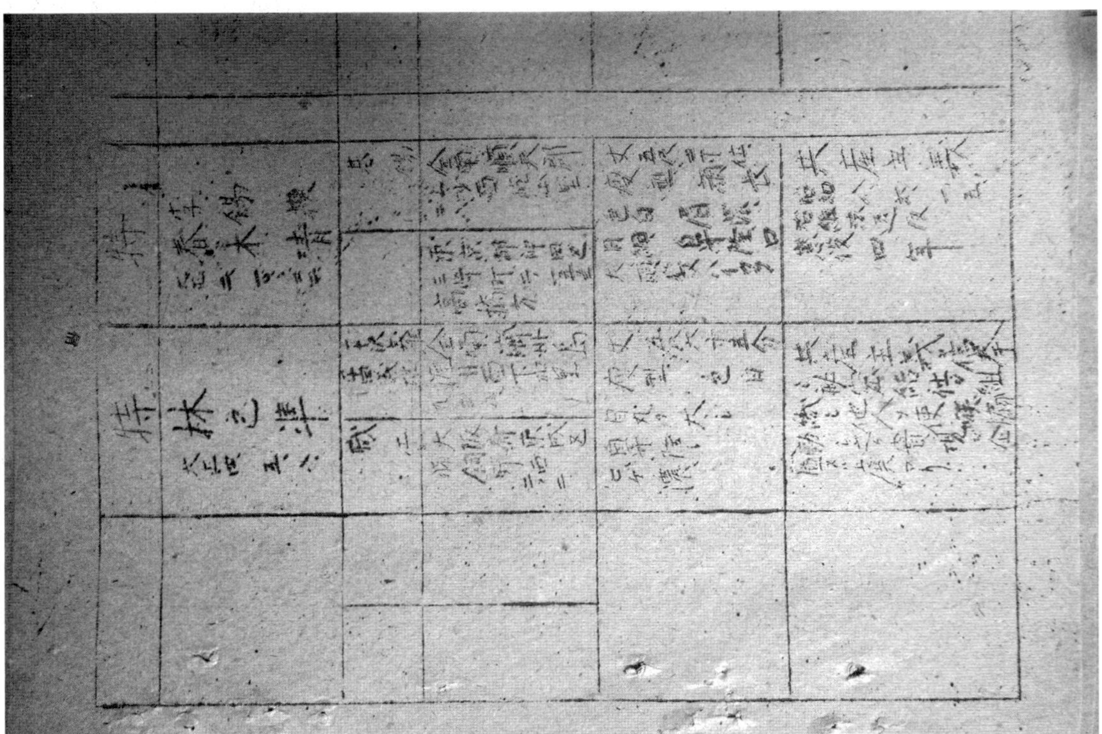

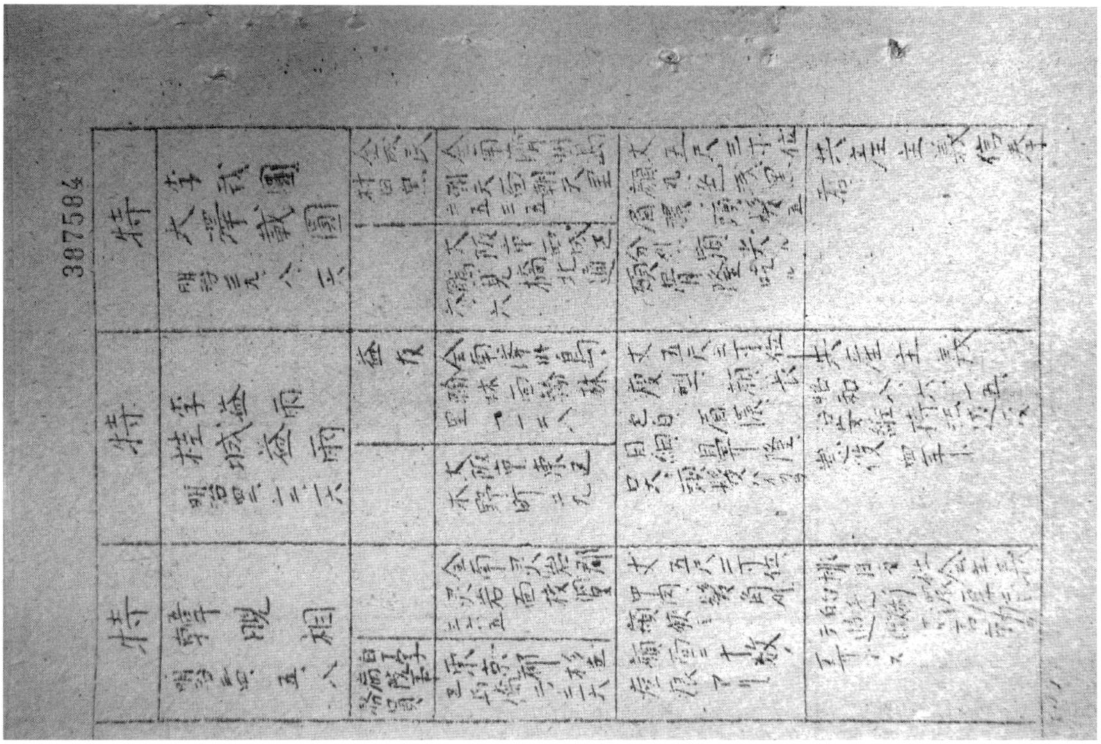

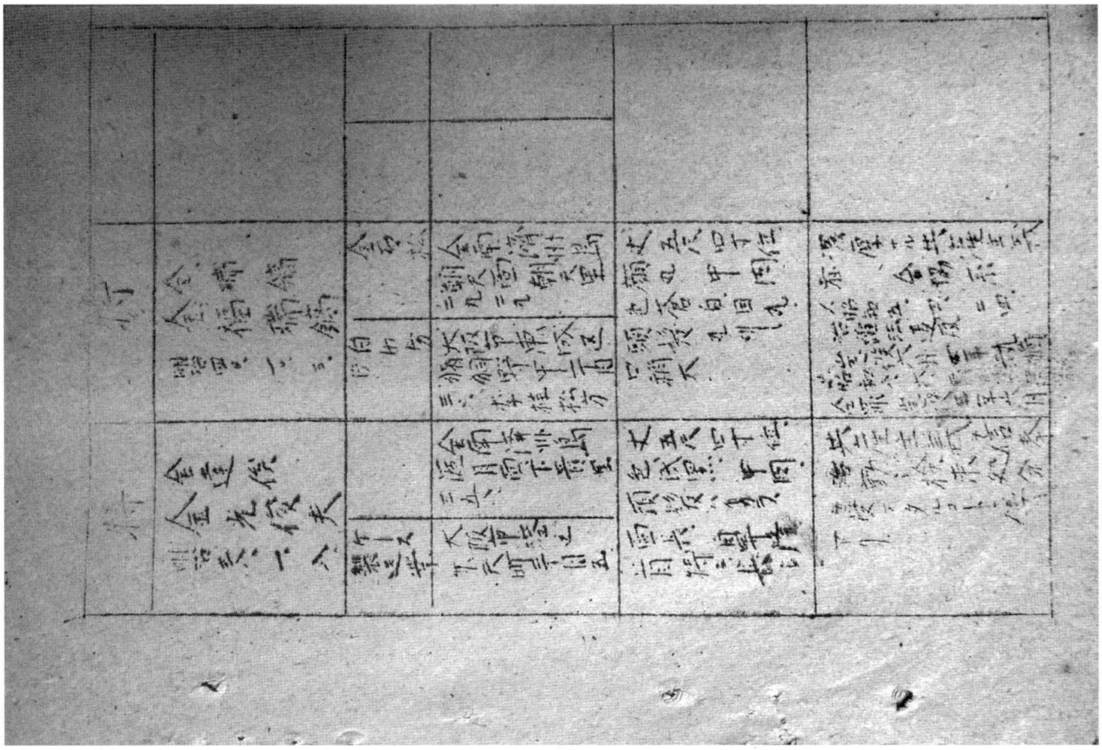

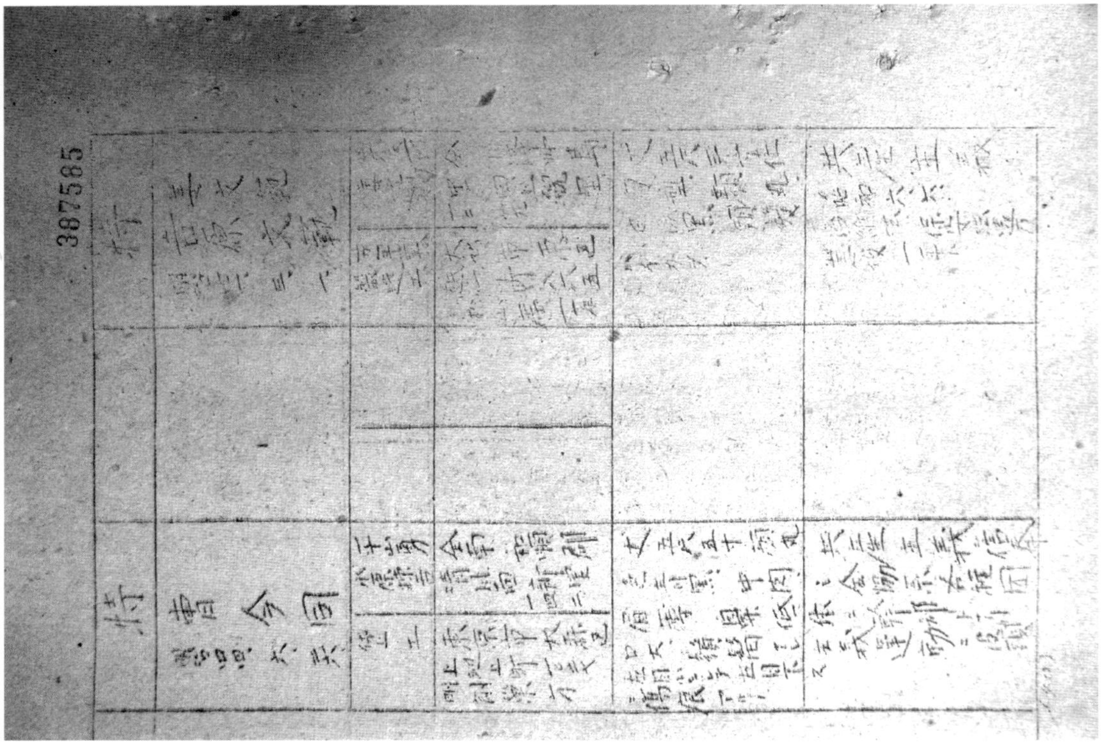

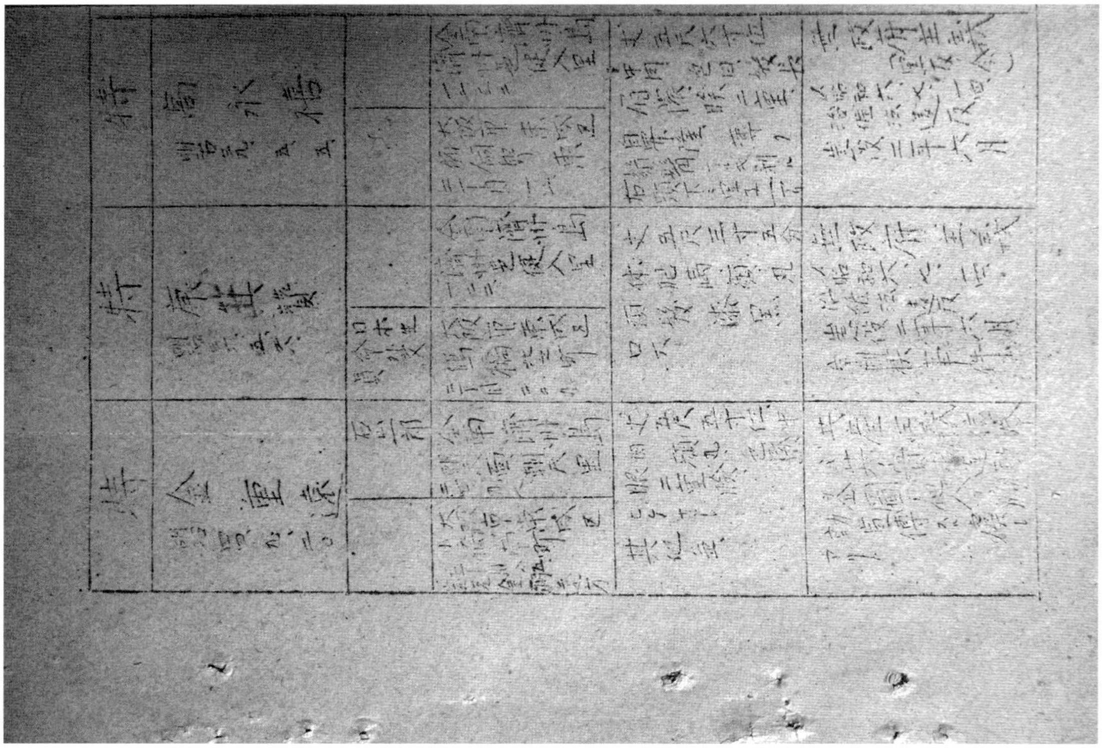

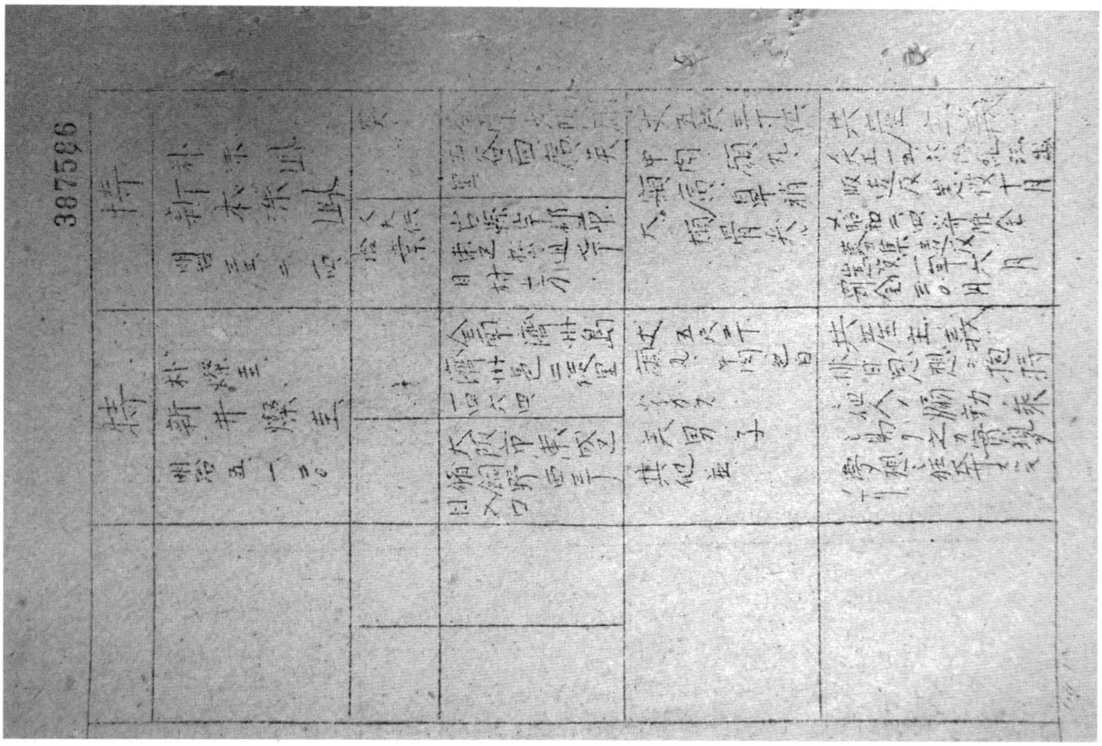

387586

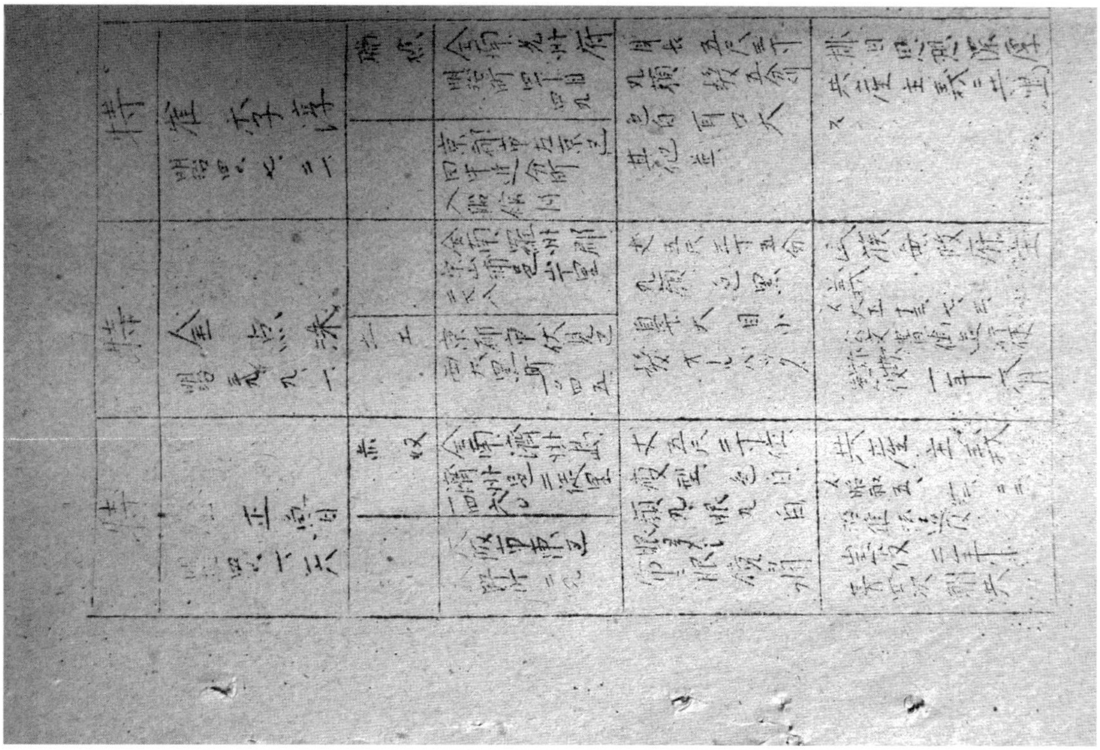

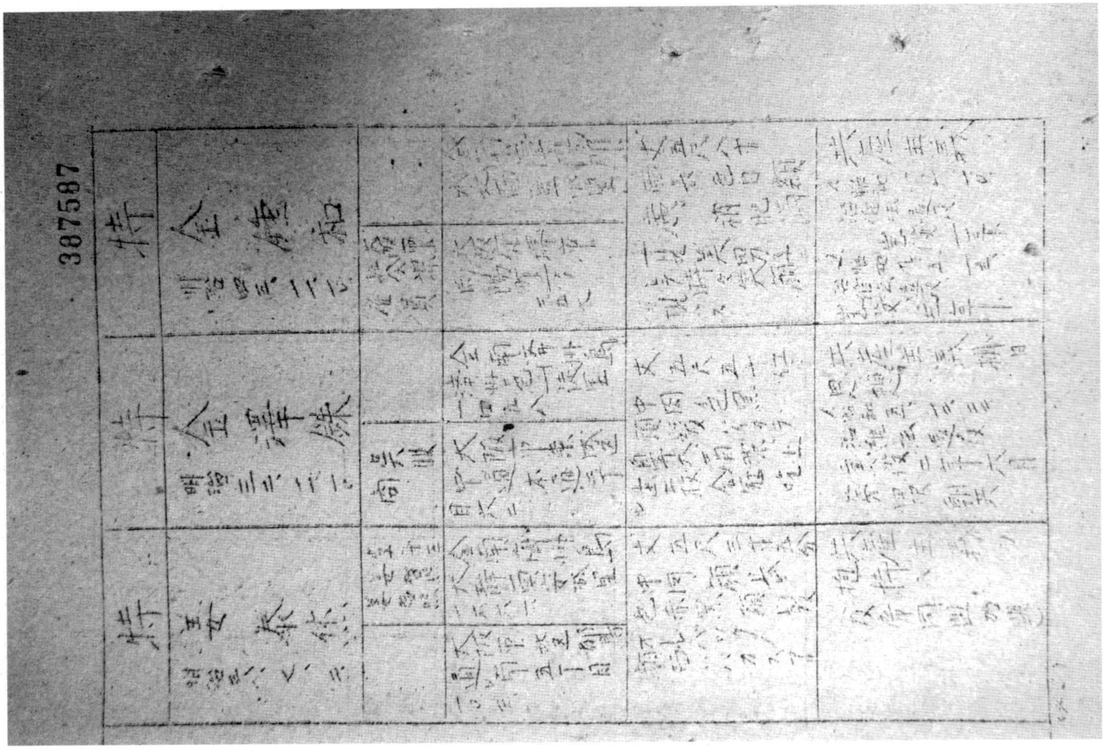

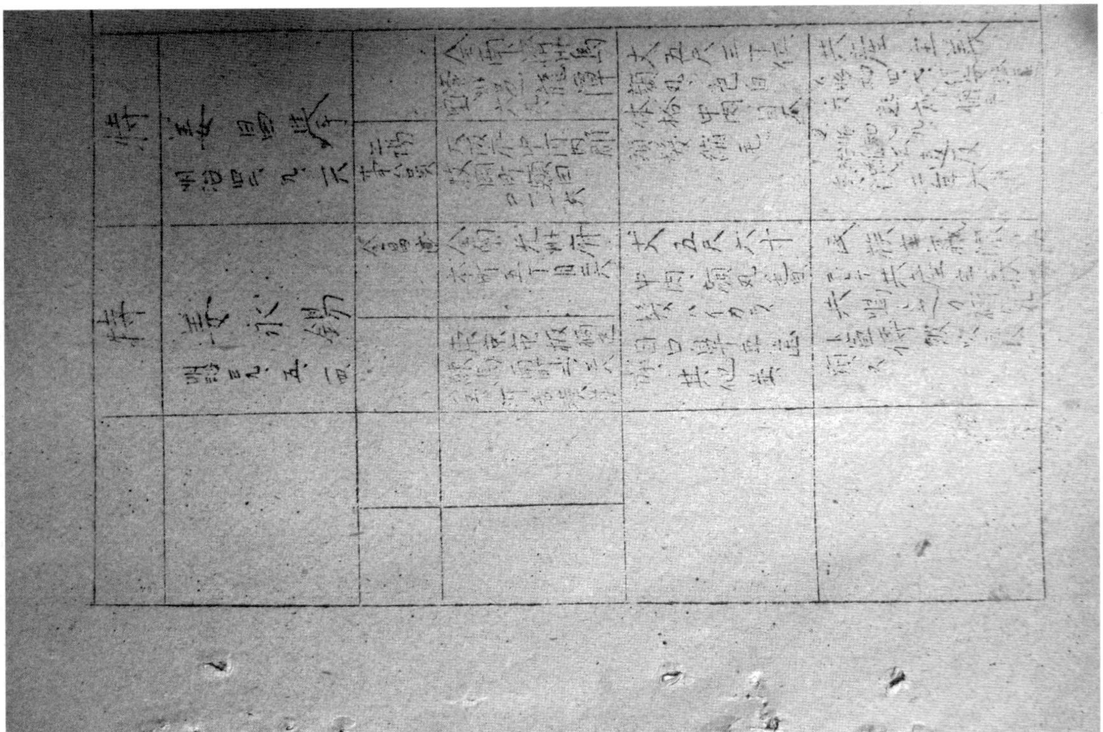

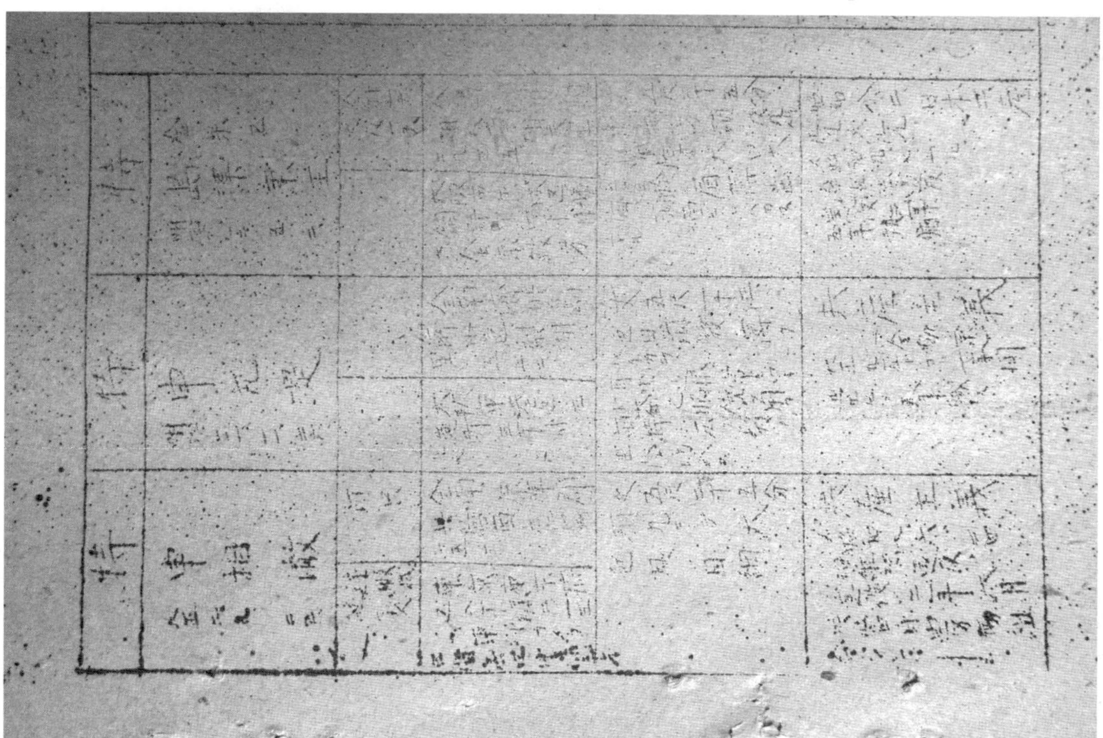

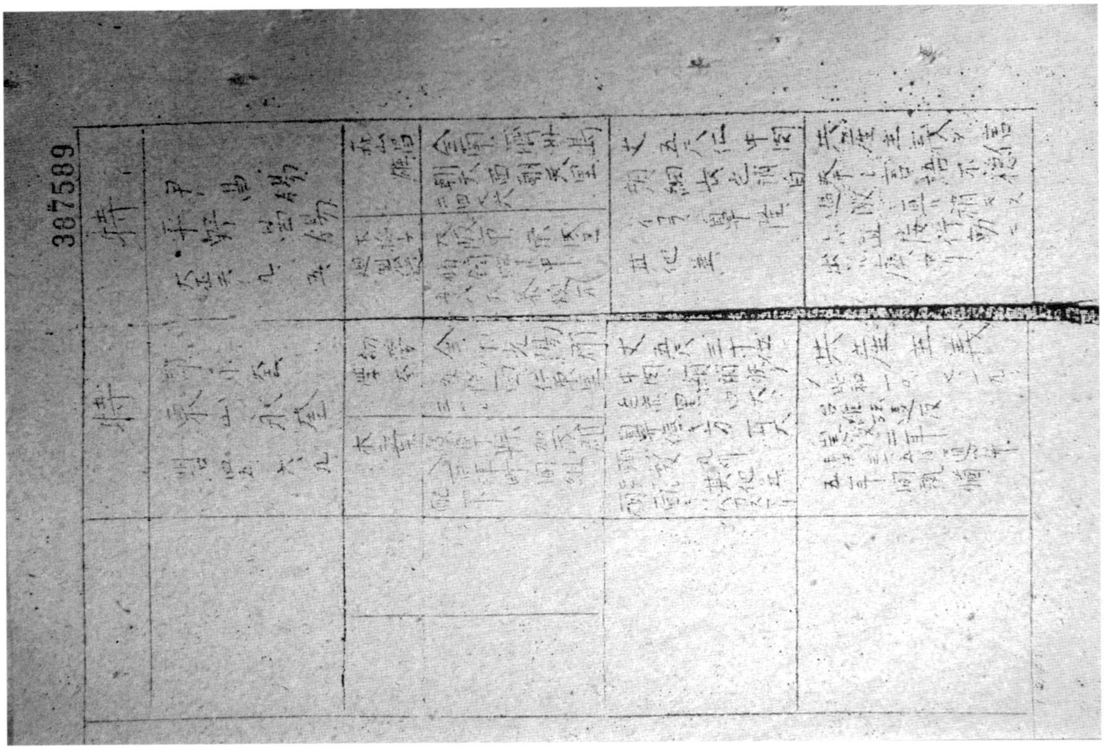

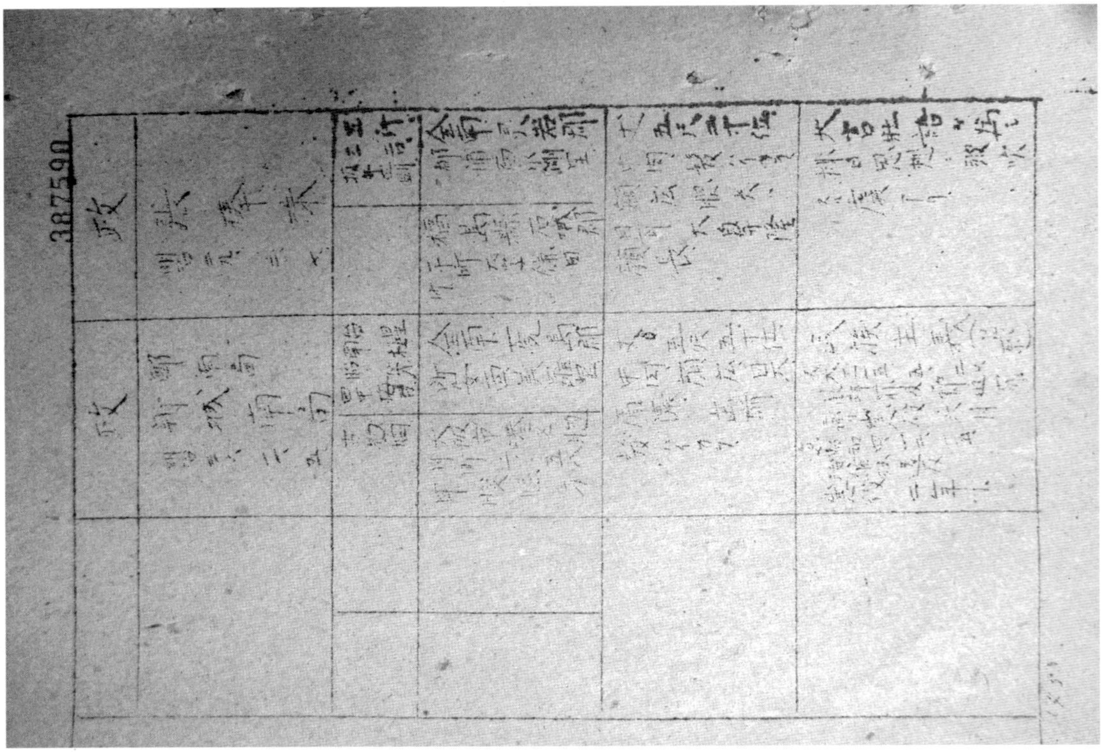

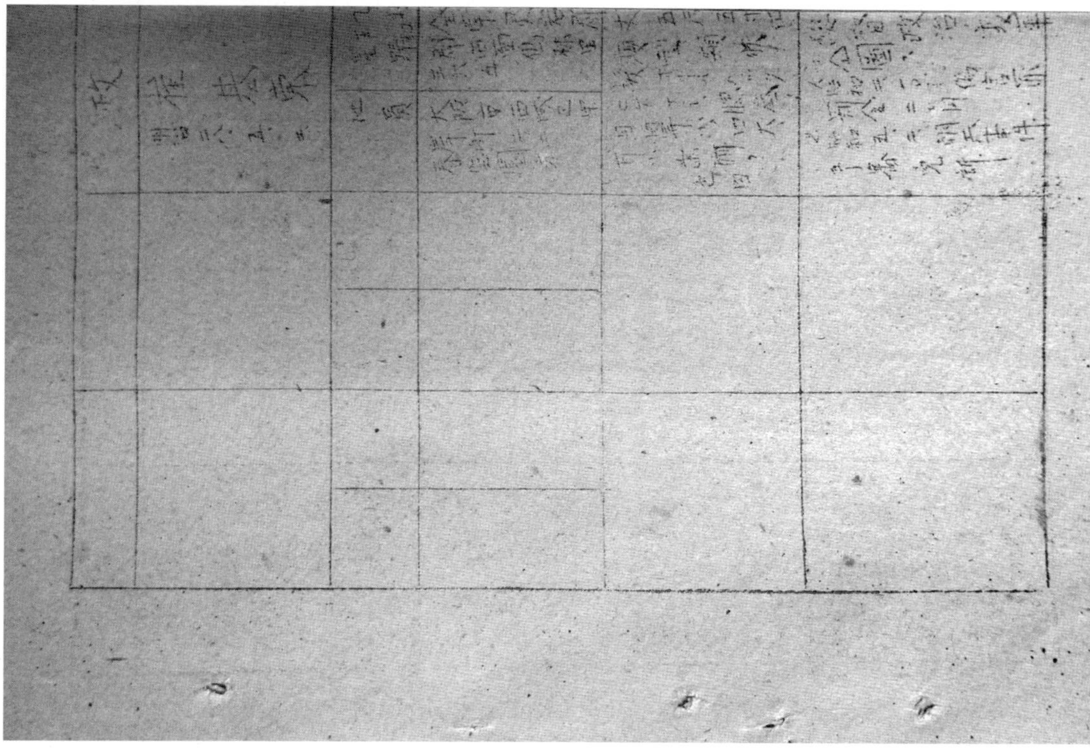

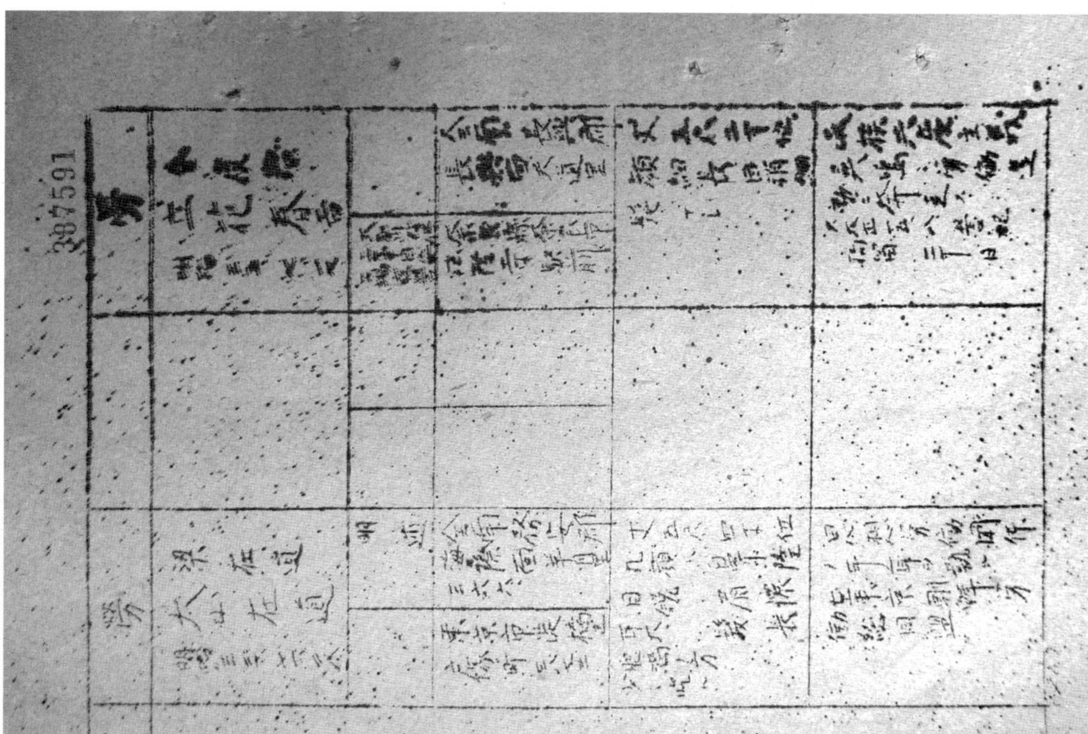

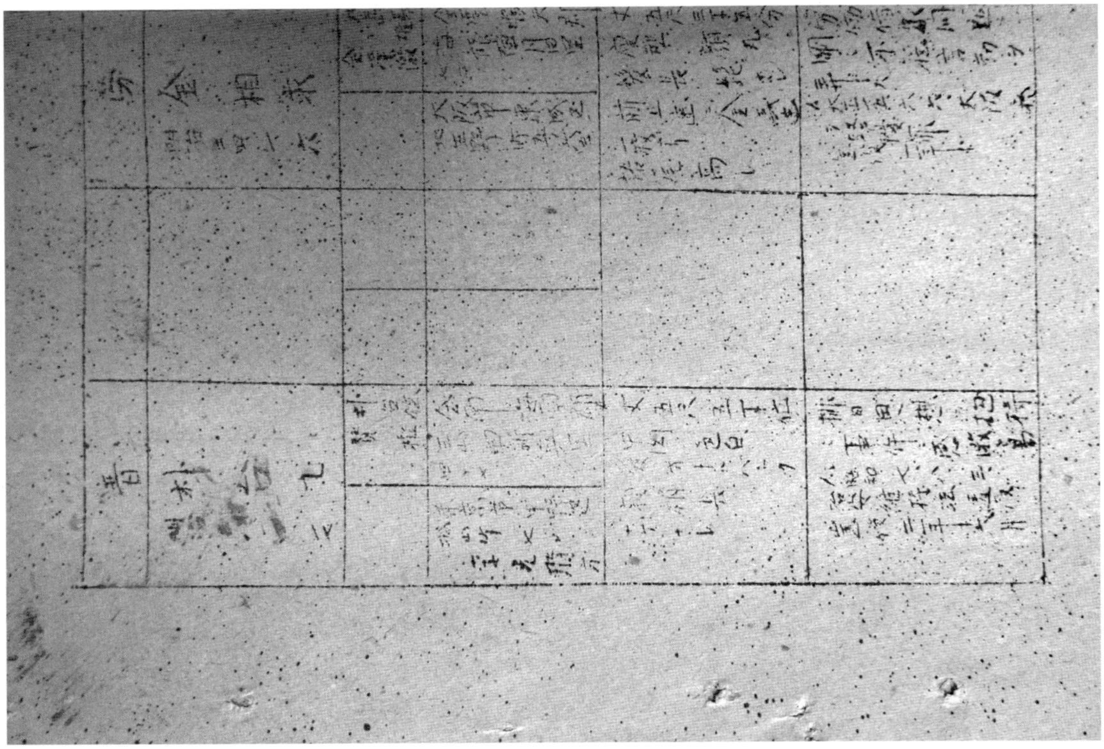

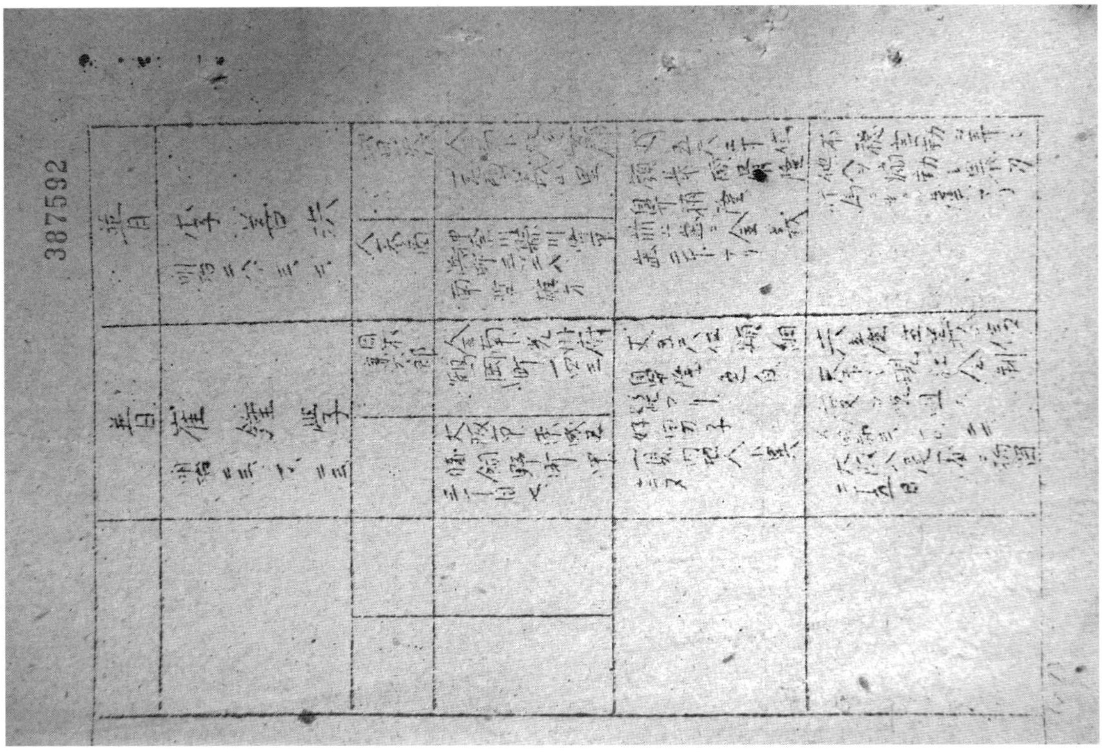

387593

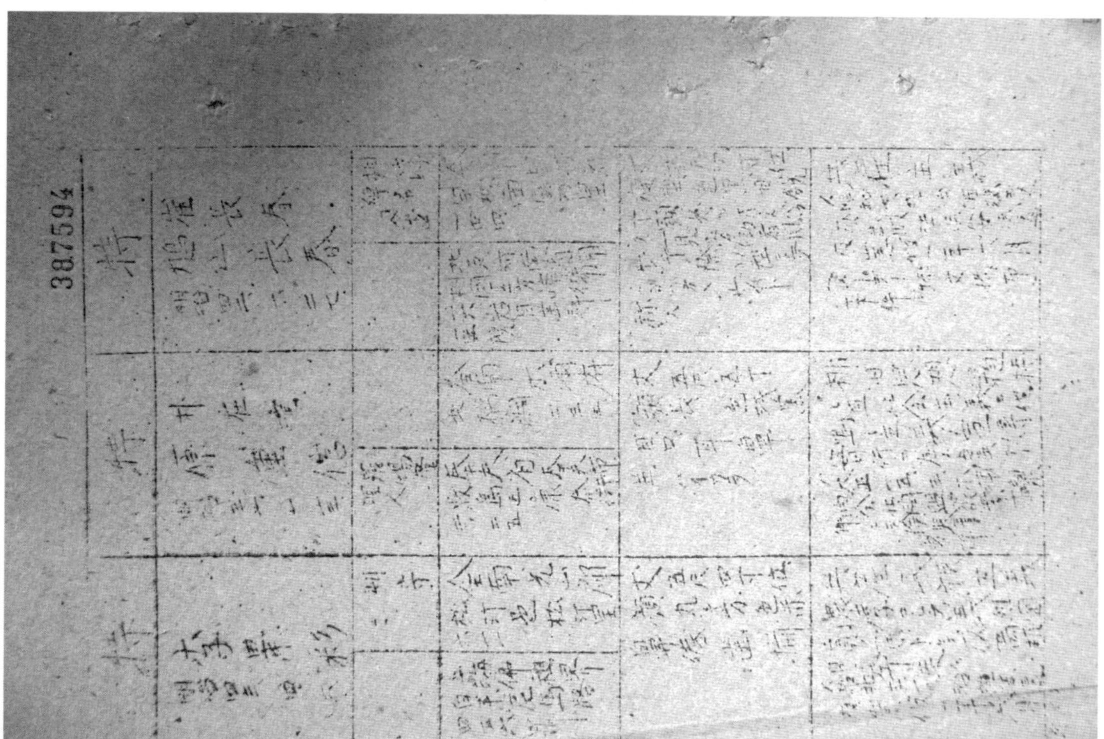
387594

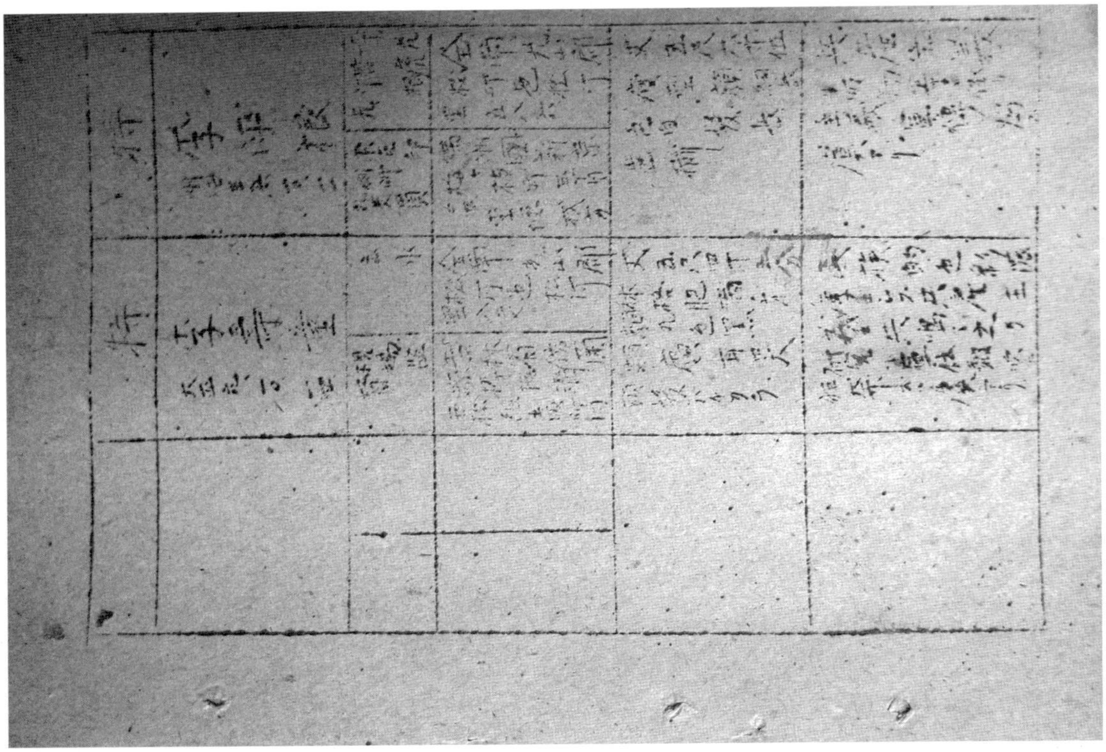

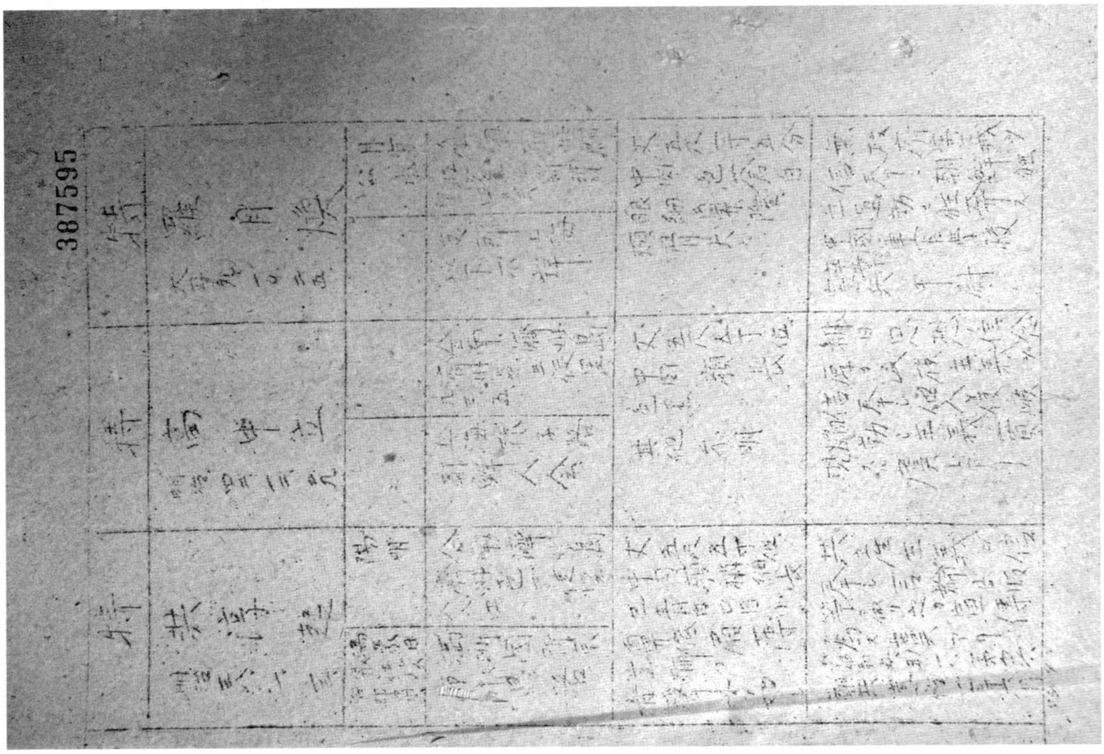

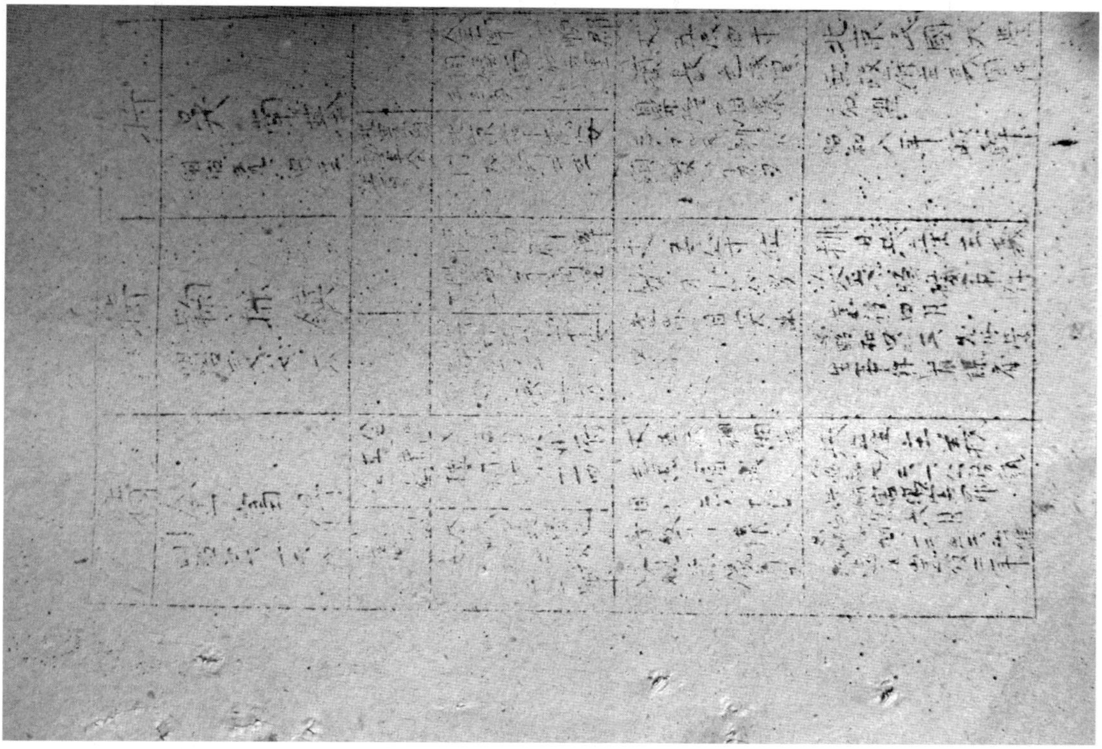

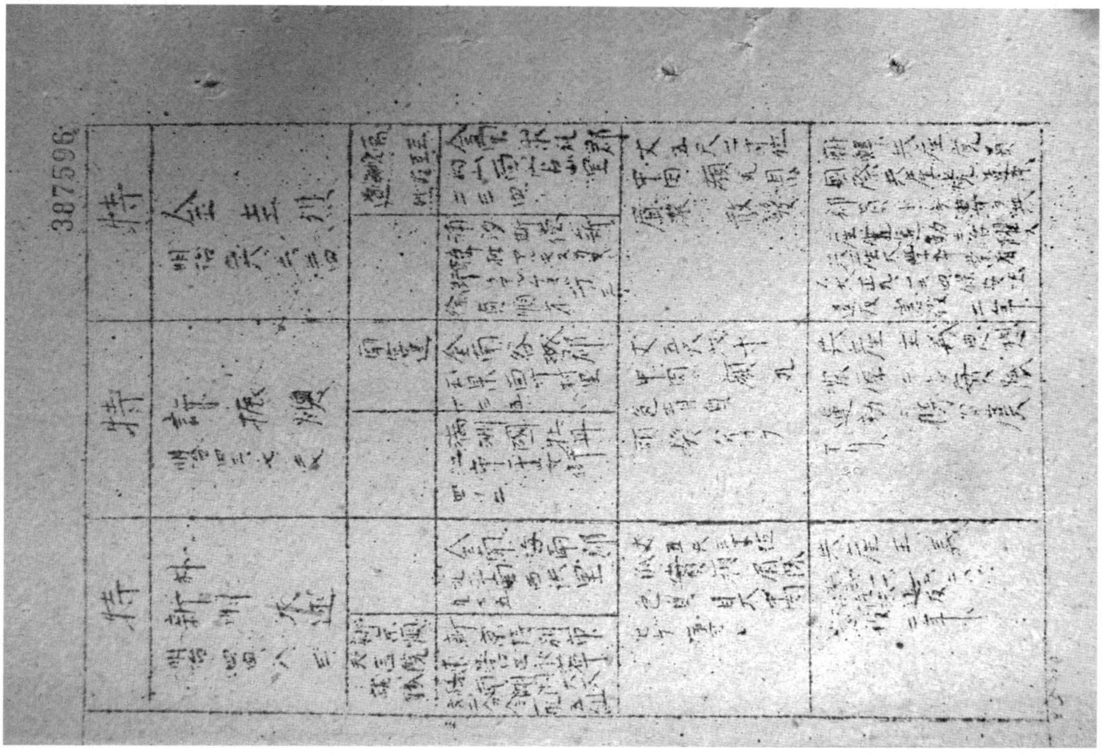

387596

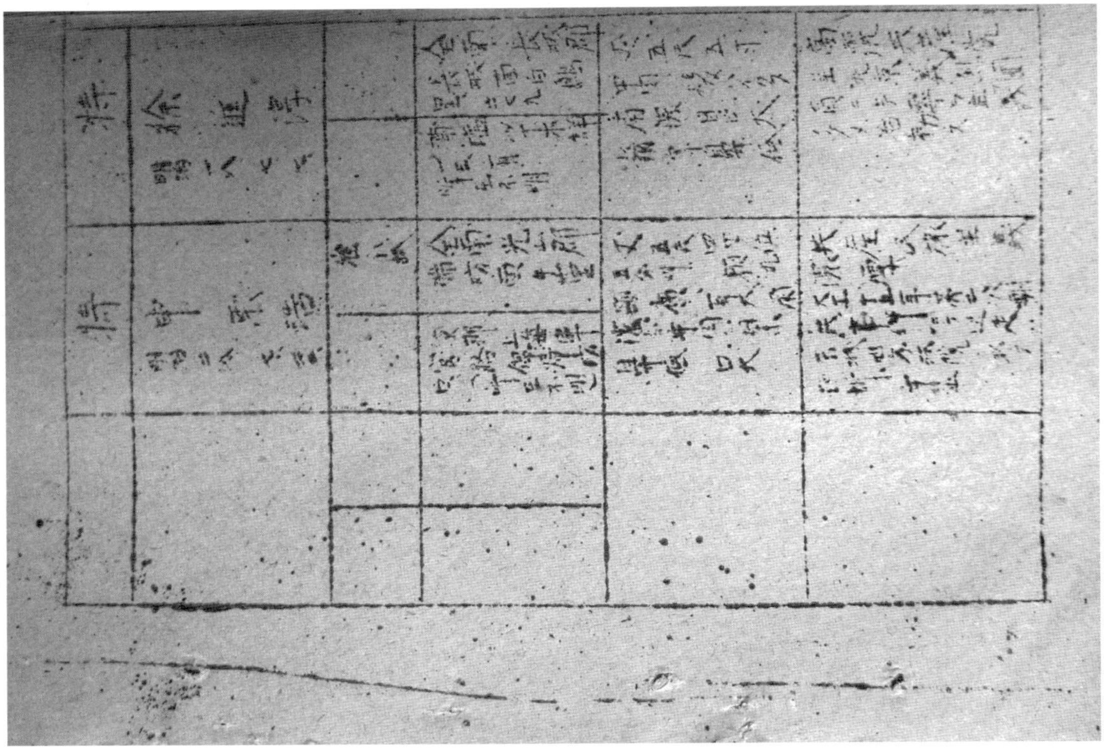

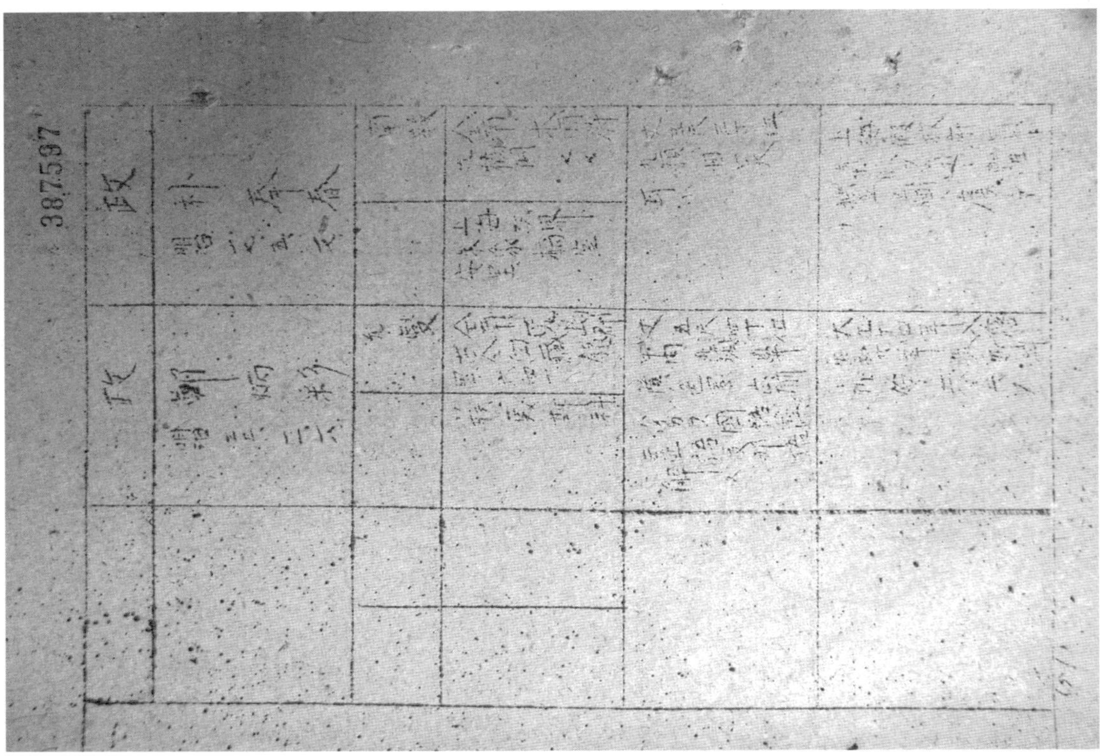

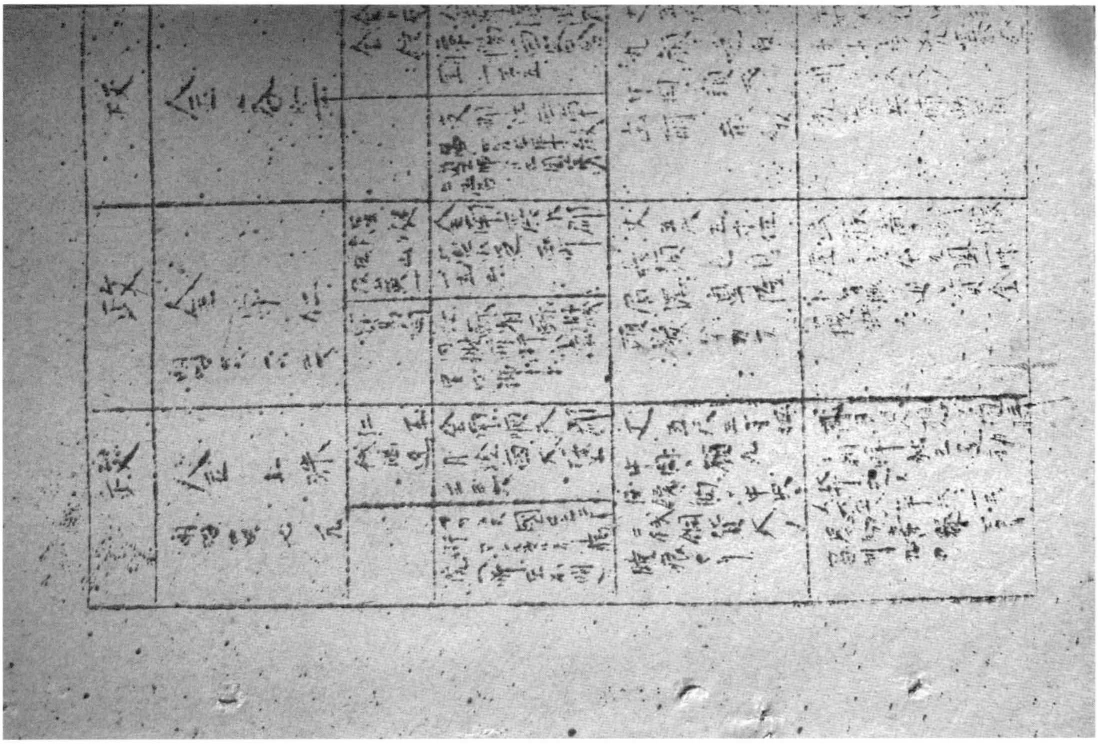

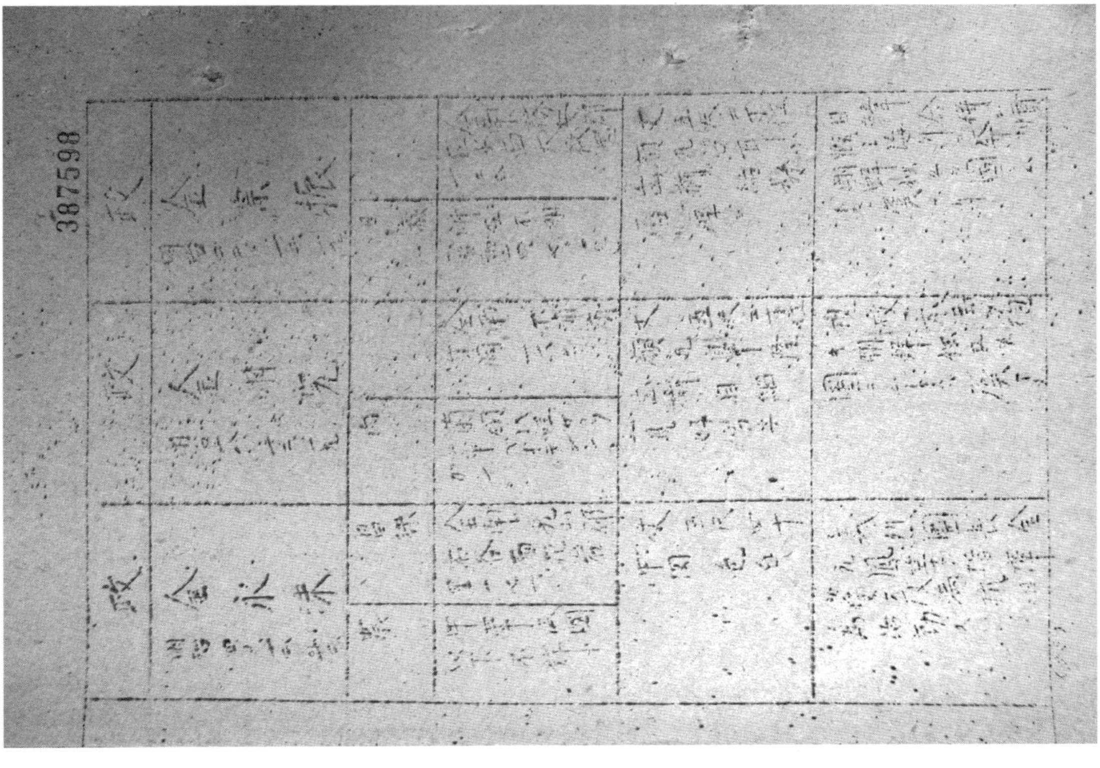

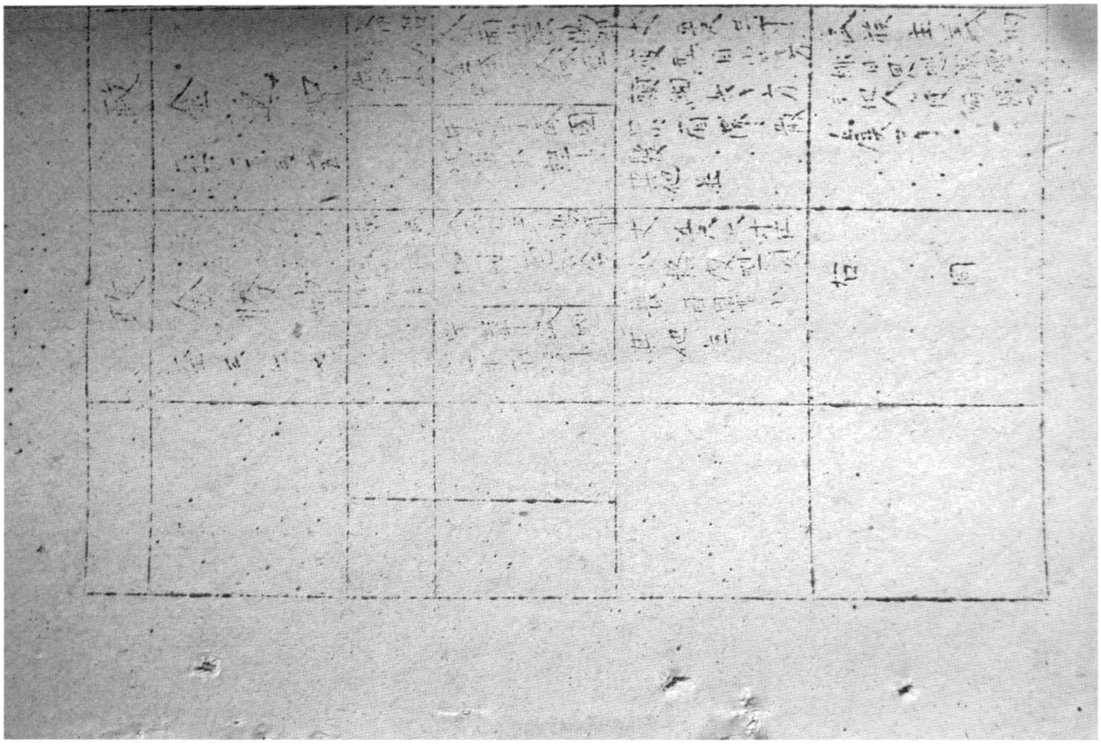

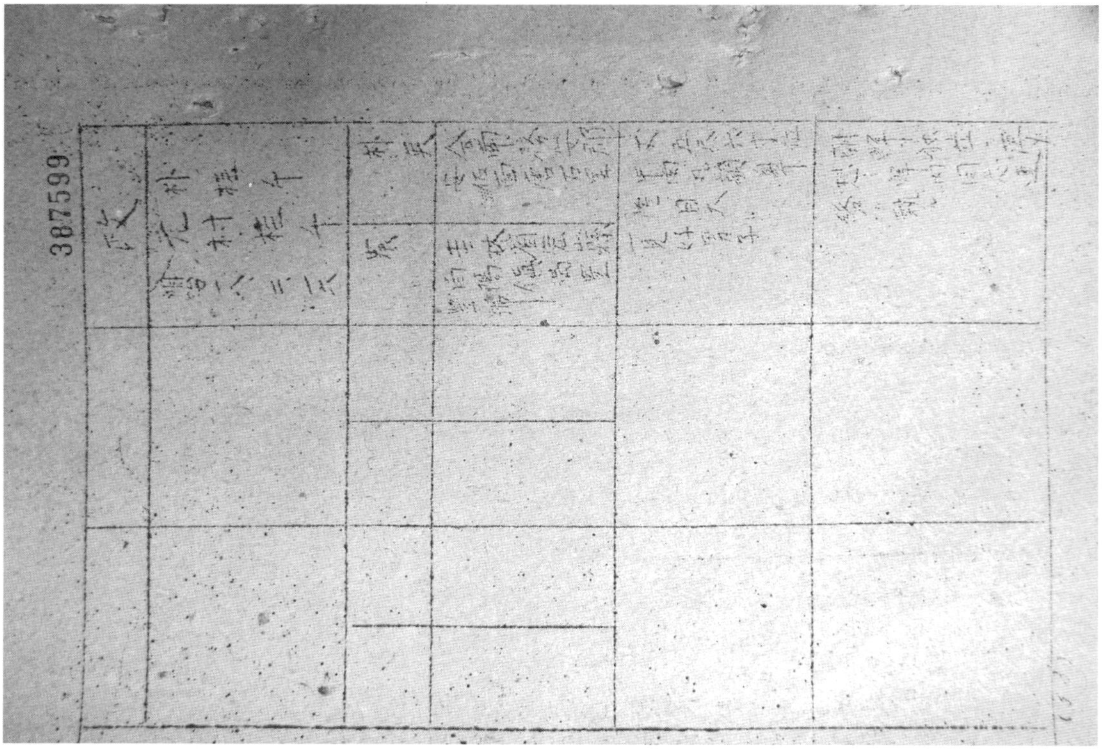
387599

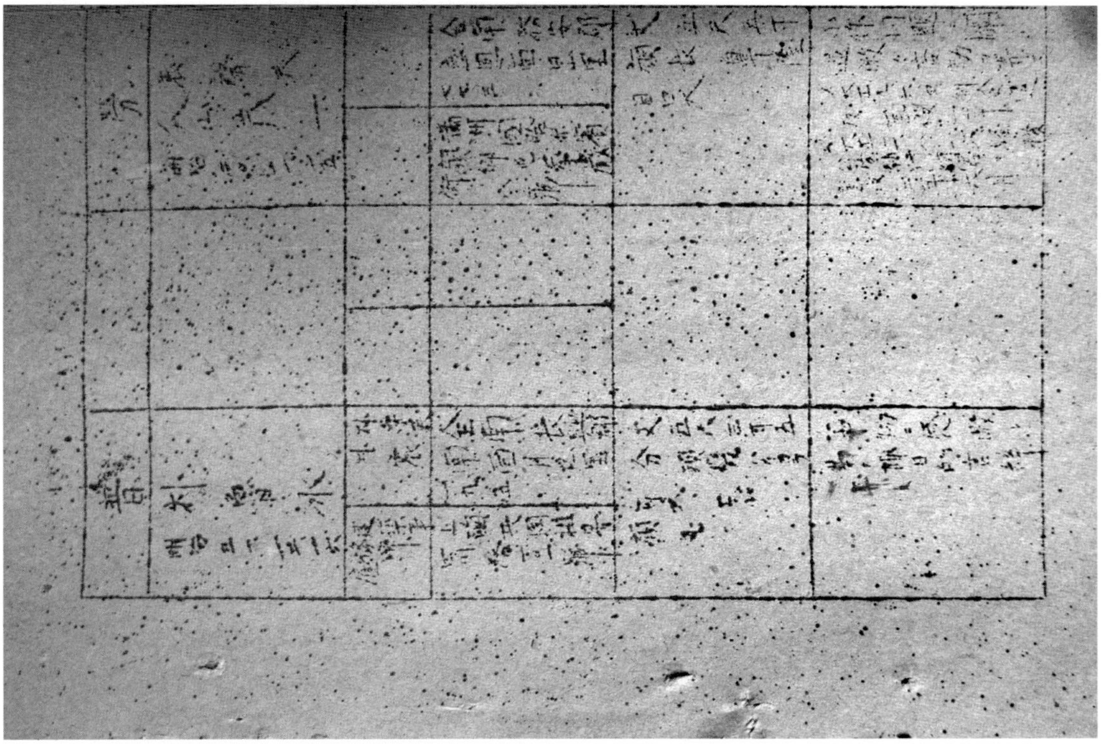

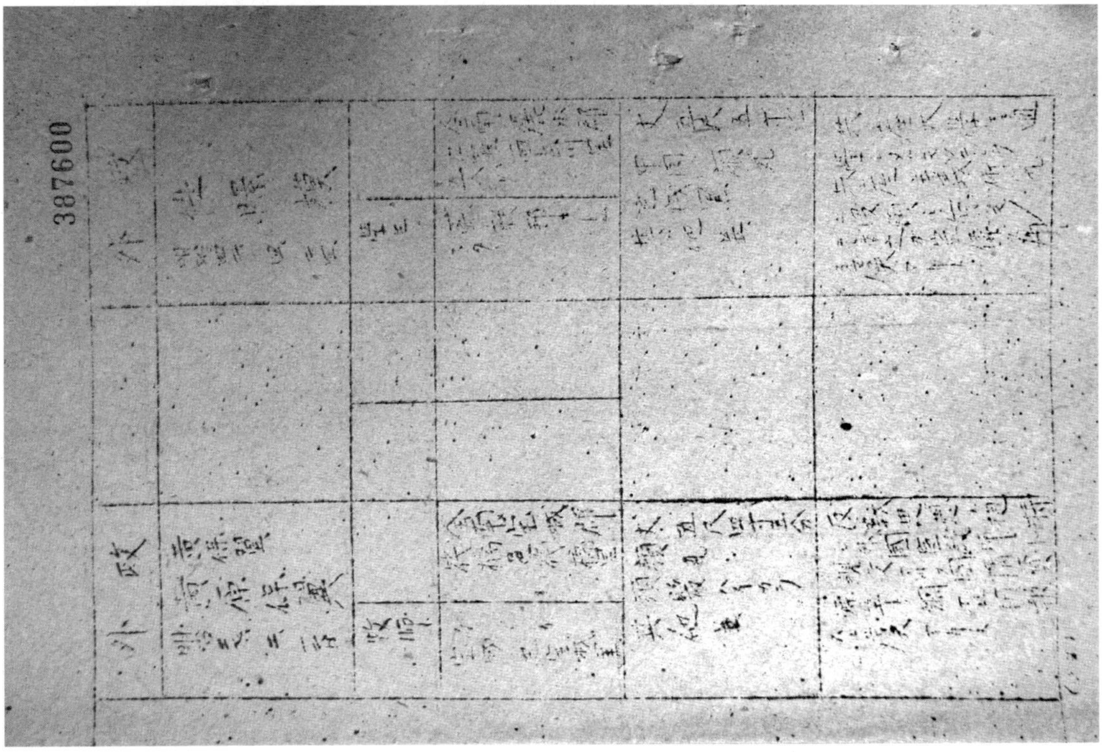

387600

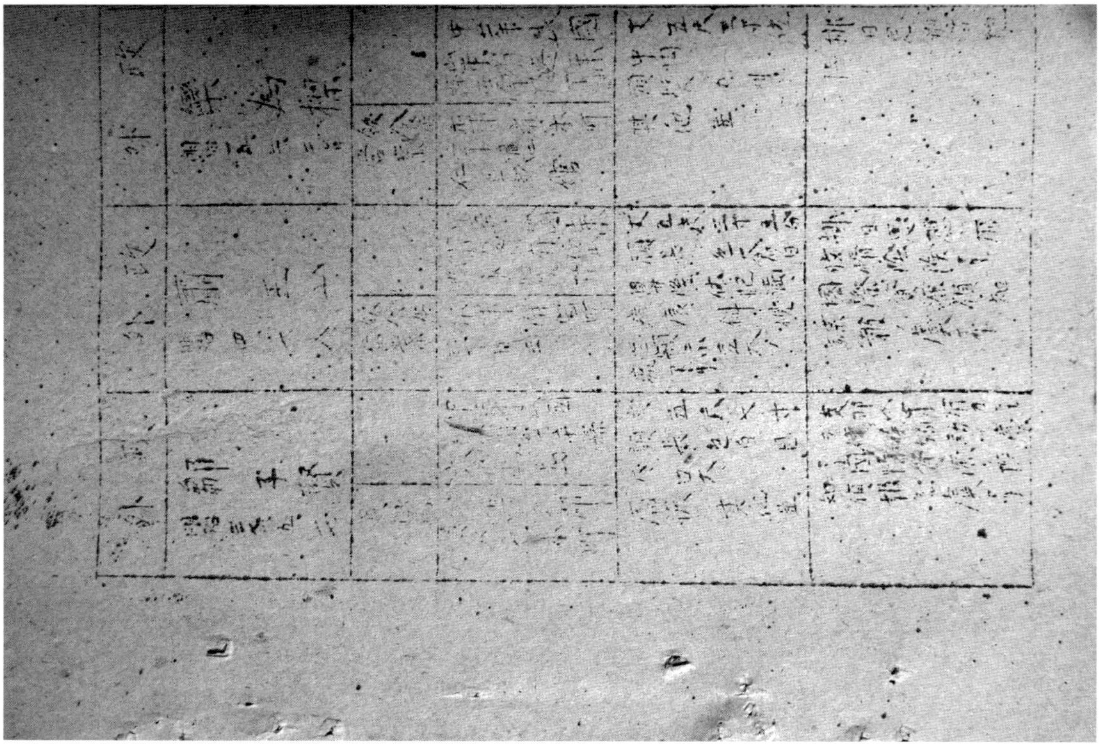

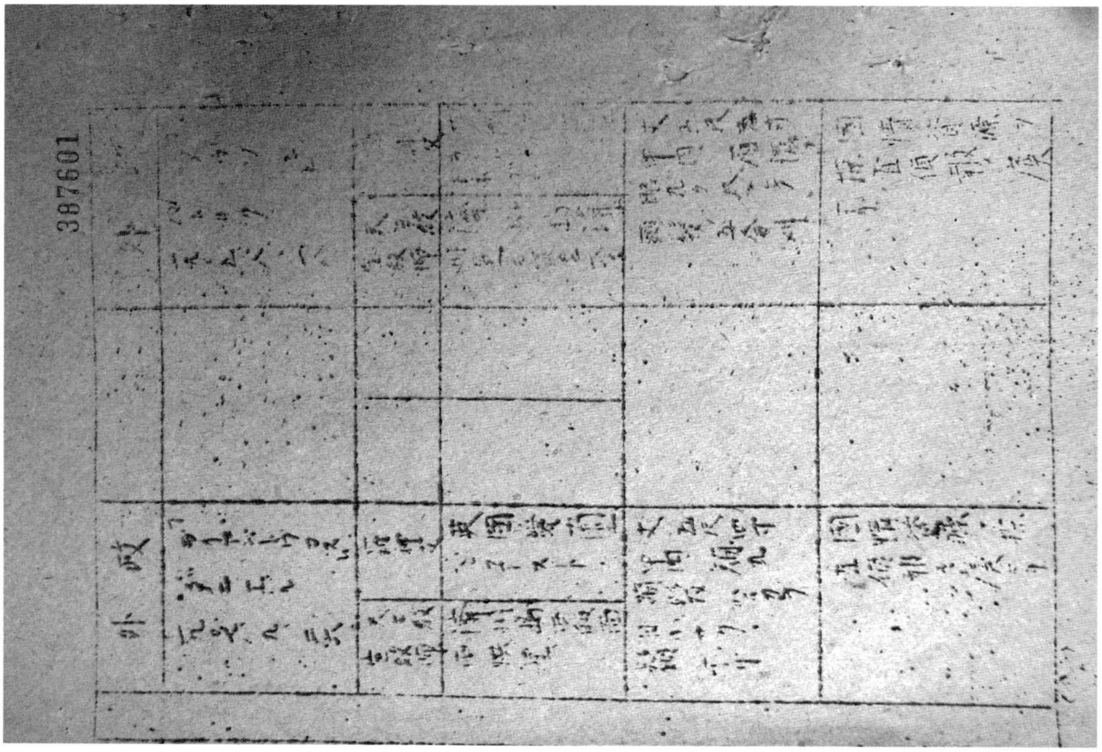

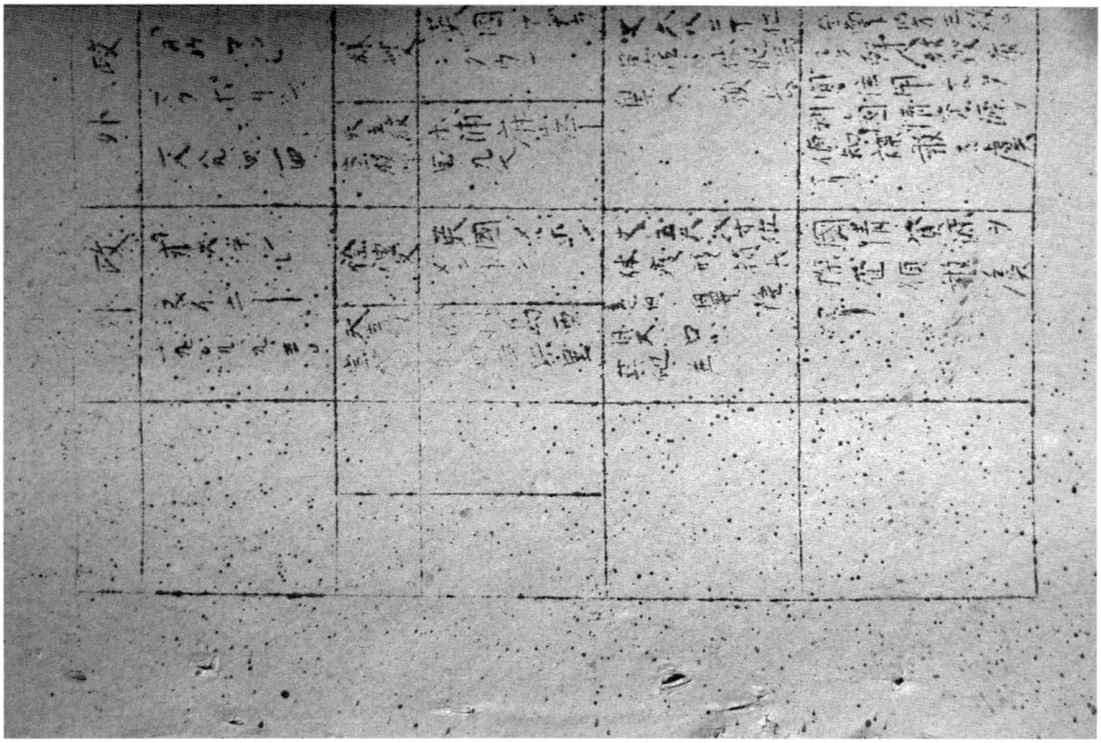

1945년 3월

조선인요시찰인약명부

전라북도

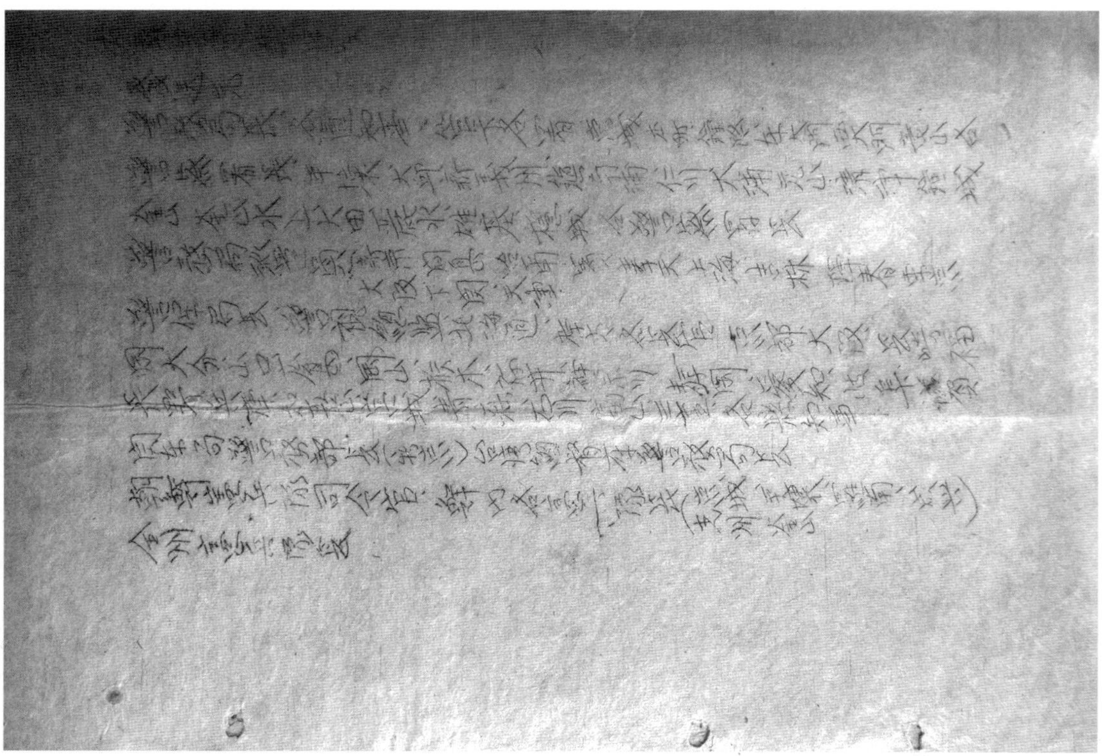

387603

極秘

昭和二十年三月

要視察人略名簿

全羅北道

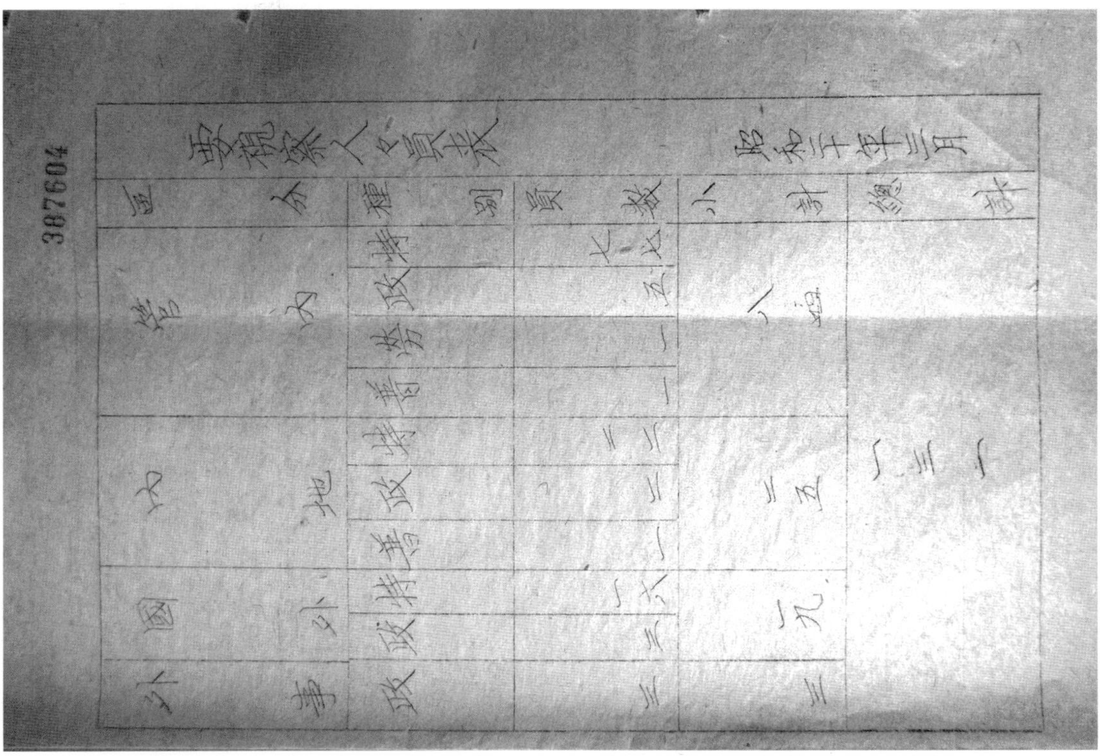

387604

要視察人々員表

昭和二十年三月

區分	種別	員數	小計	總計
管內	特	七七	八四	一三一
	政	五		
	勞	一		
	普	一		
內地	特	二二	二五	
	政	二		
	普	一		
國外	特	一六	一九	
	政	三		
外事	政	三	三	

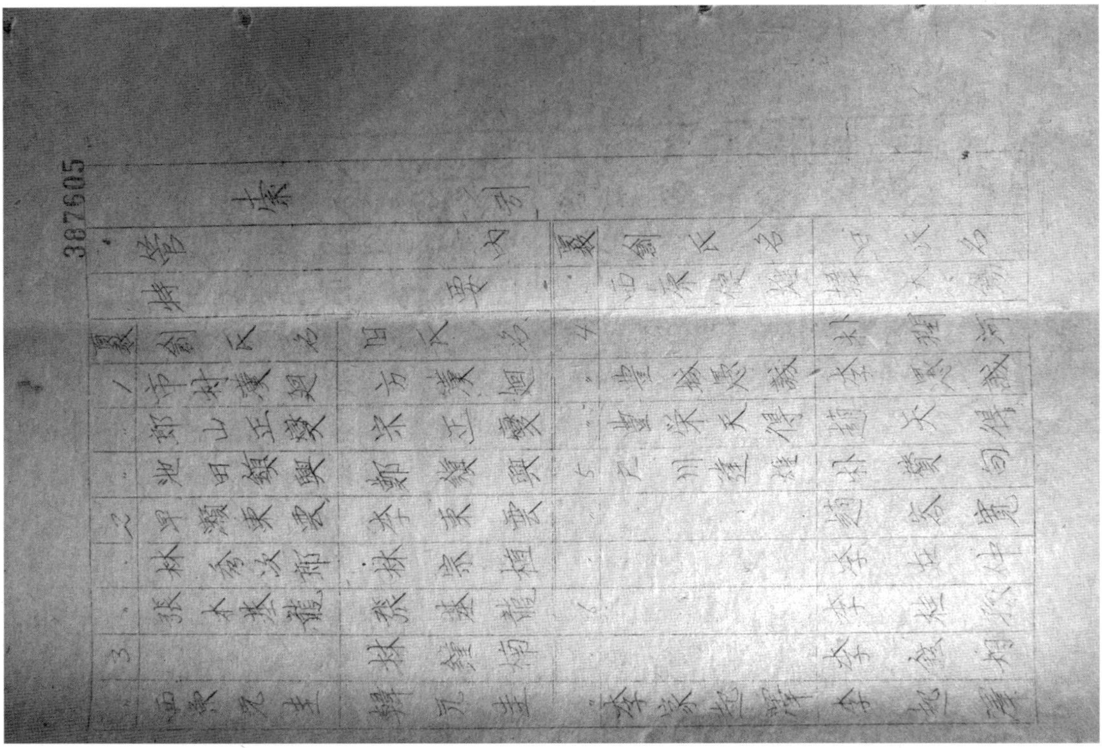

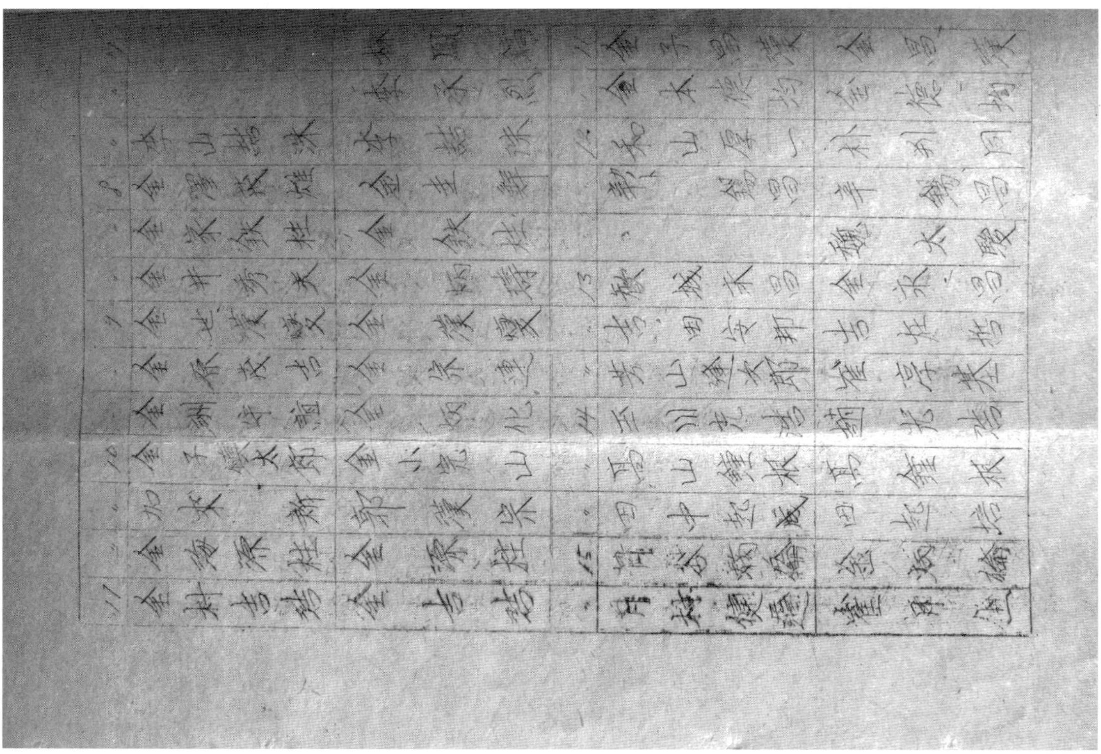

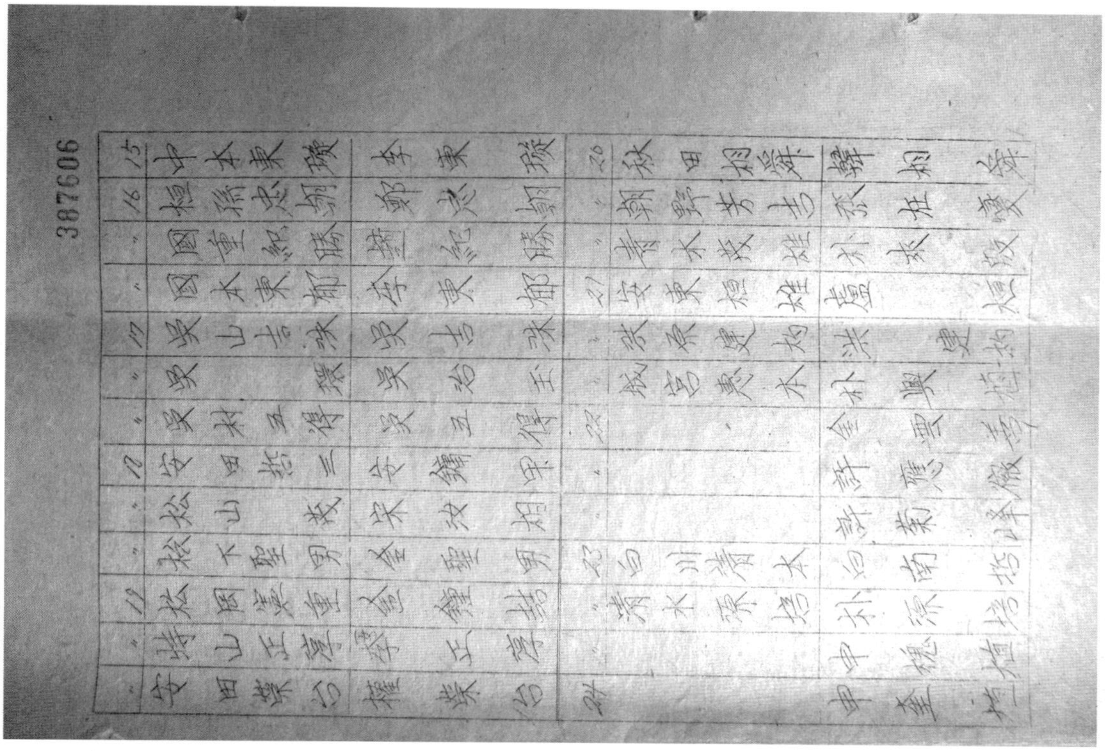

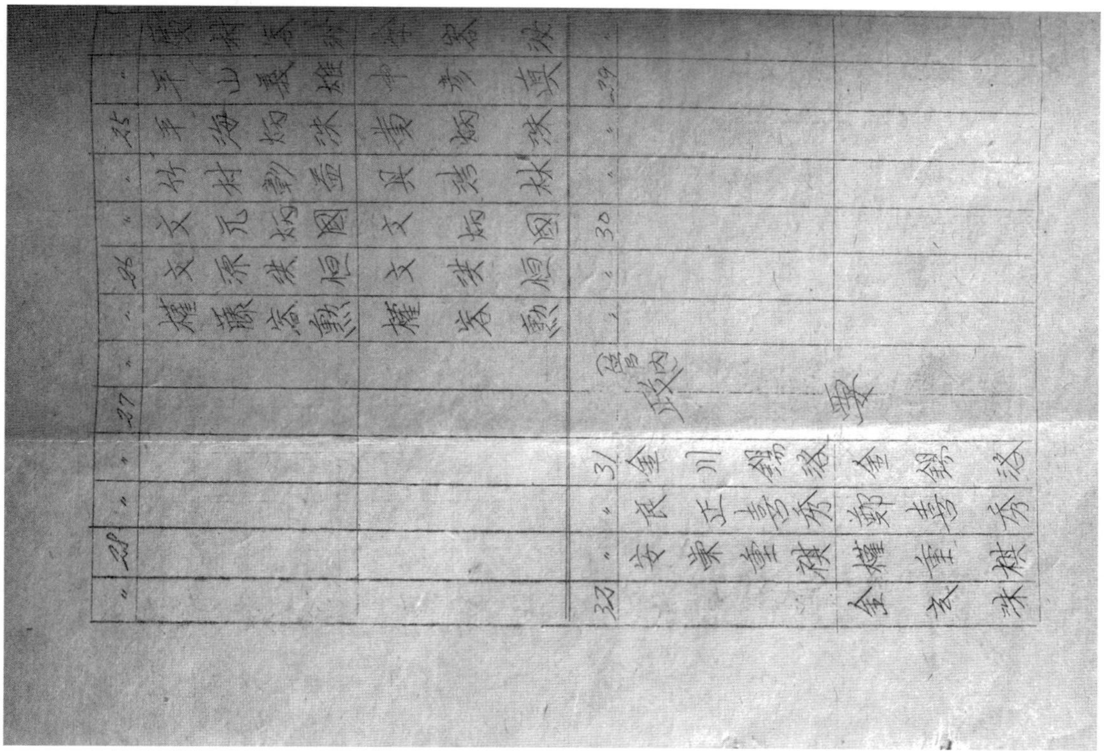

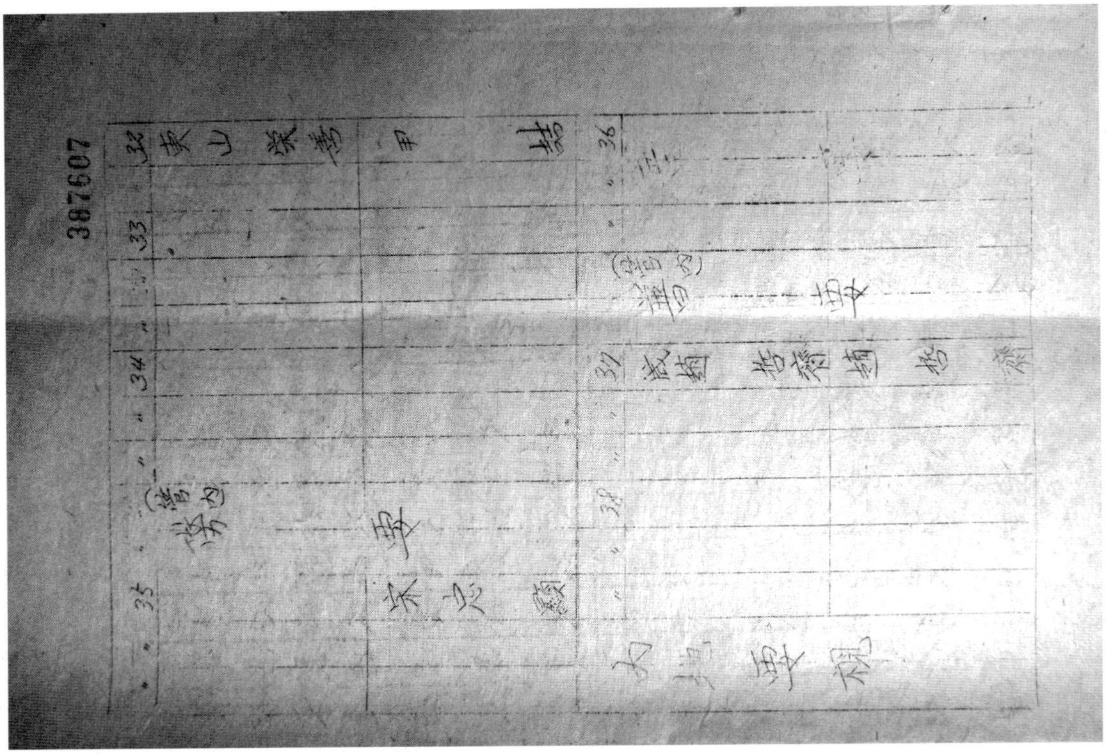

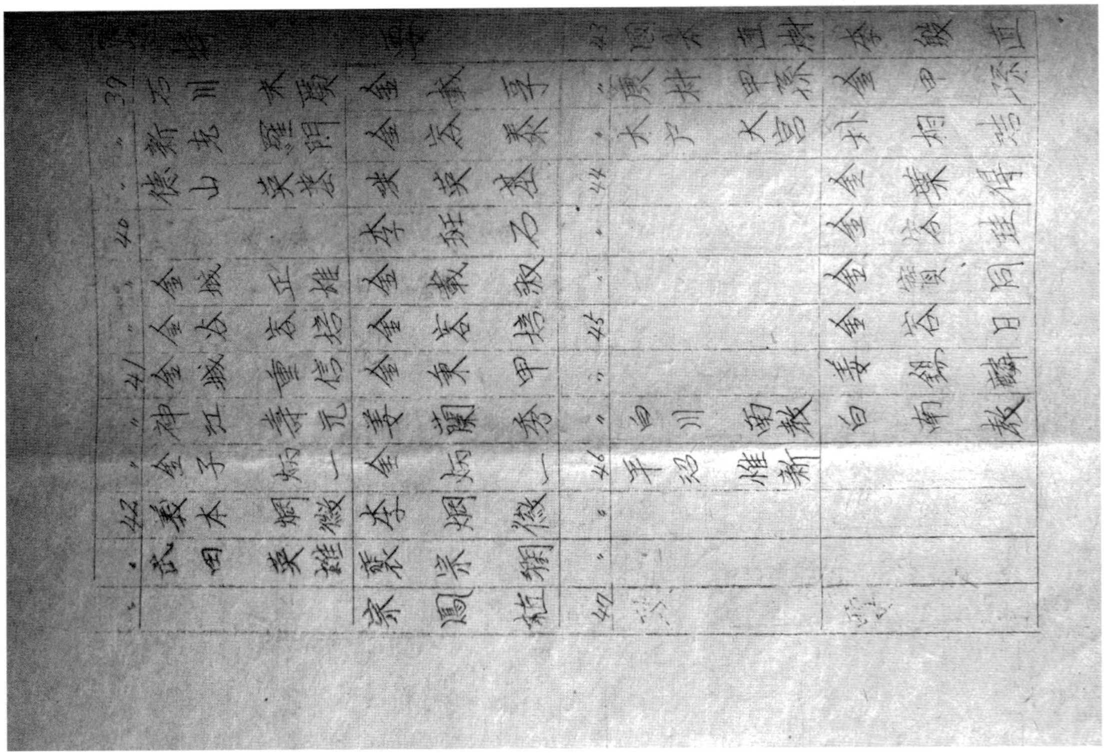

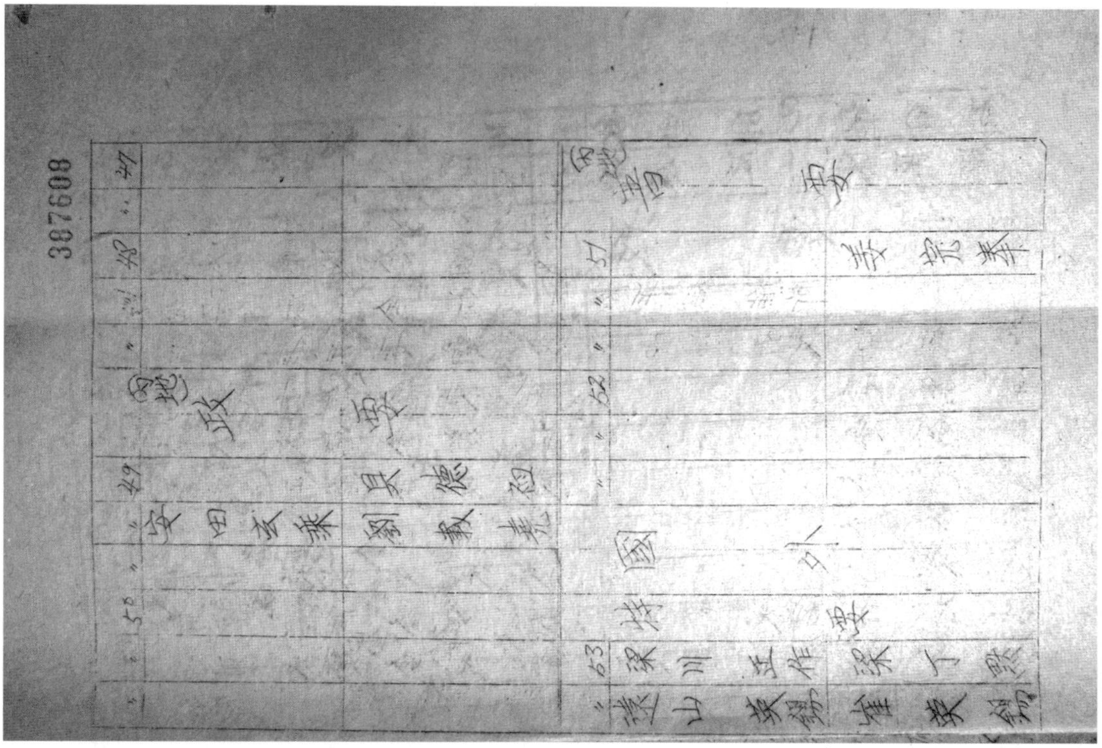

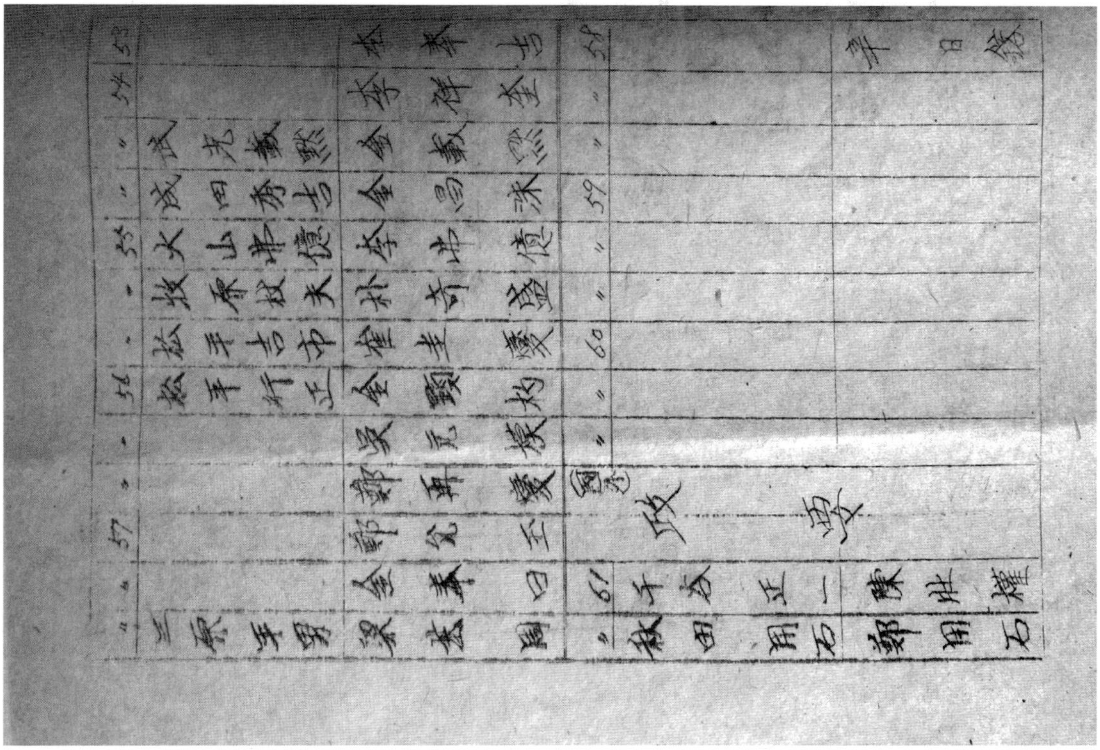

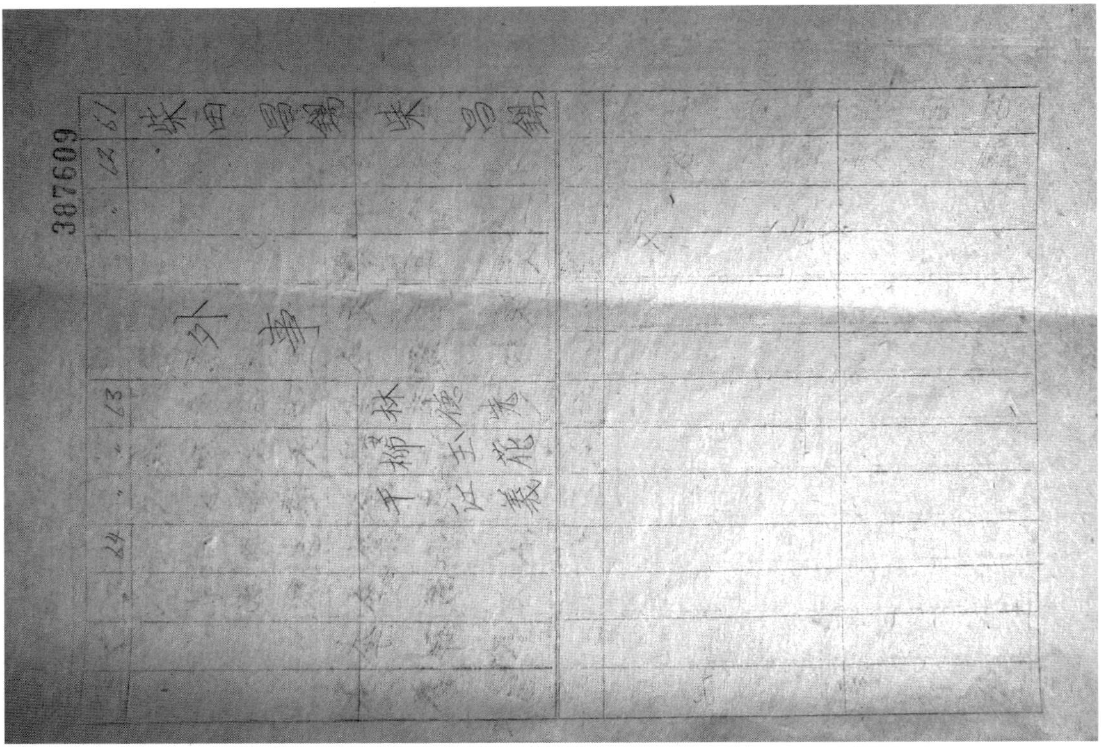
387609

387610

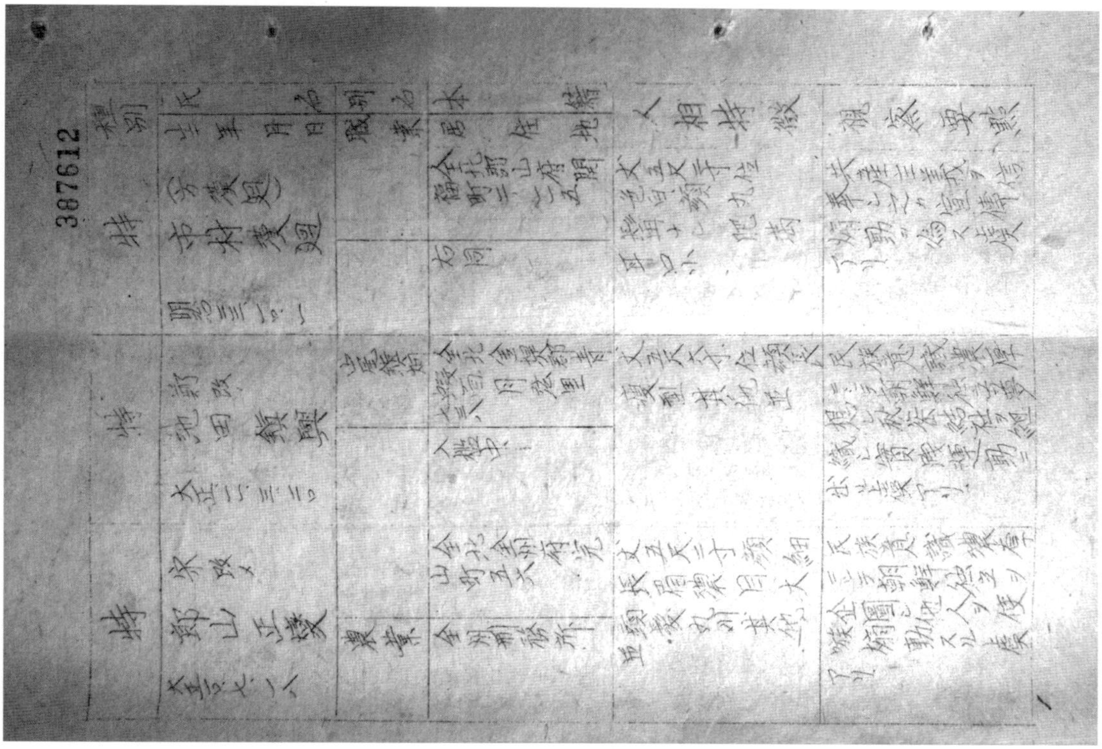

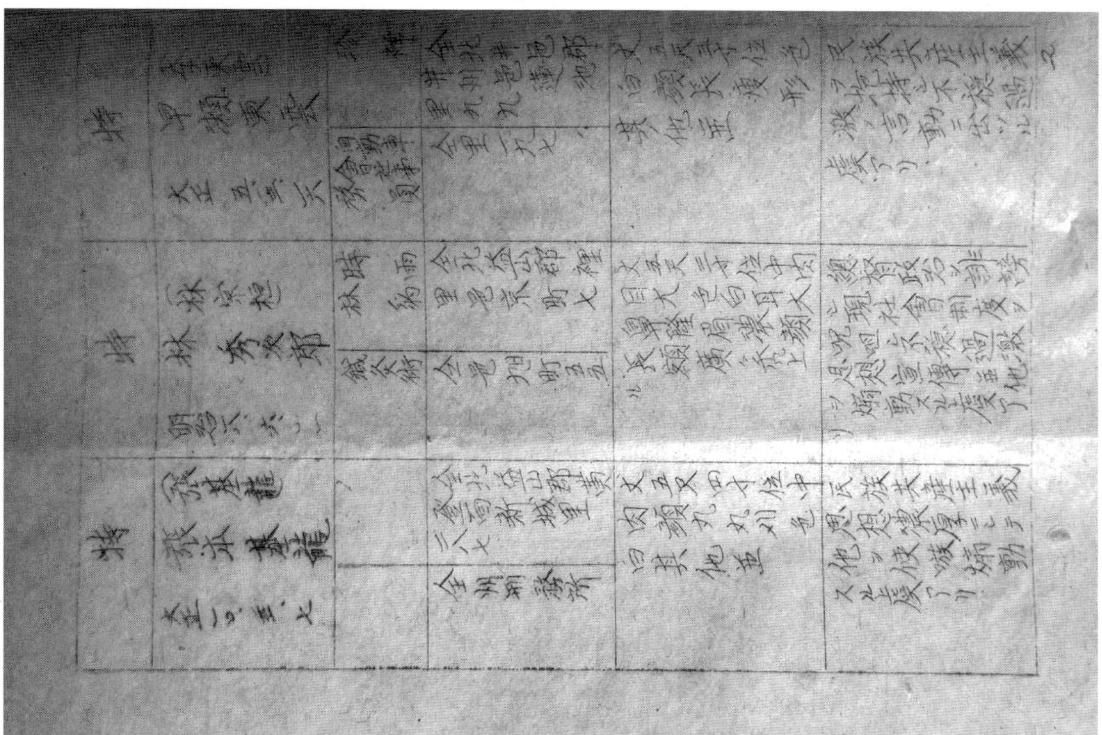

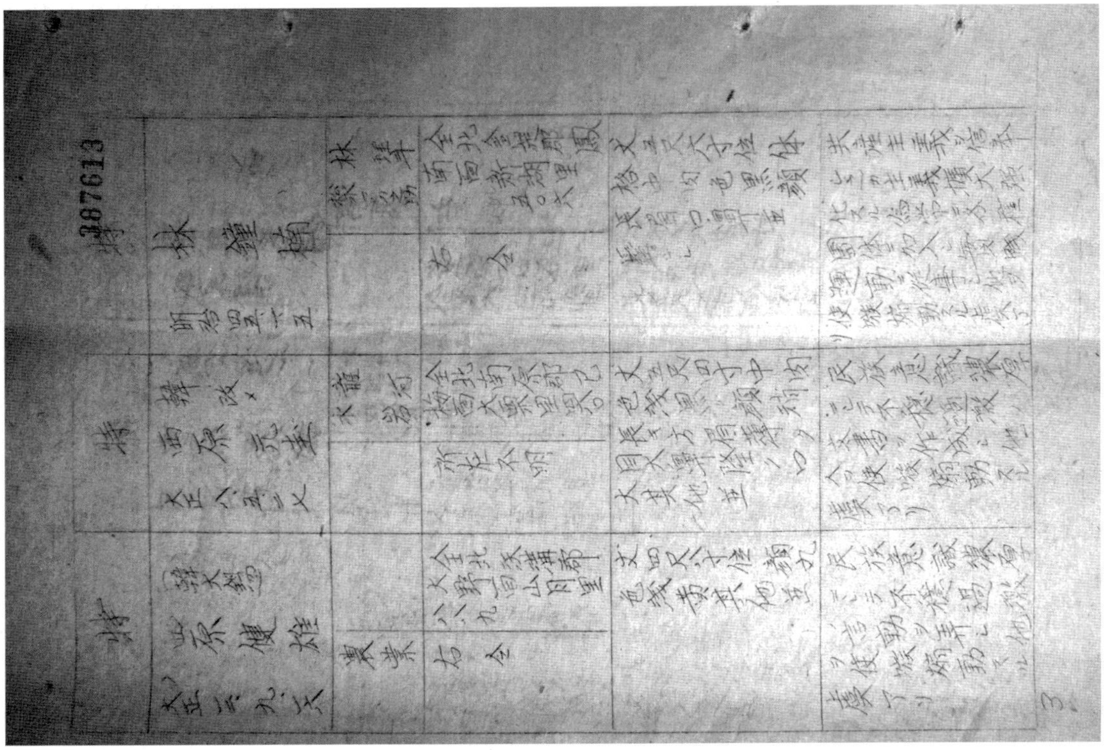

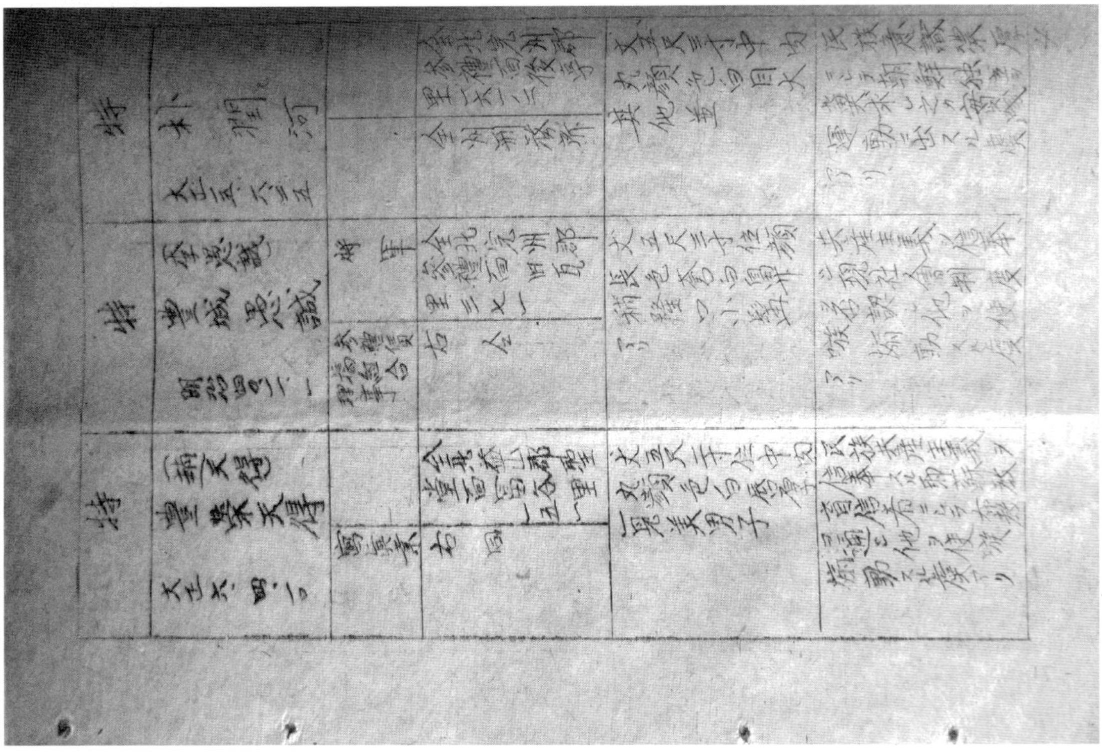

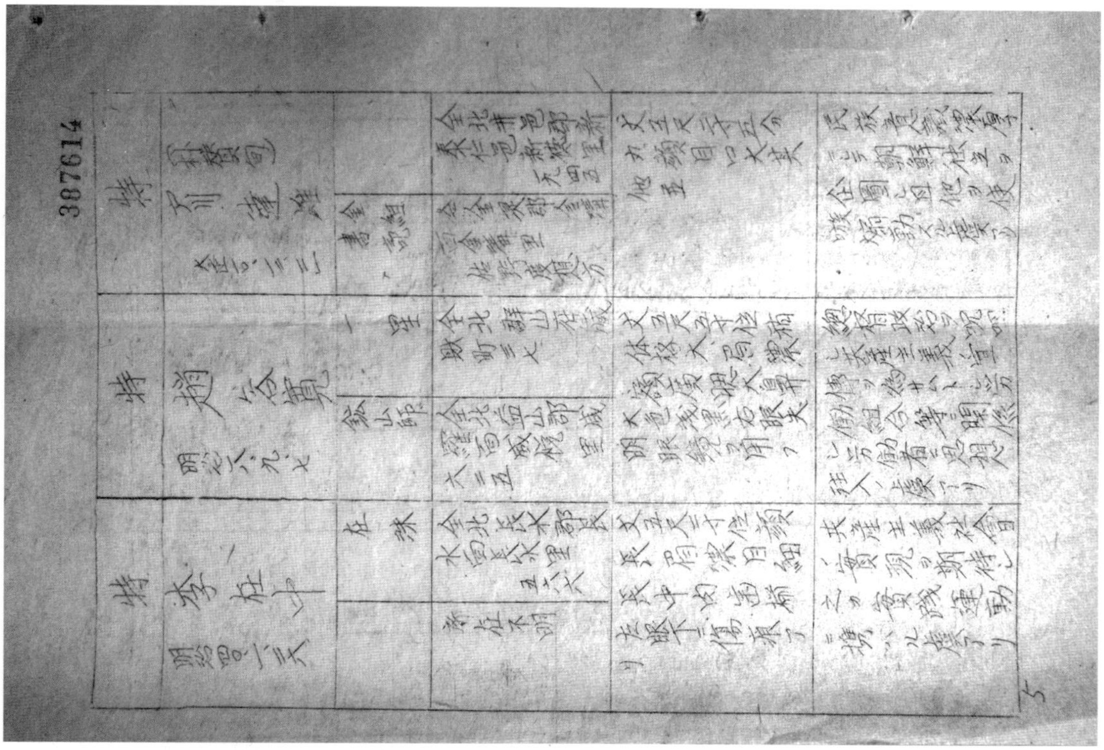

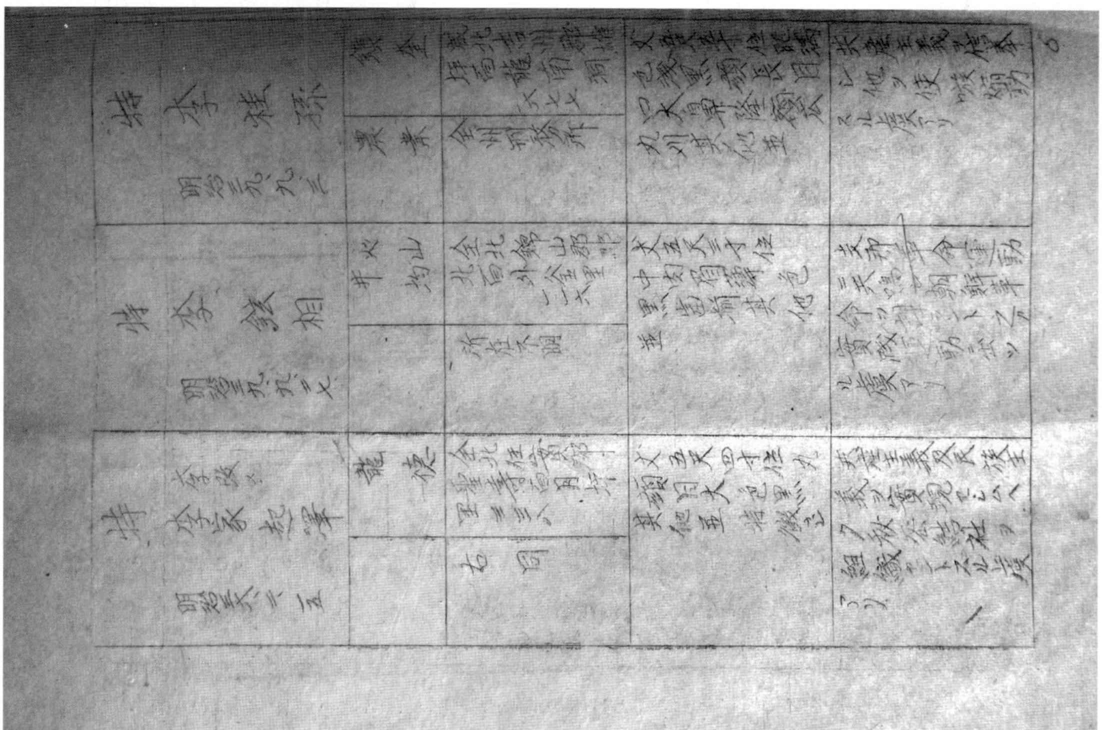

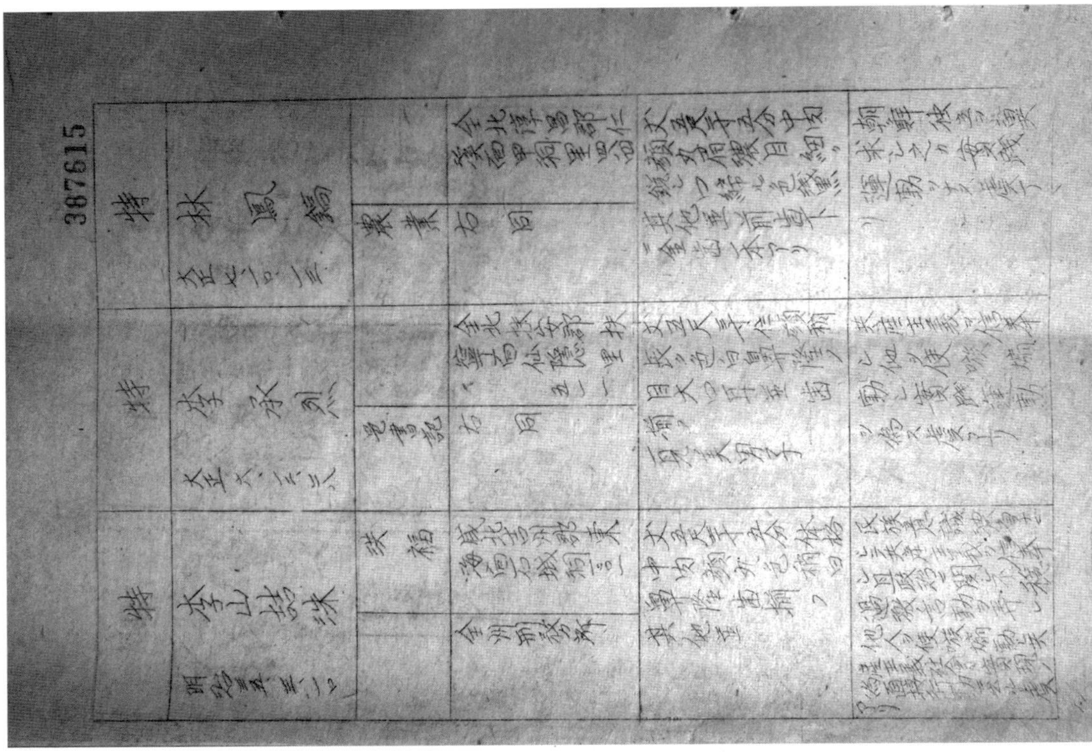

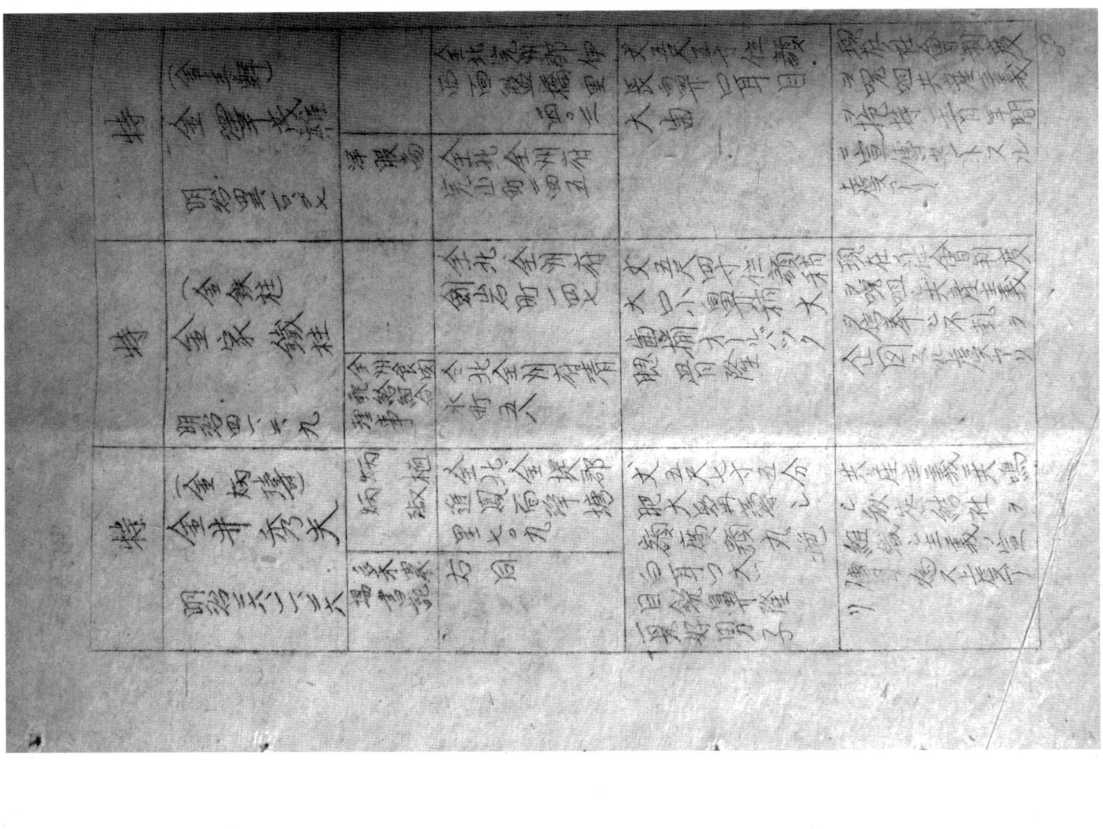

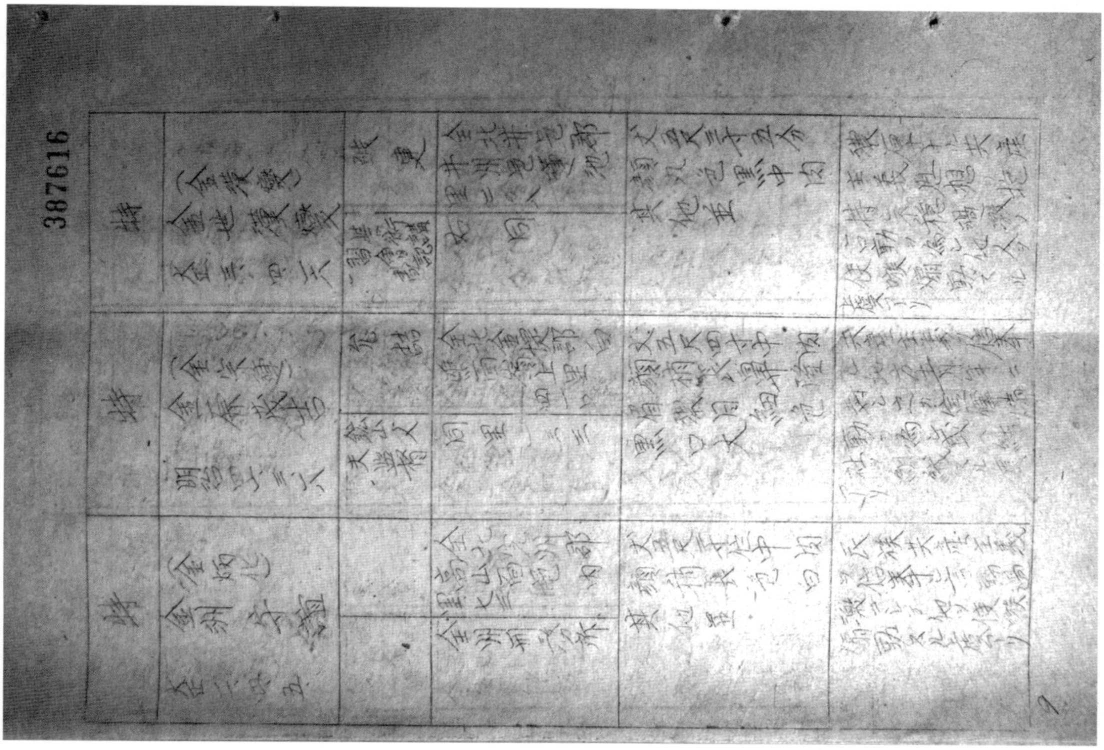
387616

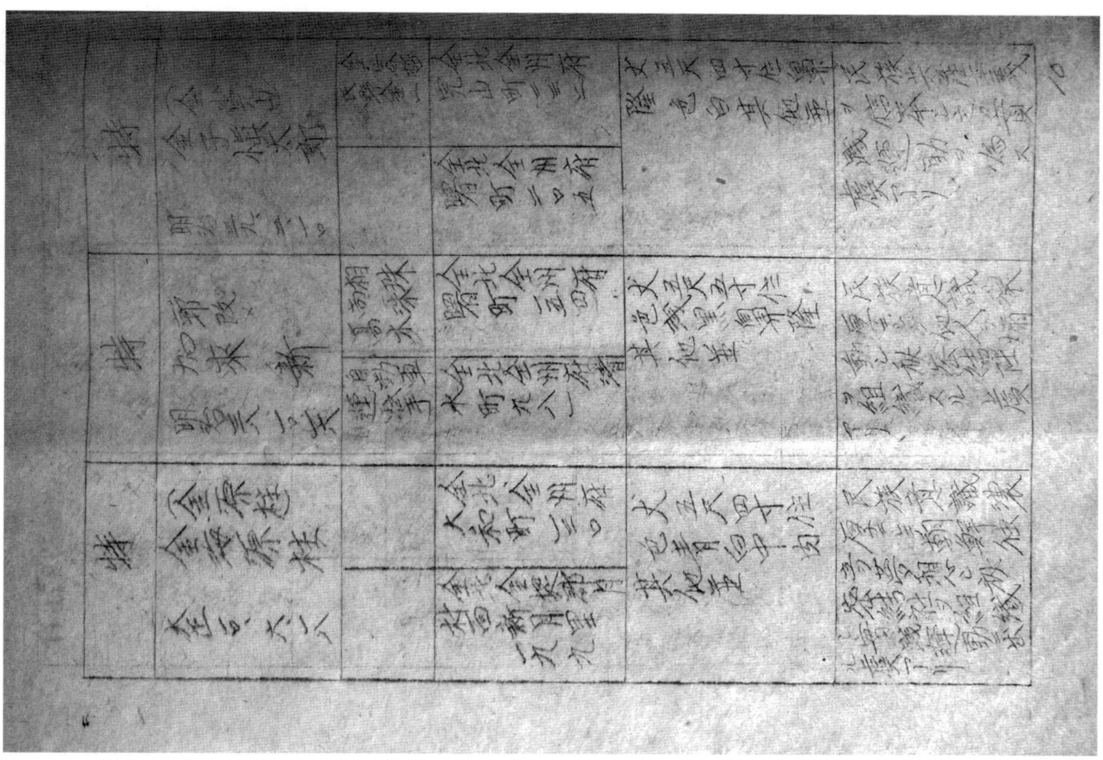

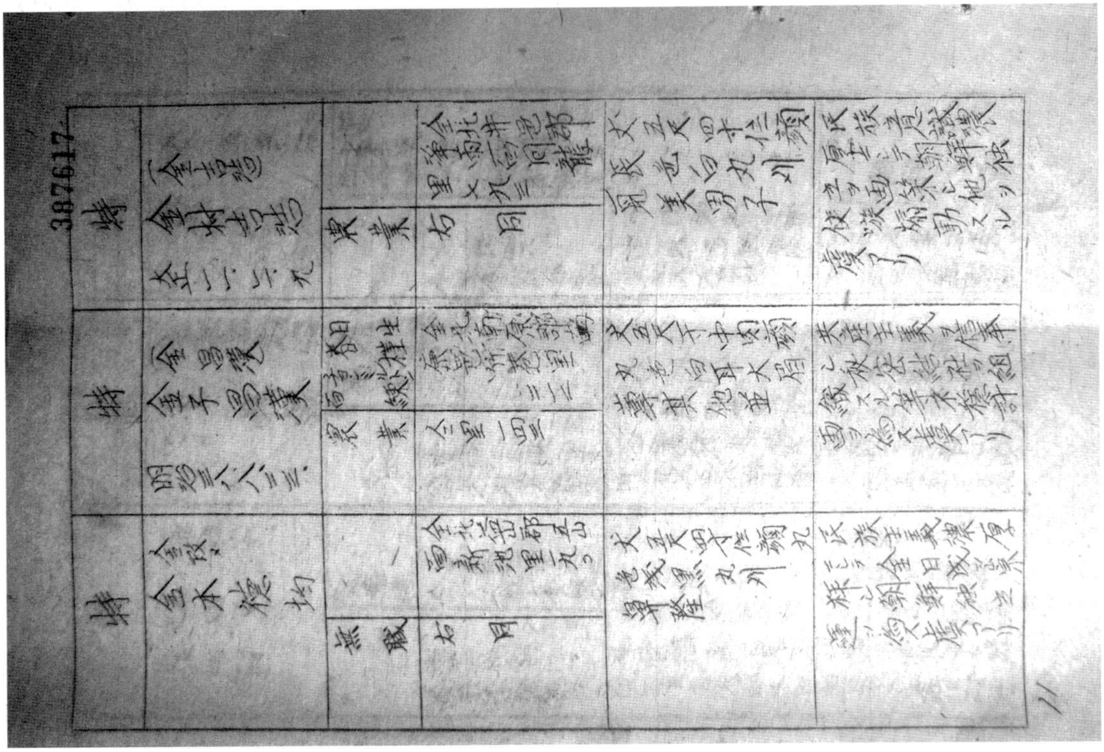

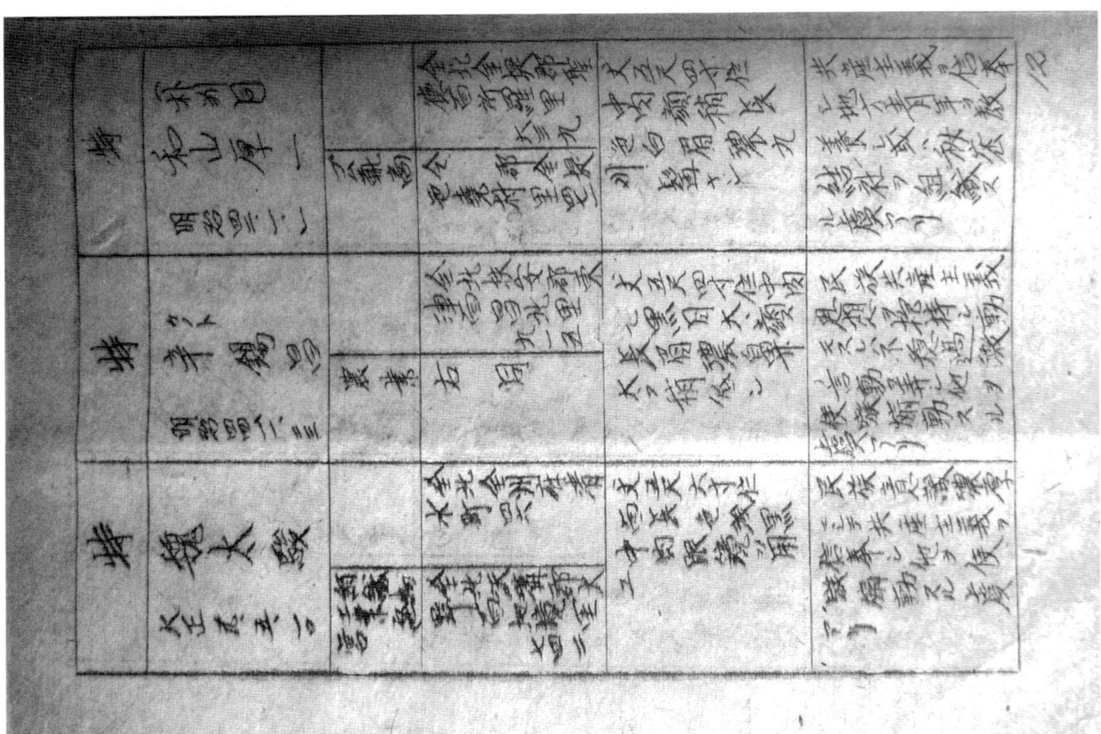

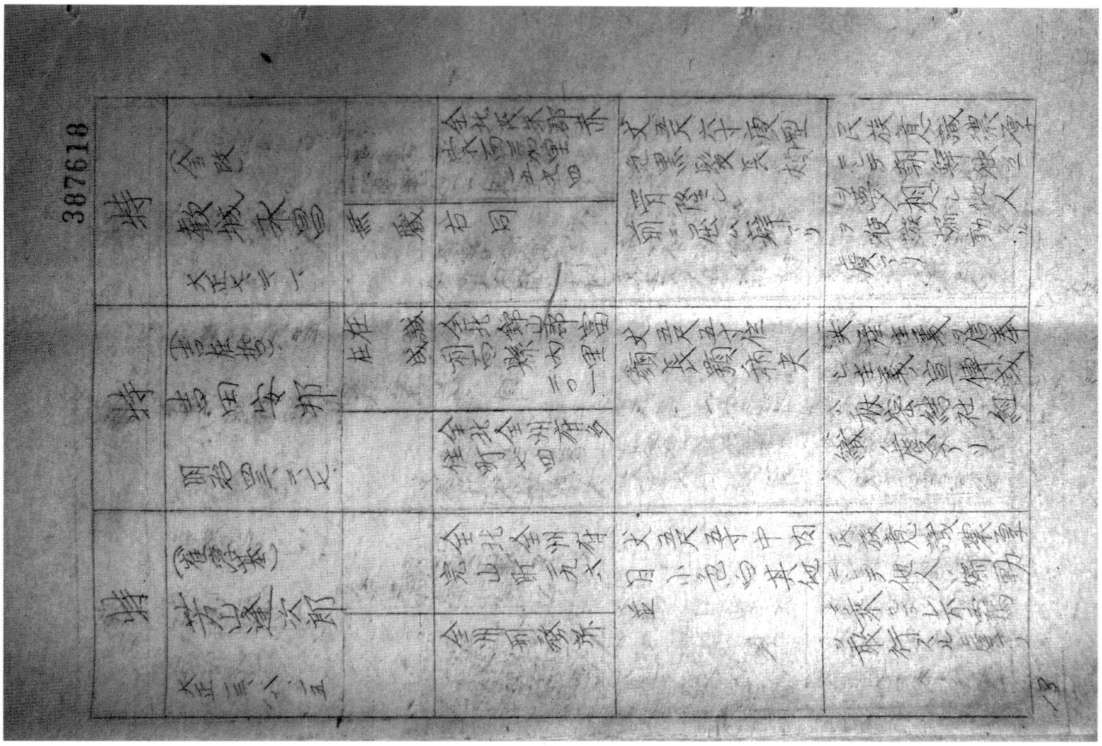

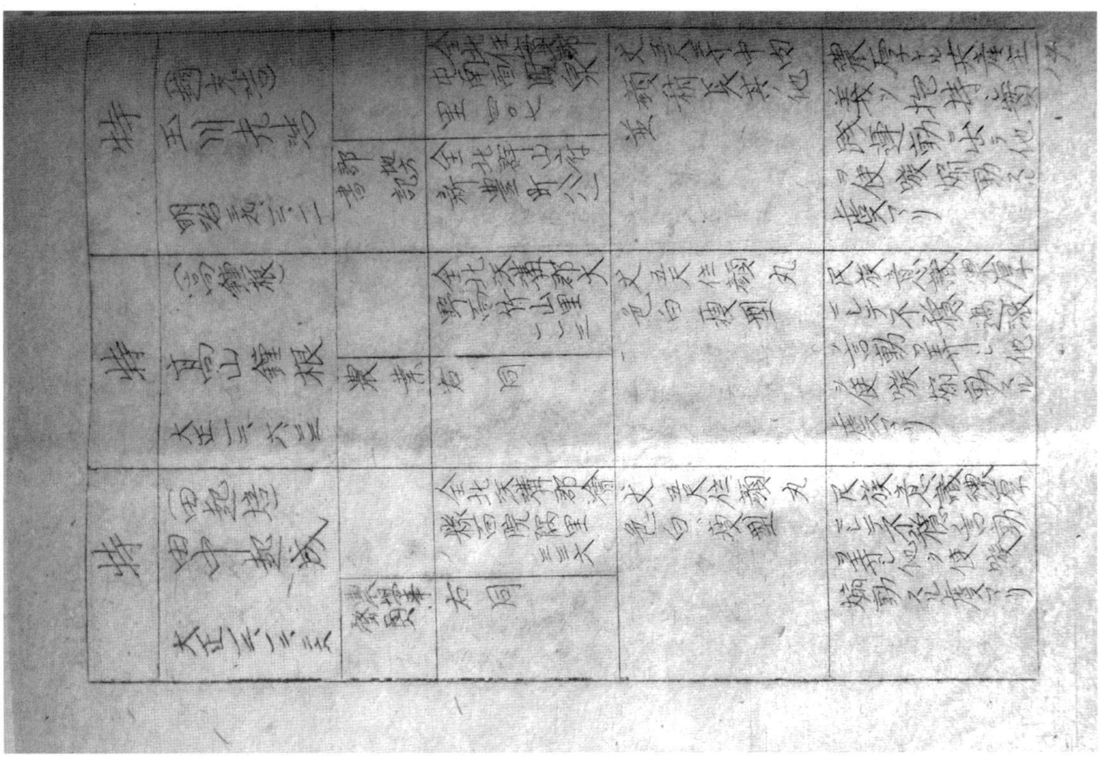

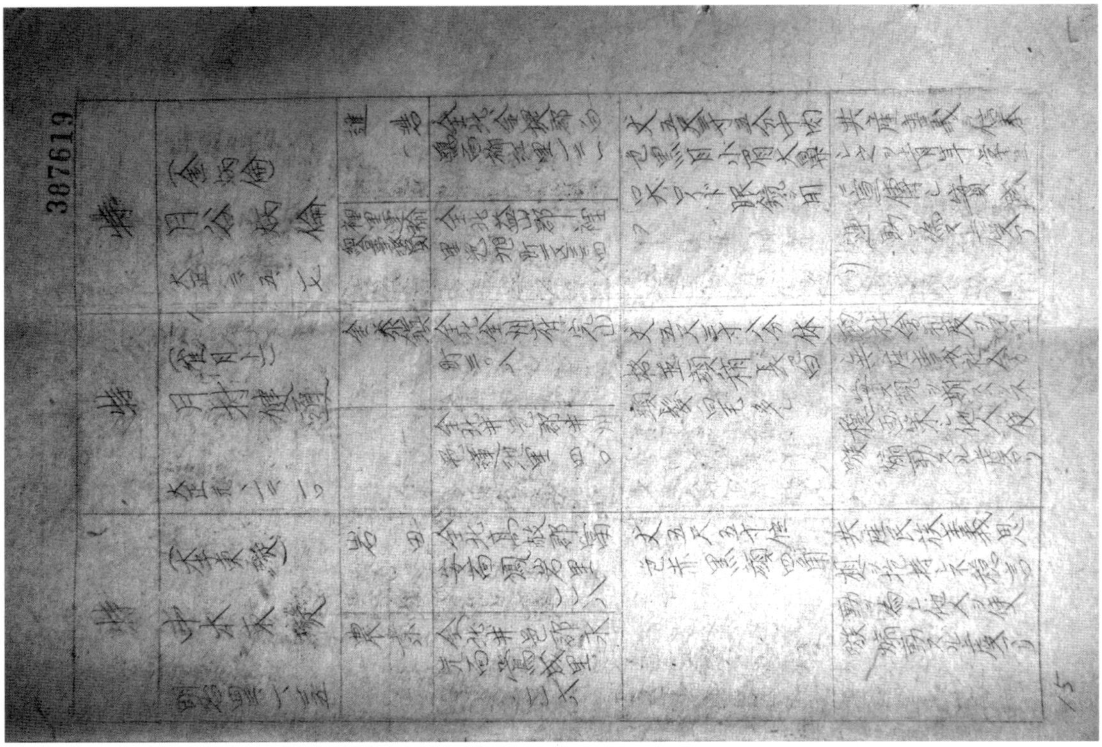
387619

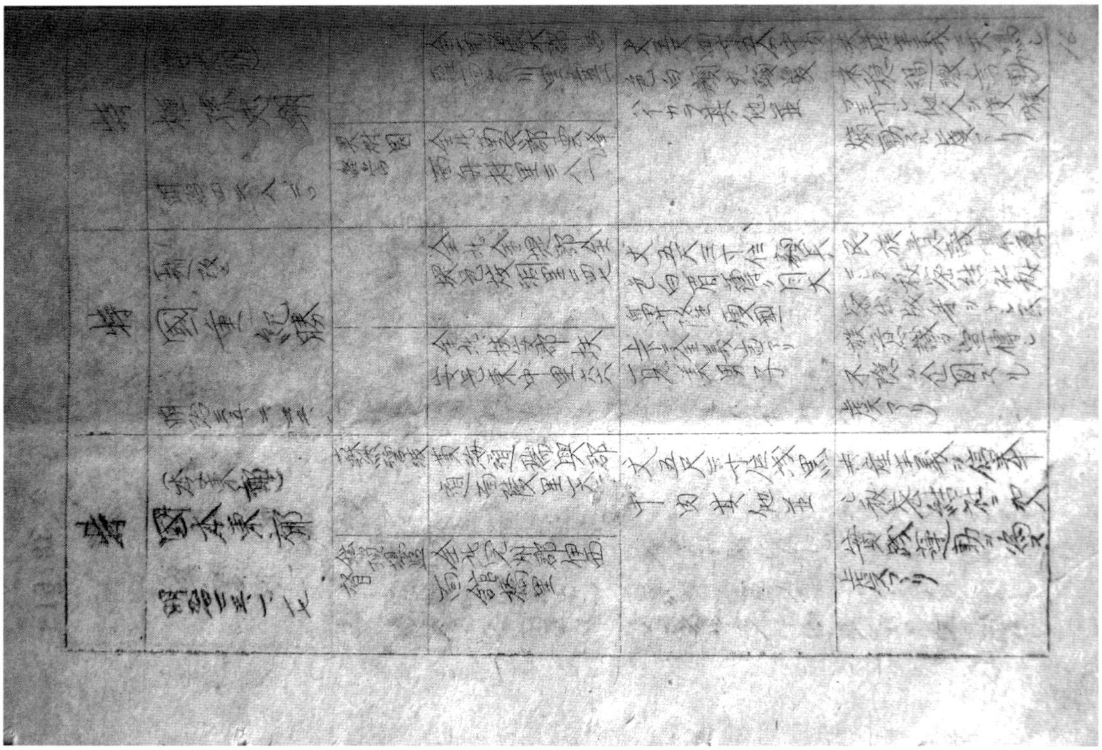

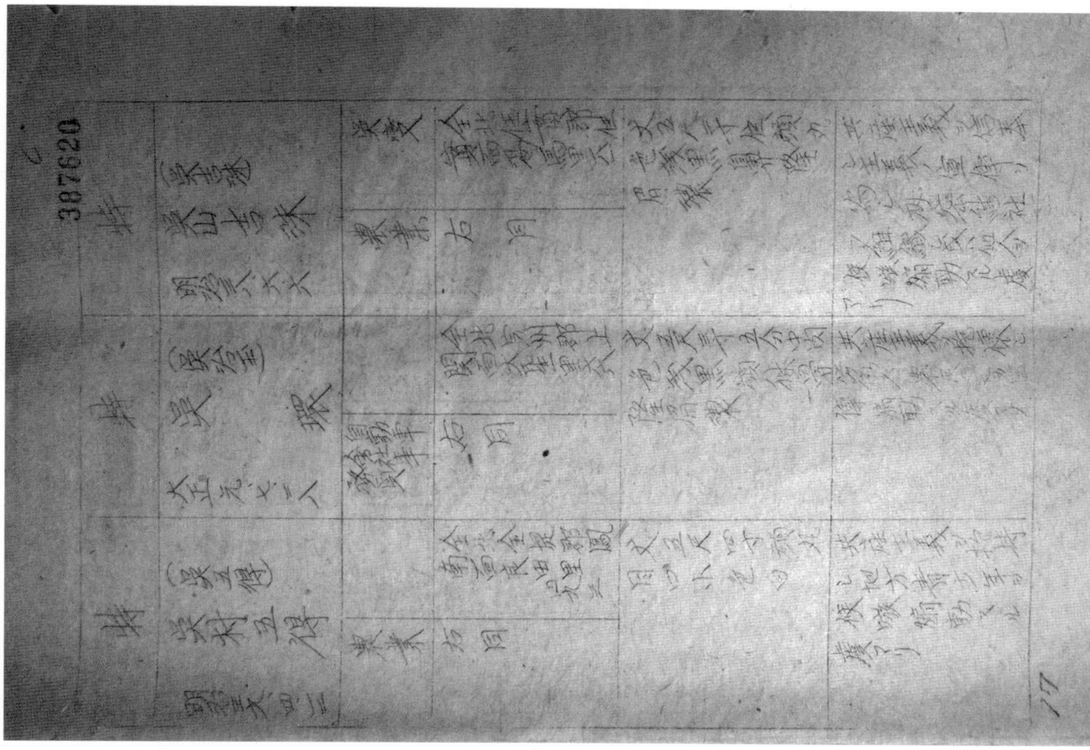

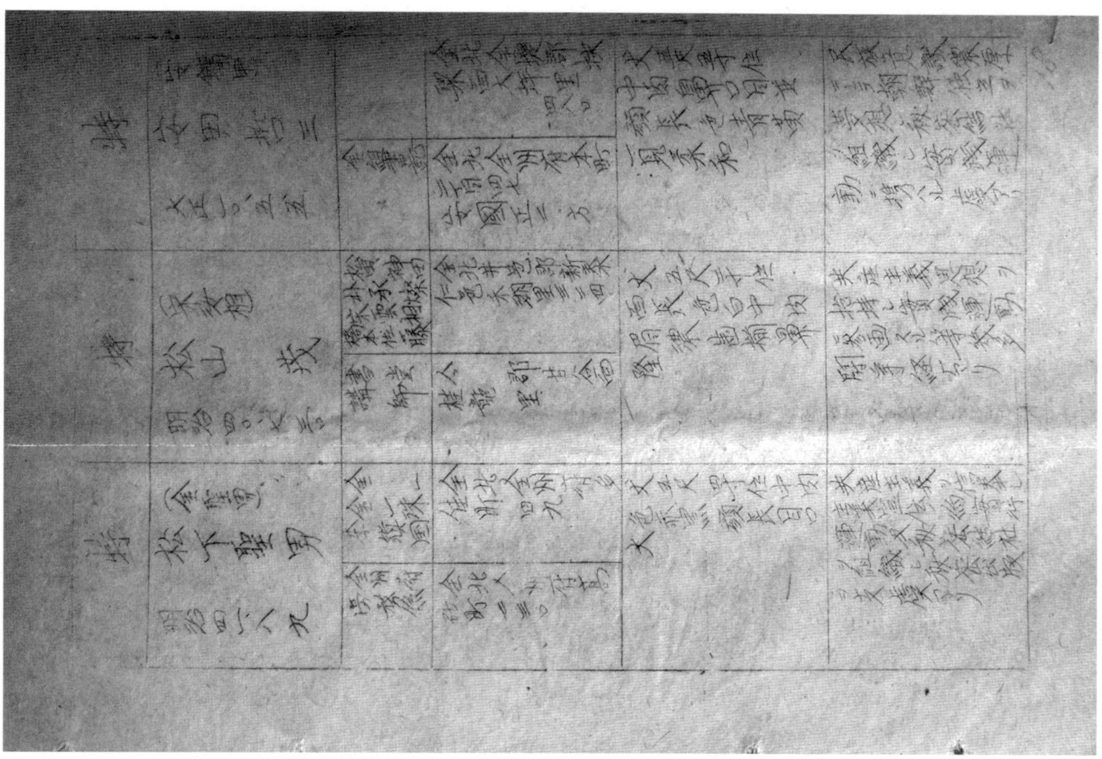

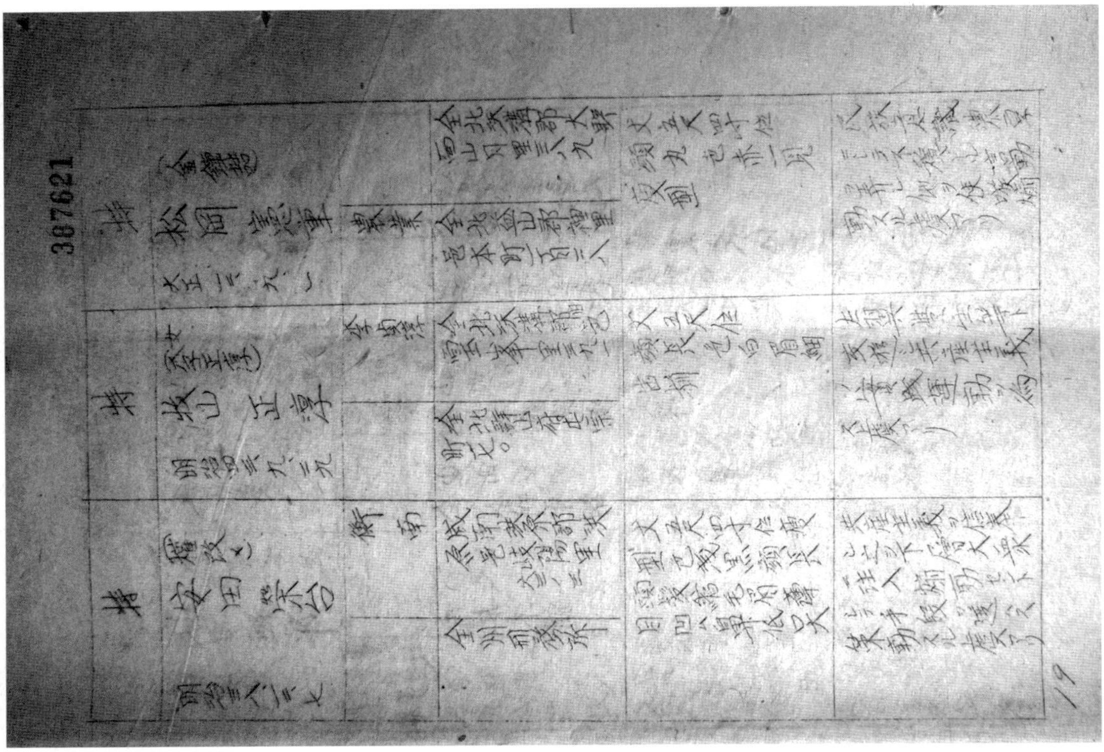

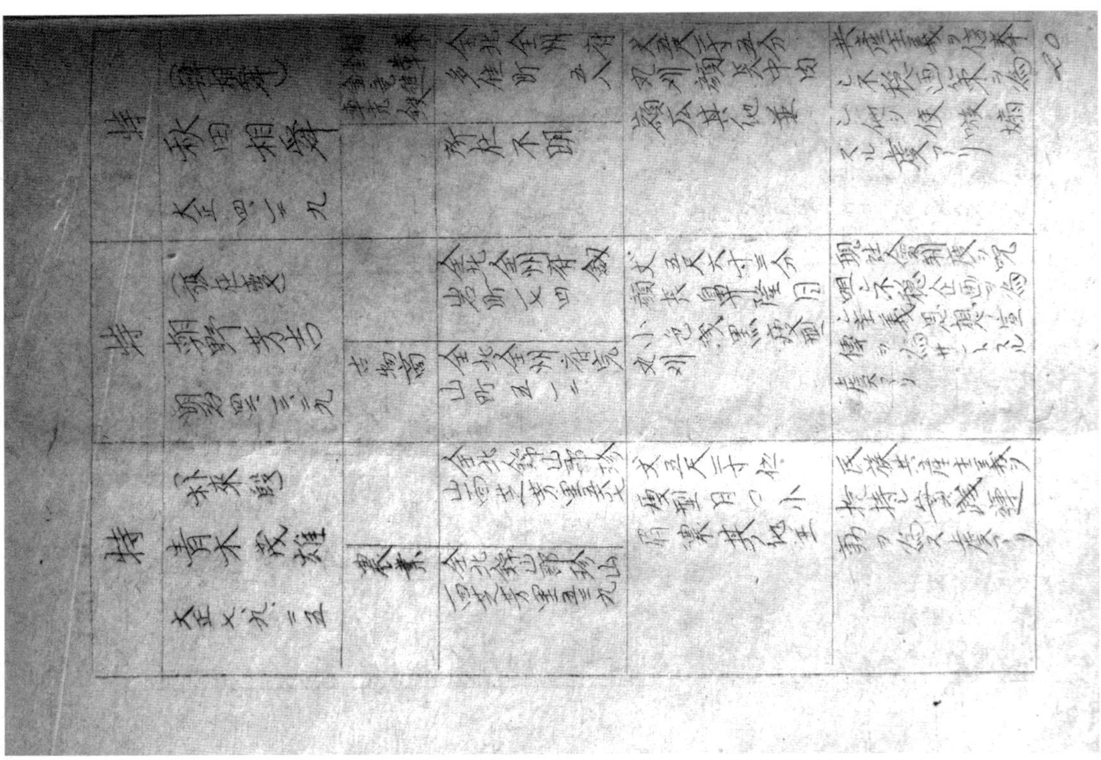

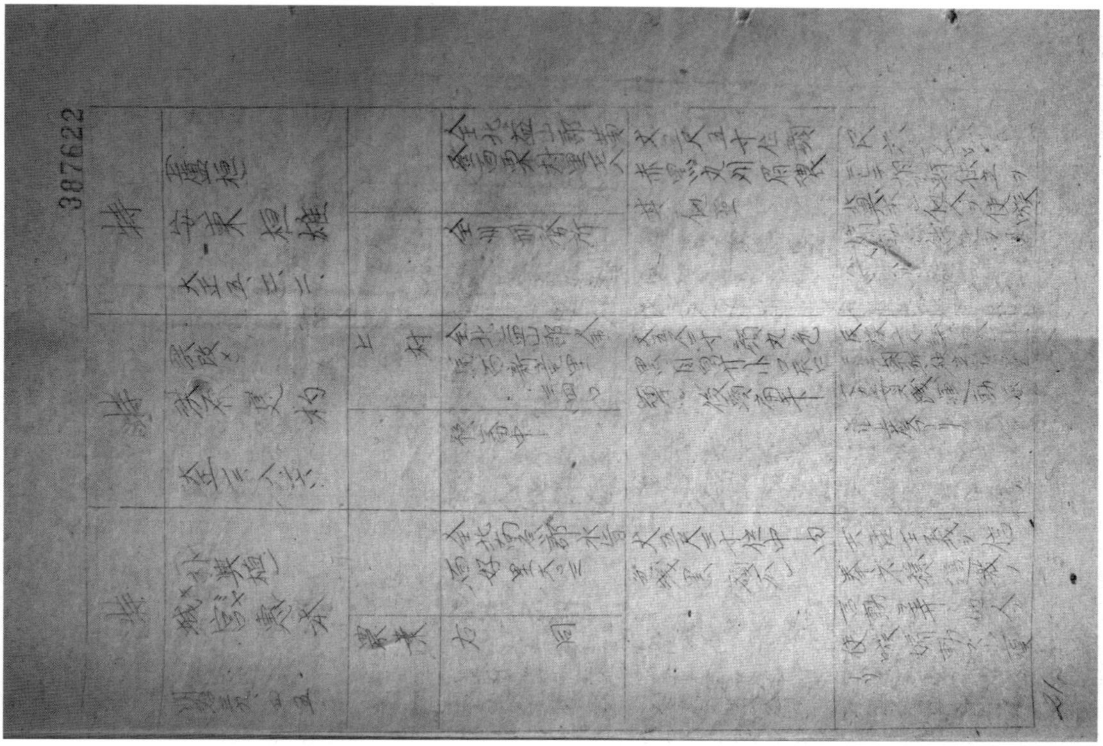

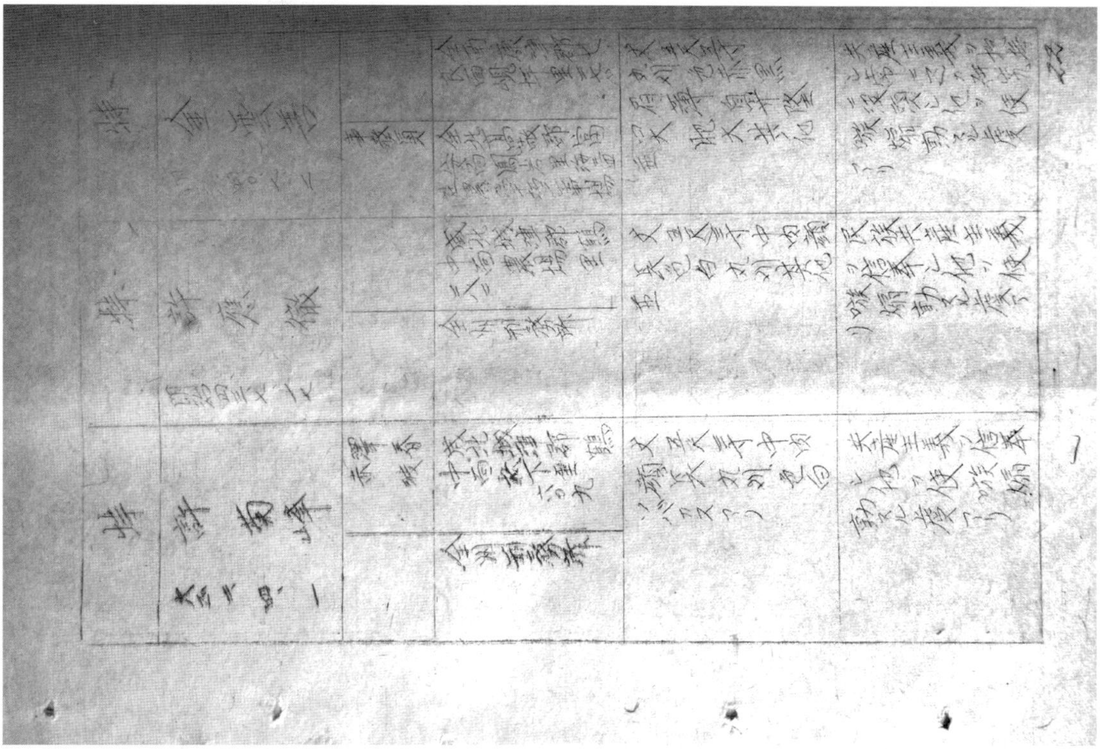

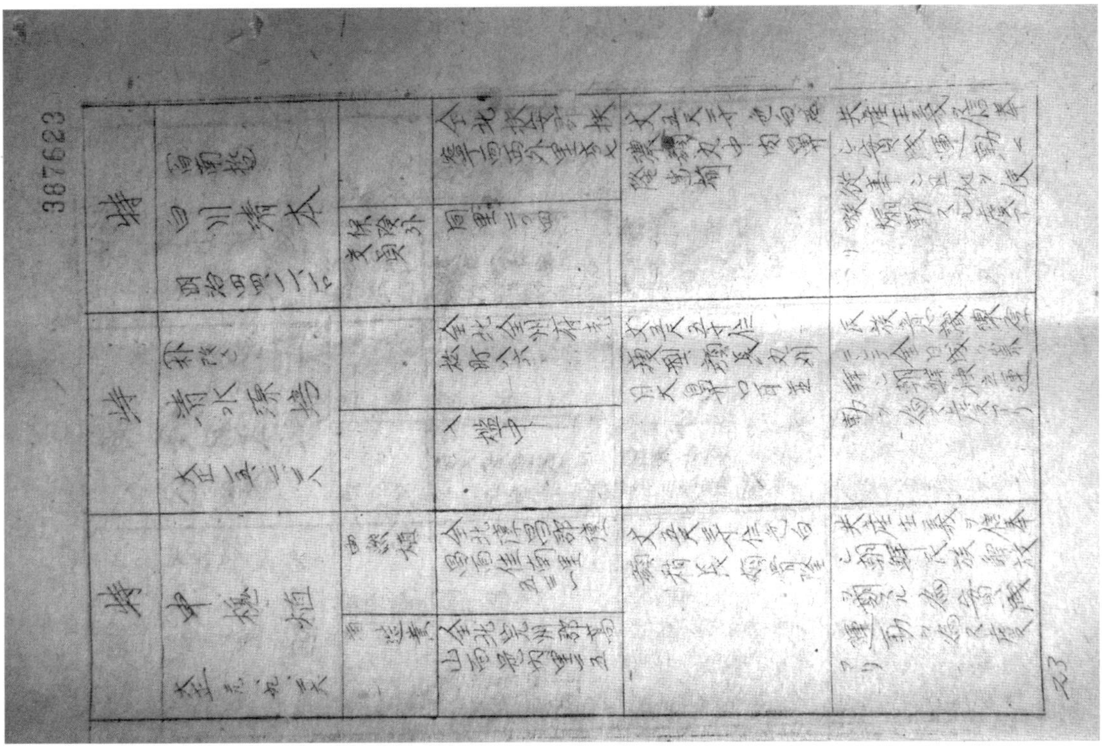

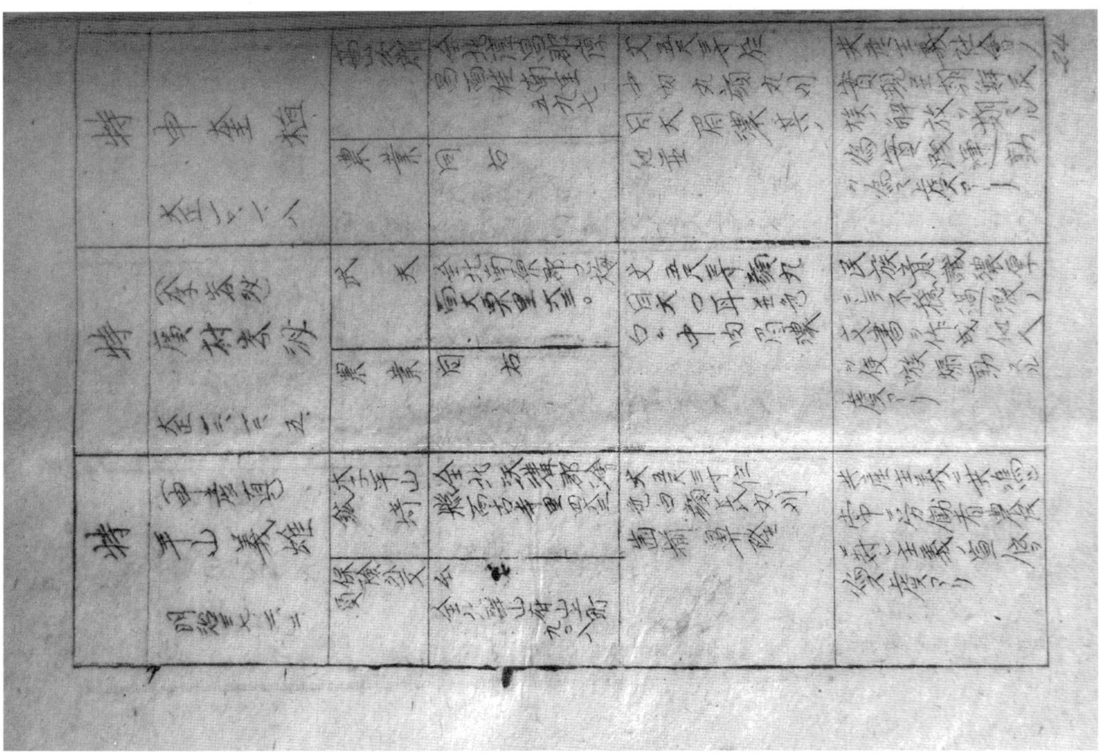

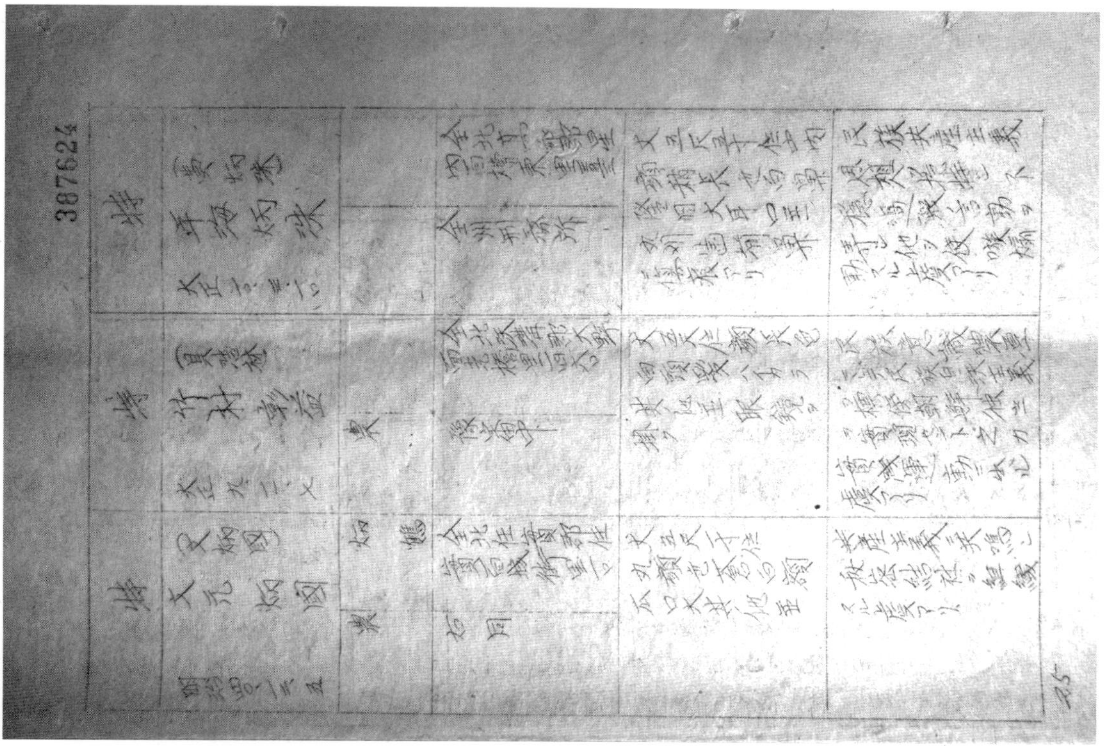

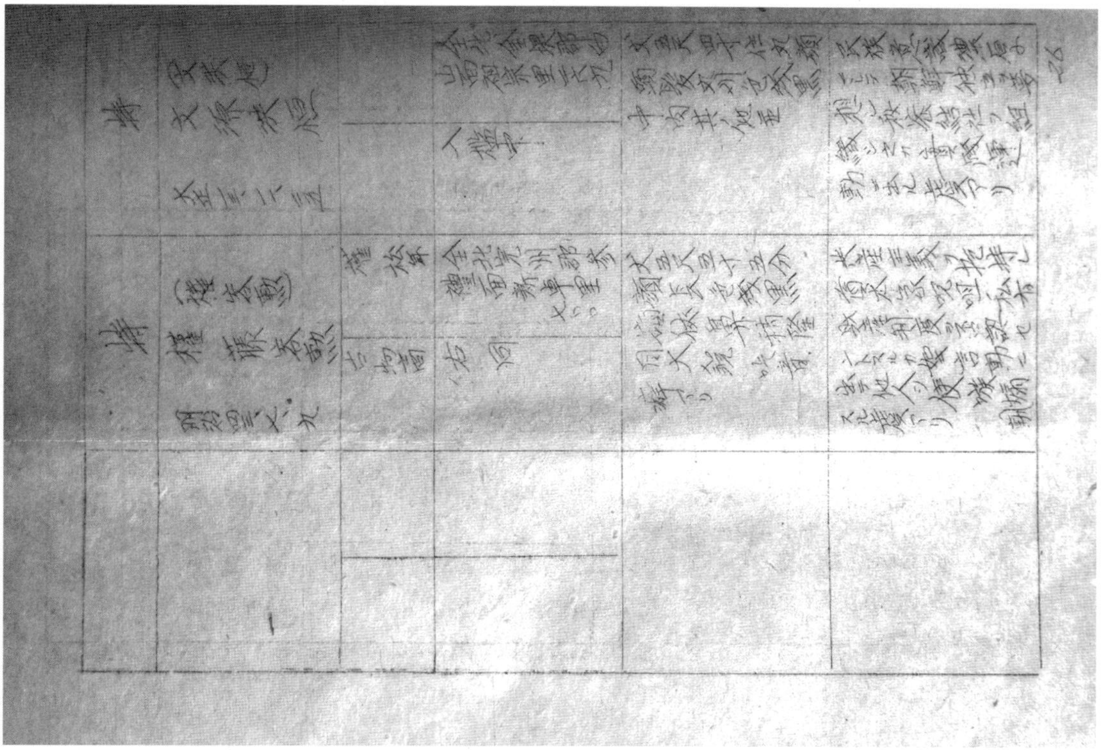

387625

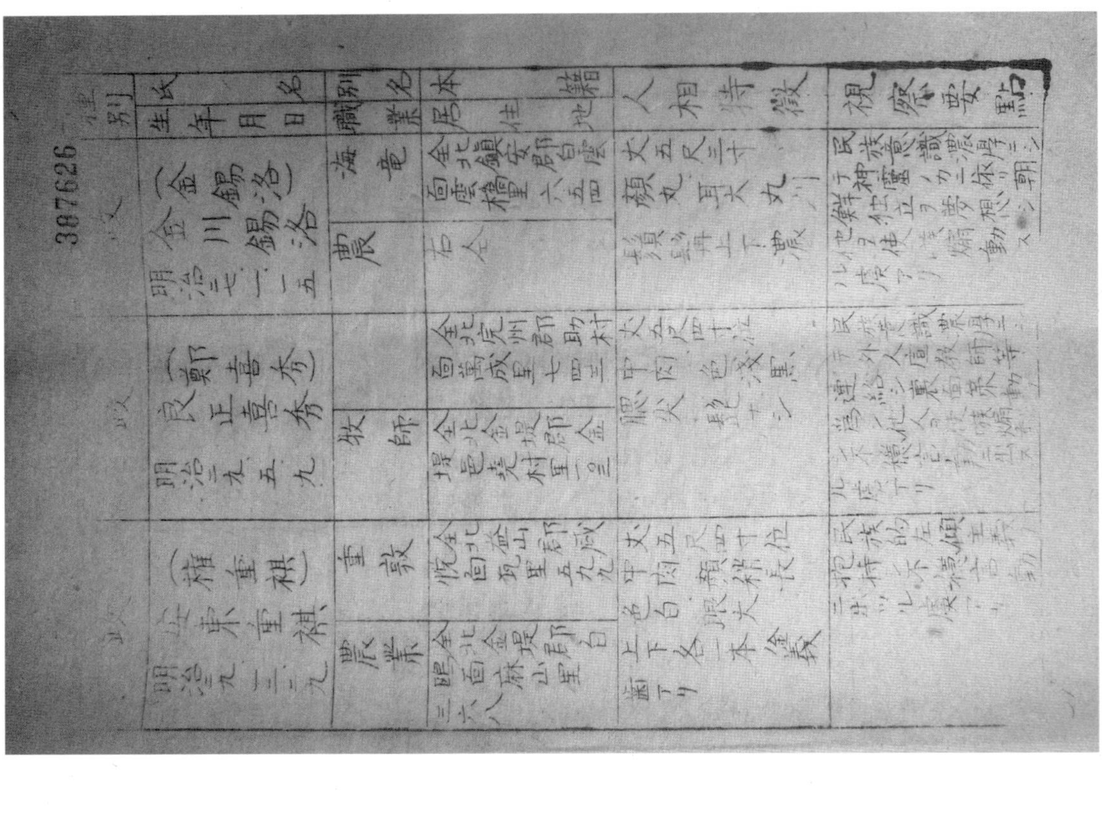

387626

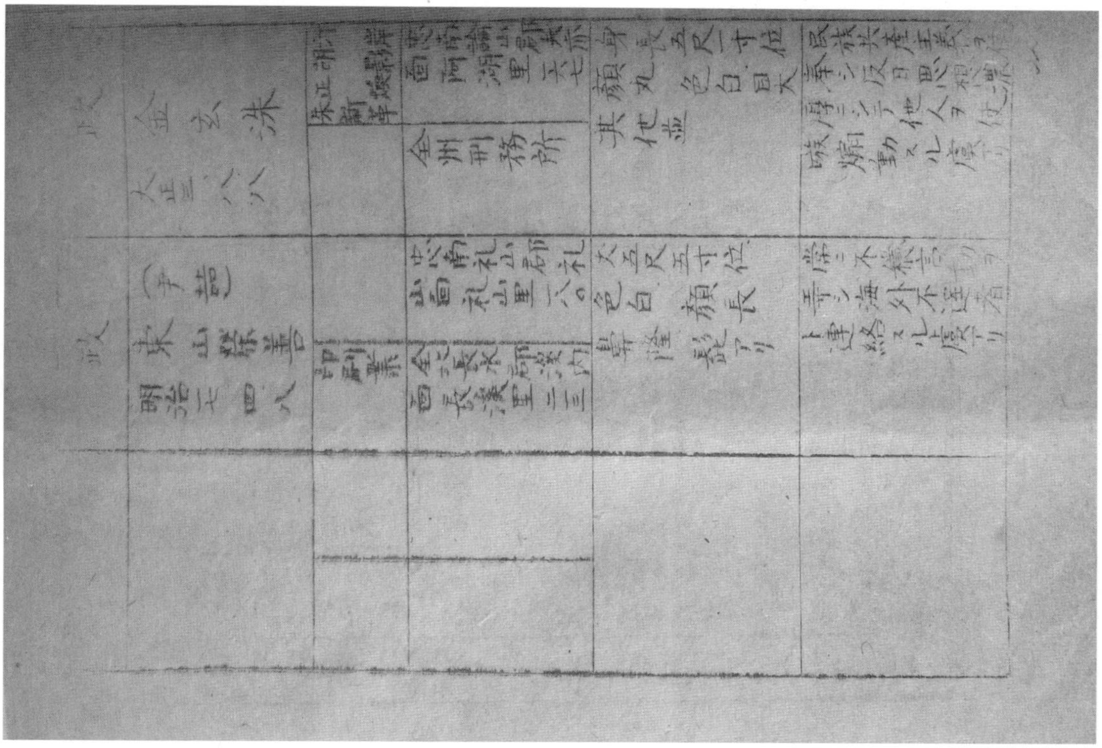

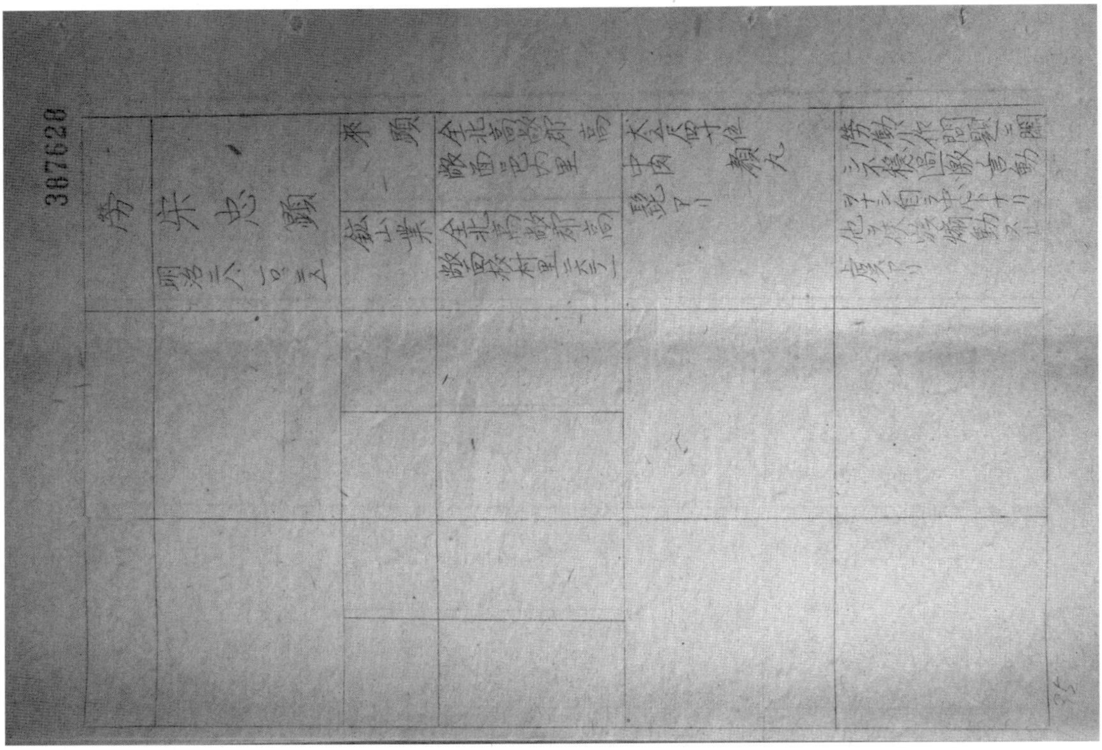

387628

勞

宋忠顯

明治三八.一〇.二三

來頭 一

鑛山業

全北高敞郡高敞面邑内里

全北高敞郡高敞面校村里二六ノ一

六尺四寸位 中肉 顔丸 髭アリ

勞働小作問題ニ關シ不穩過激ノ言動ヲナシ自ラ中心トナリ他ヲ使嗾煽動スル虞アリ

35

387629

管内要

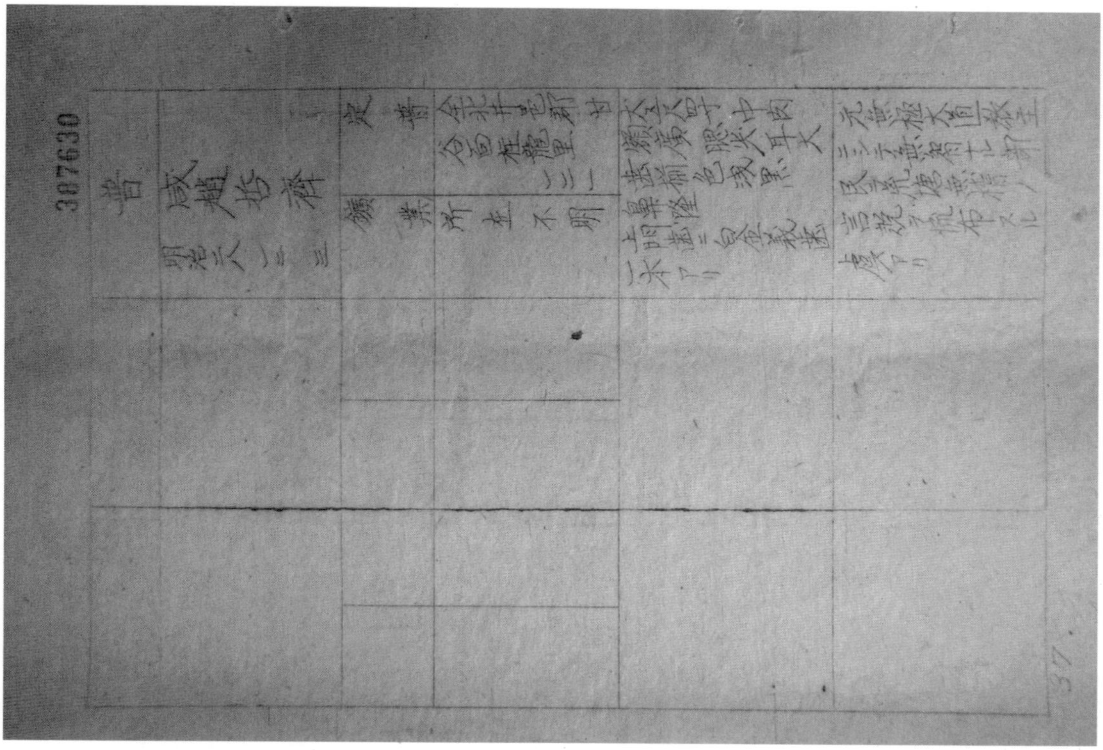
387630

387631
內
批

387632

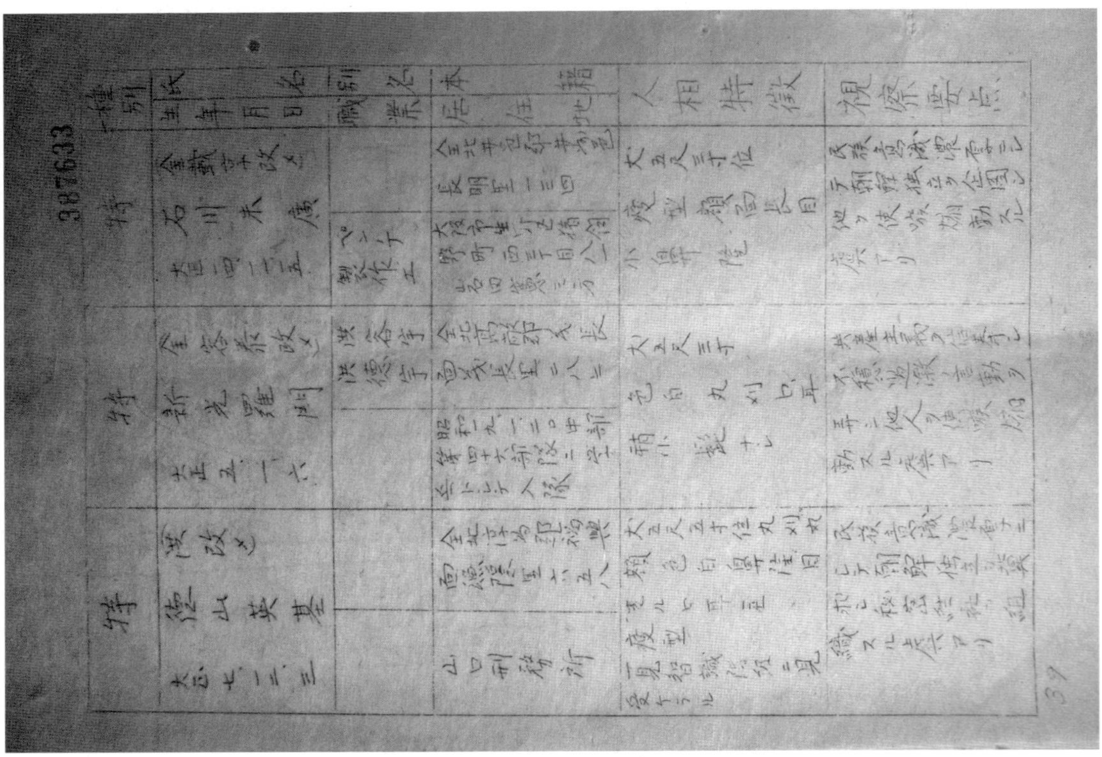
387633

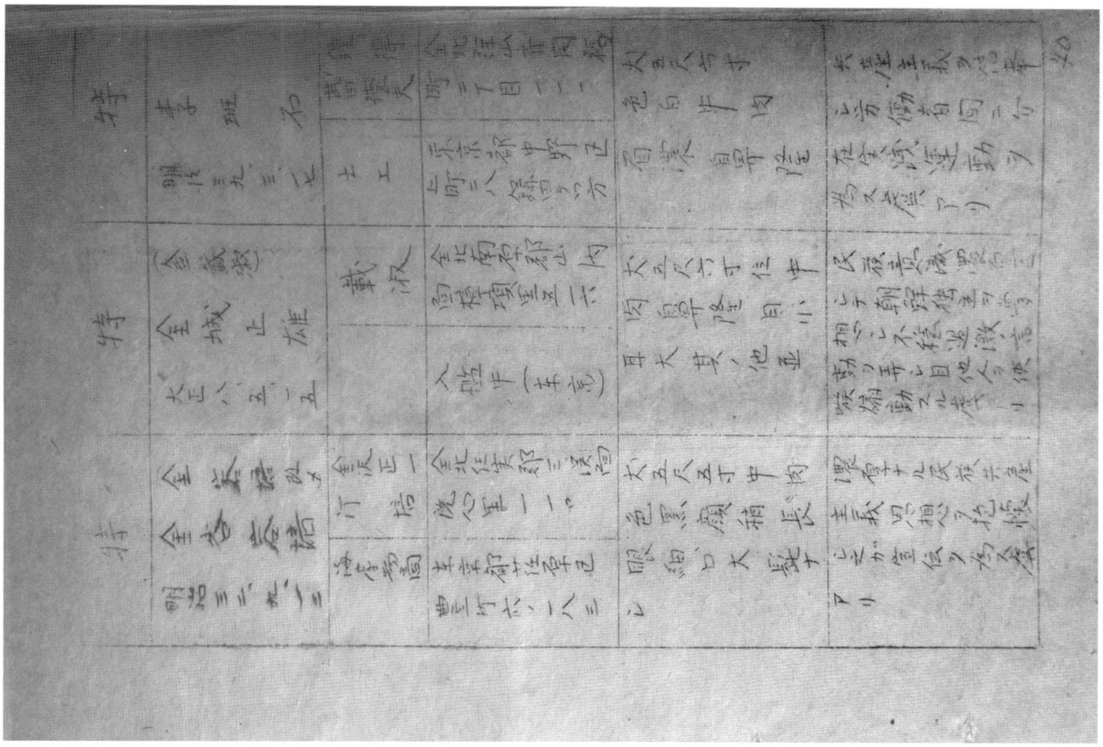

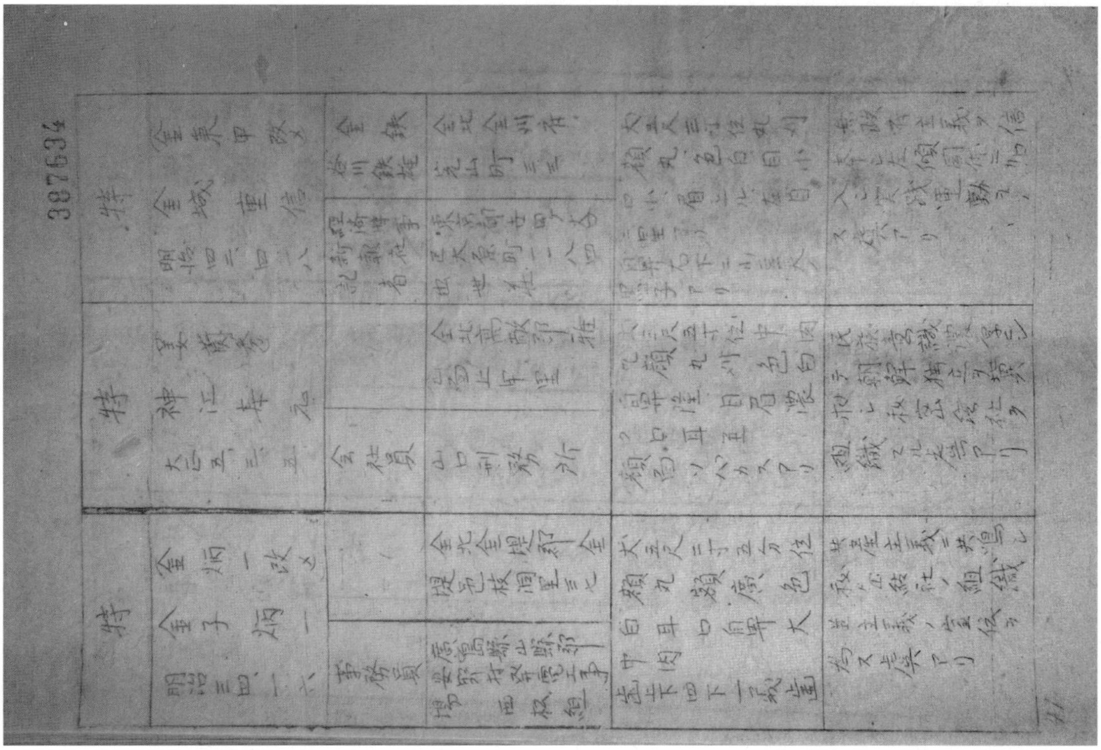

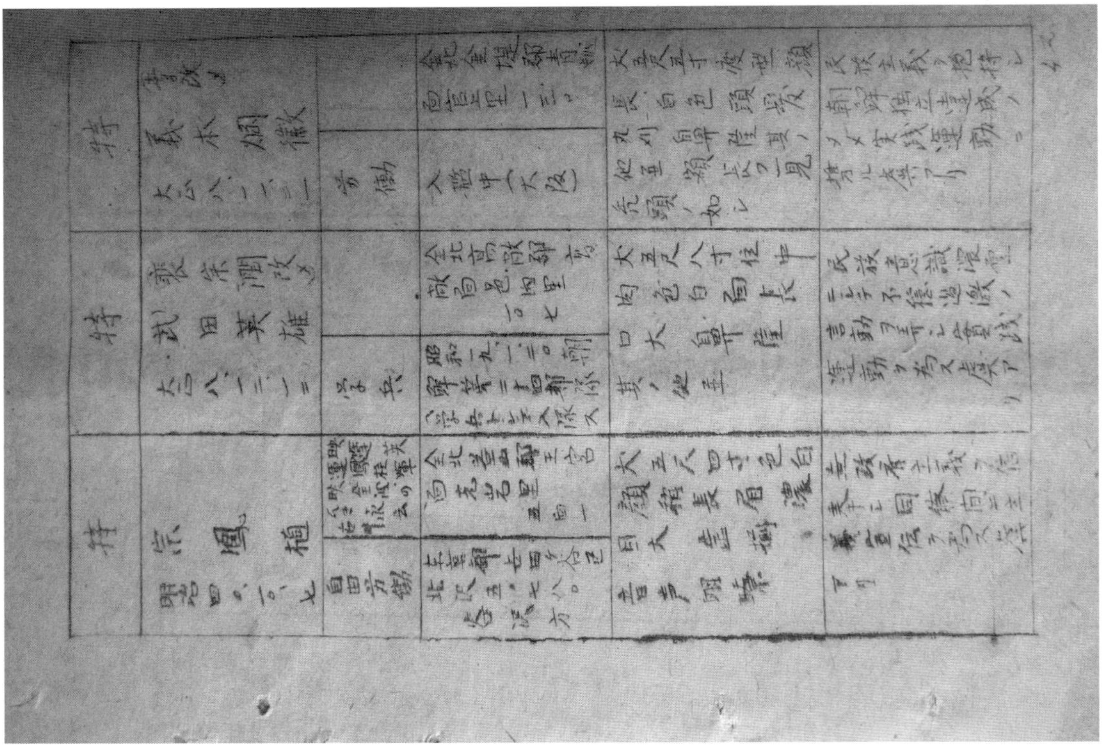

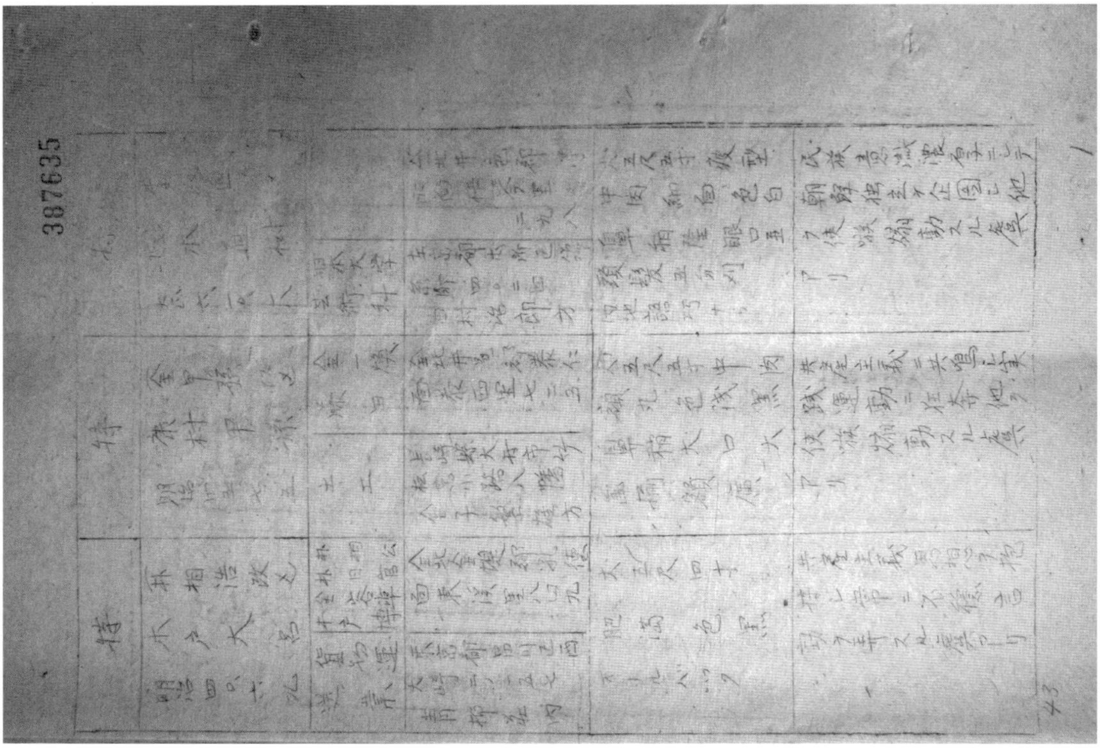

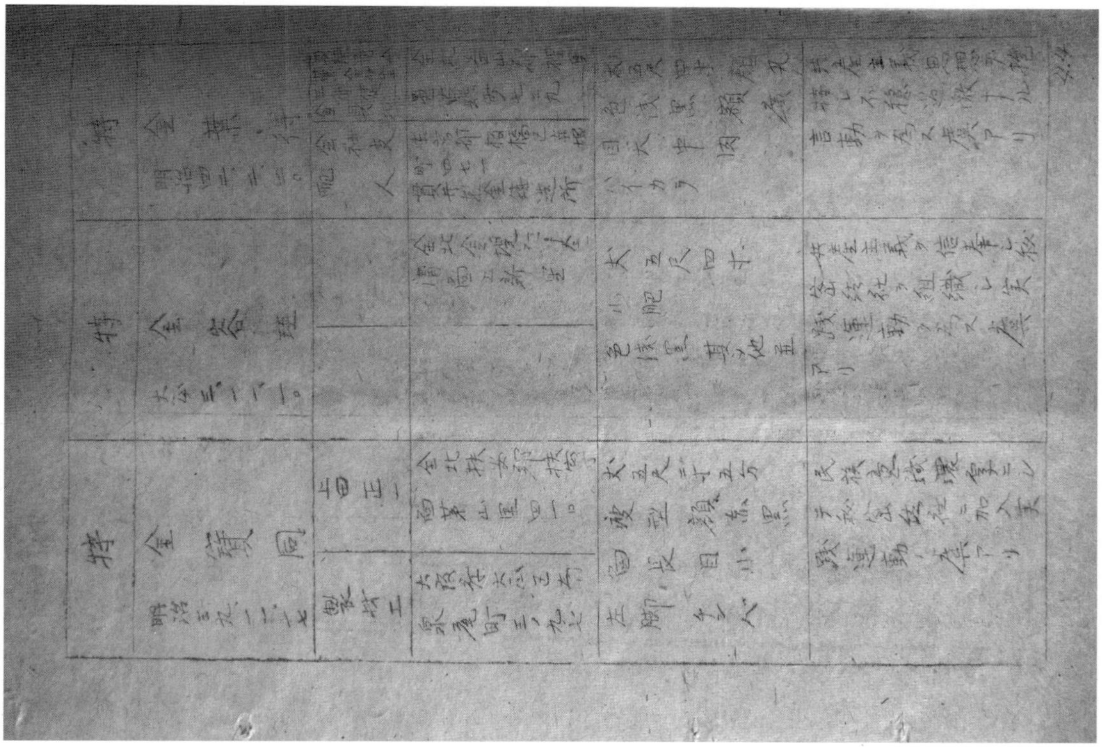

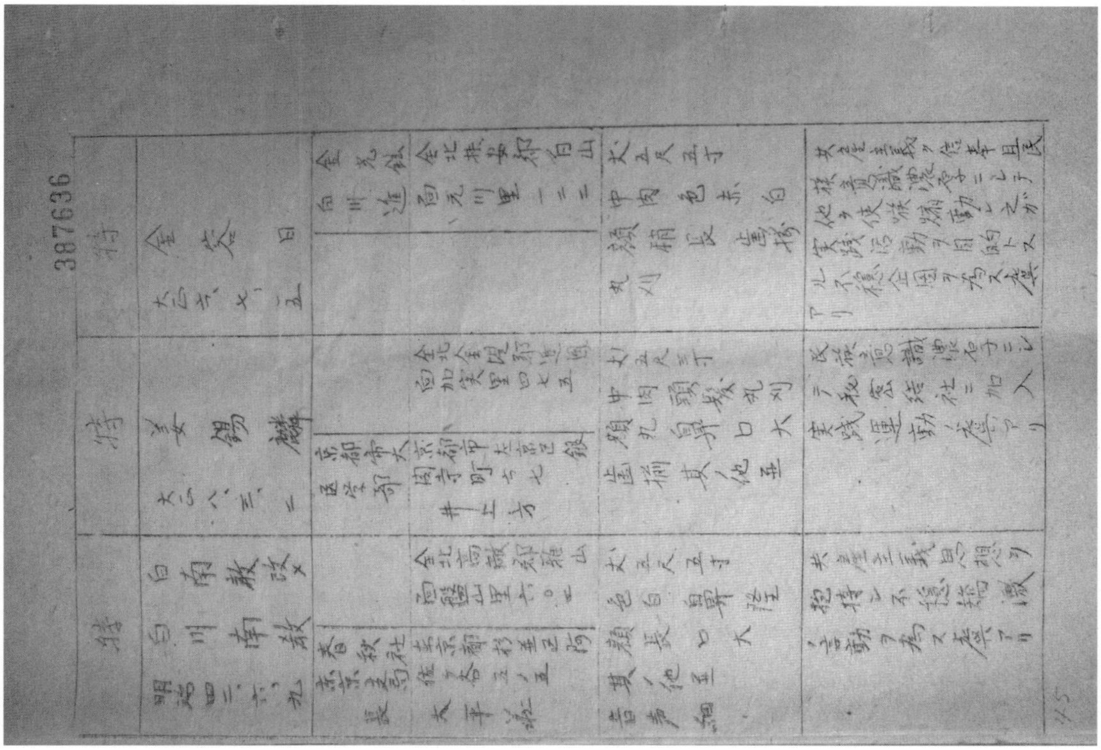

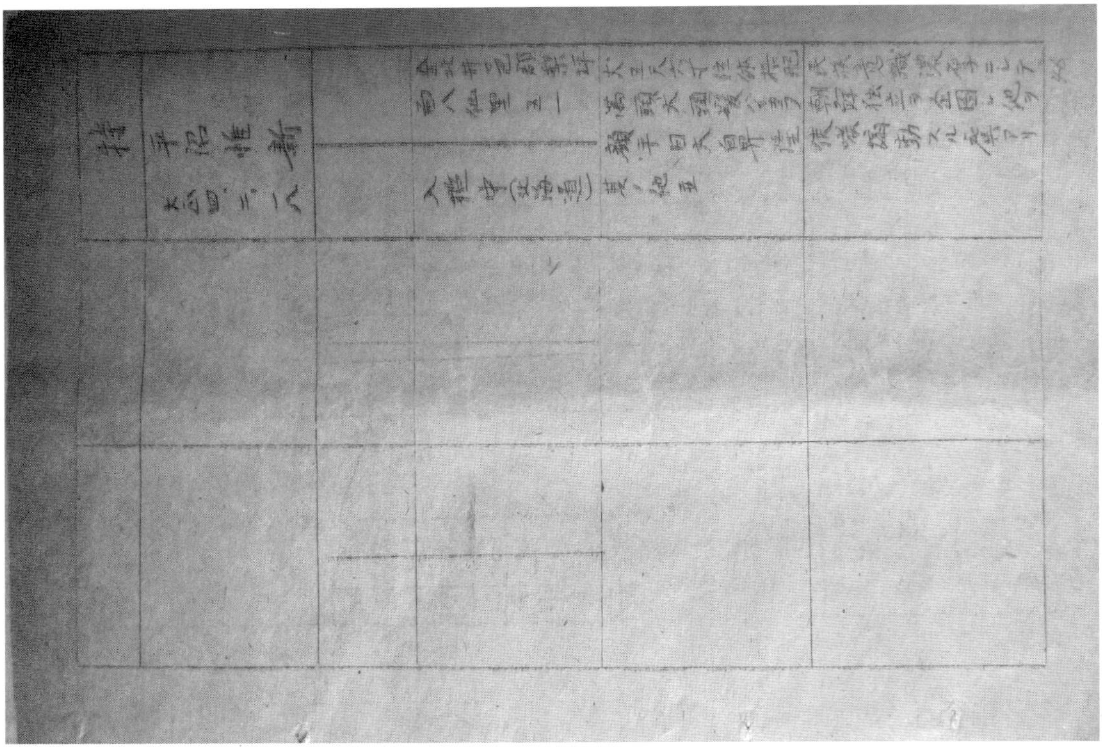

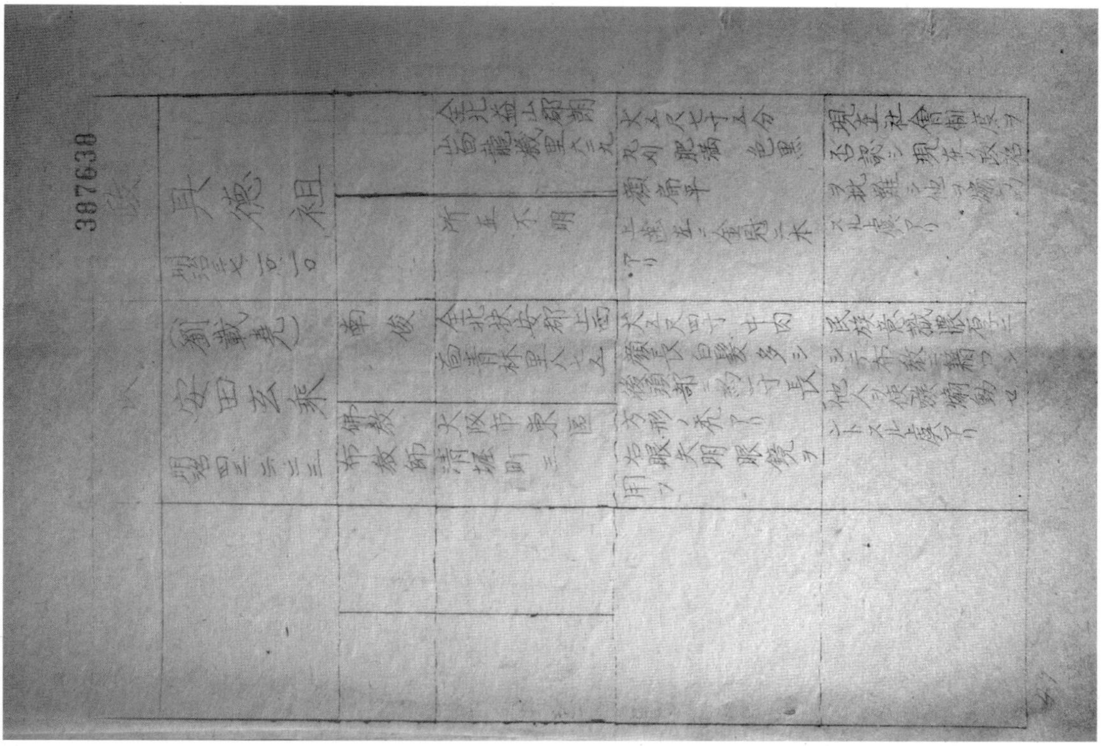

387638

吳德組
明治三七、一〇、二〇
全北益山郡朗山面龍機里六二九
所在不明
丈五尺七寸五分 丸刈 肥滿 色黑 顏扁平 上齒左ニ金冠二本アリ
現在社會制度ヲ否認シ現在ノ政治ヲ批難シ他ヲ煽動スル虞アリ

（劉載堯）
安田玄乘
明治四三、六、二三
南俊
佛教布教師
全北扶安郡上西面青林里八七五
大阪市東區清堀町三
丈五尺四寸 中肉 顏長ク白髮多シ 後頭部ニ約一寸長方形ノ禿アリ 右眼失明眼鏡ヲ用フ
民族意識濃厚ニシテ布教ニ藉口シ他人ヲ使嗾煽動セントスル虞アリ

387639

內地ノ普要

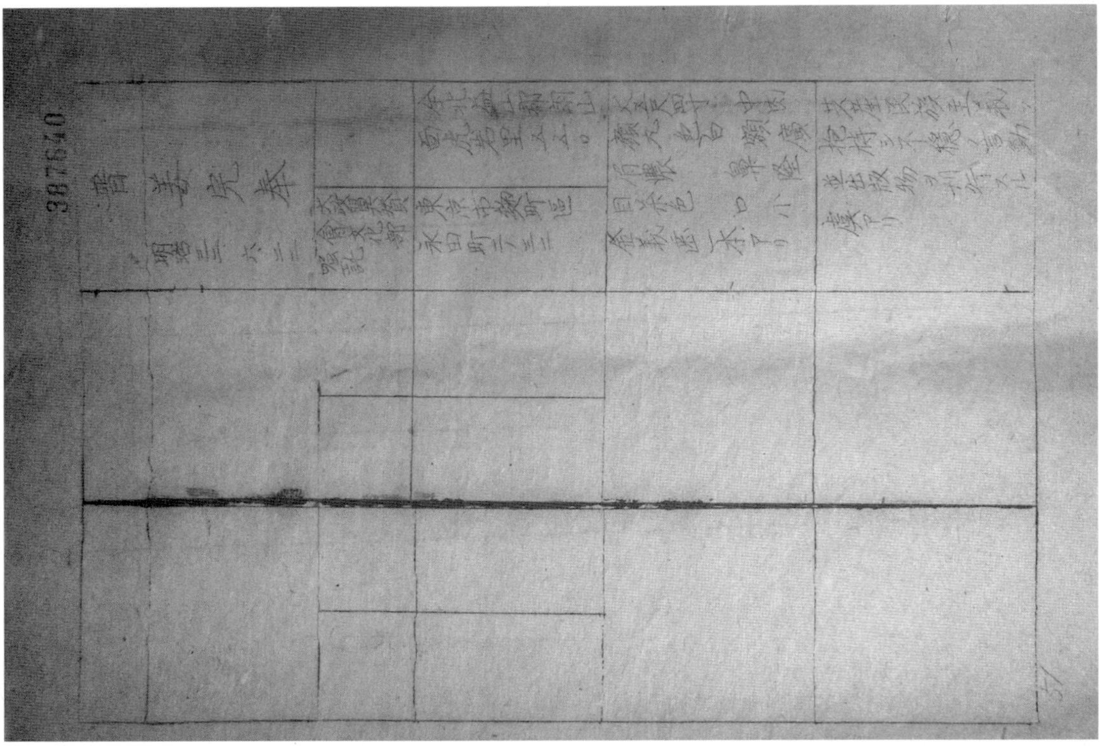
387640

387641

387642

國外特要

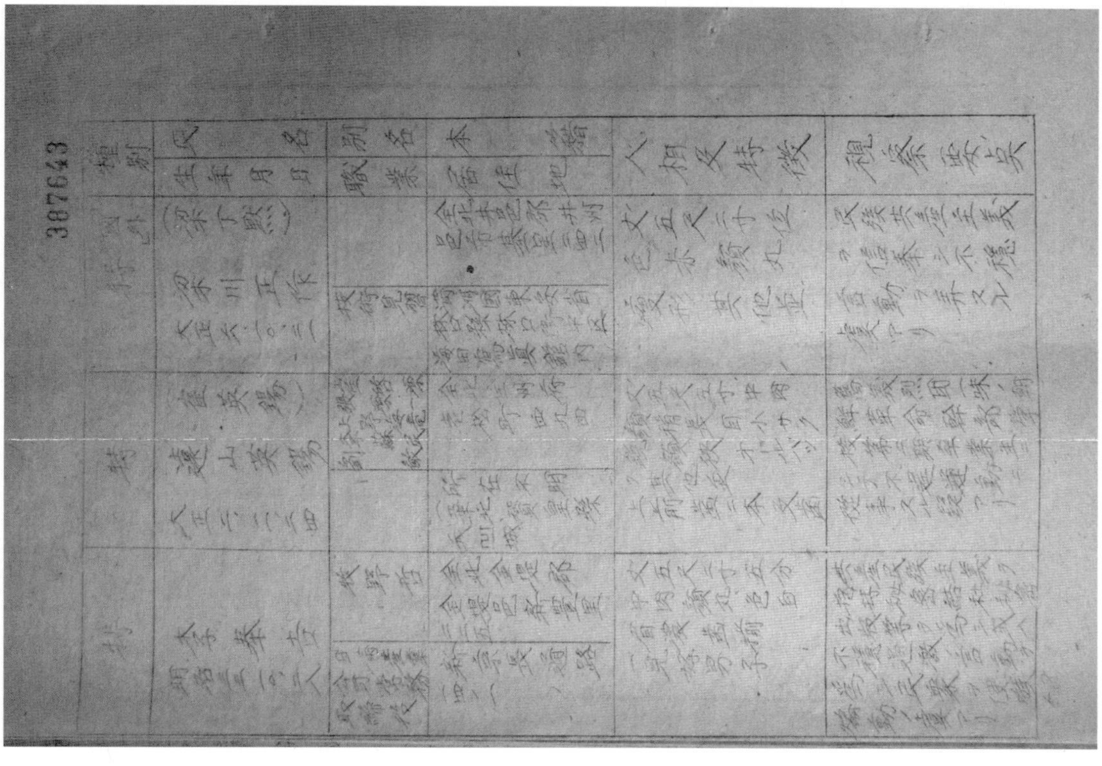

387643

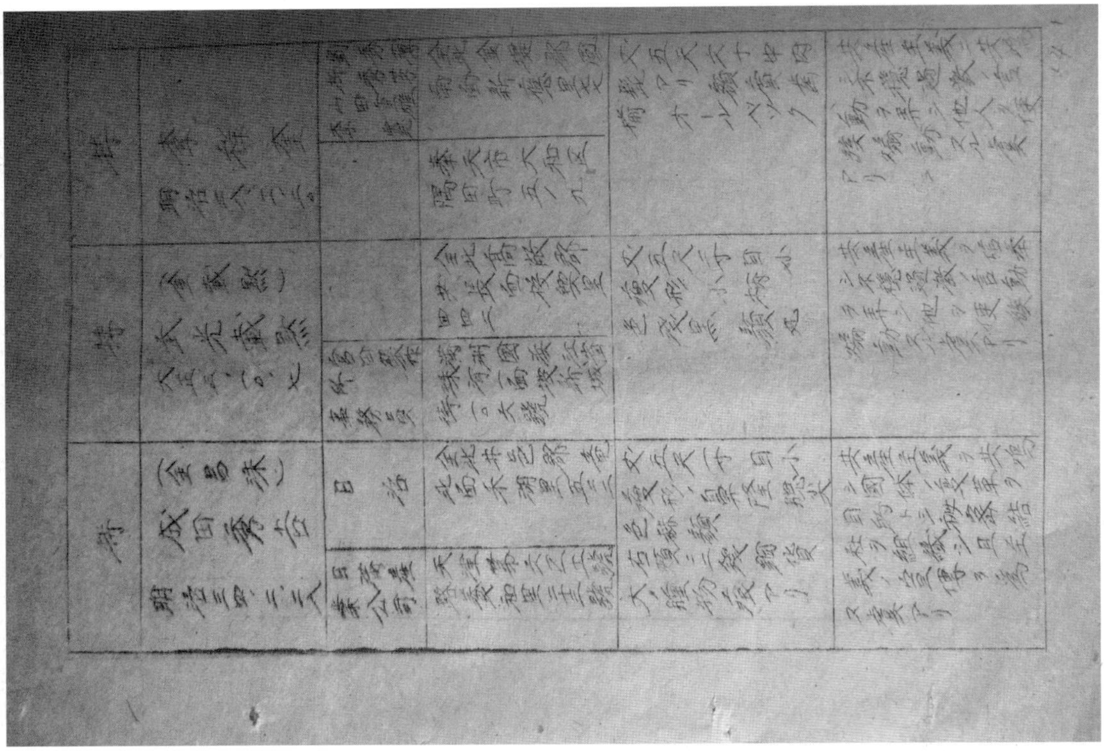

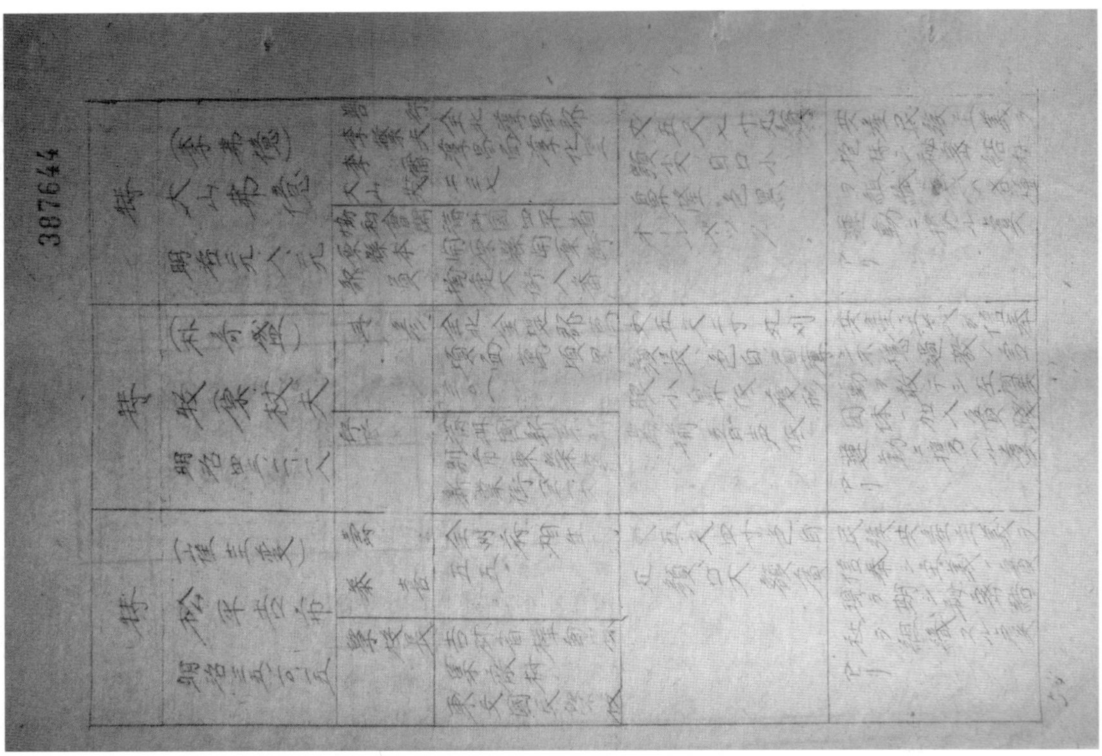
387644

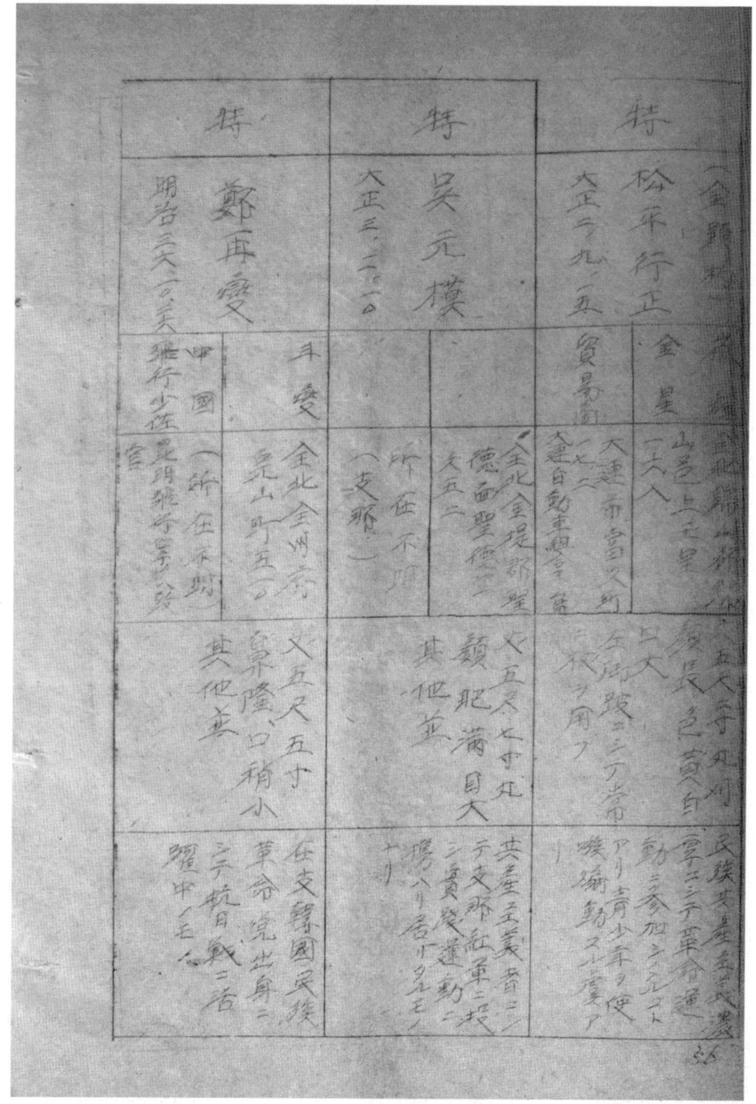

特	(金顯松) [illegible] 松平行正 大正二、九、五	金星 / 貿易商	山邑上元里一六八 / 大連市富久町一七二 大連自動車學舍	五尺三寸 丸刈 顔長 色黄白 口大 左脚跛ニシテ常ニ杖ヲ用フ	民族共産主義ヲ懐ニシテ革命運動ニ参加シタルコトアリ青少年ヲ使嗾煽動スル虞アリ
特	吳元模 大正三、二、一〇		全北金堤郡聖徳面聖徳里一〇五二 / 所在不明(支那)	丈五尺七寸 丸顔 肥満 目大 其他並	共産主義者ニシテ支那紅軍ニ投シ責務運動ニ携ハリ居リタルモノナリ
特	鄭再愛 明治三六、一〇、二六	手愛 / 中國飛行少佐	全北全州府完山町五〇 / (所在不明) 昆明飛行學校教官	丈五尺五寸 鼻隆、口稍小 其他並	在支韓國民族革命党出身ニシテ抗日戦ニ活躍中ノモノ

56

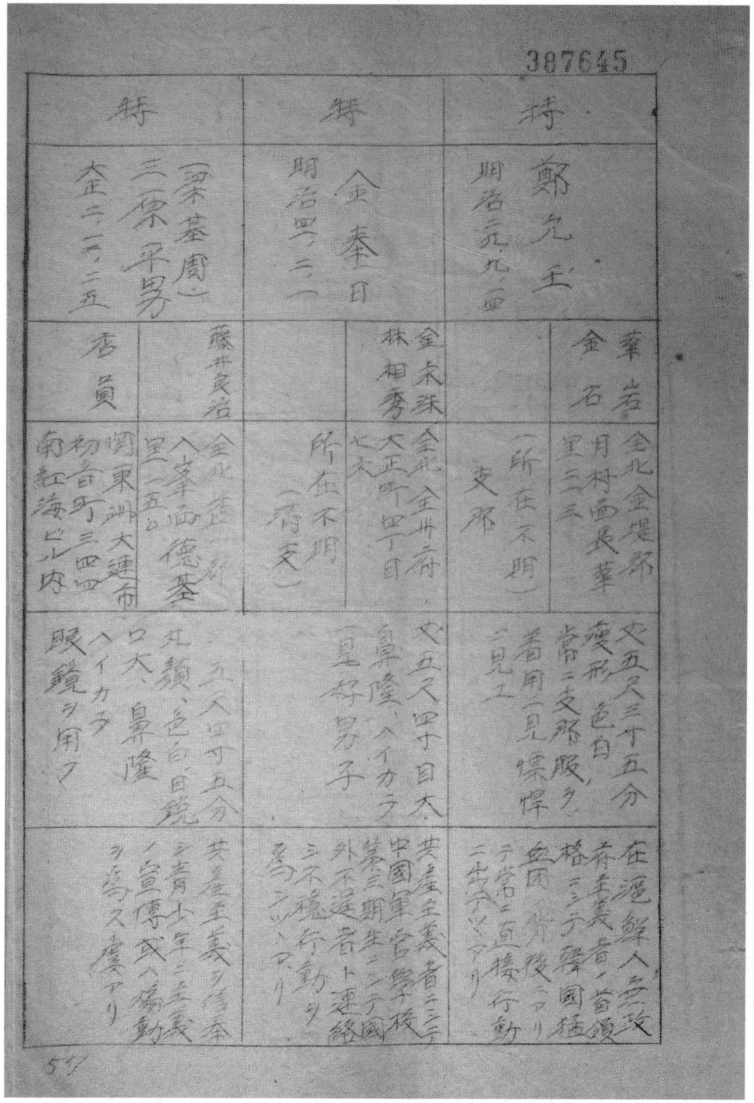

387645

特	鄭允壬 明治二九、九、四	華岩 / 金石	全北金堤郡月村面長華里三三 / (所在不明) 支那	丈五尺三寸五分 痩形 色白 常ニ支那服ヲ着用シ見慓悍ニ見ユ	在滬鮮人無政府主義者ノ首領格ニシテ韓國猛血団ノ背後ニアリテ常ニ直接行動ニ出テツヽアリ
特	金奉日 明治四〇、二、一	金永珠 林相秀	全北全州府大正町四丁目七〇 / 所在不明(南支)	丈五尺四寸 目大 鼻隆、ハイカラ (見好男子)	共産主義者ニシテ中國軍官學校第三期生ニシテ國外不逞者ト連絡シ不穏行動ヲ爲シツヽアリ
特	(梁基周) 三原平男 大正二、一二、二五	藤井良治 / 店員	全北益山郡八峯面徳基里一五〇 / 関東州大連市初音町三四四 南紅海ビル内	丈五尺四寸五分 丸顔、色白 目鋭 口大、鼻隆 ハイカラ 眼鏡ヲ用フ	共産主義ヲ信奉シ青少年ニ主義ノ宣傳或ハ煽動ヲ爲ス虞アリ

57

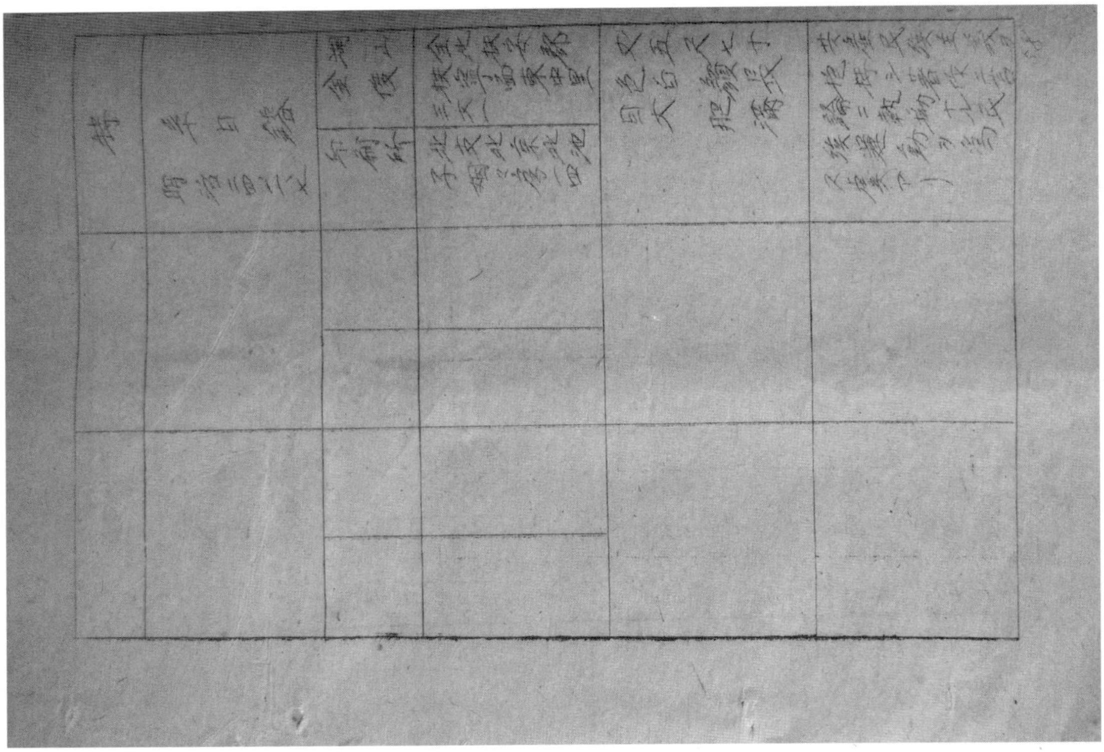

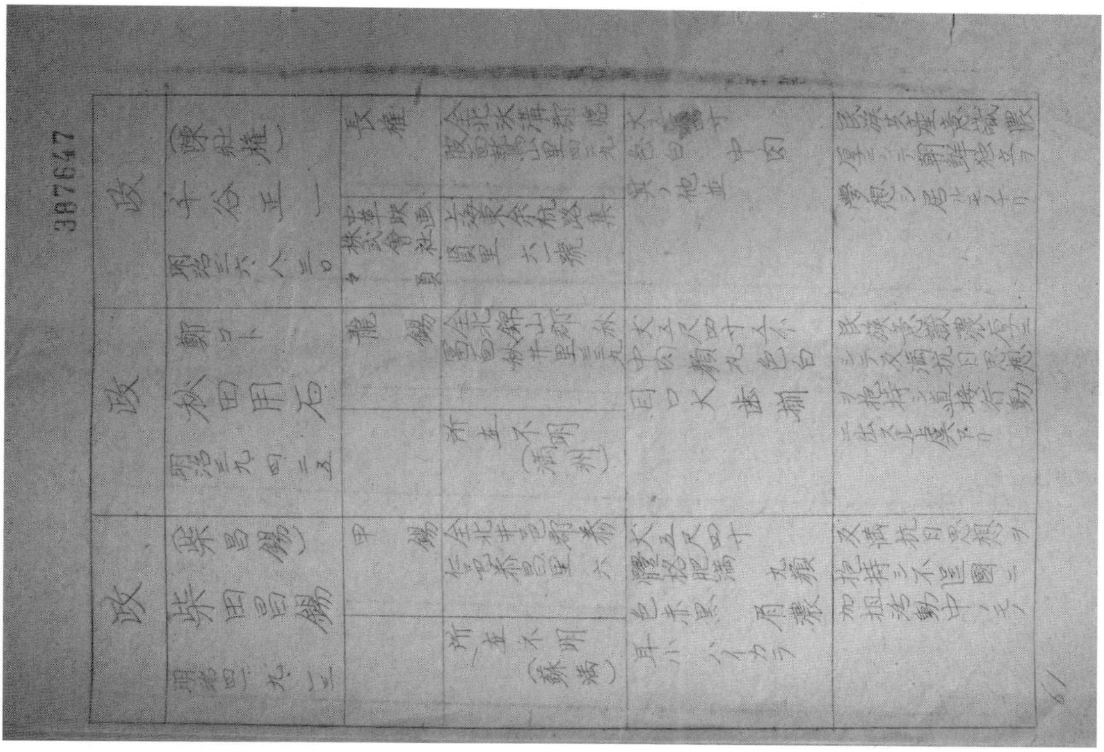
387647

387648
外事

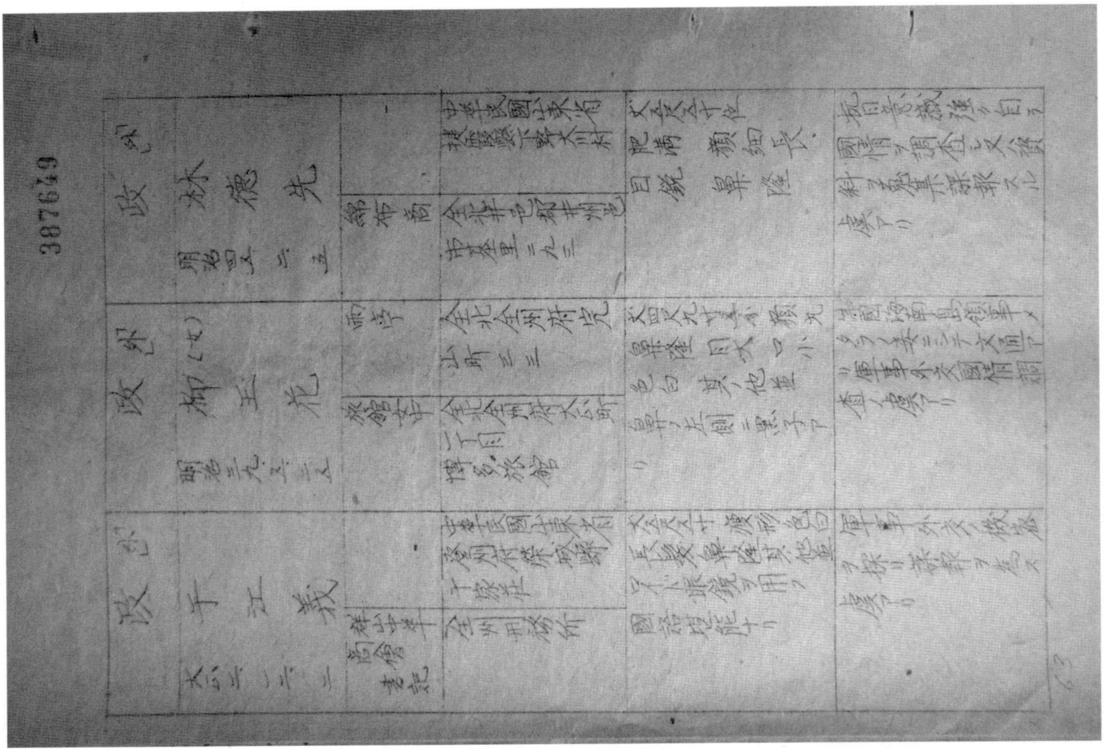
387649

1945년 3월

조선인요시찰인약명부

경상남도

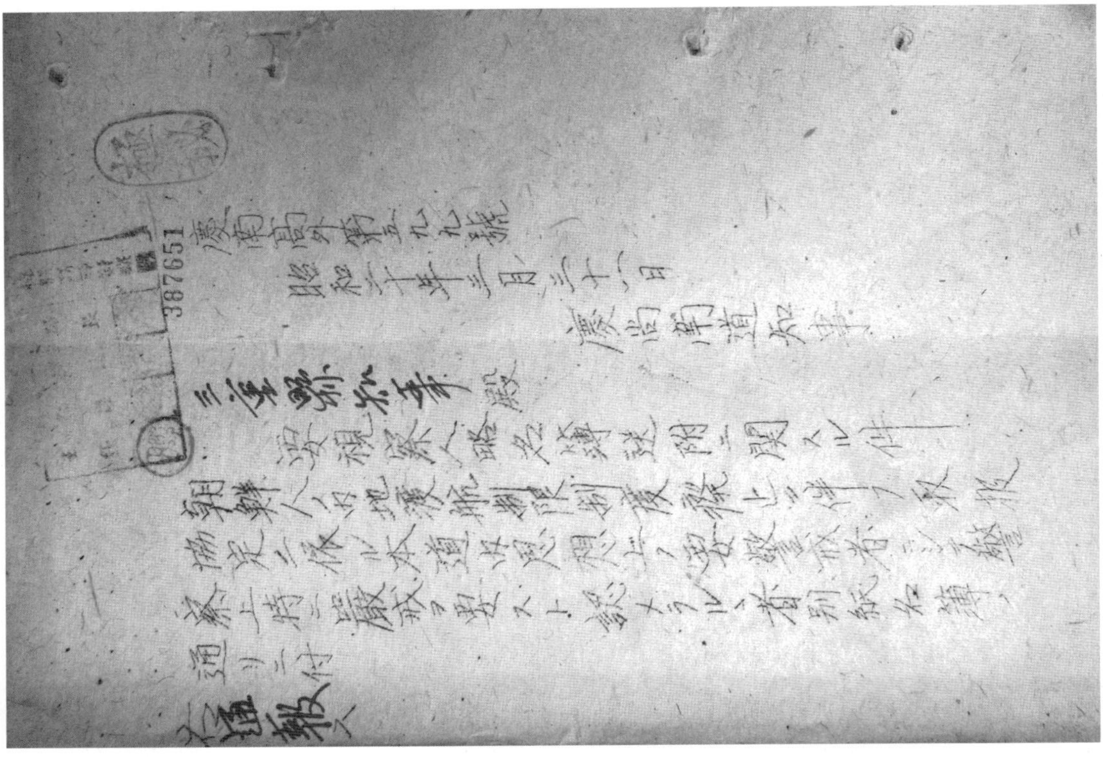

387651

慶南高外秘第五九九號

昭和二年三月三十一日

慶尚南道知事

387650

昭和二年三月

要視察人略名簿

慶尚南道

387652

種別	氏名	旧名
特要	梁川昌允	梁昌允
〃	平山弘	申才弘
〃	泉山牧夫	姜大鉄
〃	西原徹	曹世譚
〃	盧在甲	盧在甲
〃	安田常敎	安常喆
〃	長志助	張斗耀
〃	高山敬仁	高敬仁
〃	德寶健一	金秉健
〃	許山美東	李美東

種別	氏名	旧名
特要	宮山翔起	崔翔起
〃	金井瑞	金永瑞
〃	三本茂生	朴大甲
〃	吉山英一	權大衡
〃	龍宮清	金炳洪
〃	崔村台鎬	崔台鎬
〃	三輪環尚	河環尚
〃	兪龍穆	高宗
〃	杉山台淑君	張台星
〃	大山眞一郎	慎弦重

種別	氏名	旧名
特要	金本時平	金正奎
〃	山佳學栓	崔學栓

種別	氏名	旧名

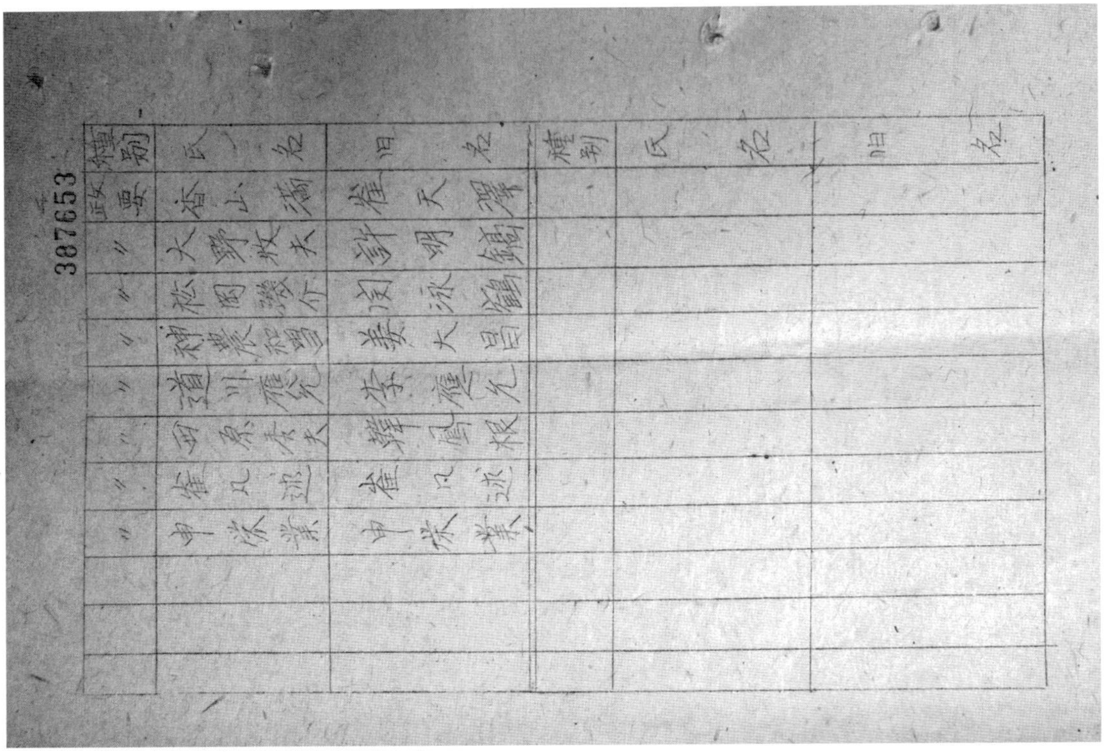
387653

種別	氏名	旧名
正要	香山濤	崔天澤
〃	大野牧夫	許明鎬
〃	松岡潤介	劉泳鶴
〃	神農[illegible]	姜大昌
〃	青川雅允	李雅允
〃	西原泰夫	韓鳳根
〃	崔凡述	崔凡述
〃	申滐業	申滐業

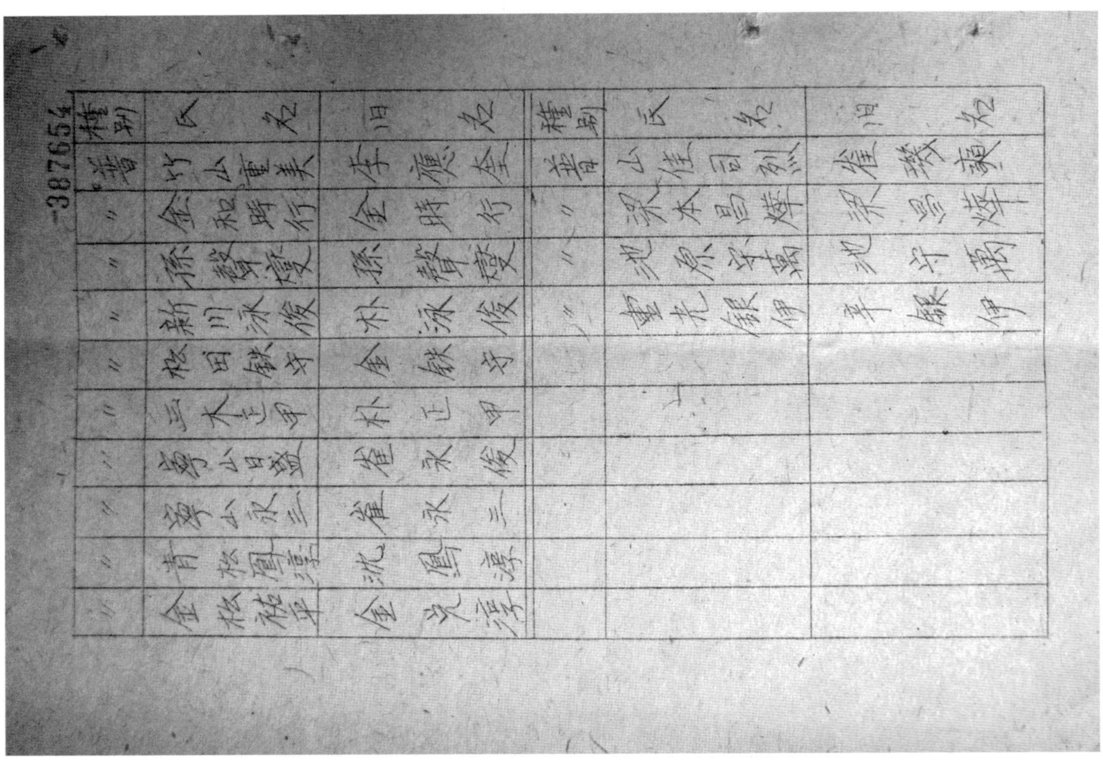
387654

種別	氏名	旧名
[illegible]	竹山重義	李雁杰
〃	金和時行	金時行
〃	孫聲寬	孫聲寬
〃	新川泳俊	朴泳俊
〃	松田鉄守	金鉄守
〃	三木正甲	朴正甲
〃	岩山昌俊	崔永俊
〃	岩山永三	崔永三
〃	青松鳳孝	沈鳳孝
〃	金松龍	金光浩

種別	氏名	旧名
[illegible]	山佳司烈	崔蒼燦
〃	梁本昌燦	梁昌燦
〃	沈原守萬	沈守萬
〃	李光鎭伊	李鎭伊

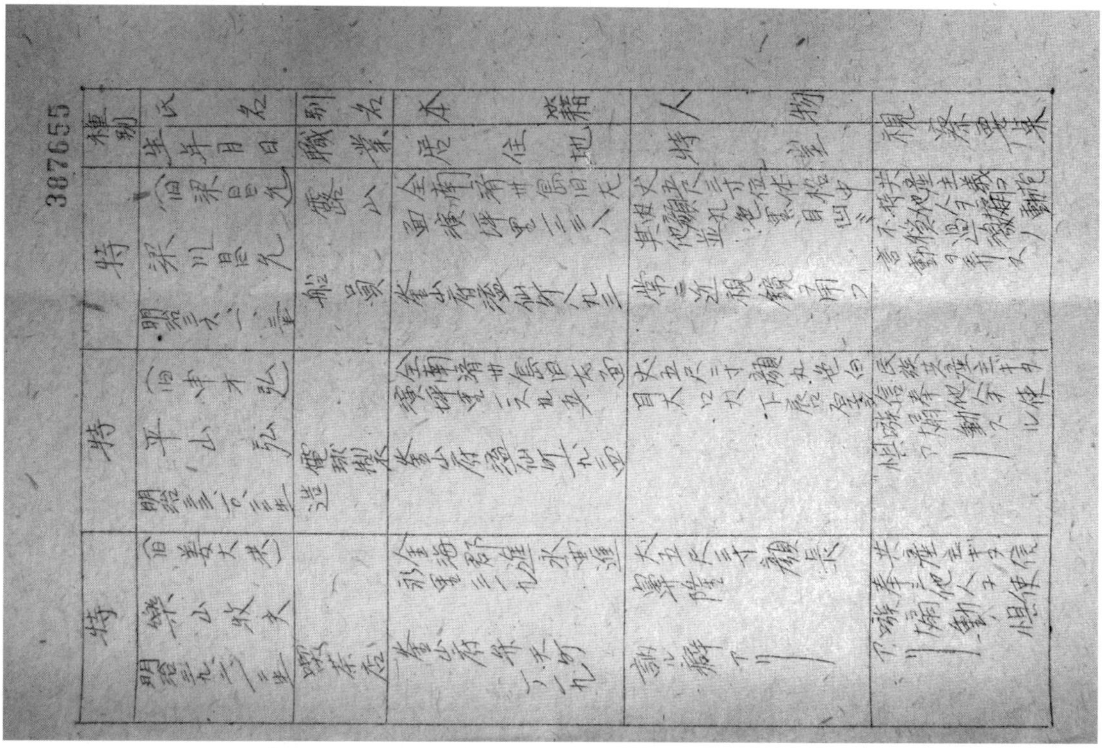

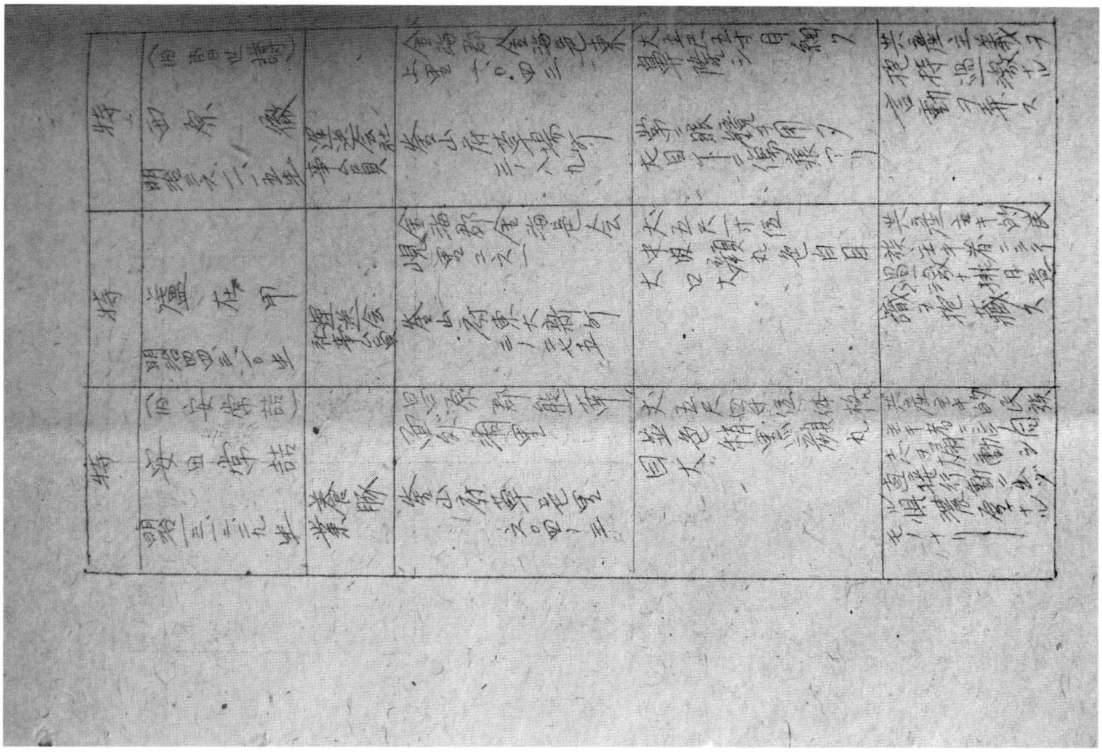

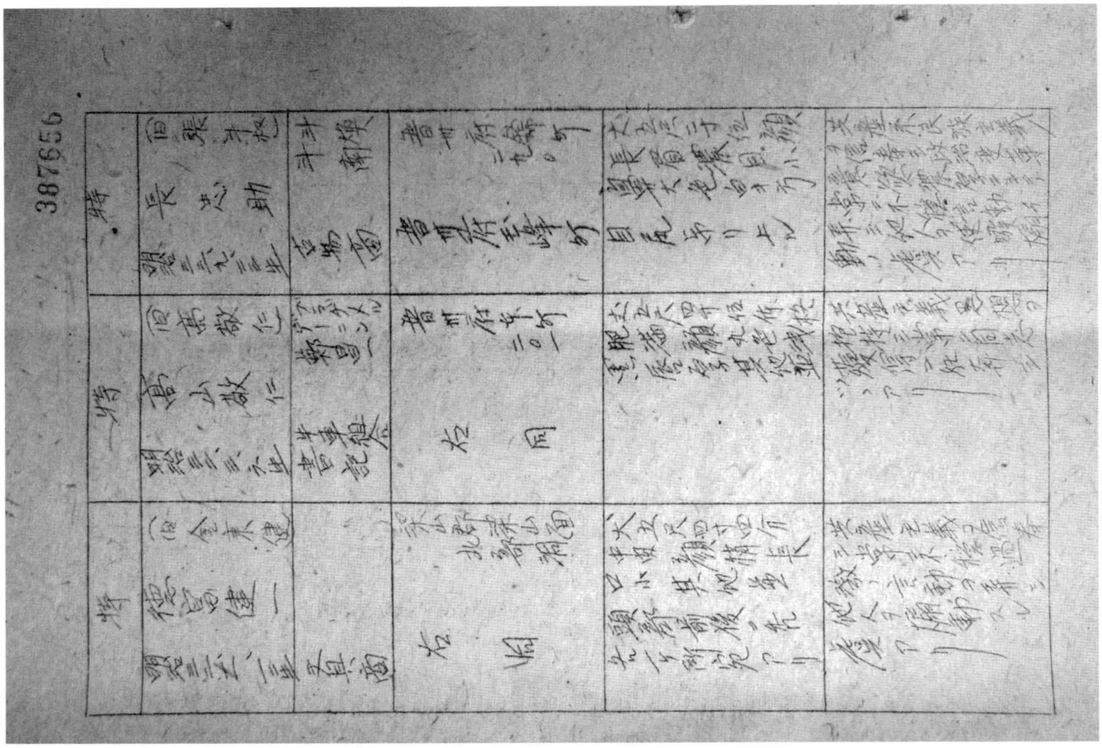
387656

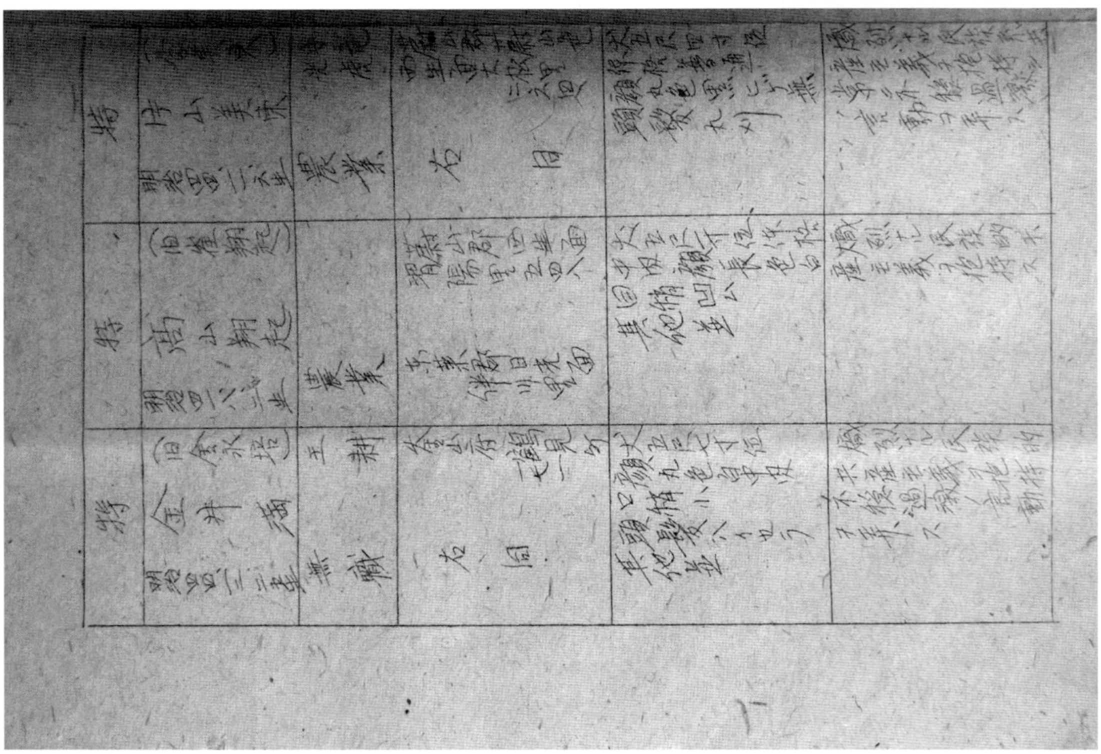

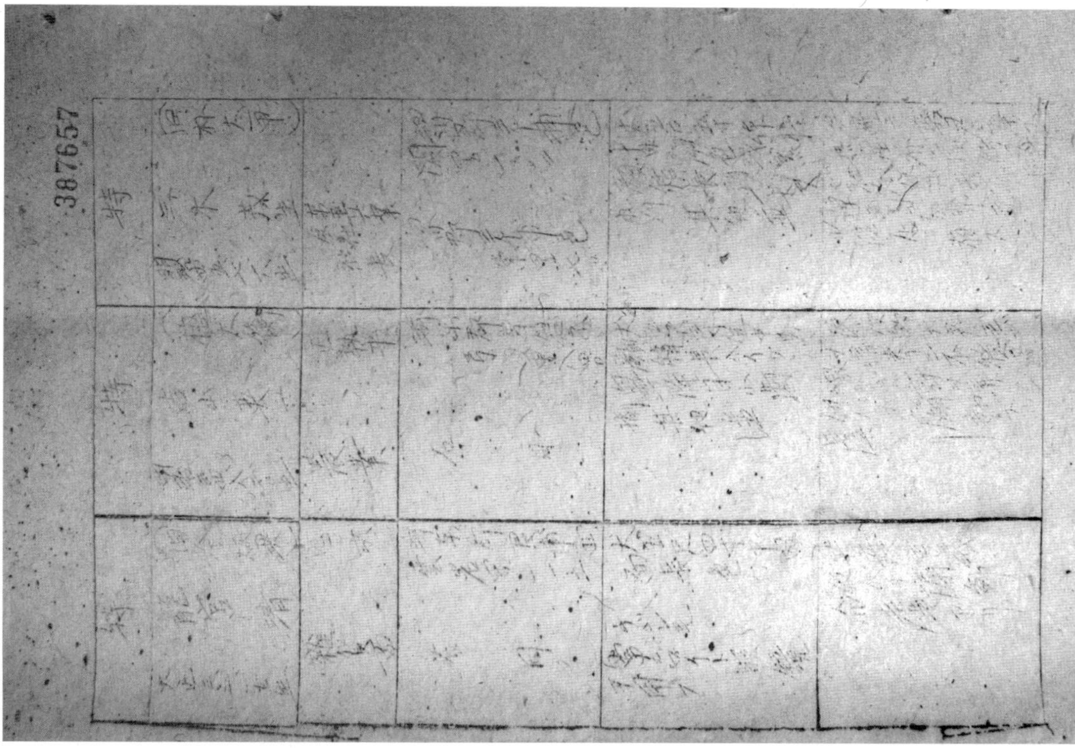

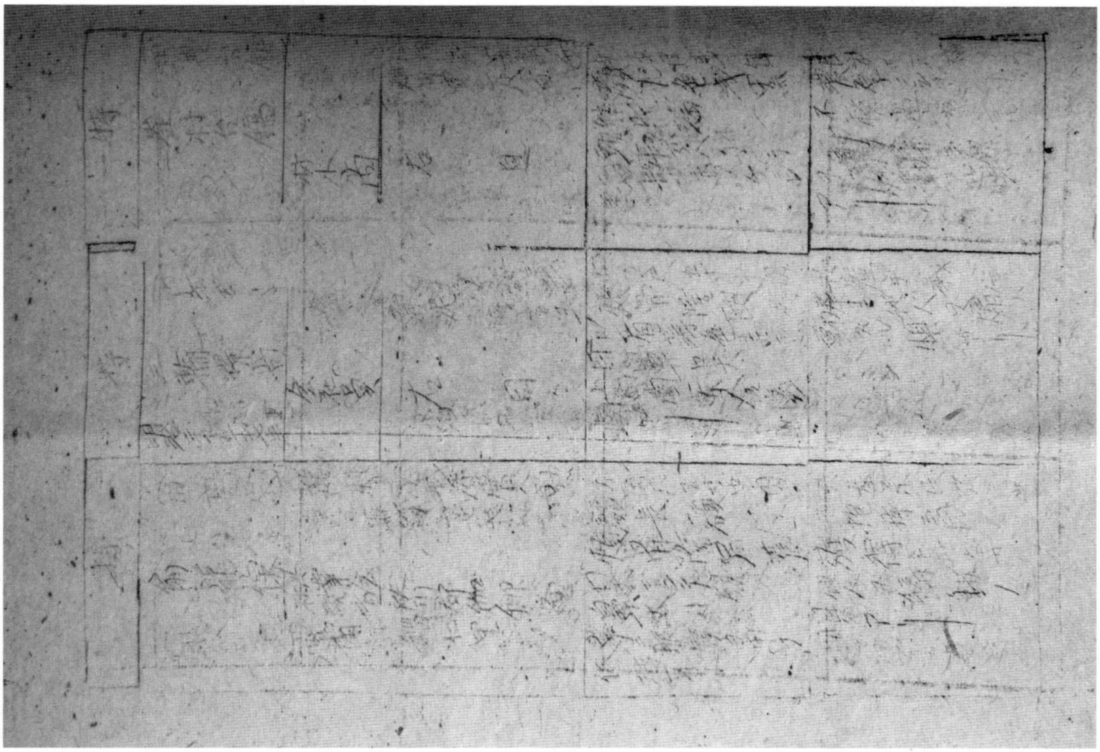

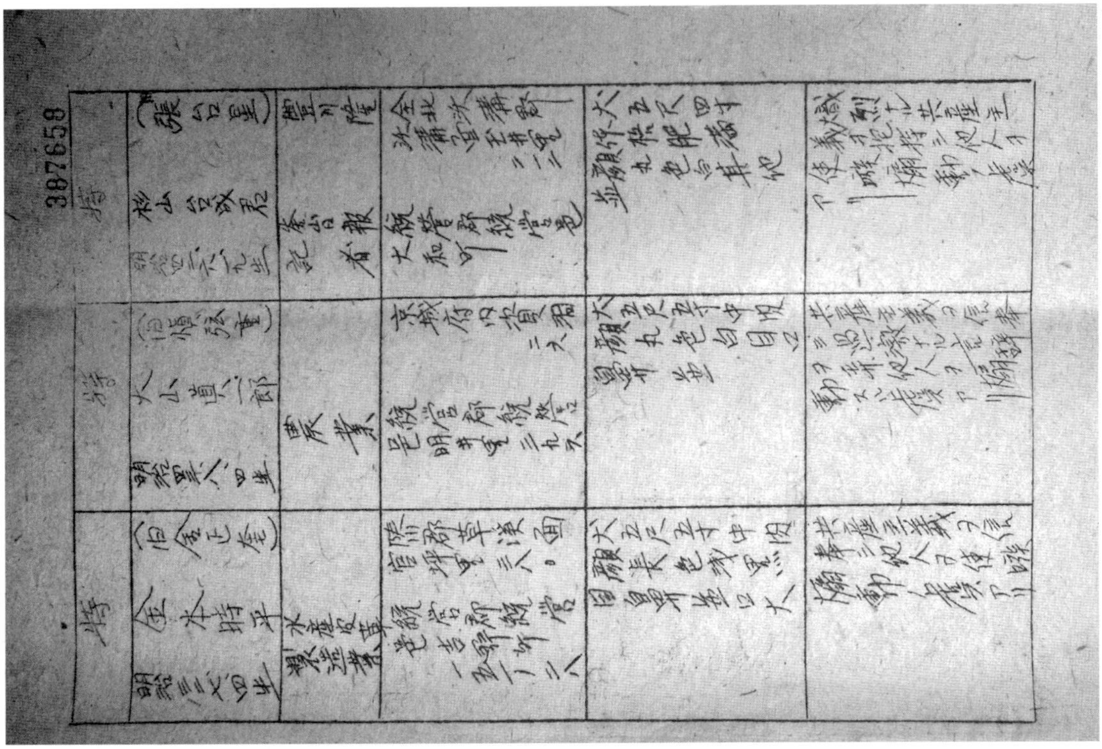
387658

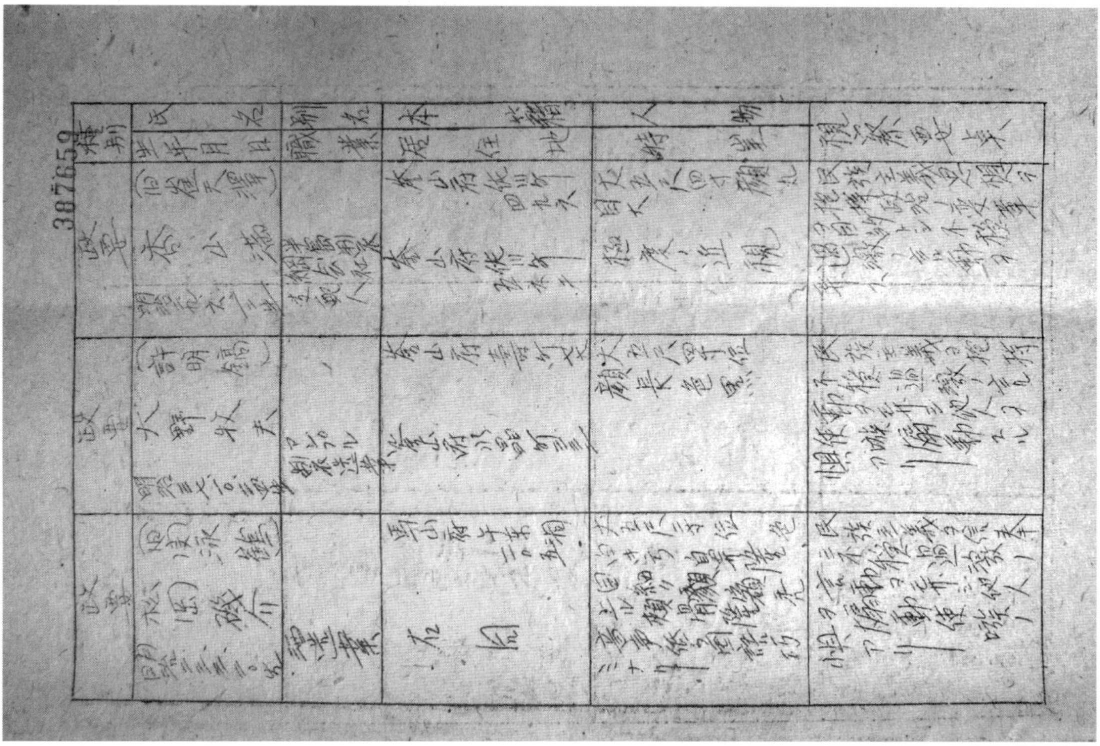

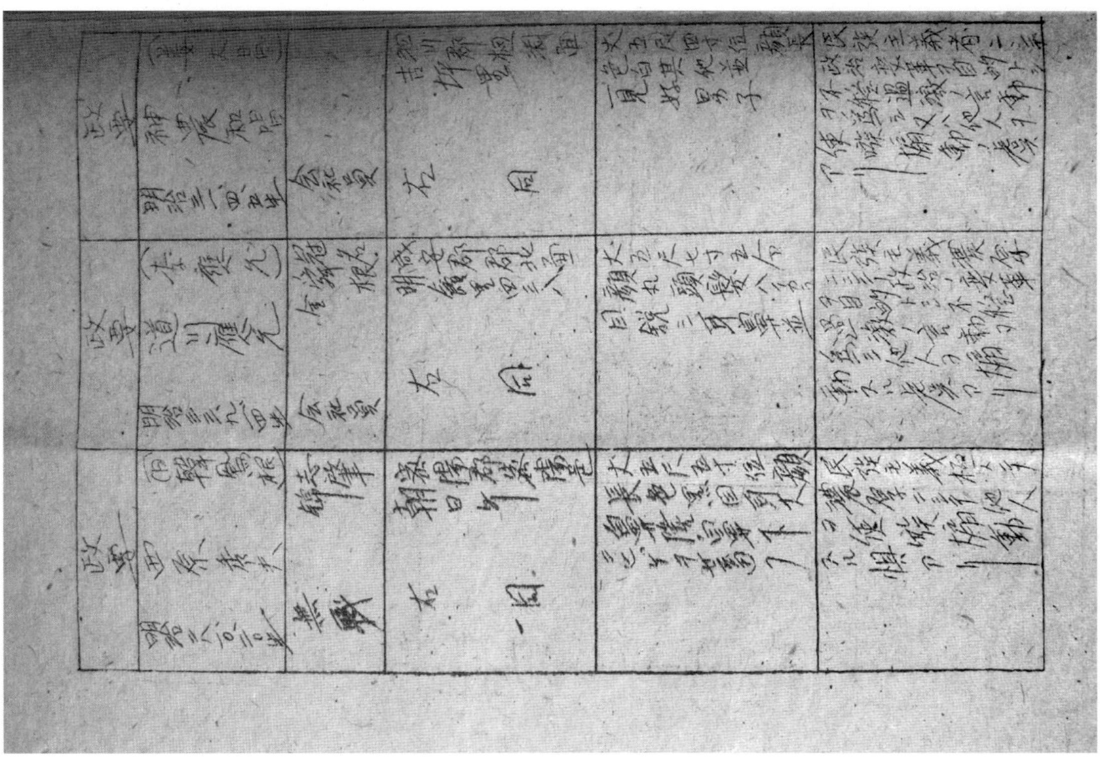

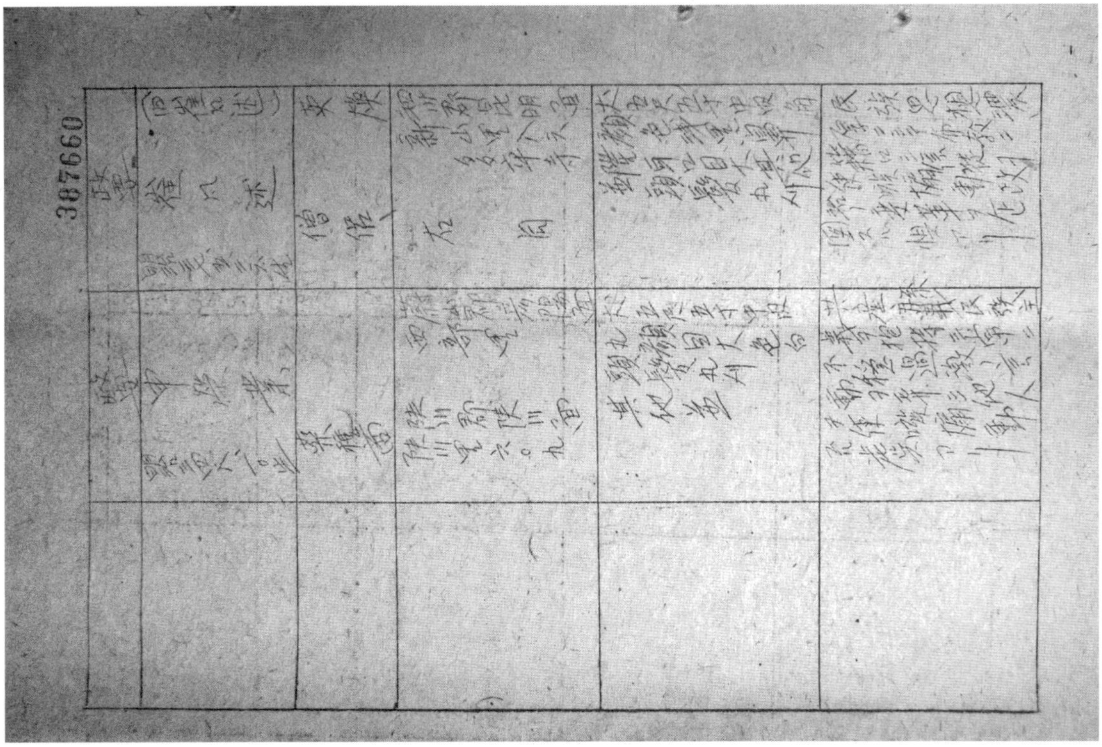

387660

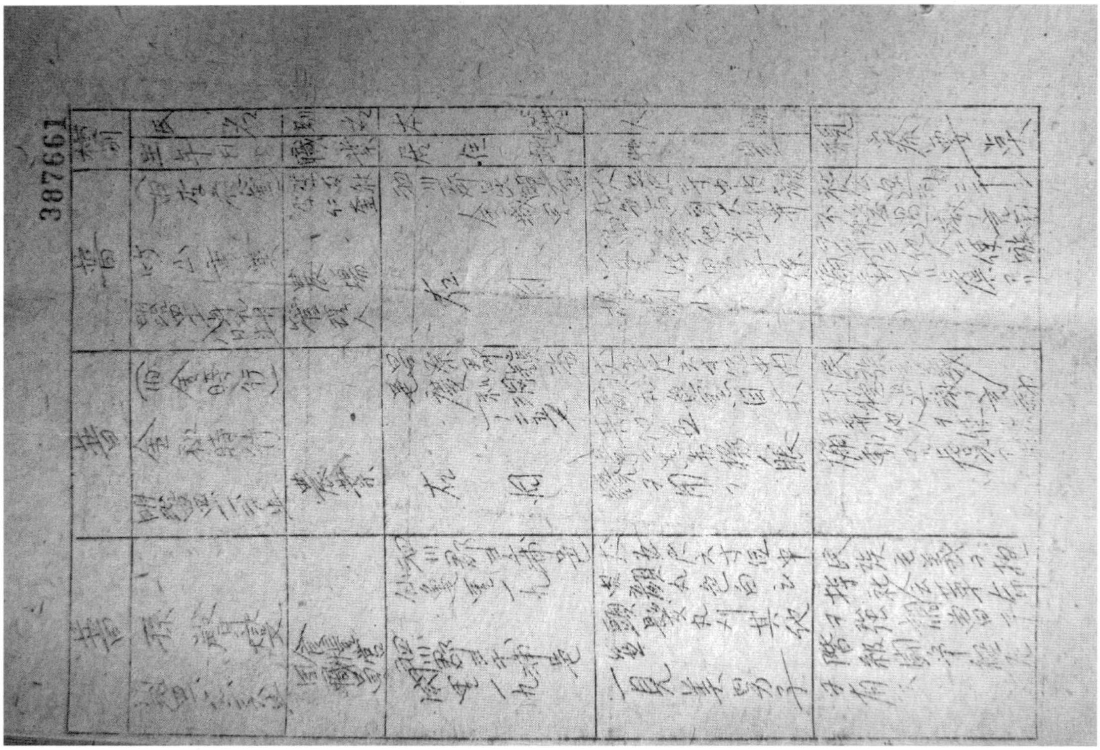

387661

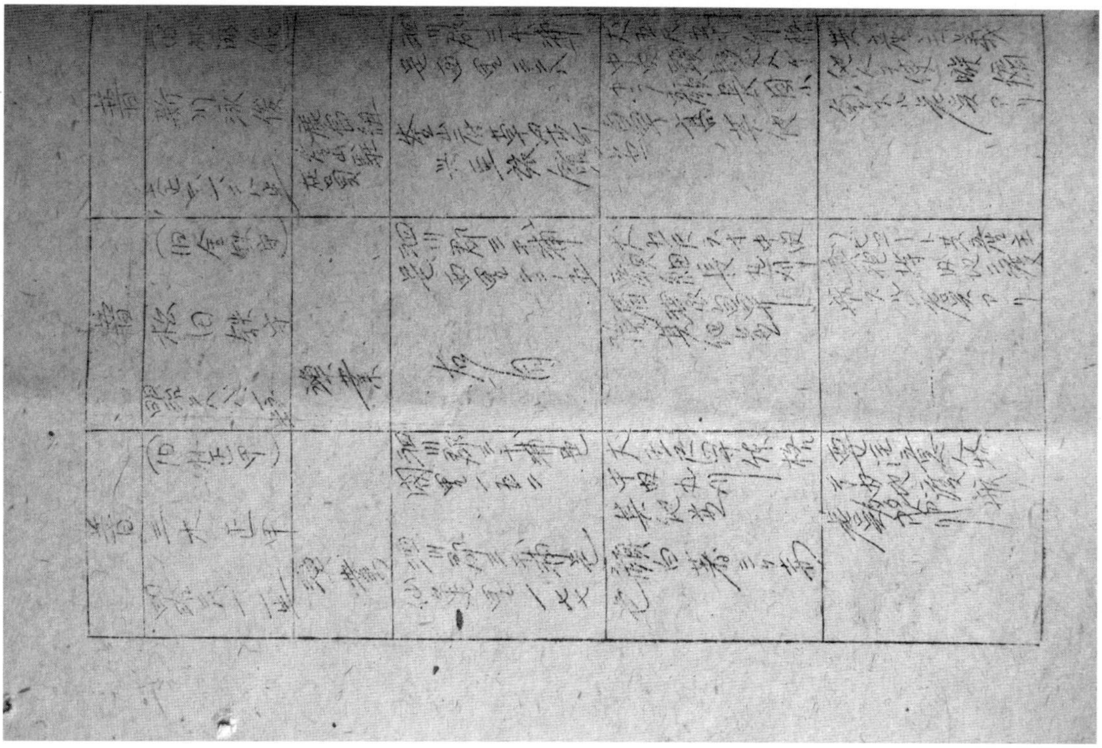

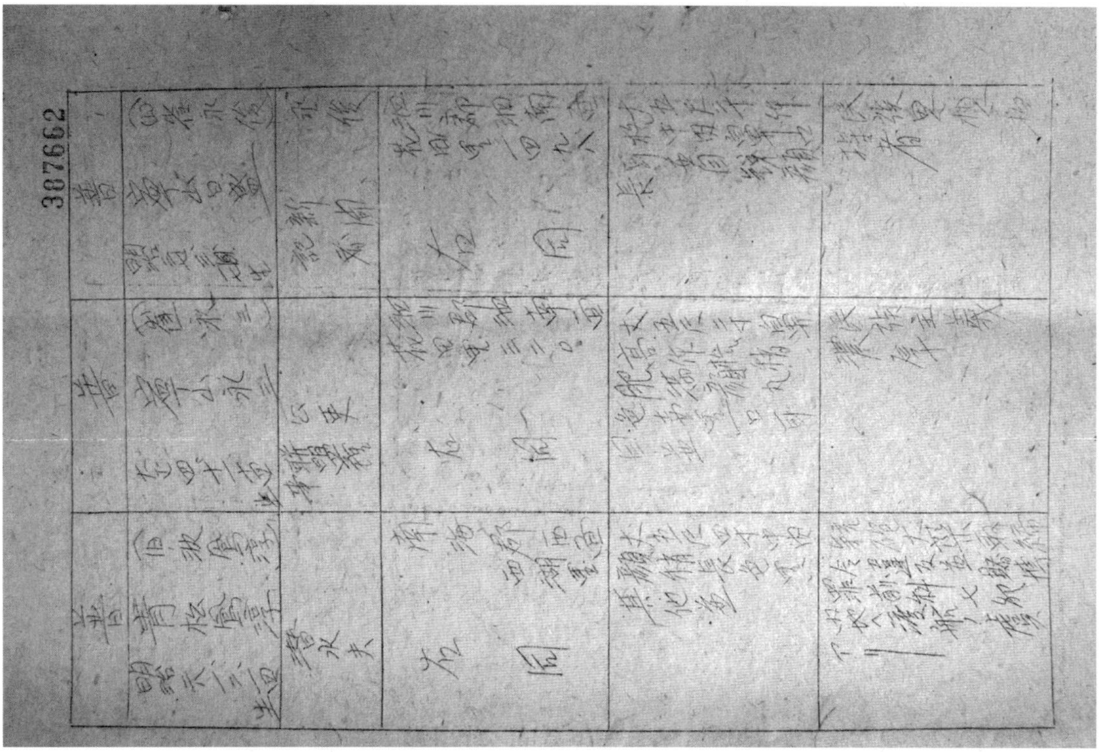
3087662

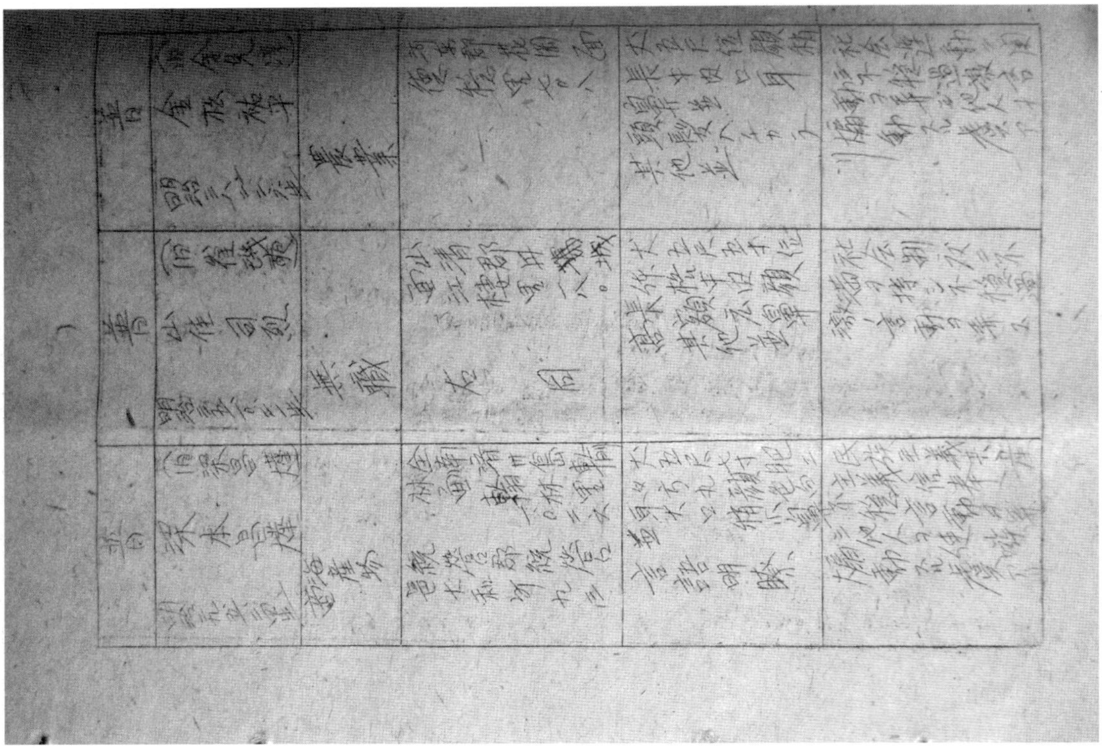

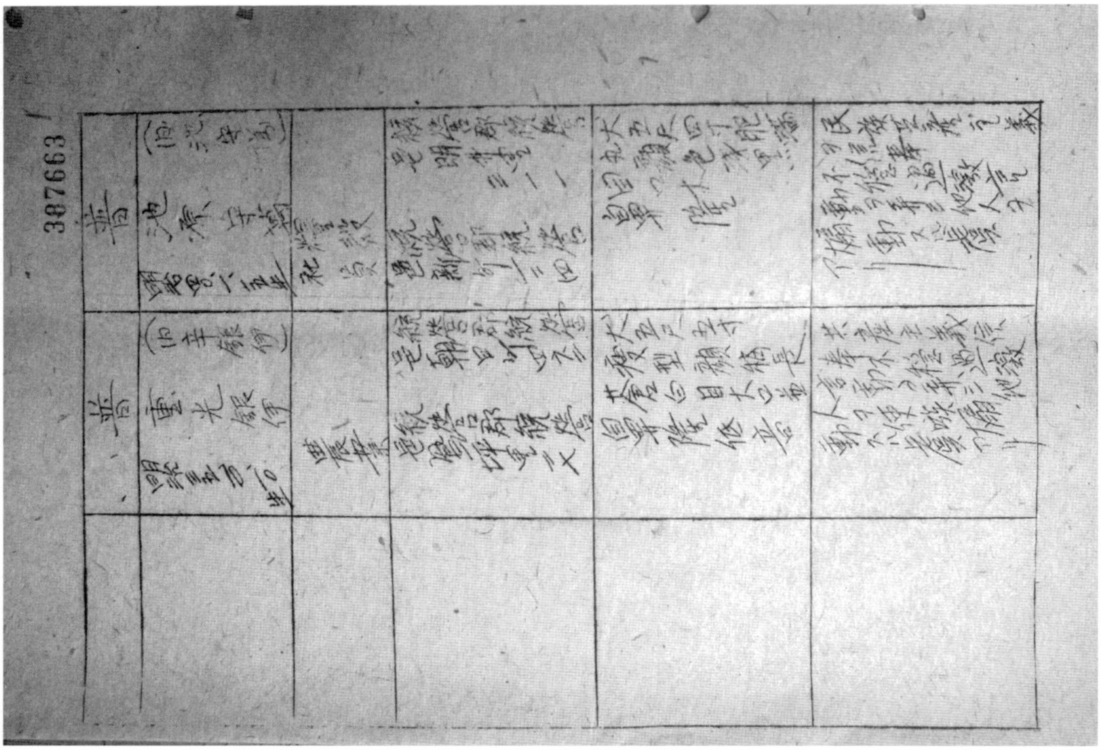
387663

1945년 3월
조선인요시찰인약명부

충청남도

387664

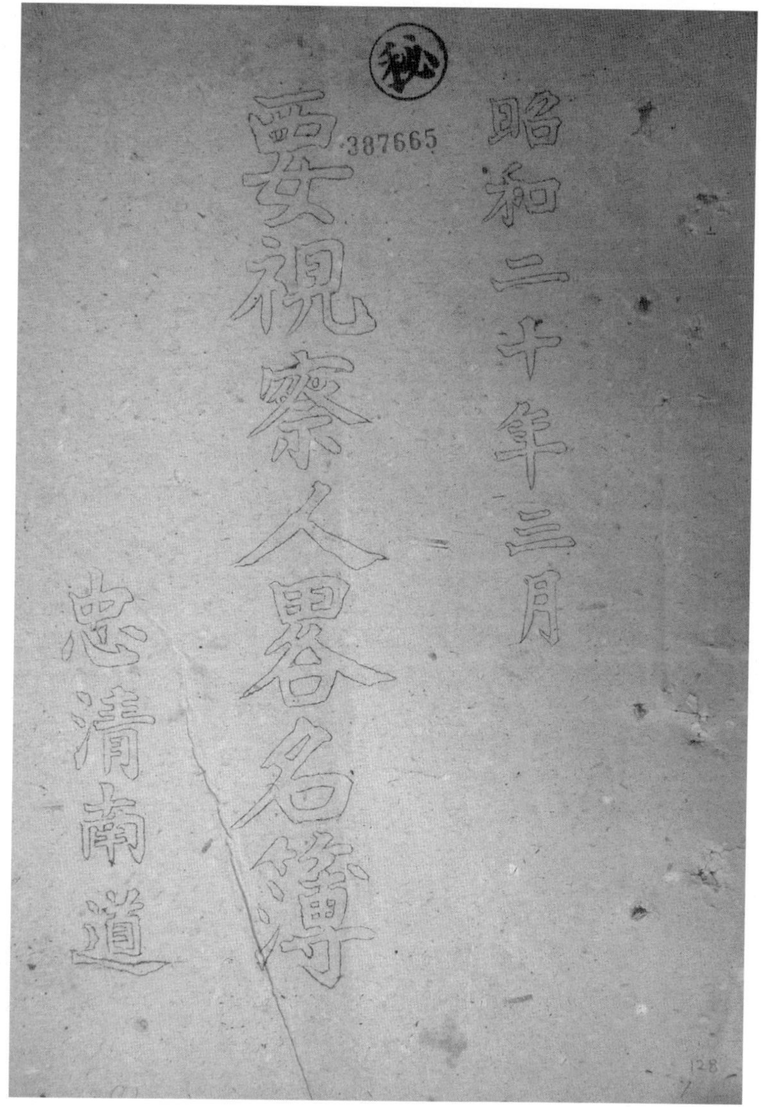

秘

387665

昭和二十年三月

要視察人畧名簿

忠清南道

128

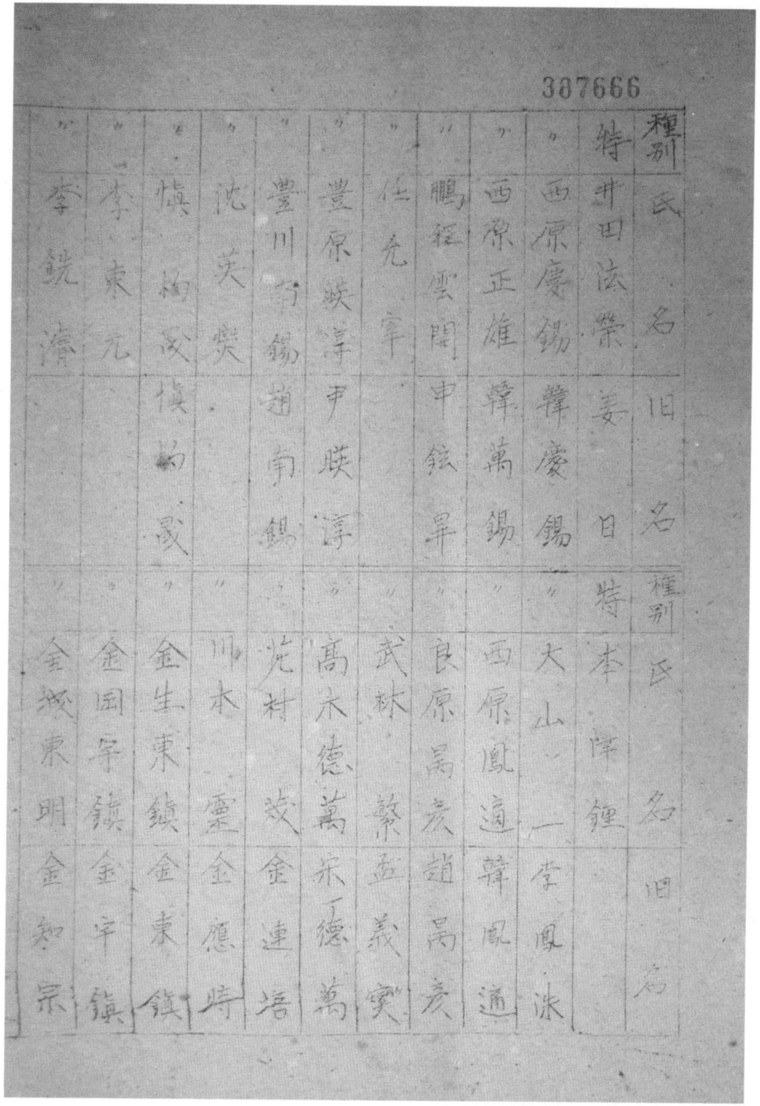

387666

種別	氏名	旧名
特	井田法榮	姜日
〃	西原慶錫	韓慶錫
〃	西原正雄	韓萬錫
〃	鵬程雲聞	申鉉旱
〃	任允宰	
〃	豊原暎淳	尹暎淳
〃	豊川守錫	趙甫錫
〃	沈英燮	
〃	慎柄武	慎柄晟
〃	李東元	
〃	李鉉濬	

種別	氏名	旧名
特	本庠鍾	
〃	大山一	李鳳泳
〃	西原鳳適	韓鳳通
〃	良原昌彦	趙昌彦
〃	武林繁	孟義實
〃	高木德萬	宋德萬
〃	光村政	金連培
〃	川本靈	金應時
〃	金生東鎮	金東鎮
〃	金岡宇鎮	金宇鎮
〃	金城東明	金知宗

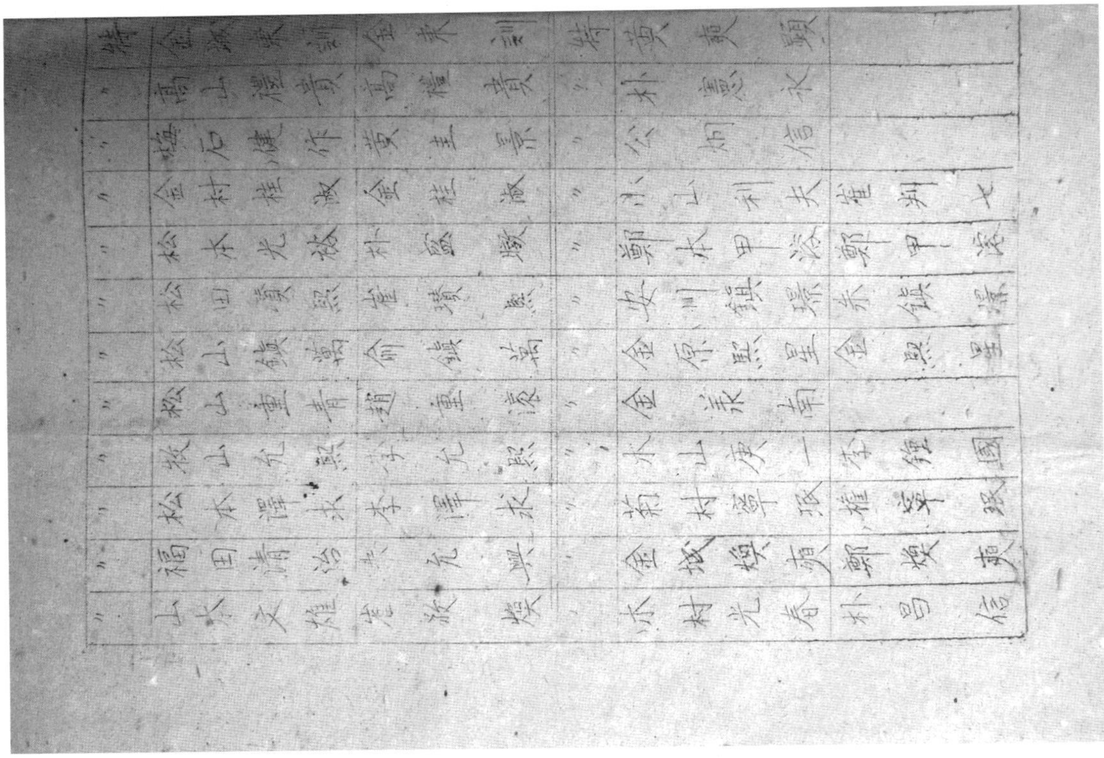

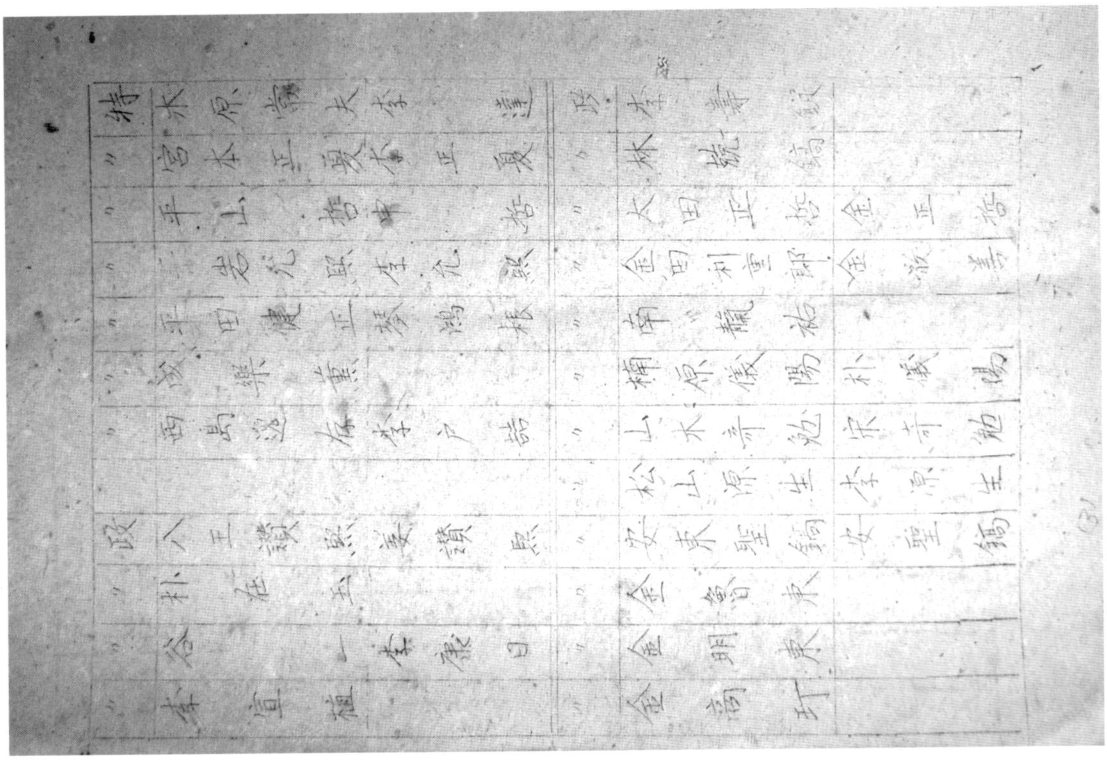

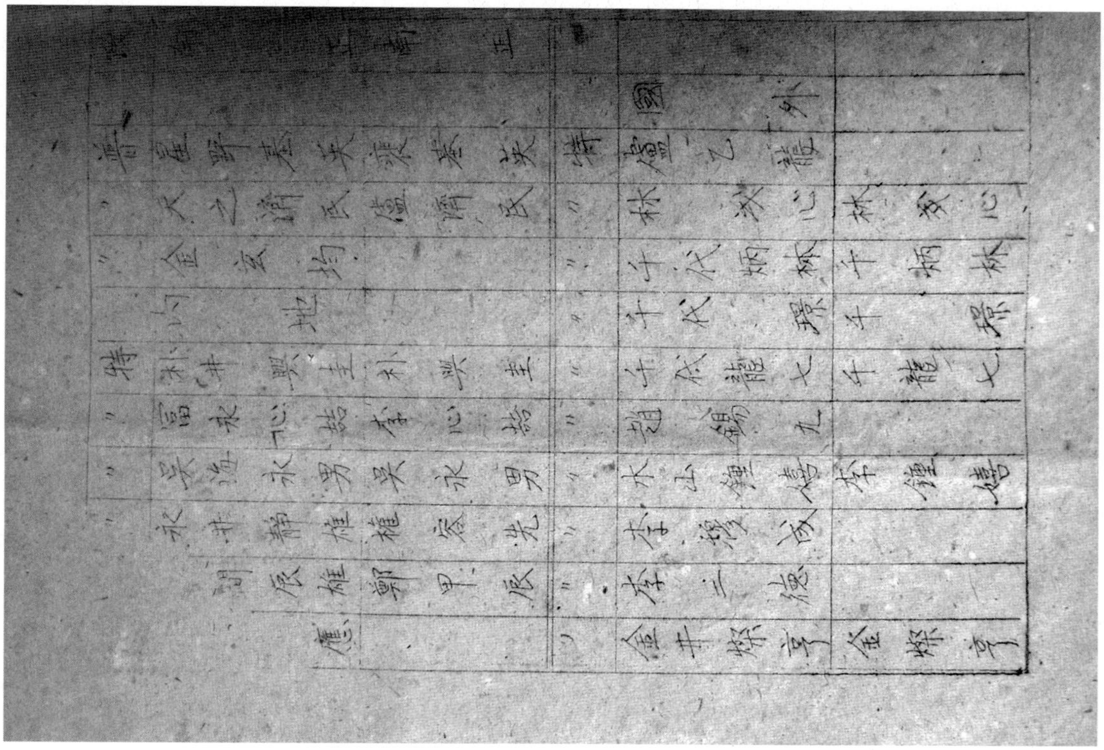

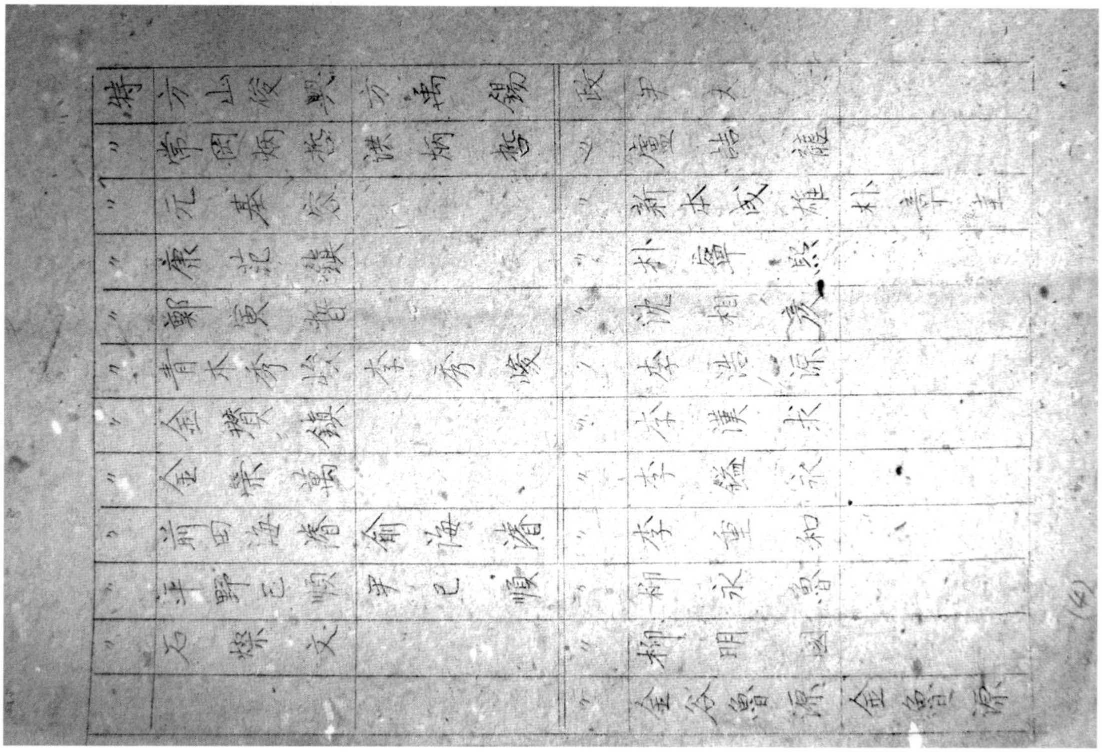

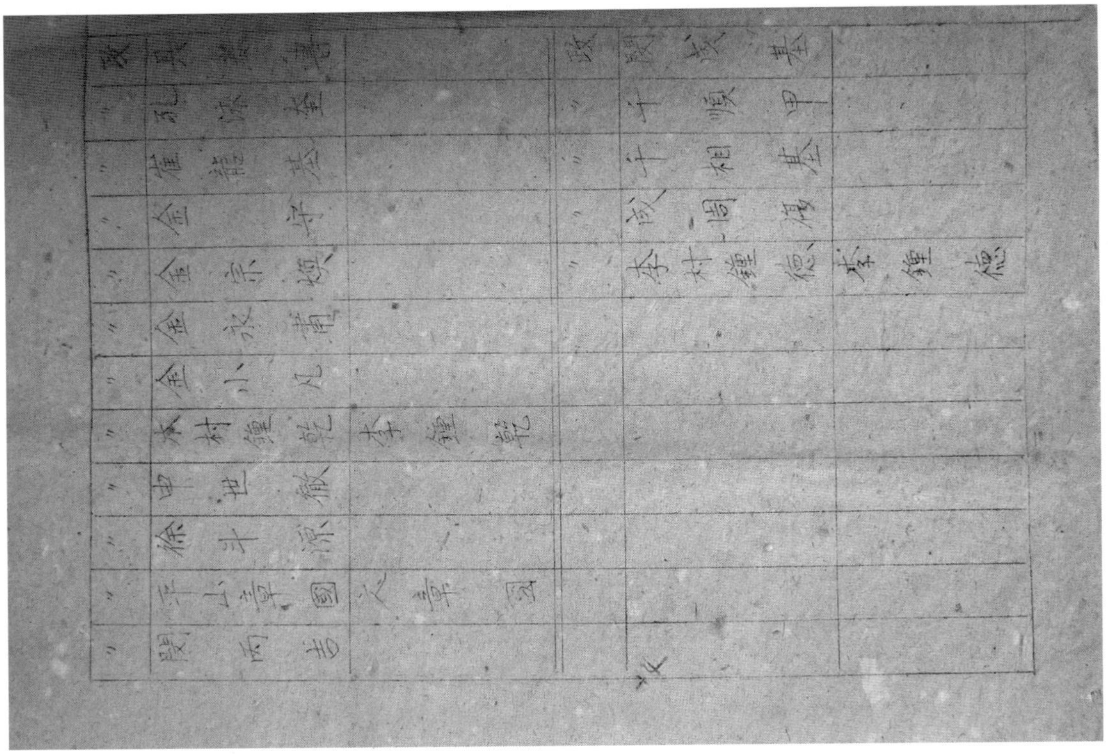

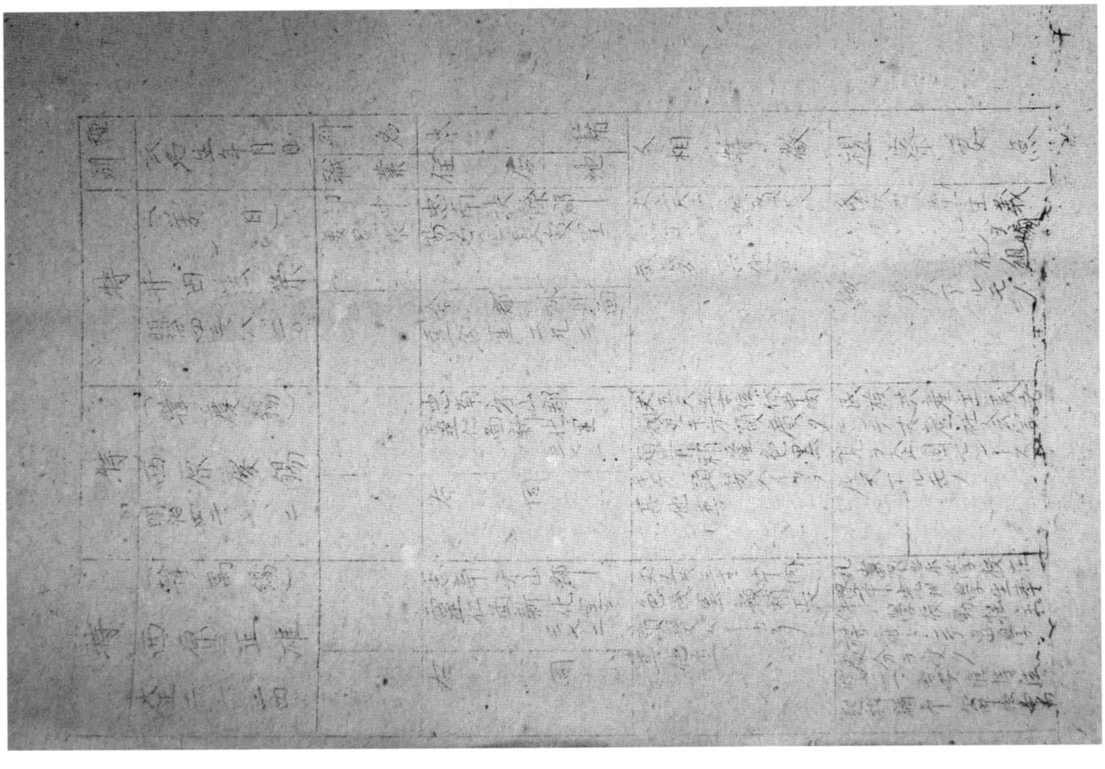

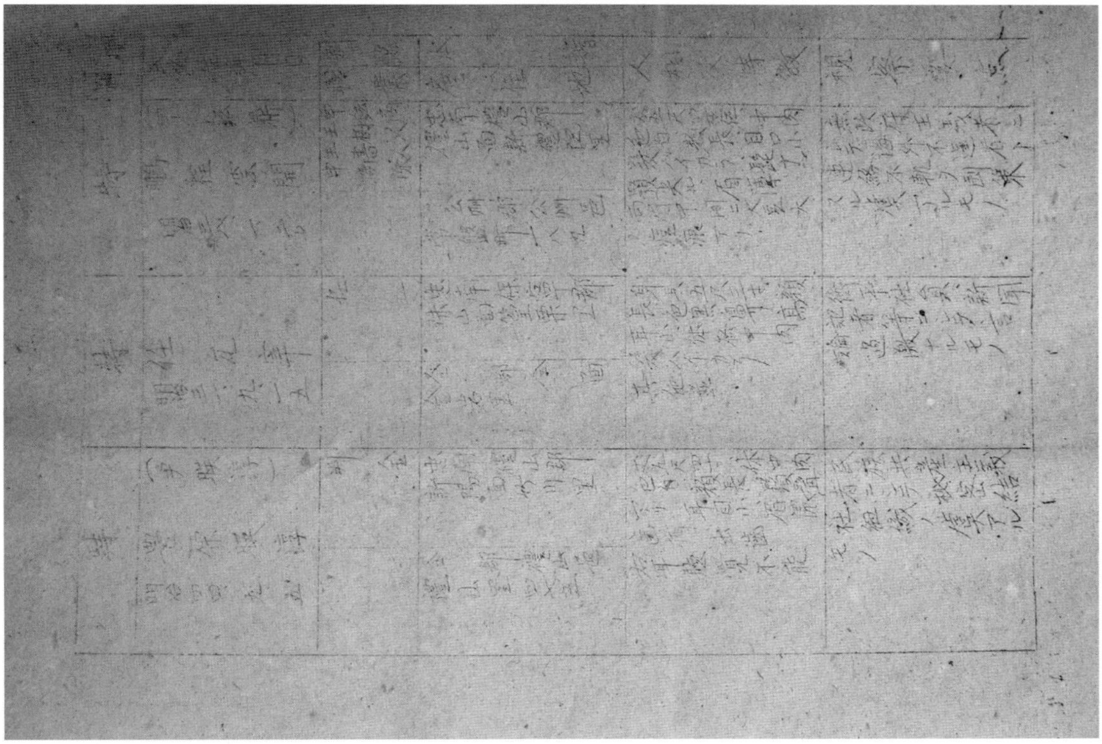

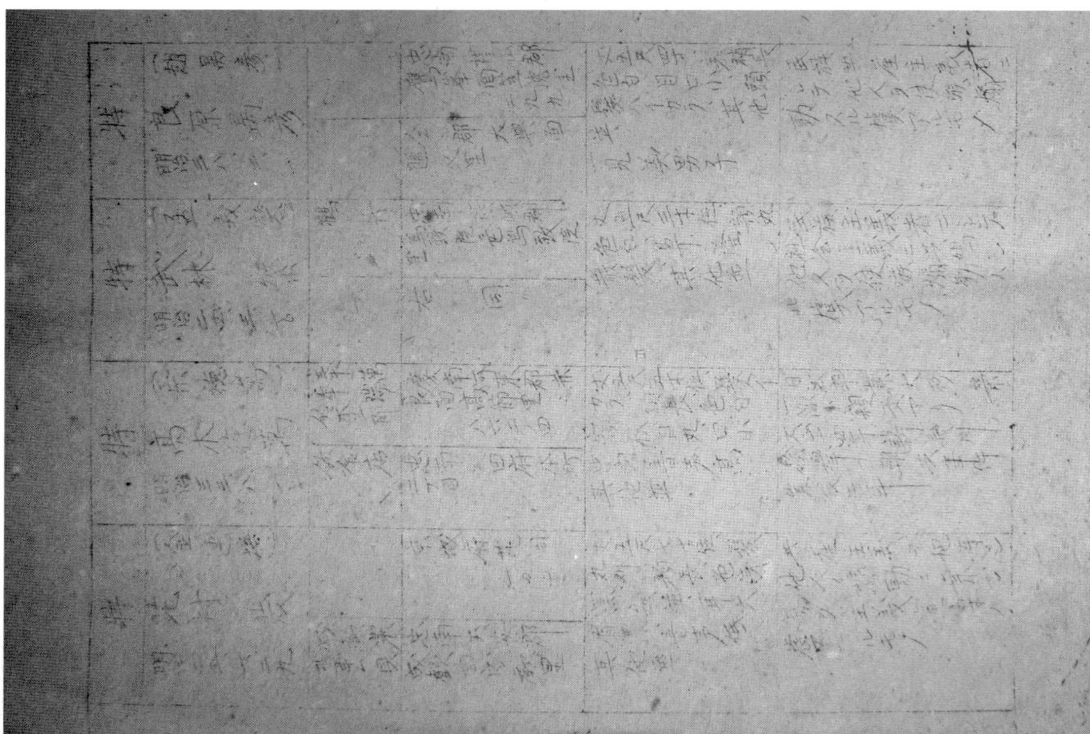

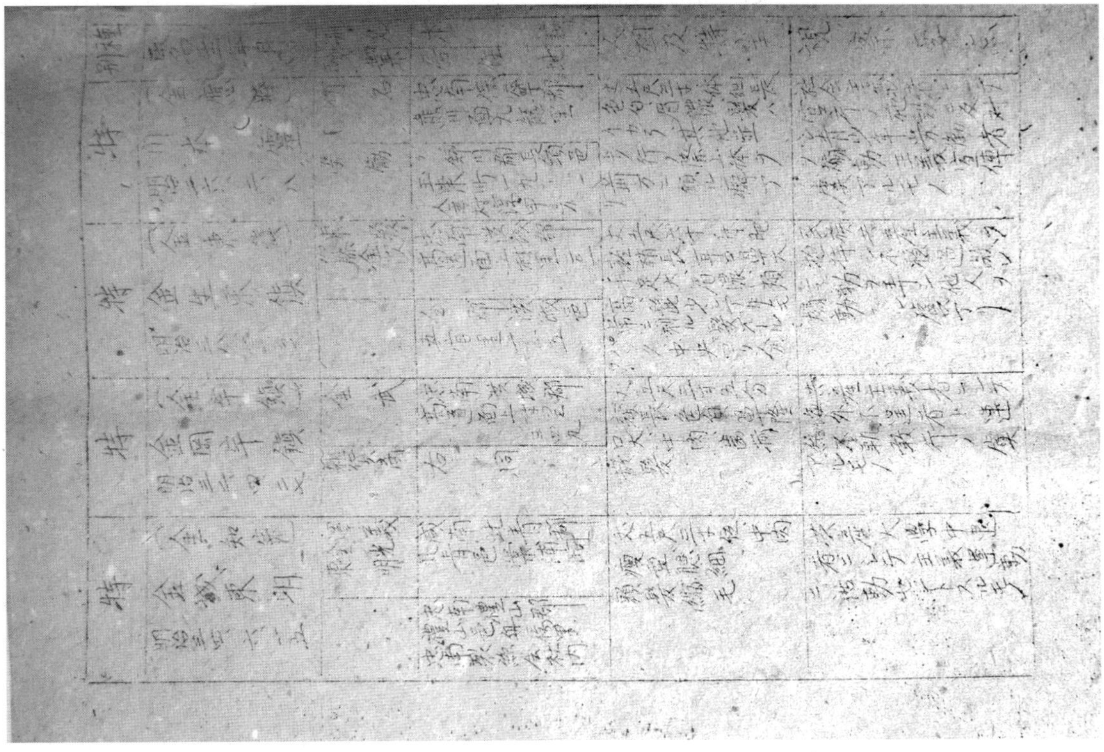

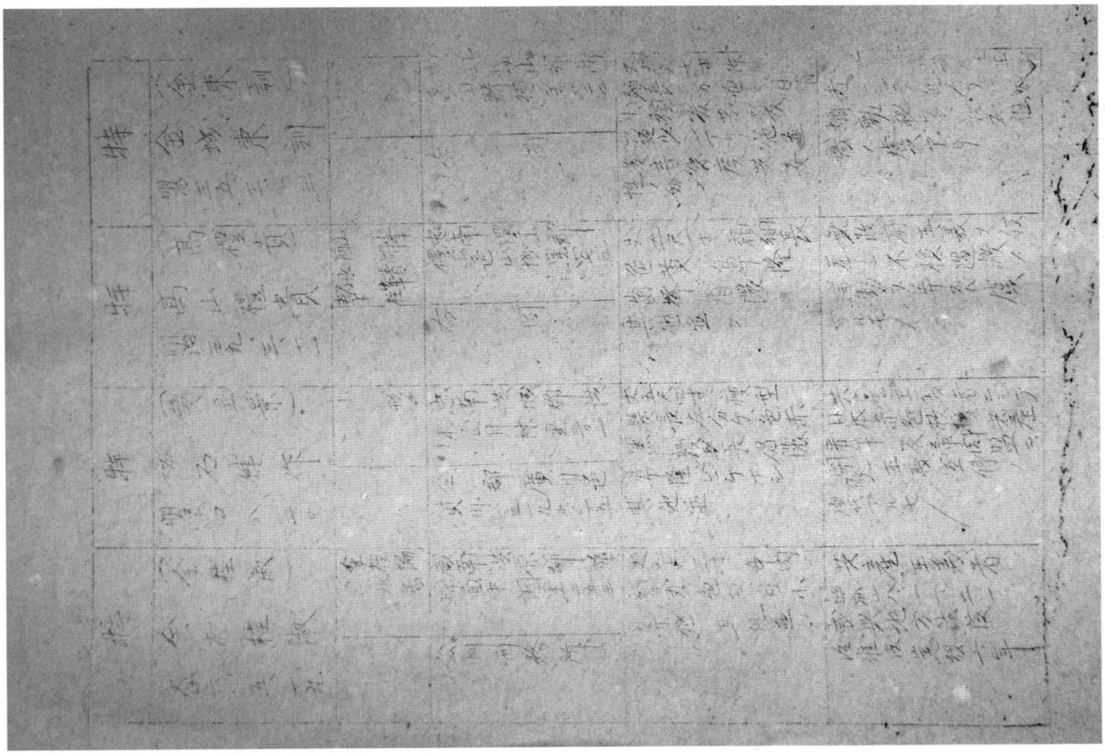

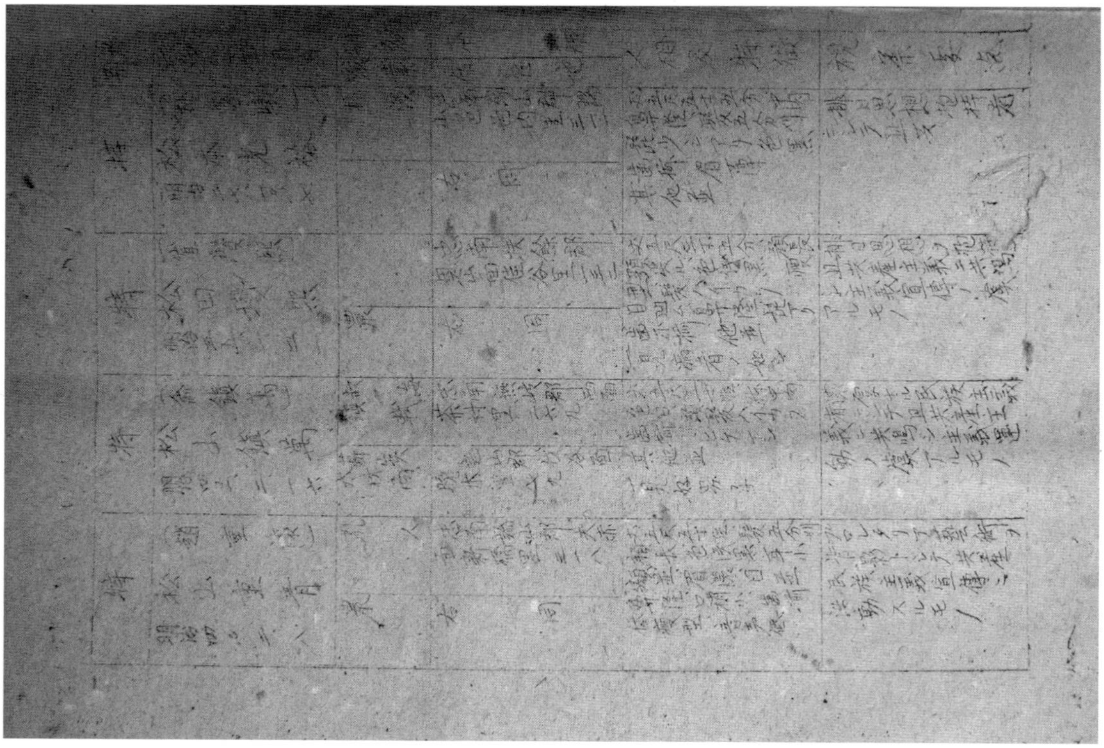

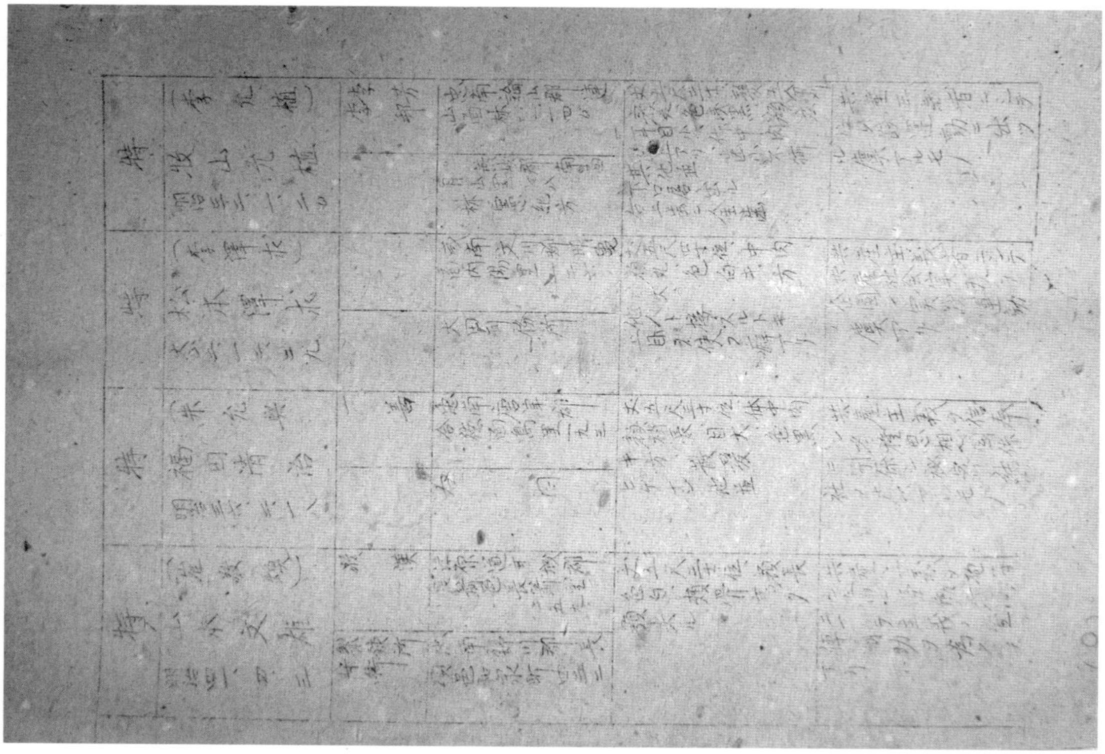

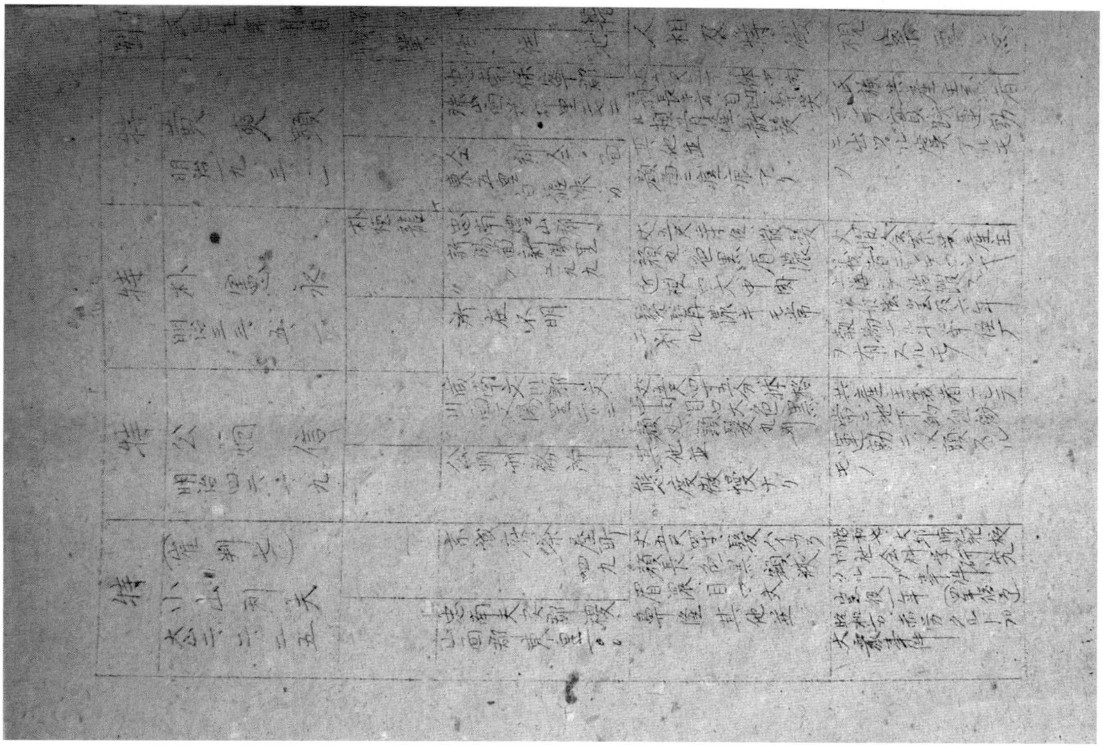

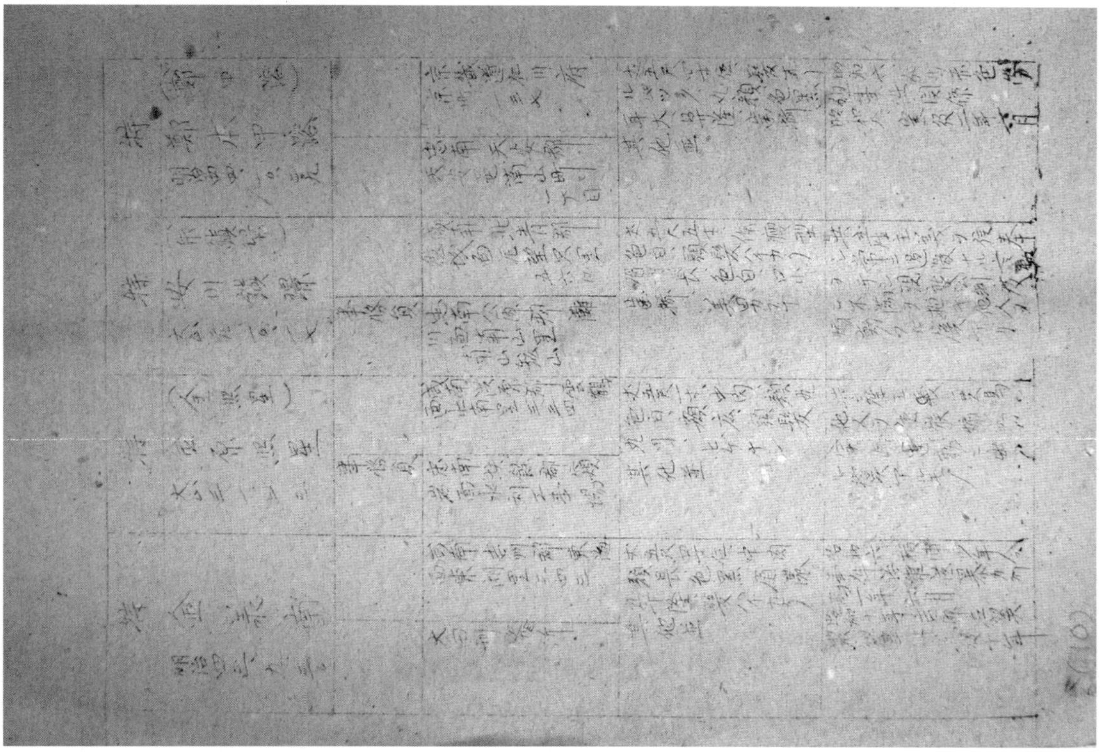

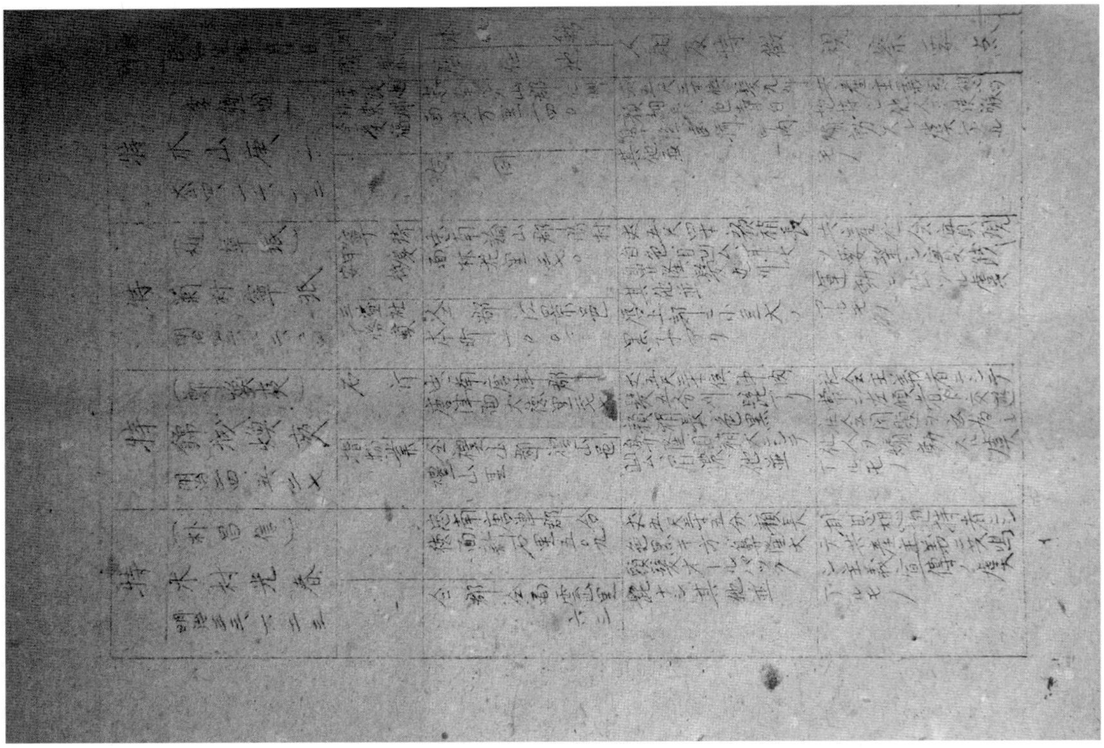

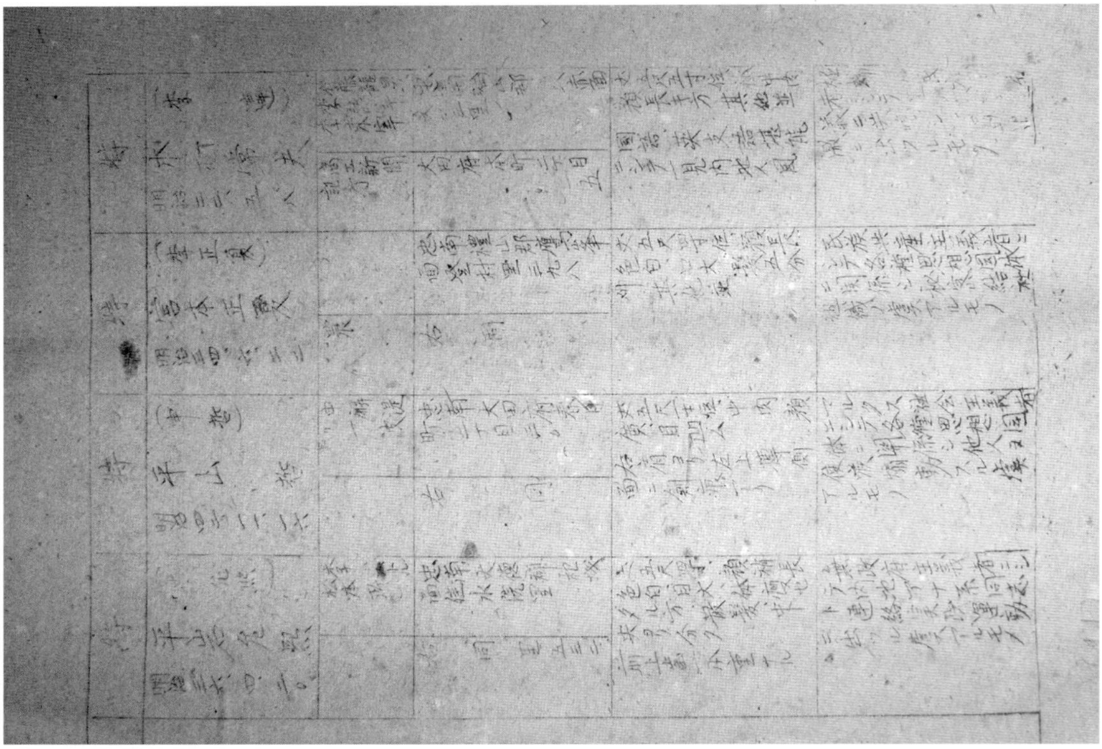

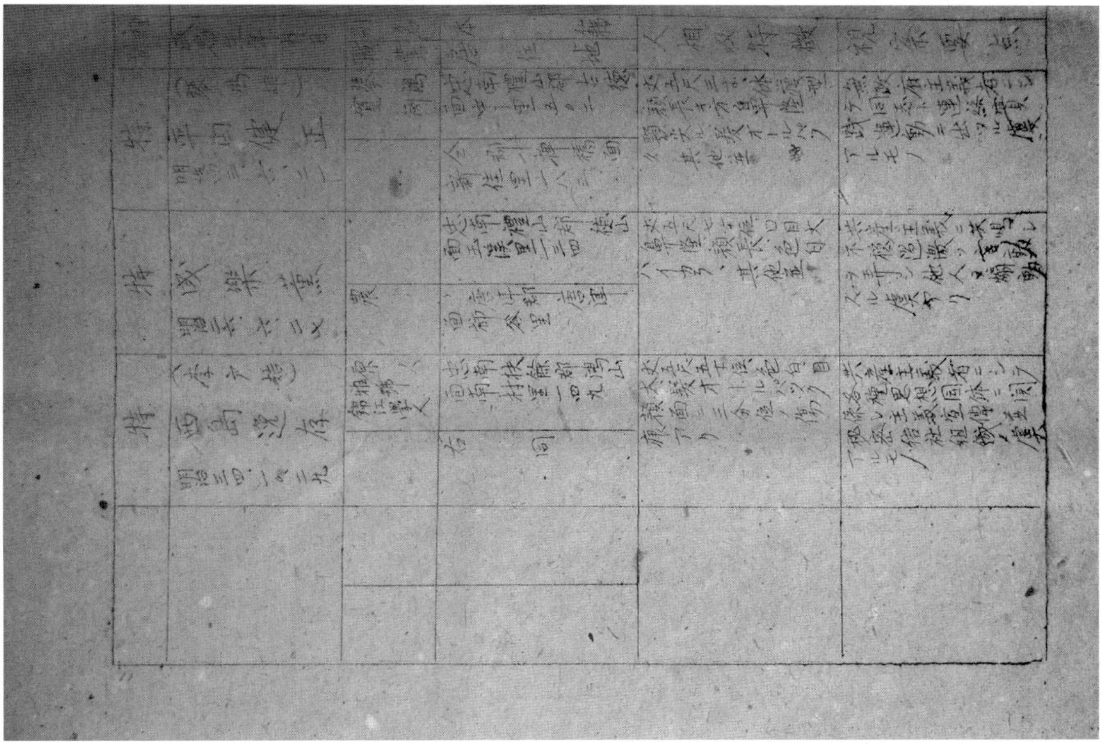

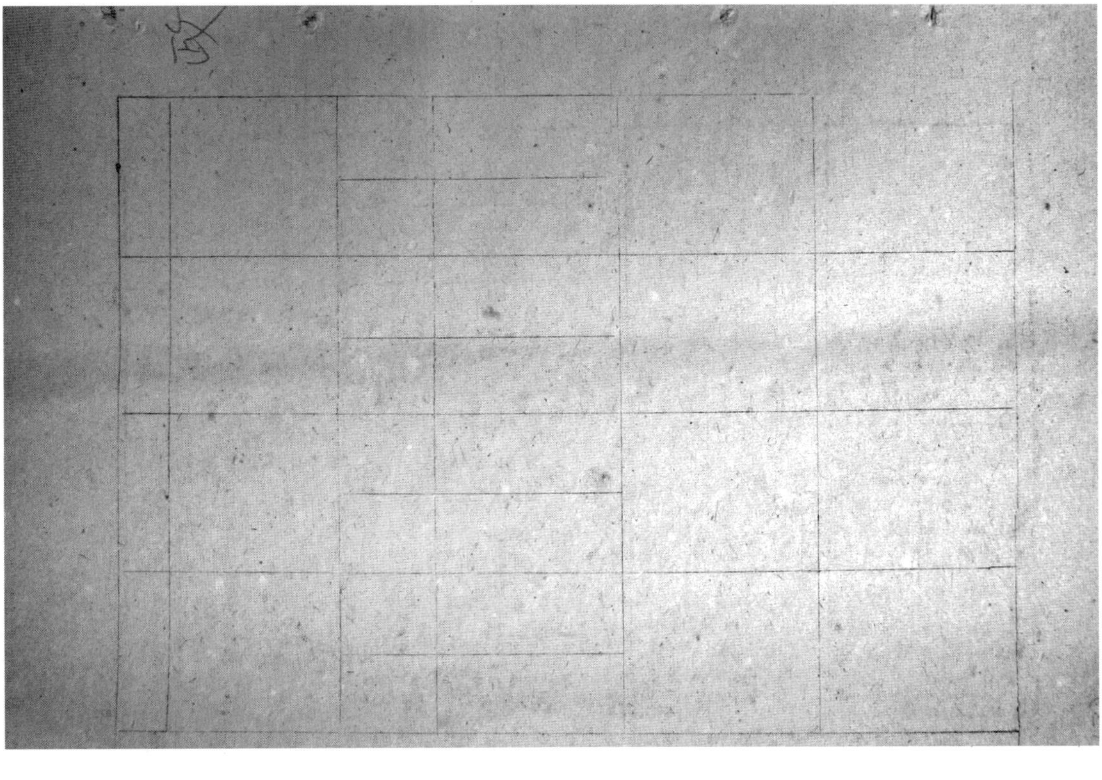

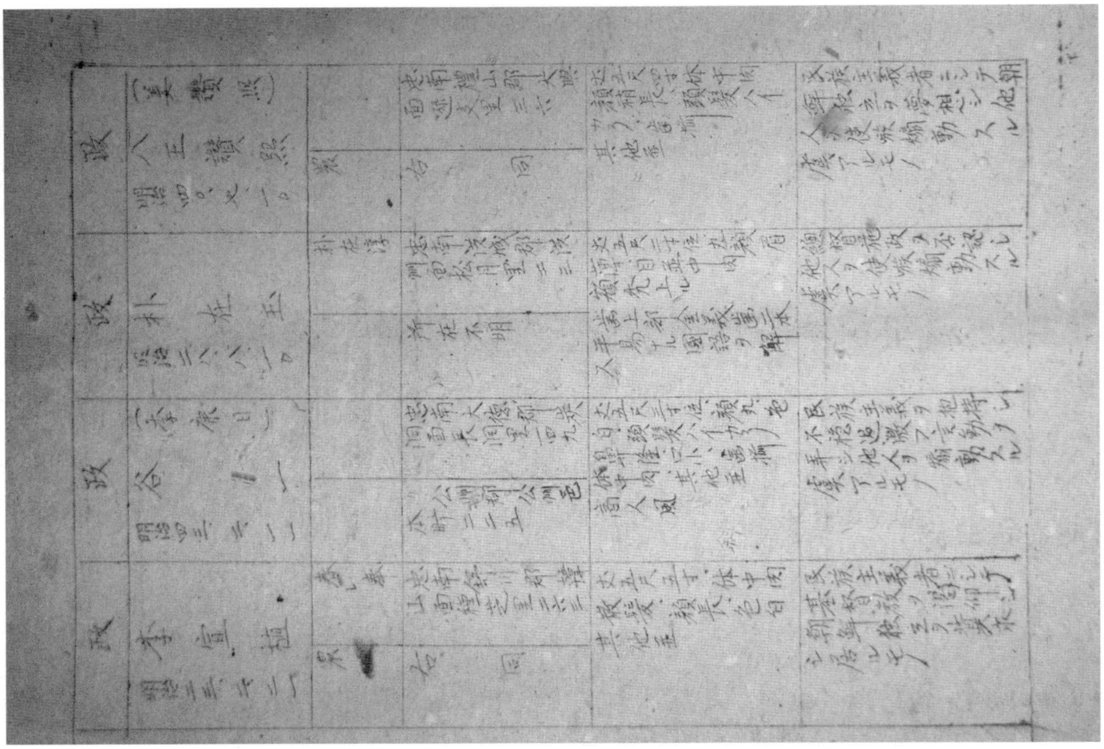

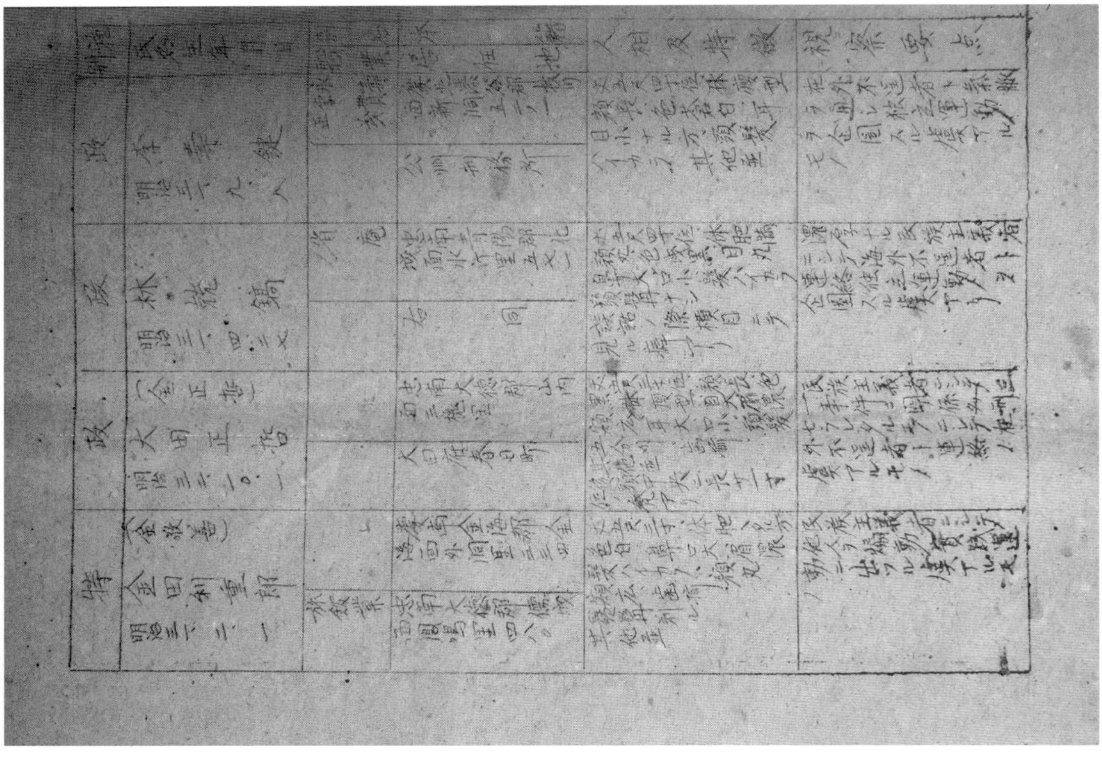

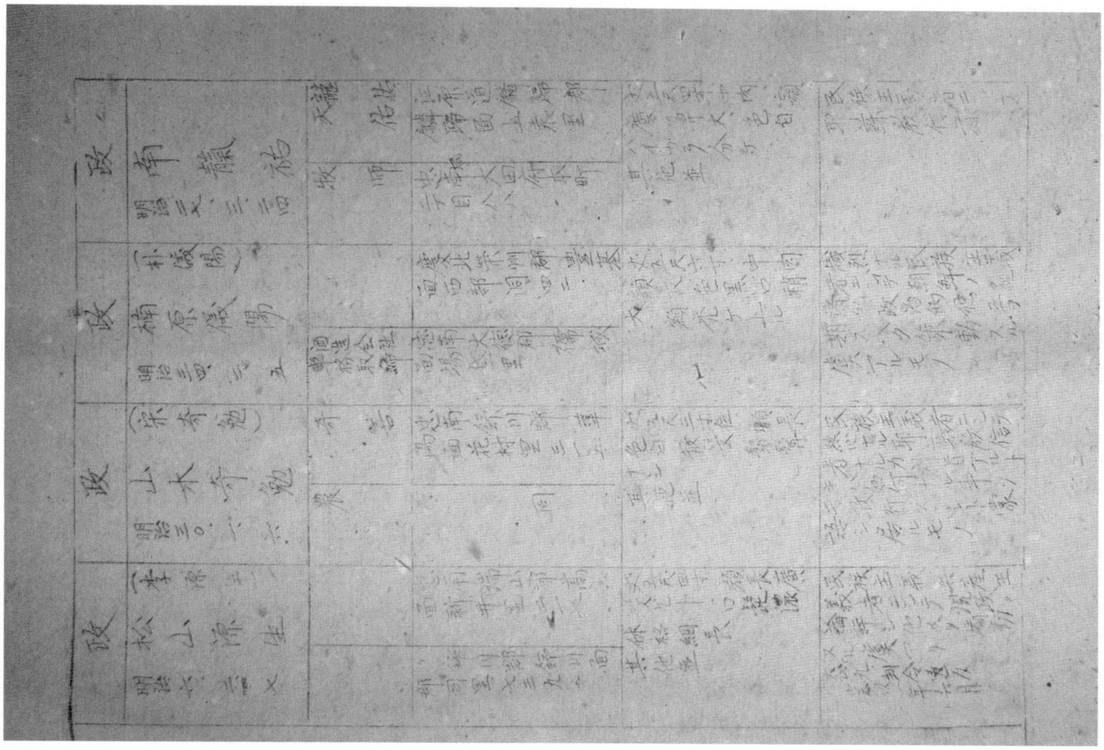

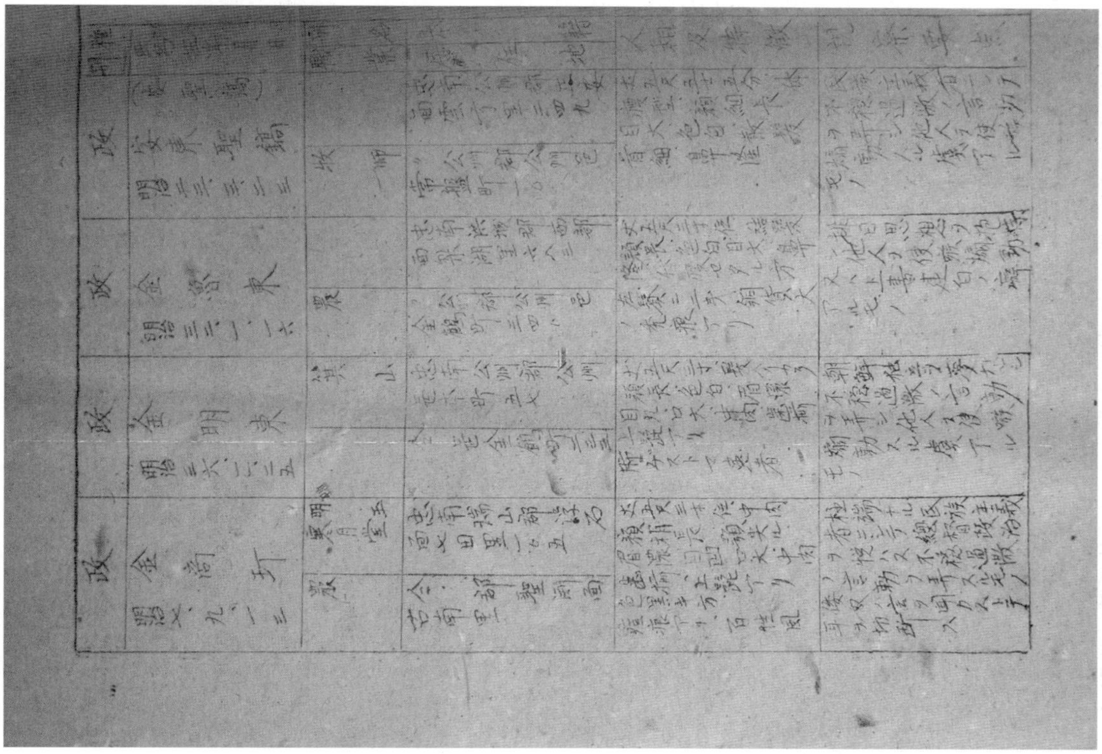

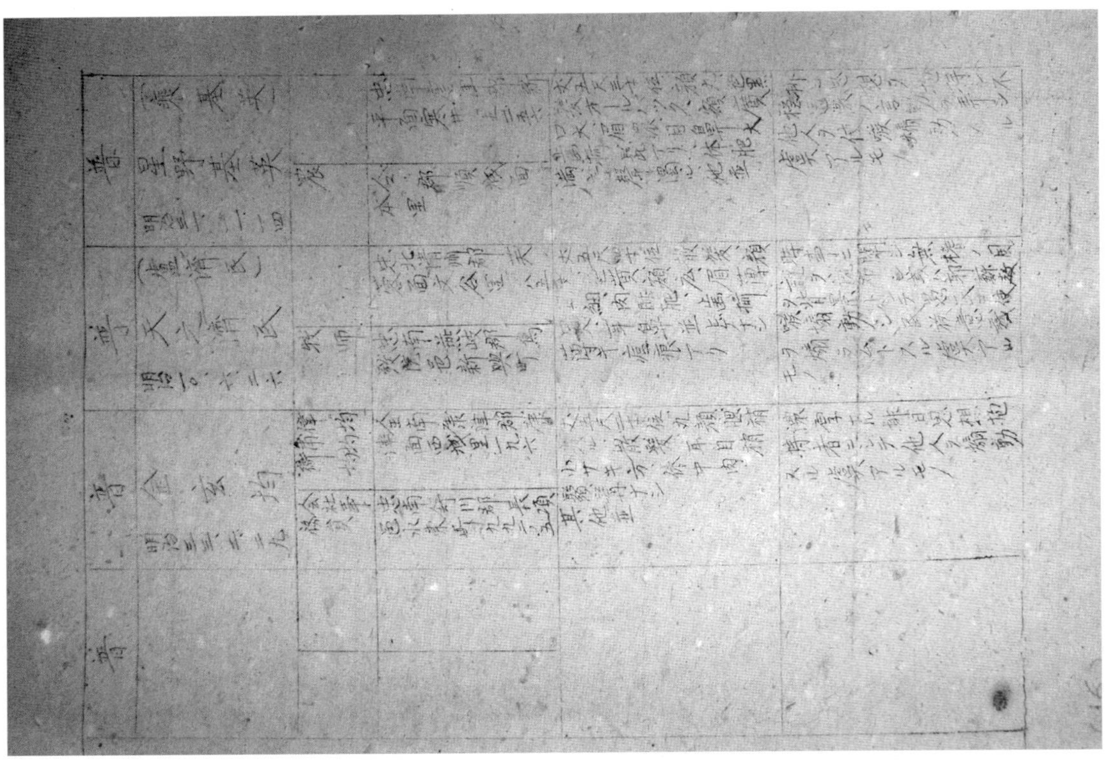

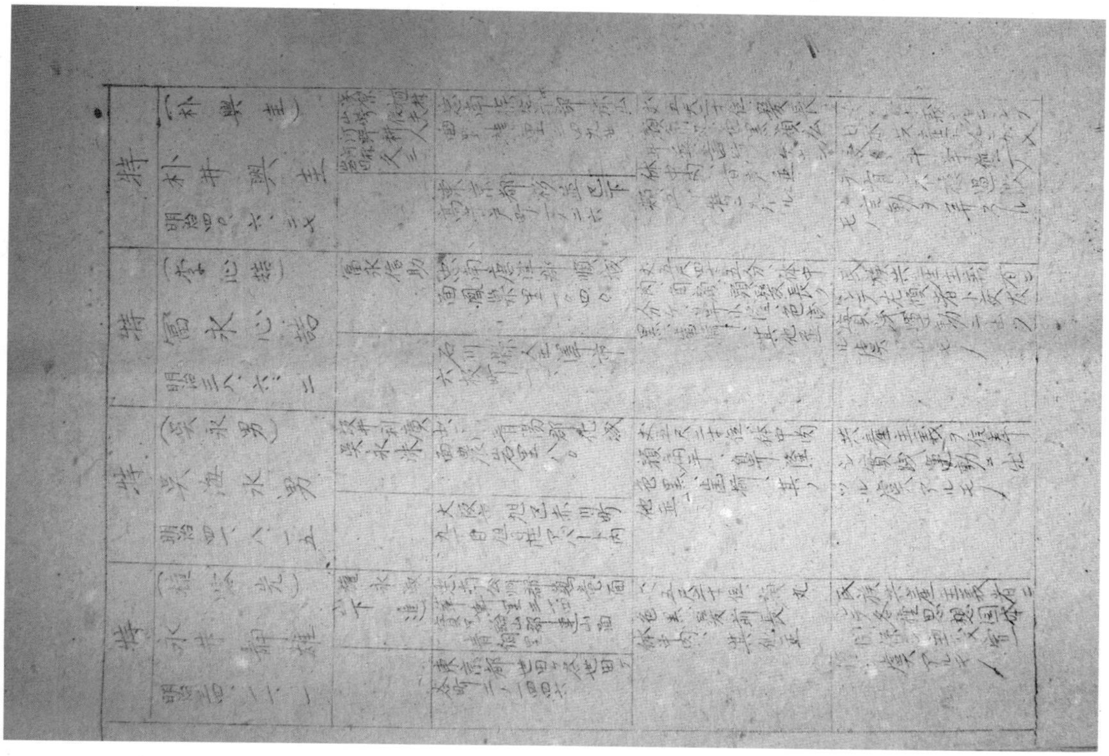

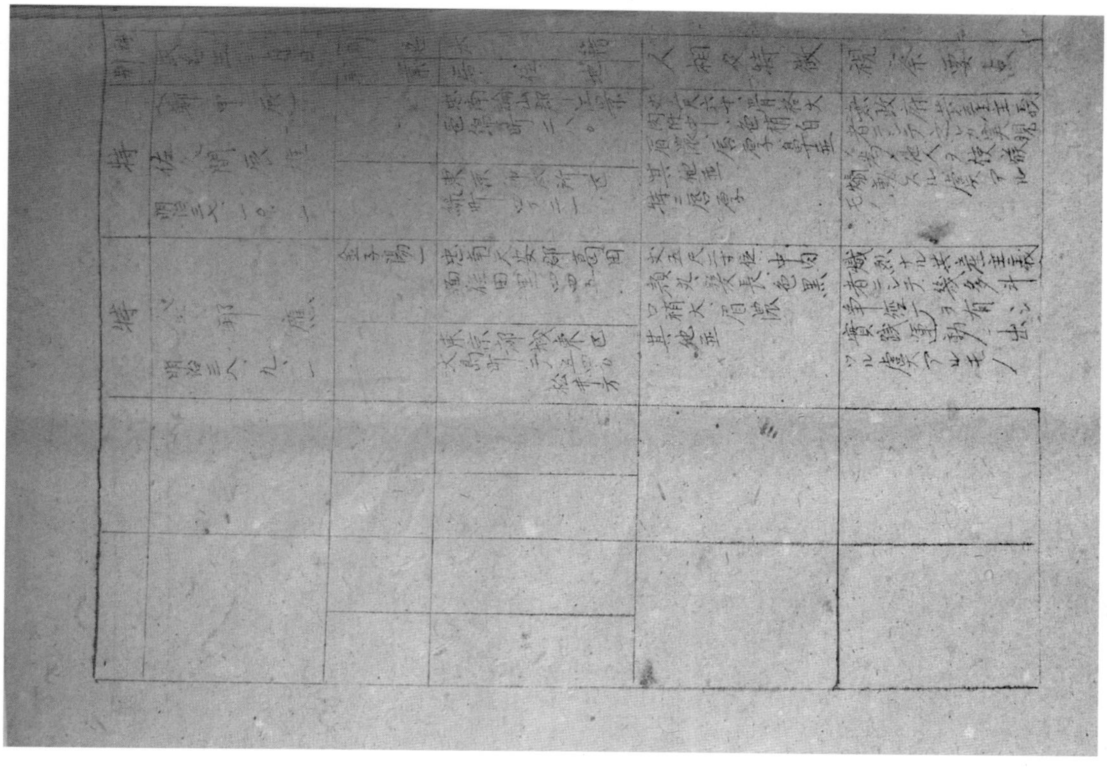

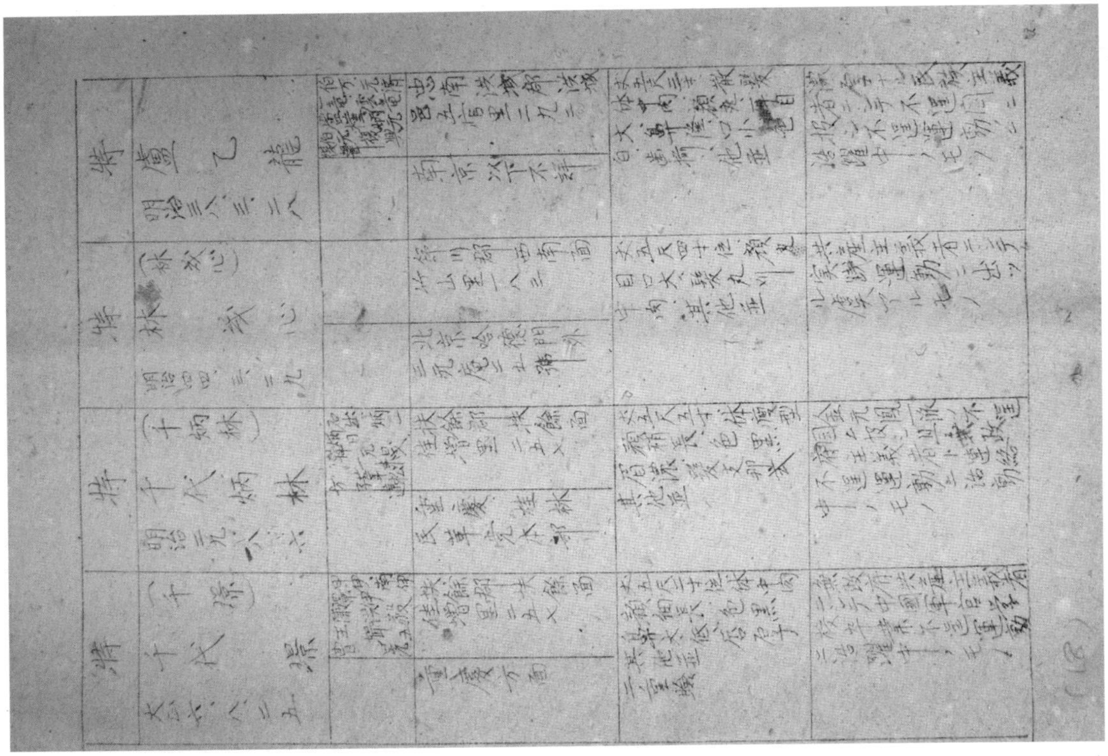

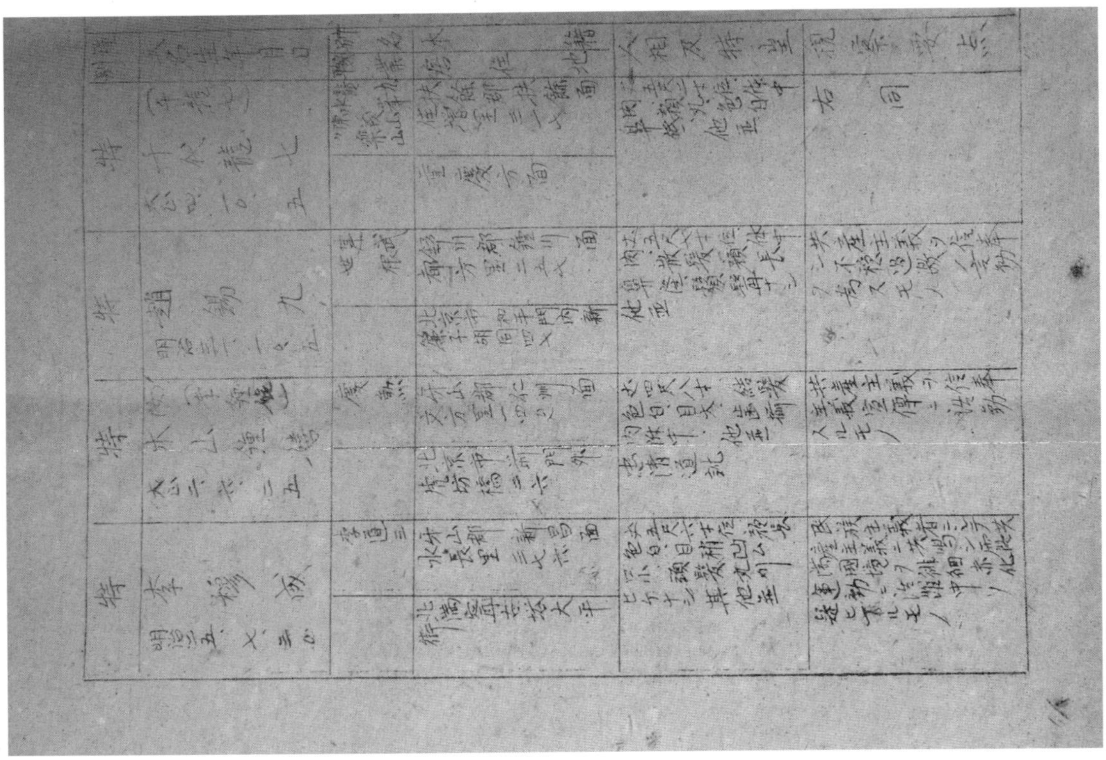

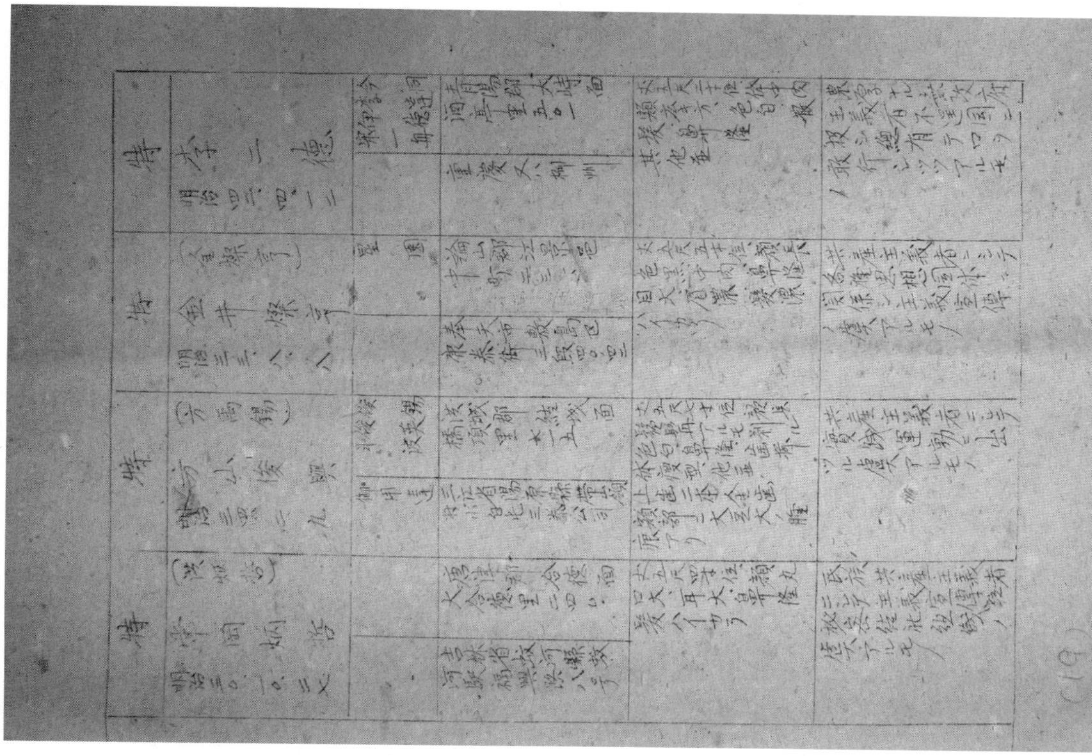

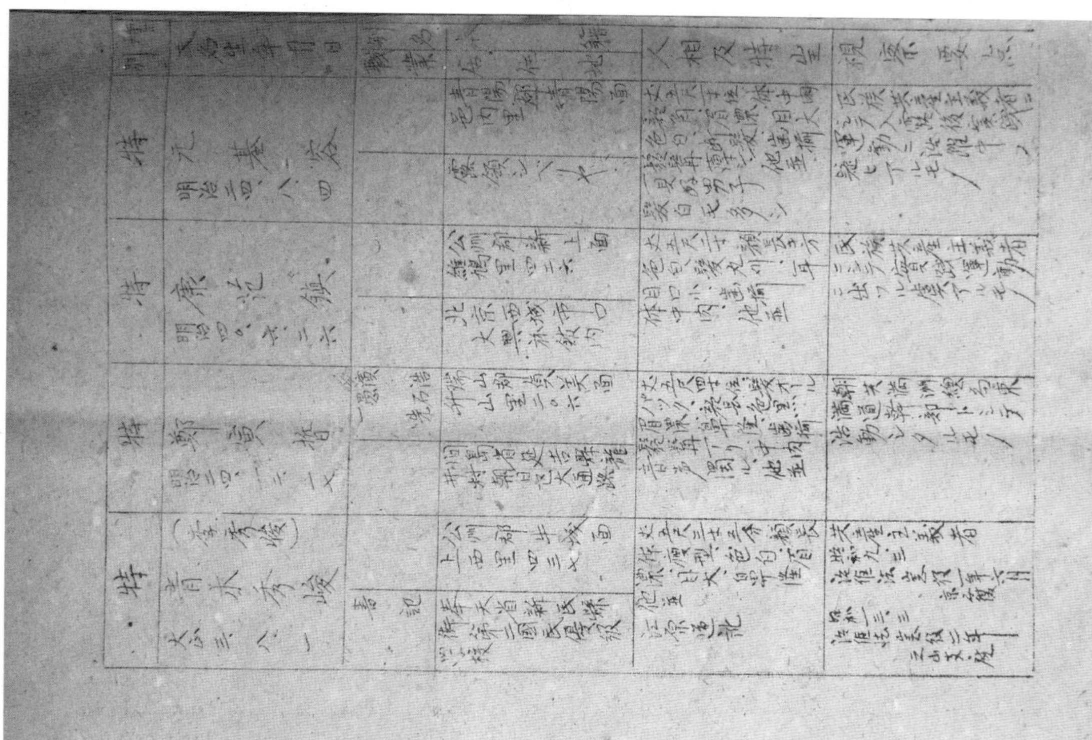

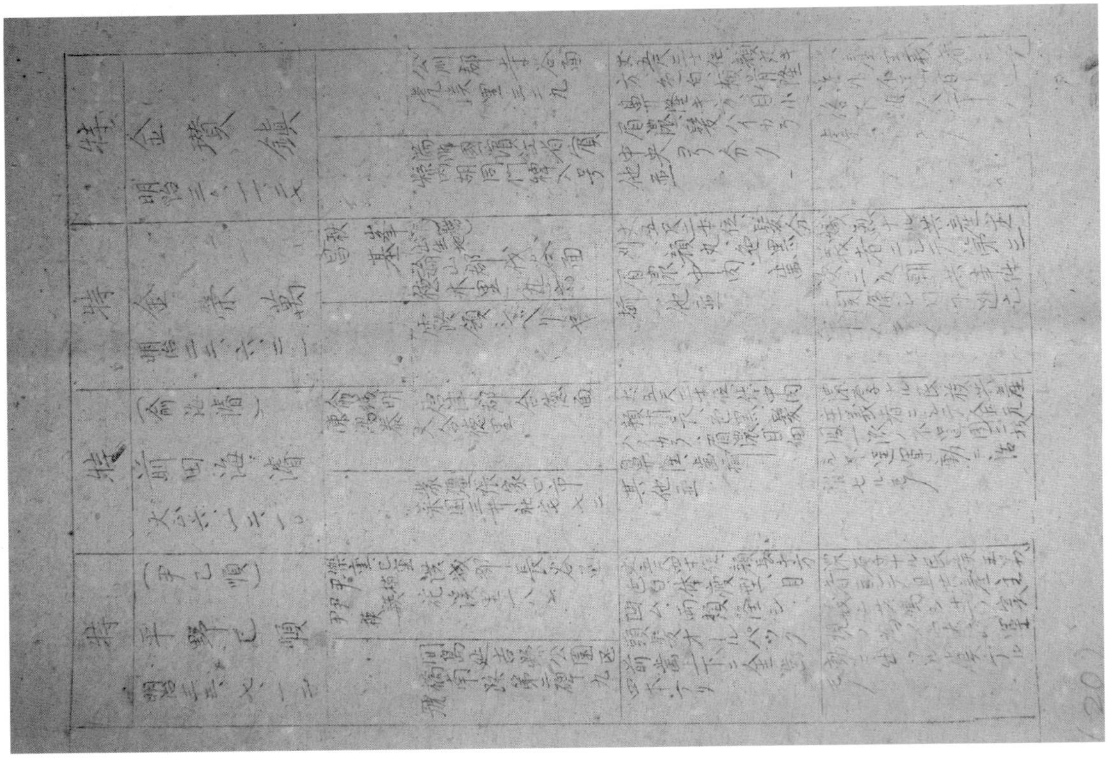

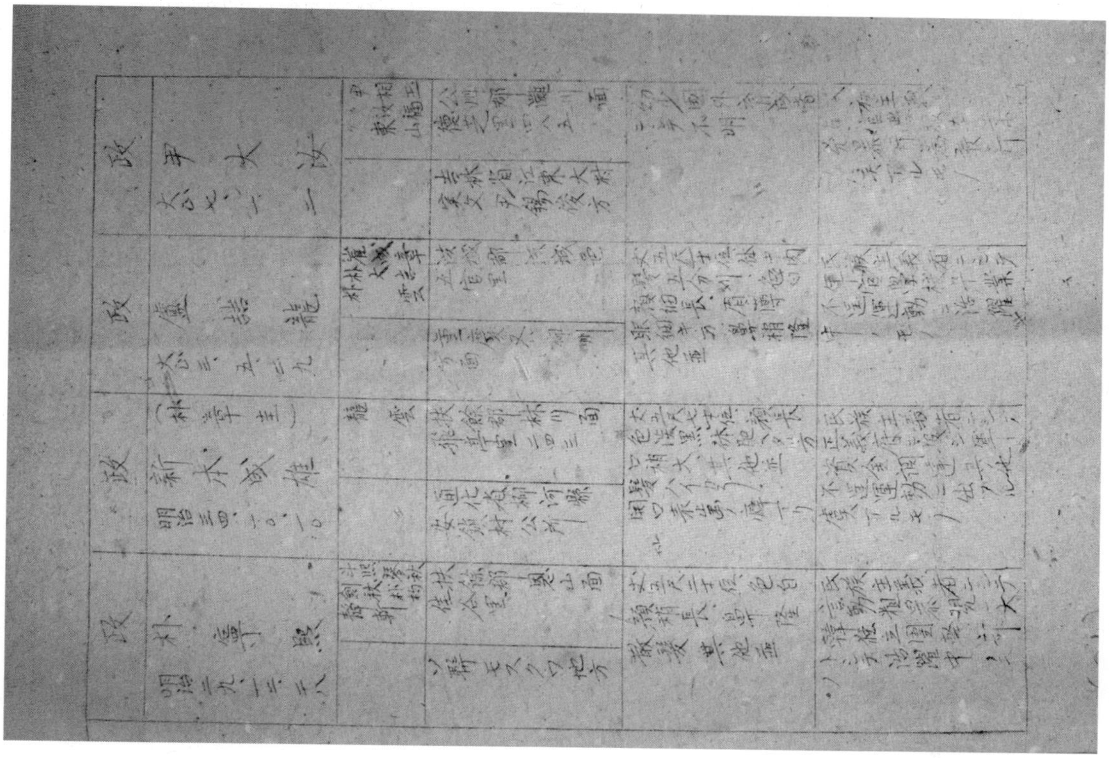

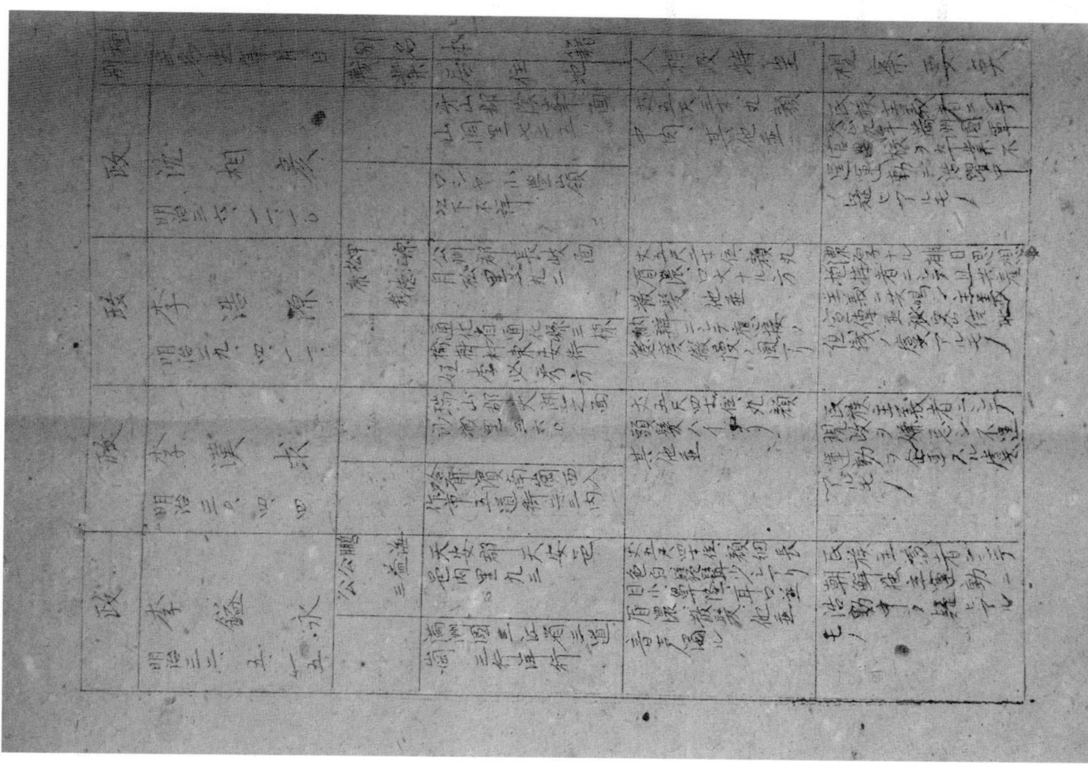

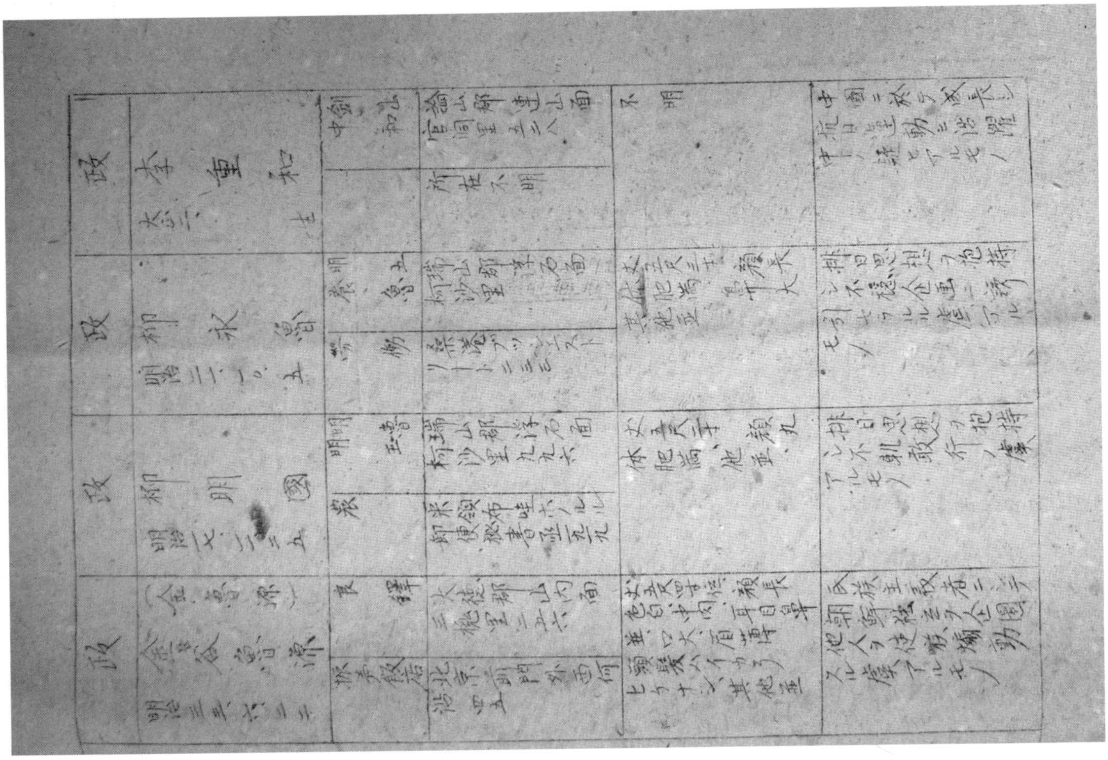

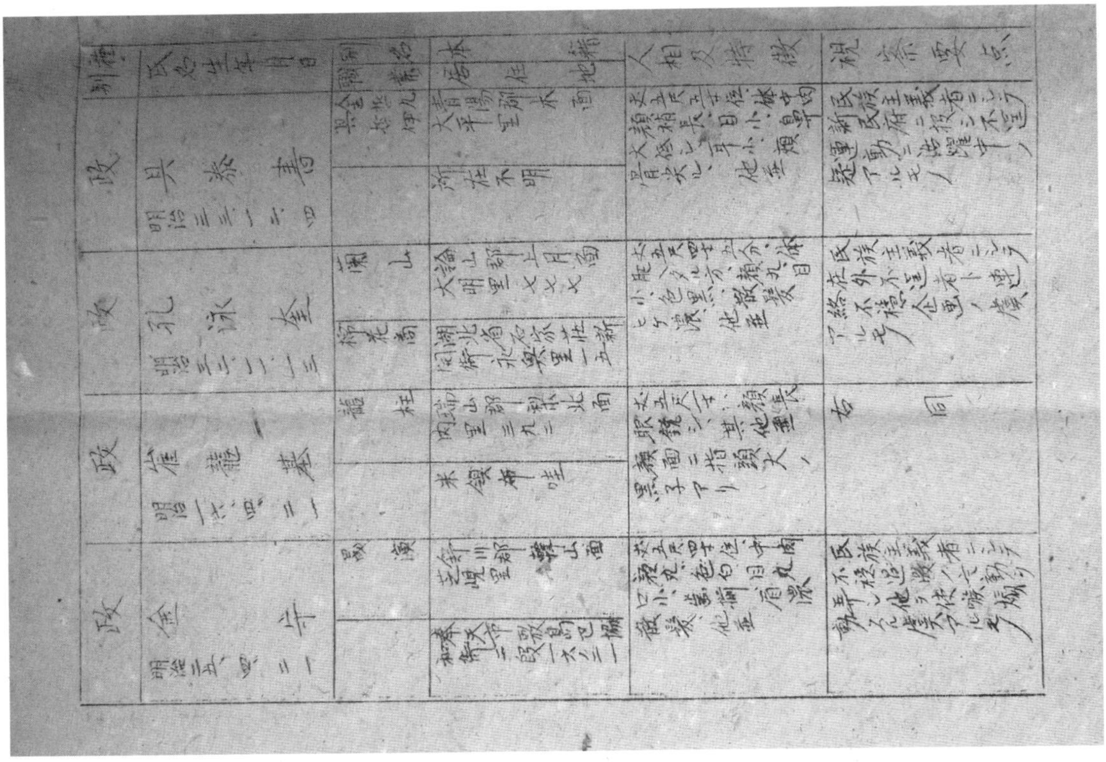

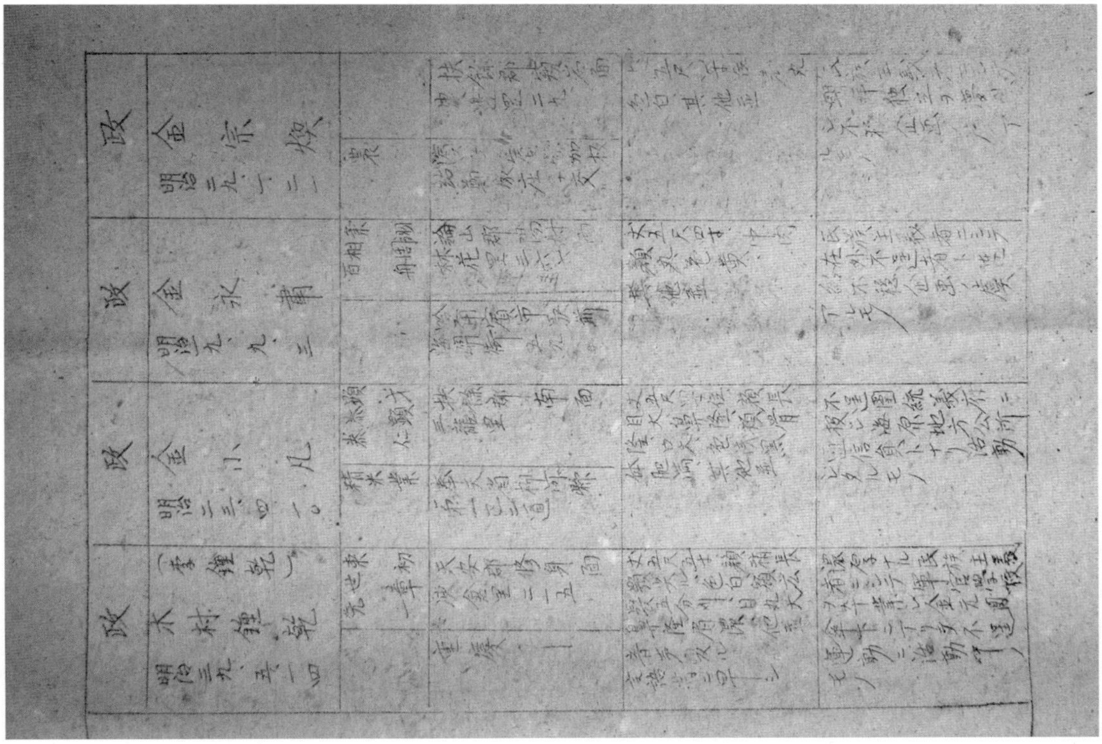

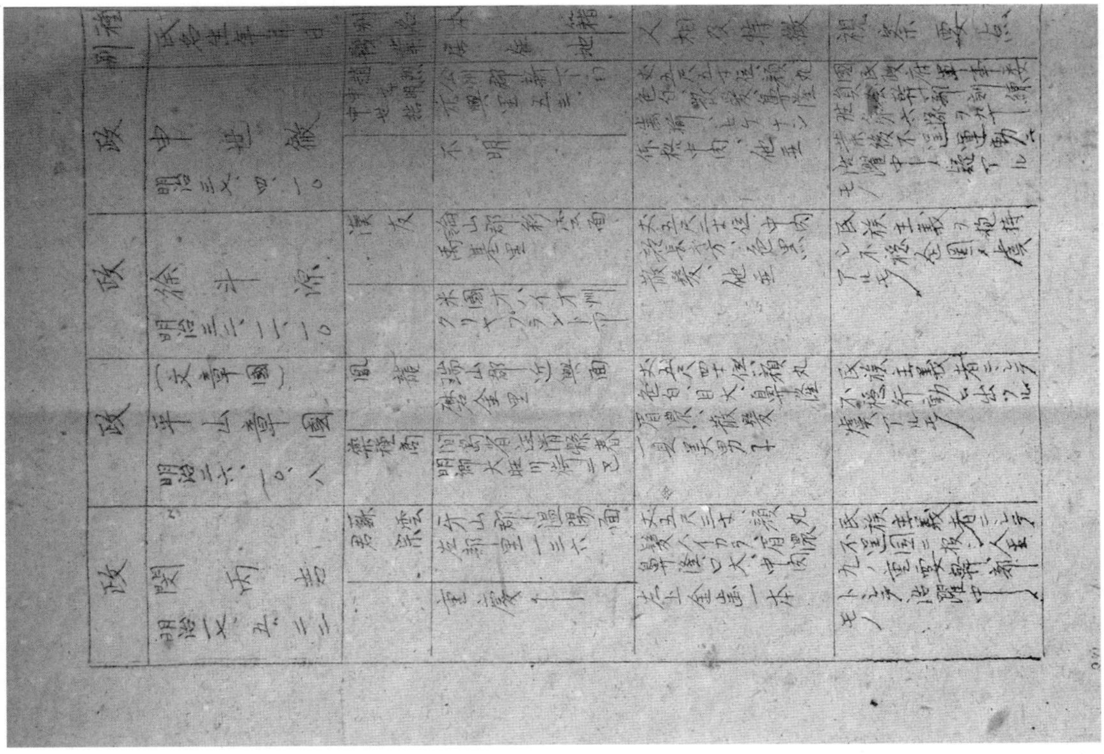

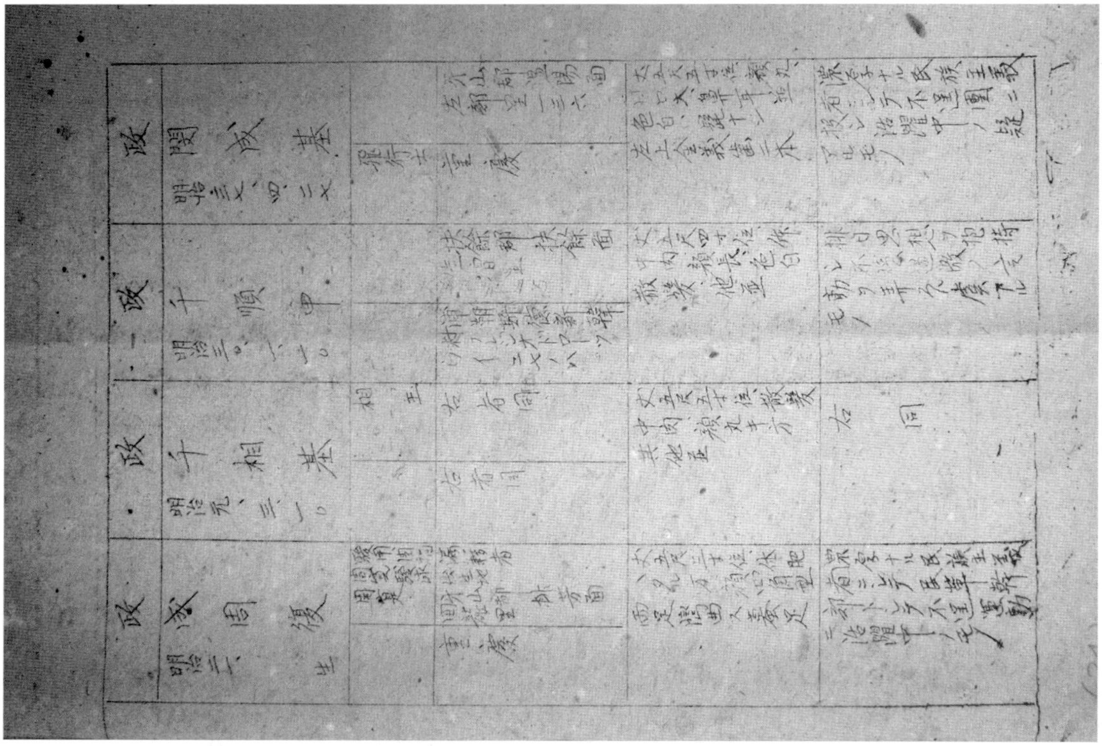

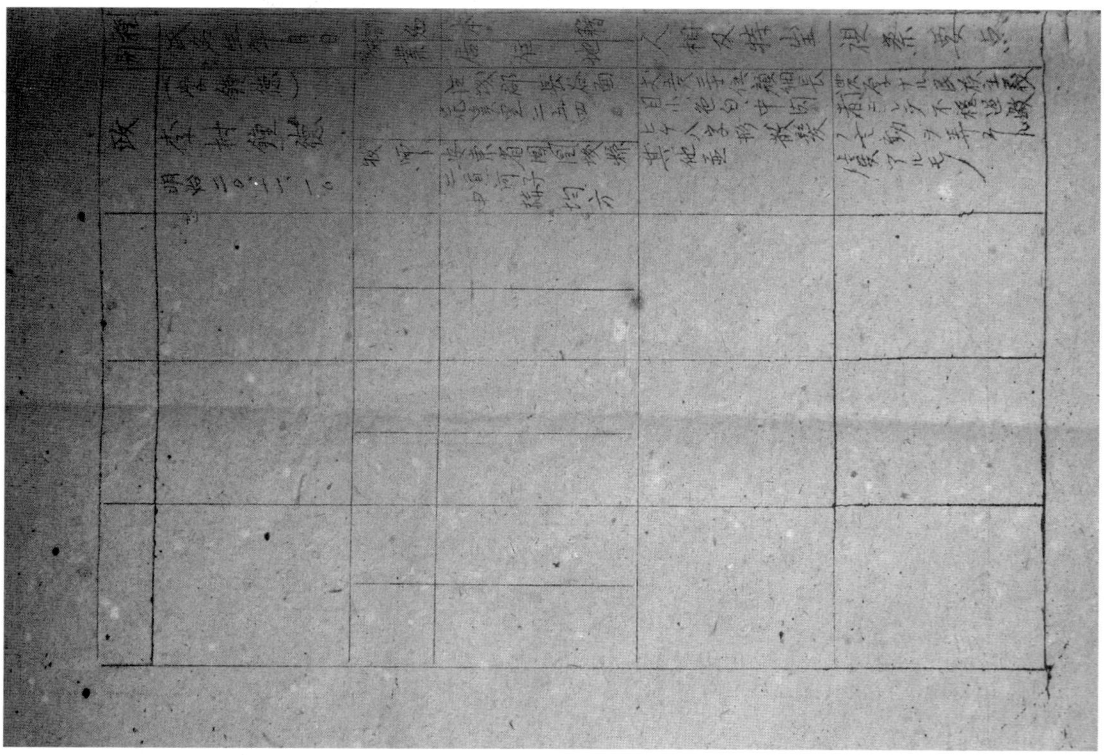

1945년 3월

조선인요시찰인약명부

함경북도

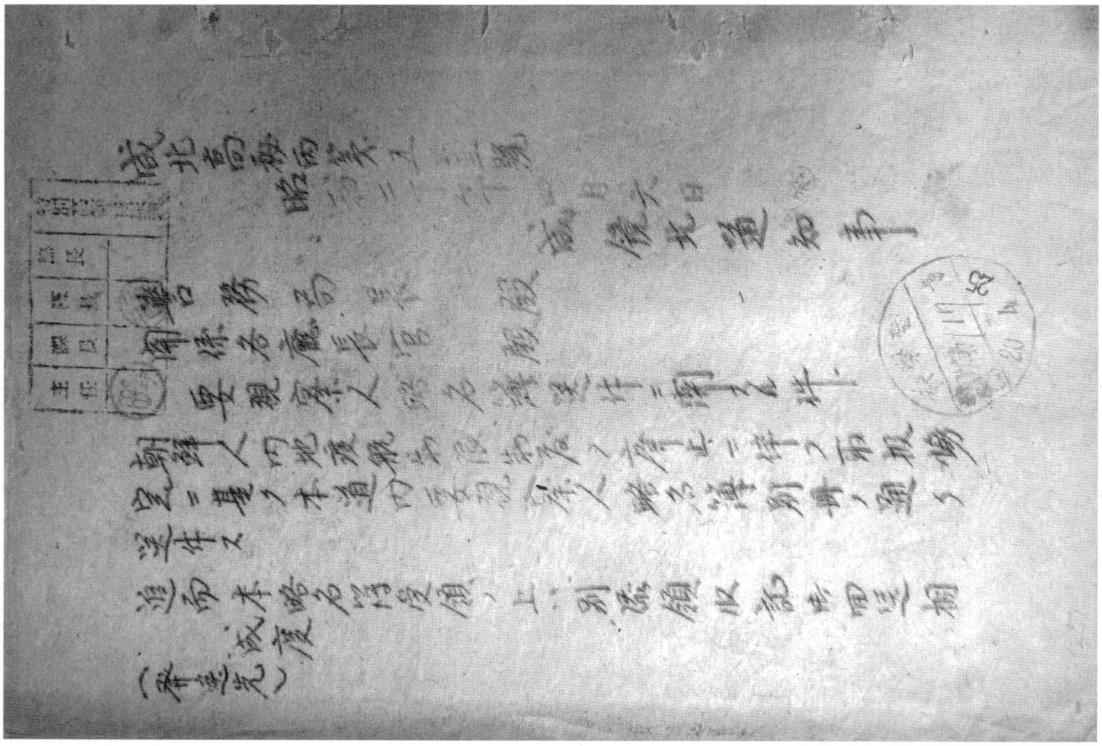

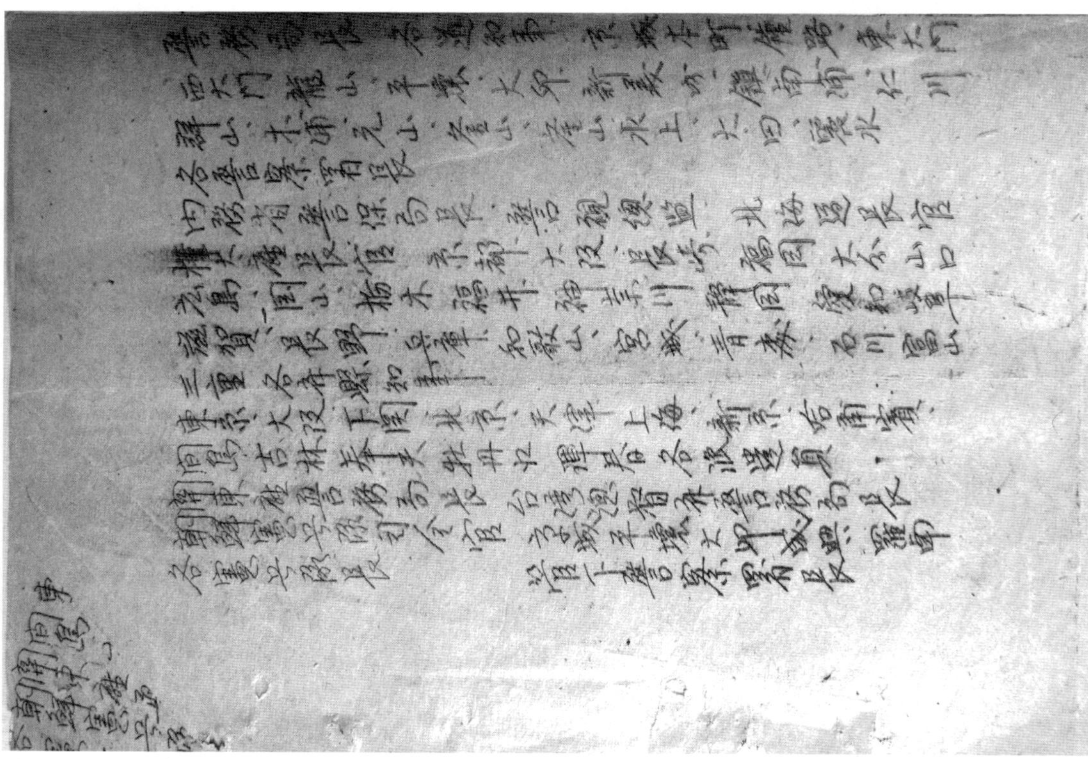

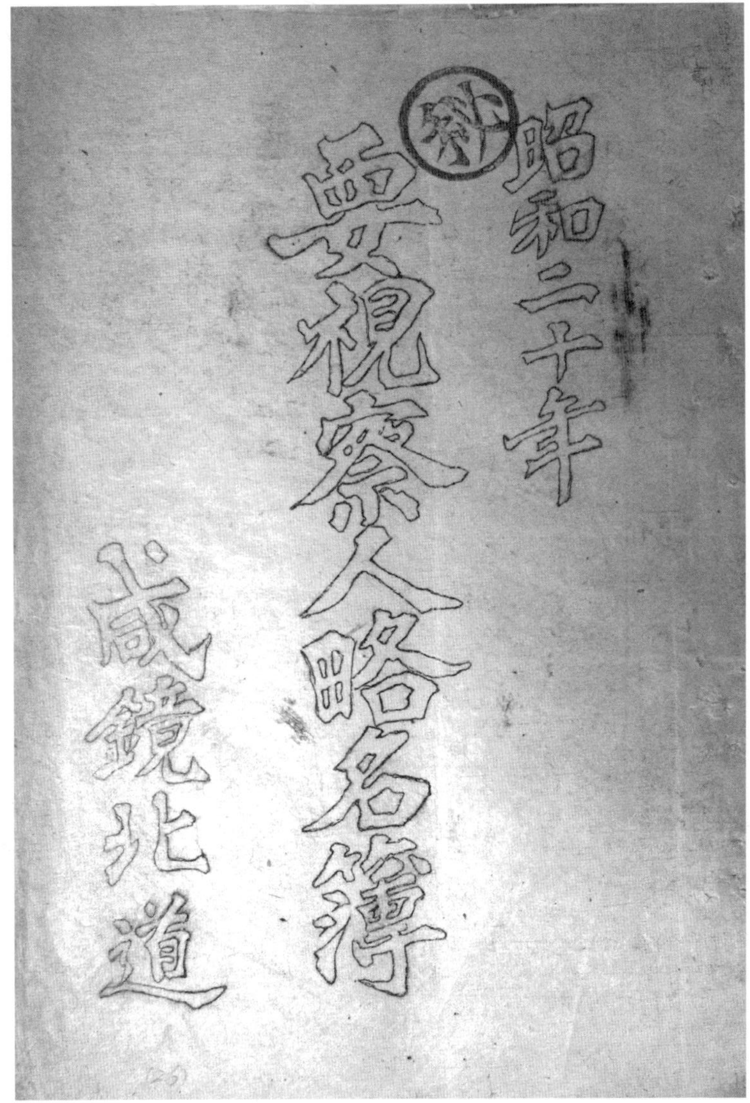

(秘)

昭和二十年

要視察人略名簿

咸鏡北道

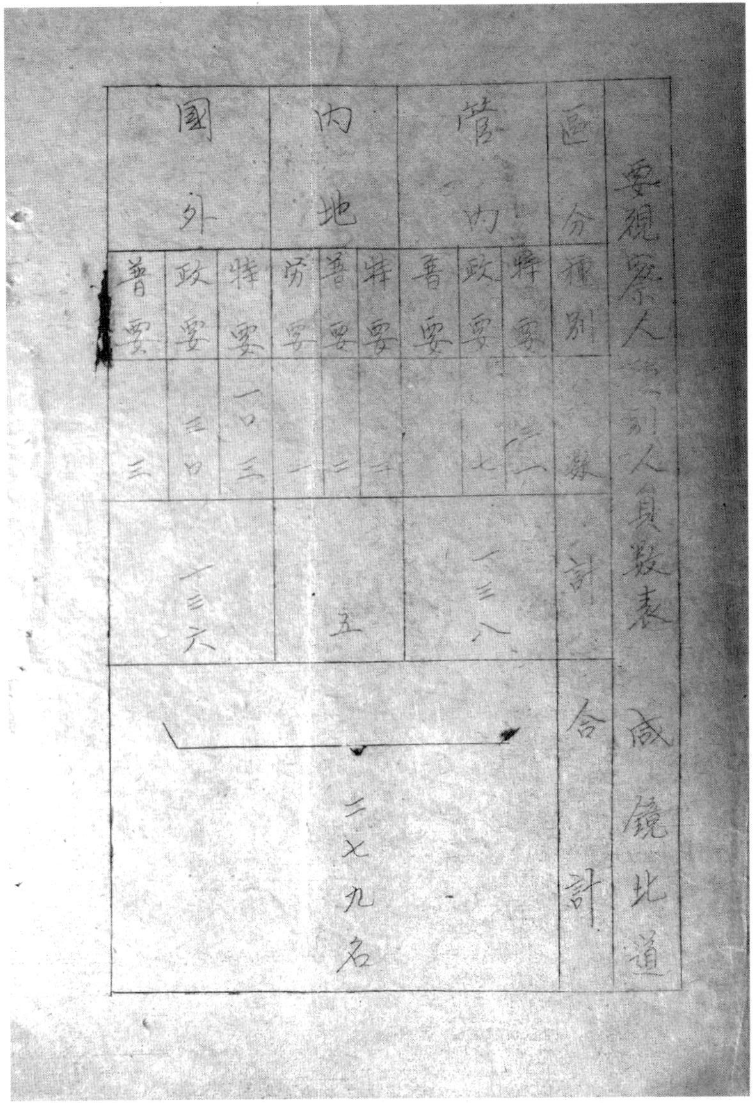

要視察人種別人員數表　咸鏡北道

區分	種別	數	計	合計
管內	特要	一二一	一三八	二七九名
	政要	一七		
	普要			
內地	特要	二	五	
	普要	二		
	労要	一		
國外	特要	一〇三	一三六	
	政要	三〇		
	普要	三		

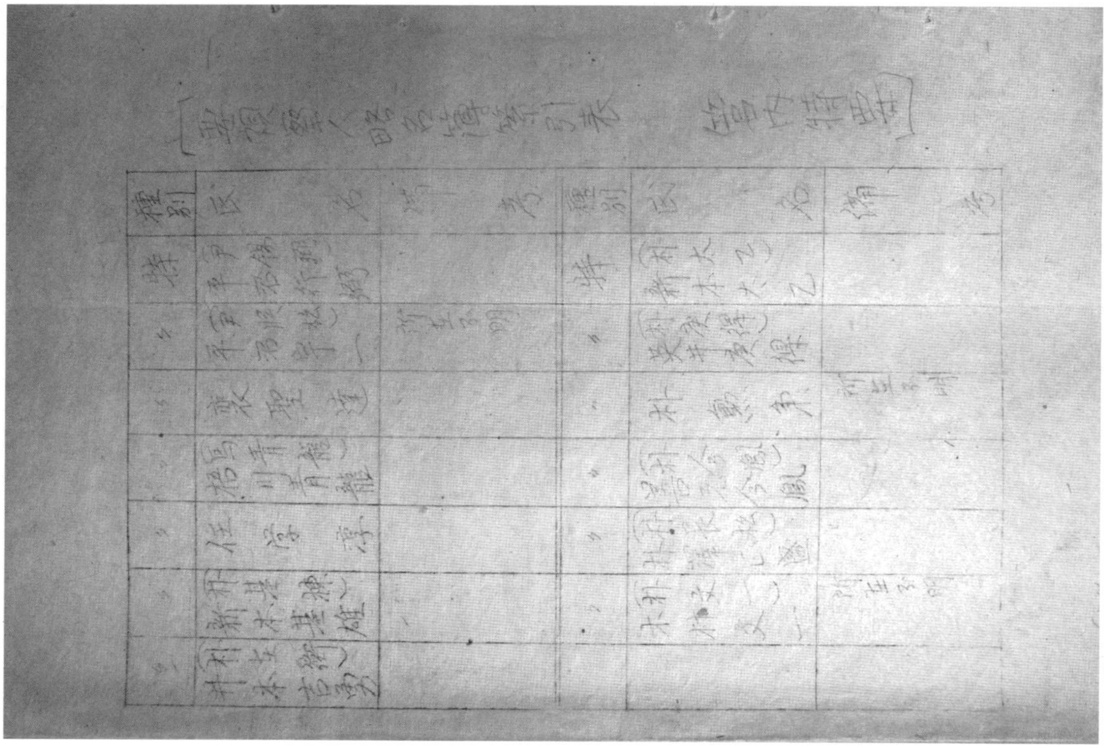

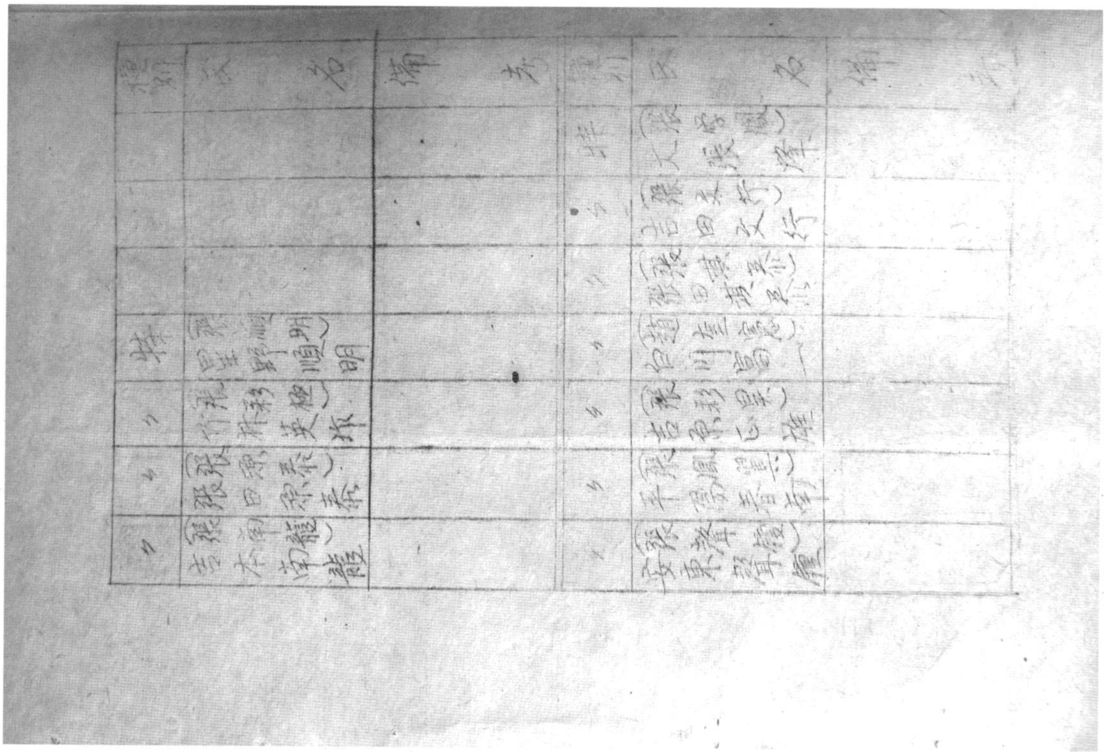

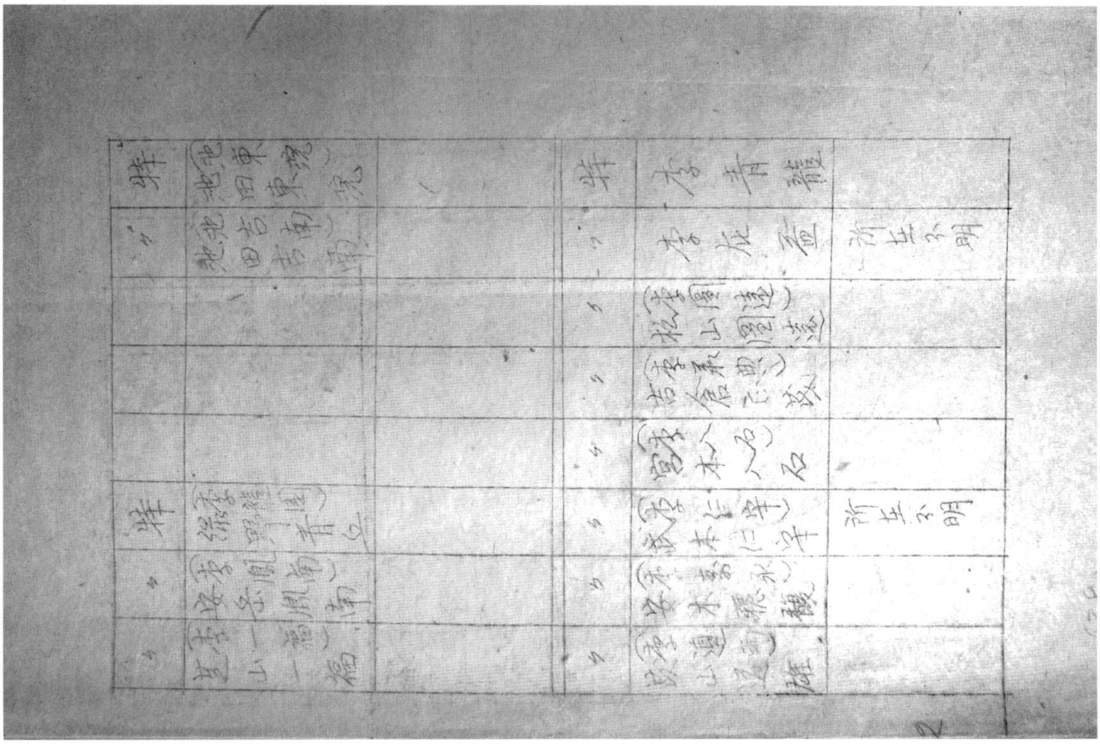

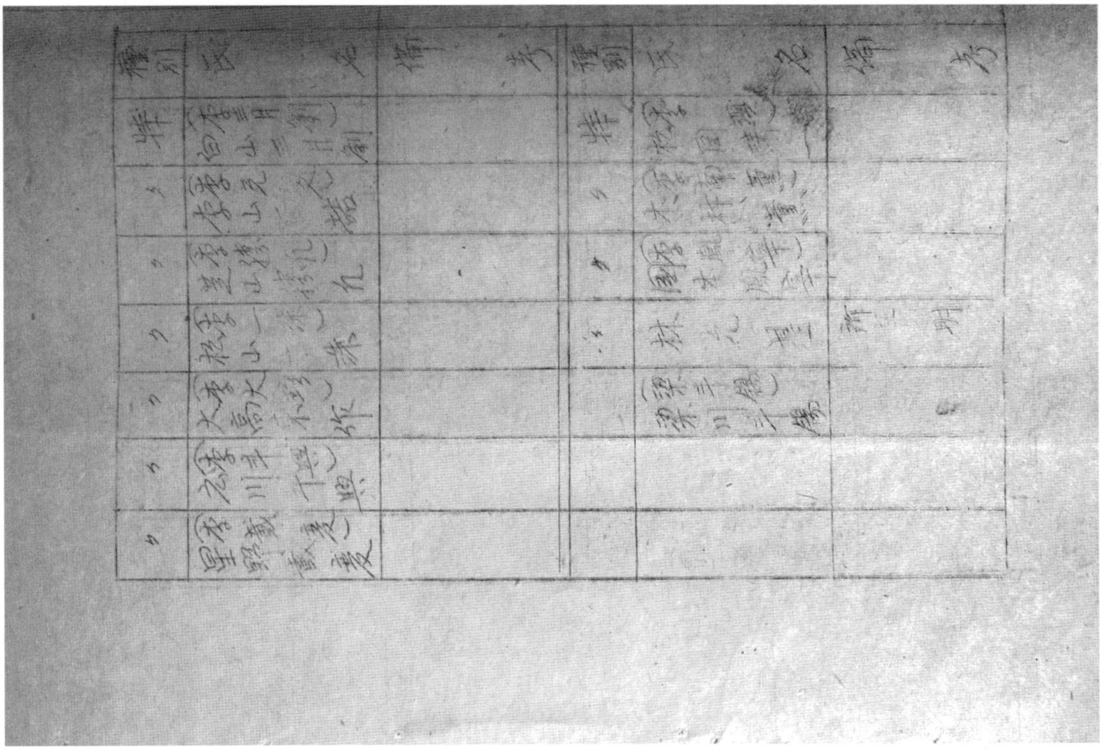

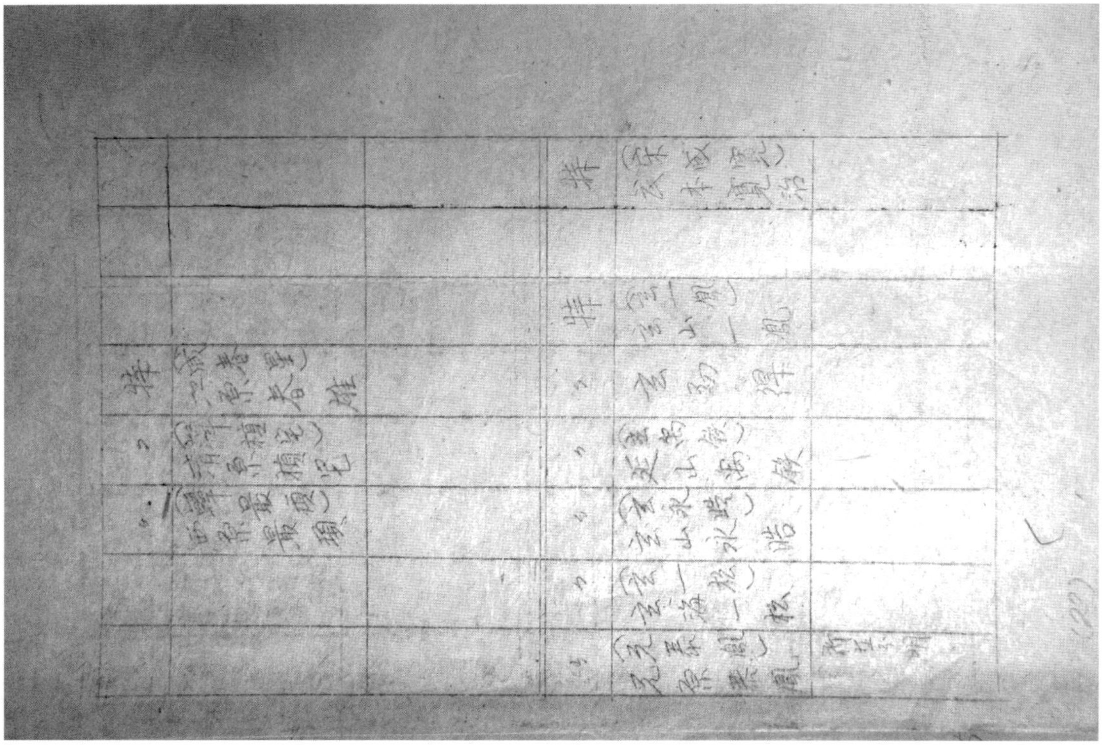

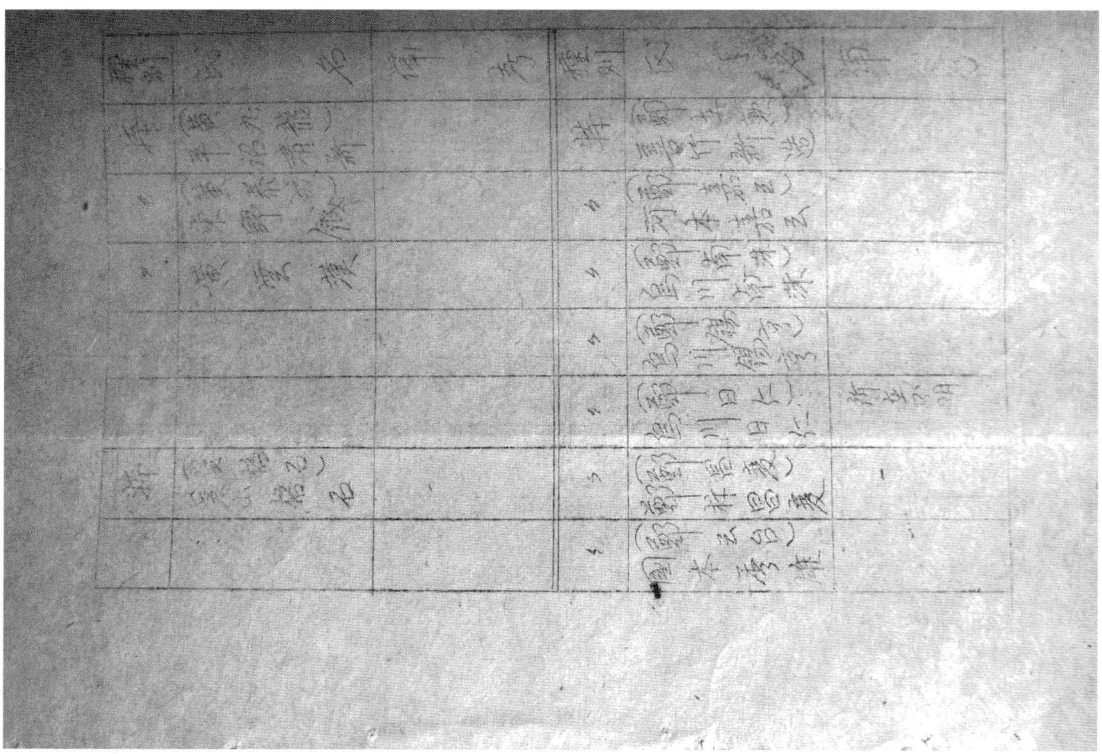

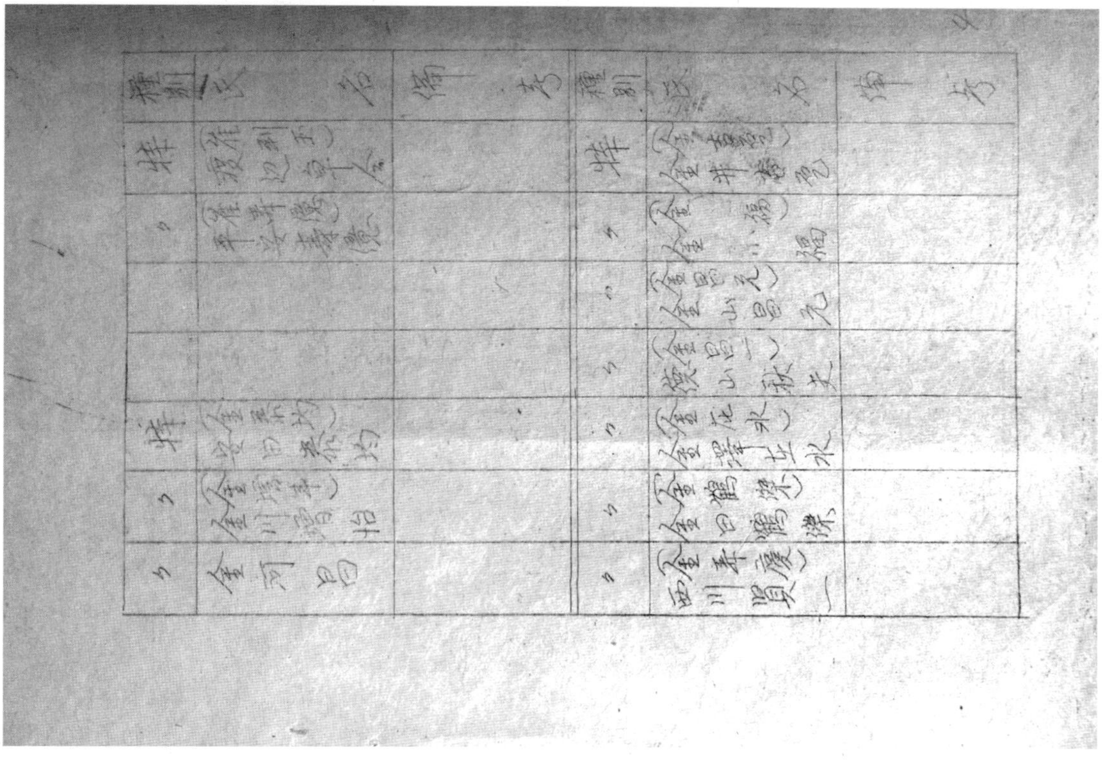

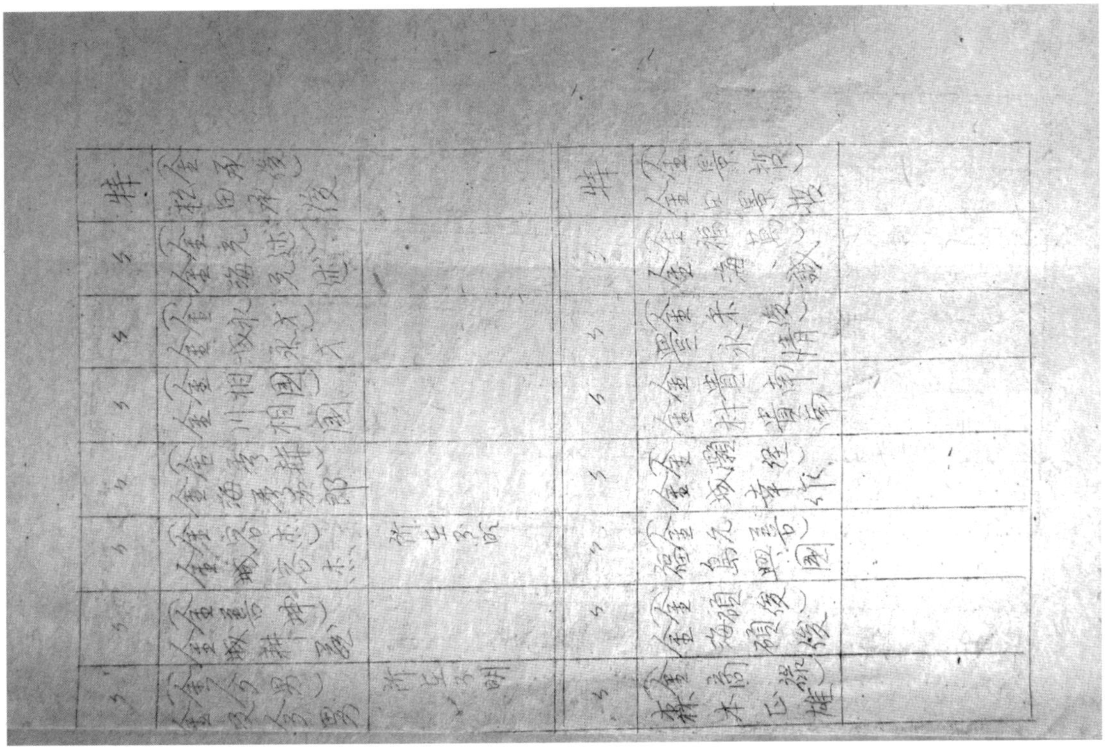

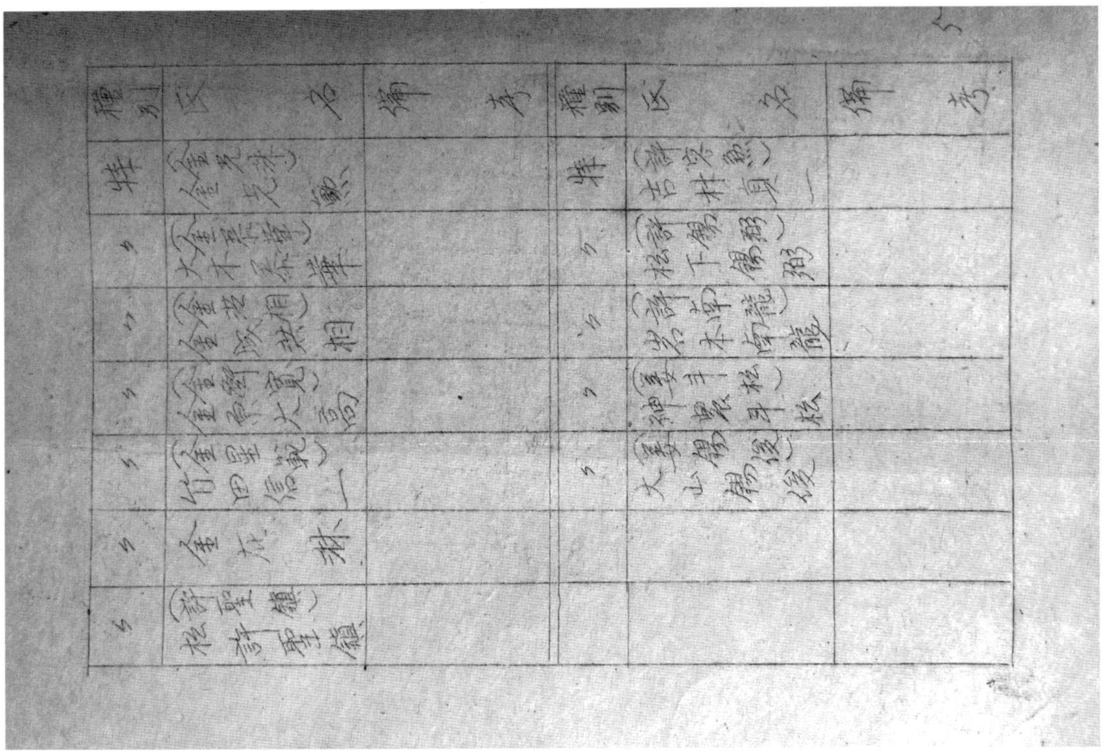

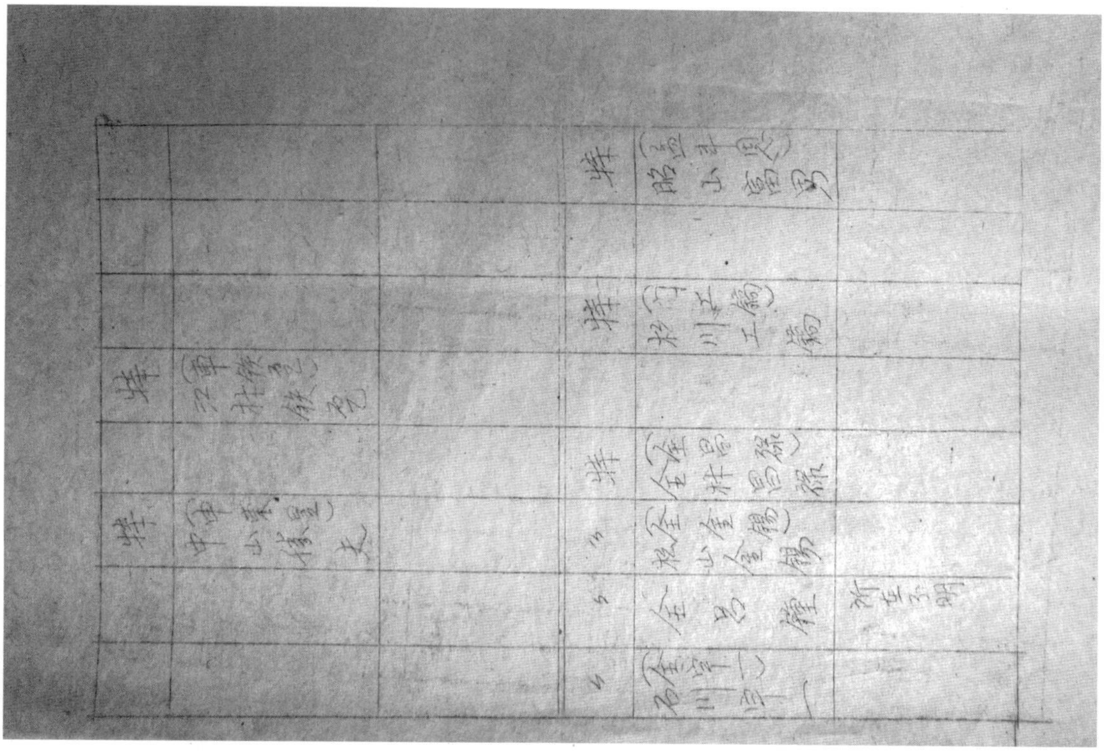

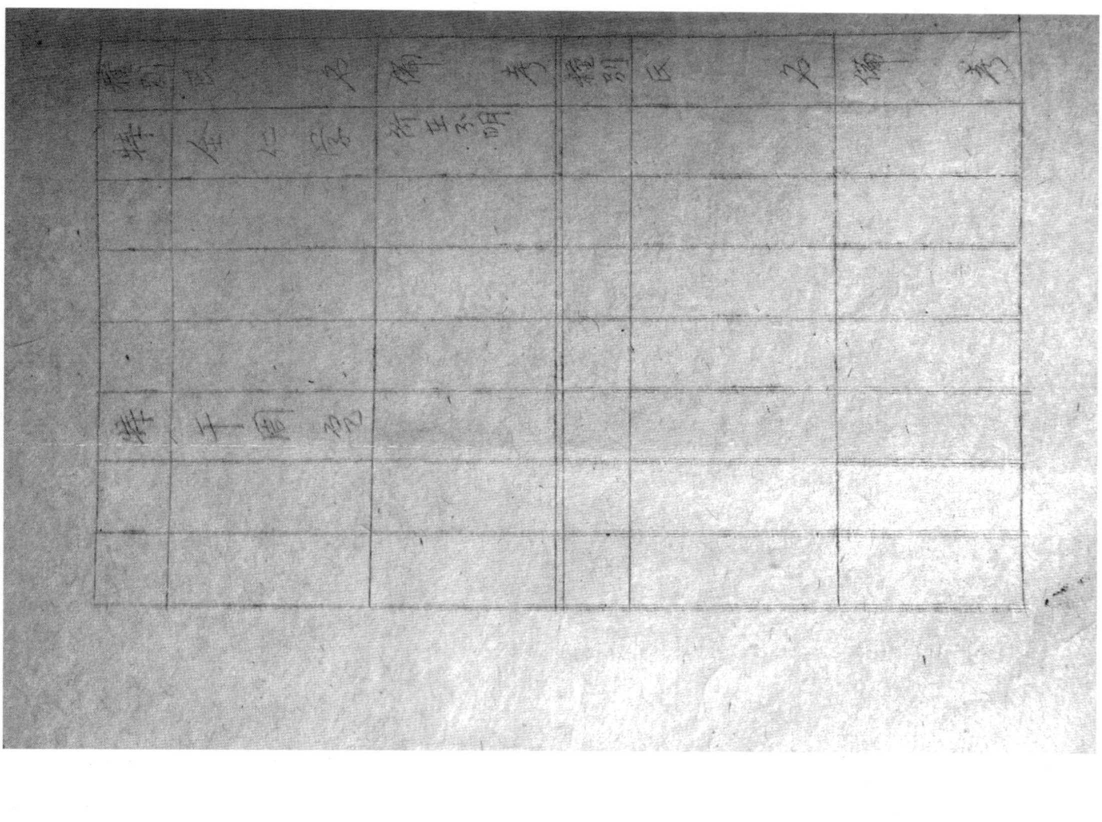

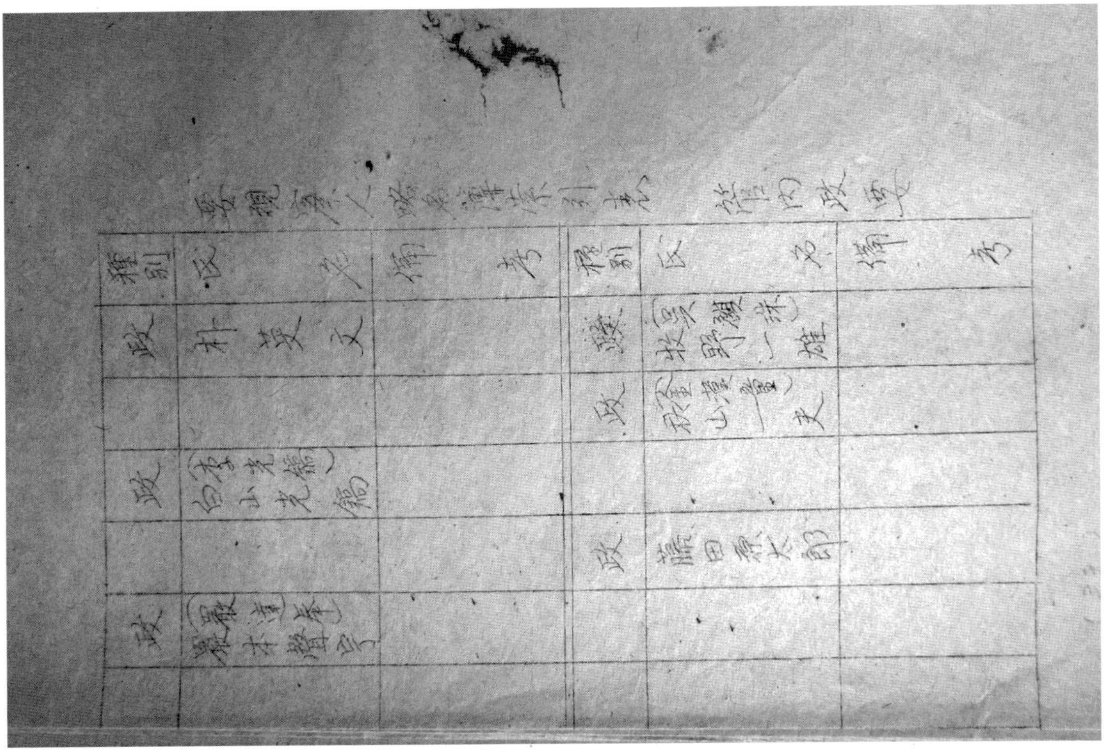

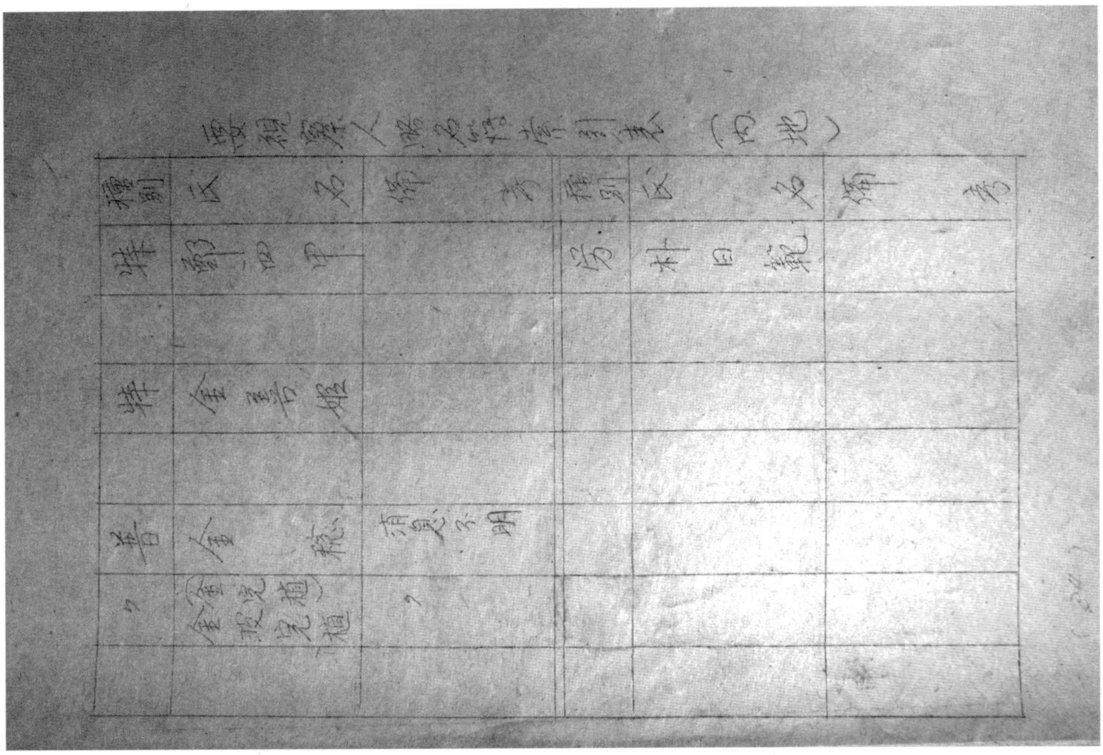

要視察人[illegible]別表（國外）

種別	氏名	備考
特	呂南壽	消息不明
特	馬昌洙	所在不明
特	朴相淳	消息不明
〃	（方奎星）天朴景之	
〃	朴尭英	消息不明

種別	氏名	備考
特	朴道石	所在不明
〃	朴成烈	
〃	（朴鳳憲）新井鳳憲	
〃	（朴秉均）新井秉民	
〃	（朴自甲）泉自甲	
〃	（朴昇竜）新井昇龍	

種別	氏名	備考
特	董夏鉉	
特	李益星	
〃	李鉄峰	消息不明
〃	李忠根	〃
〃	李琛錫	〃

種別	氏名	備考
特	（李平用）星山平用	消息不明
〃	李鳳南	〃
〃	李学麟	〃
〃	李隅石	〃
〃	李栖	〃
〃	李英根	〃
〃	李萬極	〃

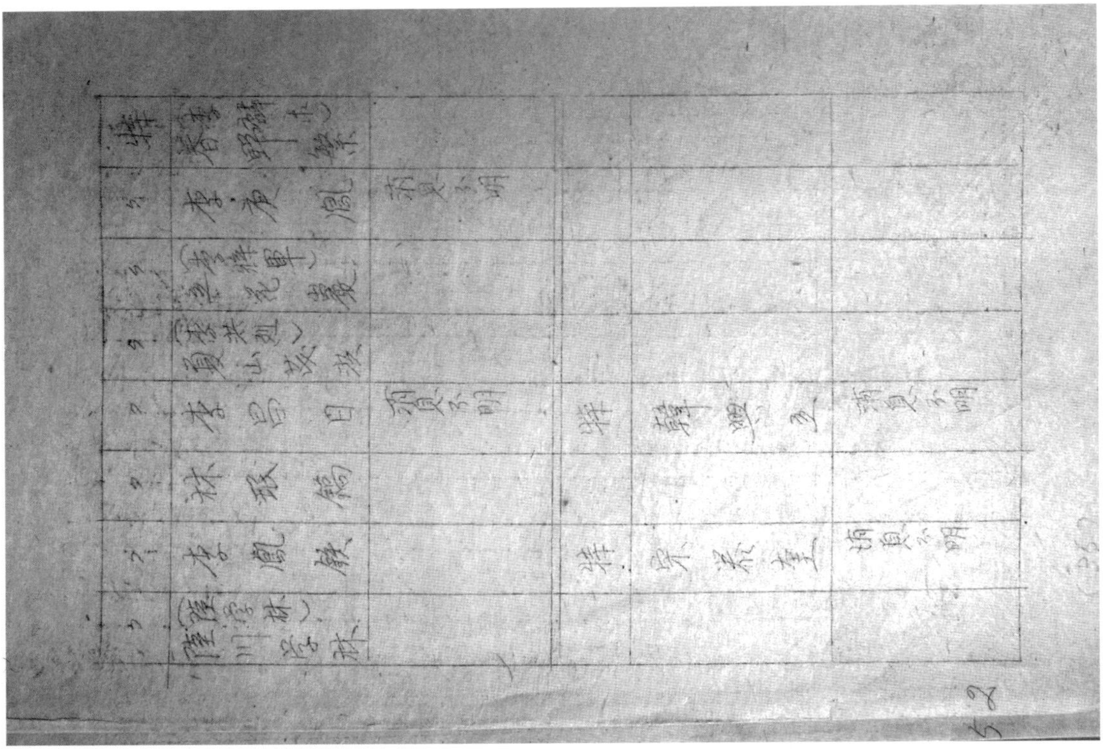

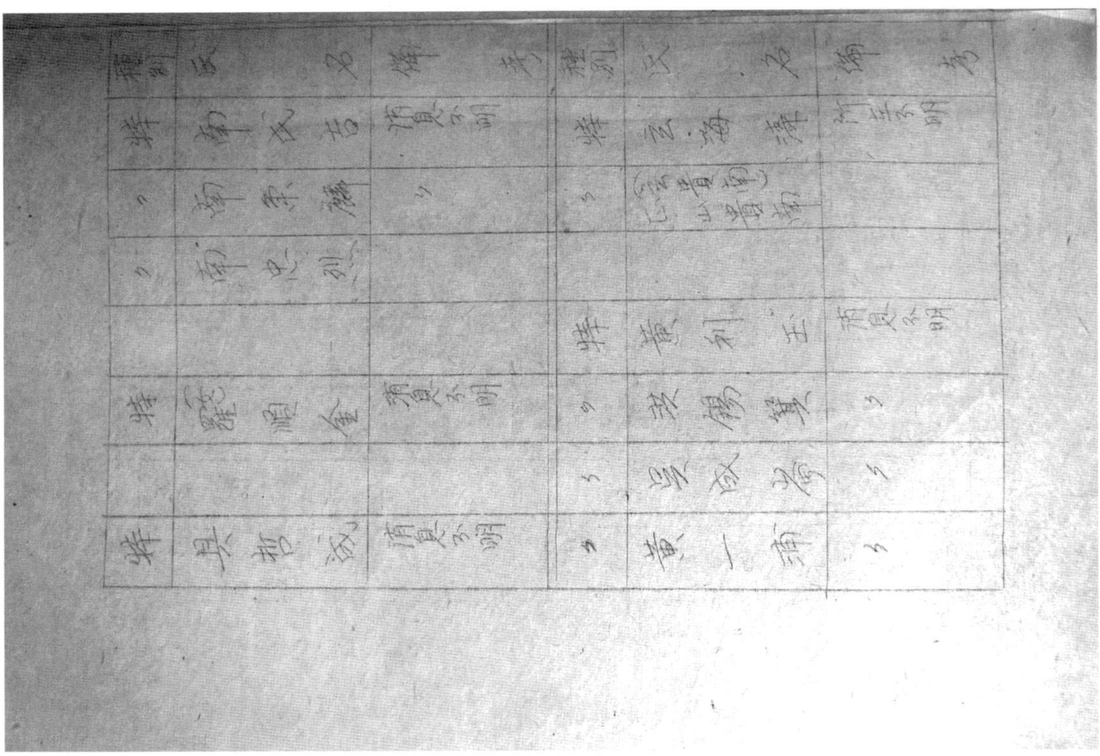

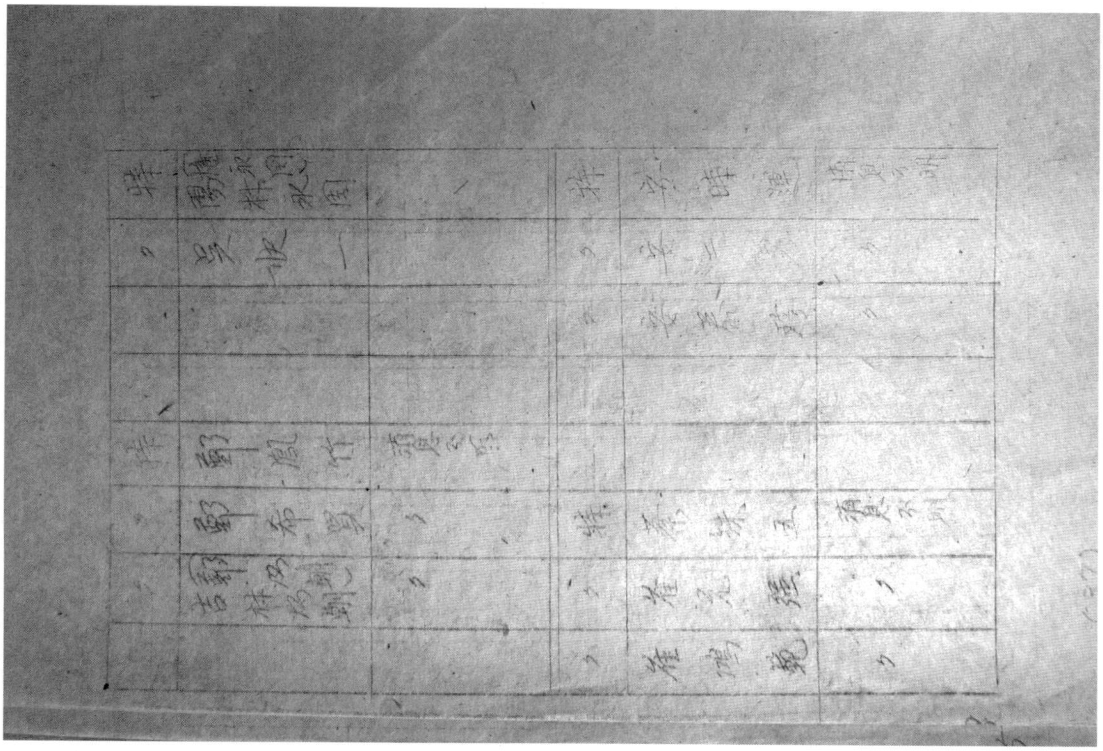

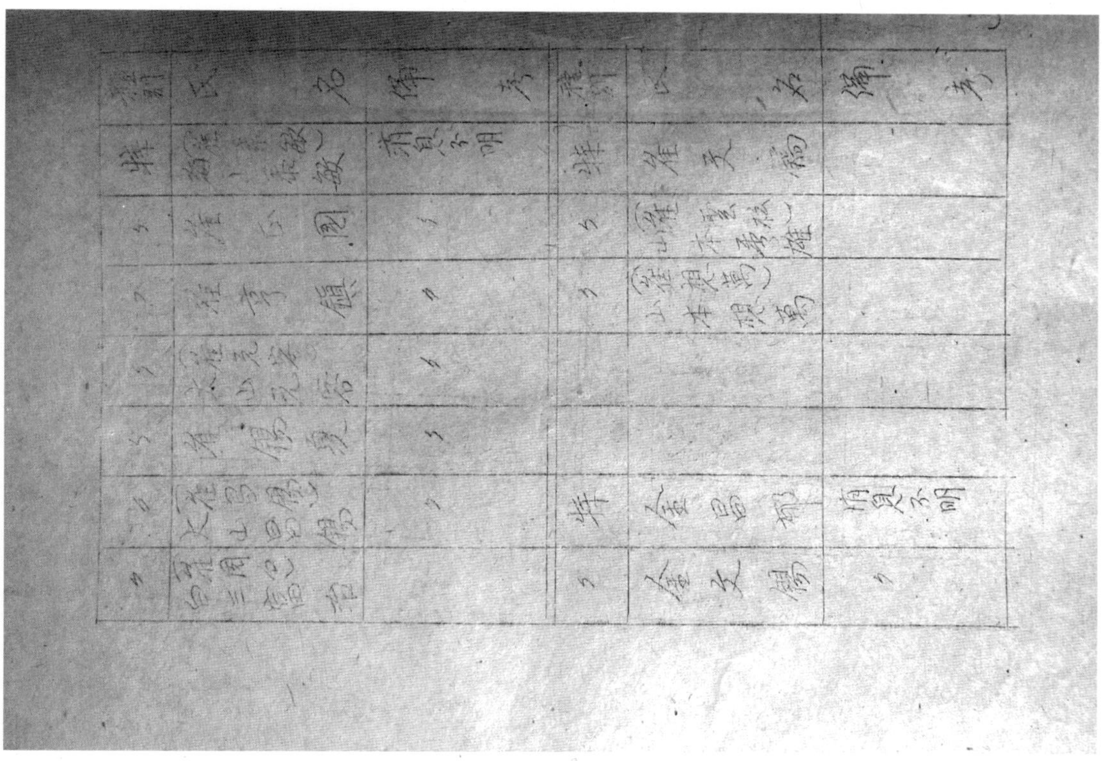

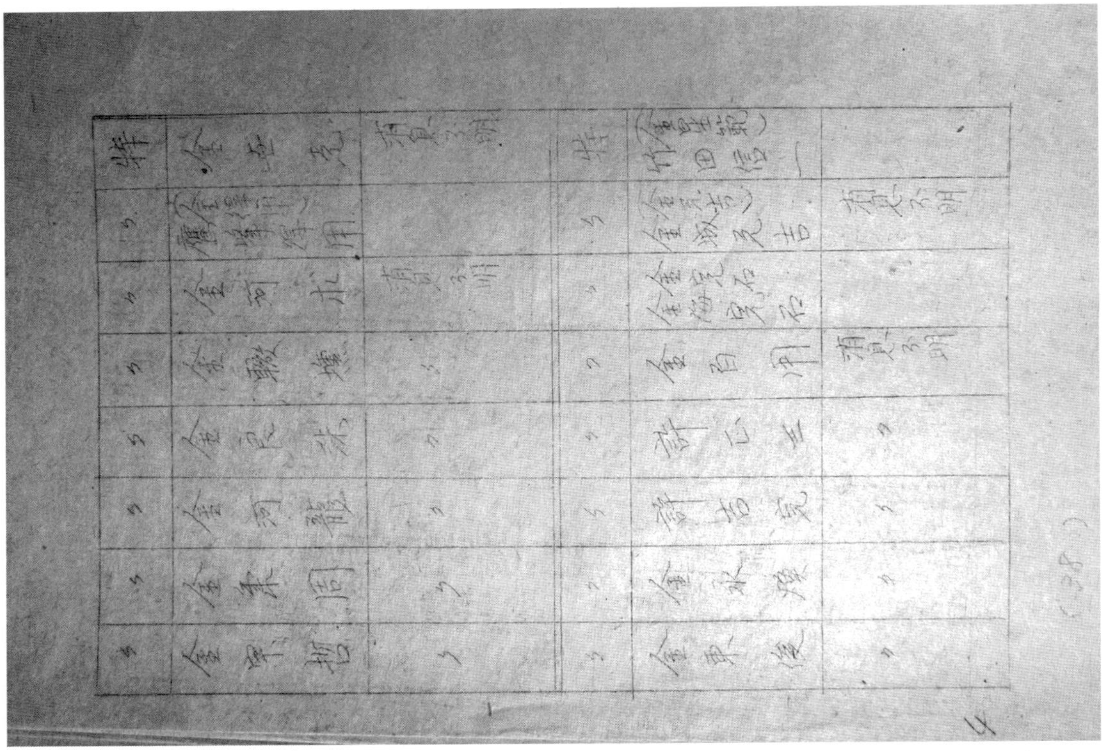

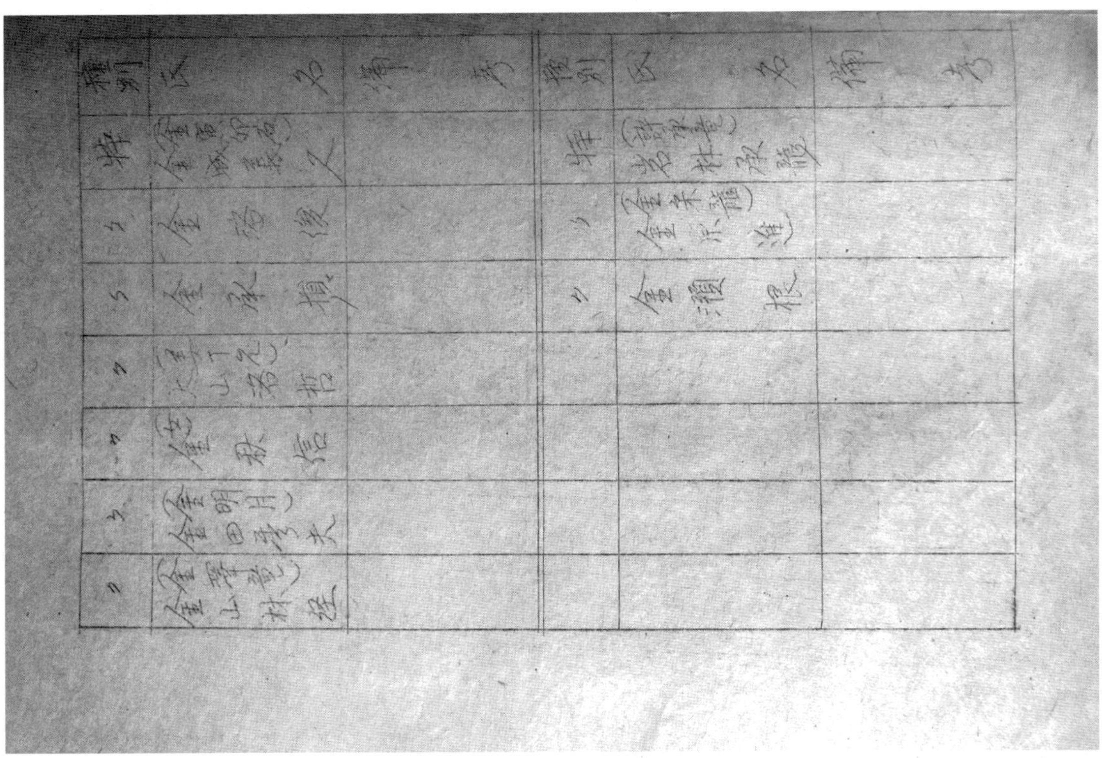

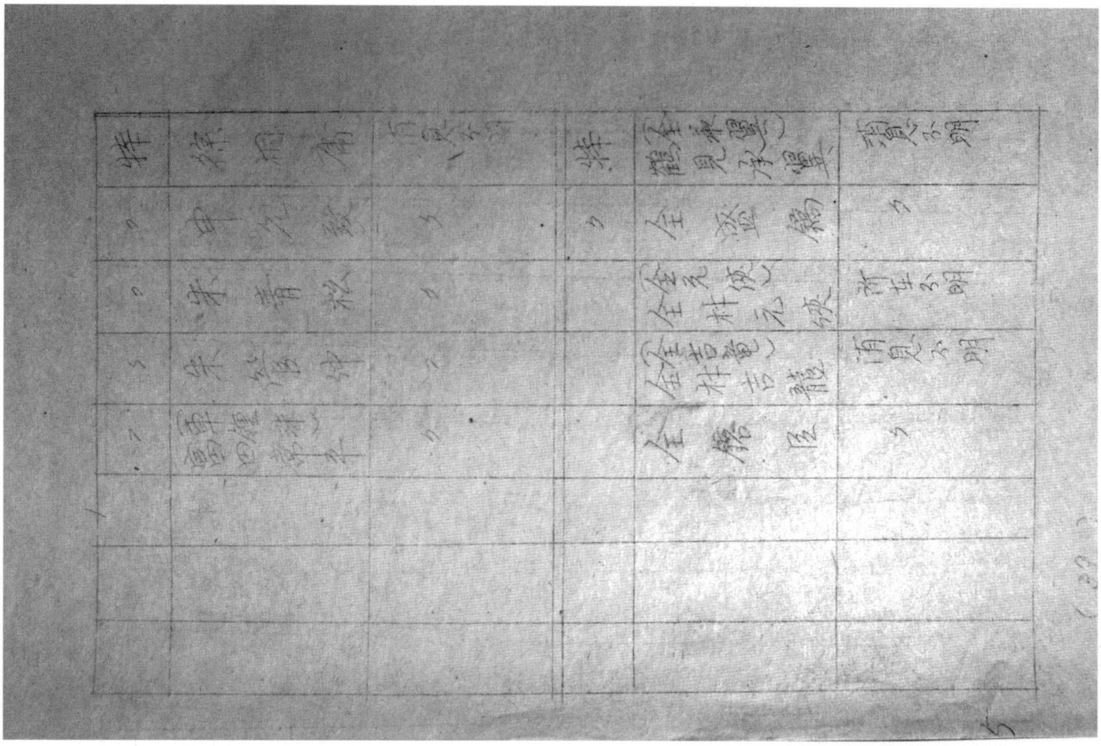

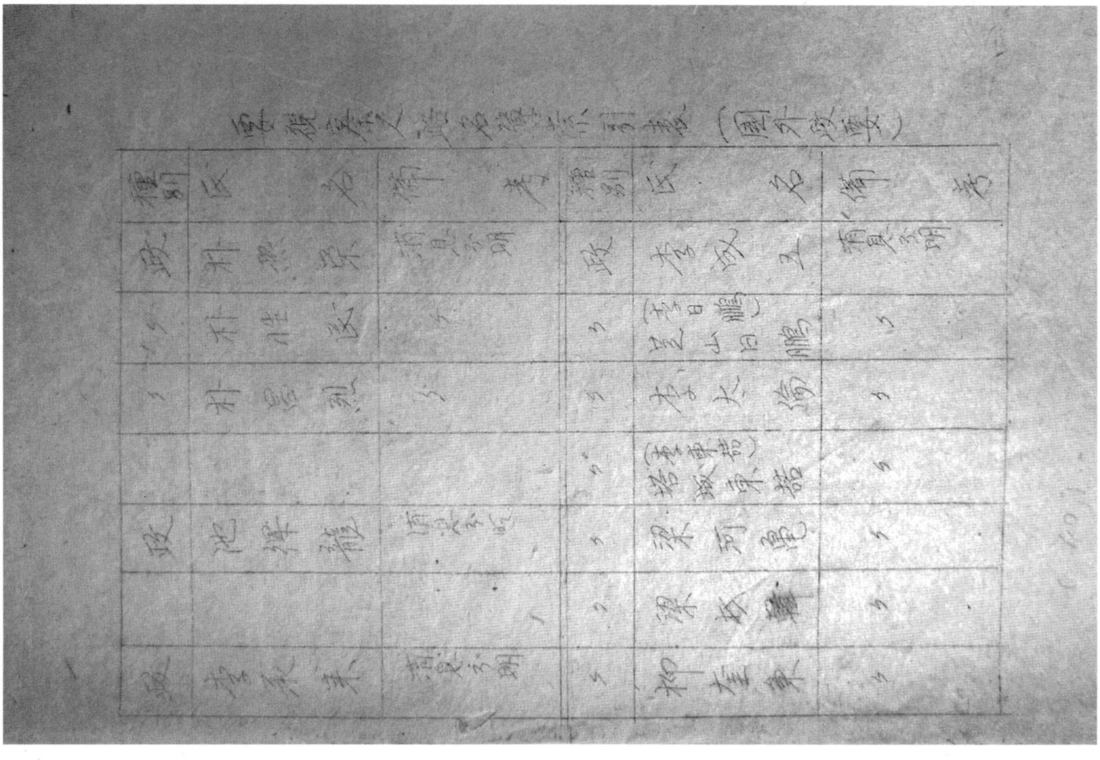

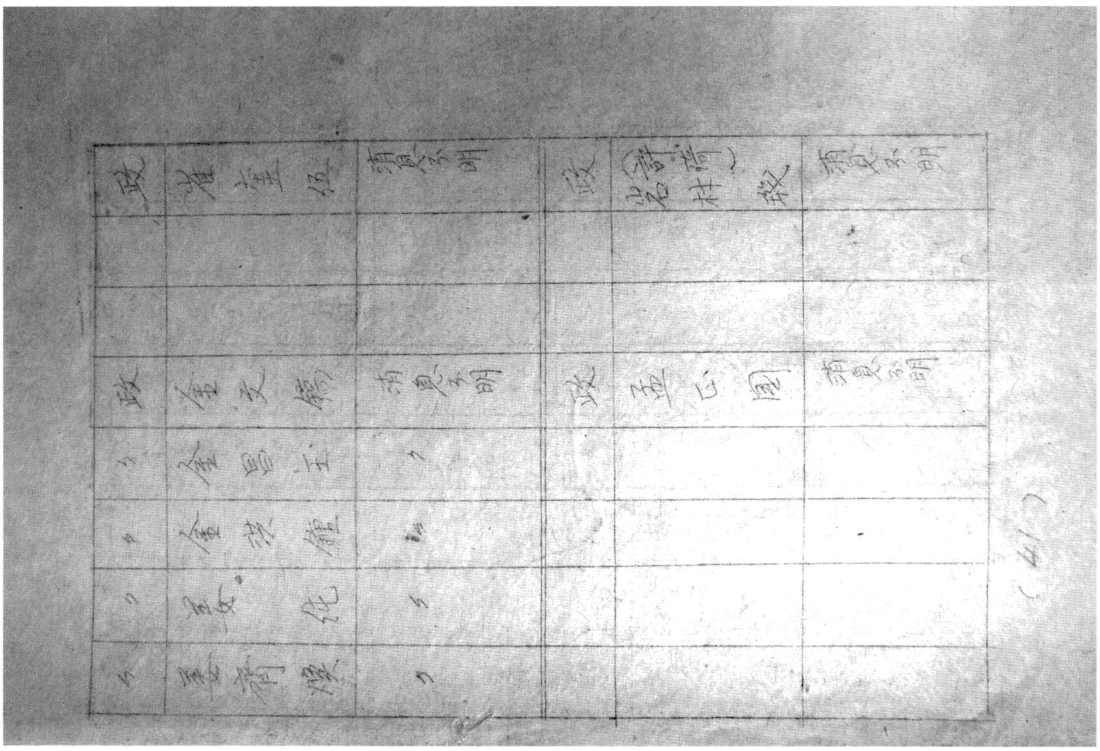

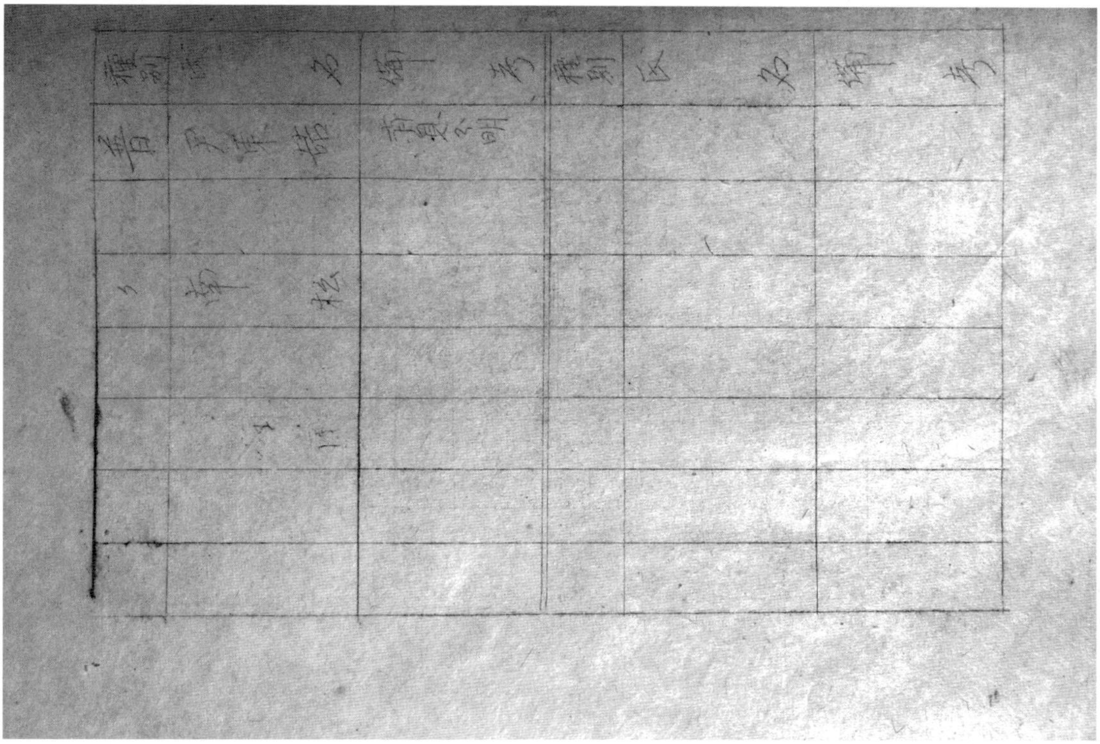

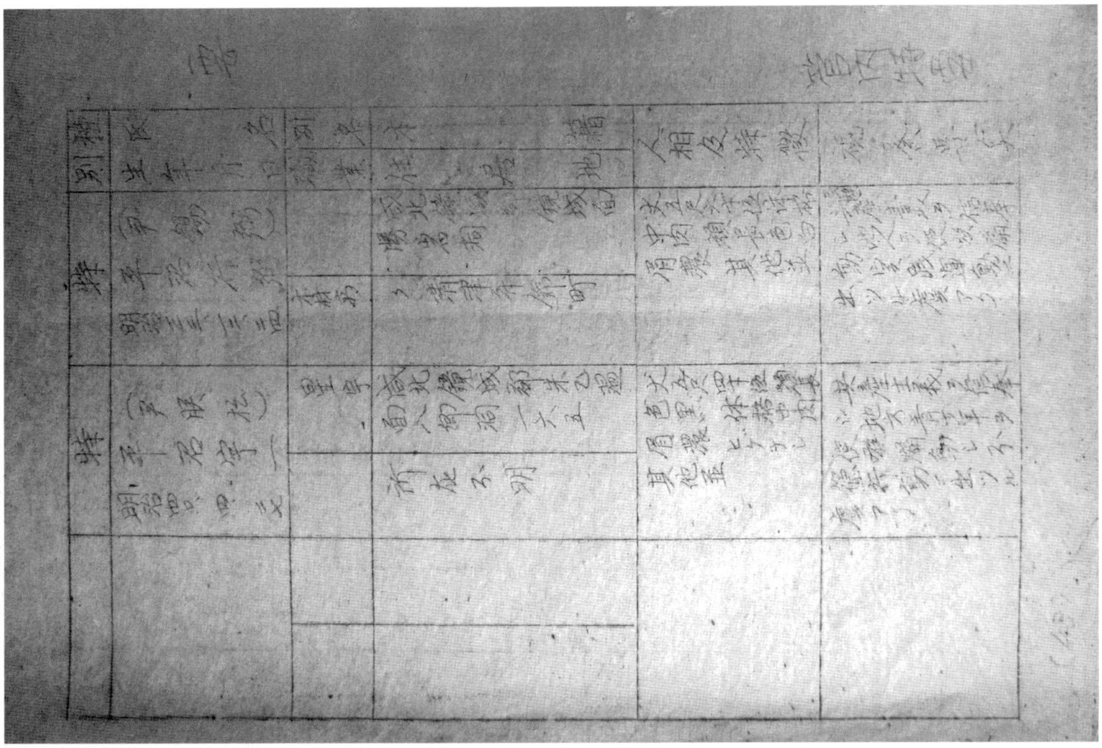

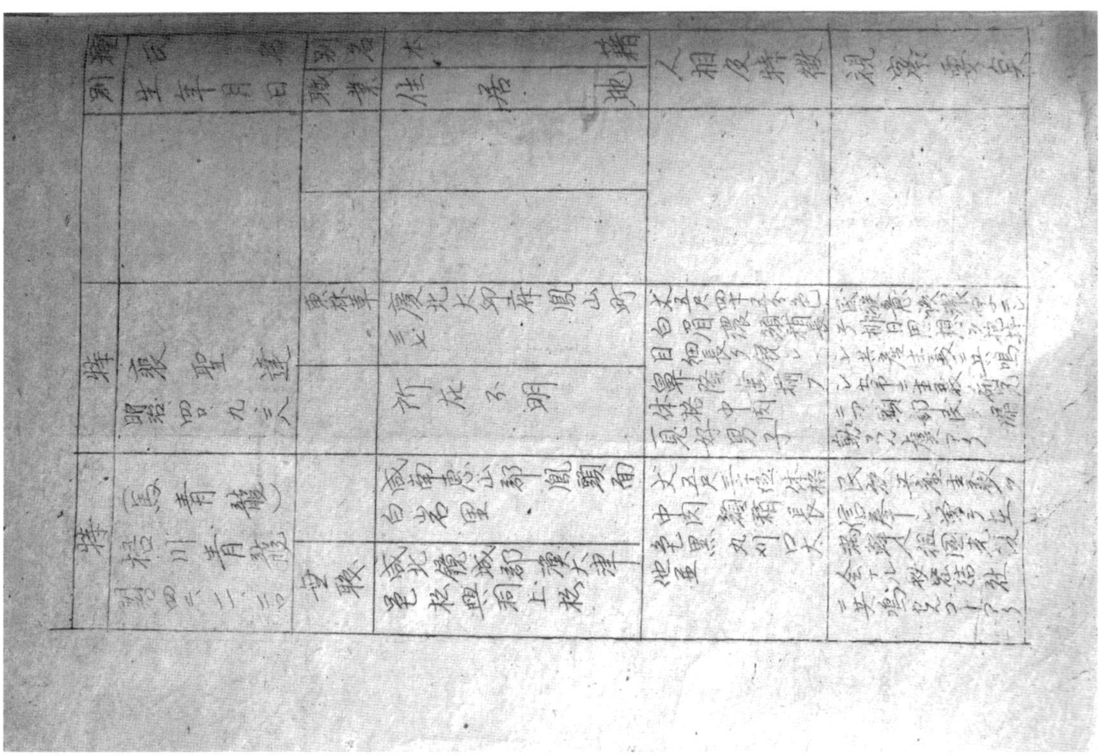

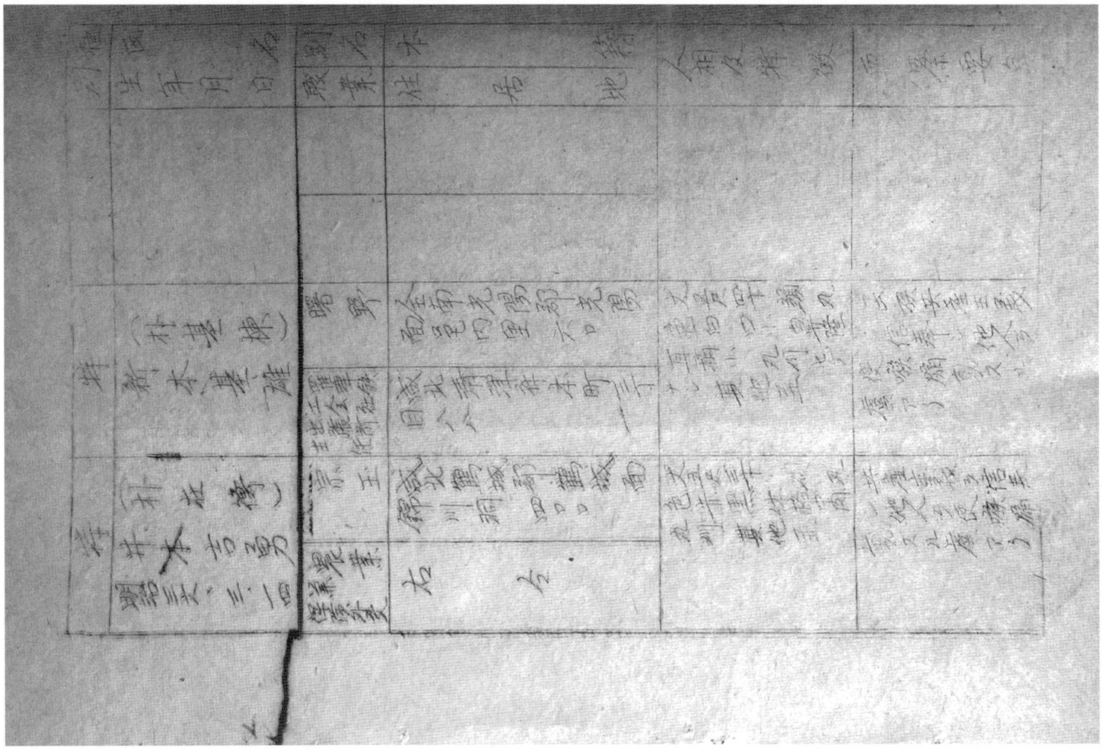

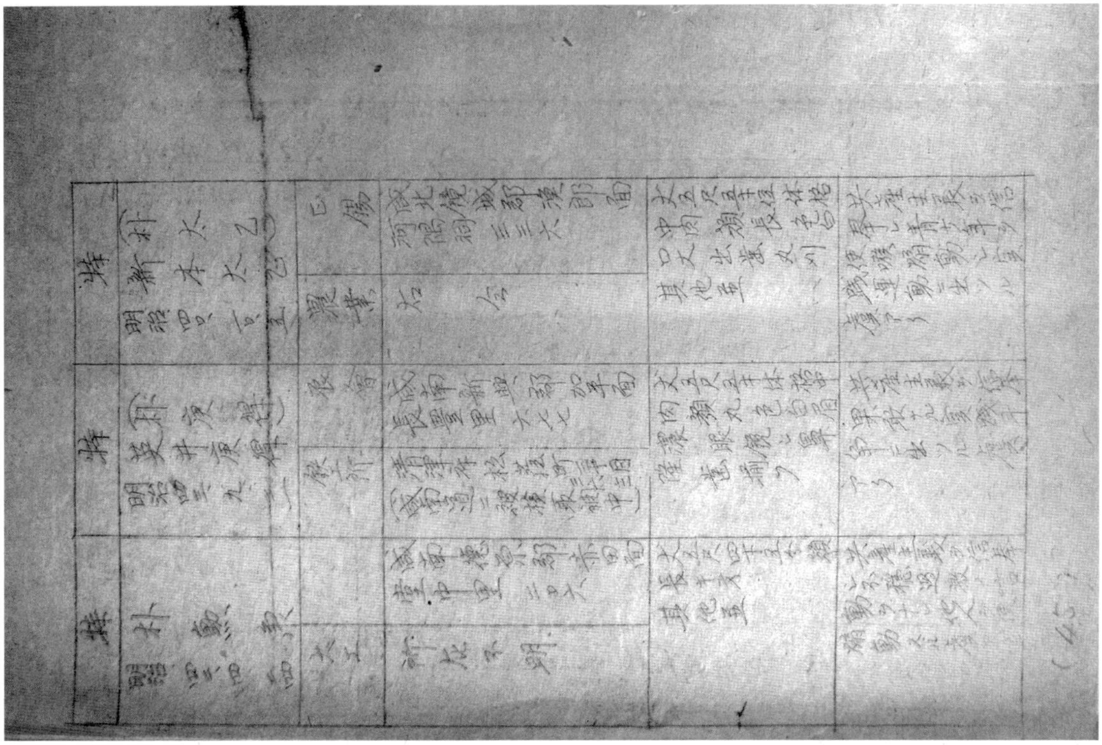

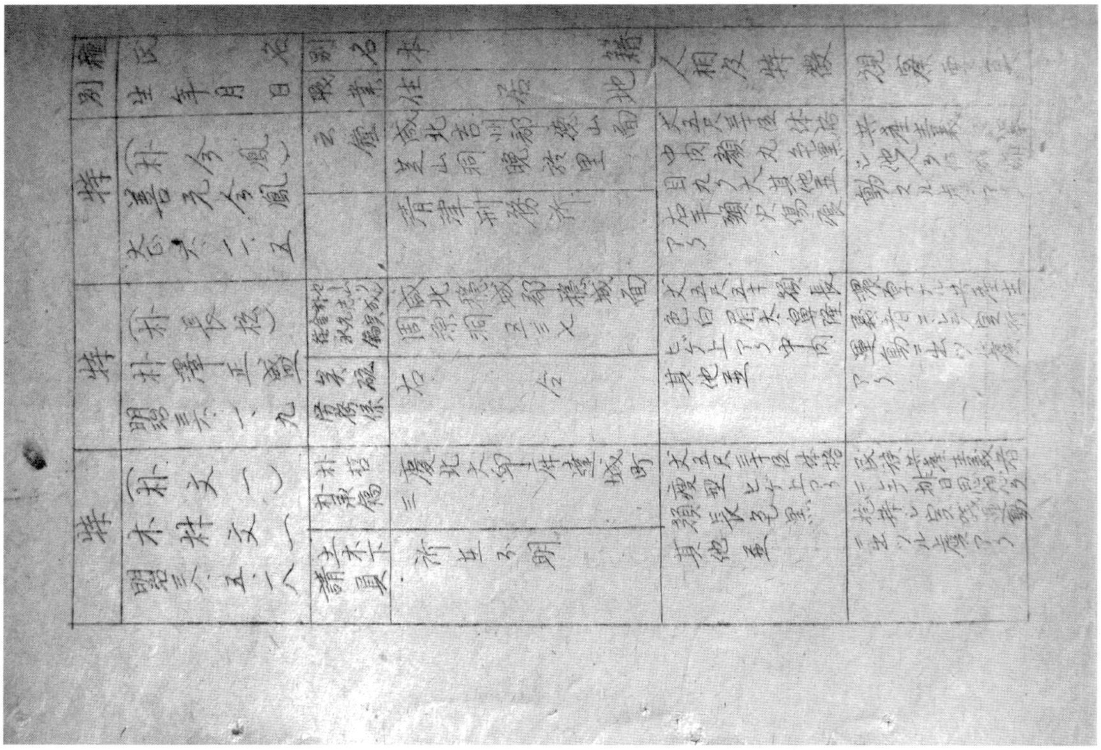

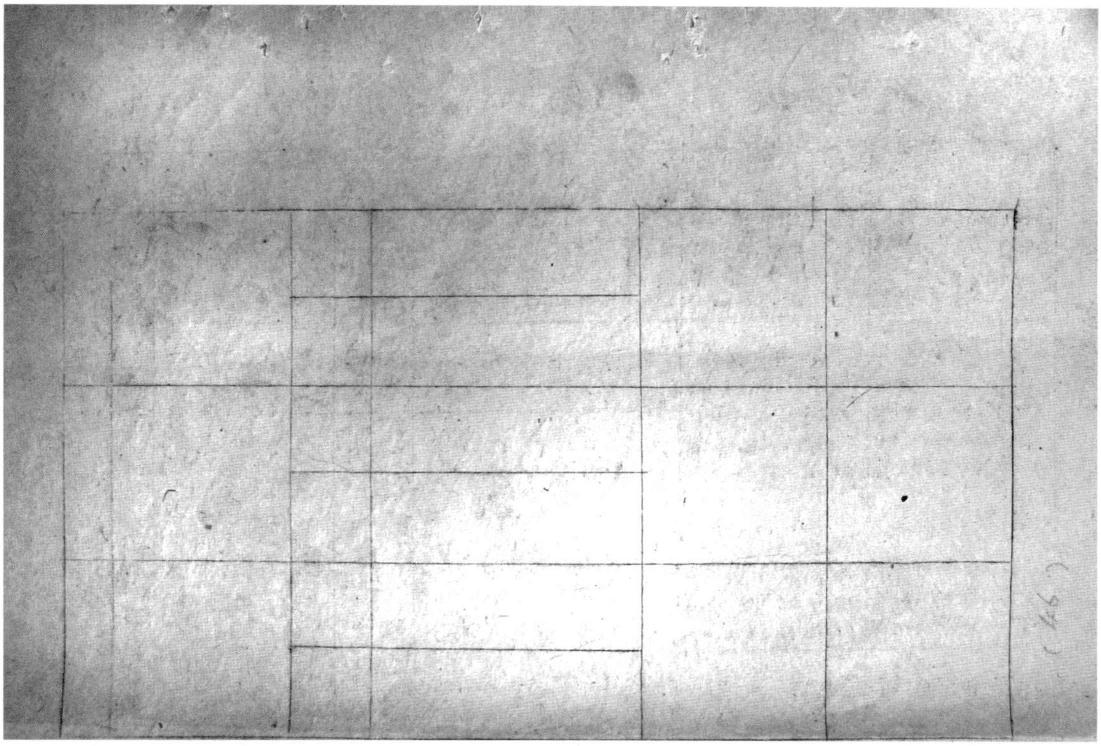

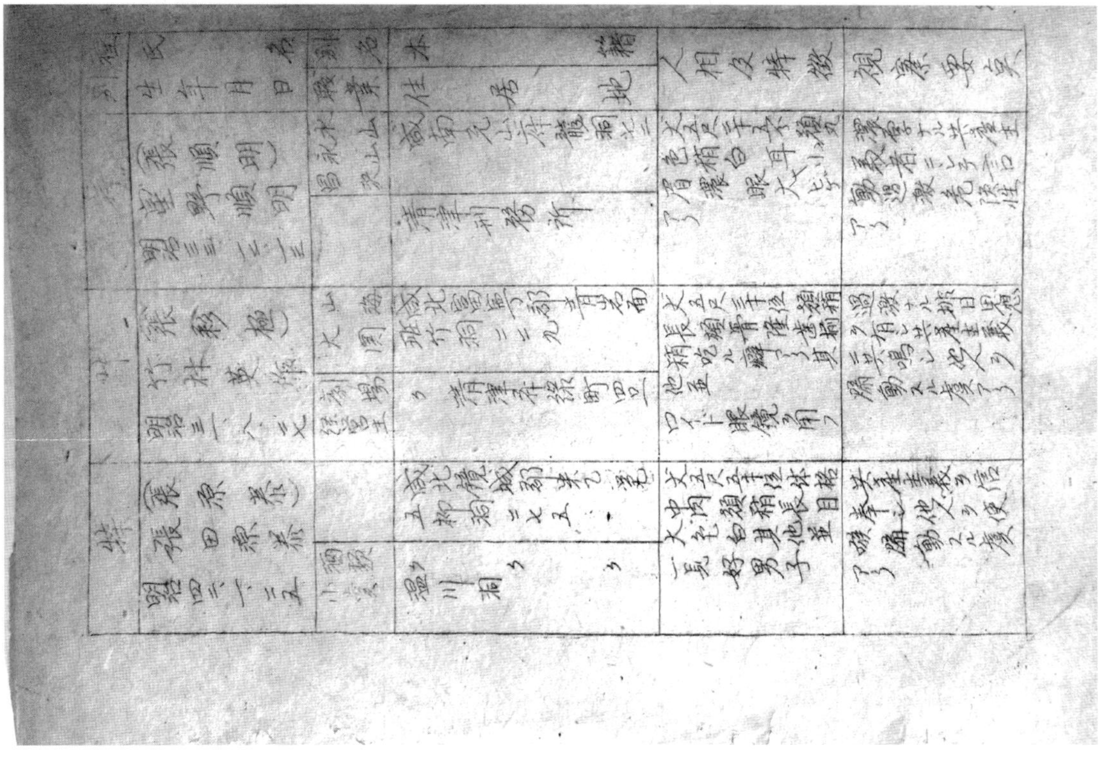

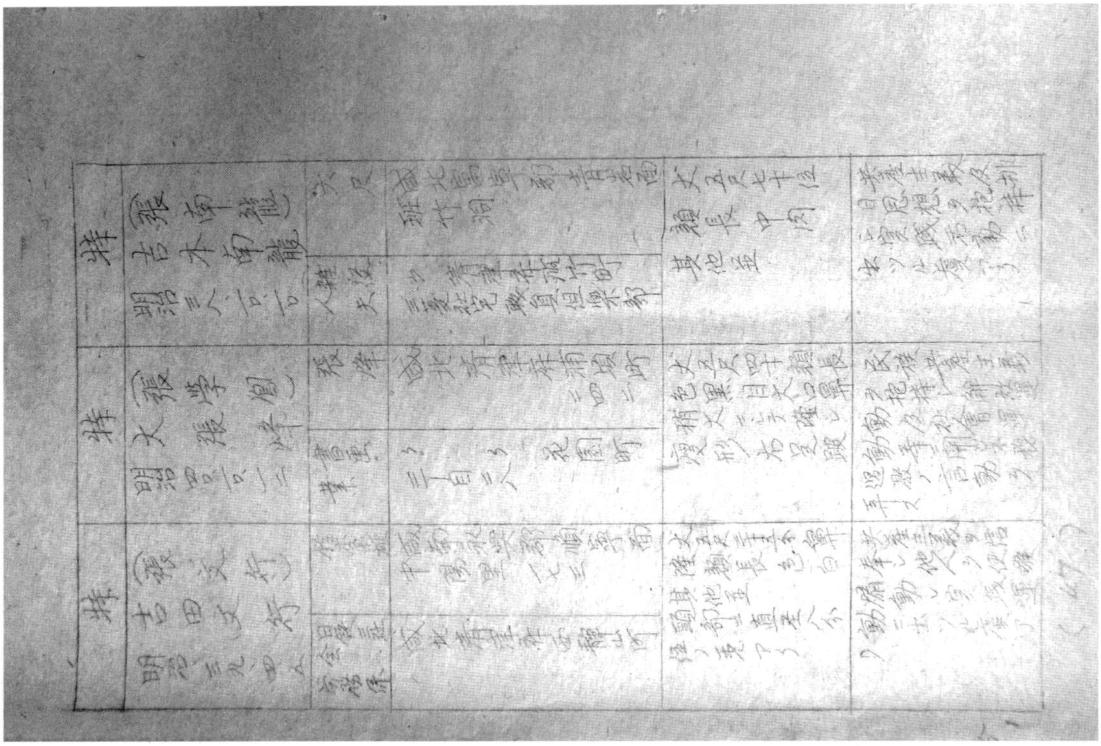

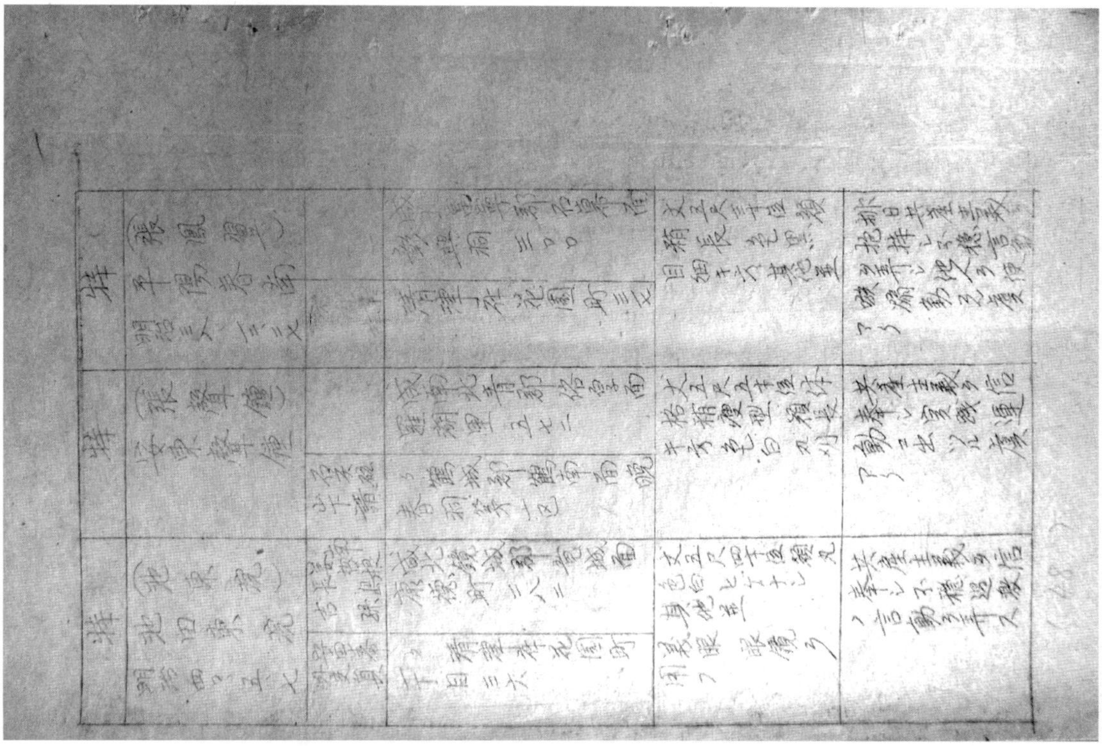

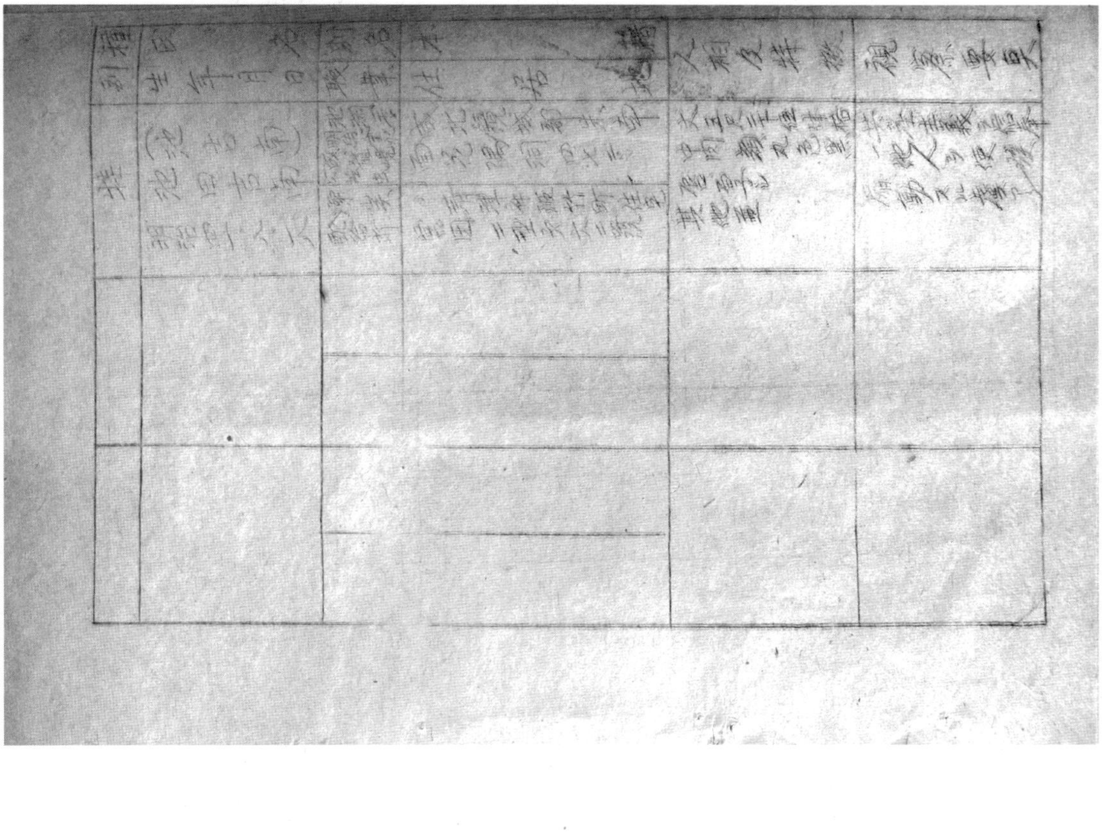

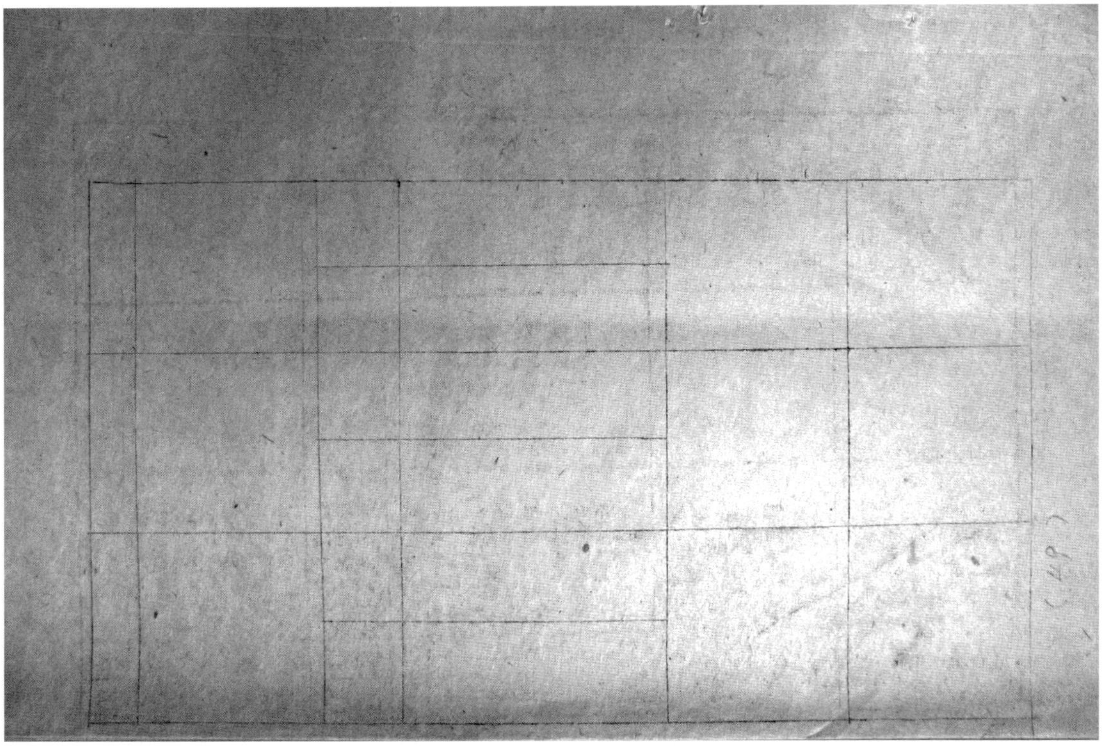

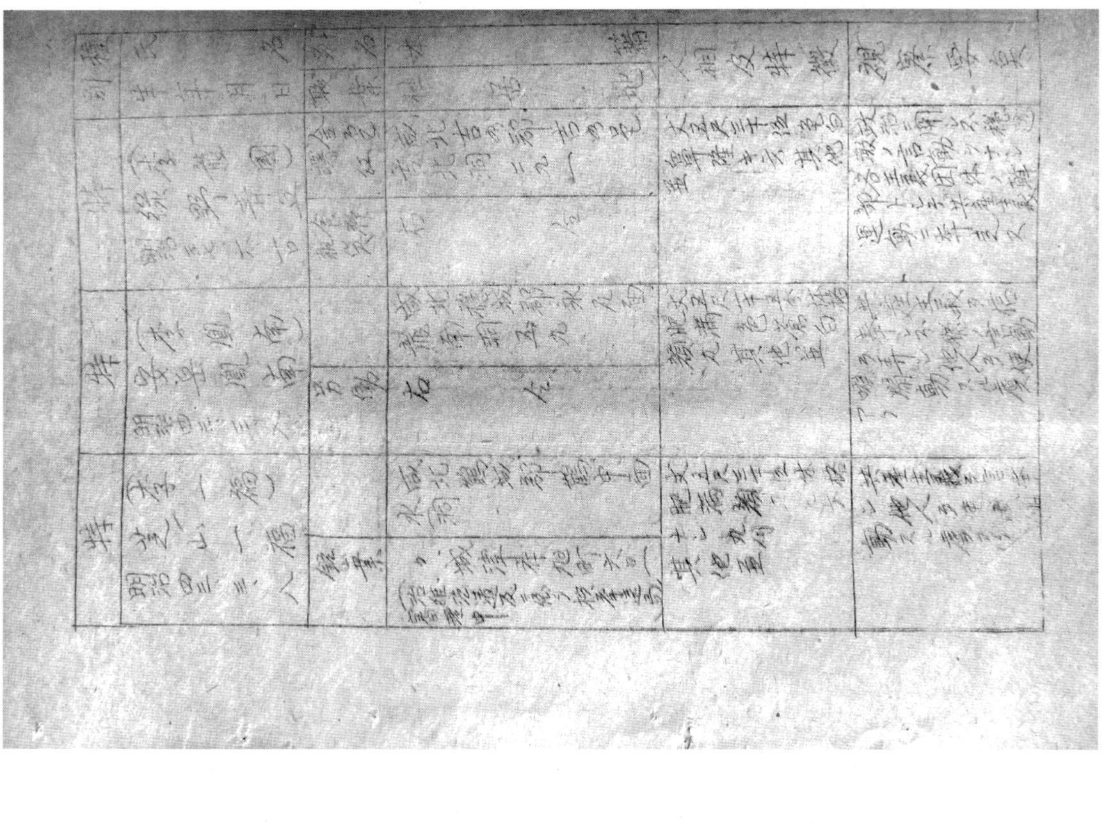

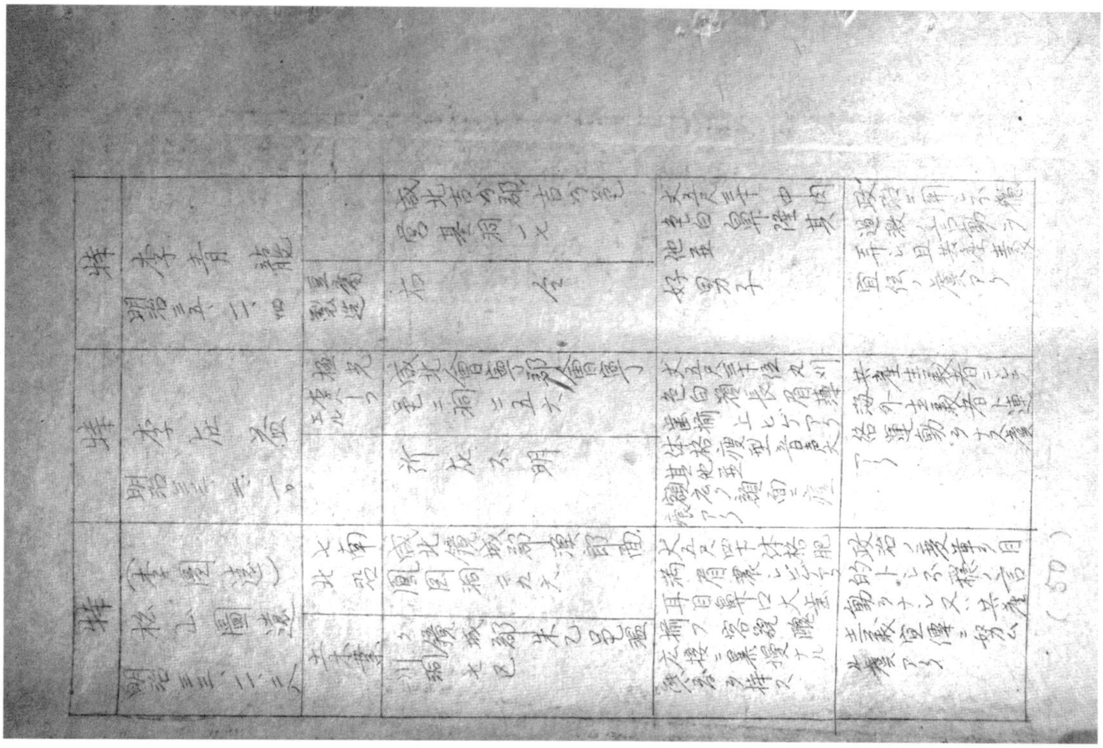

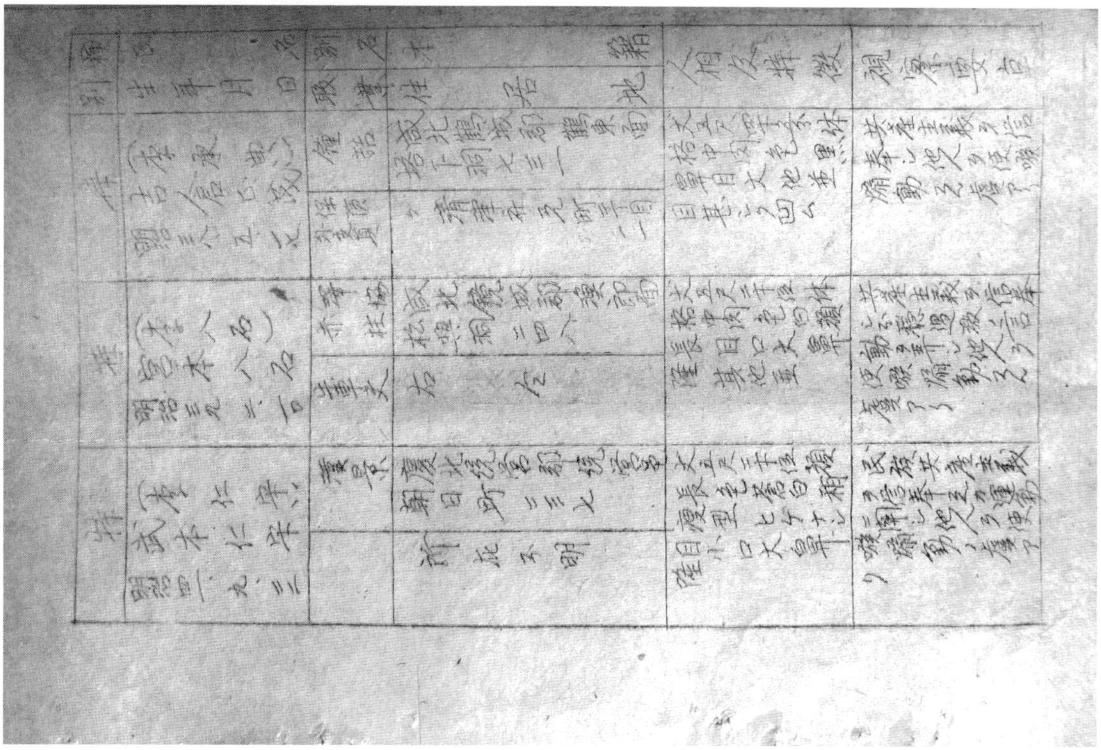

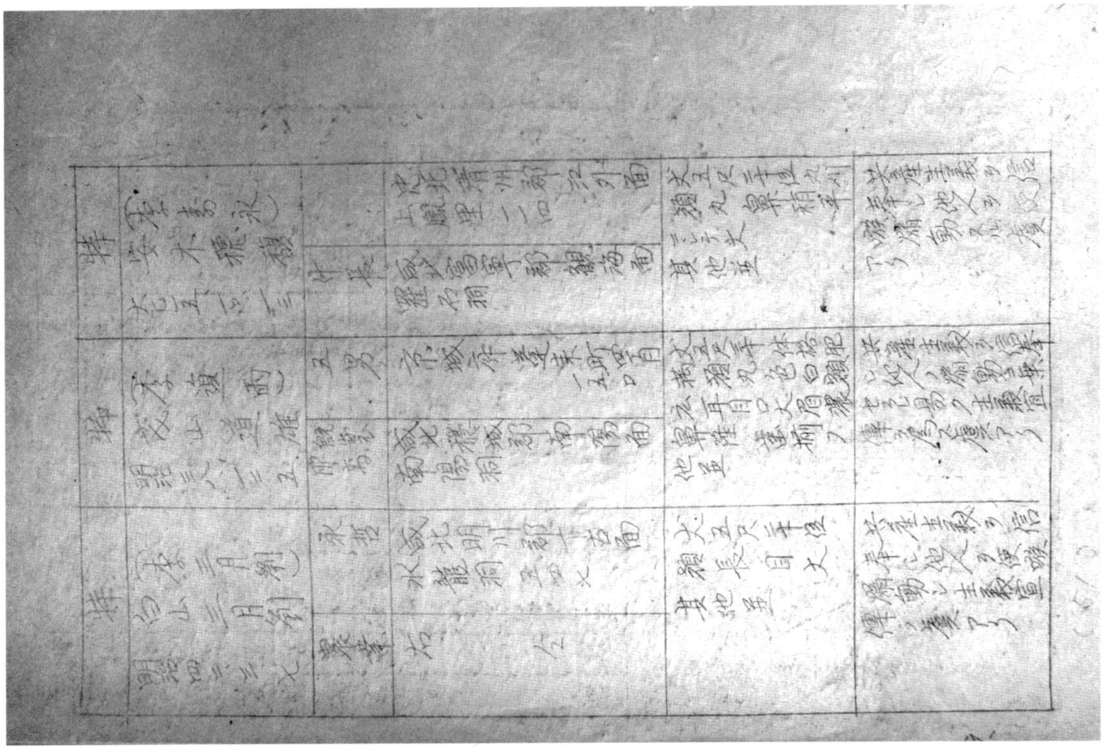

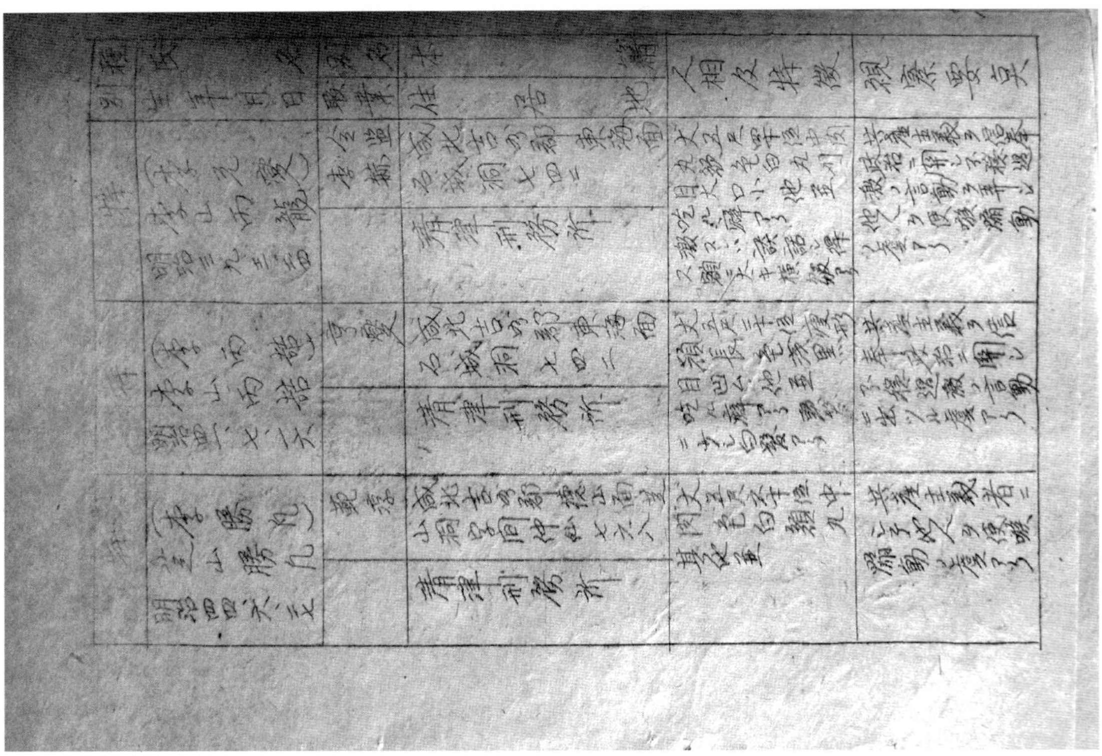

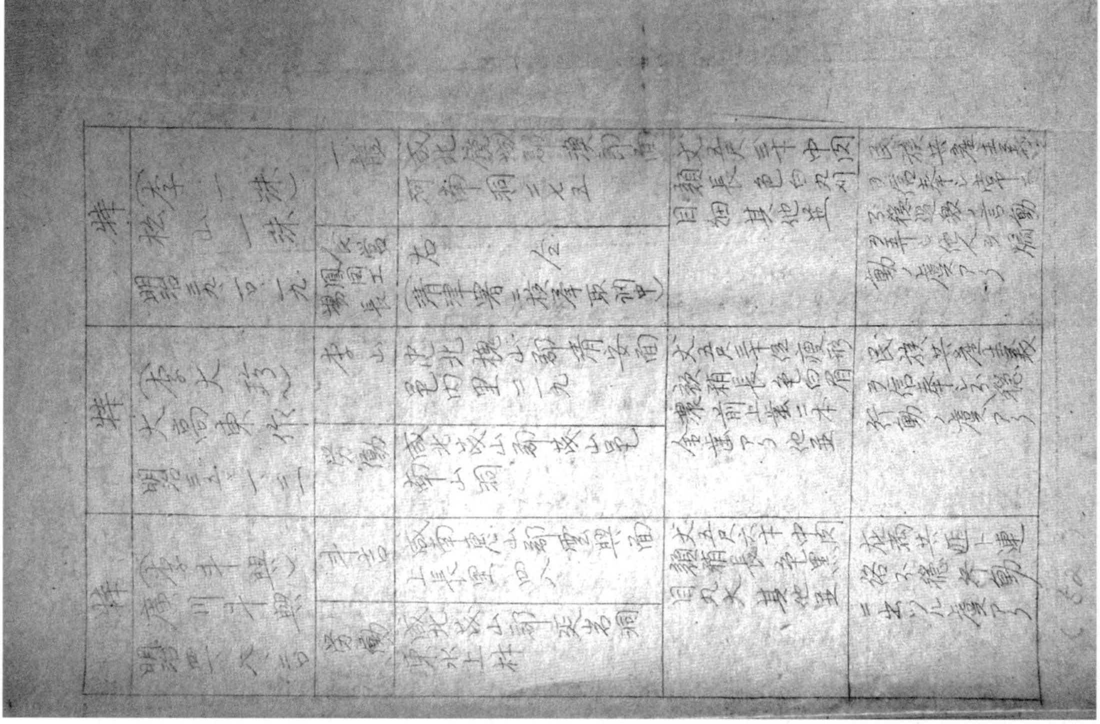

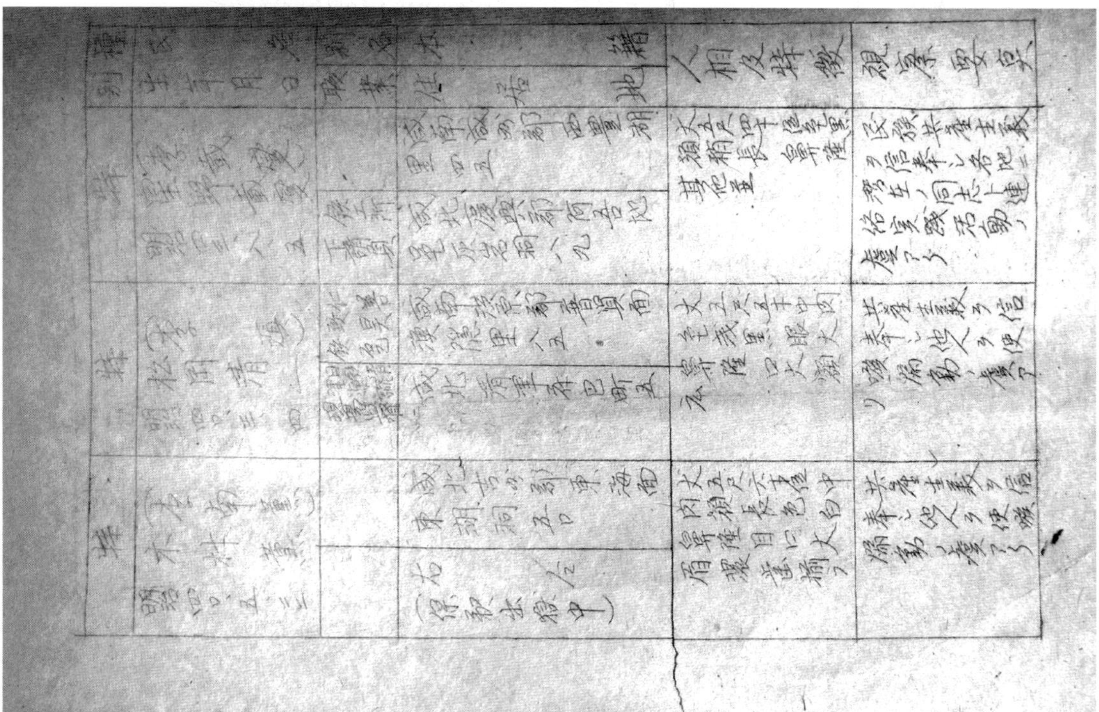

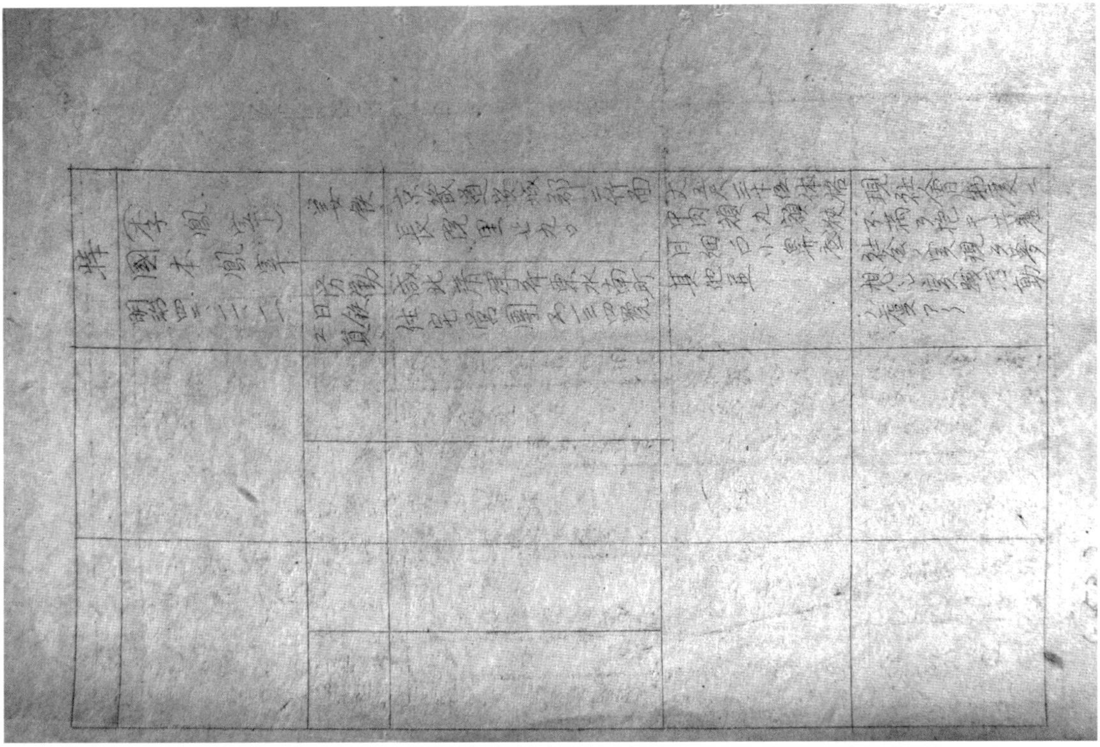

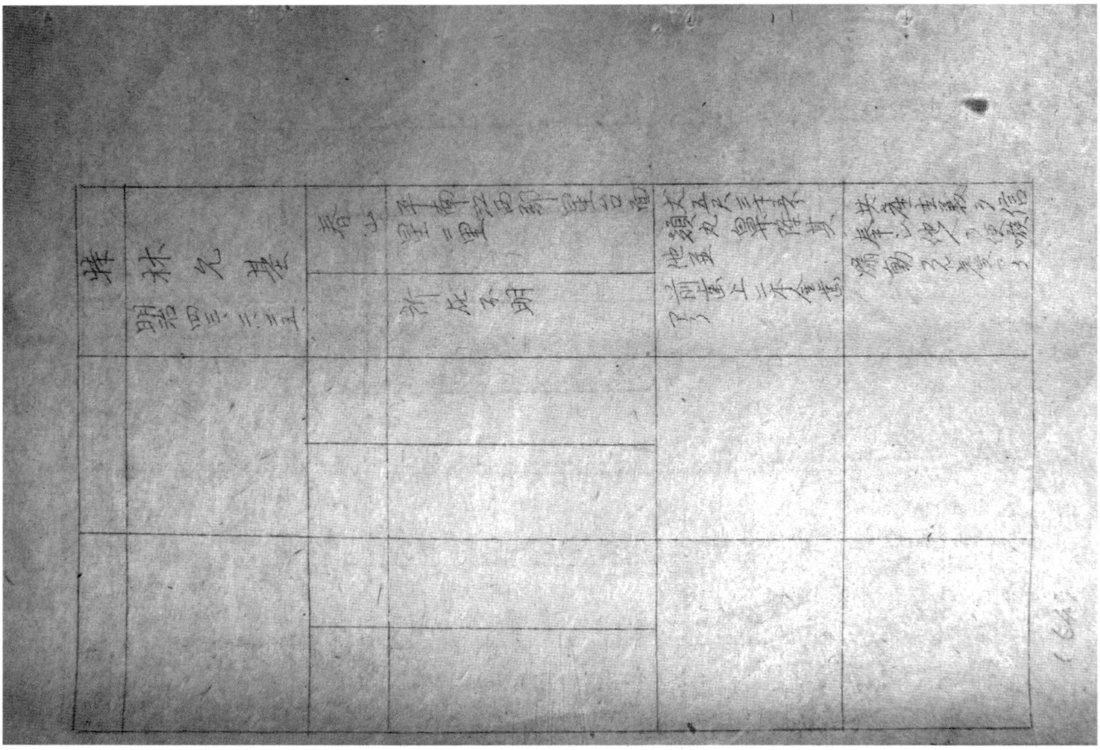

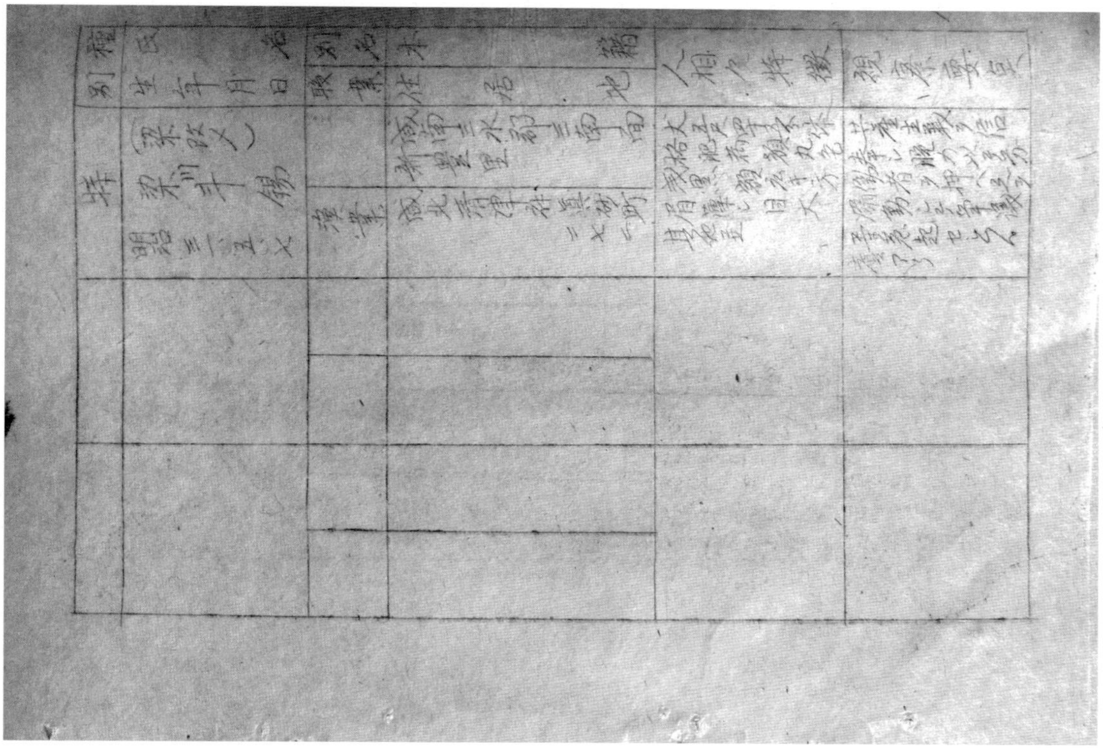

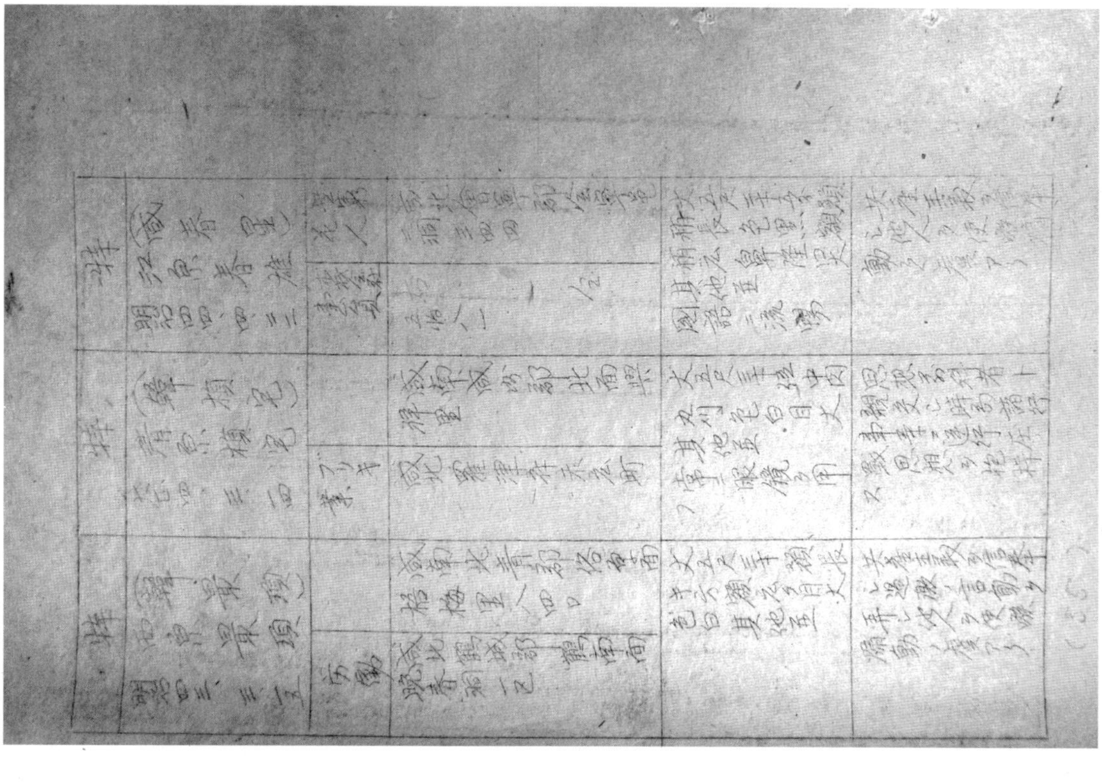

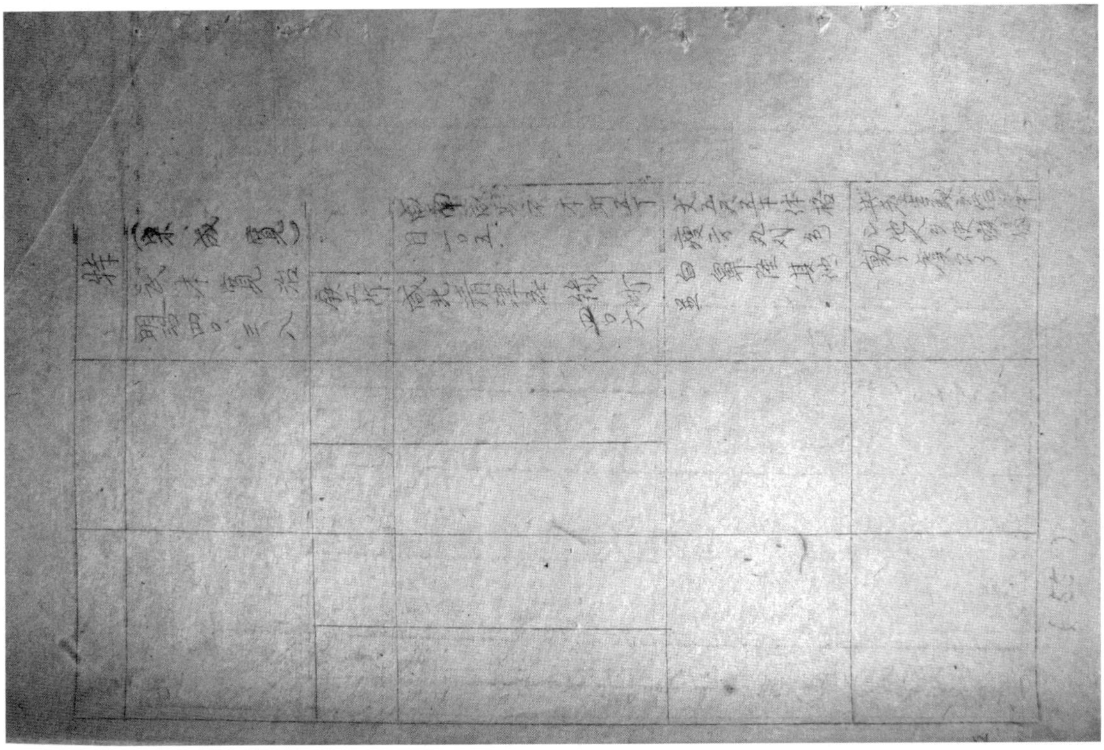

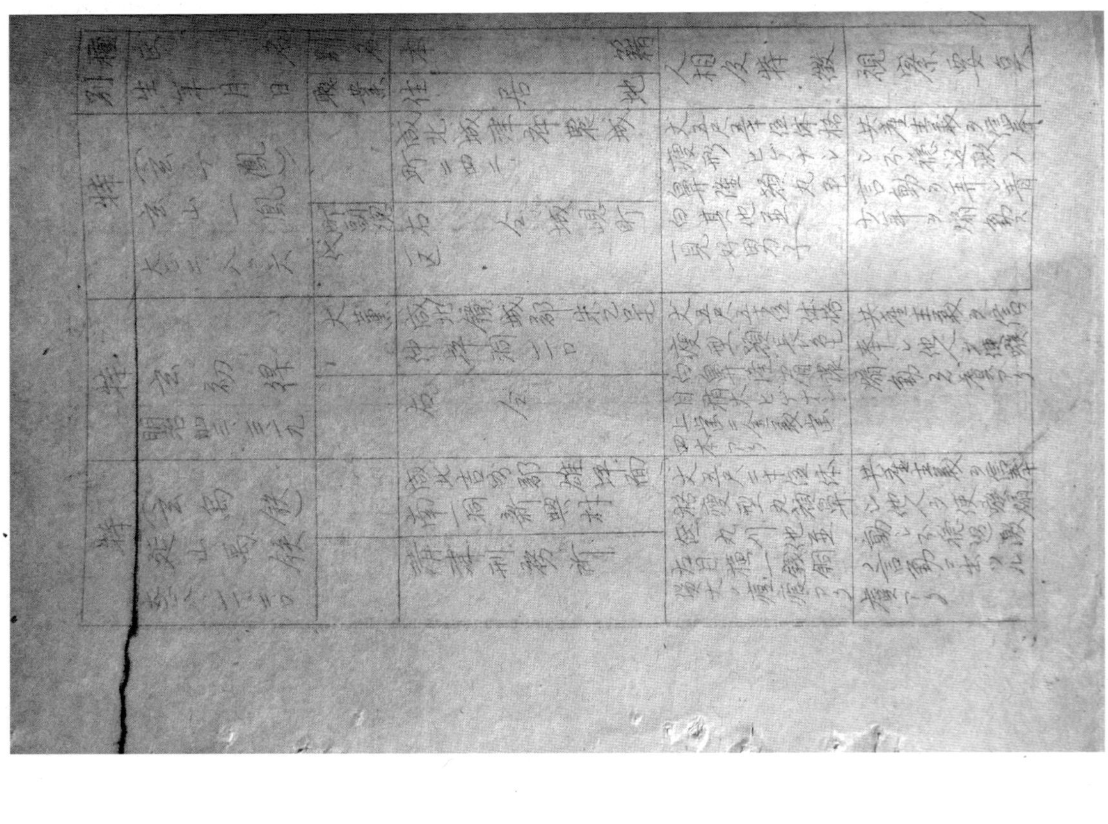

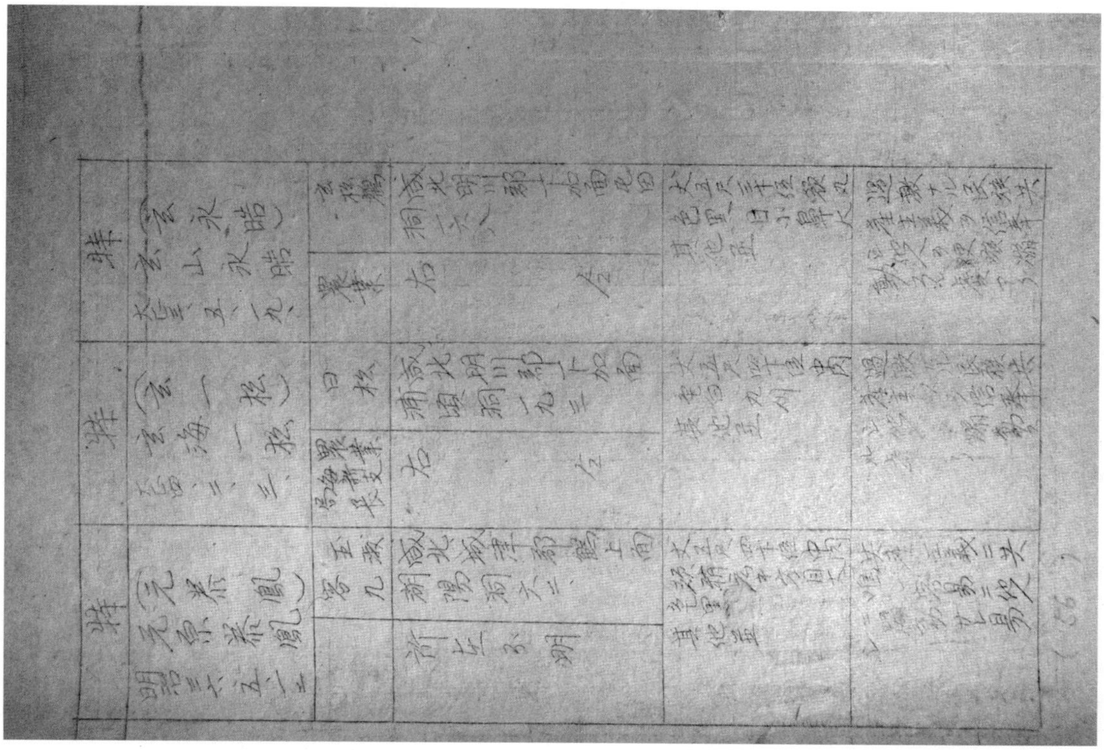

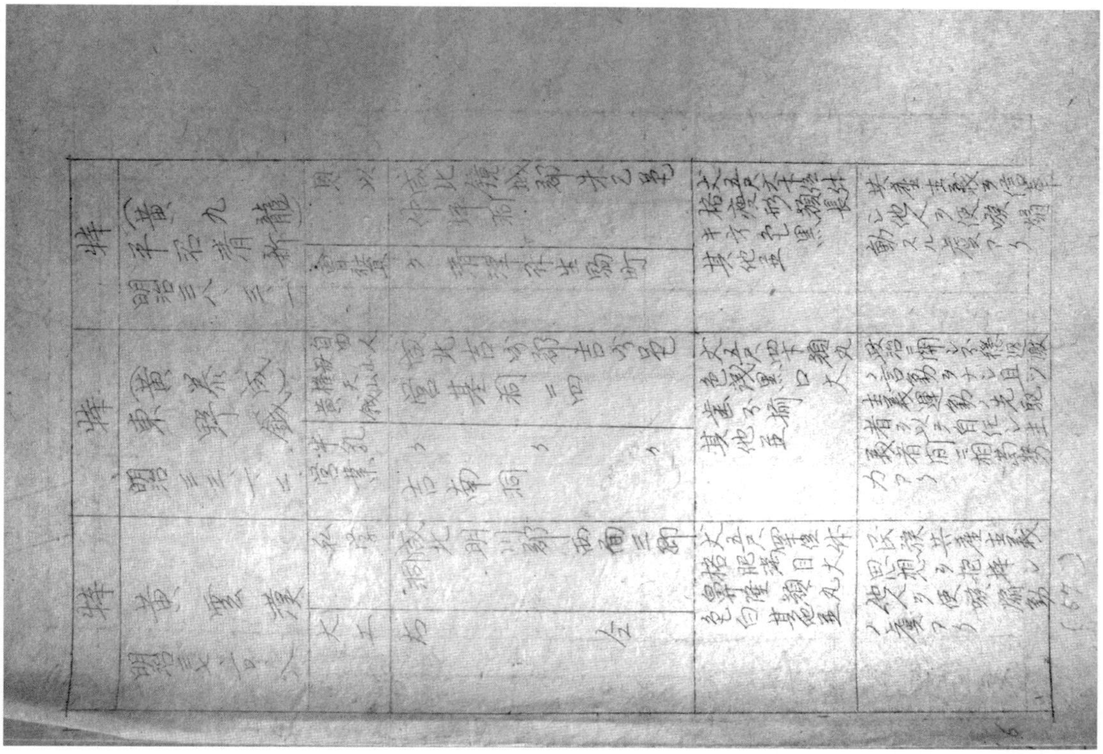

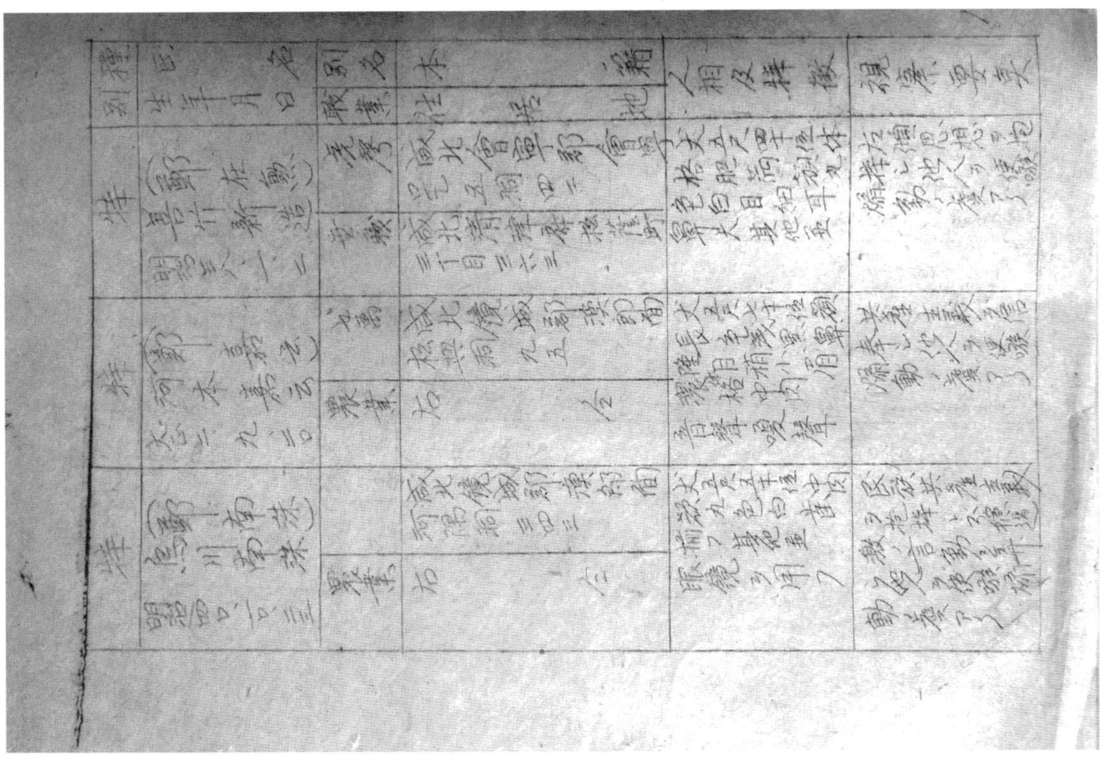

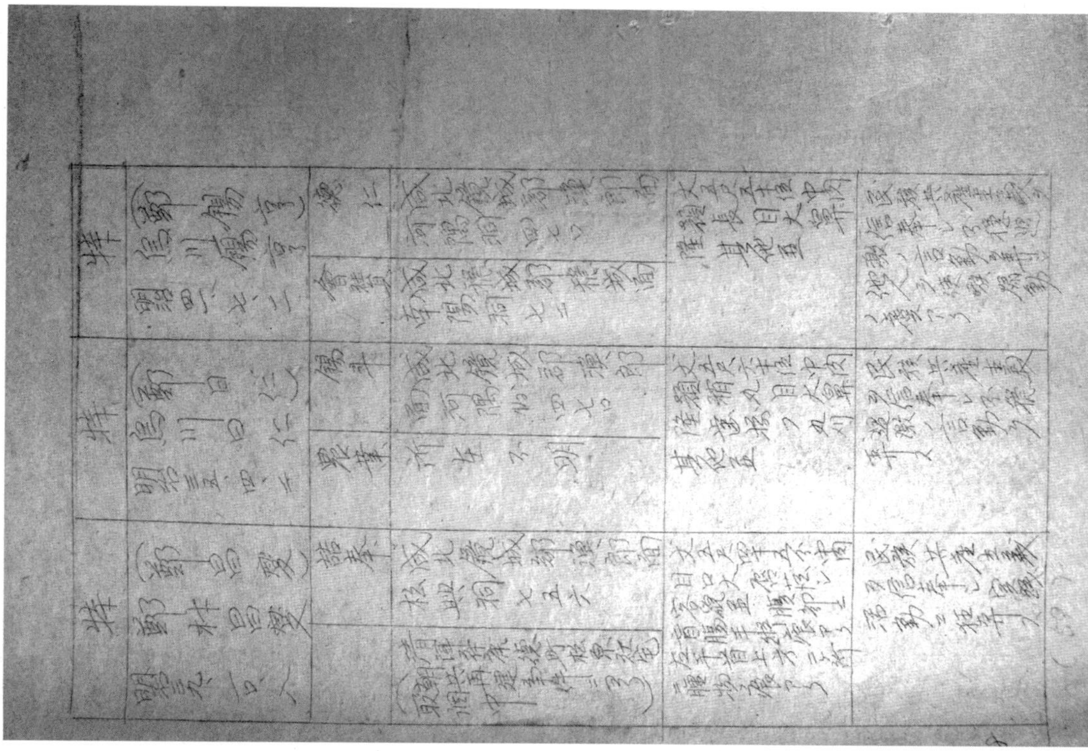

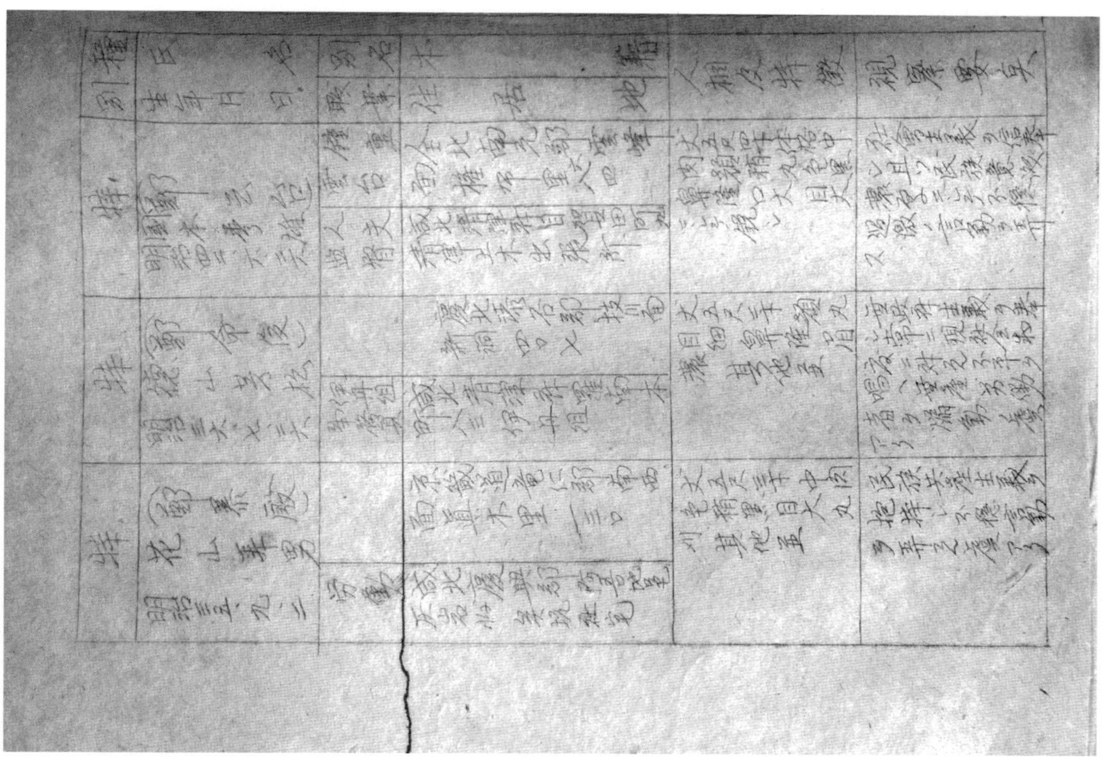

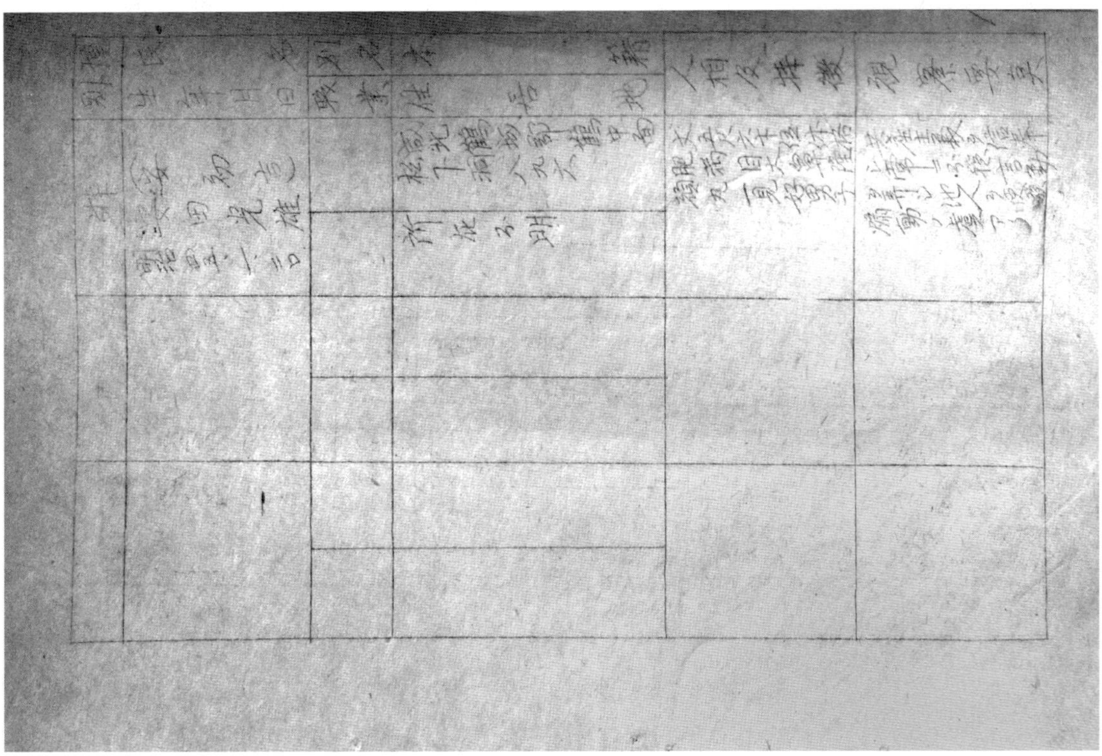

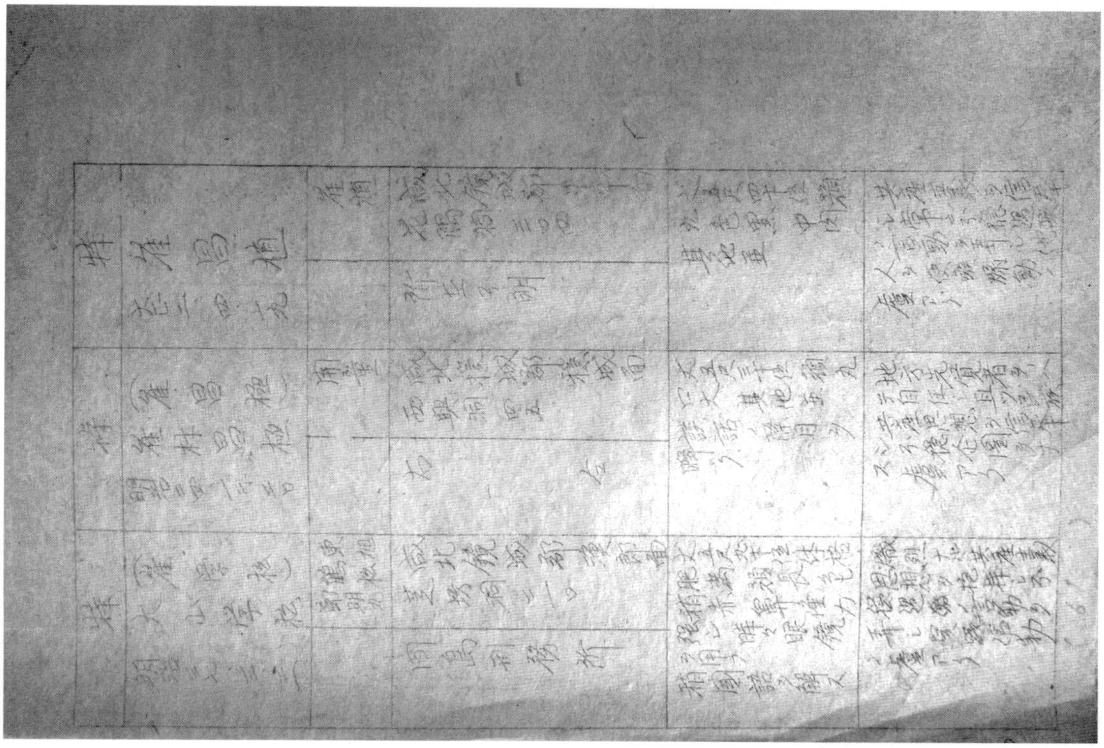

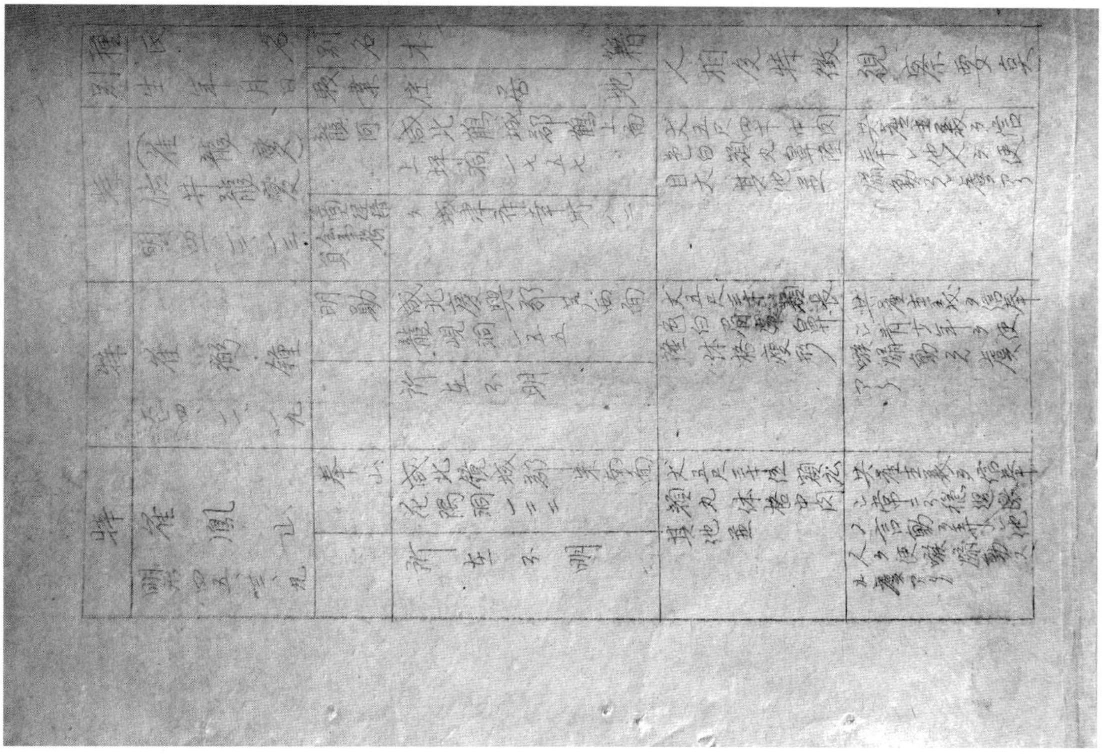

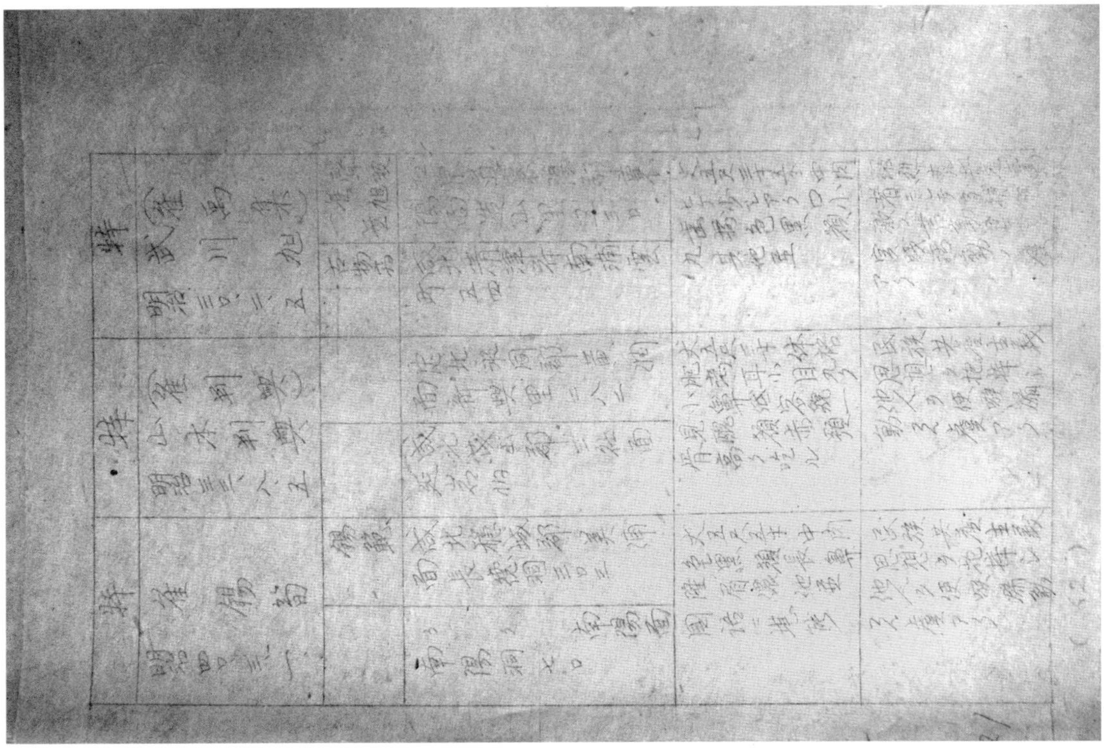

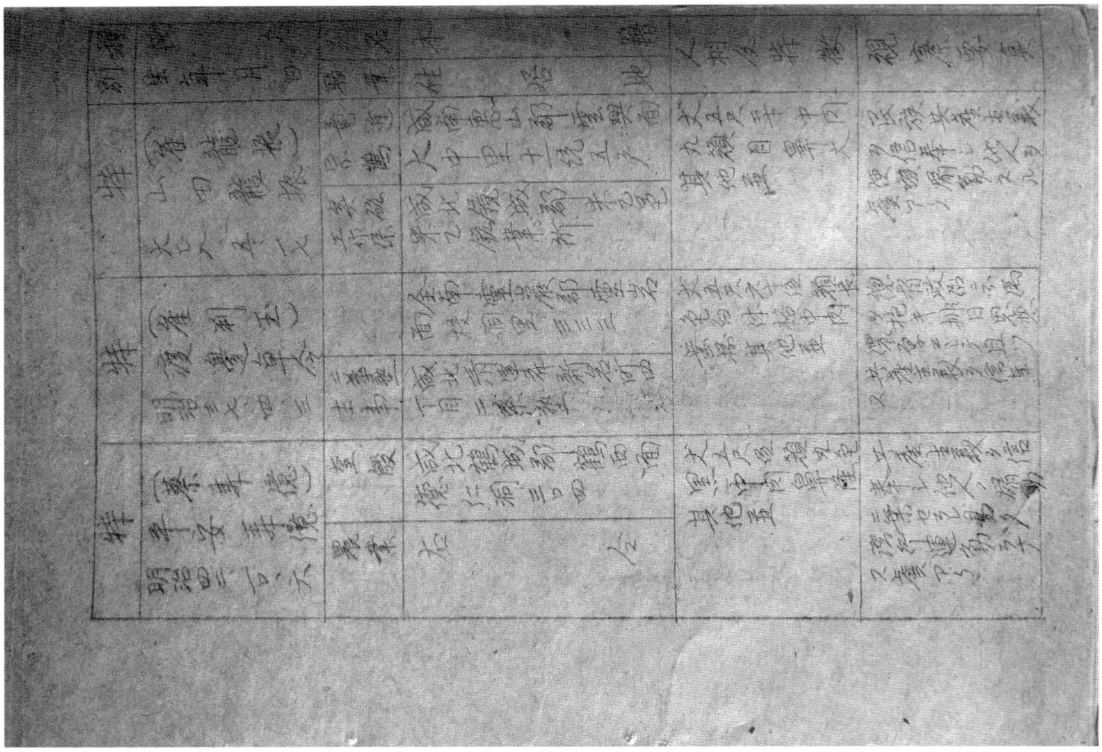

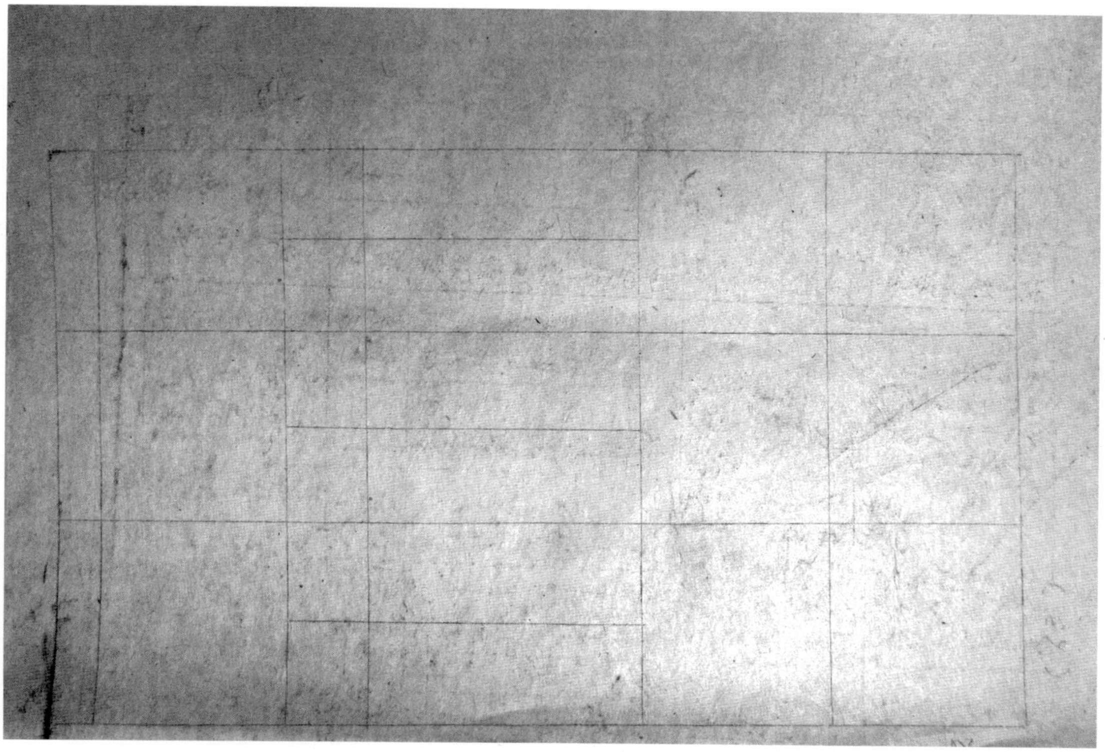

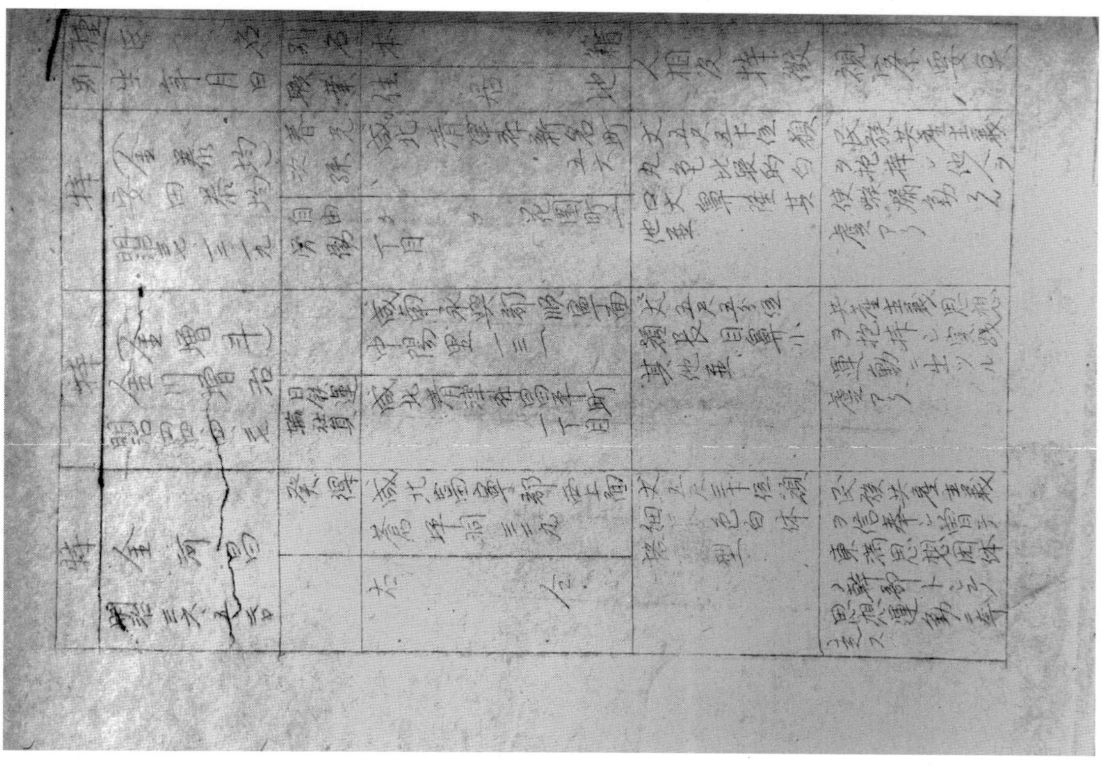

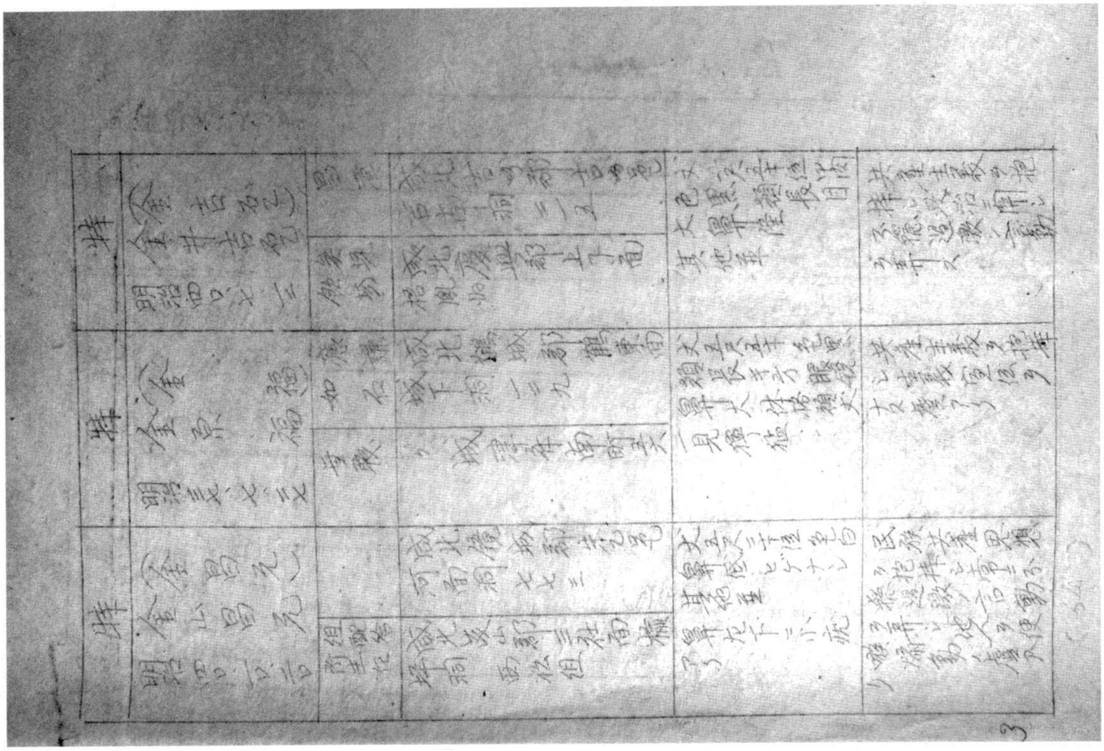

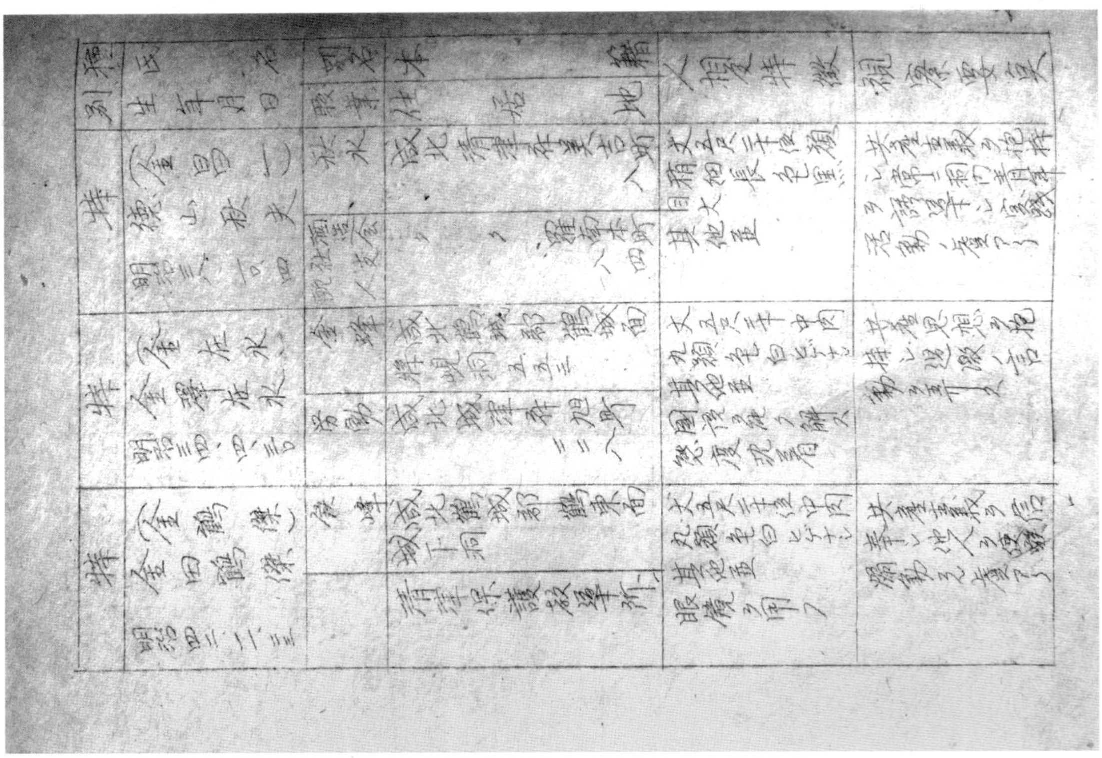

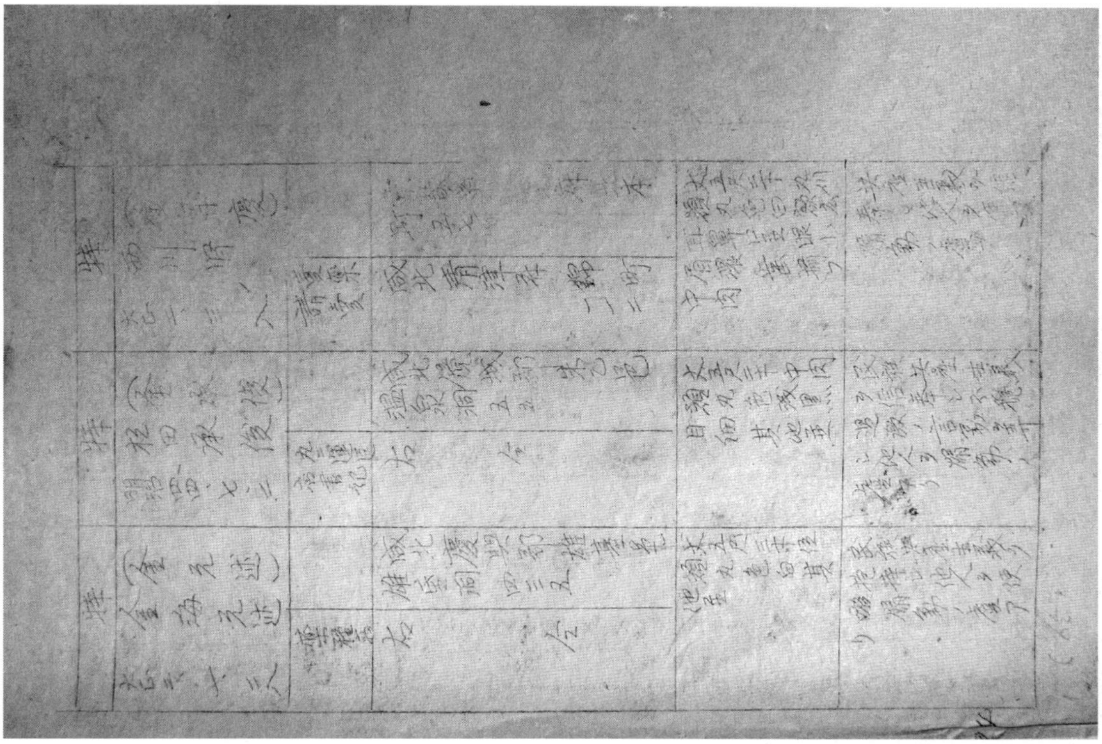

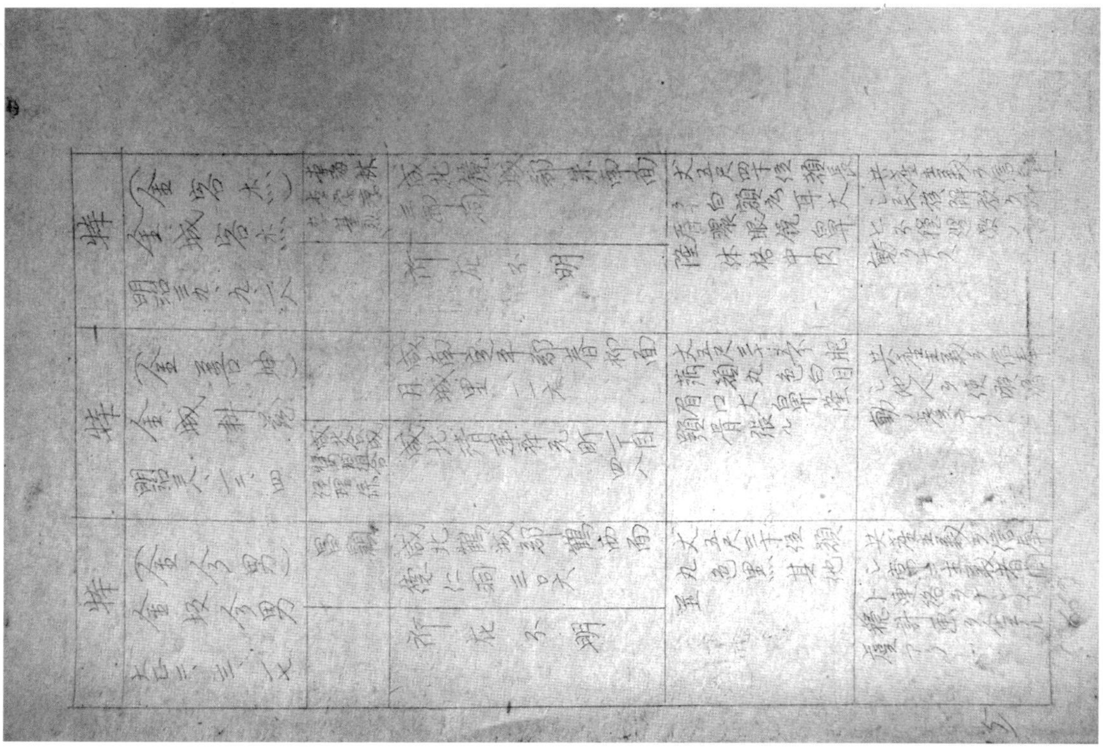

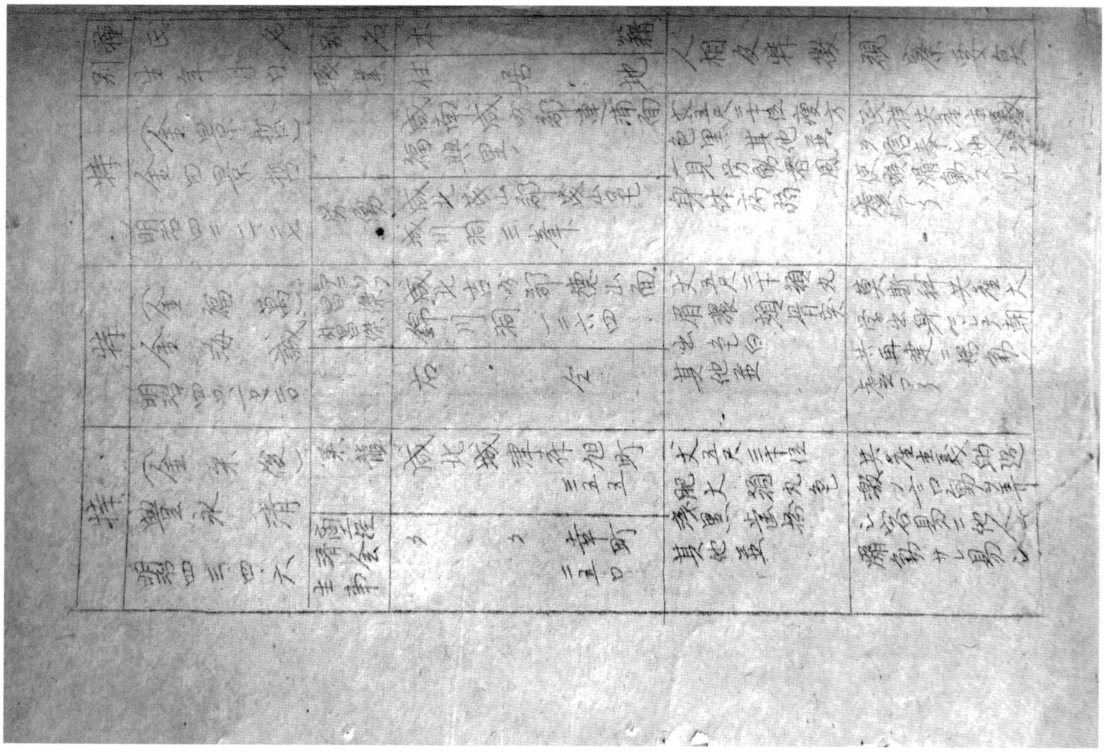

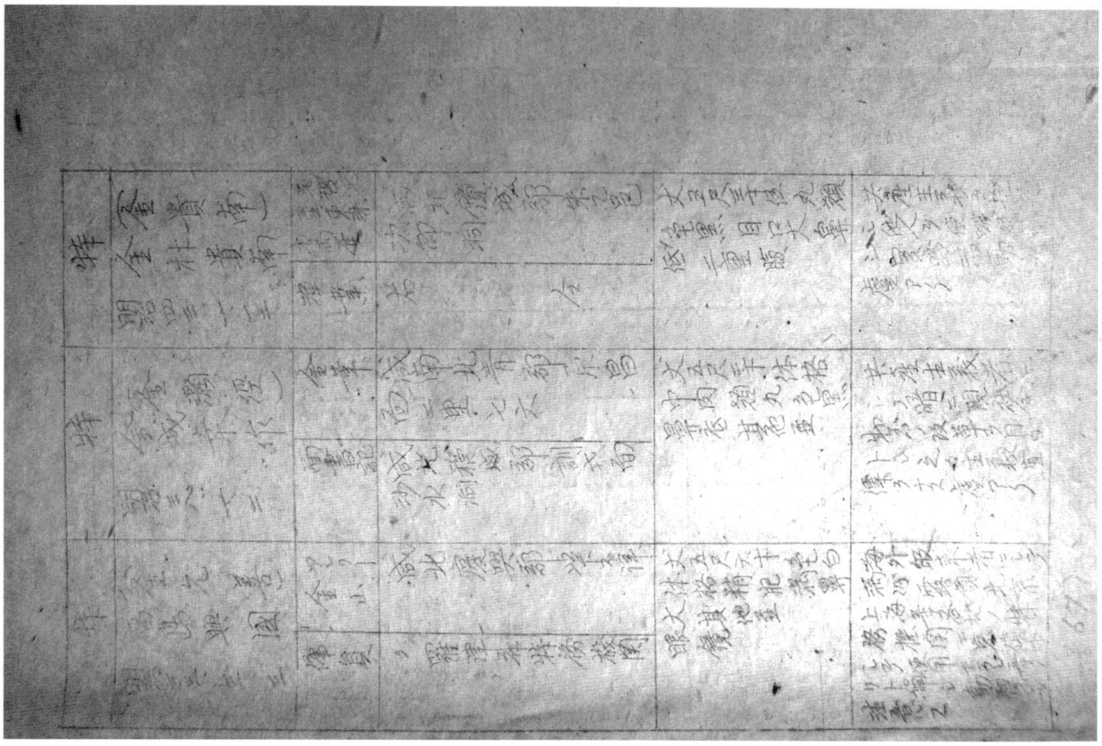

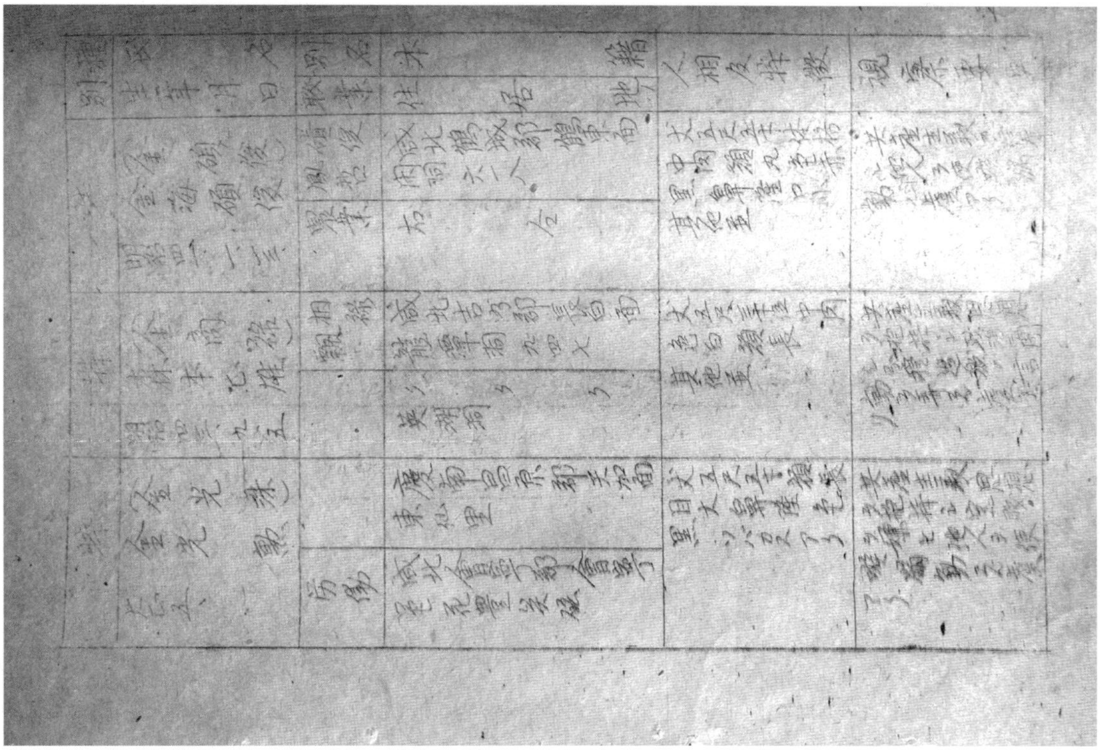

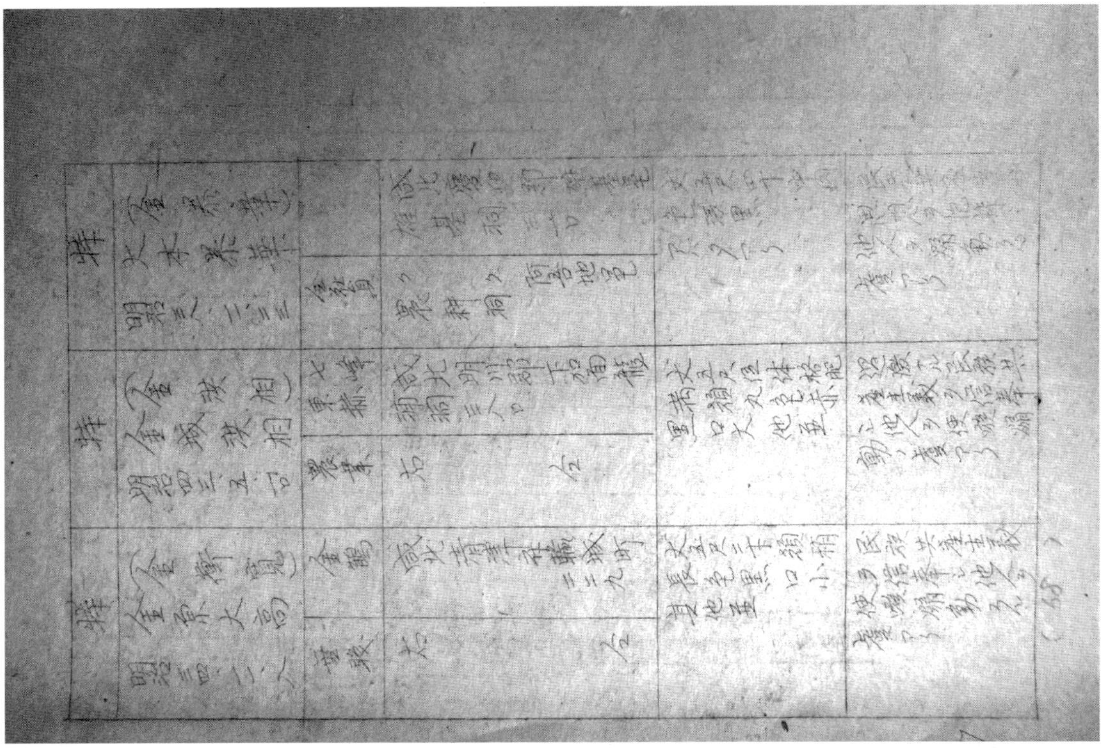

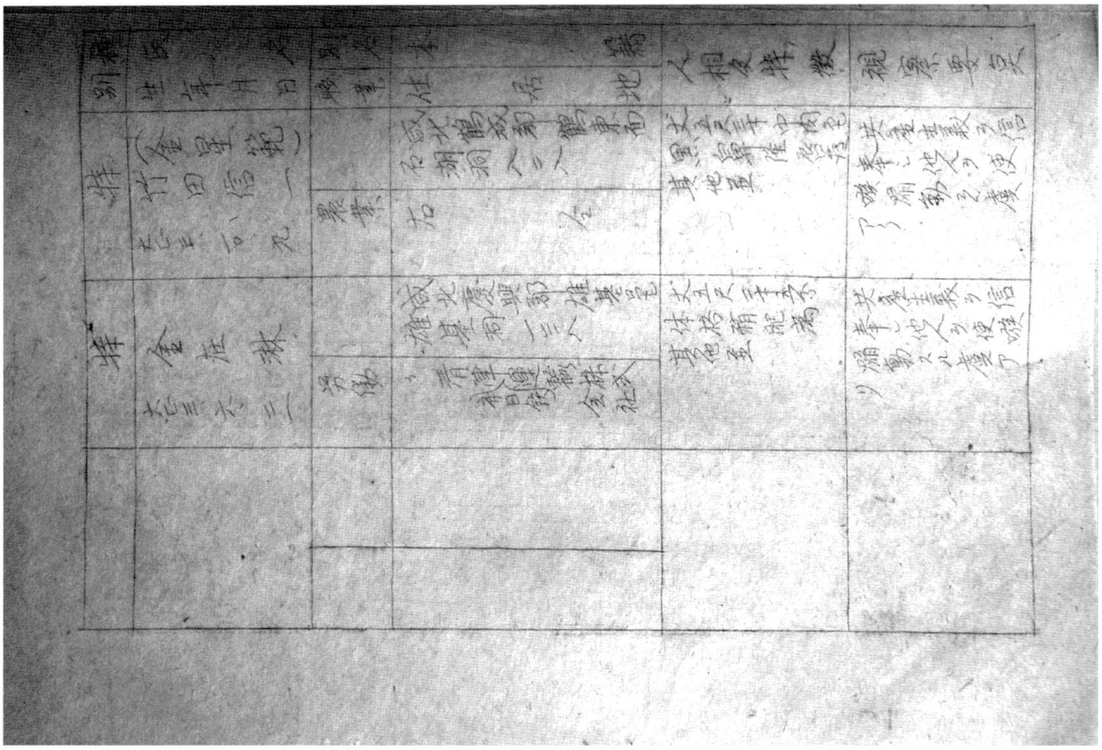

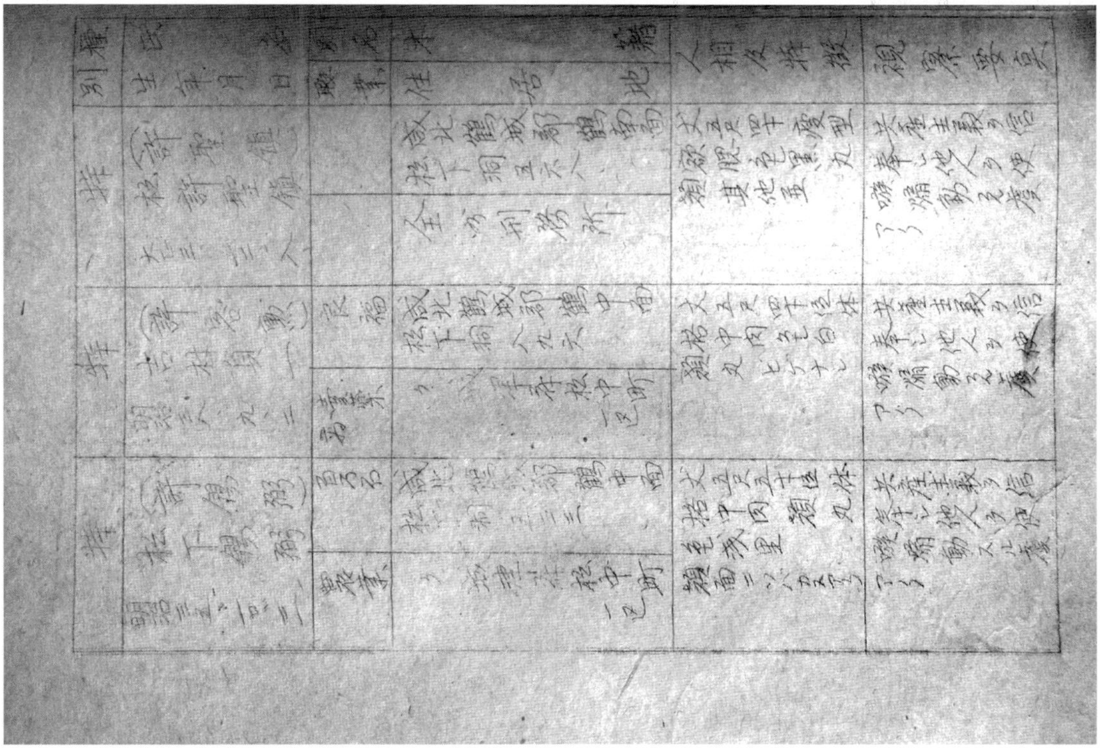

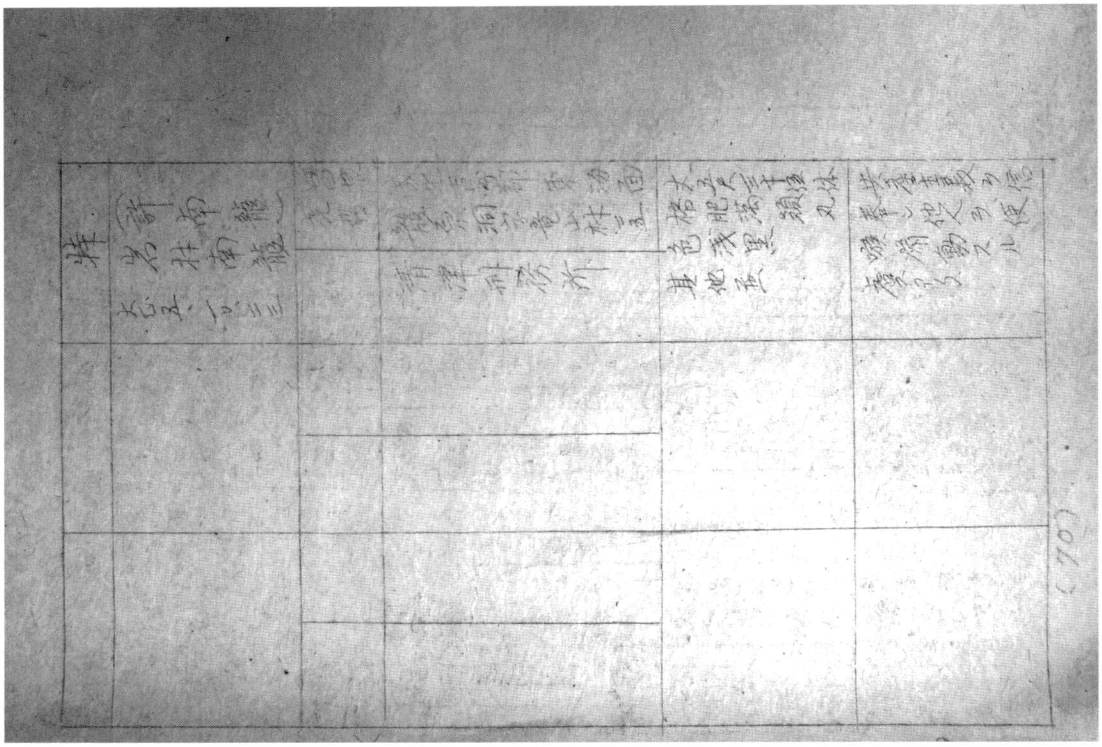

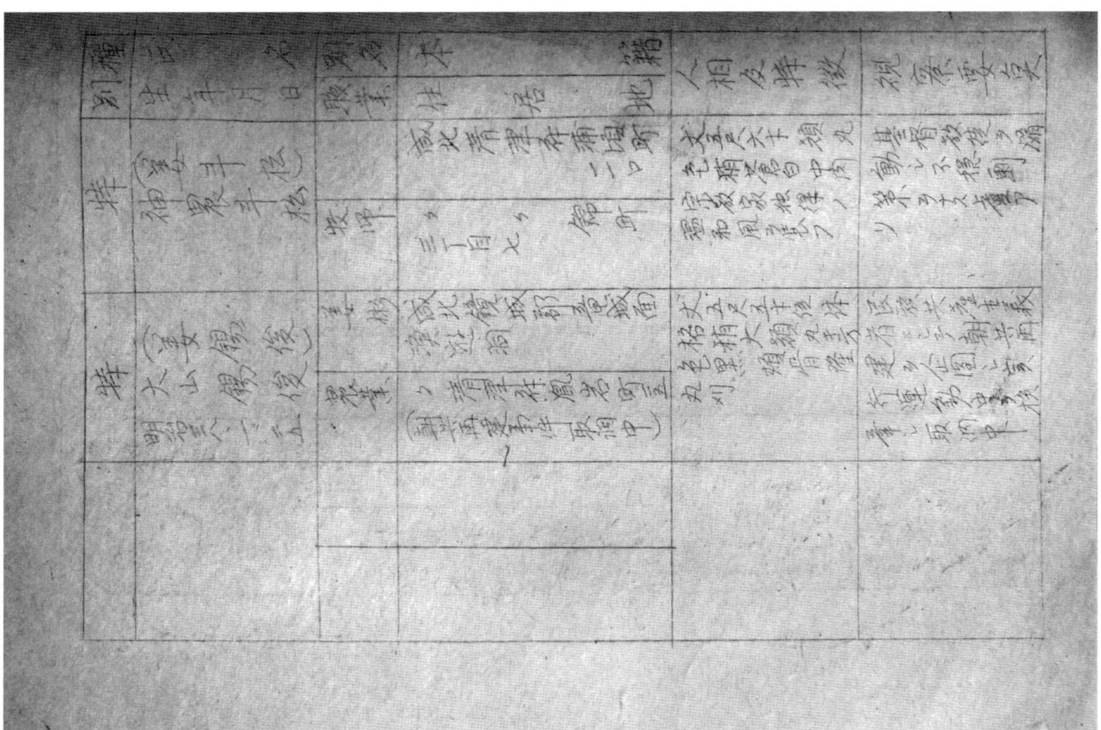

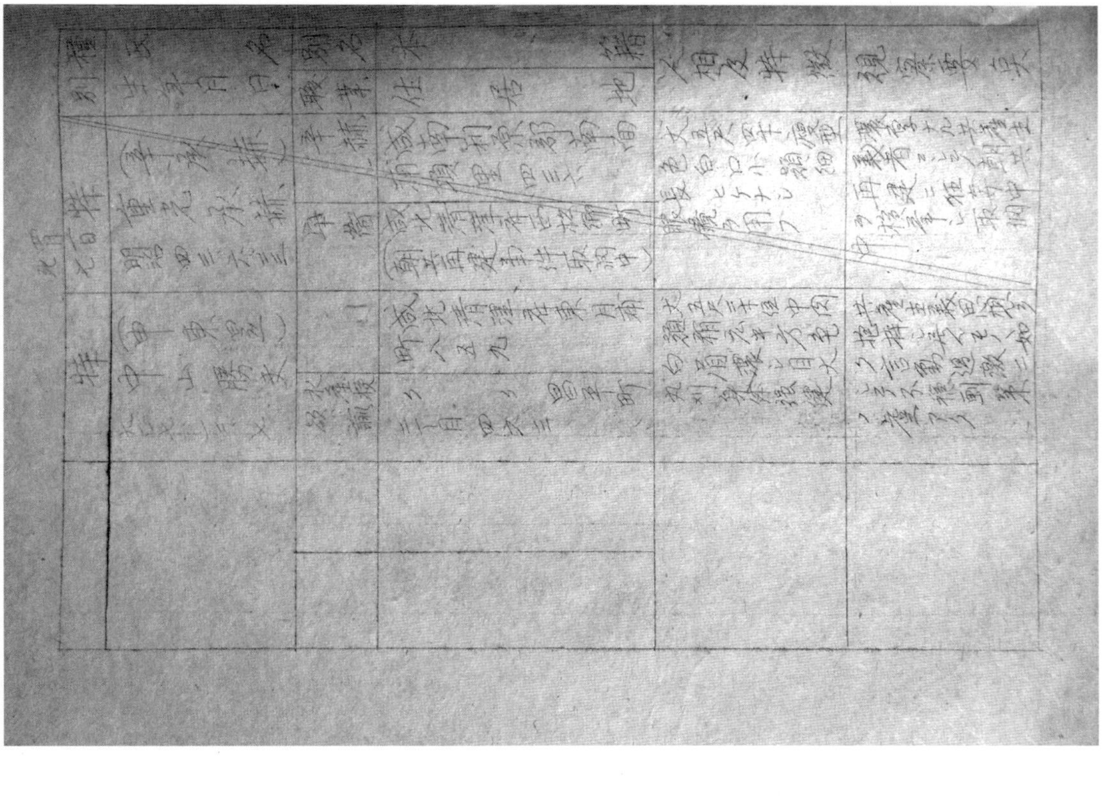

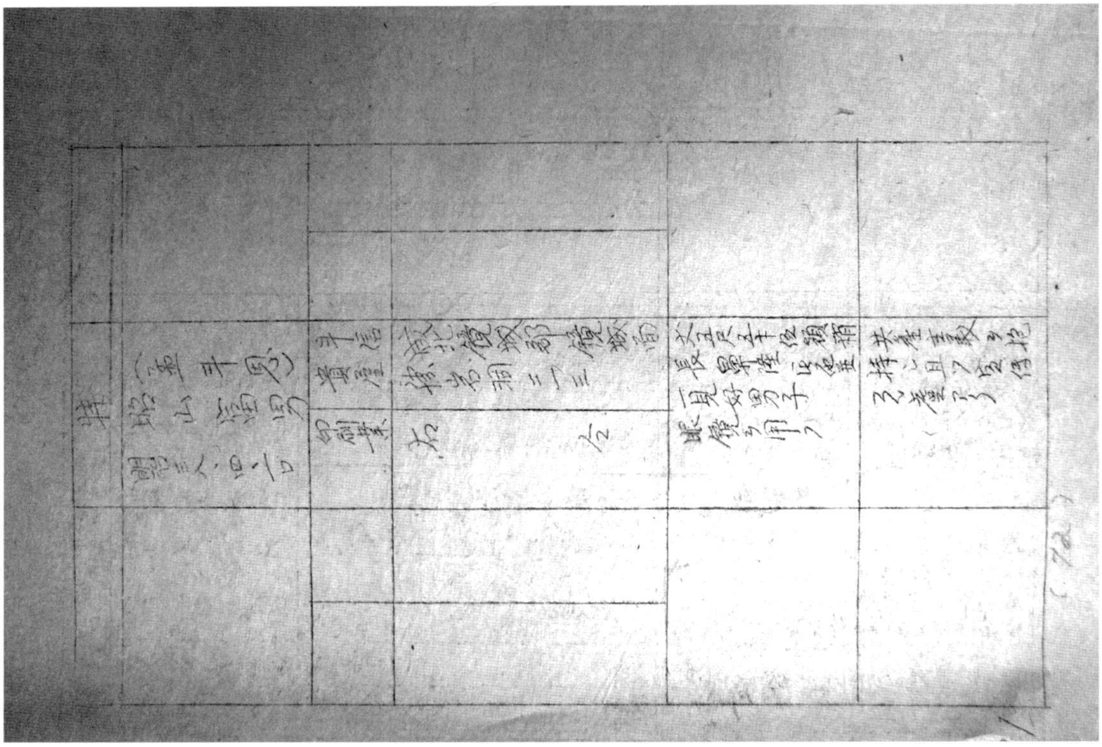

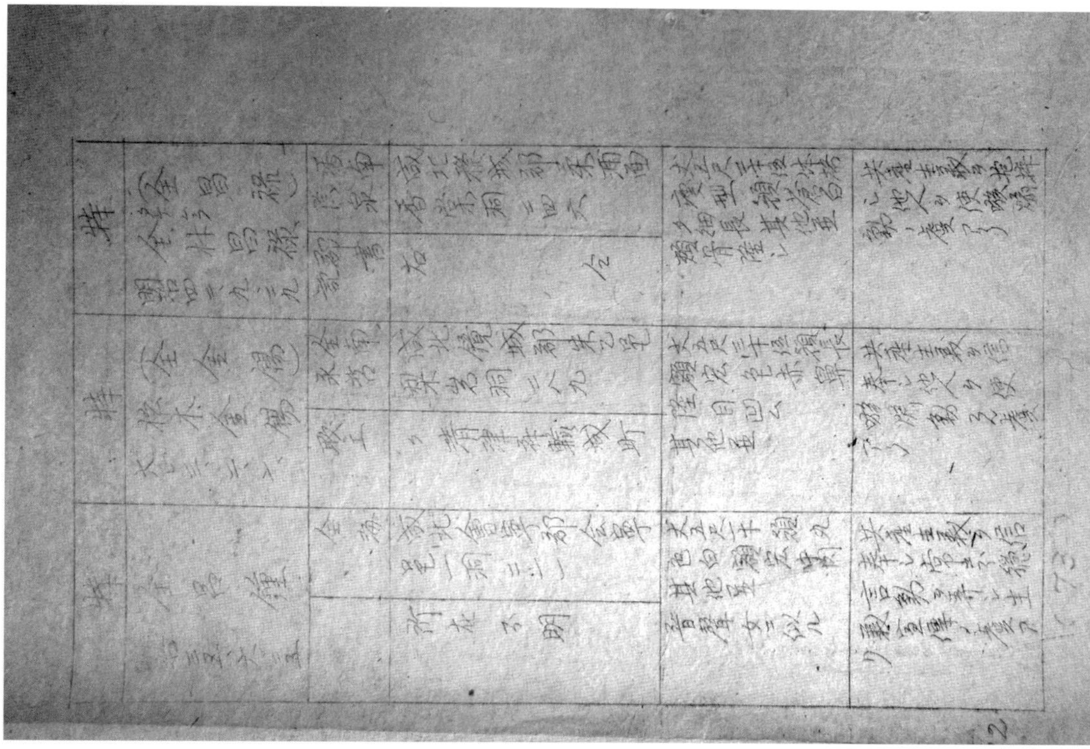

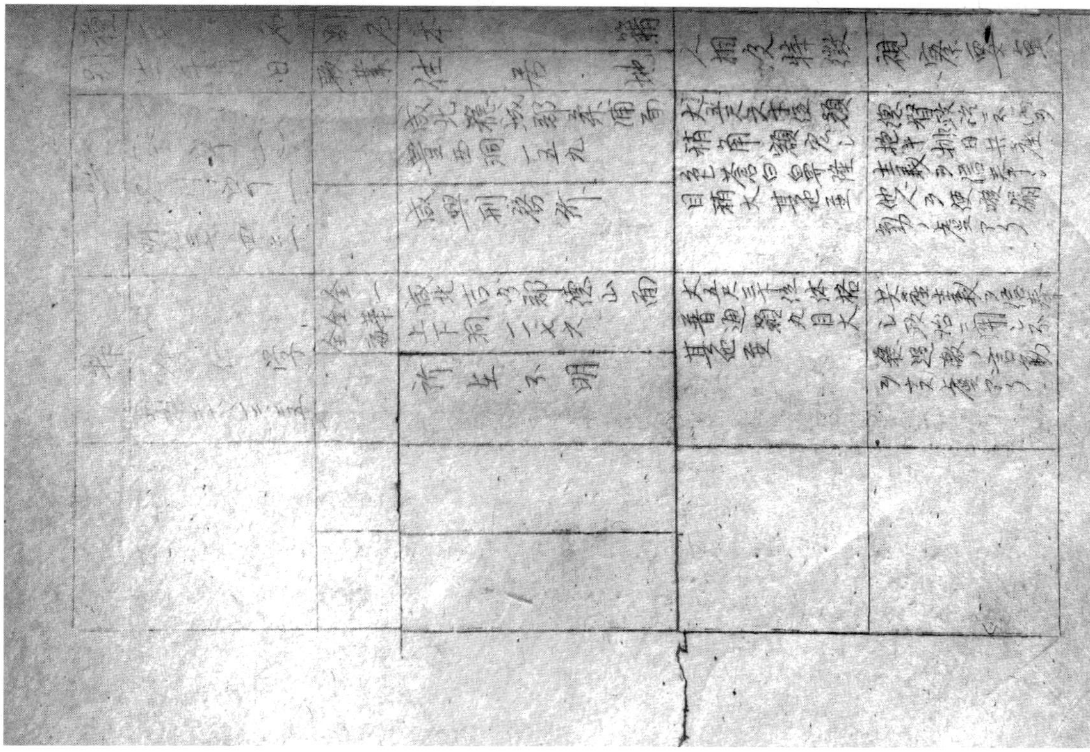

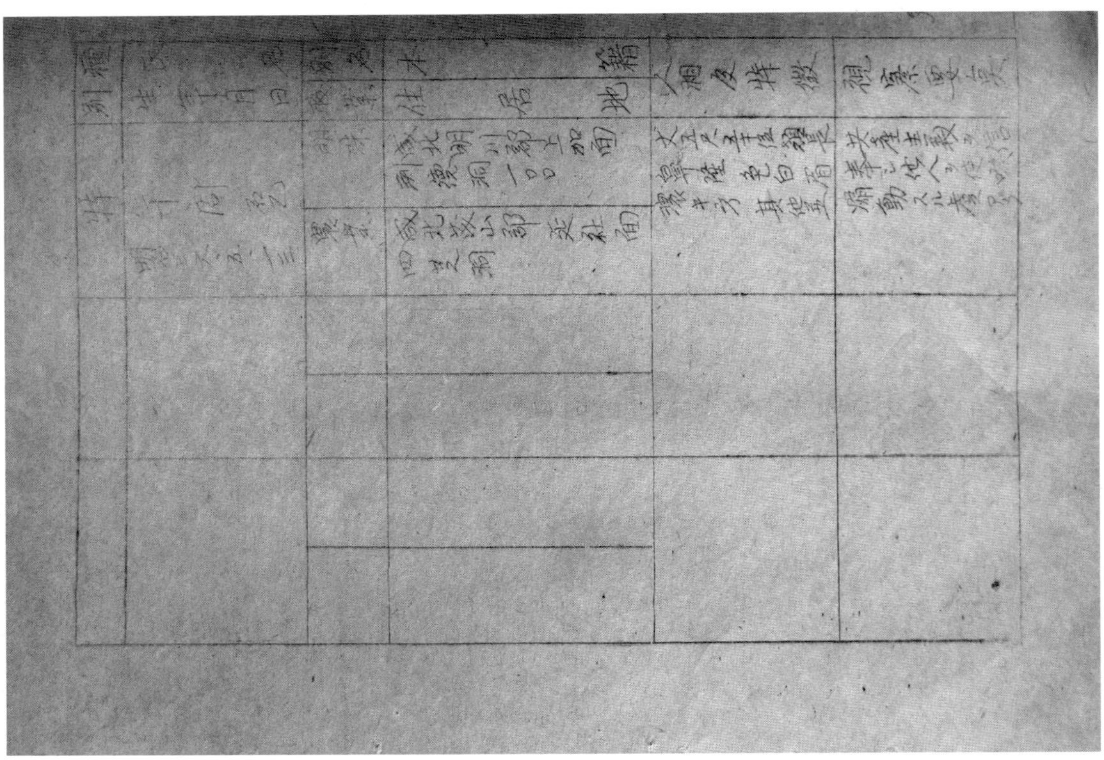

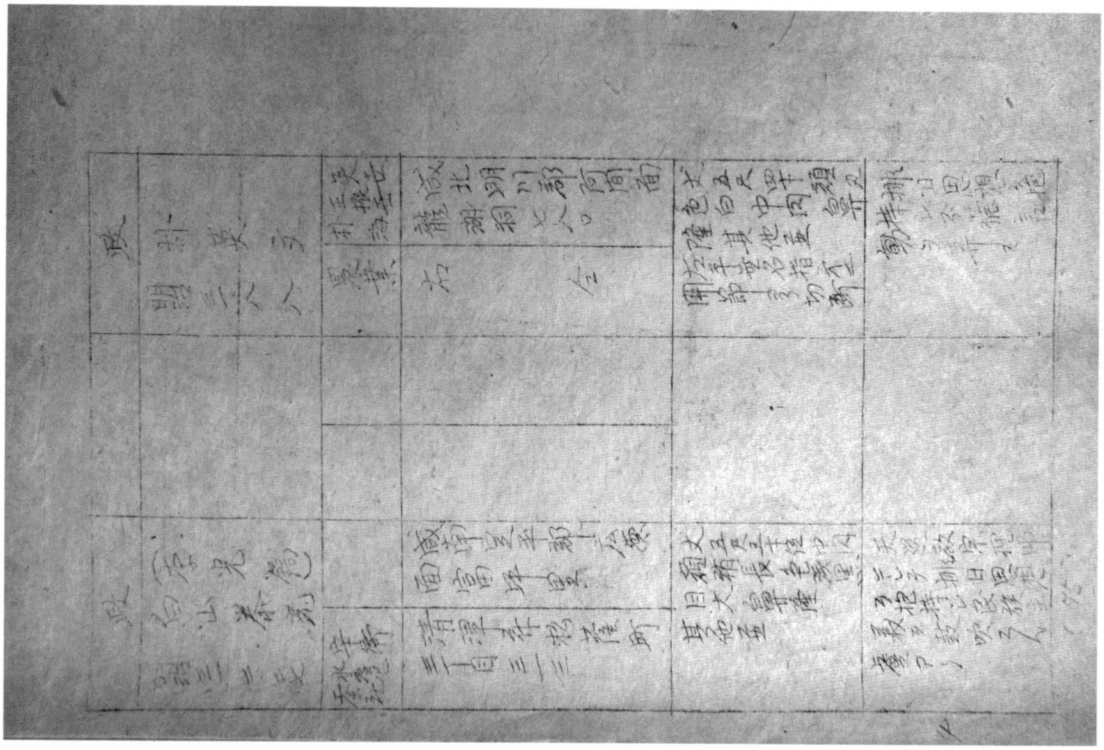

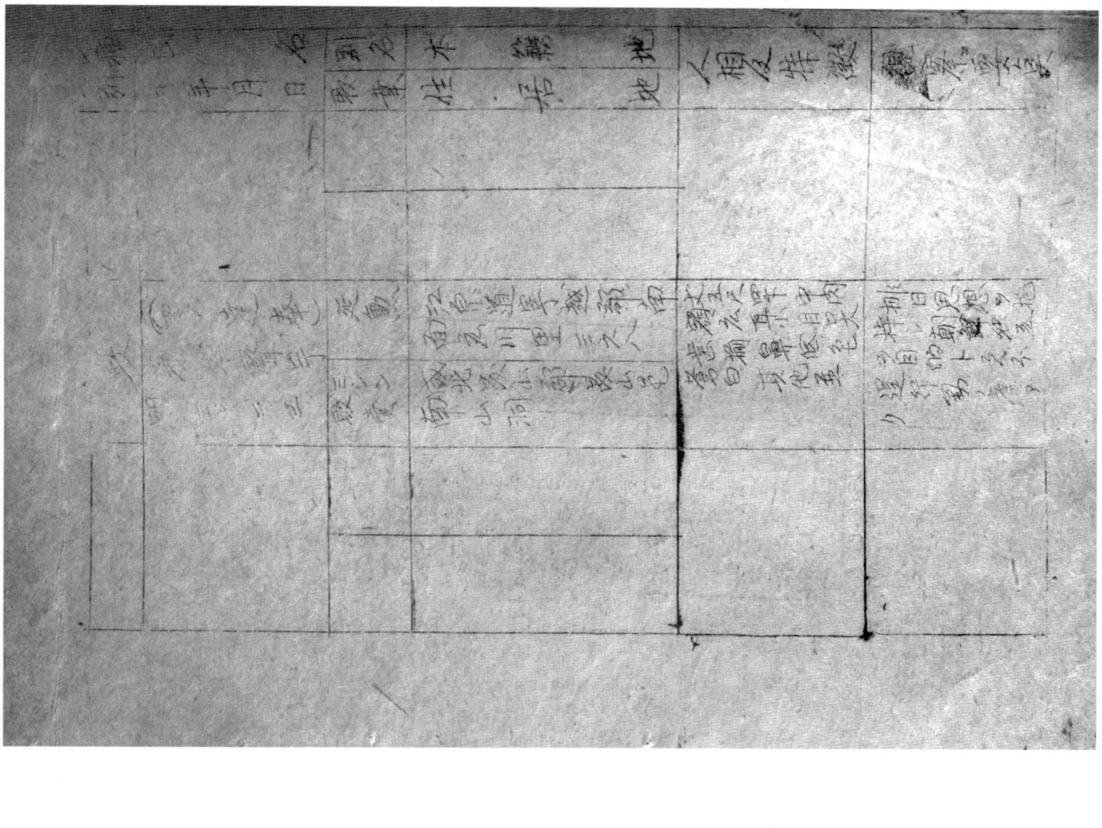

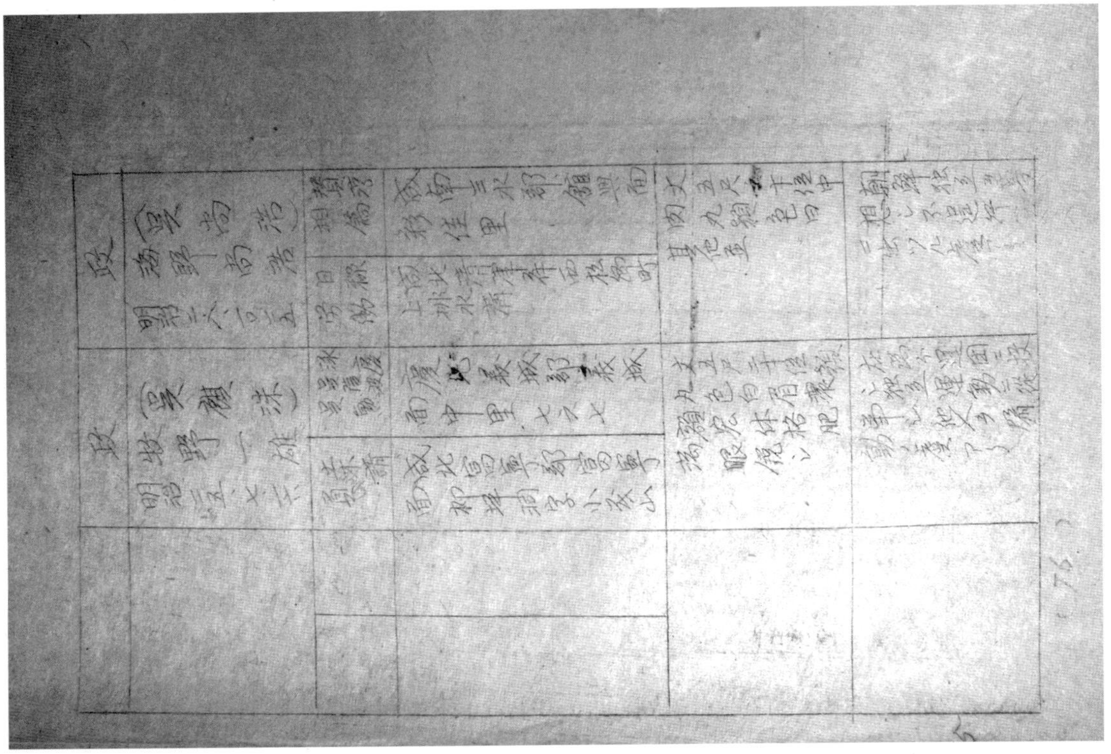

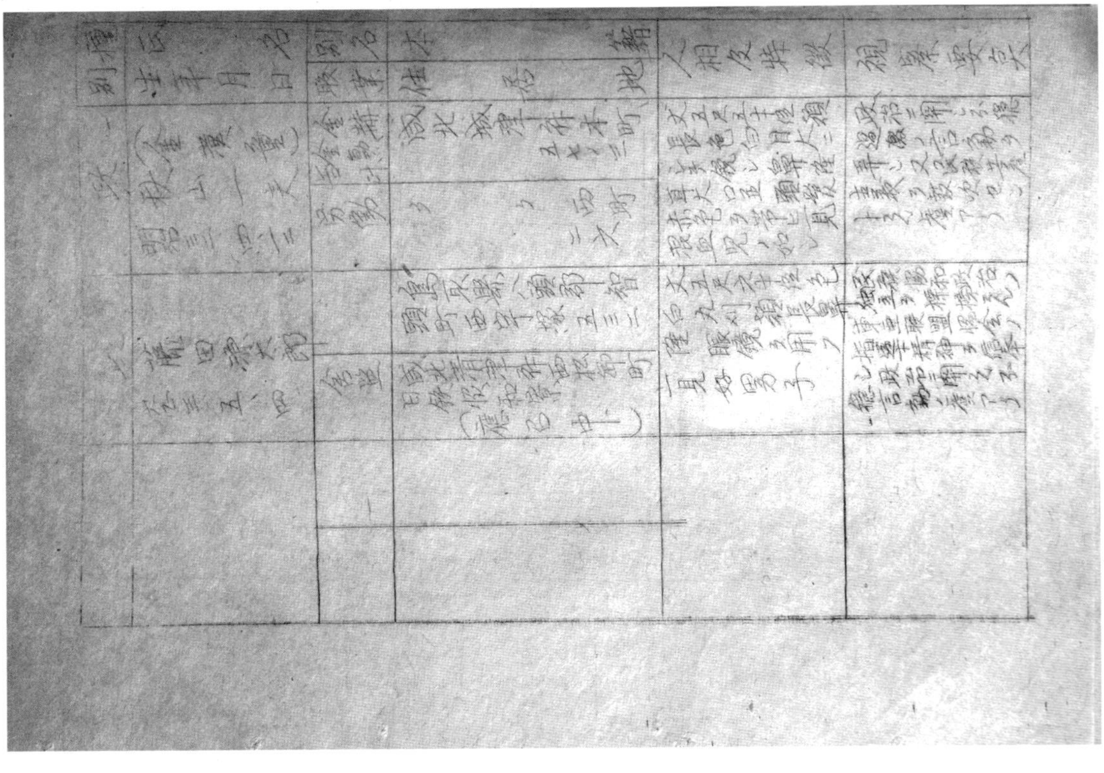

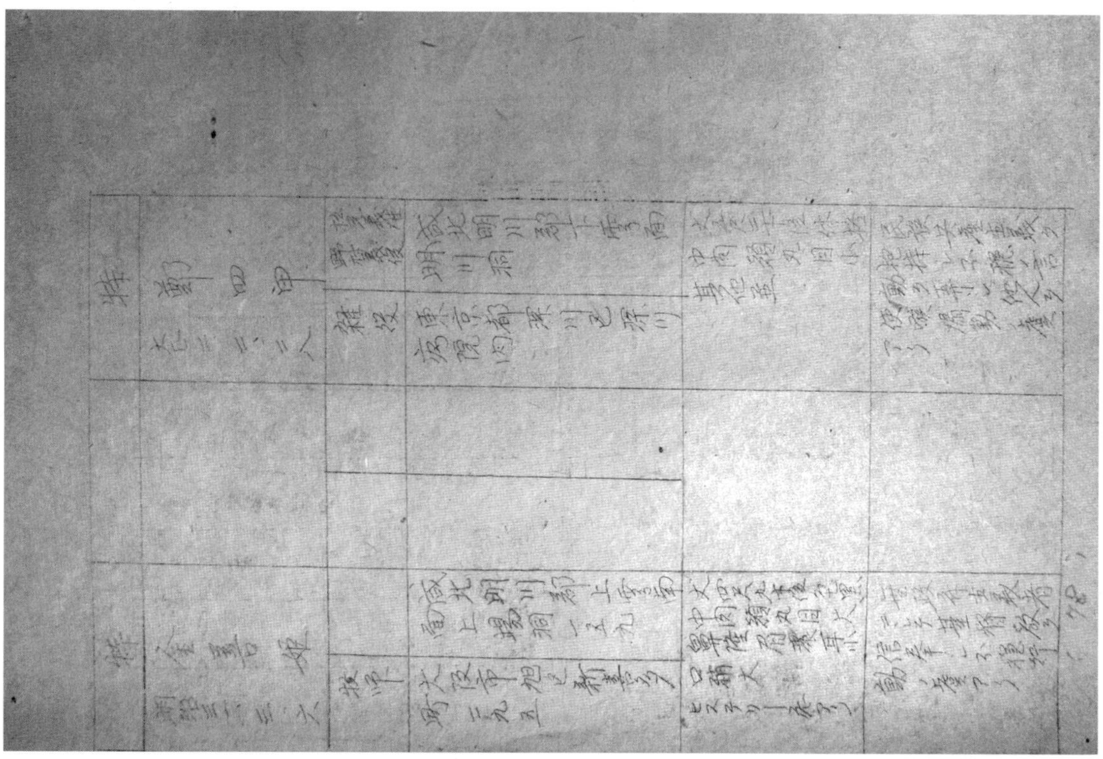

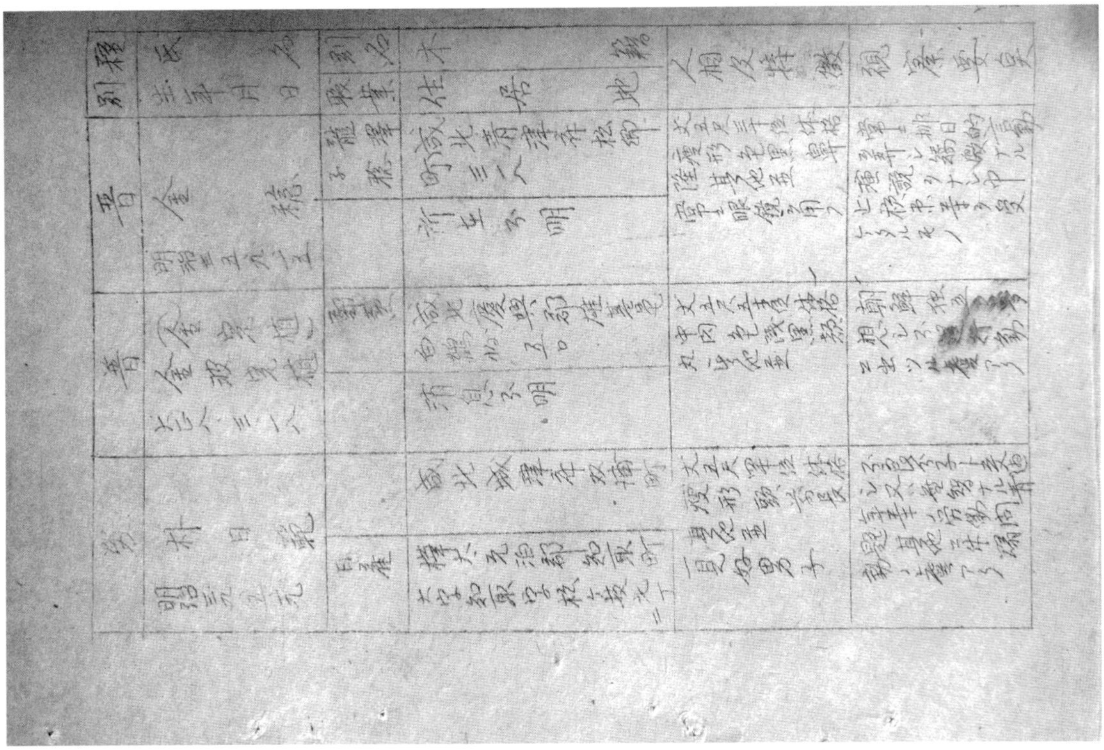

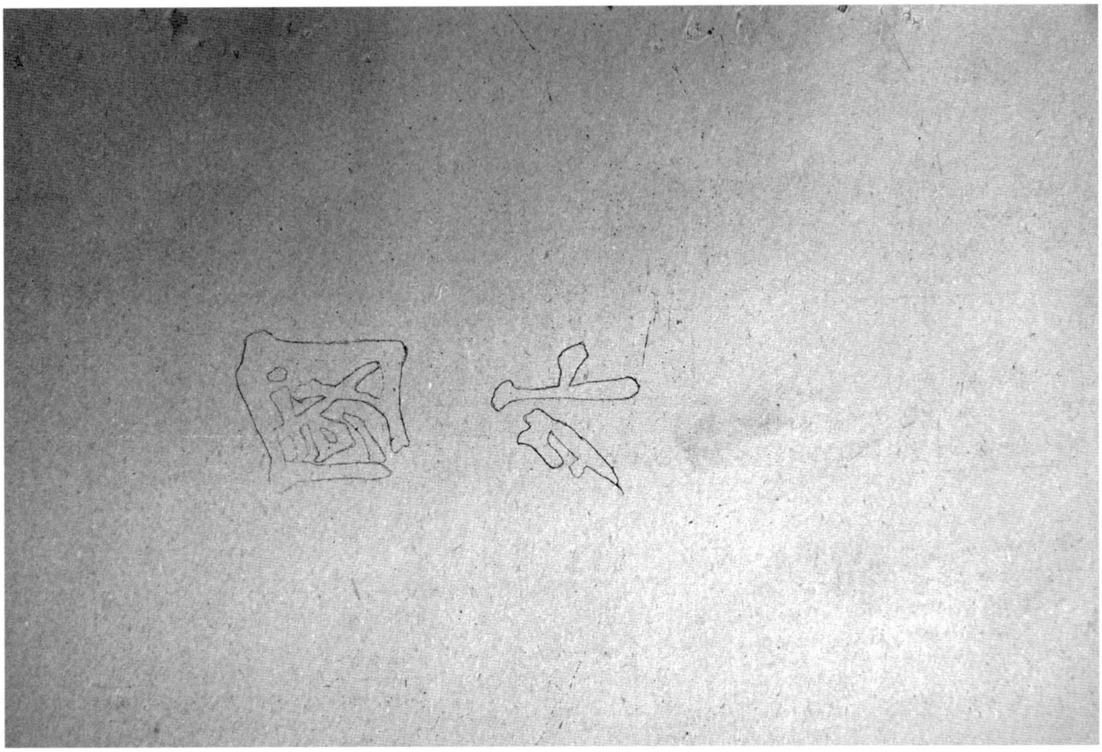

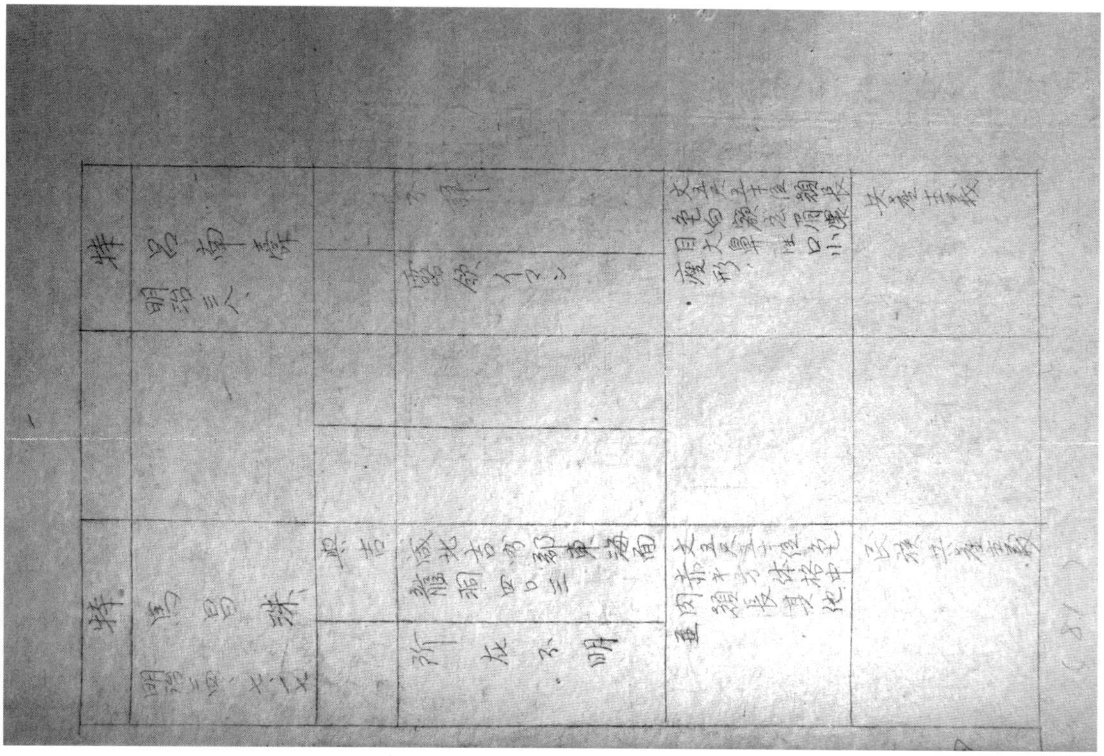

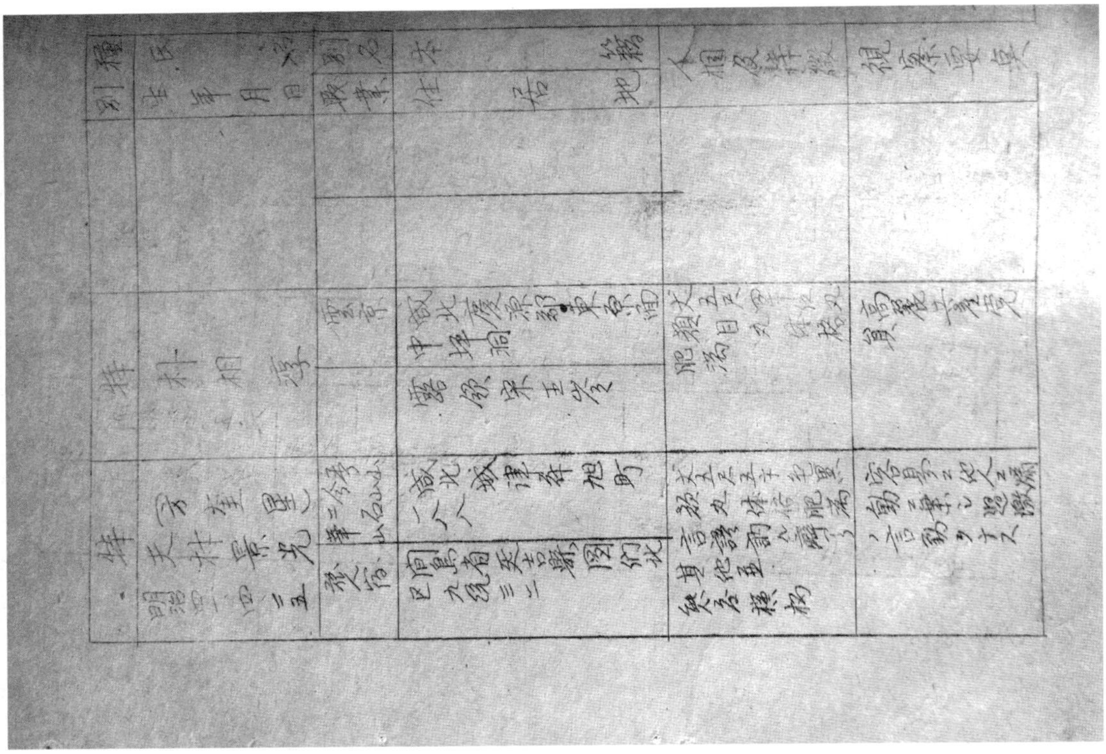

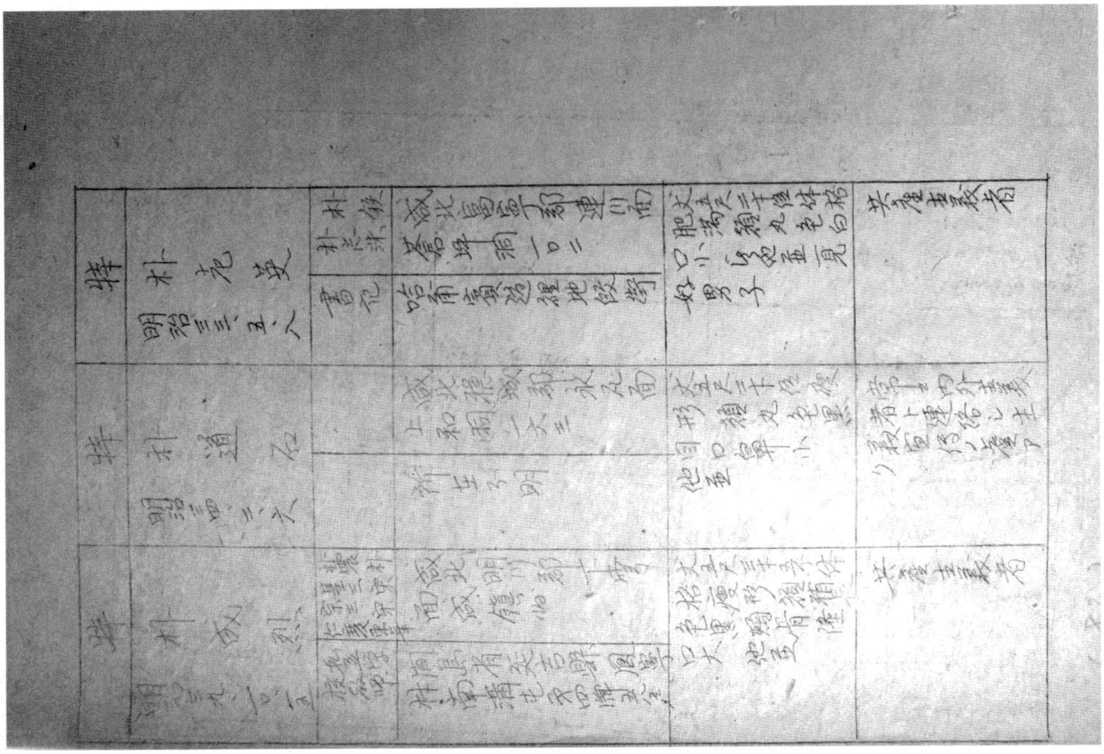

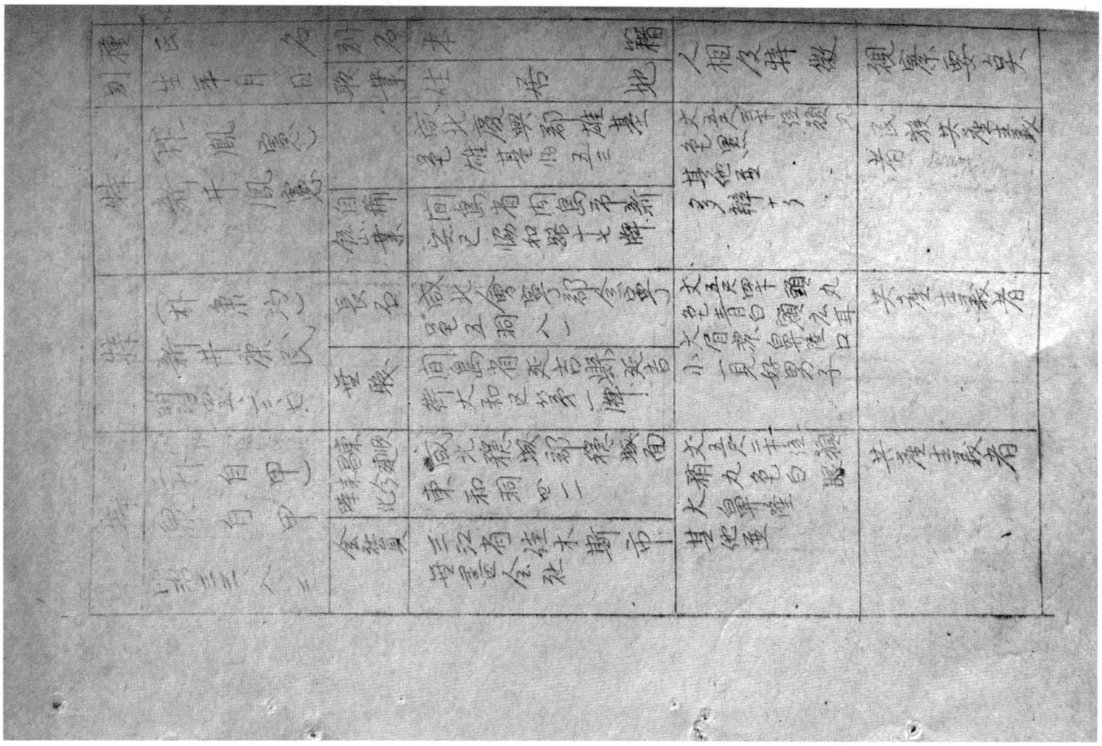

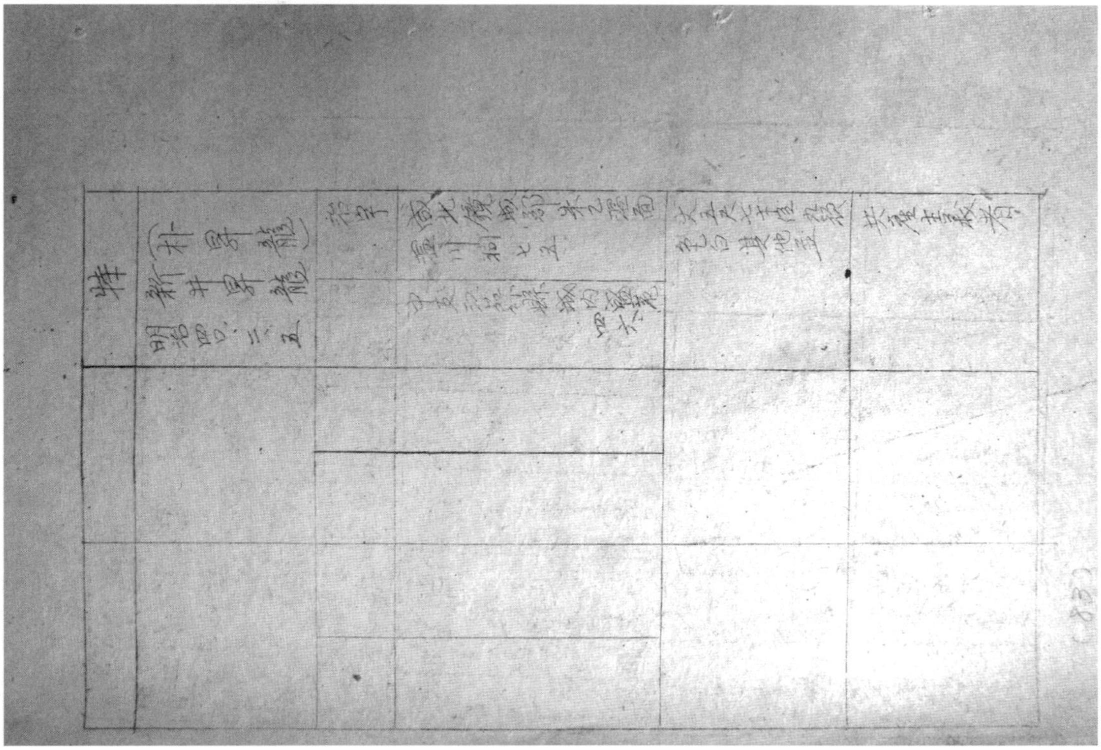

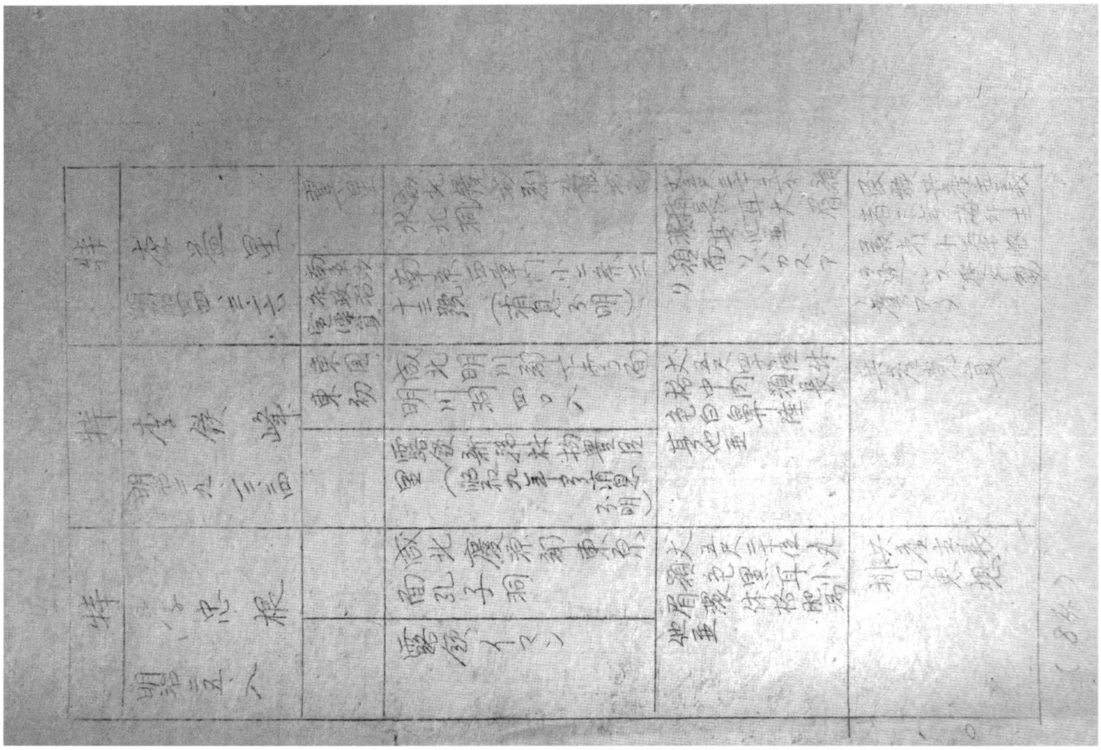

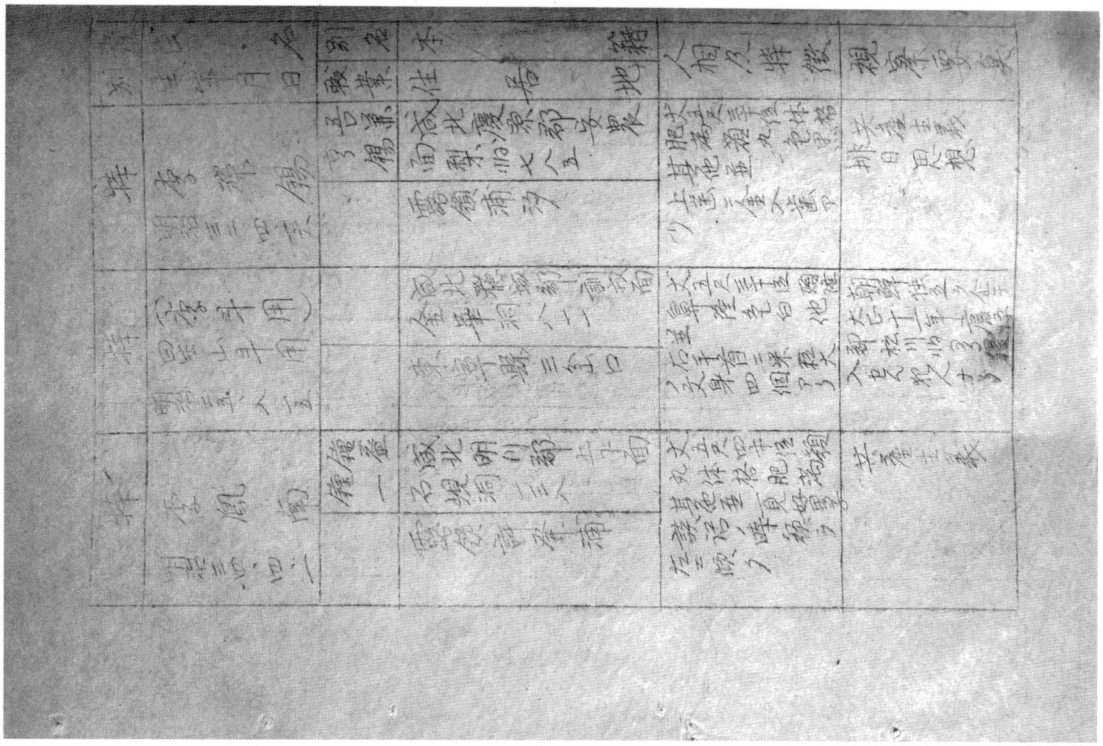

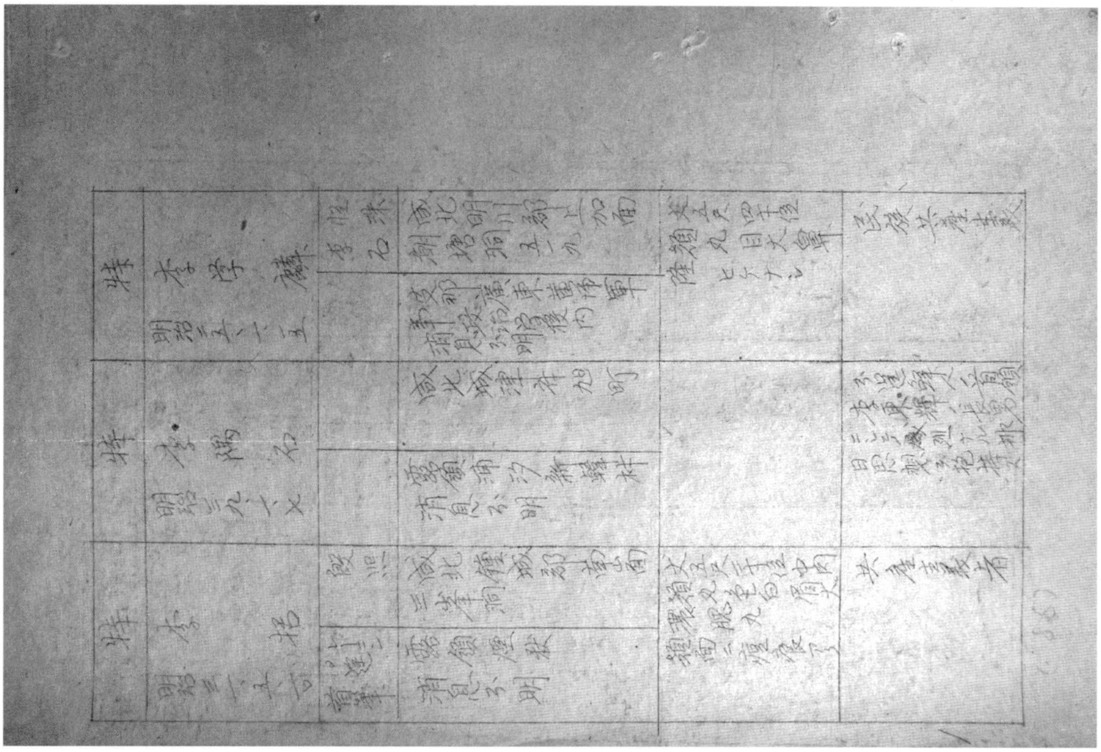

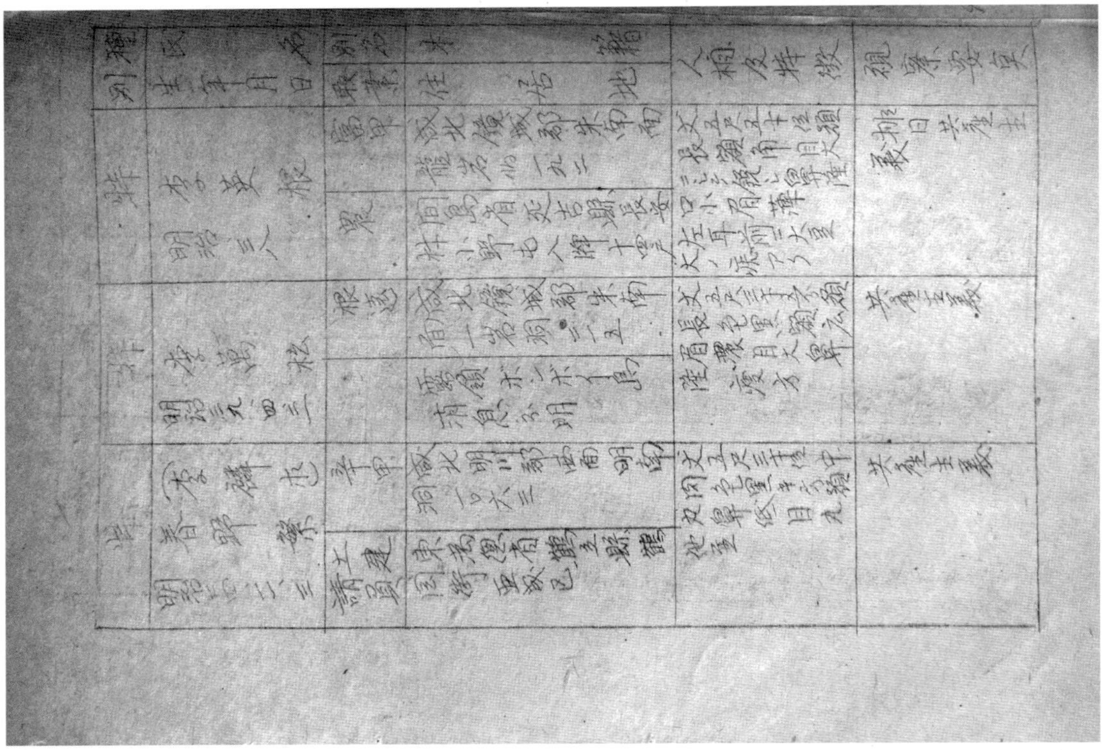

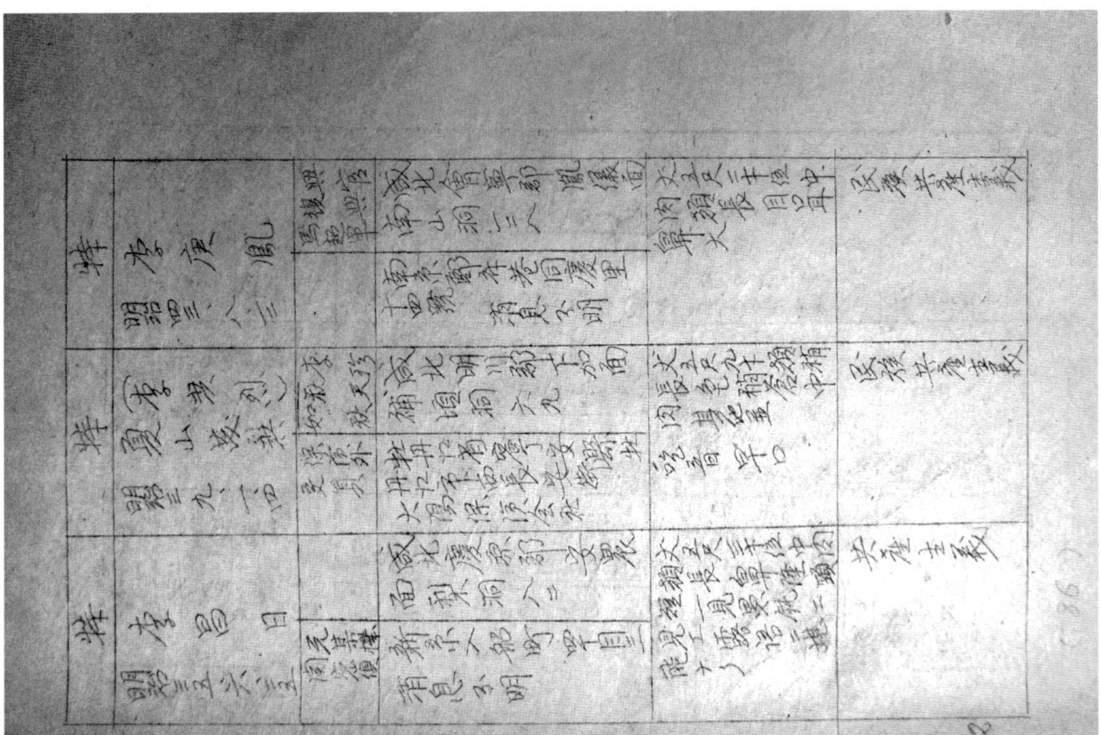

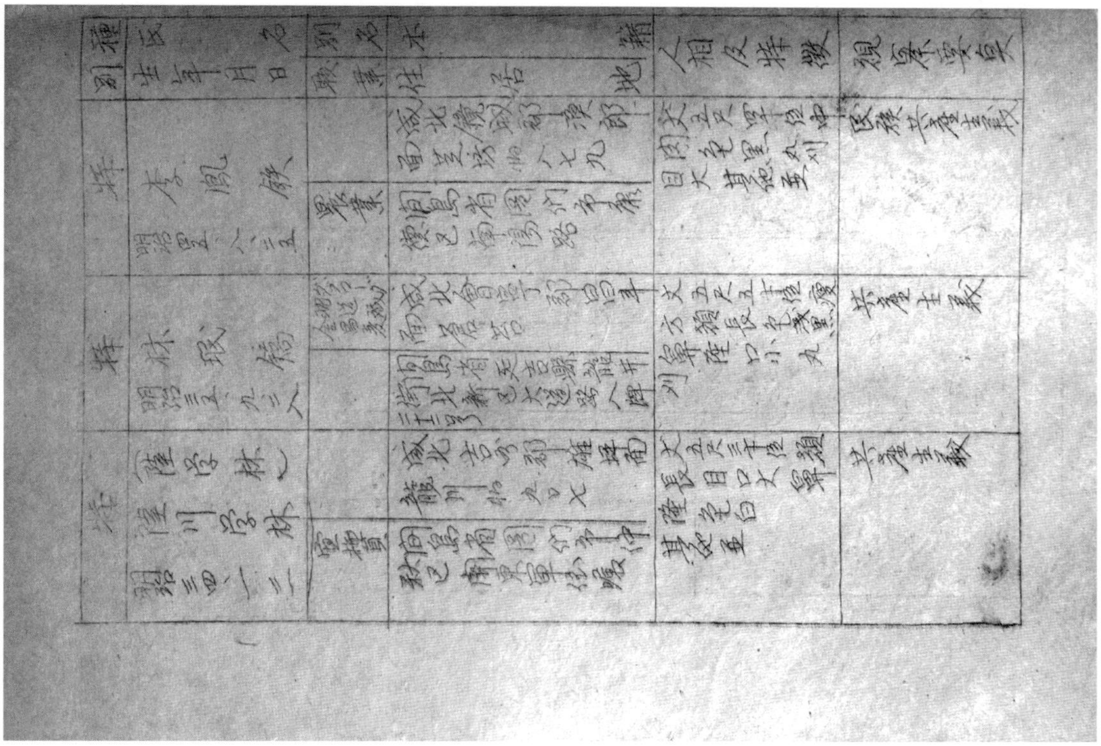

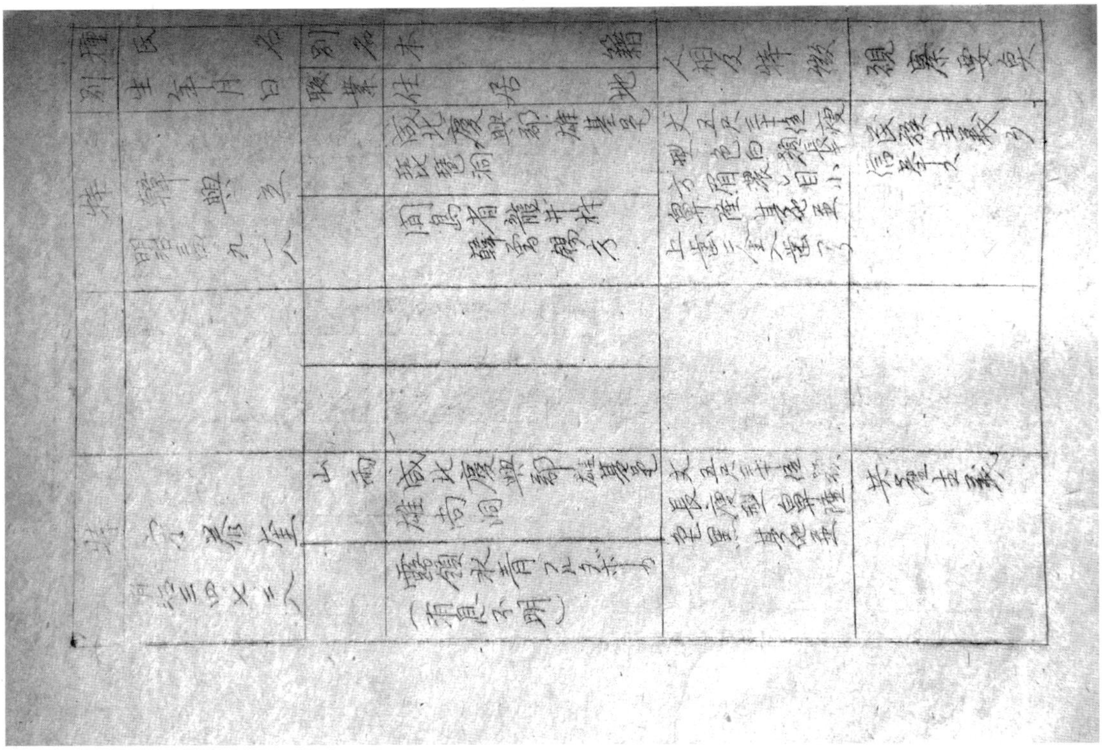

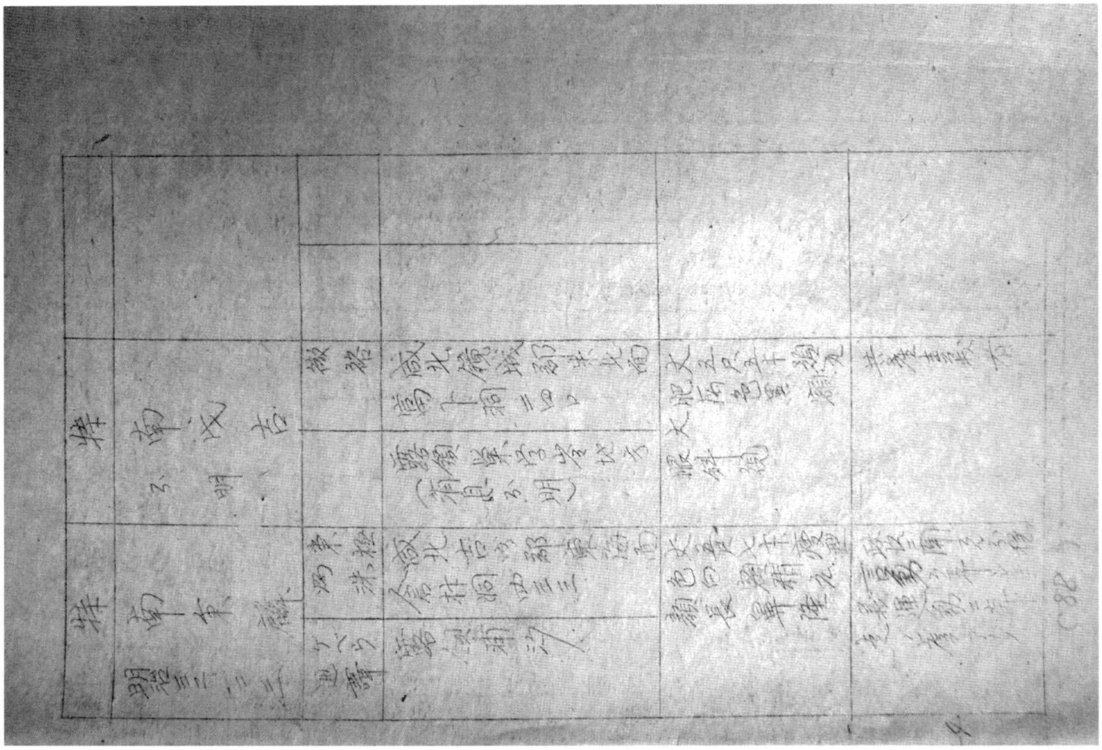

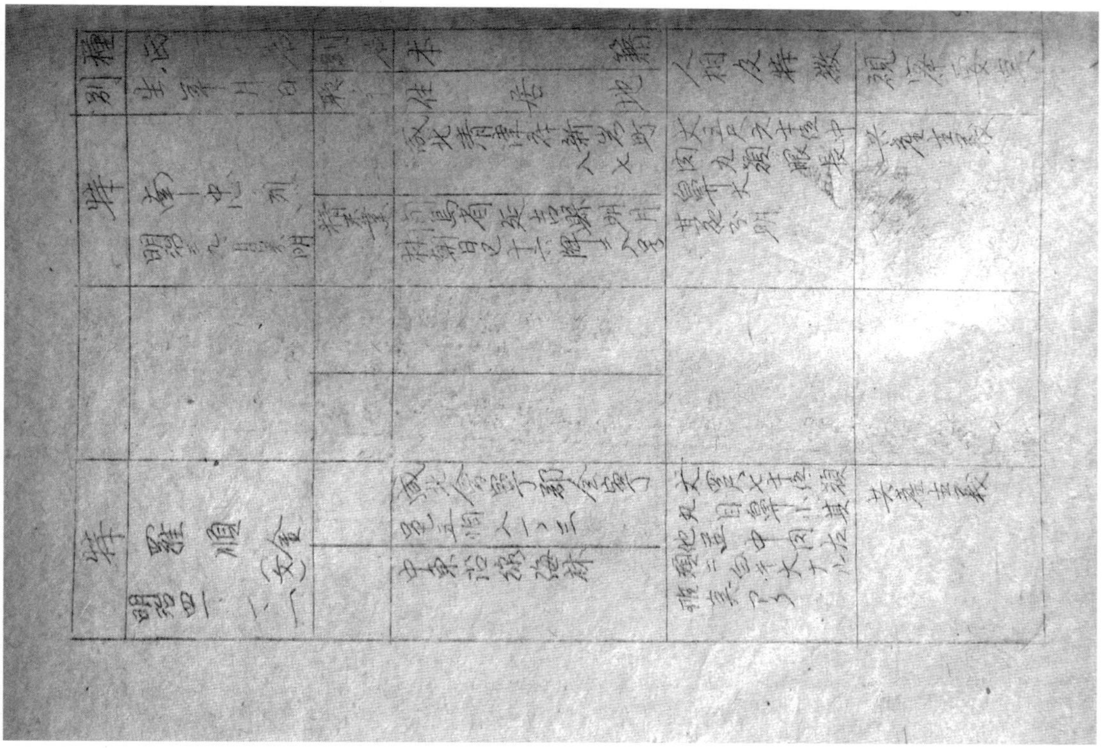

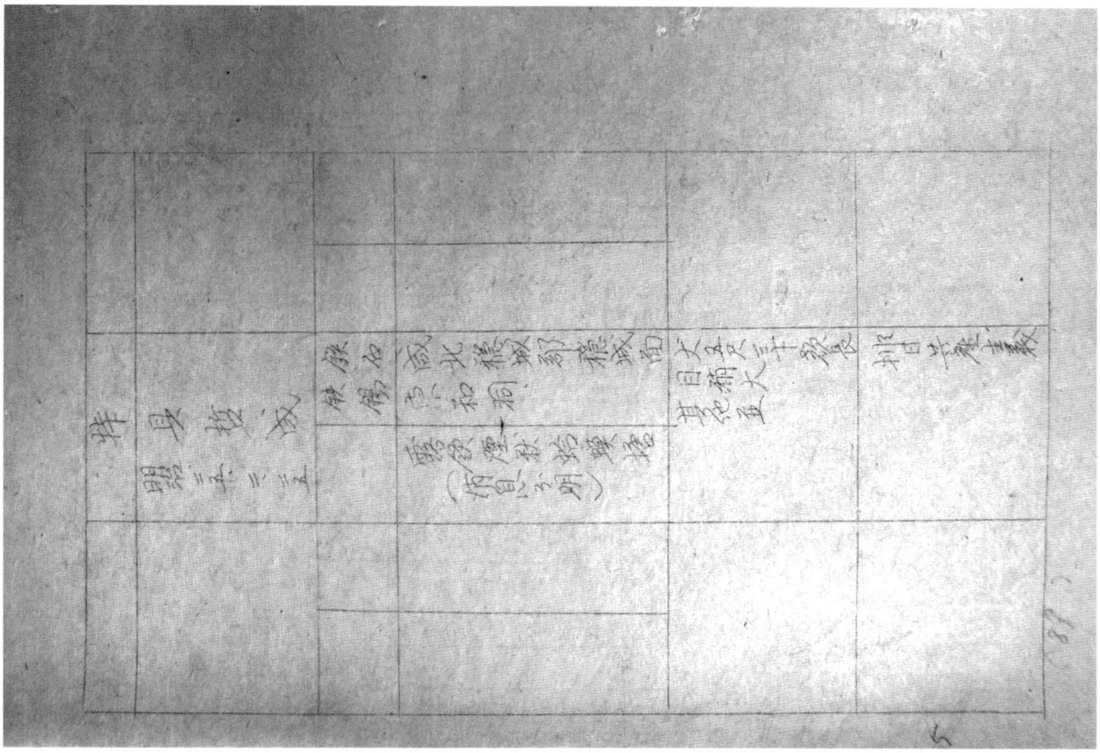

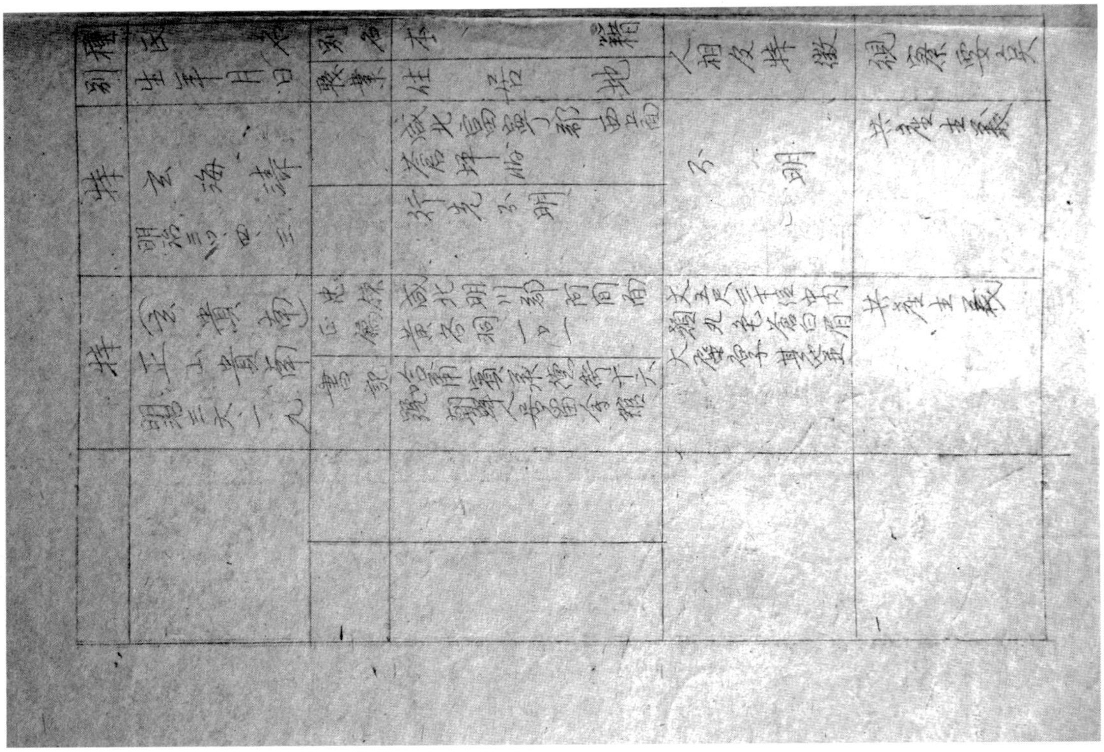

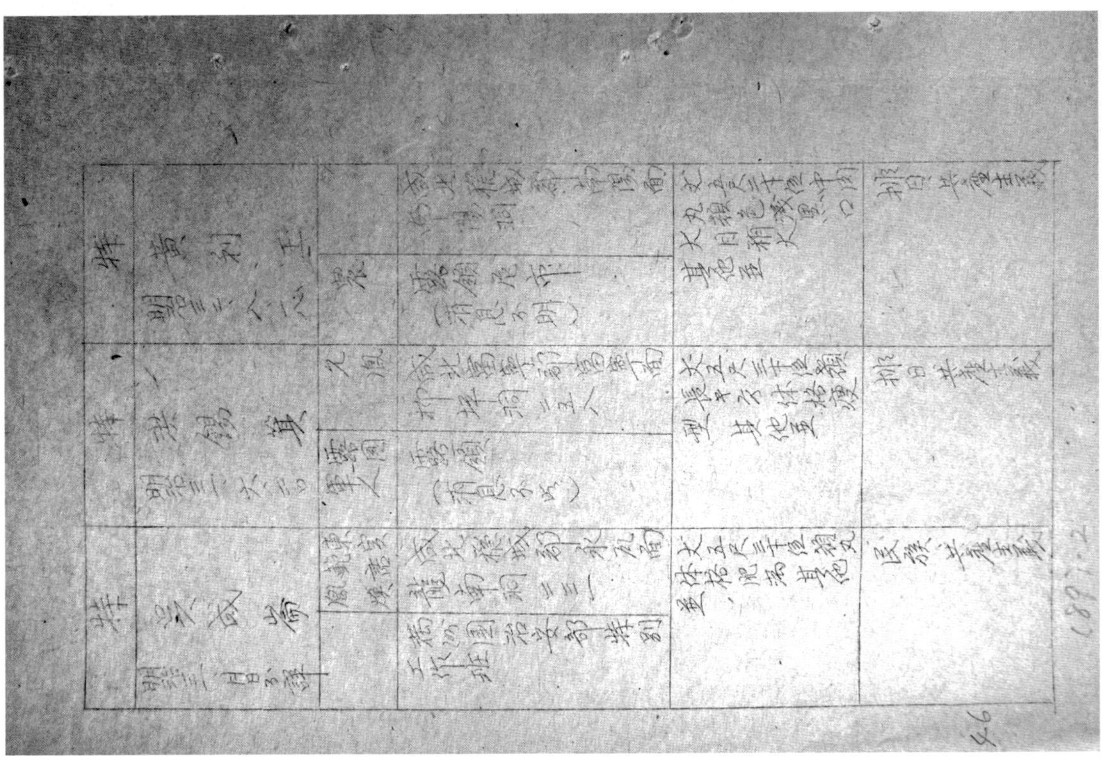

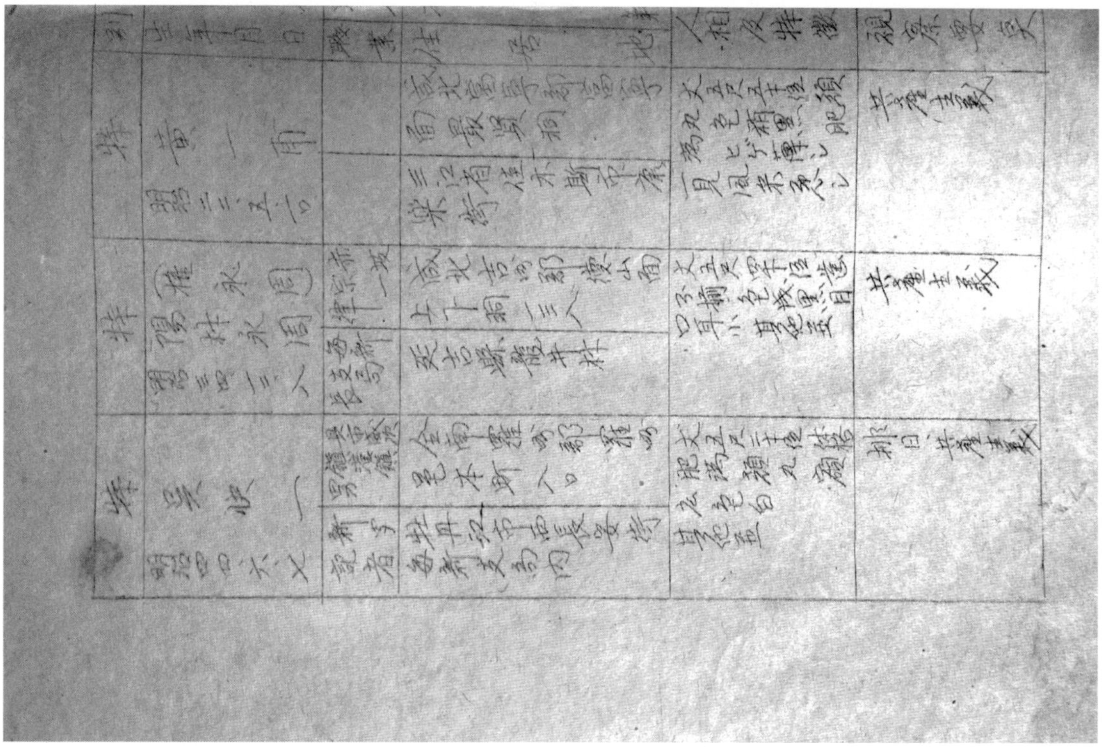

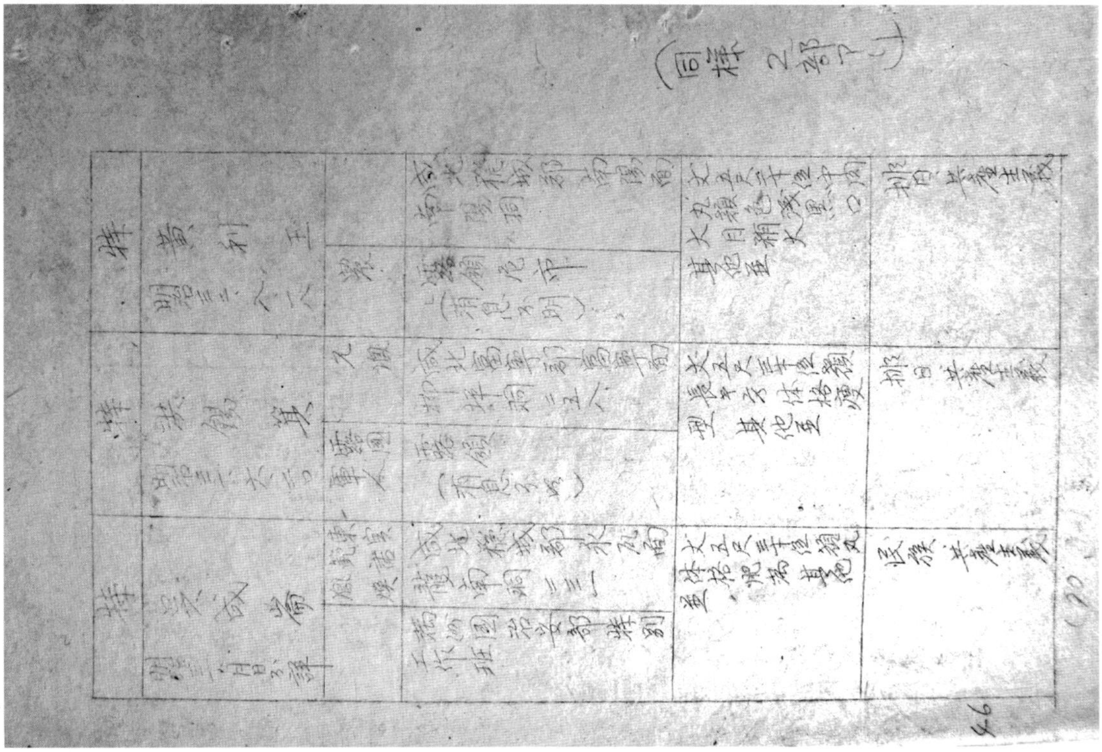

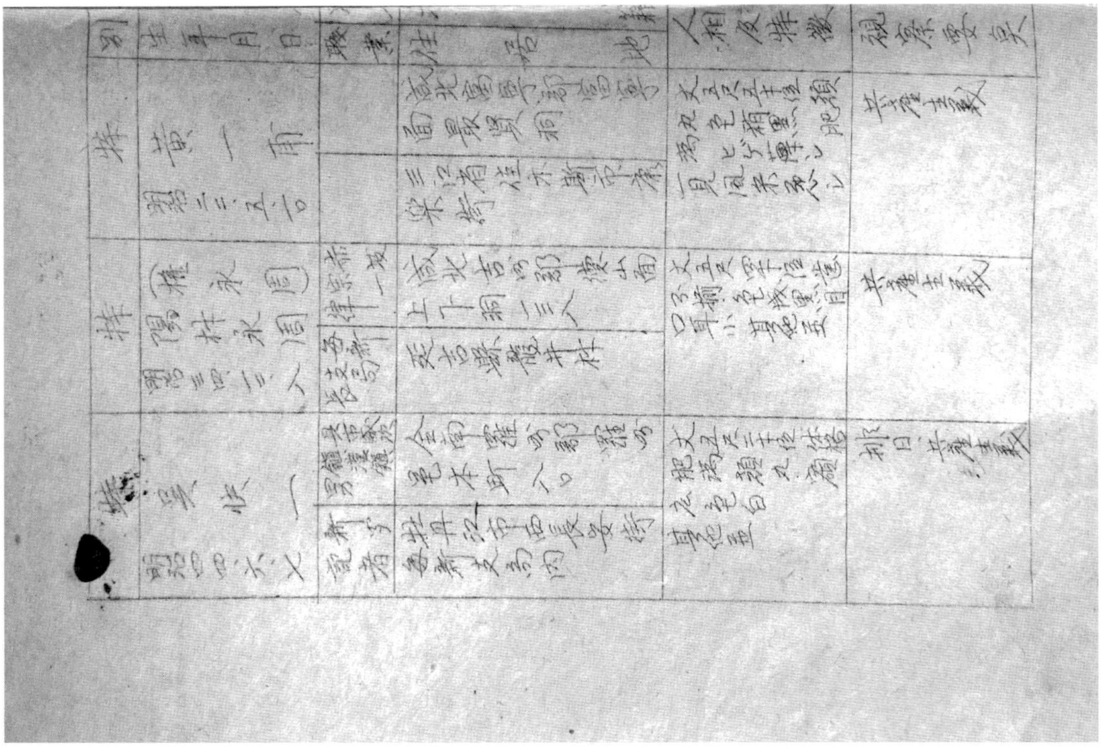

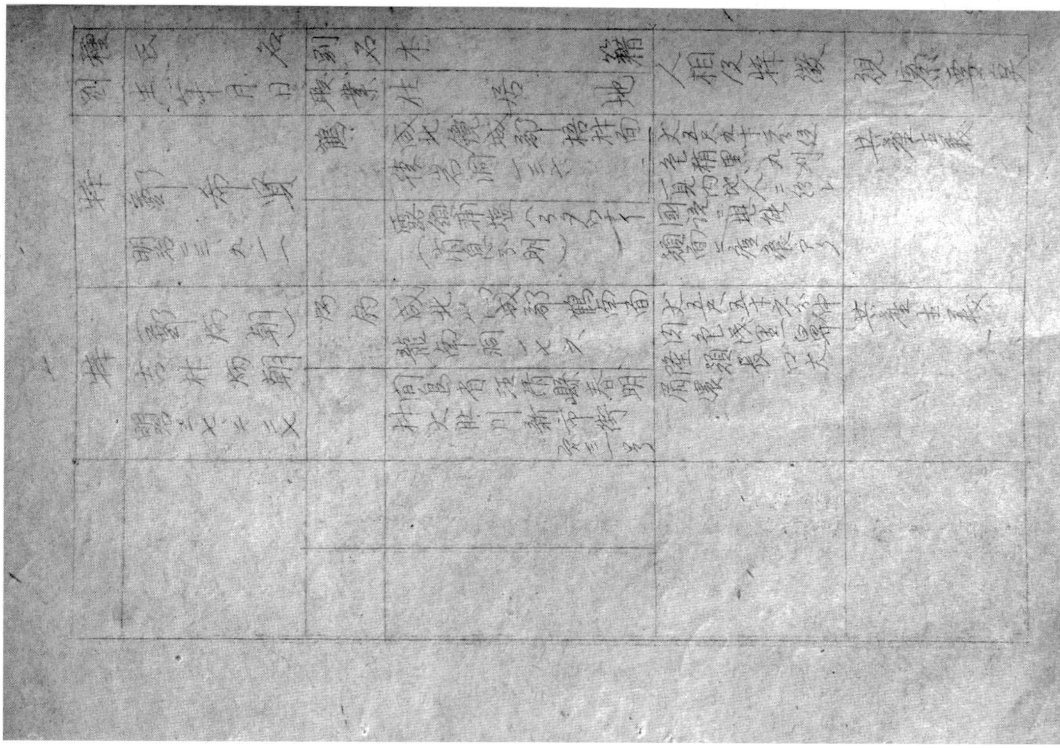

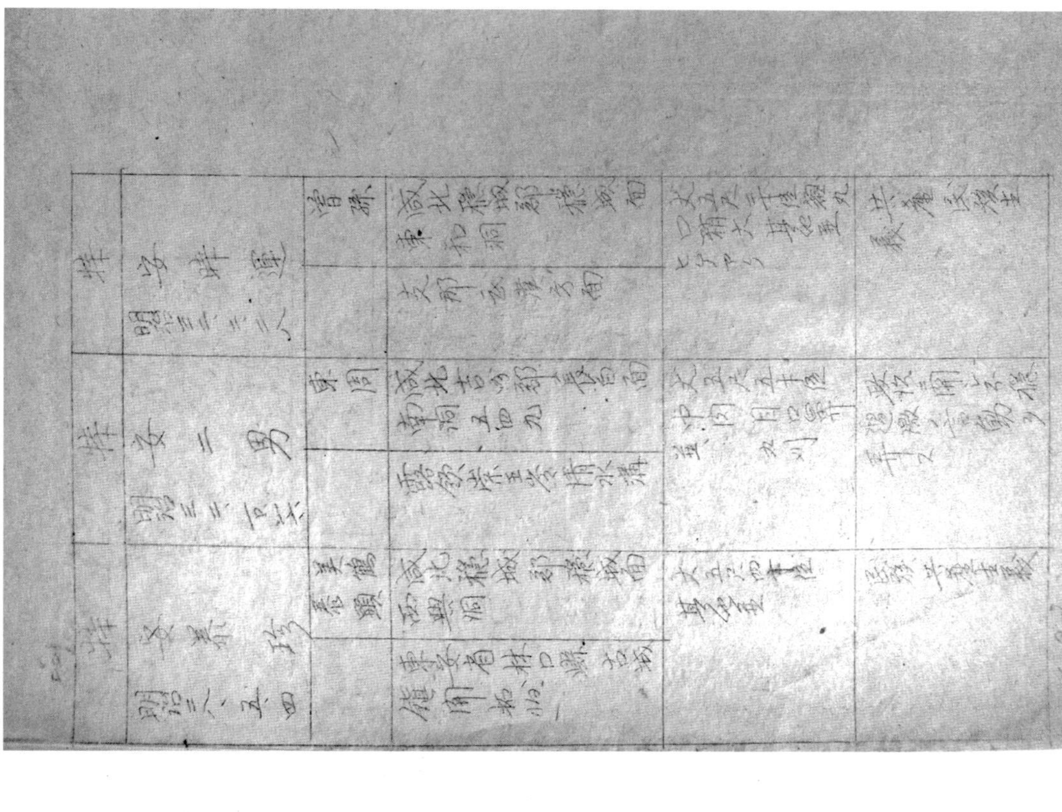

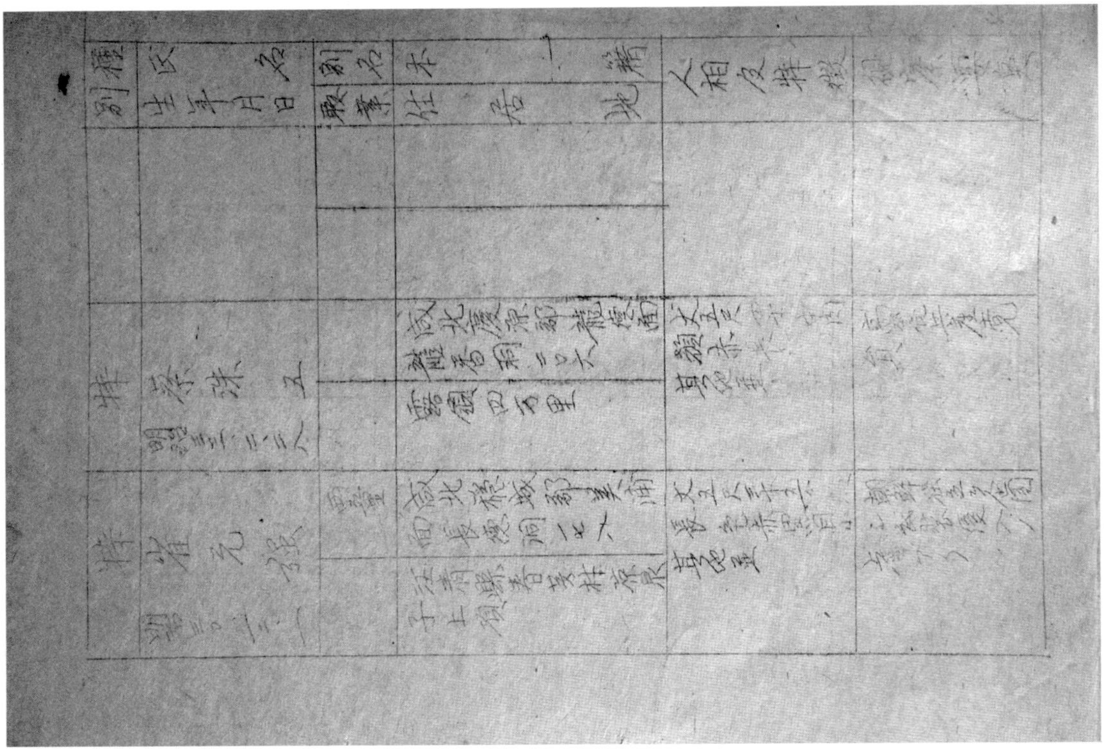

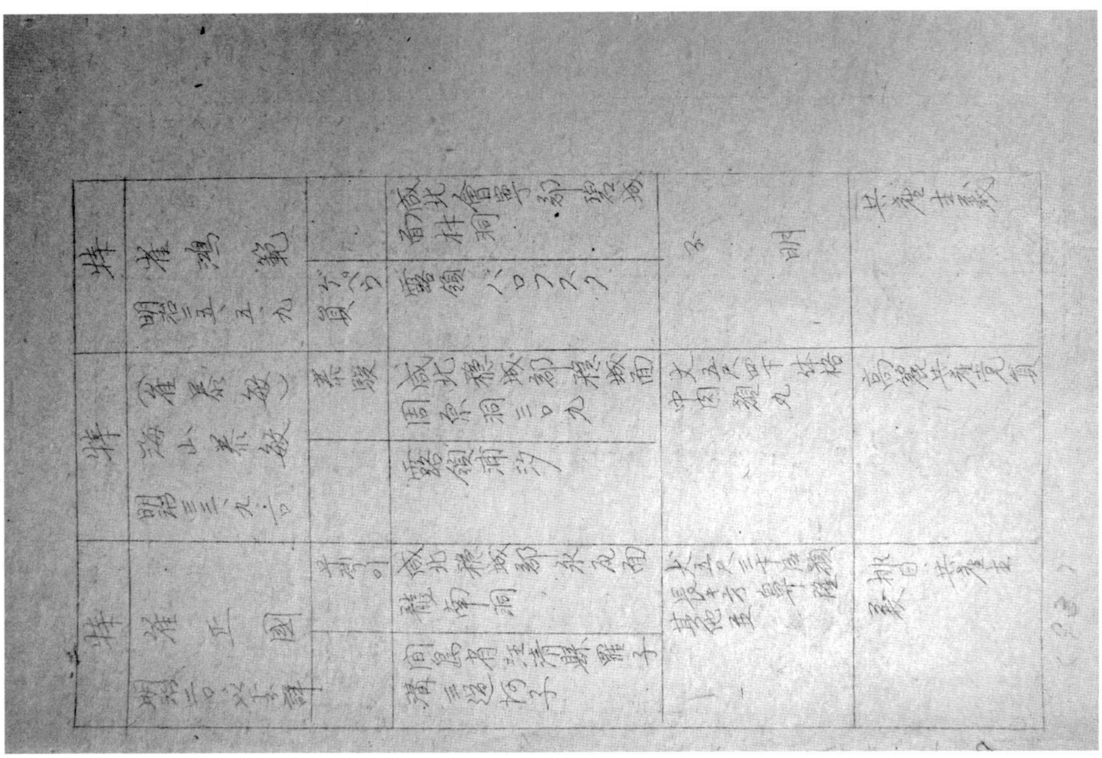

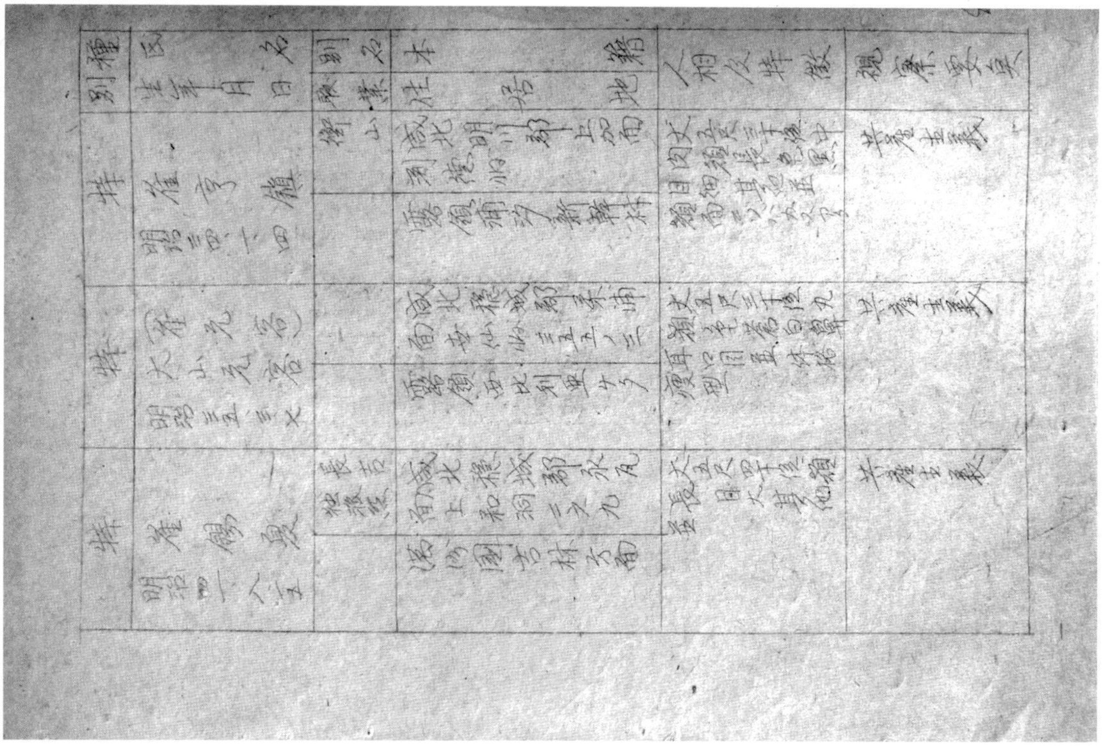

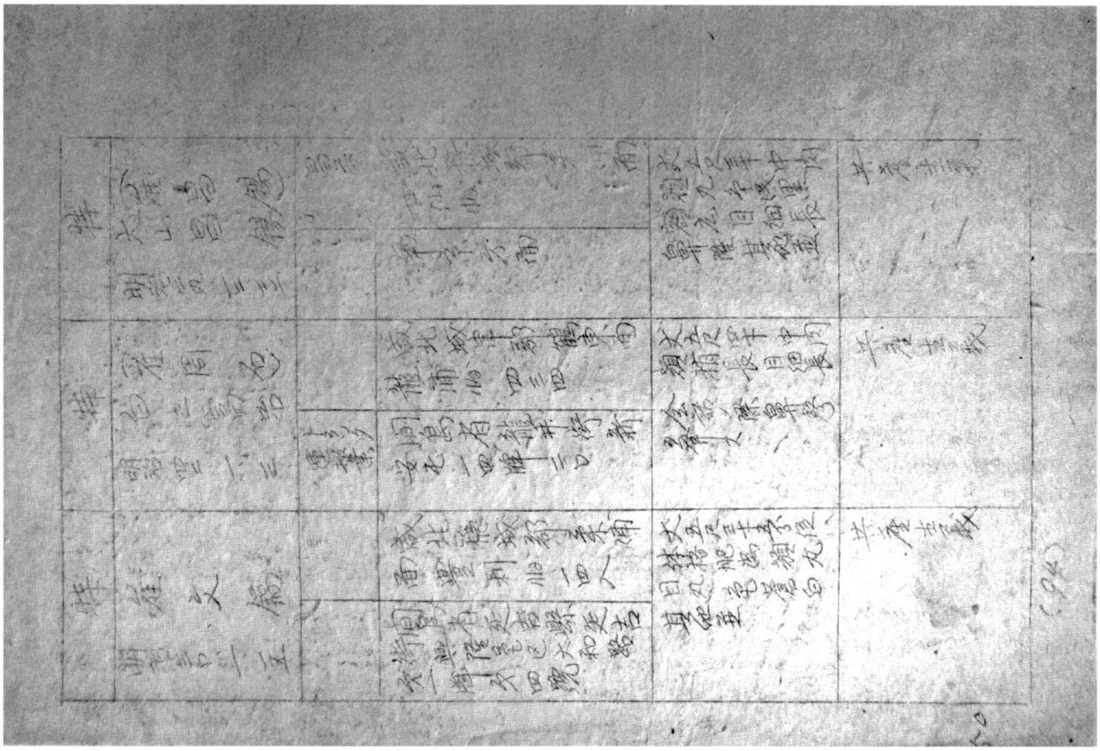

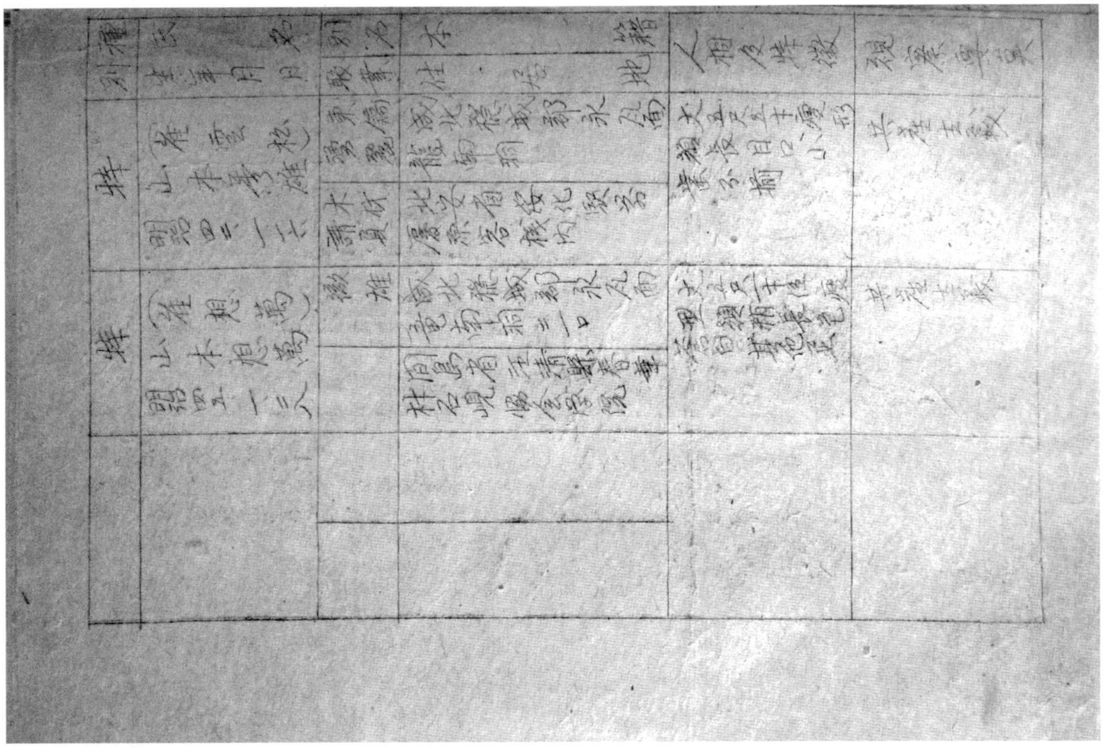

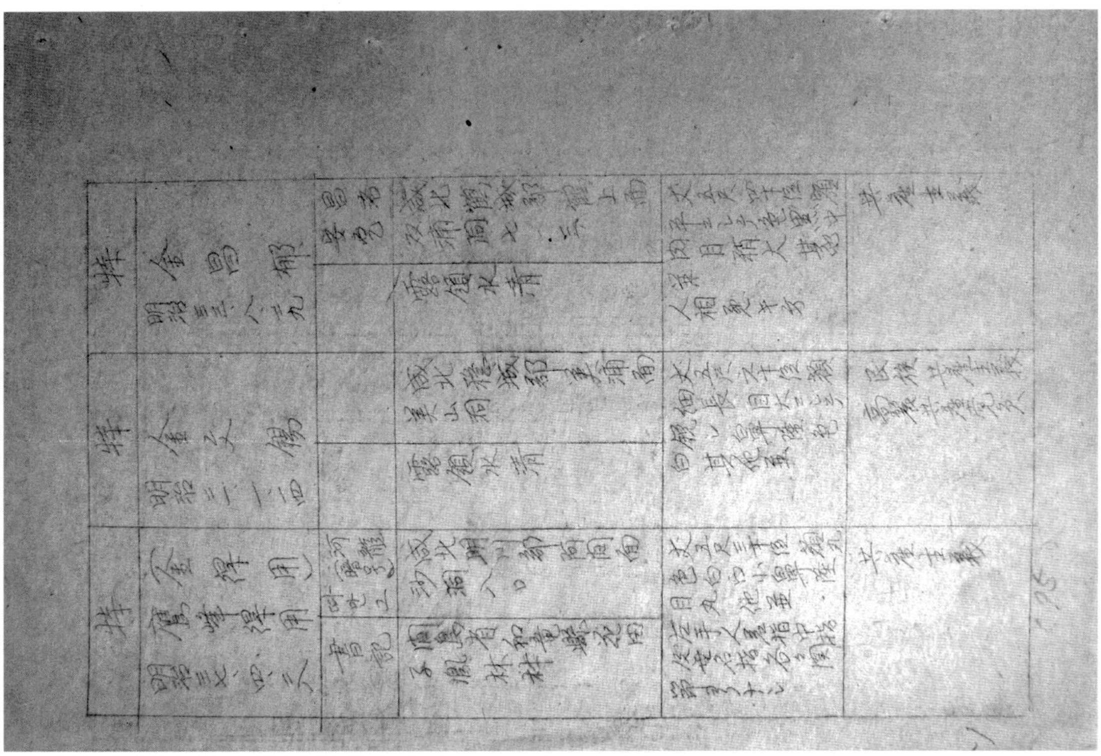

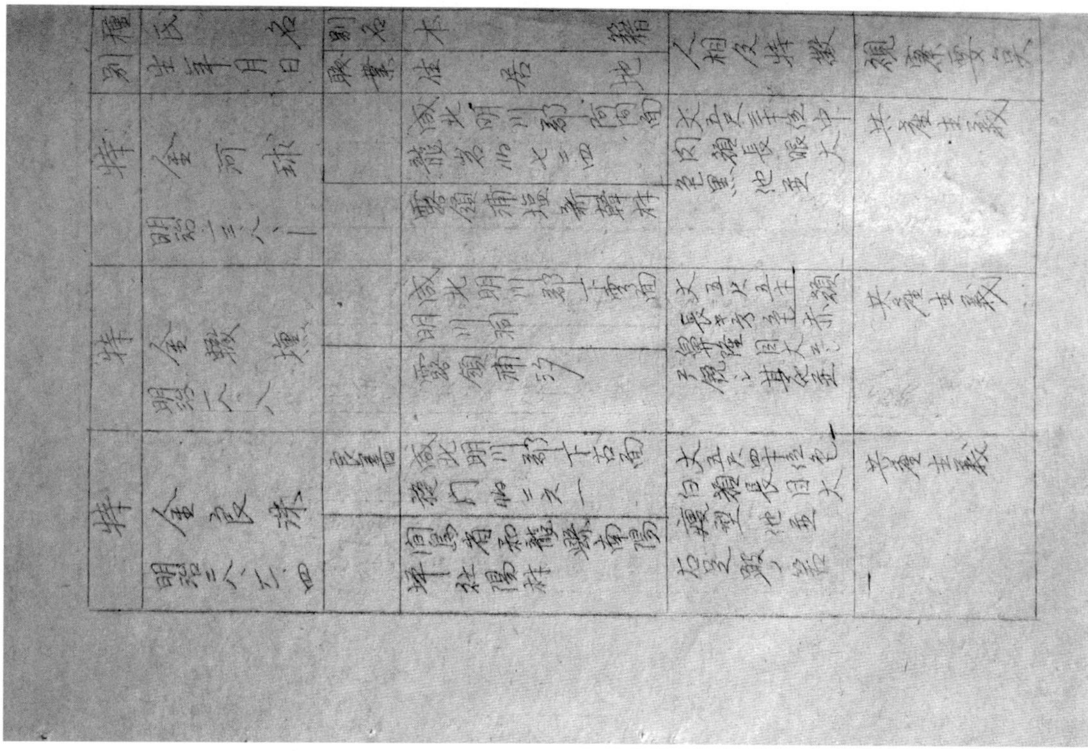

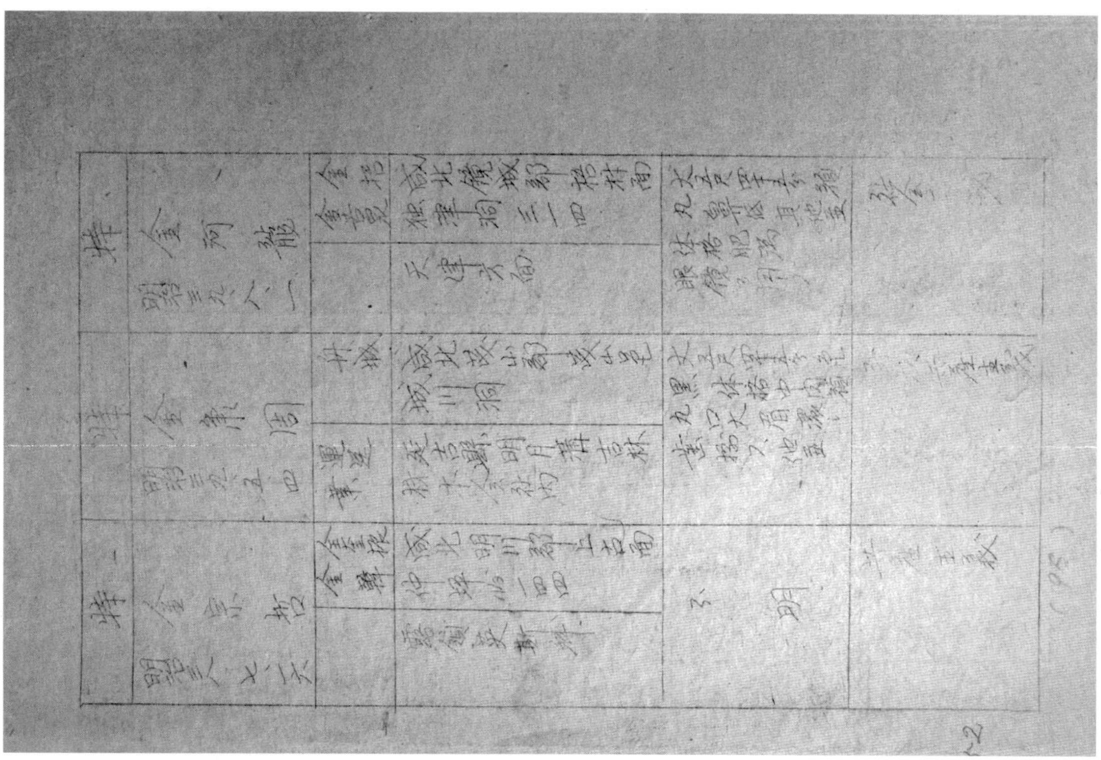

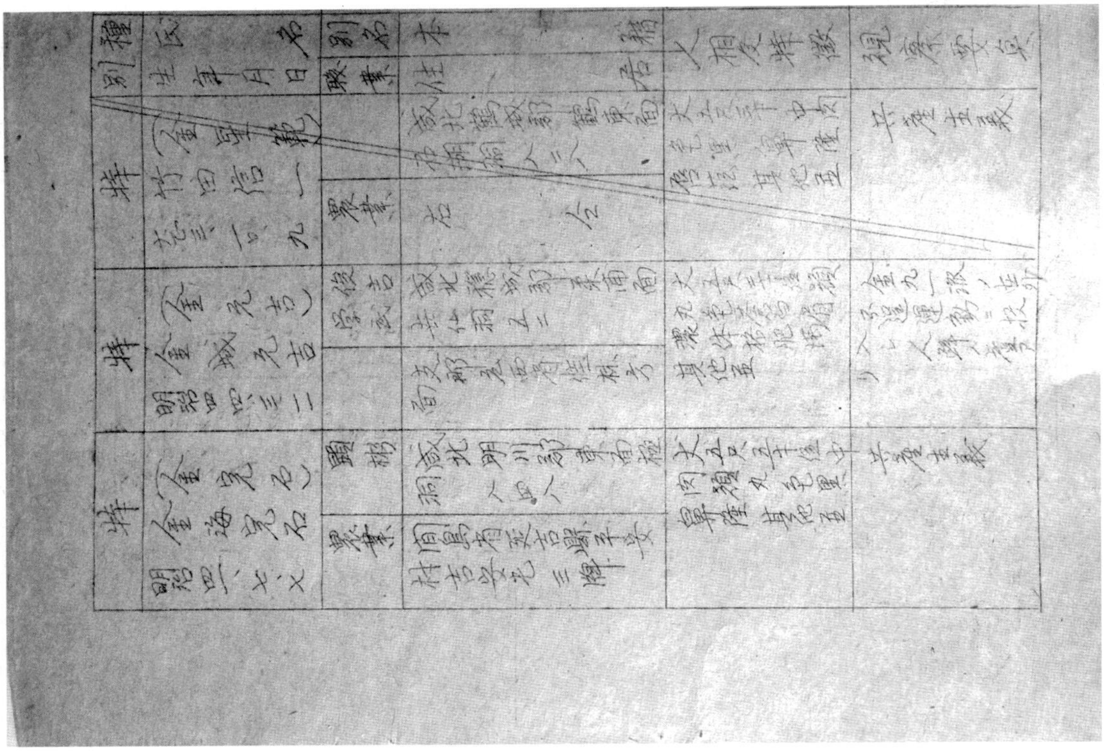

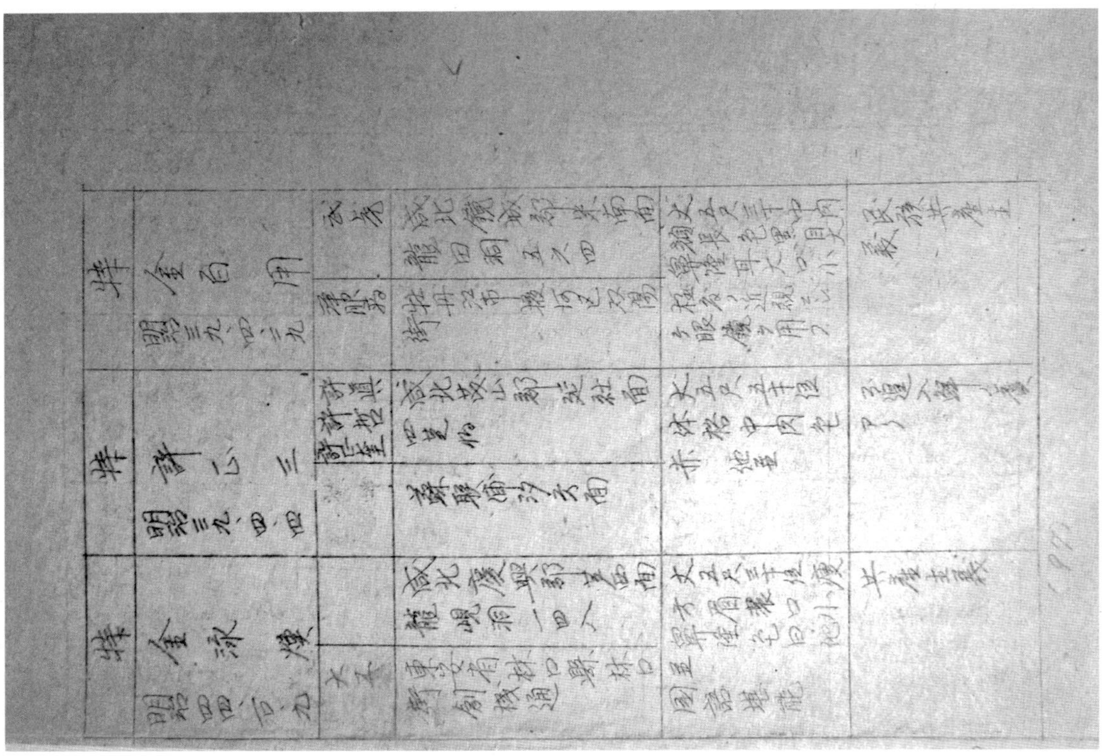

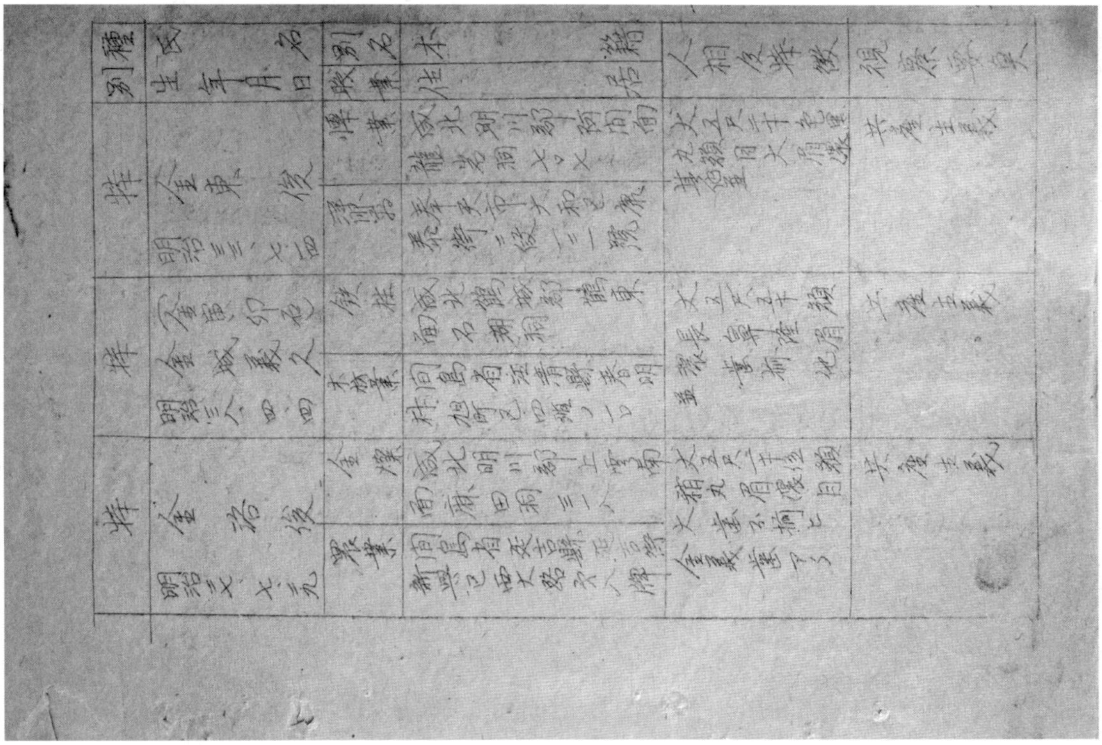

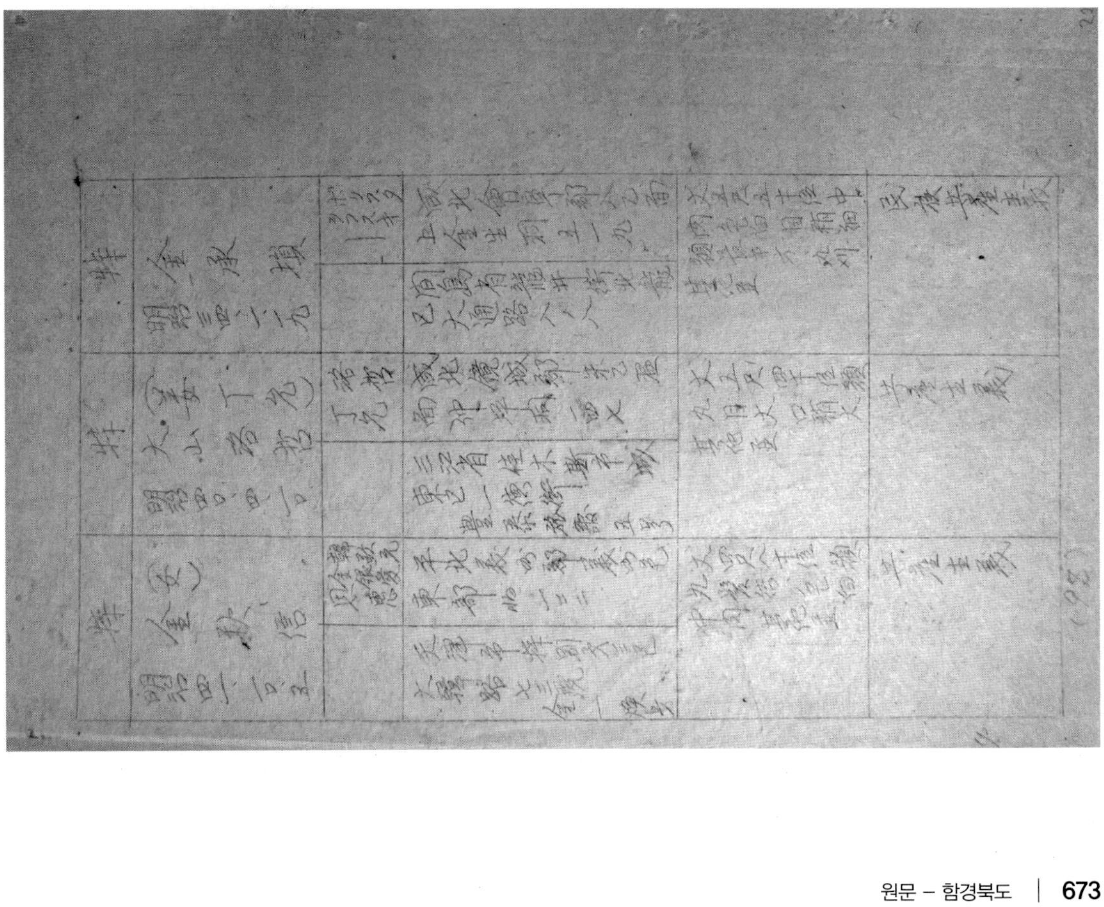

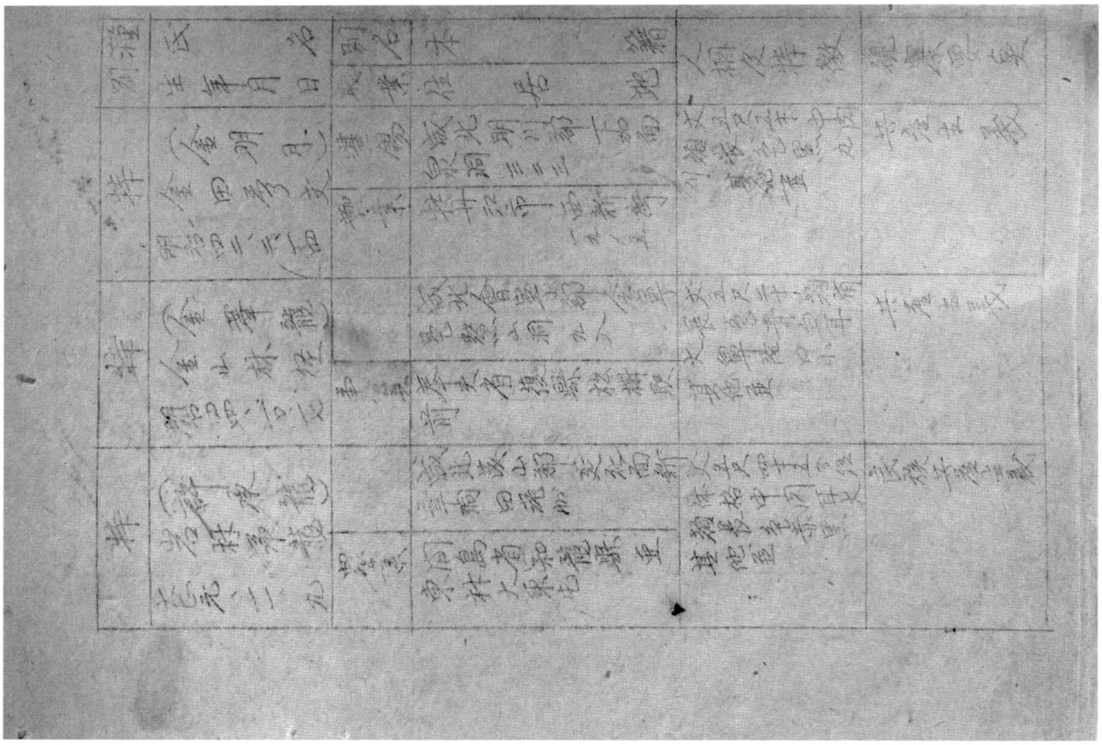

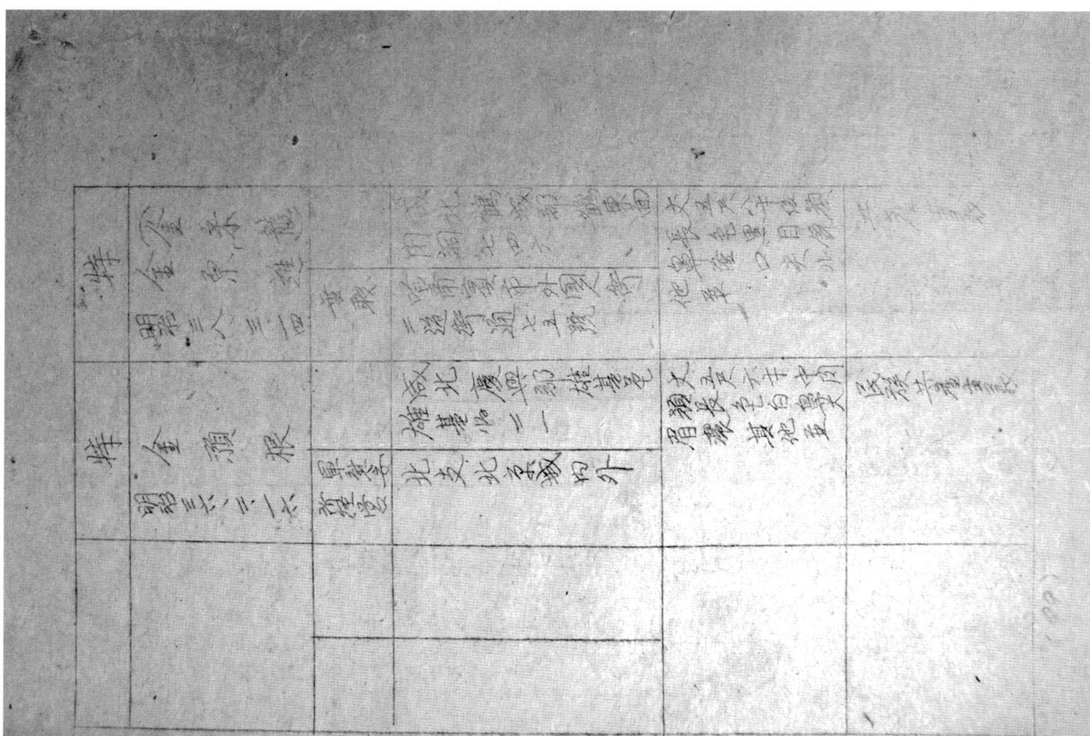

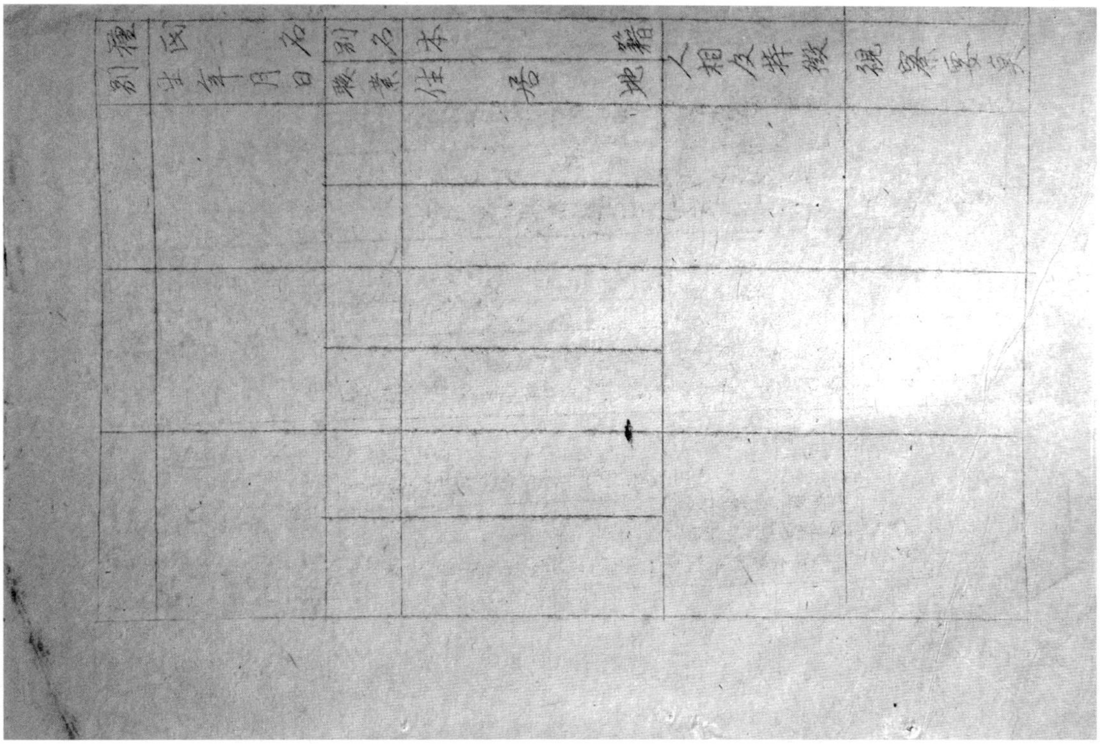

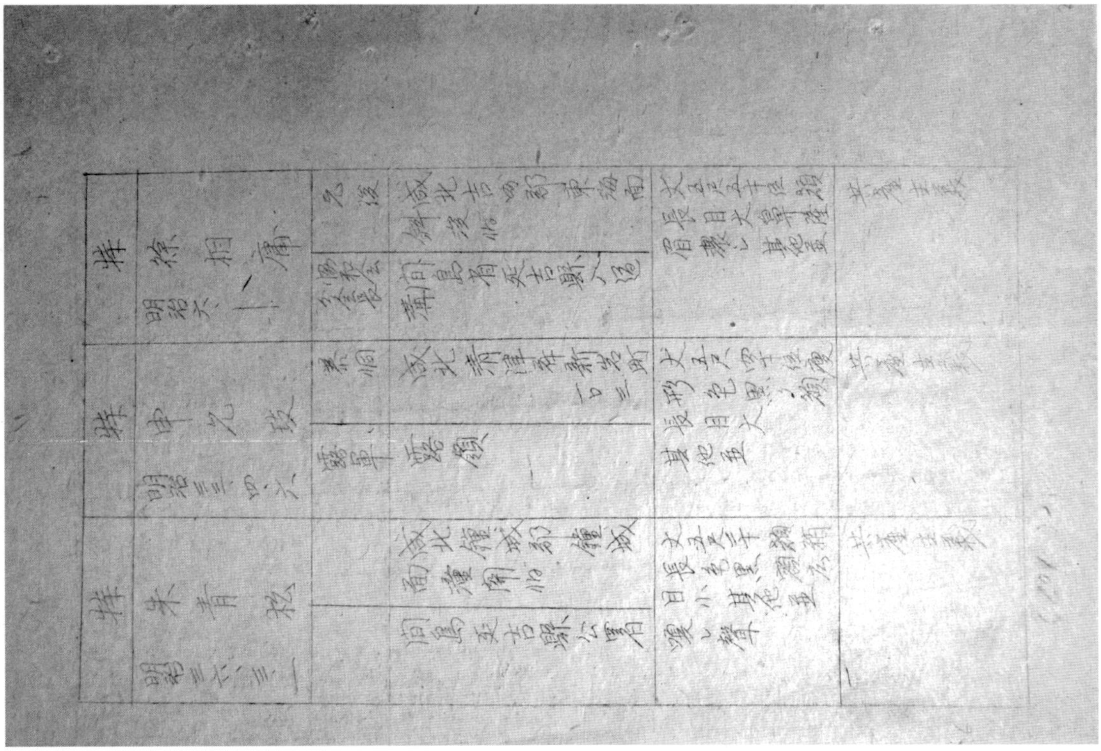

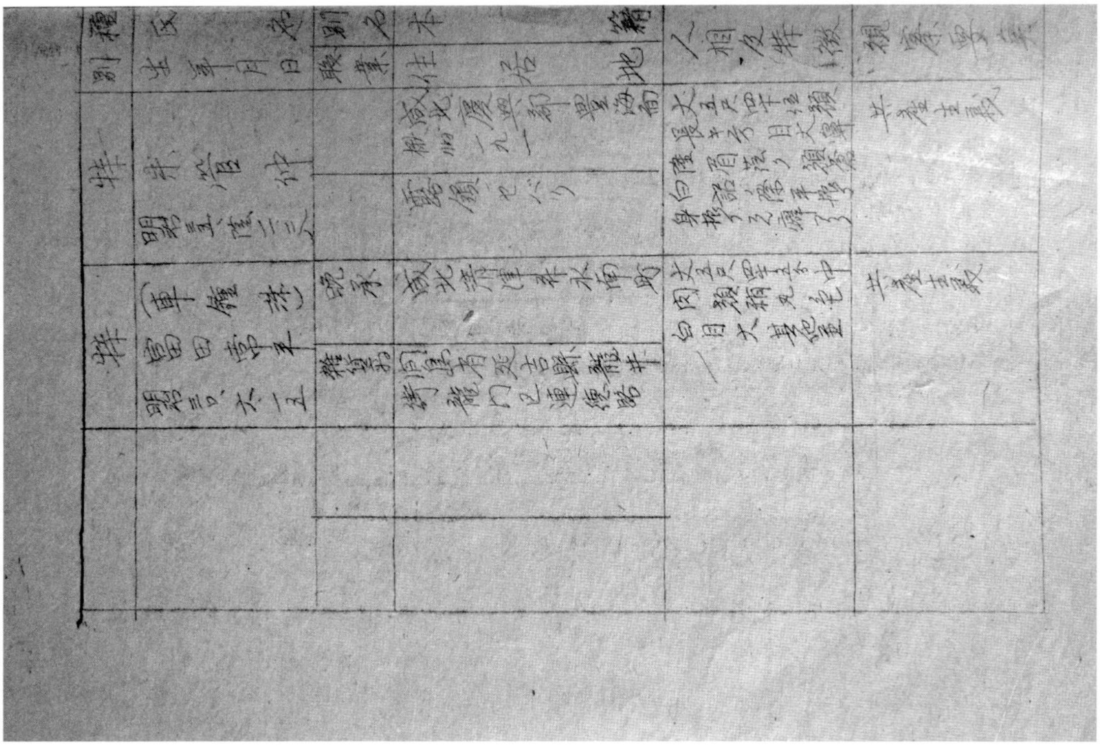

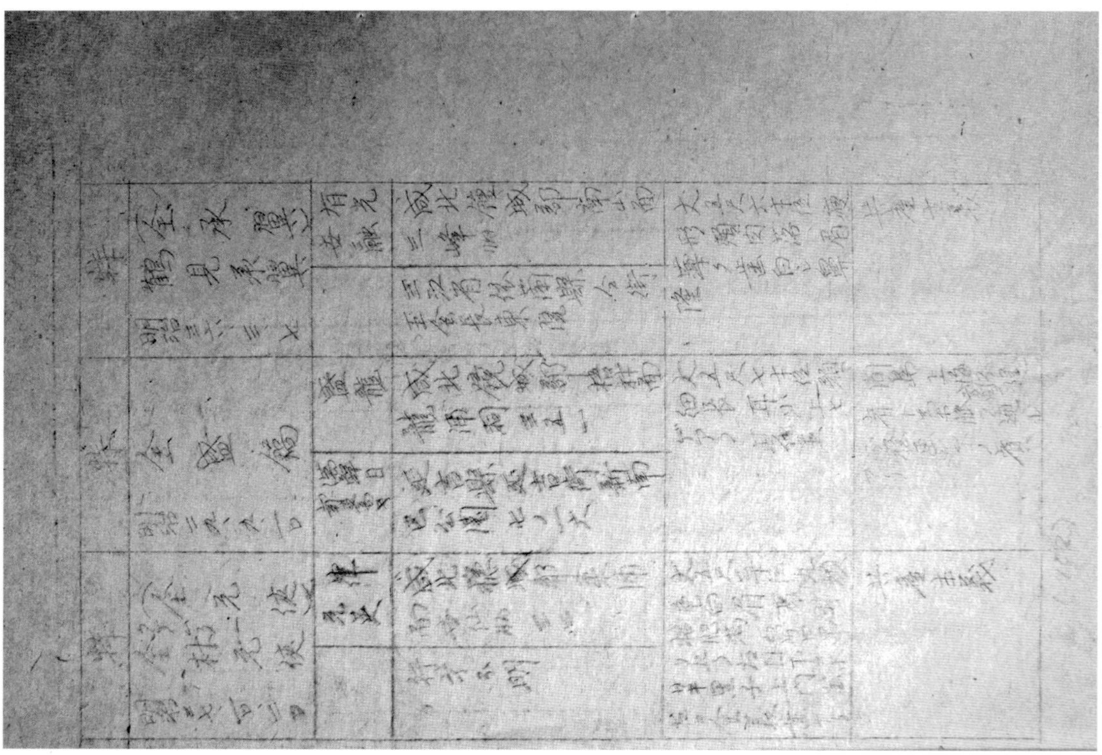

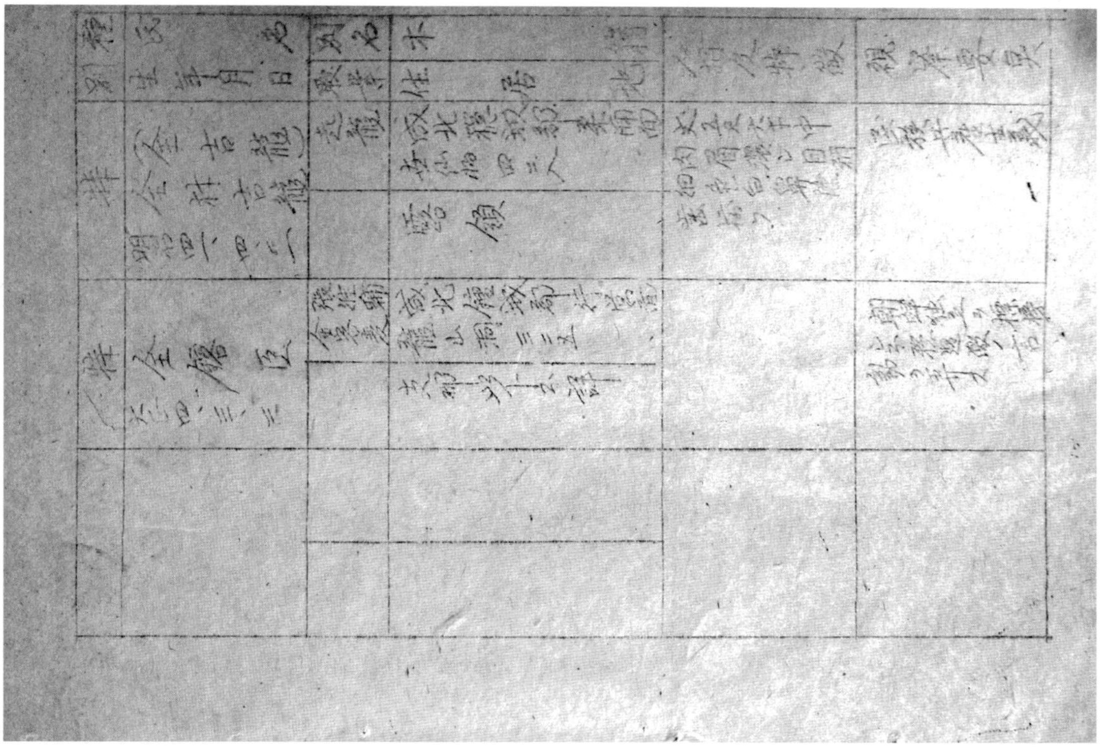

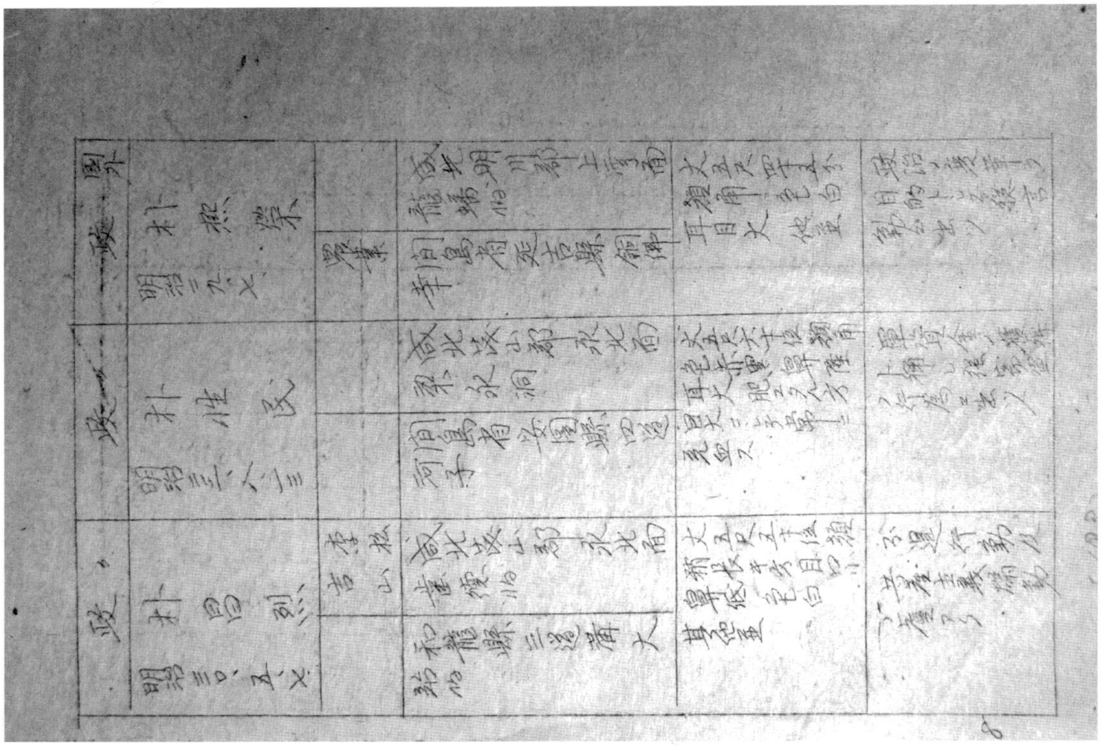

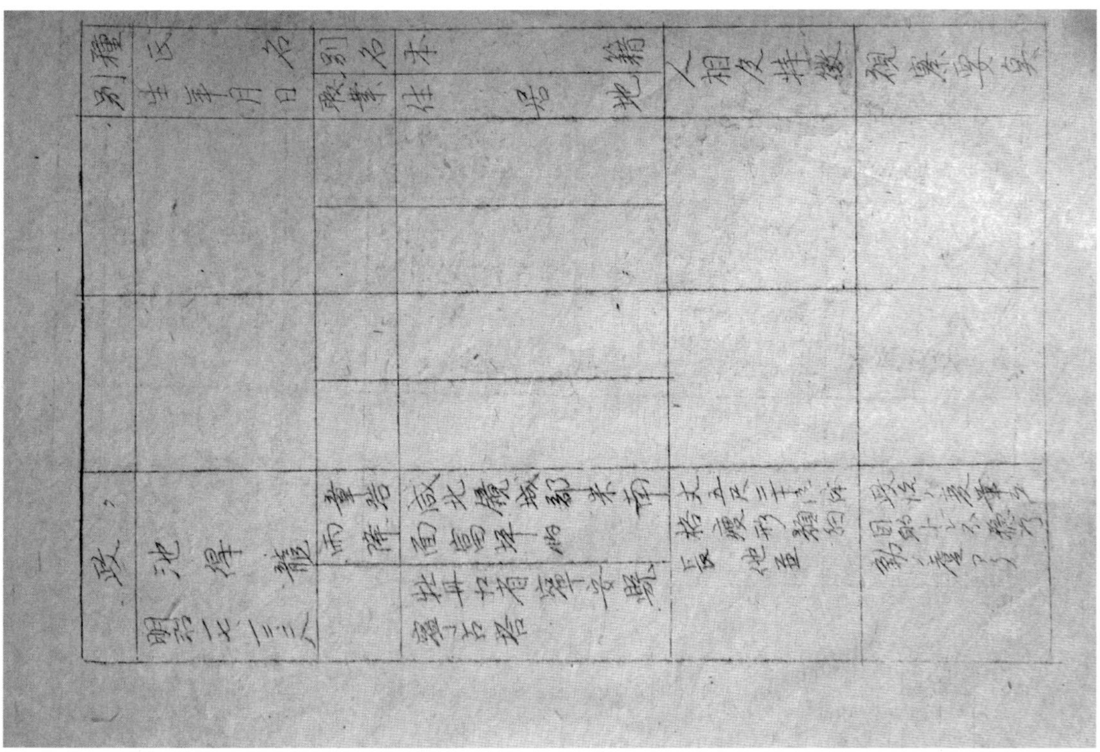

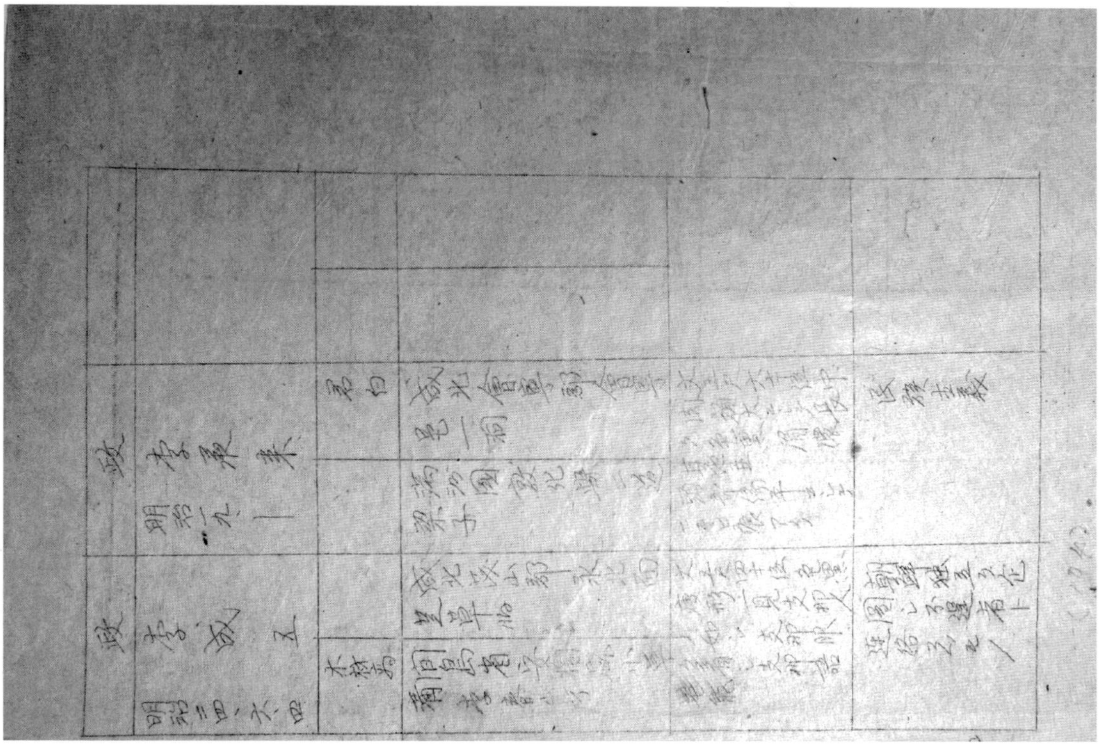

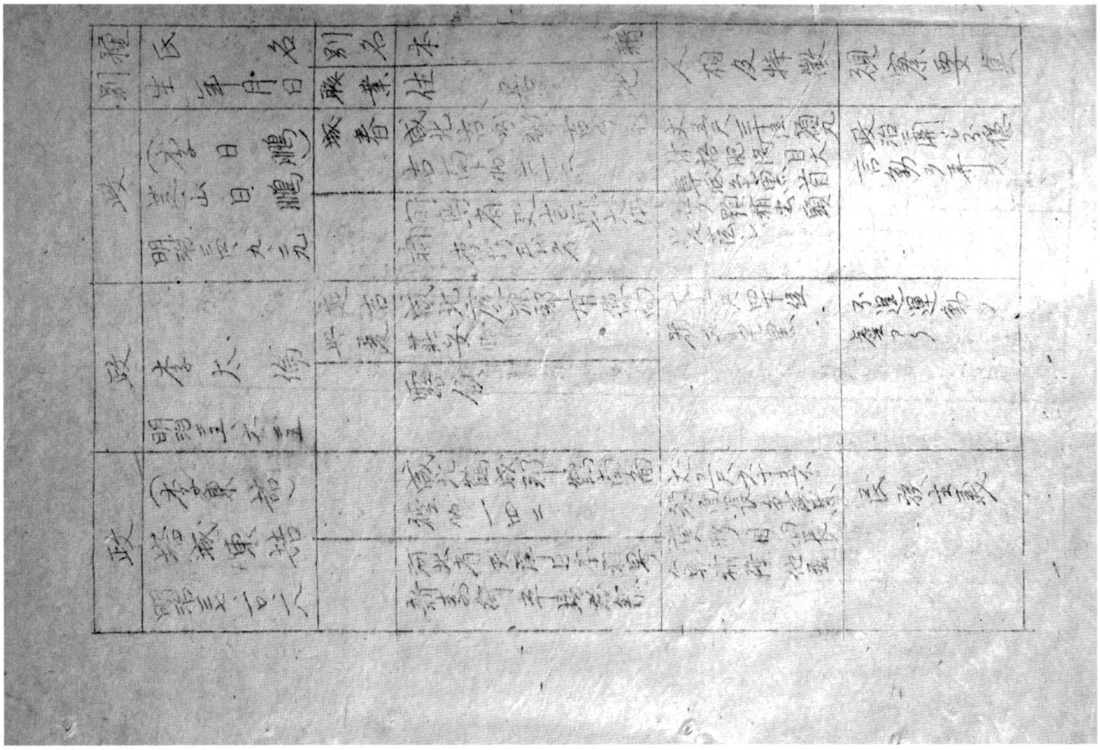

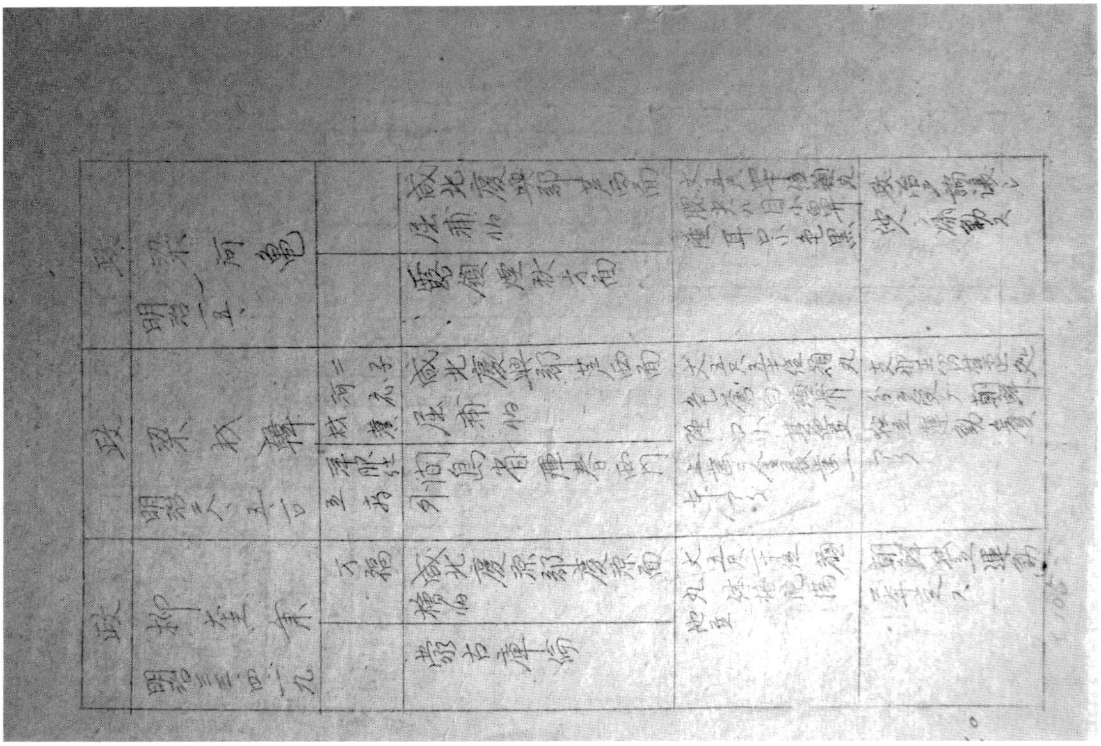

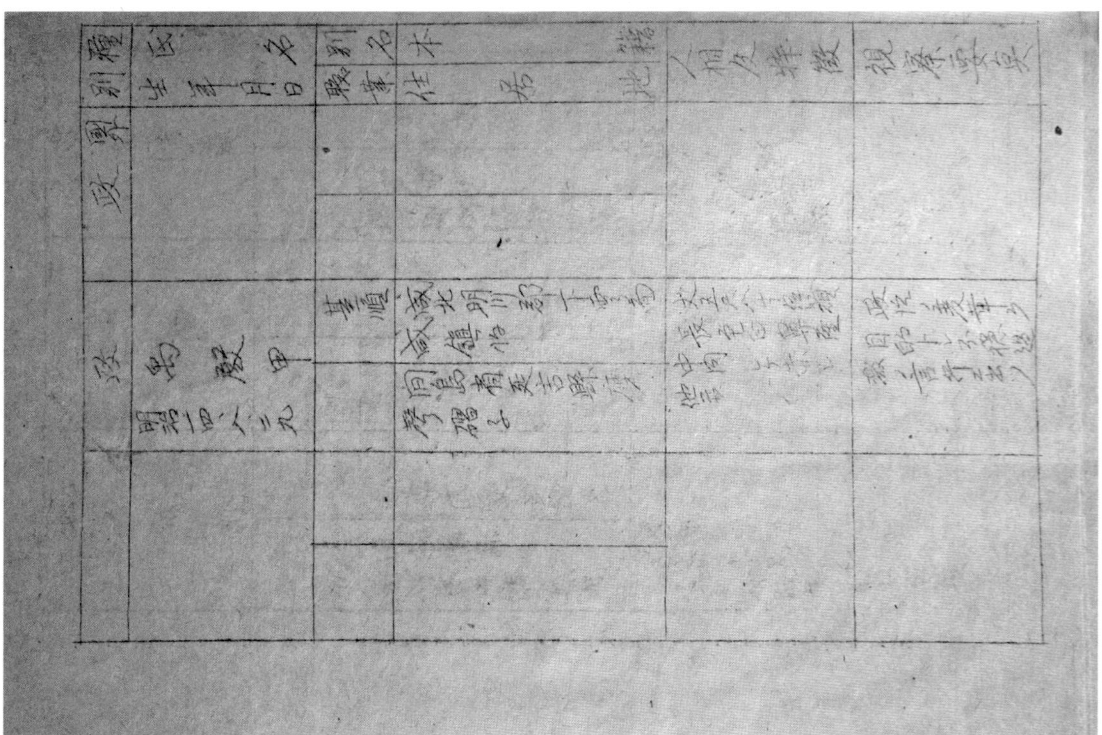

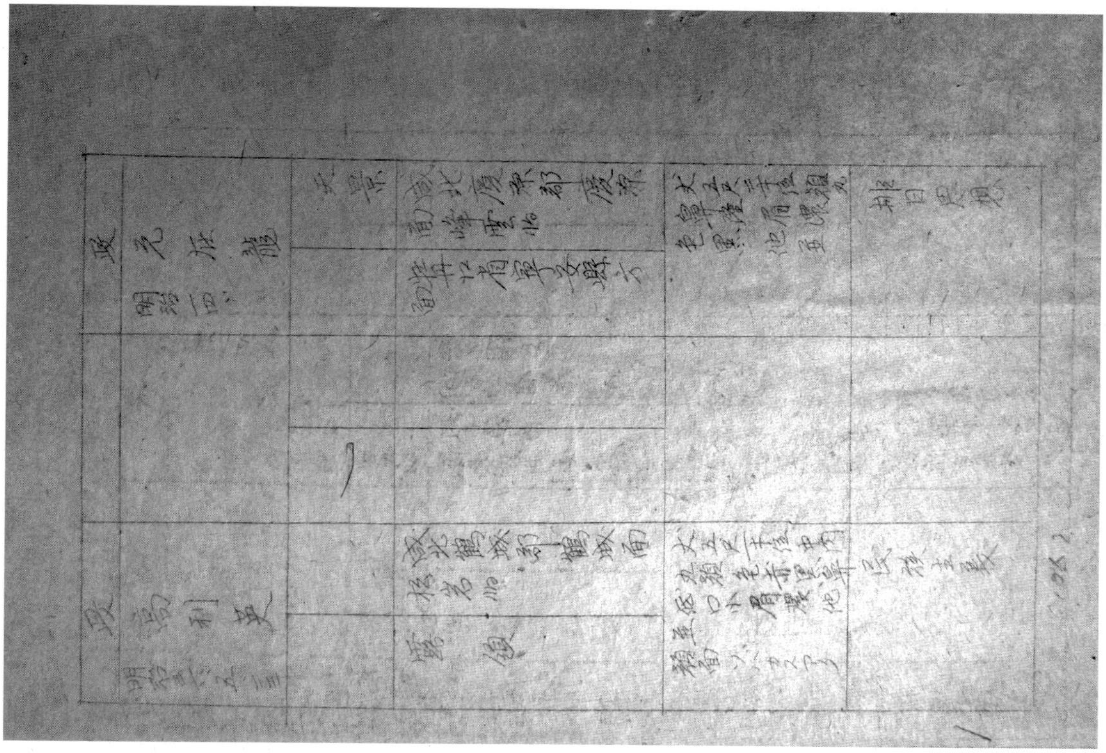

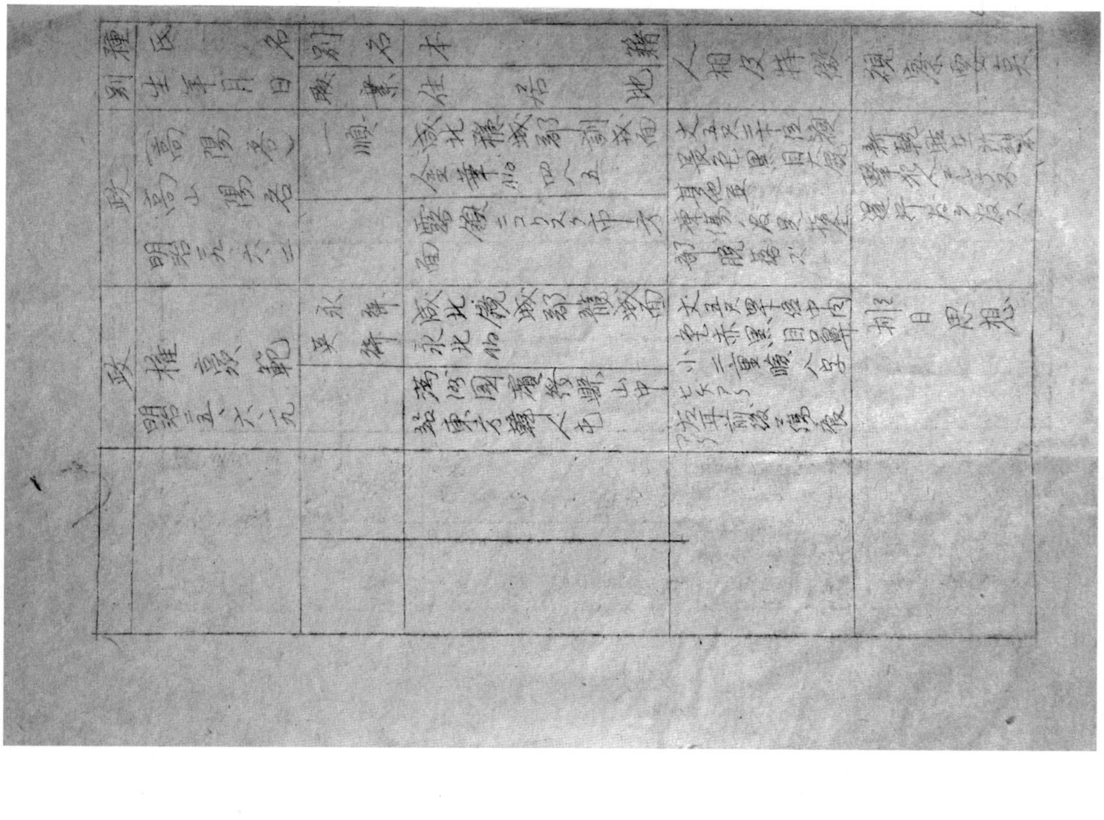

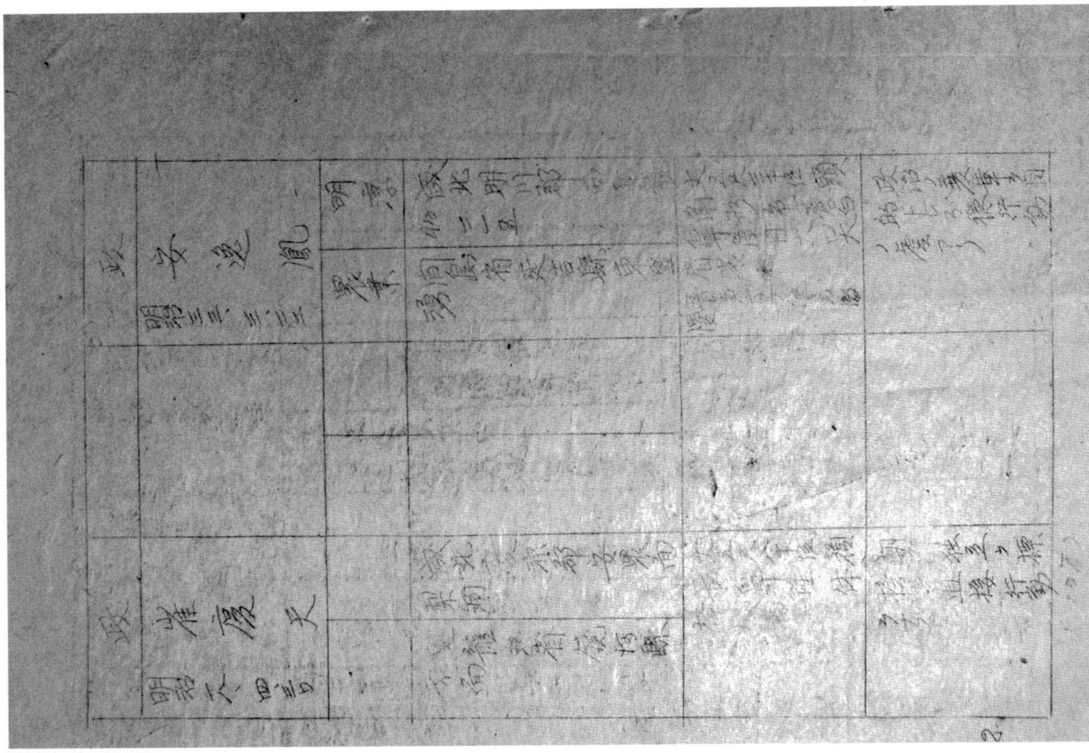

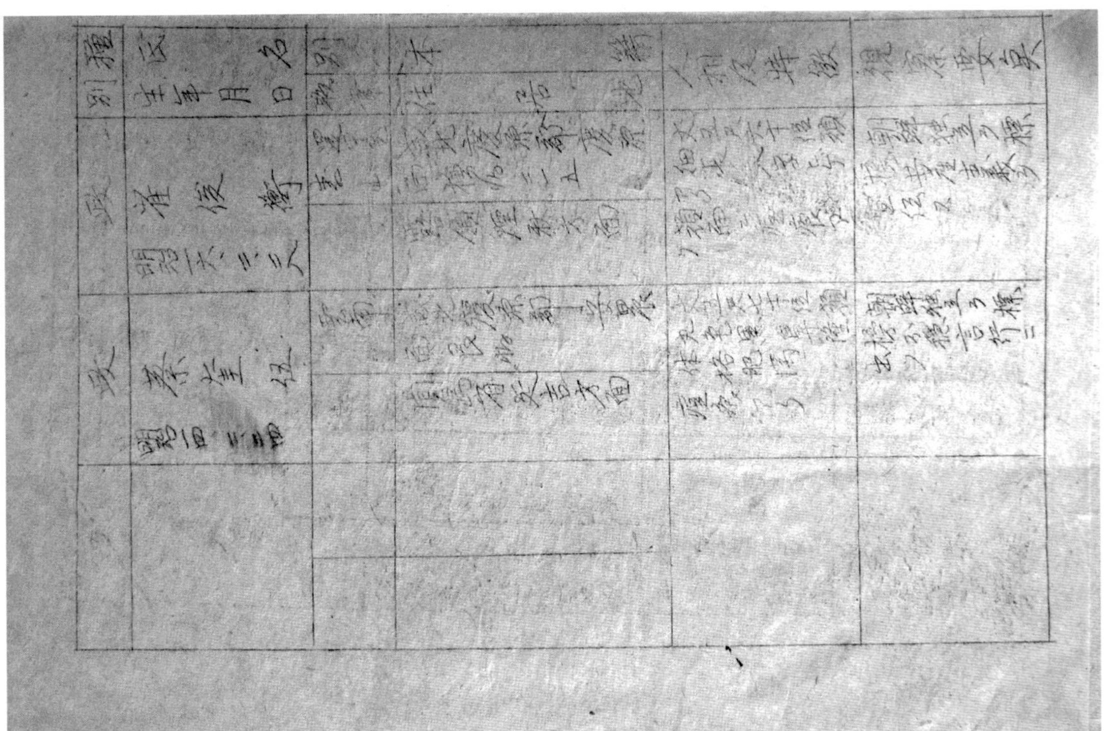

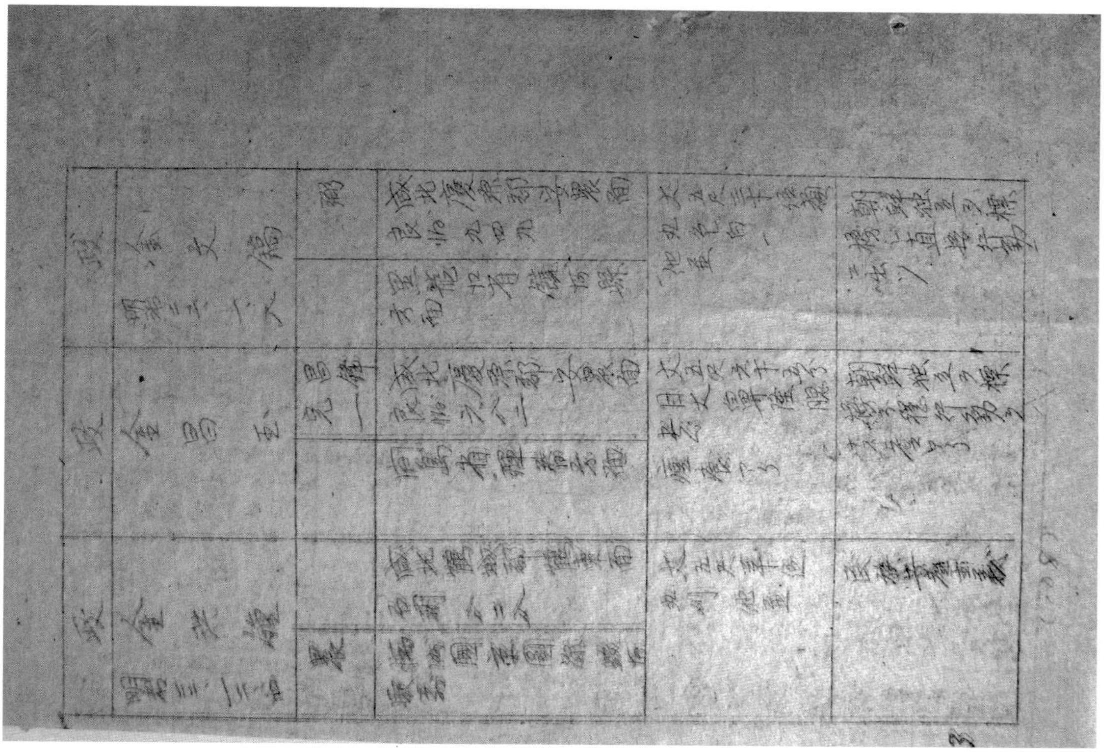

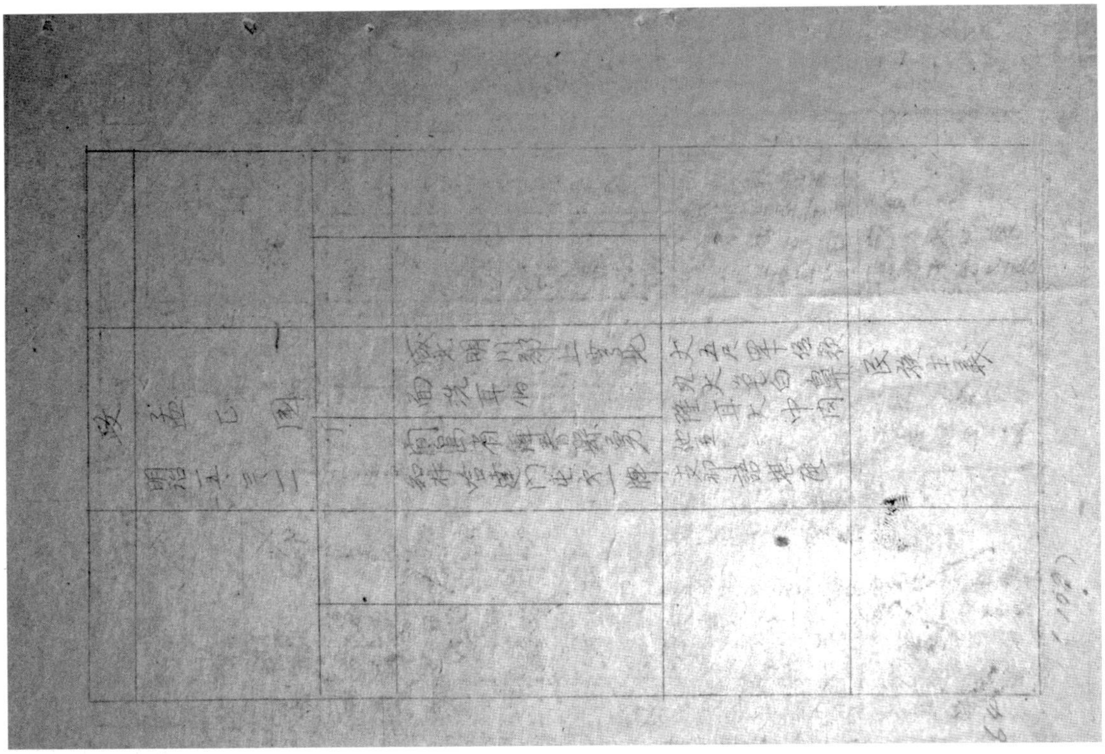

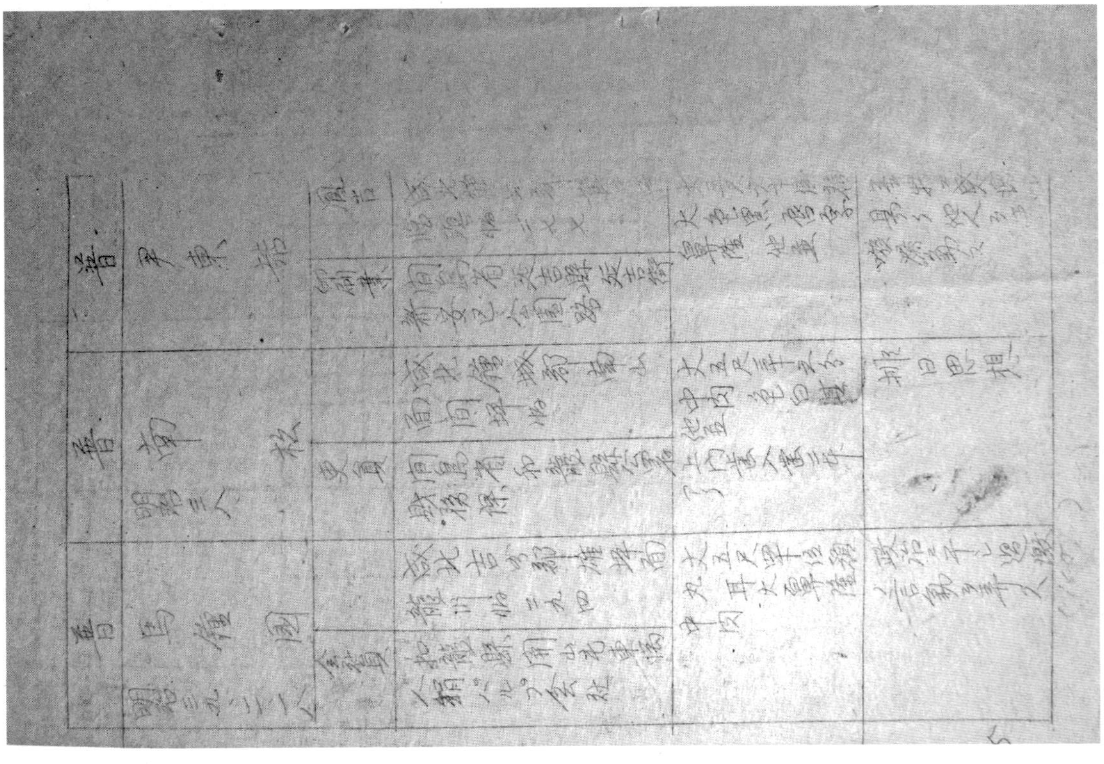

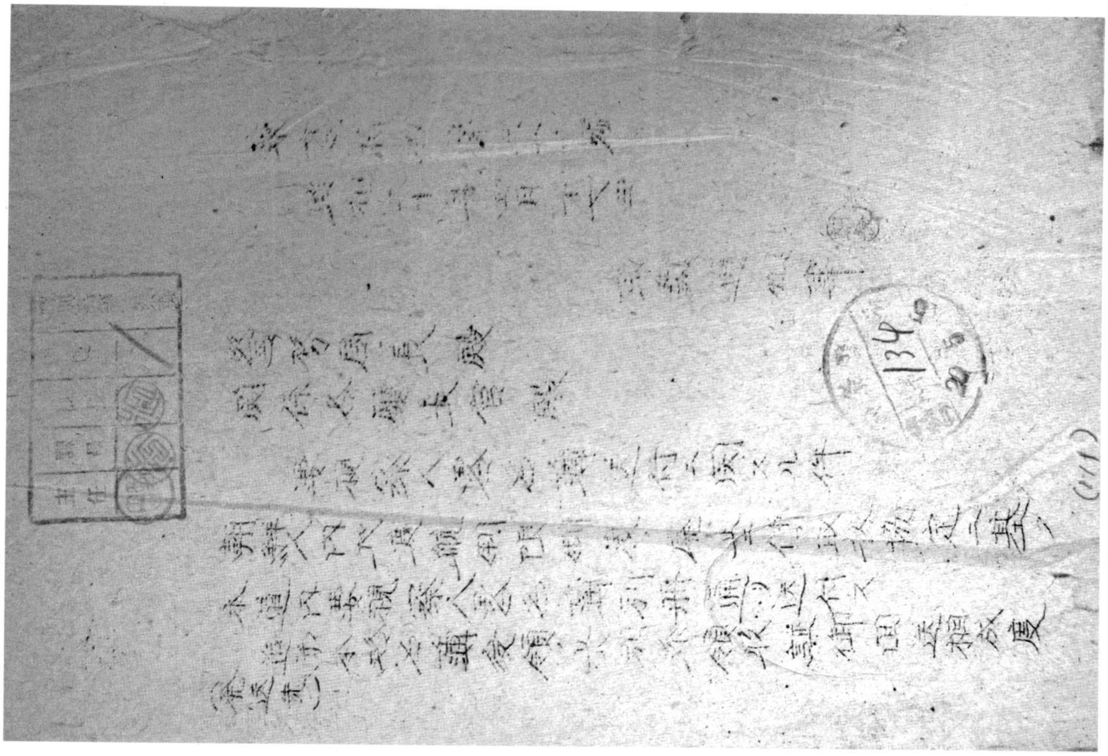

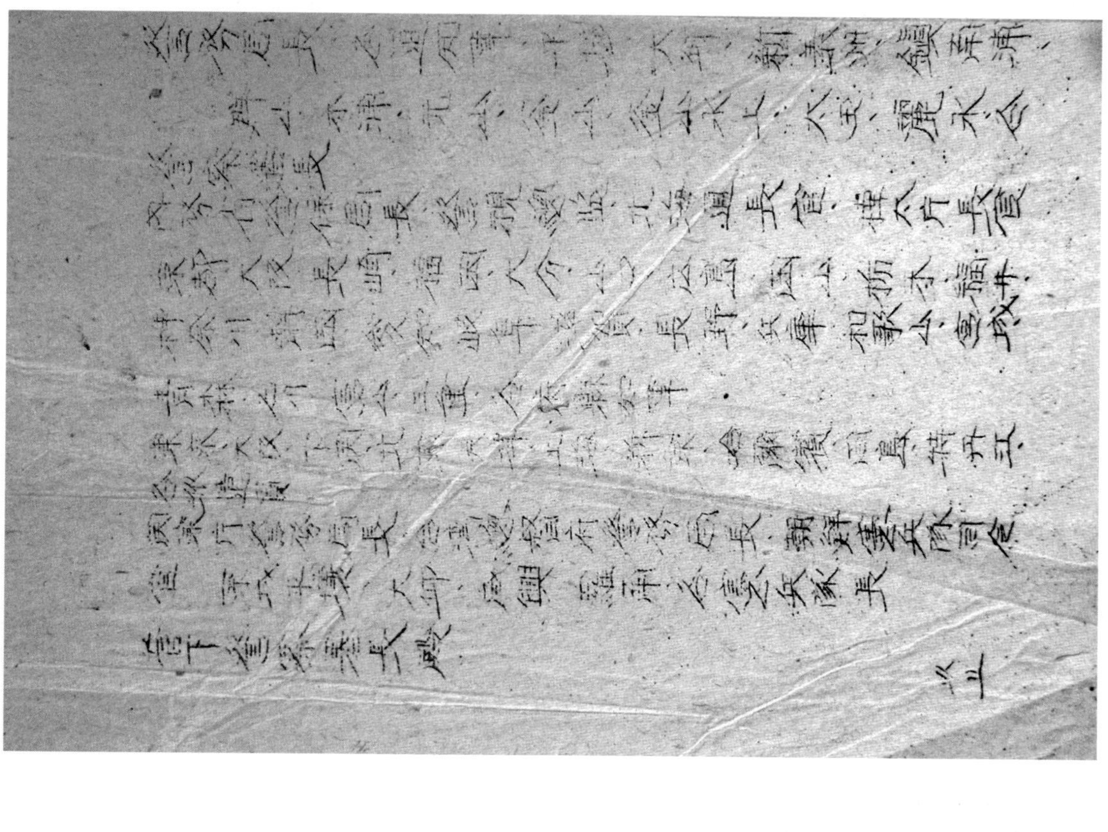

편저 | **민족문제연구소**

『친일인명사전』을 발간하고 '식민지역사박물관'을 운영하며 '강제동원' 피해자 및 유족의 싸움을 지원하는 등 한일과거사 청산을 통한 역사 바로 세우기에 앞장서고 있다. 이와 함께 일제 식민통치의 실체를 밝히는 연구, 민족 독립을 위해 싸워온 독립운동의 역사 연구에도 힘쓰고 있다.

『재일조선인단체사전 1895~1945』(2022)
『용산, 빼앗긴 이방인들의 땅 1, 2』(2022)
『일제식민통치기구사전 : 통감부·조선총독부 편』(2017)
『항일음악 330곡집』(2017)
『군함도, 끝나지 않은 전쟁』(2017)
『빼앗긴 어버이를 그리며』 강제동원 피해자 유족 증언집(2017)
『친일문학론』(2013, 교주본)
『거대한 감옥, 식민지에 살다』(2010)
『역사와 책임』 1~11호(2011~2022) 등

해제 | **장신**張信

한국학중앙연구원 한국학대학원 인문학부 조교수. 연세대학교 사학과에서 문학석사, 성균관대학교 동아시아학과에서 문학박사 학위를 받았다. 박사학위논문은 『1930,40년대 조선총독부의 사상전향정책 연구』이다. 『조선·동아일보의 탄생』(역사비평사, 2021)을 지었으며 최근에는 『감시와 미행 – 한국 민간인 사찰의 기원』을 집필 중이다.

조선인요시찰인약명부

인쇄 | 2023년 2월 28일 초판 1쇄 발행

편저 | 민족문제연구소
기획·번역 | 이용창 권시용
감수 | 조세열
해제 | 장신
교정교열 | 권시용 김명환 김혜영 박광종 심철기 이명숙 임무성 조한성
편집 | 손기순

펴낸곳 | 민연주식회사
펴낸이 | 방학진
등록 | 제2018-000004호
주소 | 서울시 용산구 청파로47다길 27(청파동2가 서현빌딩)
전화 | 02-969-0226
팩스 | 02-965-8879
홈페이지 | www.historybank.kr

ISBN 978-89-93741-38-4 93910
정가 | 50,000원